ANTÔNIO & CLEÓPATRA

ANTÓNIO &
CLEÓPATRA

ADRIAN GOLDSWORTHY

∴

ANTÔNIO &
CLEÓPATRA

Tradução de
RENATO AGUIAR

1ª edição

EDITORA RECORD
RIO DE JANEIRO • SÃO PAULO
2018

CIP-BRASIL. CATALOGAÇÃO NA PUBLICAÇÃO
SINDICATO NACIONAL DOS EDITORES DE LIVROS, RJ

G574a
Goldsworthy, Adrian
Antônio e Cleópatra: a história dos amantes mais famosos da Antiguidade / Adrian Goldsworthy; tradução de Renato Aguiar. – 1ª ed. – Rio de Janeiro: Record, 2018.
:il.

Tradução de: Antony and Cleopatra
Inclui bibliografia e índice
ISBN 978-85-01-09992-1

1. Cleópatra, Rainha do Egito, m. 30 a.C. 2. Antônio, Marco, 83 a.C. 3. Rainhas – Egito – Biografia. 4. Generais – Roma – Biografia. 5. Egito – História, 332-30 a.C. I. Aguiar, Renato. II. Título.

18-47905

CDD: 923.132
CDU: 929:94(32)

Meri Gleice Rodrigues de Souza – Bibliotecária CRB-7/6439

Copyright © Adrian Goldsworthy, 2010

Título original em inglês: Antony and Cleopatra

Todos os direitos reservados. Proibida a reprodução, armazenamento ou transmissão de partes deste livro, através de quaisquer meios, sem prévia autorização por escrito.

Texto revisado segundo o novo Acordo Ortográfico da Língua Portuguesa.

Direitos exclusivos de publicação em língua portuguesa para o Brasil adquiridos pela
EDITORA RECORD LTDA.
Rua Argentina, 171 – 20921-380 – Rio de Janeiro, RJ – Tel.: (21) 2585-2000, que se reserva a propriedade literária desta tradução.

Impresso no Brasil

ISBN 978-85-01-09992-1

Seja um leitor preferencial Record.
Cadastre-se em www.record.com.br
e receba informações sobre nossos
lançamentos e nossas promoções.

EDITORA AFILIADA

Atendimento e venda direta ao leitor:
mdireto@record.com.br ou (21) 2585-2002.

Sumário

Agradecimentos	7
Lista dos mapas	9
Introdução	11

1. As duas terras	27
2. A "Loba": República de Roma	39
3. Os ptolomeus	51
4. O orador, o esbanjador e os piratas	69
5. O oboísta	87
6. Adolescente	105
7. O retorno do rei	123
8. Candidato	133
9. "Os novos deuses que amam os irmãos"	147
10. Tribuno	163
11. Rainha	179
12. Guerra Civil	191
13. César	209
14. Mestre da cavalaria	227
15. Não rei, mas César	239
16. Cônsul	255
17. "Um entre três"	273
18. Deusa	293
19. Vingança	307
20. Dionísio e Afrodite	327
21. Crise	341

22. Invasão	353
23. "Amante de sua pátria"	367
24. "A Índia e a Ásia tremem": A grande expedição	379
25. Rainha de reis	399
26. "É ela minha esposa?"	417
27. Guerra	435
28. Ácio	443
29. "Um grande feito"	461
Conclusão: História e o grande romance	481
Árvores genealógicas	495
Cronologia	499
Glossário	511
Abreviações	519
Bibliografia	521
Notas	531
Índice	579

Agradecimentos

Como todos os meus livros, este foi notavelmente melhorado pela generosidade de amigos e da família, que se deram ao trabalho de ler os rascunhos dos manuscritos ou de ouvir minhas ideias enquanto se desenvolviam. Todos contribuíram para fazer deste livro algo muito melhor e concorreram para o grande prazer de escrevê-lo. Eles são demasiados para nomeá-los todos, mas uma menção particular deve ser feita a Ian Hughes e Philip Matyszak, que tiraram folga de sua própria escrita para comentar os capítulos de *Antônio e Cleópatra*. Kevin Powel também leu o manuscrito inteiro e fez comentários e críticas criteriosos. Entre aqueles que tiveram paciência bastante para comentar minuciosamente, devo distinguir Dorothy King para um agradecimento especial. Seu conhecimento e entusiasmo sempre foram de muita ajuda — e, além do mais, ela me forneceu pérolas para alguns modestos experimentos, num esforço para reproduzir a famosa aposta de Cleópatra com Antônio!

Além disso, devo mais uma vez agradecer a meu editor, Kewith Lowe, e aos demais profissionais da Orion, bem como a Ileene Smith e à equipe da Yale University Press, por ajudar na produção do livro e fazer dele uma obra tão refinada. Finalmente, devo agradecer à minha agente, Georgina Capel, por mais uma vez organizar tudo para eu ter tempo e oportunidade de fazer justiça ao tema.

Lista dos mapas

O mundo helenístico em 185 a.C.	59
O Império Romano no século I a.C.	75
O Egito ptolemaico	94
Cidade de Roma	110
Judeia	129
Alexandria	151
A campanha italiana, 49 a.C.	174
A Batalha de Farsália — I	206
A Batalha de Farsália — II	207
Itália	278
A Batalha do Fórum Gallorum	282
Grécia e Macedônia, e As batalhas de Filipos	320
A expedição parta de Antônio	387
As Doações de Alexandria	413
A Batalha de Ácio	454

Introdução

Antônio e Cleópatra são famosos. Com apenas um punhado de outros, incluindo César, Alexandre, o Grande, Nero, Platão e Aristóteles, eles permanecem nomes conhecidos mais de 2 mil anos depois dos seus espetaculares suicídios. Contudo, em geral, Antônio e Cleópatra são lembrados como um casal, e como amantes — talvez os amantes mais famosos da história. A peça de Shakespeare os ajudou a se transformarem em personagens ficcionais também, e assim sua história pode hoje ser incluída entre outras narrativas de romance apaixonado mas condenado, tão trágico quanto o ato final de *Romeu e Julieta*. Não é de surpreender que a narrativa tenha sido reiteradamente reinventada em livros, nos palcos e, mais recentemente, nas telas. Como ambos tinham um temperamento teatral, esta fama duradoura sem dúvida lhes teria agradado, embora, como nenhum dos dois fosse inclinado à modéstia, ela provavelmente não os teria surpreendido ou parecido menos que devida.

A história é intensamente dramática e eu não consigo lembrar-me de um tempo em que não tenha ouvido falar de Antônio e Cleópatra. Quando garotos, meu irmão e eu descobrimos uma pequena caixa que continha moedas colecionadas por nosso avô, um homem que havia morrido muito antes de nós dois termos nascido. Um amigo percebeu que uma delas era romana, um denário de prata cunhado por Marco Antônio para pagar seus soldados em 31 a.C., numa campanha parcialmente financiada por Cleópatra — a mesma moeda exibida na seção de fotografias deste livro. Já interessado no mundo antigo, a descoberta aumentou o meu entusiasmo por todas as coisas romanas. Ela pareceu não só uma conexão com nosso avô, mas também com Marco Antônio, o Triúnviro, cujo nome circunda a face da moeda, que traz a figura de uma embarcação de guerra. Nós não sabemos onde nosso avô adquiriu essa e outras moedas — uma mistura eclética, várias das quais do Oriente Médio. Ele pode tê-las obtido no Egito, onde serviu na Real Artilharia de Campo durante a Primeira Guerra Mundial. É certamente agradável pensar que foi assim.

Portanto, de uma maneira ou de outra, Antônio e Cleópatra sempre tiveram um lugar especial em meu interesse pelo passado antigo, mas o desejo de escrever sobre eles é inteiramente recente. Muito foi escrito, mais especialmente sobre a rainha, e parecia improvável que pudesse haver muito mais que valesse ser dito. Então, há poucos anos, realizei uma ambição há muito acalentada trabalhando em *César: a vida de um soberano*, o qual, dentre outras coisas, envolveu examinar em muito mais detalhes o seu romance com Cleópatra, bem como a sua associação política com Antônio. Algumas coisas que descobri me surpreenderam e — embora isso fosse menos esperado — havia uma grande diferença em relação à impressão popular da história. Se houve mérito em olhar a carreira de César com uma cronologia direta e em enfatizar o elemento humano em seu próprio comportamento e naquele de seus associados e oponentes, logo tornou-se claro que a maioria dos demais aspectos do período se beneficiaria de uma mesma abordagem.

Apesar de toda a sua fama, Antônio e Cleópatra recebem pouca atenção no estudo formal do século I a.C. Envolvidos na luta pelo poder, foram derrotados e, por isso, tiveram pouco impacto real nos acontecimentos posteriores. A história acadêmica há muito desenvolveu uma aversão profunda pelo estudo de indivíduos, não importa quão carismática fosse a sua personalidade, buscando, em vez disso, as tendências e explicações subjacentes "mais profundas" dos acontecimentos.

INTRODUÇÃO

Enquanto estudante, tive aulas sobre a queda da República Romana e a criação do Principado e, posteriormente, como conferencista, eu planejaria e lecionaria cursos semelhantes. O tempo de lecionar e estudar é sempre limitado e resultou natural focar em César e na sua ditadura, antes de pular adiante para examinar Otaviano/Augusto e a criação do sistema imperial. Os anos de 44–31 a.C., quando o poder de Antônio estava em seu auge, raramente recebem algo que se assemelhe a um tratamento tão detalhado. O Egito ptolemaico é geralmente um campo mais especializado; porém, mesmo quando incluído num curso, o reinado de sua última rainha — pobremente documentado e em qualquer caso nos últimos dias de um longo declínio — é raramente tratado em qualquer detalhe. A fama de Cleópatra pode atrair estudantes para o tema, mas os cursos são, bastante razoavelmente mas em grande parte inconscientemente, estruturados para enfatizar temas mais "sérios" e evitar o das personalidades.

Antônio e Cleópatra não mudaram o mundo de qualquer maneira profunda que seja, à diferença de César e, ainda em maior medida, de Augusto. Um autor antigo afirmou que as campanhas de César causaram a morte de um milhão de pessoas e a escravização de muitas mais. Qualquer que tenha sido a provocação, ele levou seu exército a capturar Roma pela força, conquistando o poder supremo através da guerra civil, e suplantou os líderes democraticamente eleitos da República. Neste contexto, César foi célebre por sua clemência. Ao longo de toda a sua carreira, ele patrocinou reformas sociais e ajudou os pobres de Roma, bem como tentou defender os direitos dos povos nas províncias. Embora tenha se feito ditador, seu governo foi geralmente benevolente e suas medidas sensíveis, lidando com problemas há muito negligenciados. O caminho para o poder de seu filho adotivo, Augusto, foi consideravelmente mais vicioso, substituindo a clemência pela vingança. O poder de Augusto foi conquistado em guerra civil e mantido pela força, mas ele governou bem. A liberdade política do Senado foi virtualmente extinta e as eleições populares foram esvaziadas. Ao mesmo tempo, ele deu a

Roma uma paz que ela não conhecera em quase um século de violência política, criando um sistema de governo que beneficiava setores muito mais amplos da sociedade do que a velha República.[1]

Antônio e Cleópatra mostraram-se igualmente capazes de selvageria e crueldade, mas os perdedores numa guerra civil não têm oportunidade de modelar diretamente o futuro. Além disso, não existe nenhum traço real de quaisquer crenças ou causas longamente apoiadas por Antônio, nenhuma indicação de que ele tenha lutado por predominância em função de qualquer outra coisa além de sua própria glória e ganho pessoal. Alguns gostam de ver Cleópatra como profundamente comprometida com a prosperidade e o bem-estar de seus súditos, mas isso é ilusório. Não há nenhum indício direto sugerindo que suas preocupações fossem mais longe que garantir um fluxo constante de impostos para as suas mãos, a fim de consolidar seu controle do poder. Somente durante uma pequena parte de seu reinado ela esteve segura em seu trono, à frente de um reino totalmente dependente da boa vontade de Roma, e provavelmente seria insensato esperar que ela tivesse feito mais que isso.

Júlio César foi muito bem-sucedido. Ele também tinha grande talento numa gama notável de atividades. Mesmo os que não gostam do homem e do que ele fez podem se mostrar prontamente capazes de admirar seus dons. Augusto é uma figura ainda mais difícil de gostar, especialmente quando jovem, e, contudo, ninguém deixaria de reconhecer suas habilidades políticas verdadeiramente notáveis. César e seu filho adotivo eram ambos muito inteligentes, mesmo que suas personalidades fossem diferentes. Marco Antônio nada tinha da sutileza deles, e poucos traços de inteligência profunda. Há a tendência de se gostar dele em proporção direta ao quanto alguém desgoste de Otaviano/Augusto, mas existe pouco nele a ser admirado. Em vez disso, os retratos ficcionais reforçaram a propaganda dos anos 30 a.C., contrastando Antônio, o soldado franco, simples e apaixonado, com Otaviano, visto como manipulador político de sangue frio, covarde e intrigante. Nenhum dos retratos é verdadeiro, mas continuam a moldar até mesmo os relatos doutos daqueles anos.

INTRODUÇÃO

Cleópatra era inteligente e instruída, mas, à diferença de César e Augusto, a natureza de sua inteligência permanece indefinível e é muito difícil ver como sua mente funcionava ou avaliar imparcialmente o seu intelecto. É da natureza da biografia que o autor chegue a desenvolver uma atitude forte e amplamente emocional em relação ao seu objeto, depois de passar vários anos estudando-o ou estudando-a. Quase todo autor moderno a aproximar-se do objeto quer admirar, e frequentemente gostar, de Cleópatra. Parte disso é uma reação saudável à hostilidade raivosa das fontes augustanas. Muito tem a ver com o seu sexo, pois, como observamos no início, é raro ser capaz de estudar em detalhe qualquer mulher do mundo greco-romano. A novidade por si só já encoraja a simpatia — amiúde reforçada pela mesma aversão por Augusto que abastece a afeição por Antônio. Em si mesma, a afinidade não importa necessariamente, enquanto não encorajar uma distorção dos indícios para idealizar a rainha. Há muita coisa que simplesmente nós não sabemos sobre Antônio e Cleópatra — e com efeito sobre a maioria das demais figuras daquele período. As lacunas não devem ser preenchidas com afirmações confiantes oriundas do próprio quadro mental que o autor faz de Cleópatra conforme ela há de ter sido.

Na época em que terminei *César*, eu sabia que queria tirar uma folga do século I a.C. e olhar para o declínio do Império Romano e seu colapso no Ocidente. Não menos que outras coisas, isso se devia ao fato de nenhum dos livros sobre esse período parecer explicar os acontecimentos de maneira que eu considerasse satisfatória. A mesma percepção de que nada havia que fizesse realmente justiça à história de Antônio e Cleópatra convenceu-me igualmente de que este livro deveria vir em seguida.

Para ter valor real, o estudo da história deve ser uma indagação, uma busca da verdade. A totalidade da verdade é sem dúvida impossível de obter, mesmo para acontecimentos relativamente recentes. Para o passado antigo, haverá inevitavelmente muito mais lacunas em nossos indícios, assim como todos os problemas de compreensão das ações de

ANTÔNIO E CLEÓPATRA

pessoas oriundas de culturas muito diferentes da nossa. Contudo, o fato de o sucesso absoluto ser impossível não faz a tentativa de realizá-lo valer menos a pena. Da mesma forma, ainda que nenhum historiador possa esperar ser inteiramente objetivo, resta de fundamental importância esforçar-se, trabalhar seriamente para isso. Se sempre buscarmos a verdade na história, ajuste-se isso ou não às nossas preconcepções ou àquilo em que gostaríamos de acreditar, estaremos muito mais bem situados para buscar a verdade em nossos próprios dias, na nossa própria era.

Esta, portanto, é uma tentativa de contar a história de Antônio e Cleópatra tão objetiva e desapaixonadamente quanto possível, pois há nela paixão bastante sem necessidade de que o autor acrescente demasiado de sua própria personalidade. Meu propósito também é revelar tanto quanto possível os verdadeiros acontecimentos, ao mesmo tempo que explicito o que não sabemos, além de apresentar o casal e seus contemporâneos em vida como seres humanos de carne e osso. Chegar aos fatos é muito menos fácil do que poderia parecer, pois mesmo estudiosos sérios em geral querem ver algo mais quando olham para essas duas vidas extraordinárias.

O problema

Ele começa com a simples pergunta: quem era Cleópatra? Cleópatra era a rainha do Egito, e, pelos últimos poucos séculos, o Egito Antigo tem fascinado o mundo moderno. A princípio, o interesse veio sobretudo de um desejo de compreender melhor o Velho Testamento, mas rapidamente se deslocou para muito além disso. O Egito é percebido como a mais antiga das civilizações e seus monumentos estão entre os mais espetaculares. Alguns deles, como as pirâmides, a esfinge e os grandes templos, impõem maciçamente respeito. Outros são mais íntimos, como os animais e as pessoas mumificados, e os modelos de coisas do dia a dia deixados nas tumbas dos mortos. A pródiga máscara

INTRODUÇÃO

mortuária de Tutancâmon é imediatamente reconhecível e evoca imagens de mistérios antigos e ponderosa riqueza. Os hieróglifos, com sua mistura de símbolos e reproduções, ou as figuras achatadas de pessoas andando na estranha postura de pinturas e relevos murais são ambos imediatamente reconhecíveis como egípcios. Eles são dramáticos e ao mesmo tempo alienígenas.

Tais imagens se mostraram reiteradamente irresistíveis aos diretores de cinema que representaram Cleópatra. Seus palácios, sua corte e sem dúvida as suas próprias roupas são invariavelmente mais inspirados por uma versão caricata do Novo Reino do Egito do que pela realidade do século I a.C. Seria o equivalente cronológico a apresentar Elizabeth I como a rainha Boudica dos icenos, ainda que tenha a virtude dramática de tornar Cleópatra e o Egito completamente diferentes e visualmente distintos dos romanos, que formam uma parte tão maior da história. A Cleópatra das histórias tem de ser exótica, e as imagens de um Egito que era antigo mesmo para ela são uma poderosa parte disso.

O exótico é quase sempre reforçado pelo intensamente erótico. Cleópatra se tornou uma das *femmes fatales* máximas, a mulher que seduziu os dois homens mais poderosos de seu tempo. Bonita, sensual, quase irresistível e inteiramente inescrupulosa, ela distraiu Júlio César e talvez tenha enchido a cabeça dele de sonhos de uma monarquia oriental. Depois, ela dominou Antônio e o humilhou. Essa Cleópatra pode ser vista como um perigo — o último grande perigo — para a *Pax Romana* que Augusto traria para o mundo romano. Os usos mudam, de modo que impérios já não são mais considerados admiráveis, e o sistema augustano é visto com olhos mais céticos. Hoje em dia, muitos querem contar a história diferentemente, tornando a sinistra sedutora em mulher forte e independente, que luta o melhor que pode para proteger seu país.

Por mais que o título da peça de Shakespeare torne natural falar de Antônio e Cleópatra, o charme associado à rainha prontamente eclipsa seu amante. De todo modo, ela já tivera um caso com César — a cena em que ela lhe é entregue escondida num tapete enrolado é uma das imagens mais bem conhecidas da rainha, mesmo que não seja exatamente condizente com a fonte antiga. César foi o primeiro, e a história relegou Marco Antônio à segunda posição e ao papel de lugar-tenente de César. Um "bom segundo em comando" ou um "sequaz em vez de líder" foram veredictos comuns sobre Antônio, tanto política quanto militarmente. Ele também é visto como o homem que deveria ter ganhado, mas fracassou, e isso alimenta ainda uma vez a impressão de um caráter falho — talento sem gênio. Alguns acusariam Cleópatra de castrar o vigoroso soldado romano, uma tradição que foi encorajada por seu biógrafo antigo, Plutarco. Outros prefeririam considerar que Antônio simplesmente não era bom o bastante para equiparar-se às ambições dela. Para um historiador, Cleópatra era "uma personagem carismática de primeira ordem, uma líder nata e uma monarca excessivamente ambiciosa, que merecia melhor destino que o suicídio com aquele infame e tolo soldado romano autocomplacente, com seu pescoço taurino, suas vulgaridades hercúleas e seus acessos de introspecção fútil e negligente".[2]

Cleópatra provoca imediatamente uma resposta emocional. Além disso, mito e romance cercam Antônio e Cleópatra, tornando a verdade elusiva. Ambos trabalharam conscientemente para formar sua imagem pública durante a vida — como governantes fortes, como divinos, como amantes da vida e do fausto. Ao mesmo tempo, oponentes políticos buscaram censurá-los. O orador Cícero dirigiu as suas *Filípicas* contra Antônio, produzindo um dos assassinatos de personagem mais eficientes de todos os tempos. Muito mais abrangentemente, Otaviano, o filho adotivo de César — o homem que se tornaria o primeiro imperador de Roma e que tomaria o nome de Augusto — derrotou Antônio e Cleópatra. Eles morreram e ele sobreviveu, mantendo o poder supremo por mais de quarenta anos. Isso lhe deu tempo de sobra para modelar o registro histórico de modo a melhor adaptar-se ao seu novo regime. A sua opinião fortemente hostil a Antônio e Cleópatra influenciou nossas

INTRODUÇÃO 19

fontes mais completas sobre a vida deles, todas tendo sido escritas sob governos de sucessores de Augusto.

Cleópatra continua a atrair inúmeros biógrafos. Uns poucos desses livros também estudam a vida de Antônio em detalhe, mas biógrafos dedicados exclusivamente a ele restam raros. Ele tende hoje a ser um acessório para a vida de sua amante. Qualquer um que examine o período logo apontará os problemas causados pela propaganda augustana; quase sempre é difícil saber se um incidente aconteceu, e seria tentador rejeitar toda e qualquer narrativa negativa. Infelizmente, contudo, há incidentes bem atestados nos quais tanto Antônio quanto Cleópatra se comportaram de maneiras que parecem irracionais ou, no melhor dos casos, politicamente insensatas.[3]

É difícil gostar do jovem Otaviano. Ele era inescrupuloso, podia ser vicioso e foi por vezes fisicamente covarde. O Principado, sistema pelo qual Roma foi governada por imperadores ao longo dos dois séculos e meio seguintes, foi criação dele, e as atitudes em relação a esse sistema frequentemente contribuem em muito para formar opiniões sobre Antônio e Cleópatra. Admiradores do sistema augustano perdoarão a brutalidade de seu caminho rumo ao poder e verão seus inimigos como elementos procrastinadores — ou mesmo ameaçadores — do grande legado de Roma para o mundo. Críticos os aplaudirão por resistirem a um tirano extremamente desagradável, e alguns afirmarão que o casal oferecia uma alternativa muito melhor, embora geralmente não possam ser muito específicos sobre qual seria ela.[4]

Cleópatra foi uma mulher forte e independente num mundo antigo dominado por homens. Ela conquistou poder por sua própria autoridade e capacidade, à diferença das mulheres romanas, que eram mais propensas a terem influência como esposas ou mães de grandes homens. Para a maioria dos autores modernos, isso é extremamente atraente e estimula um tratamento generoso. Relatos sérios sobre Cleópatra nunca permitiram que esse ânimo desandasse em tributo fúnebre, mas a afinidade com a rainha combina-se, com demasiada rapidez, com o magnetismo dos seus retratos ficcionais, contribuindo para distorcer nossa visão de sua época. Há duas verdades muito básicas sobre ela, as quais conflitam tão fortemente com a lenda, que é imperativo um esforço consciente e determinado para mantê-las.

A primeira delas, pelo menos, é usualmente observada. Todos os biógrafos recentes começam destacando que Cleópatra era grega e não egípcia. Que o grego era a sua primeira língua, e que foi na literatura e na cultura gregas que ela foi educada. Embora representada em templos egípcios e em alguns santuários usando o acessório de cabeça e os trajes das esposas de faraós, é improvável que ela realmente se vestisse dessa maneira, exceto talvez para desempenhar certos ritos. Em vez disso, ela usava a tiara e os trajes de uma monarca grega. Cleópatra se proclamou a "Nova Ísis"; contudo, a sua adoração à deusa traía uma versão fortemente helenizada do culto. Ela não era cultural nem etnicamente mais egípcia do que a maioria dos residentes do Arizona moderno são apaches.

Perceber a qualidade grega essencial de Cleópatra é uma coisa. É muito mais difícil resistir ao chamariz do Egito verdadeiramente antigo — tanto na imaginação popular quanto na realidade de fato. O Egito é exótico e, para os ocidentais, decididamente também é oriental. No passado, uma Cleópatra egípcia sensual poderia ser uma ameaça fascinante, quase irresistível, à austera virtude romana e ao avanço do império e da civilização de Roma. Mesmo que grega, ela era uma representante da cultura helenística, a qual declinara mediante seu contato com a decadência oriental. Tais opiniões não estiveram em voga por muito tempo, e frequentemente o pêndulo balançou para o extremo oposto. Impérios são hoje coisas ruins, imperialistas são brutais e exploradores, e a própria cultura europeia é hoje vista por muitos ocidentais sob uma luz negativa. Assim, é comum enfatizar a selvageria da ascensão imperial de Roma, com Cleópatra sendo admirada por resistir à carnificina. Ocasionalmente, ela o faz como grega, mas a atração do Oriente é forte e, em geral, outra vez ela se torna uma representante do Oriente.

INTRODUÇÃO

A tradição de separar o período seguinte à ascensão de Filipe II e seu filho, Alexandre, o Grande, da história grega anterior não ajuda muito a dirimir a questão. No século XIX, esse período foi cognominado helenístico — não grego nem helênico, mas "com características gregas". A Grécia clássica foi dominada por cidades-Estado, das quais as maiores foram Atenas e Esparta. Atenas produziu arte, literatura e filosofia, as quais têm influenciado o mundo profundamente até os dias de hoje; Esparta tornou-se célebre pelas formidáveis proezas de seus soldados ao custo de criar uma sociedade particularmente repelente. Atenas levou a ideia de democracia mais longe do que qualquer outro Estado antigo e foi excepcionalmente agressiva e implacável em sua política externa.[5]

Finalmente, estiolou-se a promessa dessa democracia, assim como o poder de Atenas. Reis surgiram novamente, e também os tiranos, enquanto as cidades que haviam retido algum vestígio de democracia reduziram o eleitorado a setores cada vez menores da sociedade. No período final do século IV a.C., os reis da Macedônia dominavam toda a Grécia. Nesse clima político diferente, a centelha cultural pareceu dissipar-se. Aos olhos modernos — e certamente para muita gente na época — já não se criava mais teatro ou literatura que se equiparasse aos ápices alcançados no passado.

A atitude dos estudiosos mudou um pouco e muitos não contestariam agora a inferioridade inerente da era helenística — pelo menos em termos de governo e sociedade. Eles ainda empregam a expressão por conveniência, mas nada mais. Também permanece a tradição de datar o fim deste período com a morte de Cleópatra. Isso faz dela o fim de uma era que começou com Alexandre e suas conquistas. Esse vínculo está presente nas melhores biografias, mas frequentemente luta para competir com o romance de um passado egípcio muito mais antigo. O fato de vários biógrafos recentes serem egiptólogos só tornou mais difícil para eles ter em mente uma Cleópatra essencialmente grega. Contudo, essa era a realidade, gostassem eles ou não. O mundo dela não era o mesmo que o do século V a.C. e o auge da realização ateniense, mas nem por isso deixava de ser inteiramente grego. Assim, se houve uma grande luta no período de vida de Cleópatra, não foi entre Oriente e Ocidente, mas entre grego e romano.[6]

O segundo fato desconfortável sobre Cleópatra é universalmente ignorado por seus biógrafos modernos. Eles lamentam rotineiramente que nossas fontes se concentram quase exclusivamente nos casos de Cleópatra com César e Antônio. O restante de sua vida, inclusive o período que ela passou governando o Egito sozinha, recebe escassa atenção. Infelizmente, documentos em papiro que deem detalhes sobre decretos oficiais, iniciativas de governo e negócios privados são raros para o século I a.C. e para o reinado de Cleópatra em particular. A grande massa desses textos datam de muito antes do domínio do Egito pela família dela. Um papiro descoberto relativamente há pouco tempo consiste num decreto emitido pela rainha e é bem possível que termine com uma única palavra grega escrita em sua própria caligrafia. É animador, certo, mas não chega a ser suficiente para nos dar mais que um vislumbre mínimo de seu governo em ação. Significativamente, o documento também outorga uma concessão a um romano proeminente.[7]

As fontes literárias são todas de autoria de romanos ou de gregos escrevendo sob o Império Romano no mínimo um século após a morte de Cleópatra. Uma quantidade considerável de informação e de anedotas pessoais vem da *Vida de Marco Antônio*, de Plutarco. Essa é a única biografia de Antônio a sobreviver do mundo antigo. Nenhuma biografia antiga de Cleópatra sobreviveu. Uma queixa familiar é de que a história não é apenas contada pelos vitoriosos, mas sempre a partir do ponto de vista romano — em alguns casos, o fato de tratar-se de um ponto de vista romano masculino pode ser até mais enfatizado.[8]

Há uma razão para isso. Gostemos ou não, Cleópatra não era de fato tão importante. Seu mundo era inteiramente dominado por Roma, no seio do qual seu reinado tinha na melhor hipótese uma independência precária. Ela era uma rainha e controlava um Egito, que era rico e, pelos padrões antigos, densamente povoado. Não obstante, tratava-se

INTRODUÇÃO

de um reino cliente de Roma e nunca plenamente independente. O Egito era o maior e, de muitas maneiras, o mais importante dos aliados subordinados a Roma, mas sempre foi um subordinado e seu poder foi apequenado por aquele da República de Roma. Cleópatra só se tornou rainha porque seu pai foi reempossado por um exército romano. Mesmo depois disso, ela teria sido morta ou exilada aos seus 20 e poucos anos de idade, não fosse pela intervenção de César.

Cleópatra só teve importância no mundo por meio dos seus amantes romanos. Documentários de televisão e livros populares costumam afirmar que os romanos só tiveram medo em todos os tempos de duas pessoas — Aníbal e Cleópatra, mas as pessoas em geral ignoram o fato de que essa afirmação arrebatadora foi feita nos anos 1930. Ela não se baseia em nenhum indício antigo e não faz qualquer sentido real. Por mais que a propaganda augustana demonizasse a rainha, ninguém podia acreditar seriamente que ela tivesse o poder de derrubar Roma. Era simplesmente muito mais conveniente odiar uma inimiga estrangeira do que enfrentar o fato de que a grande guerra de Otaviano e seu subsequente triunfo deram-se contra um romano eminente. Apesar de todo o encanto de Cleópatra, Antônio era muito mais poderoso e importante do que ela.[9]

Nada disso significa que Cleópatra fosse menos fascinante. Se quisermos compreendê-la, precisamos entender a realidade do século I a.C. De muitas maneiras, tudo isso torna a carreira dela muito mais espetacular, porque inesperada. Suas realizações foram notáveis: ela não apenas sobreviveu no poder por quase duas décadas, como também, por um tempo, expandiu seu reino quase à extensão dos seus antecessores mais bem-sucedidos. O fato de ela tê-lo feito controlando o poder romano em seu próprio benefício não deprecia a escala do seu sucesso. É vital dar um passo além do mito e das ilusões que tomam desejo por verdade e buscar a realidade de Cleópatra e de seu lugar no mundo.

Igualmente importante é entendermos Antônio como um senador romano, sem meramente relegá-lo a papel coadjuvante de subordinado de César e amante de Cleópatra. Numa inspeção mais detalhada, muitas das suposições conhecidas sobre ele se mostram equivocadas. Plutarco e outros o pintaram muito como um homem militar, um soldado franco e rude humilhado por uma mulher. É discutível até onde Antônio permitiu que Cleópatra determinasse a sua política. É claro que ele teve muito pouca atribuição militar pelos padrões romanos e que a maior parte de sua experiência vinha de guerras civis. Ele não era um general especialmente bom, embora às vezes tenha sido um líder popular. Muita coisa era tradicional sobre Antônio, e isso contribui um bocado para explicar sua importância e suas ambições. Certamente não era inevitável que ele fosse derrotado por Otaviano. Se a ascensão deste último foi espetacular considerando-se a sua tenra idade, a própria carreira de Antônio também devia muito à boa sorte e às oportunidades raras apresentadas por uma República Romana dilacerada por guerras civis.

Tanto Antônio quanto Cleópatra precisam ser entendidos no contexto de sua cultura e de seu tempo. Não obstante, este livro não pode esperar cobrir esta era turbulenta em todos os detalhes. Seu interesse é sempre por eles, sobre onde estavam e o que estavam fazendo. Os acontecimentos alhures serão tratados brevemente e apenas na medida em que forem necessários para compreender sua história. Em consequência, a carreira de César é tratada muito rapidamente, e só em maior profundidade quando também envolve Antônio e Cleópatra. De forma semelhante, a ascensão de Otaviano é tão notável quanto fascinante, mas não pôde aqui ser tratada em nenhuma minúcia. Outras figuras importantes, notavelmente Cícero, Pompeu e seu filho Sexto são tratados até mais brevemente. Isso não é um reflexo da importância deles, mas uma questão de foco.

A política terá uma posição de destaque na história, pois Antônio e Cleópatra eram acima de tudo animais políticos. E César também o era, o primeiro amante da rainha e pai de seu filho mais velho. Nenhum deles jamais agiu sem pelo menos um grau de cálculo político. A despeito de umas poucas acusações não convincentes de devassidão, os indícios

INTRODUÇÃO

sugerem fortemente que Cleópatra só teve dois amantes, e cada um deles era o homem mais importante da República Romana na época. Nada disso precisa significar que não houvesse também uma forte e genuína atração envolvida em ambos os lados. Com efeito, é difícil entender esta história de qualquer outra maneira. É vital ao estudar qualquer história lembrar que os personagens são seres humanos de carne e osso muito parecidos conosco, por mais diferentes que os tempos e suas culturas possam ter sido. O romance tem de estar presente porque era real. Uma das razões para o apelo duradouro da história de Antônio e Cleópatra é que todos nós somos capazes de entender o poder da paixão a partir das nossas próprias vidas.

A história de Antônio e Cleópatra é uma história de amor, mas também de política, guerra e ambição. Os acontecimentos reais foram intensamente dramáticos — daí o apelo para romancistas, dramaturgos e roteiristas. Observar os fatos até onde os conhecemos ou imaginá-los confiantemente só reforça o drama. E assim igualmente o reconhecimento do que nós não sabemos, pois muitos dos mistérios restam fascinantes em si mesmos. Um exame mais próximo da verdade expõe um episódio da história humana mais notável que qualquer invenção. Pode não ser a história que esperamos, ou sequer, talvez, que gostássemos de acreditar, mas é uma história de vidas vividas intensamente numa época em que o mundo estava mudando profundamente.

1. As duas terras

O Egito já era antigo muito antes de Cleópatra nascer em 69 a.C. Quase quatrocentos anos antes, Heródoto — o primeiro homem a escrever história em prosa em qualquer língua ocidental — afiançou a seus contemporâneos gregos que eles deviam ter aprendido grande parte de sua religião e de seus conhecimentos com os egípcios. Como grande parte de sua obra, o relato de Heródoto sobre o Egito é uma curiosa mistura de mito, fantasia e confusão, ocasionalmente fermentado com informações corretas. Os gregos tendiam a idealizar o Egito como a pátria de saberes antigos, enquanto, ao mesmo tempo, desprezavam um povo que adorava animais sagrados e praticava a circuncisão. Eles também os admiravam pela escala extraordinária das pirâmides em Gizé, incluindo-as entre as Sete Maravilhas do Mundo.

É sensato lembrar que Cleópatra viveu mais perto de nós no tempo do que os construtores das grandes pirâmides. A mais alta de todas as pirâmides foi construída pelo faraó Khufu, que morreu em 2528 a.C., cerca de 25 séculos antes de a rainha tirar a própria vida. Essa é a mesma distância que nos separa do próprio Heródoto, das invasões persas da Grécia e dos primeiros dias da República Romana.

Khufu não foi o primeiro faraó, mas pertencia ao que é conhecido como a Quarta Dinastia. A organização dos governantes em dinastias foi feita por um sacerdote estudioso que trabalhava para a família de Cleópatra, e o esquema que ele idealizou ainda é amplamente seguido até hoje. Não houve menos que trinta dinastias antes de a família dela chegar ao poder no final do século IV a.C. O primeiro faraó governou a partir de cerca de 2920 a.C. — é difícil ser preciso quanto a um período tão remoto. Isso não foi o começo da civilização egípcia — havia comunidades agrícolas organizadas às margens do Nilo muito antes deles e, com o tempo, dois grandes reinados emergiram, os quais finalmente se uniram. Os faraós eram os senhores de "duas terras", o Alto e o Baixo Egito, e usavam uma coroa simbolizando essa união. O Alto Egito ficava mais ao sul, com sua capital em Tebas. O Baixo ficava ao norte, chegando à costa mediterrânea e tendo Mênfis como centro. (Esse arranjo de alto e baixo só nos parece estranho por estarmos tão acostumados a mapas e globos que mostram o norte na parte de cima.)[1]

O Nilo tornou tudo possível. A cada verão, ele inundava as suas margens e depois retrocedia — um ciclo natural só terminado pela construção da barragem de Assuã na segunda metade do século XX. A inundação anual deixava para trás um rico depósito de sedimentos aluviais e, com isso, umidade para tornar a terra prodigiosamente fértil. Todas as civilizações mais antigas repousavam sobre a capacidade dos lavradores de produzirem excedente. Elas cresceram porque comunidades eram melhores do que indivíduos para desenvolver sistemas de irrigação de larga escala. No Egito, os problemas para tratar e explorar a recompensa oferecida pela inundação eram maiores e fizeram ainda mais para estimular o crescimento de uma autoridade central.

Pessoas só vivem onde há água. A população do Egito era muito grande pelos padrões antigos, mas esmagadoramente concentrada em apenas duas áreas. No norte havia o Delta, onde o rio se separava em canais para derramar-se no Mediterrâneo, irrigando uma ampla extensão de terra ao fazê-lo. Ao sul desse Delta estava o Vale do Nilo, estendendo-se até a primeira catarata. A inundação não se propagava rapidamente, produzindo uma faixa de terra densamente povoada com cerca de 800 quilômetros de cumprimento e nunca mais que 20 quilômetros de largura. As terras além desse ponto eram desertas. Umas poucas co-

AS DUAS TERRAS

munidades sobreviviam em torno dos raros oásis, mas essencialmente não havia nada.[2]

Os egípcios viam a si próprios como o centro do mundo e a única verdadeira civilização. Fora dela, havia o caos e povos bárbaros. Mesmo dentro dela, existiam ameaças à ordem — a inundação do Nilo era imprevisível em sua escala. Água em demasia podia ser algo tão desastroso quanto pouca água, produzindo safras muito pobres — os anos de fartura e os anos de fome do sonho do faraó em Gênesis. Havia ameaças sobrenaturais a serem acrescentadas às naturais e aos inimigos humanos, pois a luta entre a ordem e o caos se refletia igualmente no mundo divino. Os faraós situavam-se entre os deuses e os homens e se comunicavam com ambos, garantindo que a ordem e a justiça — abrangidas pelo termo "Maat" — prevalecessem sobre o caos.[3]

Havia também os líderes de uma nação rica e poderosa, mas existiam outras potências no mundo e os conflitos não eram incomuns. Ocasionalmente, o Egito era forte e os faraós estendiam o seu domínio para o sul ao longo do Nilo às expensas do reino de Meroé, ou para o leste, adentrando a Síria ou a Palestina. Às vezes, o equilíbrio de poder favorecia os vizinhos e eles perdiam território. No segundo milênio a.C., um povo estrangeiro conhecido como hicsos invadiu e conquistou grande parte do Egito, governando-a por quase um século antes de serem expulsos pelo Novo Reinado que fora criado. Tampouco o Egito era livre de rebeliões internas e de guerras civis. Eventualmente, os dois reinos eram divididos e dinastias rivais governavam simultaneamente.

A cultura egípcia nunca foi estática e imune a mudanças, mas era notavelmente conservadora. Em seu núcleo, estava o ciclo agrícola anual centrado na inundação, e os métodos de cultivo raramente mudaram sequer um mínimo em milhares de anos. Cercando tudo isso e todos os aspectos da vida, estavam os rituais e crenças que garantiam a ordem das estações, o crescimento das safras e cada aspecto do próprio cotidiano. Fora do Egito, o poder dos faraós se estendia a grandes distâncias ou se encolhia à medida que outros impérios ascendiam e sucumbiam. No último milênio a.C., os babilônios e os persas dominaram cada um a seu turno o Oriente Médio. Por uma parte desse período, o Egito foi poderoso, controlando territórios substanciais na Ásia, mas a sua força declinou e por mais de um século, de 525 a 404 a.C., os persas governaram o Egito. Finalmente, os egípcios se rebelaram e os expulsaram e nos 61 anos seguintes foram novamente governados por faraós nativos. Contudo, o Império Persa permaneceu forte e em 343 a.C. conquistou novamente o Egito. Essa ocupação parece ter sido especialmente brutal e por certo foi amargamente ressentida.

Menos de uma década depois, o mundo mudou repentina e drasticamente com a chegada de Alexandre, o Grande. A Pérsia caiu e todos os seus territórios caíram sob o controle do novo conquistador.

O rei da Macedônia

Seria difícil exagerar o impacto de Alexandre. Impacto é a palavra certa, pois havia algo de intensamente físico quanto à carreira dele, e é necessário nos alertarmos sempre sobre a velocidade e a escala extraordinária do que ele fez. Alexandre ainda não tinha 33 anos de idade quando morreu na Babilônia em junho de 323 a.C., e só tinha sido rei por doze anos e meio. Ele herdou de seu pai, Filipe II, uma Macedônia que era internamente forte, possuía um exército esplêndido e já dominava a Grécia. Os preparativos também já haviam começado para uma expedição contra a Pérsia, mas, embora Alexandre tenha herdado a ideia de seu pai, foram a sua própria energia inquieta e sua avidez insaciável de distinguir-se que impeliram as guerras que se seguiram.

Alexandre e seus soldados marcharam ou cavalgaram mais de 32 mil quilômetros. No quinto ano, o rei persa estava morto e a sua cidade real reduzida a cinzas. Alexandre passou então a ser líder do maior império do mundo conhecido, mas não viu nisso nenhuma razão para parar. Ele continuou rumo a leste, até controlar todas as terras desde

AS DUAS TERRAS

os Bálcãs até o que hoje é o Paquistão. Ao ver um busto de Alexandre, Júlio César, então com 30 anos, teria chorado, já que sua vida parecia tão insignificante em comparação.[4]

Alexandre saiu da Macedônia em 334 a.C. e nunca retornou. O mesmo foi verdade para muitos macedônios e gregos que o acompanharam. O que Alexandre esperara enfim realizar é hoje impossível de dizer. Pode ser que ainda não tivesse decidido como queria que seu império funcionasse. Alexandre era inteligente, sutil, implacável, desconfiado, em algumas ocasiões assustadoramente selvagem, em outras clemente e generoso. Seu exército era poderoso, mas demasiado pequeno para ter controlado o império pela força. Ele fundou cidades povoadas por colonizadores — em geral soldados veteranos — em muitos lugares, mas esses eram uma pequena minoria em meio à população total. A língua e a cultura gregas se disseminaram muito mais amplamente em consequência das conquistas de Alexandre, embora há que considerar que de forma esparsa.

O império de Alexandre era vasto demais para ser governado apenas como uma coleção de províncias da Macedônia. Com o passar dos anos, ele usou cada vez mais os nobres persas como governadores e administradores, bem como os soldados persas. Não havia macedônios e gregos o bastante com habilidades linguísticas e experiência para cumprir todos os papéis. Era muito mais prático recrutar homens locais, e isso trazia o benefício de propor a seus novos súditos um interesse em seu império. Aspectos do cerimonial da corte e da função do rei mudaram de um padrão macedônio tradicional para uma monarquia híbrida que incluía elementos persas assim como outras inovações. Alexandre assumiu honras e símbolos que eram no mínimo semidivinos, e pode até ter querido ir mais longe e ser adorado como um deus vivo. Contudo, mais uma vez devemos nos lembrar do fator tempo. Em pouco mais de uma década, houve muito pouca oportunidade para que qualquer aspecto do novo regime se consolidasse.[5]

Todos os vários territórios eram ligados diretamente a Alexandre, com nada mais a uni-los. Isso poderia não ter importado se houvesse um herdeiro claro e viável quando Alexandre morreu. Ele tinha um meio-irmão, Arrideu, que só teve consentimento para viver porque era considerado abobalhado. Apesar disso, ele foi nomeado rei. A última esposa de Alexandre, Roxana, filha de um chefe bactriano (e portanto do que hoje é o Afeganistão), estava grávida quando ele morreu. Alguns meses depois, em 322, ela deu à luz um menino que foi chamado de Alexandre IV e prontamente feito corregente. O império tinha agora dois monarcas governando conjuntamente, mas um era uma criança e o outro, um incapaz. O poder real era exercido pelo grupo de autoridades e oficiais mais antigos, a maioria dos quais estava na Babilônia durante esse período.

Um general chamado Pérdicas foi designado regente — Alexandre supostamente teria lhe entregado o seu anel de sinete em seus últimos momentos. Também supostamente, o conquistador moribundo teria retorquido que seu império deveria ficar para "o mais forte", e que "seus maiores amigos promoveriam uma grande disputa em seu funeral". Se de fato ele disse tais palavras, isso pode refletir o anseio por uma era heroica de um homem que dormia com um exemplar do épico de Homero, a *Ilíada*, sob seu travesseiro, ou uma compreensão realista do inevitável. Mesmo que ele tivesse escolhido um herdeiro adulto em seus últimos dias, é duvidoso que seu império tivesse permanecido coeso.[6]

Inicialmente, outros cooperaram com Pérdicas, enquanto buscavam consolidar bases pessoais de poder em meio a um clima de desconfiança e medo crescentes. Os homens mais importantes foram nomeados sátrapas, governadores regionais que em tese eram leais e controlados pelos monarcas e o regente. Ptolomeu, um parente distante de Alexandre então em seus 40 anos de idade, foi nomeado, a seu próprio pedido, sátrapa do Egito. Logo tornou-se claro que Pérdicas só poderia controlar os sátrapas pela força e que ele e seu exército não podiam estar em toda parte ao mesmo tempo. Em 321, ele marchou contra Ptolomeu, mas a campanha acabou em desastre com uma tentativa estabanada de atravessar o Nilo. Autoridades superiores de Pérdicas mataram o seu líder. Eles ofereceram o comando a Ptolomeu, mas, quando ele cautelosamente o recusou, o grosso do exército foi embora.

AS DUAS TERRAS   33

Esse foi apenas um episódio na longa e convoluta série de guerras entre os generais de Alexandre à medida que eles dilaceravam o seu império em lutas por poder pessoal. Ptolomeu foi um dos atores mais cautelosos, determinado a não arriscar perder o que já controlava. Os "jogos fúnebres" duraram quase cinquenta anos e quase todos os protagonistas principais morreram violentamente. Arrideu foi assassinado em 317 a.C. e Alexandre IV e sua mãe em 311 a.C. Eles não foram substituídos, e em nenhum momento nenhum dos generais rivais teve uma chance realista de reunir todo o império sob seu próprio controle. A perspectiva de qualquer homem alcançando supremacia incitava invariavelmente os demais a esquecerem as suas diferenças no momento e se unirem em oposição. Não obstante, os sátrapas continuaram a se intitular governadores, servindo a monarcas que já não mais existiam. Na Babilônia e no Egito, documentos oficiais eram inclusive datados segundo anos ficcionais no reinado do rei menino assassinado, Alexandre IV.[7]

Foi somente em 304–305 a.C. que Ptolomeu e os outros sátrapas abandonaram a simulação e se declararam reis. Ele foi ancestral de Cleópatra e por nove gerações a sua família governaria o império que ele criou no curso da luta com os outros ex-generais de Alexandre. Ptolomeu era macedônio e a própria Cleópatra foi a primeira da família a ser capaz de falar a língua egípcia — apenas uma das nove línguas em que se dizia que ela era fluente. Os ptolomeus falavam grego e durante séculos foi sinal de prestígio em sua corte ser capaz de falar o peculiar dialeto macedônio. Como veremos, eles eram os reis que controlavam o Egito, mas não originalmente reis do Egito. Não obstante, o Egito sempre foi a mais rica das suas posses e a última a cair.[8]

A casa de Lagus

Havia gregos no Egito bem antes de Alexandre chegar. Alguns vieram como negociantes e muitos mais como mercenários. Nos últimos séculos do Egito independente, os faraós confiavam fortemente em soldados profissionais estrangeiros, que estavam habituados com oponentes tanto estrangeiros quanto domésticos. Estes soldados, com suas religiões estrangeiras, nem sempre eram populares entre os egípcios. O próprio Alexandre chegou ao Egito no final de 332 a.C. Embora tenha vencido duas batalhas contra os persas e tomado Tiro e Gaza, a luta contra o rei persa Dario estava longe de ter acabado. Os persas não defenderam o Egito, e os egípcios, que não tinham nenhum amor pelos persas, parecem ter dado boa acolhida a Alexandre como libertador. De todo modo, eles não estavam em posição de resistir, mas pode ter havido um entusiasmo genuíno quando Alexandre foi nomeado faraó. Ele passou vários meses no Egito, e alguns avaliaram que essa permanência fora mais prolongada do que a situação estratégica permitia, dando tempo a Dario para se reagrupar.

O mistério cerca a longa marcha que ele fez no deserto ocidental para chegar ao oásis de Siuá com seu templo ao deus Ámon, equiparado pelos gregos a Zeus. O santuário era célebre por seu oráculo e acreditou- -se amplamente que o sacerdote que atuou como porta-voz do deus deu boas-vindas ao conquistador como filho de Ámon. Uma tradição alegava que isso teria sido um lapso verbal. Menos controversamente, Alexandre projetou e começou a construção de Alexandria. Essa não foi a única cidade fundada por ele e que ostentava o seu nome, mas se mostraria de longe a mais importante. Um homem chamado Cleômenes, oriundo de uma comunidade grega no Egito, foi nomeado governador quando Alexandre partiu na primavera de 331 a.C., jamais retornando ao Egito em vida.[9]

Logo depois que veio para o Egito como sátrapa em 323 a.C., Ptolomeu depôs Cleômenes e o executou. Em 321 a.C., seus homens interceptaram o grande cortejo fúnebre de Alexandre em seu caminho para a Macedônia e, em vez disso, trouxeram seu corpo mumificado para o Egito, o qual foi finalmente acomodado numa tumba especialmente construída em Alexandria. O próprio Ptolomeu escreveu uma história detalhada das campanhas de Alexandre, ajudando a dar forma ao mito do conquistador de maneira favorável às suas próprias ambições.

AS DUAS TERRAS

Ptolomeu começou com relativamente poucos soldados. Ele e seus sucessores estimularam imigrantes da Grécia e da Macedônia a se estabelecerem no Egito. Desde o começo, Alexandria deveria ser uma cidade abertamente grega, com suas próprias leis inspiradas naquelas de Atenas. Mercenários servindo apenas por dinheiro não eram plenamente confiáveis e se inclinavam a mudar de lado se a campanha lhes fosse desfavorável. Consequentemente, os ptolomeus concederam aos seus soldados lotes de terra conhecidos como clerúquias a fim de interessá-los no novo regime. Não era uma ideia nova, mas foi levada a cabo rapidamente e em escala generosa. Oficiais recebiam mais do que soldados comuns, a cavalaria mais do que a infantaria. Os produtos dessas propriedades eram taxados, mas a principal obrigação dos colonizadores ou clerucos era servir no exército do rei. Pelo menos em uma ocasião, quando alguns soldados de Ptolomeu foram capturados por um líder rival, eles preferiam ficar prisioneiros, em vez de desertar, na esperança de finalmente retornar ao Egito. A deserção era extremamente incomum.[10]

No século III, o Egito pode ter tido uma população tão importante quanto 7 milhões de habitantes. Provavelmente, 500 mil viviam em Alexandria. Poucas outras cidades, como Mênfis, podem ter tido populações com um décimo desse tamanho, mas a maior parte delas era menor. Os ptolomeus foram menos entusiastas que outros sucessores em fundar cidades, e a maior parte das pessoas vivia em povoados, mais adaptados a abrigar uma força de trabalho agrícola. O Delta e o Vale do Nilo continuaram a ser densamente ocupados. Os ptolomeus também desenvolveram a região do Faium a oeste, criando sistemas de irrigação em torno do lago Moeris e alhures para possibilitar a agricultura. Muitas clerúquias foram ali estabelecidas, assim como grandes propriedades arrendadas a gregos proeminentes e ricos. Isso acrescentou uma terceira área densamente povoada ao país. O desenvolvimento dessa área teve a vantagem de aumentar a escala das safras, as quais o rei podia taxar. Ao mesmo tempo, ele recompensava seus soldados e seguidores sem ter que expulsar grandes contingentes de egípcios de suas terras.[11]

A população do Egito permaneceu esmagadoramente rural sob os ptolomeus; ela também era esmagadoramente egípcia. Mesmo nas clerúquias, o grosso do trabalho real era feito por egípcios; havia pouquíssimos escravos fora de Alexandria. Em muitos casos, os clerucos alugavam a agricultores arrendatários parte da sua terra ou toda ela. O serviço militar afastava os próprios clerucos, mas com o tempo muitos se tornaram ausentes senhores de terras que viviam de renda.

Os gregos permaneceram uma pequena minoria ao longo de todo o governo dos ptolomeus. Era claramente impossível para as duas comunidades viverem em completo isolamento. Contudo, raramente alguma palavra egípcia entrou para o vocabulário grego e é surpreendente o quanto as duas culturas permaneceram separadas ao longo dos séculos. Havia códigos de leis egípcios e gregos separados, com seus próprios juízes e suas próprias cortes. Às vezes, indivíduos de um grupo tinham aspectos particulares de sua vida regulamentados sob o outro código legal, se isso parecia vantajoso. As leis egípcias conferiam consideravelmente mais direitos às mulheres e eram frequentemente empregadas pelas famílias gregas desejosas de que suas filhas herdassem propriedades. Um papiro sobrevivente do começo do século I a.C. (portanto, mais de duzentos anos depois que Ptolomeu I assumiu o controle do Egito) é o testamento de um soldado egípcio a serviço dos ptolomeus. Ele está escrito em demótico — a forma da língua egípcia escrita com alfabeto em vez de hieróglifos — mas a concepção e o estilo são gregos em todos os aspectos. Na maioria dos casos, a lei grega era dominante e nunca houve nenhuma tentativa de fundir os dois sistemas legais.[12]

Havia muitos egípcios ricos e influentes. Assim como fizera Alexandre, os ptolomeus assumiram a função religiosa dos faraós. Representados — e algumas vezes até em pessoa — eles desempenhavam os rituais necessários para garantir que a ordem prevalecesse sobre o caos e que o ciclo natural continuasse. A família gastou bastante em templos, e muitos dos mais espetaculares sítios de templos hoje visíveis no Egito foram substancialmente restaurados ou construídos pelos ptolomeus.

AS DUAS TERRAS   37

Grandes propriedades eram outorgadas a templos particulares para sustentar os cultos. Sacerdotes eram homens de importância considerável e atuavam como juízes em casos que envolviam a lei egípcia.

Outros egípcios serviam na burocracia real. Essa era ampla e complexa e tinha como função principal a arrecadação dos impostos: havia coleta de parcelas da safra e impostos pagos em dinheiro. Mesmo o produto tomado de uma terra dedicada a um dos cultos praticados em templos passava pelas mãos da burocracia real. Nunca houve gregos em número suficiente para prover todos os escreventes e funcionários necessários; em particular, nunca houve bastante deles capazes de falar a língua nativa. Resulta que sempre houve grandes contingentes de egípcios em todos os níveis da administração e, com o tempo, também do exército. Muitos eram capazes de ler e escrever em grego tão bem quanto em sua própria língua e em geral adotavam nomes gregos para certos aspectos de suas vidas, ao passo que mantinham os seus próprios nomes em outros contextos.

Um exemplo disso é Menches ou Asclepíades, um escrevente de povoado no final do século II a.C. Um funcionário nesse nível da administração precisava ser fluente em ambas as línguas. Na sua atribuição de funcionário, ele era sempre chamado de Menches, talvez porque na maior parte do tempo lidasse com egípcios. Em certo texto, entretanto, ele orgulhosamente se autodenominava um "grego nascido nesta terra". Etnicamente, ele parece ter sido predominantemente — talvez inteiramente — egípcio, mas o conhecimento do grego dava a ele e à sua família um status distinto. Em muitos aspectos, tratava-se tanto de uma questão de classe quanto de raça.[13]

Havia alguns gregos pobres no Egito ptolemaico e consideravelmente mais egípcios ricos. A maior parte desses últimos adotava alguns aspectos da cultura grega e certamente empregava a língua, pelo menos ao desempenhar funções públicas. A maioria dos egípcios, contudo, não era especialmente rica e trabalhava na terra. Alguns possuíam ou arrendavam campos, mas a maior parte deles era de trabalhadores remunerados em espécie. Isso foi verdade ao longo de toda a história do Egito. Não há nenhuma grande indicação de que os ptolomeus explorassem a força de trabalho mais brutalmente do que governantes anteriores. De início, é possível que eles o tenham feito mais eficientemente, e com certeza expandiram de forma significativa a área sob cultivo.

Alguns indivíduos circulavam em ambas as comunidades, e ao longo dos anos houve alguns casamentos mistos. Contudo, a despeito disso, a separação das comunidades grega e egípcia perdurou. Os gregos eram dominantes, mas não podiam ter governado nem tirado proveito do Egito sem a complacência e a assistência de grandes contingentes de egípcios, os quais se beneficiavam do regime. A religião egípcia exigia um faraó que ajudasse a preservar a Maat. Os reis persas cumpriram essa função apenas nominalmente durante os anos de ocupação. Então, os ptolomeus a assumiram. Eles apoiaram os templos, cujos sacerdotes desempenhavam todos os ritos necessários para conter as forças do caos. Não obstante, os ptolomeus eram em primeiro lugar e acima de tudo reis gregos que sempre ambicionaram territórios fora do Egito, do antigo império de Alexandre. Não há nenhuma indicação de que eles tenham algum dia pensado em si mesmos como algo além de gregos e, mais especificamente, macedônios. Três séculos de domínio do Egito não mudaram isso.

2. A "Loba": República de Roma

Em 273 a.C., o rei Ptolomeu II enviou embaixadores a Roma. Foi o primeiro contato formal entre os dois Estados. Os romanos tinham derrotado recentemente a cidade grega de Tarento, na Itália meridional, e controlavam então toda a Itália ao sul do rio Pó. Tarento tinha sido ajudada pelo rei Pirro de Épiro, um dos comandantes militares mais talentosos a surgir nas guerras travadas pelos sucessores de Alexandre. Ele tinha batido os romanos numa série de batalhas, mas sofreu perdas tão pesadas no processo que não pôde continuar a luta — a origem da expressão "vitória de Pirro". Pirro fora certa vez um protegido de Ptolomeu I, mas as alianças tendiam a mudar rapidamente durante os "jogos fúnebres" de Alexandre. Foi uma satisfação para o rei ver um rival potencial derrotado, especialmente por um povo tão distante quanto os romanos.

Os embaixadores foram bem-vindos e relações amigáveis foram estabelecidas. O comércio também foi encorajado. Os romanos ainda não tinham feito nenhuma tentativa de expansão além da Itália. Da perspectiva mediterrânea oriental, eles eram uma potência distante e antes menor, porém bem-sucedida o bastante para fazer-se notar. Os ptolomeus estavam geralmente em bons termos com Siracusa, a mais poderosa cidade grega na Sicília, e também com Cartago, a rica potência comercial cujas frotas dominavam o Mediterrâneo ocidental.[1]

Roma fora fundada no século VIII a.C. — segundo o mito, a fundação foi obra de Rômulo em 753 a.C. Os romanos não começaram a escrever história até o final do século III a.C. e tinham pouco conhecimento confiável sobre o passado distante. Autores gregos mostraram pouco interesse por eles até que gradualmente os romanos impuseram o seu estilo no cenário mundial. Em 264 a.C., os romanos enviaram um exército à Sicília. Foi a primeira vez que legiões saíram da península italiana. Os cartagineses ressentiram-se dessa intervenção numa área que eles consideravam estar inteiramente dentro da sua esfera de influência. O resultado foi a Primeira Guerra Púnica, sustentada por mais de duas décadas a pesados custos para ambos os lados. Os romanos se mostraram consistentemente mais agressivos e mais obstinados em prosseguir a guerra, e por fim os cartagineses cederam.

A arrogância dos romanos deixou muitos cartagineses profundamente revoltados e uma segunda guerra foi travada em 218 a.C. Dessa vez, Aníbal liderou um exército desde a Espanha, passando pelos Alpes e entrando na própria Itália, onde infligiu uma série de derrotas surpreendentes aos romanos. Em três anos, quase um quarto da população masculina adulta romana e mais de um terço de sua aristocracia haviam sido mortos. Alexandre conquistara a Pérsia em três batalhas importantes e alguns cercos; Roma, contudo, se recusava sequer a negociar com Aníbal após essa série de derrotas acachapantes. A República Romana tinha imensos recursos e mais uma vez se mostrou disposta a dedicar-se a fazer guerra com obstinação e determinação verdadeiramente notáveis. Os cartagineses foram derrotados na Sicília e na Espanha, e finalmente a invasão romana da África do Norte os forçou a chamarem Aníbal de volta da Itália. Quando ele foi derrotado em Zama em 202 a.C., Cartago mais uma vez capitulou.

As duas grandes guerras com Cartago puseram Roma no caminho do império mundial. Na Primeira Guerra Púnica, os romanos criaram uma marinha de guerra e conseguiram derrotar Cartago, que tinha longa tradição marítima. Na Segunda Guerra Púnica, os romanos se habituaram a níveis maciços de mobilização, enviando exércitos simul-

A "LOBA": REPÚBLICA DE ROMA   41

taneamente a vários teatros distantes e mantendo-os lá. Nesse processo, eles adquiririam as suas primeiras províncias ultramarinas — Sicília, Sardenha e Córsega, Espanha e Ilíria — que precisaram ser governadas e guarnecidas por forças militares.

Os ptolomeus assistiram a luta entre Roma e Cartago, mas evitaram cuidadosamente serem tragados por ela. Durante a Primeira Guerra Púnica, os cartagineses pediram a eles um empréstimo substancial para financiar seu esforço de guerra, mas o pedido foi negado por causa de sua aliança com Roma. Não obstante, em 210 a.C., durante o auge da Segunda Guerra Púnica, os romanos enviaram uma missão diplomática a Alexandria solicitando adquirir grãos, e Ptolomeu IV concordou em fornecer. A neutralidade foi preservada, mas realmente parece ter havido mais simpatia por Roma, muito possivelmente porque Cartago era vista como uma ameaça potencial maior.[2]

O reino da Macedônia não avaliou tão bem a situação. Preocupado com a crescente presença romana nas suas fronteiras ocidentais na Ilíria, o rei Filipe V pressentiu uma oportunidade quando Aníbal invadiu a Itália. Ele se aliou aos cartagineses e declarou guerra a Roma. Os romanos ficaram ultrajados com o que julgaram ser uma punhalada não provocada nas costas e enviaram um exército para a Macedônia. Finalmente, tendo perdido os seus aliados locais e necessitando de todos os seus recursos para lutar contra Cartago, os romanos aceitaram uma paz negociada com a Macedônia, a qual os ptolomeus ajudaram a arranjar. O ultraje permaneceu e, quase imediatamente após a vitória na Segunda Guerra Púnica, os romanos declaram guerra a Filipe V. A Macedônia foi derrotada em apenas poucos anos.[3]

Dois rivais principais dos ptolomeus tinham emergido das guerras entre os sucessores de Alexandre. A Macedônia era um deles e o outro era o Império Selêucida da Síria. Os selêucidas intervieram na Grécia depois da derrota de Filipe V, mas sua expedição foi brutalmente atacada pelos romanos. Não contentes com isso, o exército romano foi enviado para a Ásia Menor. Filipe V apoiou a campanha romana, provando a sua lealdade para com eles e ao mesmo tempo prejudicando um rival.

O exército selêucida foi esmagado em Magnésia em 189 a.C. Ao longo desses conflitos, os ptolomeus mantiveram a sua aliança estreita com Roma e ficaram assistindo enquanto seus dois rivais eram sucessivamente golpeados.

O filho de Filipe V, Perseu, também lutou contra Roma e não teve mais sucesso que o pai. Ele foi feito prisioneiro e seu reinado se dissolveu. Uma rebelião posterior finalmente convenceu os romanos a transformar a Macedônia numa província. Eles lutaram a sua terceira e última guerra contra Cartago por volta da mesma época. Em 146 a.C., Cartago foi violentamente atacada por um exército romano e a cidade foi completamente destruída; ela deixou de existir como entidade política. No mesmo ano, os romanos demonstraram o seu domínio sobre a Grécia ao capturarem e saquearem a famosa cidade de Corinto. O reino da Macedônia tinha acabado e o Império Selêucida estava gravemente enfraquecido, contudo os ptolomeus não entraram em conflito com os romanos. Não obstante, a potência menor com a qual eles se aliaram em 273 a.C. tinha então se transformado numa força dominante esmagadora no Mediterrâneo.

A República

A ascensão de Roma surpreendeu muitos gregos e incitou o historiador Políbio a escrever *História Universal sob a República Romana*, explicando exatamente como ela tinha acontecido. Enviado para Roma como refém, ele partira com o Estado-Maior do comandante romano que havia saqueado Cartago. Na introdução de sua obra, ele se pergunta: "quem é tão imprestável e indolente a ponto de não querer saber por que meios e sob que sistema político os romanos, em menos de 53 anos, conseguiram sujeitar quase todo o mundo habitado exclusivamente ao seu governo."[4]

Seguindo uma tradição longamente estabelecida do pensamento político grego, Políbio acreditava que o sistema político de Roma deu a ela uma estabilidade e uma força de que outros Estados careciam.

A "LOBA": REPÚBLICA DE ROMA

Originalmente, Roma havia sido governada por reis, mas o último deles fora expulso ao final do século VI a.C. — a data tradicional é 509 a.C. — e a cidade se tornou uma república. Ela não tinha uma constituição formal, mas, em vez disso, uma mescla de lei, convenção e precedente deu forma ao seu governo ao longo dos séculos. O princípio mais importante a fundar esse sistema era a recusa de permitir que qualquer grupo ou indivíduo tivesse poder supremo permanente.

O governo era formado por três elementos. A autoridade executiva cabia a magistrados, todos eleitos. Em quase todos os casos, eles serviam por somente um único ano e não podiam tentar a reeleição ao mesmo posto antes de transcorrer uma década. Em todos os casos, eles serviam com um ou mais colegas que tinham o mesmo poder. Os magistrados mais importantes eram os dois cônsules. Os poderes civil e militar não eram separados em Roma, e os cônsules lideravam os exércitos romanos em suas campanhas mais importantes e também formulavam leis e levavam a cabo outras incumbências pacíficas em Roma.

Os magistrados tinham poderes consideráveis, mas nenhuma permanência. A continuidade era provida pelo Senado, um conselho consultivo consistindo em ex-magistrados e outros homens ilustres. Havia trezentos senadores e todos tinham que ser nascidos de ventre livre e possuir riqueza considerável. O Senado não podia aprovar leis, mas editava decretos que eram normalmente respeitados. Leis só podiam ser aprovadas por votação das Assembleias Populares. Elas também elegiam os magistrados e aprovavam a declaração de guerra ou de paz. As Assembleias não podiam introduzir nem debater questões nem modificar de modo nenhum projetos de lei. Elas só podiam votar sim ou não para uma proposta e, no caso de eleições, escolher candidatos de uma lista.

As cidades-Estado gregas se mostraram desesperadamente predispostas a revoluções internas, mas Roma, ao contrário, conseguiu evitá-las durante séculos. Ao passo que o domínio de monarcas ou tiranos tornou-se comum no mundo helênico a partir do século IV a.C., isso não aconteceu em Roma. As poucas democracias gregas que sobreviveram reduziram o número de cidadãos elegíveis pelo voto, restringindo essa possibilidade aos ricos, enquanto, em contraposição, a República ostentava uma habilidade única de expandir-se e absorver outros cidadãos. As cidades gregas sempre foram extremamente ciosas de sua cidadania, em especial no apogeu da democracia ateniense. Em Roma, escravos livres obtinham cidadania, com apenas umas poucas restrições aos seus direitos, algo que teria sido inimaginável na maioria das comunidades gregas, e seus filhos eram cidadãos de pleno direito em todos os aspectos. Comunidades inimigas derrotadas em toda a Itália com o tempo recebiam direitos em massa. Na época de Marco Antônio, os habitantes livres de toda a Itália ao sul do Pó tinham se tornado romanos.

Havia milhões de cidadãos romanos, um número que apequenava o corpo de cidadãos até mesmo das maiores cidades-Estado gregas em seu apogeu. A força coletiva dos romanos possibilitou as derrotas de Pirro e de Aníbal. As legiões eram recrutadas entre todos os cidadãos ricos o bastante para custear o equipamento necessário. Consequentemente, os ricos, que podiam adquirir cavalos, serviam na cavalaria. Aqueles com renda mais mediana — em sua vasta maioria agricultores — lutavam como soldados da infantaria pesada, ao passo que os pobres e os jovens necessitavam apenas do modesto equipamento dos escaramuçadores. Os romanos se identificavam fortemente com a República. Eles estavam prontos a responder ao chamado do serviço militar do Estado, sujeitando-se à disciplina áspera e até brutal do exército. Nenhum outro Estado poderia ter absorvido o custo assustador em mortes infligido por Aníbal e continuado a reunir novos exércitos.

Ao final de um conflito, os exércitos eram dispersados e cada homem retornava para sua casa. O serviço militar era um dever para com a República e não uma carreira. Durante as Guerras Púnicas, alguns homens se viram servindo no exército por uma década ou mais. À medida que Roma se expandia e adquiria cada vez mais províncias ultramarinas, esses períodos longos de serviço tornaram-se normais. O serviço nas guarnições de províncias espanholas ou nas fronteiras da Macedônia oferecia poucas glórias ou pilhagens, com uma boa chance de morte

A "LOBA": REPÚBLICA DE ROMA

por doença ou em alguma obscura escaramuça. Tratava-se de um fardo considerável e significava que muitos soldados dispensados descobriam ao retornar que suas famílias não tinham sido capazes de manter as suas propriedades. Durante o século II a.C., muitos romanos acreditavam que a classe dos soldados agricultores, que era a espinha dorsal das legiões, estava encolhendo sob a pressão de períodos excessivamente longos de serviço. Inevitavelmente, isso só piorava o problema, pois o número diminuído de homens se via convocado mais frequentemente pelo Estado, e um número certamente maior caía em ruína. Outrora voluntariamente aceito — amiúde entusiasticamente — o serviço militar se transformou num fardo esmagador.[5]

A expansão ultramarina trouxe lucros maciços, mas os benefícios não eram repartidos com equidade. Magistrados que conduziam um exército à vitória ficavam fabulosamente ricos com os espólios de guerra, em especial se o inimigo fosse um dos Estados ricos do mundo grego. Além dos saques, centenas de milhares de pessoas eram aprisionadas e vendidas como escravas. Os generais ficavam com a parte do leão do dinheiro, mas também havia oportunidades consideráveis para as companhias privadas que lidavam com as vendas. A República não tinha quase nenhuma burocracia. Os magistrados enviados para governar uma província o faziam com uma equipe diminuta, suplementada por seus próprios empregados domésticos. Impostos eram recolhidos por companhias privadas que obtinham o contrato em leilões. Elas eram clamadas de *publicani* — daí os publicanos da Bíblia Autorizada — pois empreendiam os contratos públicos. Seu interesse era ganhar dinheiro. Assim, elas tinham que arrecadar mais dos provinciais do que repassavam para a República. Havia outras oportunidades de negócio no império e o simples fato de ser romano e ter relações com a nova grande potência era uma imensa vantagem.[6]

A riqueza afluía retornando à Itália e a lacuna entre os ricos e os pobres se ampliava. Senadores não deveriam se beneficiar empreendendo negócios além da posse de terras, embora muitos ignorassem secretamente essa regra. Muitas das fortunas feitas além-mar foram usadas para comprar grandes propriedades rurais, trabalhadas por mão de obra escrava. Escravos tornaram-se baratos, pois os prisioneiros das frequentes guerras inundavam o mercado. E, o mais importante, eles não podiam ser chamados para o serviço militar, à diferença dos trabalhadores ou arrendatários, que eram cidadãos. Havia lucros bons e constantes a serem feitos na lavoura e às vezes as condições criavam oportunidades ainda maiores. Para os grandes proprietários de terra, era sempre mais fácil explorar tais situações. No período final do século II e durante o século I, houve uma demanda quase insaciável de vinho italiano da parte das comunidades da Gália. Estima-se que cerca de 40 milhões de ânforas de vinho da Itália tenham sido enviadas ao norte dos Alpes somente no século I a.C.[7]

Os tempos eram bons para os ricos e para os grandes proprietários de terra, mas difíceis para os pequenos agricultores. Em 133 a.C., um senador ambicioso chamado Tibério Semprônio Graco afirmou que:

> As bestas selvagens que perambulam pela Itália têm seus antros e buracos para ficarem à espreita, mas os homens que lutam e morrem por nosso país desfrutam o ar e a luz comuns e nada mais... eles lutam e morrem para proteger o luxo de outros. Eles são chamados de os senhores do mundo, mas não possuem um único torrão de terra que seja verdadeiramente seu.[8]

Graco exagerou — esse discurso fez parte de uma campanha eleitoral bem-sucedida, e homens em busca de postos em todas as eras raramente moderam argumentos em defesa de suas causas. Alguns lavradores sobreviveram e até se deram bem sob as novas condições, mas um número significativo deles fracassou. A propriedade mínima para qualificação para o serviço militar teve que ser diminuída várias vezes ao longo do século II a.C., a fim de prover recrutas suficientes. Em última análise, a tradição de homens proprietários lutando em um exército acabou. No século I, as legiões eram recrutadas principalmente entre os pobres, para quem o serviço militar proporcionava uma renda estável e até mesmo uma carreira.

Primeiro e melhor

A vida pública romana era ferozmente competitiva. Havia mais magistraturas iniciantes do que postos de escalão superior e, assim, a simples aritmética significava que era mais difícil alcançar o consulado. Muitos senadores jamais exerceram qualquer magistratura. Membros de um pequeno grupo de famílias bem estabelecidas proviam um número desproporcionalmente alto de cônsules. Essas famílias tinham boa reputação e os eleitores tendiam a preferir nomes que eles reconheciam; e que também tinham a riqueza necessária para fazerem propaganda de si mesmos.

Conquistar um consulado era uma grande realização, trazendo a chance de propor legislação e incrementando a reputação do titular e de sua família. Ex-cônsules eram homens de status cuja opinião seria normalmente consultada em qualquer encontro do Senado. Os descendentes de um cônsul eram, a partir de então, contados como nobres (*nobiles*). O consulado também podia trazer a oportunidade de um comando provincial e o controle de um exército numa guerra mais importante — uma campanha militar bem-sucedida podia ser muito lucrativa.

Até mesmo governar uma província em tempos de paz oferecia copiosas oportunidades de enriquecimento. Os *publicani* e outros homens de negócios romanos eram propensos a ser generosos com qualquer governador que os ajudassem. Os próprios autóctones eram geralmente ansiosos por comprar com generosos presentes as boas graças do governador romano. Quando o contemporâneo de Antônio, o poeta Catulo, retornou do serviço no corpo de assessores de um governador provincial, ele afirmou que a primeira coisa que um amigo lhe perguntou foi: "Quanto você ganhou?" Alguns governadores foram processados depois de seu retorno por extorquirem dinheiro e outras más condutas nas províncias. Atribui-se a um governador romano ter dito que eram necessários três anos em um posto: no primeiro ano, o homem roubava o bastante para pagar suas dívidas; no segundo, ele ficava rico; o terceiro era reservado para ganhar dinheiro bastante para subornar o juiz e o júri do inevitável processo que sofreria ao retornar.[9]

Contudo, feitas as contas, nada se comparava com a glória associada à luta numa guerra vitoriosa. Idealmente, isso era completado por uma votação no Senado sobre o direito do comandante de celebrar um triunfo. Essa cerimônia celebrava as realizações do general. Era a única ocasião em que unidades formadas de soldados armados tinham permissão para marchar no centro da própria Roma, ao longo da Via Sacra, passando pelo Fórum Romano e pelo Monte Palatino. Colunas de prisioneiros e veículos puxados a cavalo transportando espólios de guerra e imagens de cenas da campanha progrediam com as tropas. O general vinha numa biga, vestido como as estátuas do deus mais importante de Roma, Júpiter Óptimo Máximo — o "Melhor" e o "Maior". Seu rosto era pintado de vermelho, pois as estátuas mais antigas do deus tinham sido feitas de terracota. Nesse dia, ele era homenageado quase como se fosse um deus. A tradição ditava que um escravo ficasse atrás dele, segurando a coroa de louros da vitória sobre a sua cabeça e sussurrando lembretes de que ele era apenas mortal.[10]

Homens que triunfaram tinham coroas de louro entalhadas no pórtico de suas casas como uma lembrança permanente de sua realização. A cada ano havia uma nova fornada de magistrados e novas guerras seriam travadas. A ânsia de conquistar glória e fazer fortuna no curto prazo do cargo era um fator principal a impulsionar o imperialismo romano. O Senado introduziu uma regra segundo a qual pelo menos 5 mil inimigos tinham que ser mortos em batalha antes de um general ter direito a um triunfo. É duvidoso que eles tivessem qualquer meio para garantir uma contagem acurada. Foi profusa a quantidade de homens a desfrutarem triunfos, o que significava que competia-se para alcançar uma vitória maior e mais espetacular sobre um inimigo famoso.

A reputação importava. Se um senador era tido como importante, então as pessoas o procurariam para favores e respeitariam a sua opinião. Reputação, magistraturas passadas, vitórias e outras realizações, tudo isso dava renome. A riqueza ajudava a propagandear o conjunto e a gerar prestígio em si mesma. Os homens mais importantes viviam fisicamente mais perto do coração da cidade, nas casas grandiosas e antigas nas encostas do Monte Palatino encimando a Via Sacra. Outro sinal de riqueza era a posse de grandes propriedades rurais trabalhadas por imensos grupos de escravos. O esplendor das casas, das vilas e jardins no campo oferecia mais provas visíveis de importância. Tesouros de arte do mundo grego eram trazidos de volta como despojos ou comprados para decorar as casas da elite de Roma.

Um homem podia candidatar-se ao consulado aos 42 anos de idade. Isso significa que, depois de desempenhar essa função suprema, ele podia esperar razoavelmente continuar na vida pública durante décadas. Uns poucos afortunados podem ter conseguido um segundo consulado dez anos depois, e um diminuto punhado pode até ter obtido um terceiro após mais uma década. Ocasionalmente, um homem recebia um segundo triunfo. A competição estava sempre presente. Os homens lutavam para conquistar postos contra outros candidatos, os quais amiúde também possuíam riqueza, reputação, capacidade e boas relações de família. Se conseguiam ganhar, então tentavam assegurar os cargos e comandos provinciais mais atraentes. Em seu retorno, eles competiam para fazer melhor uso da glória e da riqueza que conquistaram.

Não havia partidos políticos em Roma, conforme nós os entendemos. A política era um negócio individual, pois ninguém podia compartilhar uma magistratura ou uma honra. As famílias cooperavam e também, às vezes, grupos de amigos, mas tais alianças eram fluidas e impermanentes. Homens em busca de postos raramente defendiam alguma política específica. Eleitores escolhiam candidatos com base no seu caráter e na sua capacidade, em vez dos seus ideais. Eleições anuais significavam que o equilíbrio de poder mudava constantemente. Magistrados, especialmente cônsules, eram de imensa importância em seu ano de ofício — o ano era oficialmente chamado pelos seus nomes. Posteriormente, eles podiam ter influência, mas novos cônsules detinham o poder real. Tudo

50 ANTÔNIO E CLEÓPATRA

isso reforçava o ideal constitucional de que ninguém deveria chegar a possuir poder permanente e desse modo dominar o Estado.

A competição sempre foi feroz, mas até 133 a.C. ela permaneceu pacífica. Nesse ano, Tibério Graco morreu durante um distúrbio político. Sua cabeça foi esmagada por outro senador, que também era seu primo, com a perna quebrada de uma cadeira. Seus oponentes acusaram Tibério de querer ficar permanentemente no poder — e mesmo de querer ser rei. Apenas uma década mais tarde, o filho mais novo de Tibério, Caio, foi morto em outro surto de violência política, dessa vez muito mais organizado e de escala mais ampla. Em 100 a.C., outro político e seus seguidores foram massacrados após um violento tumulto de grande escala no Fórum. Em 88 a.C., um cônsul romano voltou suas legiões contra a própria Roma, tomando o poder e executando os seus oponentes. Marco Antônio nasceu enquanto a guerra civil que se seguiu a esse ato ainda assolava o cenário.

Há muitas razões pelas quais a visão de Políbio de uma constituição romana bem equilibrada e estável ruiu em pedaços no final do século II a.C., e nós devemos considerá-las em mais detalhe. No momento, vale apenas enfatizar que Marco Antônio nasceu e viveu numa República já fraturada pela violência da turba, pela discórdia e pela guerra civil. Ele nunca conheceria um tempo em que a República fosse estável do modo como tinha sido nos dias de Políbio e antes. Naquele tempo, ninguém podia imaginar senadores matando uns aos outros ou conquistando poder mediante uso direto de força militar. Para Marco Antônio e seus contemporâneos, tais coisas eram ameaças sempre presentes, que quase sempre se tornavam realidade.

3. Os ptolomeus

O reino dos ptolomeus estava em seu auge no século III a.C., ajudado pela longevidade dos primeiros três monarcas. Ptolomeu I estava bem avançado em seus 80 anos quando morreu, em 282 a.C., e tinha governado o Egito como sátrapa e depois como rei por 41 anos. Viver tanto tempo e morrer uma morte pacífica não foi de modo algum uma realização menor de um dos principais protagonistas dos jogos fúnebres de Alexandre, o Grande. Ele já havia feito um de seus filhos cogovernante vários anos antes e a sucessão foi suave e inquestionada. Ptolomeu II governou até 246 a.C., quando foi por sua vez sucedido por seu filho, Ptolomeu III, que governou até 221 a.C.

Foi mais que um acaso — e muito menos terá sido falta de imaginação — que todos os reis da linhagem de Ptolomeu também se chamassem Ptolomeu. Os generais de Alexandre repartiram o seu império e fizeram-se reis, mas os novos reinos que criaram careceram de qualquer legitimidade óbvia ou coerência natural. O Egito foi bem estabelecido como reino, apesar de os ptolomeus não reivindicarem nenhum direito particular de fazê-lo. Eles também anexaram a Cirenaica a oeste, e por grande parte do século III a.C. controlaram a Palestina, partes substanciais da Ásia Menor e da Síria, assim como Chipre e outras ilhas egeias. Nada havia, exceto o seu domínio, que unisse essas regiões, e havia muitos competidores prontos a questioná-lo. A não ser pela Macedônia, o império de Alexandre, o Grande foi uma terra "conquistada pela lança" — o prêmio de conquistas. Isso era efetivamente verdade sobre os novos reinos, e os reis sucessores governavam em última análise por direito de conquista. Não obstante, terras conquistadas em guerras podiam, com a mesma facilidade, ser perdidas em guerras, especialmente em guerras travadas contra inimigos que falassem a mesma língua e viessem da mesma cultura. Nada de óbvio unia os povos do reino dos ptolomeus contra os reis selêucidas ou macedônios.[1]

Ptolomeu era longinquamente aparentado com a família real macedônia, mas a ligação não chegava a ser próxima o bastante para justificar seu domínio. Espalhou-se um rumor — talvez estimulado pelo rei — afirmando que Filipe II havia seduzido a mãe de Ptolomeu e era o seu verdadeiro pai. Deu-se mais ênfase à tradição de que sua família descendia de Hércules, exatamente como a família real macedônia. Nada disso o tornava, de modo algum, herdeiro mais legítimo de Alexandre, o Grande, do que qualquer outro dos sucessores. No fim das contas, coube a Ptolomeu e a seus herdeiros construírem a sua própria legitimidade.[2]

Havia sempre dois aspectos distintos quanto à sua realeza. No Egito, ele e seus sucessores eram faraós. Para reforçar esse ponto, Ptolomeu II foi coroado numa cerimônia elaborada na velha capital em Mênfis, como o foram os ptolomeus posteriores. Os cultos praticados em templos eram generosamente apoiados, e eles supervisionavam os ritos e rituais, tratando-os com respeito. Saques feitos em templos durante a ocupação persa foram recapturados e devotamente devolvidos pelos ptolomeus. Contudo, é muito difícil saber até que ponto qualquer dos reis desempenhou um papel ativo nos ritos religiosos. Muito se fazia em seu nome — e à custa deles — para preservar a ordem e a justiça contra o caos. Os egípcios necessitavam de um faraó e, como não havia nenhuma alternativa realista, os ptolomeus cumpriram esse papel, mesmo que eles e sua corte residissem na cidade abertamente grega de Alexandria.[3]

Gregos numa cidade grega — até uma época bem avançada no período romano, a cidade era chamada de "Alexandria perto do Egito" e não "no Egito" — desde o início, os ptolomeus se preocuparam muito mais

OS PTOLOMEUS

em receber o reconhecimento do mundo helenístico. Como os outros sucessores, eles se inspiraram pesadamente nos ideais de realeza, de monarcas como legisladores e benfeitores generosos. Ptolomeu I também se inspirou no exemplo de Alexandre, mas não o seguiu cegamente. Como quase todos os generais deste último, ele logo repudiou a esposa persa que tinha tomado no casamento em massa organizado pelo conquistador. O regime criado por Ptolomeu era puramente helênico, não uma fusão de culturas. Algumas imagens do Egito foram promovidas para emprestar grandeza e antiguidade ao novo regime, mas elas eram mais o produto de estereótipos gregos do que a realidade da cultura egípcia. À diferença de Alexandre, Ptolomeu teve de fato a vantagem de décadas de domínio para estabelecer seu reinado, e o processo continuou sob seu filho e seu neto. Fundador de uma nova dinastia, houve muita ênfase sobre a virtude excepcional do próprio Ptolomeu. Como Alexandre, ele recebeu honras que eram pelo menos semidivinas e se pôs em movimento rumo a uma divindade plena. Ele adotou o nome Sóter ("Salvador"), tendo sido assim proclamado pelos rodienses, por tê-los ajudado numa guerra contra um dos sucessores rivais.[4]

A cultura era importante para a imagem pública dos ptolomeus. A história de Alexandre escrita por Ptolomeu I era muito respeitada como obra literária. A criação de um Museu e Biblioteca em Alexandria pretendia situá-los no coração do mundo intelectual grego e, por extensão, igualmente no mundo político. O Museu — o nome significa literalmente "santuário/templo das musas" — provia acomodação e facilidades generosas para filósofos destacados que vinham de todo o mundo grego. A Biblioteca foi planejada para coletar toda a literatura grega, a fim de garantir a sua preservação e pureza — estudiosos trabalharam para estabelecer os textos mais acurados de clássicos como os épicos de Homero. Ptolomeu I foi um coletor de livros particularmente agressivo. O rei pagou a Atenas uma pesada fiança para convencê-los a emprestar os manuscritos originais dos grandes escritores do período: Ésquilo, Eurípides e Sófocles. Conforme revelou-se, ele guardou os originais e mandou de volta as cópias, preferindo abrir mão do seu dinheiro. Diz-se que um dos ptolomeus posteriores ordenou que livros fossem confiscados de todo e qualquer navio que chegasse a Alexandria. Eles eram copiados e as cópias devolvidas aos seus donos, enquanto os originais permaneciam na Biblioteca.[5]

Ptolomeu I criou um novo reino e enfatizou seu poder, sua riqueza e sua beneficência como prova de que merecia governar. Chamar o seu filho e herdeiro de Ptolomeu reforçava as associações régias do nome. Ptolomeu II reverenciou seu pai fundando um festival chamado Ptolemaieia, modelado segundo os Jogos Olímpicos e realizados em Alexandria. Um decreto de Samos concordando em participar explicava que "Ptolomeu Sóter foi responsável por muitas grandes bênçãos para os ilhéus e os outros gregos, tendo libertado cidades, restaurado suas leis, restabelecendo para todos a sua constituição ancestral e remitindo seus impostos", e que seu filho "continua a mostrar a mesma boa vontade". O festival ajudou a confirmar alianças, mas mais geralmente reforçou a grandeza do nome de Ptolomeu. Não era um reino do Egito — ou com efeito de alguma região estabelecida — mas o reino dos ptolomeus. O próprio nome tornou-se efetivamente um título. Ptolomeu II muito fez para moldar o culto divino que cercava a sua família.[6]

Os reis da Macedônia tendiam a ter mais de uma esposa, principalmente por razões políticas. Esposas existentes em geral não eram objeto de divórcio, mas elas e seus filhos podiam perder favores e proeminência. O casamento de Filipe II com uma esposa mais jovem — coincidentemente chamada Cleópatra — precipitou o seu assassinato e a ascensão de Alexandre. Os ptolomeus continuaram esta prática. Ptolomeu II só veio a nascer em 308 a.C., e não era nem o filho mais velho nem fruto do primeiro casamento. Por sua vez, ele se casou duas vezes. Ambas as mulheres chamavam-se desconcertantemente Arsínoe, mas o que chocou a opinião na época foi que sua segunda esposa também era sua irmã germana. Não havia precedente para tal união incestuosa na cultura macedônia nem na grega. Na época, as pessoas podem ter acreditado

OS PTOLOMEUS

que os faraós do Egito oferecessem uns poucos exemplos disso, mas há poucos indícios de que isso tenha inspirado a decisão de Ptolomeu II.

Arsínoe II foi uma criatura verdadeiramente notável numa era de ambições espetaculares. O seu primeiro marido tinha sido Lisímaco, um dos generais de Alexandre, contemporâneo de seu pai e cerca de 45 anos mais velho que ela. Acreditava-se que ela o tenha estimulado a executar o seu filho mais velho de um casamento anterior, mas seus planos para fazer avançar as reivindicações de seus próprios filhos foram frustrados quando o marido foi morto em batalha pouco depois. Arsínoe casou-se então com seu meio-irmão Ptolomeu Cerauno, ou "Raio". Este último era distante do pai deles dois e estava construindo para si uma carreira particularmente assassina na Macedônia. Parece que ele a viu e aos filhos dela como perigosos rivais. Cerauno casou-se com Arsínoe e prontamente matou dois dos filhos dela. Ela conseguiu escapar, e um ano mais tarde Cerauno foi morto em batalha, lutando contra um exército invasor de gauleses.

Finalmente, Arsínoe foi para o Egito e, poucos anos depois, casou-se com Ptolomeu II, que era seu irmão cerca de oito anos mais novo. Ele exilou a sua primeira esposa, a outra Arsínoe, embora os filhos dela tenham permanecido em boas graças — o futuro Ptolomeu III seria um deles. A propaganda celebrou a união de irmão e irmã. Eles apareceram juntos em moedas, tornando Arsínoe a primeira mulher da família a ser representada numa moeda enquanto em vida. Ela recebeu o nome de Filadelfo ("a que ama o irmão"). Houve comparação com Zeus e sua irmã e esposa Hera, e em benefício dos egípcios com os irmãos Ísis e Osíris. Tudo isso contribuiu para a divindade crescente dos ptolomeus. Eles eram especiais, não eram submetidos às mesmas regras ou restrições que os mortais comuns.

Não há dúvida de que Arsínoe fosse fascinante, ambiciosa e politicamente experiente, e ela assistiu competentemente o seu irmão até a sua morte em 270 a.C. Imagens em moedas e estatuária a representam como alguém atraente, talvez até bonita. É difícil acreditar que a ideia de casamento não tenha se originado com ela, ou, igualmente, que seu irmão não tenha sentido por ela uma paixão genuína. Talvez fosse até uma paixão recíproca. Vale a pena lembrar que, até a sua chegada ao Egito, eles tinham se visto pouco um ao outro. E também havia as vantagens políticas da união. A ênfase na natureza especial e na majestade dos ptolomeus foi reforçada por afirmações de que somente alguém de seu próprio sangue seria digno de tornar-se marido ou esposa. Mais praticamente, isso evitou que qualquer outra família ambiciosa pudesse reivindicar o trono.[7]

Esta última preocupação pode não ter sido a principal nas mentes de Ptolomeu II ou Arsínoe II. Ptolomeu III casou-se fora da família, mas seu filho Ptolomeu IV casou-se com sua irmã, Arsínoe III. Desse ponto em diante, o casamento fora da família real tornou-se exceção. Irmãos casavam-se com irmãs, sobrinhos casavam-se com tias e tios casavam-se com sobrinhas, tornando a árvore genealógica dos ptolomeus notavelmente complicada. O choque inicial do casamento entre Ptolomeu II e Arsínoe II se dissipou, e depois eles foram celebrados no culto real como os "irmãos deuses (*Theoi Adelphoi*). Nenhuma das outras dinastias helenísticas importantes copiou a prática em um nível que sequer se aproximasse do mesmo grau, mas parece ter havido uma aceitação geral de que isso era apenas e simplesmente o que os ptolomeus faziam. Da mesma forma, embora as outras dinastias tendessem a limitar-se a uma pequena seleção de nomes, nenhuma outra linhagem chamou todos os seus reis pelo mesmo nome.

Intriga e rebelião

Ptolomeu IV foi chamado Filopátor ("o que ama o pai"), mas claramente a sua atitude para com a família mudou. Quando seu pai morreu em 221 a.C., Ptolomeu IV mandou matar um dos seus irmãos, juntamente com os seus partidários, e casou-se prontamente com sua irmã. Políbio

OS PTOLOMEUS   57

acusou o jovem rei de embriaguez e de ser mais afeiçoado a faustos do que o era à administração. Os resultados foram derrotas no estrangeiro e complôs internos contra ele. Esse quadro não é inteiramente justo, pois Ptolomeu IV teve seus sucessos — mais notavelmente derrotando os selêucidas na Batalha de Ráfia em 217 a.C. Contudo, houve perdas consideráveis de território, ao passo que em Alexandria a sua corte passou a ser dominada por favoritos, e, ao ser assassinado por alguns dos seus cortesãos de alto escalão em 204 a.C., ele deixou seu reino mais fraco do que quando o encontrou. Seu filho Ptolomeu V era uma criança de 6 anos e seguiu-se uma disputa violenta para controlar a criança e tornar-se regente. A mãe do menino, Arsínoe III, foi apenas uma das vítimas. Uma sucessão de ministros poderosos tomou brevemente o controle, antes de cada um cair perante seus inimigos ou a ira da turba alexandrina.[8]

Nós sabemos de uma rebelião egípcia de curto fôlego logo depois da ascensão de Ptolomeu III, mas revoltas muito mais substanciais começaram a eclodir durante o reinado de seu filho. Grandes contingentes de egípcios tinham sido recrutados para lutar na campanha de Ráfia, servindo pela primeira vez nas falanges de infantaria, a parte mais importante do exército. Políbio afirmou que esses homens voltaram para casa com uma nova percepção de sua própria força. Os detalhes das rebeliões que se seguiram não são claros, mas de fato parece ter havido nelas um elemento nacionalista. Houve uma revolta na região do Delta, mas os levantes mais bem-sucedidos foram de longe os do Alto Egito, onde dois faraós egípcios foram proclamados e mantiveram o poder por cerca de vinte anos. Foi somente em 186 a.C. que por fim eles foram derrotados pelas tropas de Ptolomeu V.[9]

A célebre Pedra de Roseta, descoberta em 1799 e hoje no Museu Britânico, ostenta um decreto editado em Mênfis em 196 a.C. por uma assembleia de sacerdotes egípcios. O texto é repetido em hieróglifos, demótico e grego, e foi por isso que Champollion e outros foram capazes de decifrar o segundo e fazer progressos substanciais na compreensão do primeiro. O decreto menciona que Ptolomeu V puniu homens que se rebelaram contra seu pai e faz referência aos rebeldes como "ímpios", ao mesmo tempo que afirma que estátuas do rei iriam ser colocadas em todos os templos. Embora nunca mais houvesse outros faraós egípcios, rebeliões continuaram a ocorrer em todas as gerações, ou quase.[10]

Os problemas no Egito eram compostos por ameaças de fora, pois macedônios, selêucidas e outras potências menores foram rápidos em se aproveitar da fraqueza dos ptolomeus. A frota ptolemaica deixou de dominar o Mediterrâneo oriental. A Palestina foi perdida, juntamente com a maior parte da Ásia Menor e muitas das ilhas. A certa altura, os reis macedônios e selêucidas fizeram um pacto secreto para dividir o território ptolemaico entre eles, mas desconfianças recíprocas e o poder crescente de Roma impediram de uma vez por todas que isso se realizasse. O selêucida Antíoco III ameaçou o Egito e impôs um tratado através do qual Ptolomeu V casou-se com a filha do rival.[11]

O nome dela era Cleópatra, o primeiro membro da casa real ptole-maica a ter esse nome, embora ele fosse relativamente comum entre as mulheres macedônias. Além da última esposa de Filipe II, Alexandre, o Grande, também teve uma irmã chamada Cleópatra. (Apesar de todo o exotismo de sua sonoridade, nada havia de egípcio nesse nome.) Os ro-manos não foram informados sobre esse tratado até algum tempo depois de ele ter sido firmado, ficando mais do que um pouco desconfiados com essa nova aliança. Contudo, por um tempo o tratado manteve a paz e Cleópatra I mostrou ser uma rainha capaz, governando em conjunto com seu filho infante Ptolomeu VI depois da morte de seu marido em 180 a.C., aos 28 anos de idade, entre rumores de envenenamento. O novo rei recebeu o nome de Filométor ("o que ama a mãe"). Com a morte de Cleópatra I em 176 a.C., ele se casou com a filha dela, sua irmã germana, Cleópatra II (para uma árvore genealógica detalhada dos ptolomeus deste período, ver p. 496). Tanto o rei quanto a rainha eram crianças, e o poder real ficou com qualquer membro da corte capaz de controlá-los.

OS PTOLOMEUS

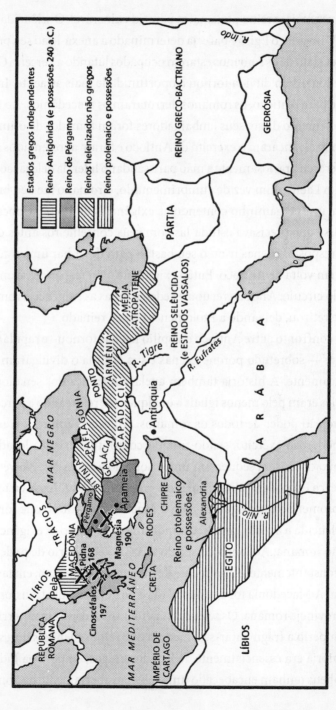

O mundo helenístico em 185 a.C.

Uma vez mais, o reino ptolemaico parecia vulnerável. O selêucida Antíoco IV invadiu o Egito e parecia determinado a anexá-lo ao seu próprio reino. O fato de os romanos estarem ocupados lutando a Terceira Guerra Macedônia sem dúvida tornou a oportunidade mais atraente. Infelizmente para Antíoco, os romanos derrotaram os macedônios. Ao tomar conhecimento disso, seus embaixadores foram tomados de otimismo. Quando alcançaram o exército de Antíoco e foram apresentados ao rei, ele ofereceu graciosamente a mão para saudar o líder da delegação, Caio Popílio Laenas. Em vez de cumprimentá-lo, o romano lhe deu bruscamente um pergaminho contendo as exigências de Roma. Chocado, o rei disse que precisava estudá-las com seus conselheiros antes de dar uma resposta. Laenas usou o seu bastão para desenhar um círculo no chão em volta de Antíoco. Então exigiu que o rei respondesse antes de sair do círculo. Antíoco recuou e cedeu a todas as exigências romanas. Ele se retirou, deixando a Ptolomeu VI o seu reinado.[12]

O confronto entre Antíoco e Popílio Laenas tornou-se rapidamente célebre — sobretudo porque Laenas e sua família o divulgaram entusiasticamente. A história também apelava à crença dos senadores de que eles eram pelo menos iguais a qualquer rei, reforçando a percepção do próprio poder de todos os romanos. Ali estava um rei à frente de um poderoso exército, sendo tratado como uma criança levada por embaixadores sem sequer um único soldado a apoiá-los. Na verdade, a ameaça do poder militar romano — distante talvez, mas já não mais comprometido numa guerra com a Macedônia — foi o que forçou o rei selêucida a aceitar tanto o comportamento quanto as exigências da missão romana. Ao longo do século II a.C., o equilíbrio de poder mudou constantemente, e finalmente de maneira esmagadora, em favor de Roma. A Macedônia foi desmantelada e posteriormente transformada em província romana. Os selêucidas perderam cada vez mais território, seu império a fragmentar-se à medida que reinos menores floresciam. A maioria era essencialmente de Estados gregos, embora na Judeia os macabeus tenham encabeçado uma rebelião abertamente nacionalista

OS PTOLOMEUS

e religiosa contra a política de helenização de Antíoco. Depois de uma luta implacável, os selêucidas foram derrotados e um reino judaico independente foi criado.

Os ptolomeus se aferraram a Chipre e à Cirenaica assim como ao próprio Egito, mas perderam a maior parte do restante de seu território. Eles evitaram o confronto direto com Roma e não sofreram, assim, as consequências diretas de uma derrota. Contudo, o contraste com a estabilidade do século III a.C. não poderia ter sido maior. Ptolomeu VI tinha sido fraco e com demasiada rapidez dominado por conselheiros. Seu filho e seu neto chegaram ambos ao trono ainda crianças. Durante décadas, a corte real tornou-se um lugar de intrigas, enquanto seus membros conspiravam, manobravam e matavam em nome do poder. Ptolomeu VI governou por um tempo conjuntamente tanto com a sua irmã/esposa quanto com seu irmão mais novo Ptolomeu (conhecido como Ptolomeu VIII por razões que serão explicadas a seguir). Por trás de cada um desses irmãos havia facções de cortesãos, que viam que seus próprios interesses eram mais bem servidos quando ganhavam mais poder — idealmente, poder exclusivo — para aquele que logravam dominar. Essa luta interna viciosa estava em curso quando Antíoco invadiu e Popílio Laenas o ameaçou, fazendo-o retirar-se.

Em 164, Ptolomeu VI fugiu para Roma, temendo que seu irmão o matasse. O Senado romano não chegou a colaborar decisivamente para reinstalá-lo no poder e, por isso, após um período, ele foi para Chipre e lá estabeleceu uma corte. Nesta altura, seu irmão era impopular em Alexandria e, por sua vez, foi para Roma em busca de ajuda. Seguiram--se vários anos de politicagem e violência ocasional, ambos os homens buscando apoio romano e tentando arranjar a partição do reino a seu favor. Ptolomeu VI acabou capturando o seu irmão quando esse tentou invadir Chipre, mas lhe perdoou e o comprometeu em casamento com sua filha, Cleópatra III, embora o casamento não tenha ocorrido nessa mesma etapa. Os últimos anos do seu reinado foram mais seguros, até que oportunisticamente ele liderou um exército para intervir numa guerra civil selêucida e foi morto.[13]

O filho de Ptolomeu VI tinha 16 anos e imediatamente se proclamou Ptolomeu VII Neo Filopátor ("o novo que ama o pai"), governando em conjunto com sua mãe. Entretanto, o irmão mais novo de seu pai estava na Cirenaica de olho no oeste e, através de agentes, conseguiu incitar a multidão em Alexandria a pedir seu retorno. Em sua chegada, ele se casou com Cleópatra II e mandou assassinar Ptolomeu VII durante as celebrações do casamento. O nome do garoto foi retirado dos documentos oficiais por uma geração. O novo rei tomou o nome de Evérgeta ("Benfeitor"), como Ptolomeu III, de modo que geralmente os estudiosos o chamam de Ptolomeu VIII Evérgeta II. A população de Alexandria era bastante menos formal e sempre mostrou que gostava de apelidar seus governantes. Para ela, ele era Fiscon ("Barrigudo"), ou o trocadilho Kakergetes, que significava "Malfeitor". Ele executou alguns dos seus oponentes e mandou muitos mais para o exílio. Nem os seus apoiadores estavam a salvo, e relatos sobre o seu reinado destacam atos de violência aparentemente aleatórios.

O casamento com sua irmã e viúva de seu irmão gerou um filho. Não obstante, Fiscon não ficou satisfeito e teve um caso com a filha de sua esposa, sua sobrinha, Cleópatra III. Eles se casaram e tiveram vários filhos. Para distinguir as duas Cleópatras, as inscrições amiúde registram a filha como "Cleópatra, a Esposa" e a mãe como "Cleópatra, a Irmã". Por um período, o trio governou o Egito, mas em 131 ou 130 a.C., deu-se a eclosão de um furioso levante em Alexandria, a multidão a favor de Cleópatra II. Fiscon e Cleópatra III fugiram para Chipre, deixando a Cleópatra mais velha numa situação de frágil controle do Egito. Ela proclamou o seu filho com Fiscon cogovernante. O menino tinha apenas 12 anos e não estava com ela. Ele havia caído nas mãos do pai, que não só matou o menino, como também mandou cortar o seu corpo em pedaços e enviou à sua mãe.

Seguiu-se a Guerra Civil, ocasião em que Fiscon invadiu o Egito e uma Cleópatra desesperada convocou a ajuda do selêucida Demétrio II, que era casado com uma de suas filhas com Ptolomeu VI. Ele se retirou

OS PTOLOMEUS

prontamente para a Síria para cuidar de problemas seus, e Cleópatra fugiu para juntar-se a ele. Entretanto, Demétrio foi derrotado e morto por um pretendente ao trono cuja reivindicação espúria era apoiada por Fiscon. Cleópatra II retornou a Alexandria em 124 a.C. e, em público pelo menos, reconciliou-se com seu irmão/marido e sua filha. Fiscon morreu em 116 a.c., ambas as suas esposas sobrevivendo a ele. Muito rapidamente houve uma nova rodada de intriga e assassinato, enquanto a família disputava o poder.[14]

Mundos em mudança

Fiscon tinha sido especialmente hostil para com a elite grega e a comunidade judaica de Alexandria, já que elas se mostraram mais propensas a apoiar Cleópatra II. O Museu foi virtualmente fechado e os filósofos fugiram para o estrangeiro, tratando de condenar claramente o nome de Fiscon nos círculos intelectuais. Ao contrário, ele era apoiado por amplos setores do sacerdócio egípcio. Gregos como Políbio acreditavam que ele favorecia os egípcios às expensas dos gregos, mas isso era um exagero considerável. Com o tempo, o número de egípcios que serviam na burocracia real tinha aumentado. Grandes contingentes também haviam servido no exército e foram estabelecidos em clerúquias, embora seja notável que em média recebessem lotes de terra significativamente menores do que os soldados "gregos". Contudo, como vimos, a mistura cultural de gregos e egípcios era extremamente limitada. Observadores romanos e gregos gostavam de falar da mescla de macedônios e de gregos com nativos. Para eles, isso era um sinal de declínio, explicando a decadência do reino ptolemaico. Assim, tais considerações devem ser tratadas com cautela. À medida que as posses ultramarinas eram perdidas, os ptolomeus tornaram-se reis que controlavam o Egito e pouco mais, mas que permaneceram, em termos de cultura, língua e educação, inteiramente gregos. Mesmo Ptolomeu Fiscon escreveu uma obra sobre Homero.[15]

O sacerdócio egípcio aceitava os ptolomeus como necessários, e eles eram generosos em seu apoio aos seus cultos praticados em templos. Alguns egípcios falantes de grego entraram para o serviço real e se deram muito bem. Com o passar do tempo, aumentou o número dos que o fizeram, e um pequeno número dentre eles alcançou postos de escalão superior. Nenhum parece ter sido empregado para governar territórios fora do Egito, e a vasta maioria de funcionários de alto escalão era sempre de linhagem macedônia ou grega. Para o grosso dos egípcios, a vida continuava a ser uma rotina de labuta nos campos — trabalho duro em troca de uma remuneração modesta, assim como havia sido para seus ancestrais e seria para seus descendentes. A comunidade grega permanecia distinta. Muito poucos egípcios mostravam algum interesse por instituições quintessencialmente gregas como os ginásios esportivos, e nenhum deles percebia qualquer razão para ver a cultura grega como algo que não fosse inferior às suas próprias tradições. A aceitação da potência ocupante não significava que os egípcios tivessem desenvolvido qualquer afeição ou admiração por ela.

Pelo menos alguns eram ativamente hostis. Rebeliões periódicas continuaram até o fim do domínio ptolemaico. Nós também sabemos de profecias — ironicamente bastante preservadas em versões gregas — antevendo a destruição dos "ímpios" gregos e especialmente de sua cidade dominada pelo vício e corrupta, Alexandria, que serão "destruídos como na minha fornalha por causa dos crimes que cometeram contra o Egito". Um faraó egípcio retornaria e anunciaria uma era melhor de prosperidade, saúde e equidade , "quando o Nilo voltaria a correr o seu próprio curso". É mais que provável que esses textos — um é conhecido como o Oráculo do Oleiro — fossem escritos por membros do sacerdócio. Não obstante, feitas as contas, esse ressentimento deu em pouca coisa. As rebeliões eram sempre limitadas, ao passo que a população do Egito era dividida por região e por classe e nada havia que a unisse numa oposição conjunta. A minoria grega e a maioria egípcia tinham pouca escolha, exceto tolerar uma à outra. Suas vidas não eram inteiramente separadas, mas as comunidades permaneciam distintas.[16]

OS PTOLOMEUS   65

Os gregos sempre associaram o Egito a grande riqueza. Eles também esperavam que os reis fossem ricos e generosos. Todos os sucessores de Alexandre, o Grande, ostentaram a sua prosperidade e o seu poder. Foi uma era obcecada com tamanho e espetáculo. Listas das Sete Maravilhas do Mundo eram populares na época, e todos os monumentos tinham um tamanho invariavelmente impressionante. As cidades foram construídas em estilo monumental grandioso, com estradas abertas e amplas em padrão de grade. Navios — especialmente navios de guerra — eram construídos para serem gigantescos, às vezes às expensas da praticidade. Imperiosas, as escalas impressionavam.

Os ptolomeus abraçaram essa obsessão com tão pouca restrição quanto demonstravam para com a intriga. Assim como navios de guerra, eles construíam embarcações de lazer maciças. O farol de Faros tinha o propósito prático de guiar embarcações ao porto de Alexandria, mas também foi projetado para ser espetacularmente imenso. Sobrevive a descrição de uma grande parada organizada por Ptolomeu II em Alexandria, muito abundante em seu tema principal. Dionísio, o deus do vinho e da fartura, era o homenageado, e farristas usando coroas de ouro faziam a festa, como é esperado que seus seguidores o façam. Existiam animais exóticos, estátuas e ouro em profusão. Um imenso odre de vinho feito de pele de leopardo continha mais de 1,1 milhão de litros de vinho, que deixavam escorrer ao longo do percurso da procissão. Outros carros alegóricos tinham fontes de vinho e de leite, e num outro havia uma enorme estátua mecânica. É impressionante que grande parte de engenhosidade dos filósofos do Museu fosse dedicada a aparatos inteligentes como este ou o motor a vapor que se movia por força própria. Poucas dessas ideias foram transferidas para qualquer uso prático significativo. Também havia versões em tamanho grande de objetos, como uma lança de prata com quase 30 metros de comprimento. Ainda mais fantástico, pelo menos aos olhos modernos, havia um falo de ouro com mais de 30 metros de comprimento e 3 de circunferência, pintado e decorado com mais ouro. Depois da procissão, foi realizada uma grande festa num pavilhão especialmente construído e prodigamente decorado.[17]

O esplendor, mesmo o excesso, que cercava os reis reforçava o sentido de que eles eram especiais. Eles eram legisladores e juízes, mais do que homens comuns, íntimos dos deuses em vida, e após a morte deificados. O luxo era celebrado como simbólico da força de um rei e da posteridade de um reinado. Ptolomeu VIII era objeto de escárnio como "barrigudo" pelos alexandrinos, mas ele próprio sentia orgulho do seu peso maciço. Para ostentar esse sinal de fartura, ele gostava de usar roupas leves, quase transparentes. Políbio acompanhou a embaixada romana à corte do rei, por volta de 140 a.C., e compartilhou a repulsa dos romanos quando ele os saudou no porto. Para eles, Ptolomeu era grotesco, e eles o fizeram acompanhá-los a pé do navio até o palácio, seu líder zombando mais tarde que os alexandrinos tinham uma dívida para com eles, agora que "o haviam visto andar". Eles ficaram muito mais impressionados com a percepção generalizada de riqueza e produtividade do Egito, decidindo que o reino poderia ser muito poderoso, se um dia encontrasse governantes decentes.[18]

Luxo irrestrito, fraqueza no estrangeiro e competição assassina pelo poder real caracterizaram a carreira de Ptolomeu VIII. O reino fundado por Ptolomeu I dois séculos antes tinha se tornado muito menos estável e eficiente. É verdade, nenhum pretendente sério ao trono surgiu fora da família ptolemaica. Nessa medida, a celebração da família e a frequência dos casamentos incestuosos asseguraram que somente relações de sangue fossem capazes de alcançar a monarquia. Contudo, apesar do incesto e da taxa geralmente alta de mortalidade infantil no mundo antigo, os ptolomeus permaneceram numerosos, seu contingente diminuindo mais por ambições homicidas do que por qualquer outra coisa. A despeito de seus melhores esforços, a família fracassou em aniquilar-se inteiramente, e as batalhas pelo poder continuaram.

A sombra de Roma tornava-se mais forte à medida que o século II progredia. Os romanos não queriam que a riqueza do Egito fosse tomada

OS PTOLOMEUS 67

por nenhuma outra potência, mas tinham um interesse limitado nas disputas de família dos ptolomeus e, até então, nenhum desejo de tornar o Egito uma província sua. Tanto Ptolomeu VI quanto Fiscon fugiram para Roma em épocas diferentes, tentando ganhar apoio. Assistência estrangeira era preferível a deixar um rival ganhar, conforme também mostrou Cleópatra II ao buscar ajuda selêucida. Os reinos helenísticos decaíam, despendendo as suas forças em lutas uns contra os outros, ou esmagados pela máquina militar romana. Os ptolomeus sobreviveram, apesar de uma sucessão de reis fracos e das lutas internas implacáveis na família.

Cleópatra nasceu numa família governante de um reino em decadência de um mundo dominado pelos romanos. Durante gerações, sua família casara-se entre si e se assassinara enquanto seus membros lutavam pelo poder. Ninguém duvidava de seu direito absoluto de reinar, nem questionava a noção de que luxo e excesso fossem admiráveis em si mesmos. Nascer um Ptolomeu trazia expectativas e perigos únicos. Ambição, implacabilidade e atitude completamente autocentrada mescladas com um medo sempre presente da morte pelas mãos de cortesãos e da família.

4. O orador, o esbanjador e os piratas

Em 14 de janeiro de 83 a.C., amigos e parentes dos pais de Marco Antônio foram chamados à casa deles. As famílias aristocráticas de Roma gostavam de testemunhas para a chegada de um novo membro, e sua mãe, Júlia, tinha entrado em trabalho de parto. Só mulheres ajudavam no parto, a menos que houvesse problemas e um médico fosse chamado. Geralmente, a mulher era assistida por uma parteira, algumas amigas e escravas. O pai e os hóspedes esperavam em outro lugar da casa.

A mortalidade infantil era muito alta no mundo antigo, como sem dúvida ainda o era até tempos comparativamente modernos. Havia muitos natimortos e muitas crianças morriam horas, dias ou meses depois do nascimento. Algumas lápides romanas são bem precisas quanto à idade dos menininhos ou menininhas que homenageiam. Também era uma época bastante perigosa para a mãe, e muitas mulheres morriam logo após o nascimento do filho. A aristocracia romana usava o casamento para consolidar alianças políticas; assim, mulheres como Júlia eram geralmente jovens — muito amiúde em meados de sua adolescência — na sua primeira gravidez.

Nesse caso, tudo parece ter ido muito bem. Nasceu um menino e, quando a parteira deitou a criança para examiná-la, não havia nenhum sinal de deformação ou de alguma fraqueza incomum. Júlia teria mais dois filhos numa sucessão bastante rápida, todos tornaram-se adultos saudáveis e ela própria desfrutaria de uma vida longa. Algumas crianças eram rejeitadas por seus pais, mas em famílias abastadas isso só ocorria quando elas tinham defeitos graves ou pareciam fracas demais para sobreviver. Esse absolutamente não foi o caso, pois, uma vez que mostraram o filho ao pai de Antônio, ele e Júlia aceitaram a criança.[1]

Rituais aconteciam por toda Roma e marcavam cada etapa da vida de um indivíduo. Chamas eram acesas nos altares familiares na casa. As testemunhas também fariam oferendas ao retornarem a suas próprias casas. Na noite de 21/22 de janeiro, a família fez uma vigília e desempenhou uma série de rituais como parte de uma cerimônia de purificação (*lustratio*). Na manhã seguinte, sacerdotes observavam o voo dos pássaros para predizerem que futuro estava reservado ao menino. Ele também era presenteado com um talismã ou um amuleto chamado *bulla*, que era normalmente de ouro e era colocado numa bolsinha de couro ao seu pescoço. Ele o usaria até tornar-se adulto.

No dia da purificação, o menino foi formalmente chamado Marcus Antonius e, logo depois, isso foi registrado oficialmente. "Antonius" era o nome de família ou o "nome de clã" — em latim, o *nomen*. A maioria dos aristocratas romanos tinha três nomes, o *tria nomina* e o *nomen* eram seguidos por um *cognomen*, peculiar àquela parte da família ou do clã mais amplo. O pai de Júlia chamava-se Lucius Julius Caesar. Os Julii eram um grupo amplo e muito antigo, e o nome mais específico "Caesar", que apareceu pela primeira vez à virada do terceiro para o segundo século a.C., ajudava a diferenciar os vários ramos da linhagem. Algumas famílias, inclusive os Antonii, nunca sentiram que isso fosse necessário, provavelmente porque não havia muitos ramos na linhagem.[2]

"Marcus" era um *praenomen* equivalente ao nosso primeiro nome (ou, na Grã-Bretanha, ainda habitualmente, o nome cristão). Embora não fosse um sistema absolutamente fixo, as famílias aristocráticas tendiam a empregar os mesmos nomes na mesma ordem para cada geração. O pai de Antônio também se chamava Marcus Antonius, as-

O ORADOR, O ESBANJADOR E OS PIRATAS

sim como o avô. No devido curso, seus dois irmãos foram chamados de Caius e Lucius. Em documentos formais, cada um seria arrolado como "filho de Marcus".

Era importante na vida pública de Roma identificar um homem muito especificamente. O mesmo não se aplicava às mulheres, que não podiam votar nem candidatar-se a cargos. Meninas recebiam somente um único nome, o *nomen* de seu pai na forma feminina. Assim, a mãe de Antônio era Júlia porque seu pai era Júlio. Qualquer menina nascida de um Antonius seria chamada Antônia e, se mais de uma filha nascesse, elas eram simplesmente numeradas — pelo menos para fins oficiais. As famílias tendiam a empregar apelidos para evitar confusões.

Júlia pertencia à aristocracia patrícia, mas a família de seu marido era plebeia e, assim, também os seus filhos. Os patrícios eram a mais antiga aristocracia de Roma e, nos primeiros dias da República, só eles podiam ocupar a dignidade de cônsul. Com o tempo, muitas famílias plebeias ricas forçaram sua entrada na política e lograram exigir uma parte maior do poder. Finalmente, foi estabelecido que, a cada ano, um ou dois cônsules deveriam ser plebeus; e, com o passar do tempo, tornou-se razoavelmente comum que nenhum cônsul precisasse ser patrício. Algumas linhagens patrícias declinaram em riqueza e influência, outras desapareceram completamente. No século I a.C., a esmagadora maioria dos senadores era plebeia. Havia um certo número de famílias plebeias que podiam jactar-se de terem estado no centro da vida pública durante séculos. Ser simplesmente patrício não representava nenhuma garantia de sucesso político.

Os Antonii não eram a maior das linhagens plebeias, mas eram muito bem estabelecidos como membros do Senado e saíram-se particularmente bem nas suas duas últimas gerações. O avô de Antônio, Marcus Antonius, era famoso como um dos maiores oradores que houve em Roma. Cícero afirmou que, junto com um de seus contemporâneos, Antonius levou a eloquência latina a:

um nível comparável à glória da Grécia... Sua memória era perfeita, não havia nenhuma sugestão de ensaio anterior; ele sempre dava impressão de apresentar-se para falar sem preparação... Na questão da escolha das palavras (e escolhendo-as mais por seu peso do que por sua beleza), ao colocá-las e atá-las em frases compactas, Antonius controlava tudo por desígnio e por algo como uma arte... Em todos esses aspectos, Antonius era grande, e ele os combinava com uma proferição de peculiar excelência.[3]

Em 113 a.C., Antonius foi eleito questor, uma magistratura inferior encarregada principalmente de responsabilidades financeiras, e foi enviado para assistir o governador da província da Ásia (nos dias de hoje, a Turquia ocidental). Um homem se tornava elegível para o questorado aos 30 anos de idade. A caminho da província, Antonius se viu envolvido num escândalo quando foi acusado de ter um romance com uma Virgem Vestal. O único sacerdócio feminino de Roma, as Vestais faziam juramento de permanecerem castas por trinta anos e cuidavam do templo e da chama sagrada da deusa Vesta. Para um homem, seduzir uma Vestal era uma impureza enorme e terrível, que ameaçava a relação especial de Roma com os deuses. Se fosse considerado culpado, a carreira do homem estaria acabada e ele poderia sofrer até punição pior. A pena para as Vestais era ainda mais assustadora e espectral, pois elas eram enterradas vivas, para sepultar a impureza.

Julgamentos de Vestais e de seus supostos amantes tendiam a ocorrer na esteira de algum desastre, quando as pessoas ficavam nervosas e queriam alguém para culpar. Três Vestais foram acusadas de quebrar seu juramento em 114 a.C., e, como apenas uma foi condenada, a questão foi levantada outra vez no ano seguinte e uma nova rodada de julgamentos foi iniciada num tribunal especial presidido por um eminente e severo ex-cônsul.

Como magistrado servindo em negócios públicos, Antonius era imune à instauração de processo, mas ele conquistou a admiração geral quando retornou voluntariamente a Roma para responder às acusações. Isso nada fez para amolecer o entusiasmo do juiz e da acusação, que

O ORADOR, O ESBANJADOR E OS PIRATAS 73

pressionavam por condenação. Apesar de Antonius negar firmemente a acusação, seus acusadores perceberam que um jovem escravo que carregava uma lanterna para ele na noite poderia ser coagido a incriminá-lo. A lei romana só aceitava o testemunho de escravos se eles fossem interrogados sob tortura, pois presumia-se que, de outro modo, eles sempre apoiariam seus senhores. Acredita-se que o rapaz tenha dito a Antonius que nada seria capaz de convencê-lo a falar contra seu senhor, indiferentemente da dor. "Lacerado por muitas chicotadas, posto numa roda e queimado com ferro em brasa, ele defendeu a integridade do acusado e destruiu toda a força da acusação." Antonius foi inocentado. Não há registros de que tenha recompensado o escravo. Nossa fonte para a história responsabilizou a sorte por um tão grande espírito estar "encerrado no corpo de um escravo". Duas Vestais — não está claro se uma era a mulher com quem ele fora acusado de ter um romance — tiveram menos sorte e foram condenadas à morte.[4]

A oratória era muito importante numa carreira política, mas o sucesso de Marcus Antonius sugere que ele tivesse considerável competência militar e administrativa. Em 102 a.C., ele partiu para governar a província próxima de Cilícia como pretor. Seu comando foi estendido por mais dois anos pelo Senado e ele comandou uma campanha dura mas afinal bem-sucedida contra piratas que infestavam aquela área. Ele celebrou um triunfo, o que sem dúvida o ajudou a ganhar a eleição para o consulado em 99 a.C. Dois anos mais tarde, ele seria censor, um dos dois magistrados que supervisionavam o recenseamento dos cidadãos romanos, completado a cada cinco anos. Apenas um em cinco cônsules podia esperar alcançar a dignidade de censor, que era um posto de enorme prestígio.

O orador e o ditador

Marcus Antonius foi um dos senadores mais influentes de sua época, mas a proeminência se mostraria algo perigoso no século I a.C. Em 91 a.C., um político que reivindicava a extensão da cidadania romana

74 ANTÔNIO E CLEÓPATRA

a aliados da Itália foi assassinado. Muitas das comunidades italianas escolheram rebelar-se e o resultado foi a Guerra Social — o nome vem do latim *socii*, que significa "aliados" — que foi travada a um alto custo em vidas e com grande brutalidade. A vitória romana tanto teve a ver com sua disposição de conceder cidadania a todos aqueles que lhe permaneceram fiéis, e muitos mais que capitularam rapidamente, quanto com sua destreza militar. Foi um conflito que acostumou muitos soldados a combater contra inimigos que eram bem parecidos com eles.

Em 88 a.C., a rebelião estava substancialmente terminada e o cônsul Lúcio Cornélio Sula recebeu o comando na guerra contra o rei Mitrídates VI, de Ponto. Este último estava explorando a desintegração do Império Selêucida e o interesse romano de expandir-se a partir de sua área central na costa meridional do mar Negro. Uma campanha no Oriente helenista oferecia a um general romano toda glória e toda pilhagem que ele pudesse desejar. Sula deixou Roma para recrutar e treinar seu exército. Em sua ausência, um político radical fez campanha para que o comando fosse transferido a Mário, o grande herói militar da geração anterior, agora porém com quase 70 anos de idade.[5]

Cônsul pela primeira vez em 107, Mário tinha conquistado uma vitória na Numídia, mas então foi eleito para uma sucessão anual sem precedentes de consulados, de 104 até 101 a.C. Isso violava precedente e lei, que estipulavam que dez anos deveriam se passar entre cada consulado. Na época, a península italiana estava sob ameaça de tribos migratórias setentrionais, que já tinham massacrado todos os exércitos enviados contra elas, e havia um forte sentimento de que essa crise exigia uma solução extraordinária. Mário lidou com os bárbaros, esmagando-os numa batalha final em 101 a.C. Ele celebrou um triunfo e foi recompensado com sua eleição, por uma Roma agradecida, para o seu sexto consulado.

Foi uma carreira espetacular, especialmente se considerarmos que Mário foi o primeiro de sua família a abraçar uma carreira pública e entrar para o Senado. Ele era o que os romanos chamavam de um "novo

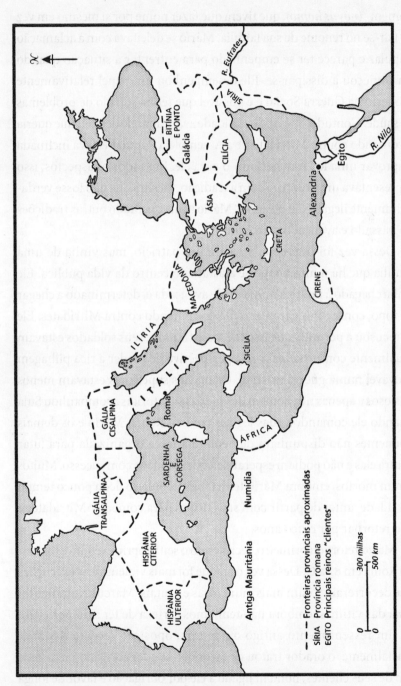

O Império Romano no século I a.C.

homem" (*novus homo*), que tivera que fazer nome por si mesmo em vez de fiar-se no renome de sua família. Mário se deleitava com a aclamação popular e parece ter se empenhado para enfrentar a situação quando ela começou a dissipar-se. Ele desempenhou um papel relativamente modesto na Guerra Social e é possível que tenha sofrido de problemas de saúde. Contudo, apesar de sua idade avançada, ele decidiu que queria o comando contra Mitrídates, e a Assembleia Popular estava inclinada a aprovar uma lei, transferindo-o para ele. Em todos os aspectos, isso representava uma ruptura com a tradição, mesmo que não fosse verdadeiramente ilegal. Não obstante, Mário tinha quebrado outras tradições no passado e avançado com êxito.[6]

Dessa vez foi diferente. Sula era um patrício, mas vinha de uma família que há muito tempo se afastara do centro da vida pública. Ele tinha chegado à política numa idade avançada e, determinado a chegar ao topo, conseguira garantir o filé do comando contra Mitrídates. Ele se recusou a permitir que isso lhe fosse tirado, e seus soldados estavam igualmente contrariados com a perspectiva de perder a rica pilhagem provável numa guerra oriental. Os oficiais superiores estavam menos ansiosos e apenas um homem das fileiras senatoriais acompanhou Sula quando ele comandou suas legiões rumo a Roma. Mário e os demais oponentes não dispunham de nenhuma força organizada para lutar contra elas e não podiam esperar defender a cidade com sucesso. Muitos foram mortos, embora Mário tenha fugido. Sula só ficou pouco tempo na cidade, antes de partir com suas tropas para combater Mitrídates e não retornar por cinco anos.

Mário retornou primeiro, recrutando o seu próprio exército e tomando Roma em 87 a.C. Dessa vez o ataque foi mais violento e as execuções que decorreram foram mais numerosas e brutais. Marcus Antonius foi uma das vítimas, embora não tenhamos certeza de ter sido por causa de um ressentimento antigo ou de uma oposição recente a Mário. Inicialmente, o orador tratou de esconder-se e foi abrigado na casa de um de seus clientes, homem ligado a ele por obrigação e favor de longa

O ORADOR, O ESBANJADOR E OS PIRATAS

data. Seu protetor não era especialmente rico, mas queria receber seu hóspede de uma maneira apropriada a tão distinto senador. Ele mandou um escravo comprar um vinho de alta qualidade. O proprietário da taverna ficou surpreso com a compra incomum e, tagarelando com o escravo, descobriu o que estava acontecendo. Prontamente, levou a história a um encantado Mário, que estava jantando. Nossas fontes afirmam que Mário teve de ser convencido por seus amigos a não ir ele mesmo matar Antonius.

Em vez disso, ele mandou um tribuno militar chamado Ânio com um grupo de soldados. O oficial parece ter relutado em sujar suas mãos e mandado seus homens ao interior da casa fazer a execução. Ele esperou, mas, quando os soldados não voltaram, Ânio ficou desconfiado e seguiu-os. Para seu espanto, seus homens estavam ouvindo o grande orador falar, arrebatados de tal modo por suas palavras que alguns não podiam suportar encará-lo e até choravam. Numa das versões da história, os homens realmente foram embora sem machucar o senador. Ânio foi menos facilmente seduzível. Ele apunhalou Antonius, matando-o, e o decapitou, levando a cabeça como troféu para Mário.[7]

A história do famoso orador mantendo seus supostos assassinos enfeitiçados é repetida por todas as principais fontes desse incidente. Pode ser verdade ou simplesmente uma boa história em que os romanos queriam acreditar. Se as coisas aconteceram ou não desse modo, a verdade básica foi que o distinto senador foi brutalmente assassinado e decapitado pelo capricho de outro homem que havia tomado o controle do Estado pela força. A cabeça de Antonius foi juntar-se às de outras vítimas do expurgo de Mário e foi exibida no Fórum. Antes disso, Mário havia exultado sobre a morte e

segurado a cabeça cortada de Marcus Antonius por um tempo em suas jubilosas mãos durante o jantar, com vulgar insolência de ânimo e palavras, deixando que os ritos da mesa fossem poluídos com o sangue de um ilustre cidadão e orador. E ele até abraçou Públio Ânio, que a trouxera, salpicado como estava das marcas da matança recente.[8]

ANTÔNIO E CLEÓPATRA

Marco Antônio nasceria quatro anos depois.[9] Não sabemos se seu pai estava em Roma durante a ocupação da cidade por Mário. Talvez ele estivesse em outra parte ou, como um jovem de 20 e poucos anos, tenha considerado não valer a pena matar. A esposa de Mário também era Júlia, embora de um ramo diferente da família da mãe de Antônio, o que torna improvável que em si mesmo isso pudesse ter sido proteção suficiente. Mário ficou doente e morreu semanas depois de tomar Roma de assalto e assumir um sétimo consulado, e isso, acima de qualquer outra coisa, deteve a violência. Seus partidários continuaram a dominar a República, mas já haviam se estabelecido e esperavam o retorno de algo parecido com a normalidade.

Pela contagem romana, Marco Antônio nasceu no sexcentésimo septuagésimo primeiro ano "da fundação da cidade" (*ab urbe condita*). Mais usualmente, eles se referiam ao ano pelo nome dos dois cônsules em exercício, nesse caso Lúcio Cornélio Cipião Asiático e Caio Norbano. Contudo, era Sula quem dominava os pensamentos de todos na época. O exército de Mitrídates fora derrotado e um tratado de paz lhe fora imposto. Sula e seu exército estavam livres para retornar. Eles desembarcaram na Itália meridional no final da primavera, quando Antônio tinha apenas meses de idade.

Os aliados de Mário tiveram anos para se preparar e a luta foi então de grande escala. Em novembro de 82 a.C., Sula ganhou uma grande batalha nos arredores de Roma e tomou o controle da cidade. Os combates continuaram por algum tempo — um dos comandantes marianos continuaria a luta na Espanha por mais uma década. Ambos os cônsules de 82 a.C., entre os quais o filho de Mário, foram mortos, mas Sula não os substituiu. Em vez disso, ele foi feito ditador por uma lei aprovada na Assembleia Popular.

A ditadura era uma medida de emergência antiga, que entregava a um homem o poder executivo supremo. O posto só durava seis meses e não podia ser renovado, para que fosse preservado o princípio de evitar que qualquer indivíduo adquirisse poder supremo permanente.

O ORADOR, O ESBANJADOR E OS PIRATAS   79

Um ditador era designado em vez de eleito e, à diferença do cônsul, não tinha um colega, mas um subordinado conhecido como o mestre da cavalaria (*Magister Equitum*). A razão mais comum para nomear um ditador era para que ele supervisionasse eleições consulares quando em caso de carência de cônsules. Uma vez concluída a tarefa, o ditador renunciava ao cargo, amiúde depois de exercer o poder por apenas alguns dias. Em poucas ocasiões — por exemplo, em períodos de crise durante as Guerras Púnicas — um ditador foi designado para assumir o comando no campo de batalha. A última ocasião foi em 216 a.C.

Sula usou o velho título, mas acrescentou novos poderes que iriam durar pelo tempo que quisesse mantê-los, daí a necessidade de uma lei específica. Ele foi *dictator legibus scribundis et rei publicae constituendae* — ditador para fazer leis e restaurar a República. Presidiu execuções em massa, que foram mais sangrentas e muito mais organizadas que as de Mário. Listas de nomes eram afixadas, e qualquer um nelas incluído perdia todos os direitos legais. Eles podiam ser mortos com impunidade, e seus assassinos recebiam uma parcela de sua propriedade como recompensa. Não sabemos quantos homens — e eram somente homens — foram proscritos desse modo. Alguns senadores morreram, mas muito mais *equites*, os cavaleiros da Ordem Equestre Romana que haviam lutado contra Sula ou de algum modo eram associados aos seus inimigos. Outros foram mortos para abrir caminho ao confisco de suas riquezas, e acreditava-se que muitos subordinados de Sula acrescentaram nomes às listas em proveito próprio. Um rico equite teria supostamente saudado a notícia de que ele estava numa lista de proscrição com o seco comentário de que suas propriedades albanesas o queriam morto.[10]

Mais uma vez, romanos matavam romanos, corpos boiavam no Tibre e cabeças eram penduradas na tribuna dos oradores no Fórum. Juntamente com os massacres vieram as reformas. Sula tentou legislar para impedir que qualquer governador provincial liderasse seu exército para fora dos limites de sua província — a fim de impedir que alguém

80 ANTÔNIO E CLEÓPATRA

imitasse o seu próprio exemplo. Ele também restringiu severamente os poderes dos tribunos dos plebeus, cargo usado pelos Graco, e mais recentemente pelos aliados de Mário para lhe assegurar o comando contra Mitrídates.

As reformas de Sula deslocaram o equilíbrio de poder em favor do Senado e dos magistrados superiores. Porém, o próprio Senado era mais importante que a legislação, pois cabia a ele conduzir o Estado. As proscrições eliminaram um certo número de senadores, e um número ainda maior tinha sido morto por um lado ou por outro durante a Guerra Civil. Muitos novos membros foram incorporados pelo ditador, dobrando o tamanho do Senado para cerca de seiscentos senadores. Com seus inimigos eliminados e o conselho abarrotado com seus próprios simpatizantes, em 79 a.C. Sula abriu mão da ditadura e se retirou para a vida privada. Sua saúde não ia bem e, apesar de seu rápido casamento com uma vigorosa jovem viúva, ele morreria um ano depois. Seu epitáfio, de sua própria lavra, dizia que ninguém jamais tinha sido melhor amigo ou pior inimigo.[11]

Marcus Antonius Creticus

O pai de Antônio fez parte do Senado de Sula. Desconhecemos se desempenhou um papel ativo ao lado do ditador na Guerra Civil, mas o assassinato de seu pai claramente o tornou hostil aos marianos. Como membro de uma família estabelecida cujo pai fora altamente renomado, ele era um homem importante e se destacava nas centenas de senadores recém-incorporados. A Guerra Civil e as proscrições também tinham diminuído severamente as fileiras dos ex-cônsules e outros homens proeminentes. O Senado de Sula era maior, mas muito menos equilibrado do que no passado, apresentando aos mais bem relacionados e ambiciosos oportunidades de subirem muito mais rápido do que teria normalmente sido o caso. Em 78 a.C., um dos cônsules, Marco Emílio

O ORADOR, O ESBANJADOR E OS PIRATAS

Lépido, iniciou um golpe e só foi derrotado pela força militar. Ele e seus principais aliados foram executados.

Marcus Antonius passou mais uma vez incólume pela eclosão da Guerra Civil. Não há nenhuma indicação de que ele tenha herdado os dons de oratória do pai ou fosse, com efeito, notavelmente talentoso em qualquer direção. Plutarco afirma que ele era respeitado como um homem decente, porém outras fontes são muito menos corteses tanto sobre suas habilidades quanto sobre seu caráter. Como pai de seu filho e membro dos Antonii, ele não precisava ser especialmente capaz para desfrutar uma carreira razoavelmente bem-sucedida. Ele foi eleito como um dos oito pretores para 74 a.C. Esse cargo não podia ser ocupado até o homem ter 39 anos. Era questão de orgulho para homens de boa família ocuparem o cargo na primeira oportunidade — a expressão era "em seu ano" (*suo anno*) — e o mais provável é que Antonius tenha conseguido arranjar as coisas.

A família não era especialmente rica pelos padrões da aristocracia romana e fazer campanha para cargos era caro. Marcus Antonius estava pesadamente endividado, sua tendência a viver acima dos seus meios não ajudava. Sua generosidade era célebre — Plutarco conta uma história de uma ocasião em que um amigo pediu dinheiro emprestado. Antonius não tinha nenhum para dar, então, em vez disso, mandou um escravo trazer água num determinado vaso de prata. Ele despejou a água e deu o vaso para o amigo. Foi só quando Júlia começou a interrogar os escravos da casa sobre o vaso, ameaçando-os de tortura para extrair a verdade, que seu marido submissamente confessou. Salústio, o historiador e senador que conheceu e não gostava de Marco Antônio, afirmou que Antonius tinha "nascido para dissipar dinheiro e nunca se preocupava, enquanto não fosse obrigado a fazê-lo".[12]

Como pretor, Antonius recebeu um comando militar especial para lidar com o problema da pirataria em todo o Mediterrâneo. Tratava-se de um problema sério e a vitória de seu pai tinha sido temporária e local. No passado, os ptolemaicos, os selêucidas e Estados ilhéus como

Rodes muito tinham feito para policiar o Mediterrâneo oriental, mas, na ocasião em curso, seus navios eram pouco mais que uma memória. A pirataria florescia, estimulada ainda mais por Mitrídates, que mais uma vez tinha entrado em conflito com Roma. Ataques a navios passaram a ser comuns, prejudicando o comércio e tornando viajar perigoso. O jovem Júlio César foi sequestrado e resgatado mediante pagamento durante esse período.

Lidar com o problema era uma tarefa principal, que normalmente teria sido atribuída a um cônsul. Contudo, a guerra com Mitrídates era uma oportunidade mais atraente e ambos os cônsules arranjaram para serem enviados às províncias onde pudessem esperar enfrentar o rei. Houve intrigas consideráveis em torno dessas nomeações e também a de Antonius. Todos os três homens tinham recebido responsabilidades maiores do que o normal. Antonius foi autorizado a atuar em toda a extensão do Mediterrâneo e sua autoridade se estenderia a cerca de 80 quilômetros terra firme adentro, sendo igual àquela do governador de cada província específica. Na maioria dos casos, os comandos provinciais eram inicialmente atribuídos por doze meses, podendo então ser estendidos pelo Senado ano a ano. Desde o começo, Antonius recebeu três anos em seu posto.

Uma das razões por que Antonius foi capaz de alcançar um comando de tais dimensões foi o seu nome. Os romanos acreditavam seriamente que o talento era passado adiante pela família e, como seu pai havia triunfado contra os piratas, pareceu razoável esperar que seu filho também fosse vitorioso. Por si mesmo, isso não teria sido suficiente. Antonius foi apoiado por Quinto Lutácio Catulo, um ex-cônsul muito proeminente no Senado nas décadas de 70 e 60 a.C. O pai de Catulo tinha cometido suicídio para não ser morto pelos homens de Mário, e o filho, subsequentemente, foi importante partidário de Sula. Sentimentos de camaradagem devem tê-lo estimulado em favor de Antonius, porém mais fundamentalmente Catulo em geral favorecia homens de famílias estabelecidas.

O ORADOR, O ESBANJADOR E OS PIRATAS

O Senado ampliado de Sula abrigava muitos homens cuja opinião provavelmente jamais foi consultada durante um debate, mas que todavia podiam votar. Como isso era feito mediante o deslocamento físico para ficar perto do homem que estava propondo uma medida, esses senadores dos bancos de trás eram apelidados pejorativamente de *pedarii* (aqueles que vão a pé). Com centenas de homens que estiveram na Casa por não menos que dez anos, os padrões de votação e lealdade eram facilmente previsíveis. Qualquer um capaz de manipular e persuadir um número significativo de *pedarii* a votar de certo modo adquiria influência. O articulador mais astuto durante aqueles anos foi Públio Cornélio Cetego, que nunca ocupou nenhuma magistratura superior e ficava satisfeito de permanecer nos bastidores. Lúculo, um dos cônsules para 74 a.C., garantiu o seu comando oriental mediante pródigas atenções e presentes a Précia, uma cortesã amante de Cetego. Não é sabido se Antonius fez a mesma coisa, mas ele foi apoiado pelo colega de Lúculo, o cônsul Cota.[13]

O comando contra os piratas era uma imensa responsabilidade e deu poderes consideráveis a Antonius. Uma fonte posterior sugere que esses poderes lhe foram dados mais prontamente porque não achavam que ele fosse capaz o bastante para ser uma ameaça ao Estado. Um guerra bem-sucedida contra os piratas traria glória, o que todo senador romano almejava, e potencialmente vastos lucros oriundos da venda de prisioneiros e das pilhagens. Se tivesse sorte, Antonius podia esperar tanto o pagamento das suas imensas dívidas quanto ficar realmente rico.[14]

Tudo isso dependia de vitória, e a vitória não ia ser fácil. É possível que o Senado não tenha lhe dado recursos suficientes. Houve certamente queixas de comandantes que lutavam na Espanha mais ou menos nessa época de que não estavam sendo adequadamente supridos pelo Estado. Por outro lado, Antonius pode não ter tido capacidade, e certamente não tinha nenhuma experiência, de conduzir operações de larga escala.

Inicialmente, ele se concentrou no Mediterrâneo ocidental, mas pouco realizou. Críticos afirmaram que suas entusiásticas requisições estavam causando mais devastação do que os piratas. O imposto em grãos na Sicília foi comutado para imposto em dinheiro. Entretanto, Antonius fixou um preço muito mais elevado do que a taxa corrente à qual o trigo estava sendo vendido, haja vista estarem então no período imediatamente posterior à colheita, quando há excesso de oferta no mercado. Embora ele certamente precisasse de dinheiro para pagar, equipar e abastecer suas frotas e seus homens, é difícil evitar a conclusão de que uma das suas principais preocupações tenha sido restaurar a sua própria fortuna.

Em 72 a.C., Antonius transferiu suas atenções para o leste e atacou os piratas em Creta. Se por incompetência ou má sorte, o inimigo deu uma surra na frota romana numa batalha naval. A campanha malogrou e Antonius negociou um tratado de paz que era muito favorável aos piratas e foi imediatamente rejeitado em Roma. Ele morreu logo depois, sem retornar a Roma. Os romanos o chamaram sarcasticamente de Creticus (Crético) — comandantes bem-sucedidos ganhavam amiúde um nome para comemorar o povo que haviam derrotado ou o local que tinham conquistado.[15]

Antônio tinha 8 anos quando Antonius partiu e assumiu seu comando, e 11 quando seu pai morreu. Pelo menos nominalmente, Antônio passou então a ser o chefe da família. Com essa responsabilidade vieram as imensas dívidas de seu pai. Uma propriedade estava tão pesadamente hipotecada que a família escolheu não resgatá-la, algo que os romanos sempre viram como especialmente vergonhoso. Um irmão mais novo de seu pai sobreviveu a ele, Caio Antônio, mas, passado um tempo, Júlia se casou com Públio Cornélio Lêntulo Sura e Antônio passou o resto de sua juventude na casa do padrasto. Lêntulo era um contemporâneo rude de Marcus Antonius e ganharia o consulado em 71 a.C. A família de Júlia provavelmente considerou que era um bom casamento. Ela

O ORADOR, O ESBANJADOR E OS PIRATAS

com toda probabilidade estaria nos seus quase 30 anos e era raro que viúvas aristocráticas permanecessem solteiras, a menos que fossem muito mais velhas.

Cícero insultaria posteriormente Antônio por ser um "falido quando ainda menino". Lêntulo pode ter sido uma figura paterna para o adolescente, mas o casamento com Júlia não significa que ele tenha acertado as dívidas de Antonius, que permaneceram. Marco Antônio era um Antonius, herdeiro de seu pai, de seu avô e do restante da linhagem. Ele herdou a expectativa de que, simplesmente como membro de sua família, ele merecia desempenhar um papel distinto na vida pública. Roma era a maior potência do mundo, senadores dirigiam-na e um pequeno número de famílias, inclusive os Antonii, dirigia o Senado. Falido ou não, Antônio absorveu essa autoconfiança suprema do seu passado.[16]

5. O oboísta

Cleópatra nasceu provavelmente em 69 a.C., ou talvez um pouco depois, em 70 a.C. (para a árvore genealógica detalhada da família, ver p. 497). Não podemos ser mais precisos quanto ao ano e não temos absolutamente nenhuma ideia do mês ou do dia. É provável que sua mãe tenha dado à luz em um dos extensos e grandiosos palácios reais de Alexandria, porém mais uma vez não sabemos. Quanto a Marco Antônio, pelo menos nós temos uma ideia satisfatória dos rituais e costumes que cercavam o nascimento numa das famílias aristocráticas de Roma e podemos supor que eles foram seguidos. O modo como os ptolomeus faziam as coisas é ignorado.

Alexandria tinha uma reputação bem estabelecida sobre a capacidade e o conhecimento dos seus médicos — em parte porque os ptolomeus anteriores parecem ter permitido a vivissecção. A mãe de Cleópatra provavelmente teve acesso à melhor assistência médica disponível no mundo grego e romano. Geração após geração, os ptolomeus e suas esposas continuaram gerando muitas crianças que sobreviveram aos perigos do nascimento e da infância. As perspectivas dos bebês nascidos na família eram provavelmente tão boas ou melhores do que aquelas de qualquer outra criança no mundo antigo, pelo menos no que diz respeito aos perigos naturais.[1]

Não saber precisamente quando e em que circunstâncias alguém do mundo antigo nasceu não é nada incomum. São muito mais frustrantes as muitas outras coisas que não sabemos sobre ela. Cleópatra significa "distinta em sua linhagem", mas o nome tinha se tornado comum para os ptolomeus e é duvidoso que a escolha tenha sido vista como especialmente significativa no caso dela. Entretanto, isso realmente parece irônico, considerando a dificuldade de estabelecer a sua árvore genealógica. Nós não sabemos quem era a sua mãe, pois essa informação não é mencionada em nenhuma das nossas fontes. Mais uma vez, isso não é único nem mesmo para figuras maiores deste período. Nós tampouco sabemos quem foi a mãe do pai de Cleópatra, o que deixa duas lacunas possíveis na sua linhagem imediata. Os ptolomeus tendiam a ser muito mais preocupados com a paternidade dos membros da família real, e isso se reflete tanto em documentos oficiais sobreviventes quanto nas fontes literárias sobre a família. Além disso, a desconcertante estreiteza da seleção de nomes e a frequência do incesto e de casamentos sucessivos tornam ainda mais difícil montar a árvore genealógica.

O pai reconhecido de Cleópatra era Ptolomeu XII, o último homem adulto da família a governar o Egito como rei. Ele já tinha uma ou talvez duas outras filhas e, com o passar do tempo, teve outra, antes de gerar dois filhos. Dos cinco filhos certos, nenhum morreria por causas naturais, e quatro das mortes ocorreram como parte da rivalidade no seio da família. A própria Cleópatra sobreviveu a todos os outros, livrando-se de três deles ela própria. Somente a sexta criança, uma possível irmã mais velha que também seria chamada Cleópatra, teria escapado da morte violenta — supondo-se que tenha realmente existido.

Os indícios para esses e tantos outros detalhes da família são extremamente limitados e desnorteadores. Não fosse pela fama subsequente da nossa Cleópatra, é improvável que ela algum dia tivesse se tornado mais que um mero interesse acadêmico. Contudo, a aparência de Cleópatra tem frequentemente fascinado, até mesmo obcecado, historiadores e o público mais amplo. Mais recentemente, essa controvérsia às vezes assume um elemento racial, tornando a discussão ainda mais acalorada. Vale lembrar que isso nunca chegou a ser realmente uma questão para a imensa maioria dos outros homens e mulheres do mundo antigo, e é parte da mística especial de Cleópatra.

O OBOÍSTA

Posteriormente, estudaremos os indícios e veremos se podemos chegar a alguma conclusão experimental. No momento, vale a pena considerarmos o pai dela, cuja carreira foi verdadeiramente notável. Ptolomeu XII foi muitas vezes difamado e ridicularizado em sua vida, tanto por seus súditos como pelos romanos. Não obstante, ele era um sobrevivente que foi rei por três décadas e conseguiu a raríssima proeza de morrer de velhice. Seu reinado nos diz muito sobre o reino que Cleópatra teria herdado.

Irmão contra irmão

Ptolomeu VIII Evérgeta II, ou Ptolomeu "Barrigudo", morreu em 28 de junho de 116 a.C. — pelo menos uma vez nós temos a data precisa de uma inscrição numa edificação — depois de um reinado que durou 54 anos, ainda que com um certo número de interrupções. Ele estava com quase setenta anos, e tanto Cleópatra II como Cleópatra III sobreviveram a ele. A filha desempenharia um papel dominante pela década seguinte e um pouco mais, mas inicialmente os filhos de Fiscon governaram conjuntamente com as duas Cleópatras, até que a mãe morreu alguns meses depois. O novo rei foi Ptolomeu IX, também chamado Sóter ("Salvador") II, e acredita-se geralmente que fosse filho de Cleópatra III, embora tenha sido sugerido que ele fosse na realidade filho de Cleópatra II.[2]

Um irmão do novo rei — ou talvez um meio-irmão, haja vista que Cleópatra III foi definitivamente a sua mãe — controlava Chipre. Ele era Ptolomeu X Alexandre I, que, em 107 a.C., conseguiu suplantar seus irmãos e assumir o controle de Alexandria. As posições foram invertidas e Ptolomeu IX fugiu para Chipre e finalmente capturou a ilha. No Egito, Cleópatra III dominava o filho. Seu nome sempre aparecia primeiro em documentos oficiais enquanto ela governou conjuntamente com ele. Ela tornou-se a sacerdotisa-chefe do culto a Alexandre, posto nunca antes ocupado por uma mulher, e simultaneamente ela própria era venerada como deusa.

A carreira notável de Cleópatra III finalmente terminou com a sua morte em 101 a.C. Houve rumores de que seu filho a tinha envenenado.

Ptolomeu X governou então conjuntamente com sua esposa, Cleópatra Berenice. Em 88 a.C., agitações internas expulsaram o rei e a rainha de Alexandria. Ptolomeu IX liderou um exército de volta para o Egito desde Chipre e derrotou seu irmão, que foi finalmente morto. A ordem havia sido rompida em grande parte do Egito, especialmente no sul, e foi preciso muito tempo e pesadas lutas para ele retomar o controle. O último egípcio a reclamar o título de faraó surgiu nesses anos, mas não era amplamente reconhecido então, sendo apenas um líder rebelde dentre tantos.[3]

Ptolomeu IX morreu em 81 ou no começo de 80 a.C. Ele tinha dois filhos, mas em 103 a.C., juntamente com um filho de Ptolomeu X e um considerável tesouro, eles foram enviados para Cós por Cleópatra III. Pode ser que ela os quisesse em algum lugar sob seu controle como medida de segurança contra o filho dela, mas, conforme revelou-se, os meninos e o tesouro foram todos capturados por Mitrídates de Ponto. Por um curto período, Berenice, viúva de Ptolomeu X, governou sozinha em Alexandria. Contudo, o filho de um casamento anterior de Ptolomeu X tinha conseguido escapar para junto dos romanos e o ditador Sula o enviou para o Egito para tornar-se rei.

Ptolomeu XI não havia estado em Alexandria nem no Egito por mais de vinte anos e não tinha nenhum amor por sua madrasta, a quem ele não podia ter realmente conhecido. Em questão de dias ele deu ordens para que a matassem. Berenice fora popular entre muitos alexandrinos. Isso, muito possivelmente combinado com outros erros, incitou a multidão a invadir o palácio algumas semanas depois. Ptolomeu XI foi arrastado para o ginásio e, naquele local quintessencialmente helênico, feito em pedaços. Registros oficiais logo fingiram que seu reinado não havia existido e o governo de Ptolomeu XII foi contado como se tivesse começado à morte de seu pai, Ptolomeu IX. O novo rei era um dos dois meninos enviados para Cós. Mitrídates os tinha prometido em casamento a um par de suas filhas, mas nessa altura os dois haviam sido soltos e rapidamente repudiaram esses casamentos. O irmão mais velho foi instalado no trono em Alexandria, enquanto o menino mais novo governou Chipre.

O OBOÍSTA 91

Ptolomeu XII intitulou-se "Novo Dionísio" e também era "o que ama o pai" e "o que ama o irmão". Como sempre, os alexandrinos foram menos lisonjeiros. Alguns o chamaram de "Auleta", o flautista, ou melhor, o oboísta, por causa de seu entusiasmo pelo instrumento e sua habilidade ao tocá-lo. Esse não era um comportamento adequado para um rei. Outros simplesmente o chamavam de *Nothos* (bastardo). Supõe-se geralmente que isso signifique que sua mãe não fosse a esposa de Ptolomeu IX, mas uma concubina desconhecida. Seu pai tinha se casado sucessivamente com duas de suas irmãs, Cleópatra IV e Cleópatra Selene. O primeiro casamento aconteceu quando ambos os irmãos eram jovens, e Ptolomeu foi forçado a divorciar-se de sua esposa logo depois de tornar-se rei. Nenhum outro Ptolomeu tinha se casado com sua irmã germana antes de ser rei e é possível que esse primeiro casamento não fosse aprovado pela família mais ampla, em particular a imperiosa Cleópatra III. Casar-se com sua irmã foi efetivamente uma presunção de realeza e status divino, e por isso também um ato de rebeldia.[4]

Se o primeiro casamento nunca foi considerado legítimo e adequado pelo restante da família, Auleta pode ter sido bastardo por causa disso. Um fragmento de um discurso de Cícero é geralmente interpretado como se dissesse que Auleta ainda era um "menino", portanto com não mais que dezesseis anos, quando chegou ao poder. Se assim for, então ele não pode ser filho de Cleópatra IV, já que ela havia partido e se casado com um selêucida, sendo depois assassinada por ordem de uma outra irmã casada com ainda outro selêucida em 112 a.C. Isso também significaria que ele não poderia ter sido um dos príncipes enviados para Cós em 103 a.C., pois ainda não teria nascido. Se assim for, é preciso que tenha havido mais dois filhos de Ptolomeu IX que tenham sido enviados para a ilha e subsequentemente capturados por Mitrídates, e ainda subsequentemente desaparecido dos registros. Entretanto, é perfeitamente possível que o menino mencionado por Cícero absolutamente não seja Auleta, em cujo caso nós restamos sem a menor ideia de sua idade.[5]

Auleta poderia estar entre seus 20 e 30 anos quando se tornou rei em 81 a.C., e sua mãe pode ter sido Cleópatra IV, mas ele era fruto de um casamento que não era visto como válido, fazendo dele um ilegítimo. Por outro lado, estudiosos podem ter razão ao supor que Ptolomeu IX o gerara com uma amante em algum momento da história. Se esse for o caso, nós não temos absolutamente nenhuma ideia da identidade dela. Parece de fato mais provável que ele e seu irmão mais novo tenham sido os dois príncipes enviados para Cós. Feitas as contas, a sugestão de que Cleópatra IV fosse a mãe deles se ajusta marginalmente aos indícios melhor do que qualquer outra teoria, mas a verdade pura e simples é que não sabemos. É importante lembrar disso.

Os romanos não estiveram diretamente envolvidos na nomeação de Ptolomeu XII e de seu irmão como reis. Sula não parece ter empreendido nenhuma ação em resposta ao assassinato do seu indicado, Ptolomeu XI. Intervenções romanas ativas no Egito eram raras. Durante a sua guerra com Mitrídates, Sula enviara um subordinado a Alexandria para requerer ajuda militar, em particular navios de guerra. Ptolomeu IX garantiu que o enviado romano fosse muito prodigamente entretido, mas o despachou de mãos vazias, talvez porque não tivesse certeza de que a autoridade de Sula fosse legal ou porque seus filhos fossem mantidos reféns por Mitrídates. Os romanos relutaram ou não foram capazes de insistir no apoio do rei.[6]

Visitantes romanos estavam se tornando mais comuns no final do século II e começo do século I. Alguns vinham a negócios, outros com atribuições mais oficiais. Parece que havia um programa bastante bem estabelecido de pródigo entretenimento para hóspedes mais distintos, como senadores. Eles eram levados em passeios no Nilo para ver as paisagens, inclusive observar os crocodilos sagrados no Templo de Petsuchos sendo alimentados e uma visita à pirâmide templo em Hawara. Os romanos se interessavam pelo Egito, atraídos sobretudo por sua riqueza, mas, durante muito tempo, esse interesse foi amplamente passivo. Em vez disso, eram os membros da família real que continuamente pediam aos romanos que o apoiassem em suas disputas entre si.[7]

Uma maneira de fortalecer suas respectivas posições era legar seu domínio à República Romana. O objetivo era ganhar apoio imediato e absolutamente não é claro o quanto eles se preocupavam com o que aconteceria após as suas mortes. Em 96 a.C., o Ptolomeu que governava Cirene a legou a Roma. Ptolomeu Fiscon já havia posto uma cláusula semelhante em seu testamento se morresse sem um herdeiro. Ptolomeu X foi mais longe e legou todo o reino que ele reivindicava — tanto o Egito quanto a ilha de Chipre — à República.[8]

A resposta romana a essas heranças era cautelosa. Eles aceitaram as propriedades reais em Cirene, mas declararam as comunidades da região autônomas. Somente depois, em 74 ou 73 a.C., o Senado declarou que a região seria anexada como província. Parece não ter havido nenhuma resposta formal ao testamento de Ptolomeu X. Os romanos eram uma potência imperial agressiva, mas isso não significava que aproveitassem todas as oportunidades para ganhar territórios. A expansão ocorria irregularmente, em eclosões de atividade seguidas por períodos de inatividade, e ainda havia considerável relutância em criar novas províncias. Uma parte disso vinha do medo de que rivais dentro do Senado ganhassem riqueza e prestígio em demasia se fossem encarregados do processo de anexação. E ainda mais importante era a relutância em comprometer os recursos da República com novas províncias, a menos que fosse necessário. Havia numerosas oportunidades e compromissos alhures. O Egito e os ptolomeus simplesmente não eram centrais para os interesses de Roma, especialmente porque não representavam nenhum tipo de ameaça.

Em geral, eram os ptolomeus que tentavam interessar o Senado romano pelos assuntos dos seus reinos. Em 75 a.C., dois pretendentes rivais ao trono chegaram a Roma. Eles eram filhos de Cleópatra Selene. Não eram filhos de Ptolomeu IX, mas vinham de um casamento posterior com um selêucida. A base de sua reivindicação era a própria mãe, que os apoiava ativamente. O Senado se mostrou indiferente, e provavelmente não muito entusiasmado com a possibilidade de uma união entre o Egito e a Síria, de modo que se recusou a intervir. E, para piorar as coisas, em seu caminho de volta, um dos príncipes foi até maltratado pelo governador romano da Sicília.[9]

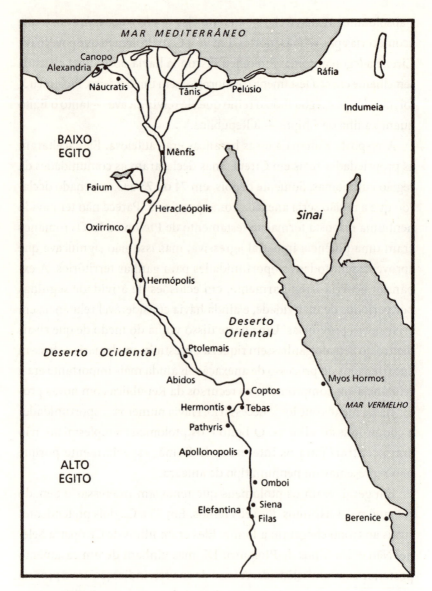

O Egito ptolemaico

Rejeitar essa solicitação não significa que os romanos apoiassem ativamente o governo de Ptolomeu XII. Havia perigo real de os príncipes tentarem novamente ou de outro rival surgir. Como resultado, Auleta

O OBOÍSTA   95

trabalhou constantemente para obter o reconhecimento formal de Roma, gastando prodigamente para cultivar senadores influentes. Ao mesmo tempo, ele investiu muito esforço e dinheiro em agradar a seus súditos, iniciando um grande programa de construção. Auleta foi especialmente generoso para com os cultos egípcios e seus templos. Os custos foram substanciais numa época em que a inundação produziu certo número de colheitas pobres. Ainda por cima, havia o impacto de décadas de guerra civil esporádica e de tensões internas em toda a parte nos dois reinos. Os funcionários reais tinham que apertar cada vez com mais força para levantarem arrecadação suficiente. Os levantes recentes pouco fizeram para promover a eficiência na burocracia e ao mesmo tempo fomentaram a corrupção. Houve mais eclosões de agitação entre os camponeses tão pesadamente pressionados, mesmo que a aristocracia sacerdotal fosse geralmente leal.[10]

O Alexandre romano

Pompeu — na íntegra, Cneu Pompeu — era um general de pensamento independente que ganhou proeminência pela primeira vez ao formar um exército com recursos próprios e liderá-lo para juntar-se a Sula em 83 a.C. Ele tinha apenas 23 anos de idade, nunca havia ocupado um posto e, por isso, não tinha o direito de comandar. O fato de possuir um exército leal, construído principalmente com as propriedades de sua família, significava que aquilo não importava no momento. Sula o empregou e ele repetidamente bateu os generais romanos mais velhos que enfrentou na Itália, na Sicília e na África do Norte. Pompeu era jovem e fantasiava a si mesmo como um novo Alexandre, imitando os maneirismos e o corte de cabelo macedônios. Sula o intitulou Magnus (O Grande), embora possa tê-lo pretendido ironicamente. Outros o chamavam de "o jovem carniceiro", em função de seu suposto entusiasmo com execuções.[11]

Quando o ditador se retirou, o Senado que ele havia criado optou por usar Pompeu em vez de obrigá-lo a abraçar uma carreira mais convencional e legítima. Ele foi para a Espanha travar uma amarga guerra com os partidários de Mário que se recusaram a render-se. Pela primeira vez o poder de comandar (*imperium*) de Pompeu foi votado, embora isso ainda fosse uma dispensa especial, já que ele ainda não tinha ocupado nenhum cargo eletivo e não era sequer senador. Em 71 a.C., Pompeu retornou vitorioso da Espanha e exigiu o direito de começar sua carreira política e buscar eleição para o consulado no ano seguinte. Ele era jovem demais, mas sua popularidade — e o fato de o seu exército estar acampado perto de Roma para celebrar seu triunfo — assegurou que esse privilégio especial lhe fosse concedido.

Pompeu foi eleito cônsul em 70 a.C., com Marco Licínio Crasso como colega. O outro tinha acabado de derrotar uma rebelião de escravos liderada pelo gladiador Espártaco e tinha também um exército perto da cidade. Ambos eram homens de Sula e tiraram bom proveito das proscrições, mas pouco amor era desperdiçado entre os colegas consulares. Crasso era cerca de dez anos mais velho e ressentia-se dos louvores e recompensas que Pompeu recebeu durante a Guerra Civil. A situação não melhorou quando Pompeu destruiu um bando de escravos em fuga de Crasso e tentou reivindicar a glória de ter acabado com a guerra.

A dupla era rival e eles não gostavam um do outro. Eles também foram, pela década seguinte e pouco mais, de longe os homens mais influentes e ricos da República. Crasso trabalhava duro na política, aumentando constantemente a sua fortuna. Ele tinha propriedades e mantinha um grande grupo de escravos artesãos para construir e consertar edifícios. Outros atuavam como bombeiros, numa época em que esse serviço não existia em Roma. Crasso tinha hábito de comprar imóveis no caminho de um incêndio a preço de barganha e depois mandar seus escravos controlarem o fogo, geralmente demolindo prédios para criar uma faixa de terra limpa para conter o alastramento. Depois, os prédios poderiam ser reconstruídos por seus artesãos. Ele era um

O OBOÍSTA

sagaz homem de negócios, mas não usava o seu dinheiro simplesmente para fazer mais dinheiro. Era generoso ao fazer empréstimos a outros senadores e igualmente generoso com o seu tempo, atuando amiúde como advogado nos tribunais. Desse modo, uma grande parcela dos senadores devia favores a ele. Notavelmente, Crasso era considerado perigoso demais para que qualquer outra pessoa o processasse.[12]

Pompeu tinha passado a maior parte de sua vida em campanha e não sabia nem como chegar perto de jogar bem o jogo político. Ele se fiava muito mais nas glórias das suas vitórias. Quando elas começaram a perder seu brilho, ele decidiu que precisava de novas. Em 67 a.C., ele recebeu um comando extraordinário para lidar com o problema dos piratas, que havia se tornado ainda pior desde o fracasso do pai de Marco Antônio. Pompeu recebeu recursos maciçamente maiores do que Antonius. Ele também era um bocado mais competente, com verdadeiro gênio para organização. Em questão de meses, ele e seus subordinados livraram o Mediterrâneo de piratas. Em busca de uma solução de longo prazo, muitos dos piratas se reinstalaram em terra, onde podiam sustentar-se e às suas famílias sem recorrer ao crime.[13]

O sucesso de Pompeu foi espetacular, mas ele queria muito mais e, em 66 a.C., concederam-lhe outro comando extraordinário para lidar com Mitrídates de Ponto. Mais uma vez, houve no caso mais que uma sugestão de aproveitar-se da glória de outros, pois a guerra quase já estava ganha por Lúculo, um dos cônsules de 74 a.C. Pompeu usou o pretexto da guerra contra Mitrídates e seu aliado, o rei Tiridates da Armênia, para lançar uma série de expedições orientais contra vários oponentes. Ele expandiu o território romano e depois reorganizou sistematicamente as províncias orientais. No processo, aboliu os últimos vestígios do Império Selêucida. Os ptolomeus foram deixados como os únicos sobreviventes dos três grandes reis sucessores.[14]

Pompeu não visitou o Egito, mas Auleta teve o cuidado de providenciar ajuda ao seu exército, inclusive os suprimentos necessários para sustentar 8 mil cavaleiros. Além disso, enviou pródigos presentes, inclusive uma coroa de ouro, ao próprio comandante. Nesse ínterim, Crasso ocupou o cargo de censor em 65 a.C. e começou a agitar a ideia de declarar o Egito terra pública romana, passível de ser distribuída. Ele claramente esperava ficar encarregado do processo e assim auferir lucros substanciais, bem como colocar um grande número de cidadãos em posição de lhe dever favor. Júlio César — ainda em seus trinta anos, mas extremamente ambicioso — também estava envolvido, embora não esteja claro se apoiava Crasso ou se desejava ser o responsável ele mesmo. Crasso era muito influente e extremamente rico — provavelmente só Pompeu poderia equiparar-se a ele em riqueza — contudo, outros senadores tinham alguma riqueza e alguma influência, e, se um número suficiente deles combinasse bloquear a medida, não havia meio de forçar a sua aprovação. Todas as propostas feitas sobre o Egito nessa época foram bloqueadas.[15]

A iniciativa para anexar o Egito fracassou, e Crasso e César passaram ambos a outros planos. É vital lembrar que o Egito não estava no centro da vida pública romana. Ocasionalmente, ele se tornava uma questão, geralmente como parte das ambições pessoais de um senador importante, na medida em que todos lutavam para chegar ao topo. No final de 64 a.C., uma lei foi aprovada para fazer uma ampla distribuição de terras públicas aos cidadãos mais pobres. O Egito estaria total ou parcialmente envolvido; porém, mais uma vez, a medida foi derrotada e a vida pública deslocou-se para outras preocupações.[16]

Pompeu também descobriu que havia limites ao seu poder de fato quando retornou a Roma em 62 a.C. Seu prestígio era colossal, sua popularidade imensa e o triunfo que ele celebrou pouco depois foi mais espetacular do que tudo que já fora visto antes. Contudo, ele não conseguiu obter a aprovação do Senado para a colonização do Oriente nem garantir terras para os soldados quando dessem baixa do exército. Volta e meia, tentativas de conseguir essas coisas foram bloqueadas. Outros senadores, incluindo Crasso e o suplantado Lúculo, estavam ansiosos para reduzir o prestígio e a importância do grande general. Ninguém queria ver a República dominada por Pompeu; ao mesmo tempo, opor-se a ele ajudava a fomentar uma influência e uma reputação próprias. As questões eram quase irrelevantes. A colonização oriental de Pompeu era sensível e abrangente, o desejo de recompensar seus soldados era razoável. Isso de maneira nenhuma impediu os outros senadores de bloquear as propostas, e Pompeu não era um político hábil o bastante para encontrar um modo de contornar as dificuldades.[17]

Pode ter sido Júlio César quem propôs a ideia de trazer Crasso e Pompeu para uma aliança secreta conhecida pelos estudiosos (embora não na época) como o "primeiro triunvirato". Sozinhos, nem Crasso nem Pompeu poderiam conseguir o que queriam. Trabalhando juntos, e com César como cônsul em 59 a.C., seria muito mais difícil se opor aos três homens. Isso não impediu senadores rivais — inclusive o colega consular de César, Bíbulo — de tentar bloqueá-los em cada passo do caminho. Cada lado por sua vez fazia escalar o conflito e houve intimidação e violência, que foram interrompidas justo antes de um sério derramamento de sangue. A colonização de Pompeu foi ratificada e seus veteranos receberam terras, enquanto Crasso conseguiu acordos favoráveis para os *publicani*, com muitos dos quais ele tinha ligações próximas. César fez passar uma lei redistribuindo terras públicas na Itália aos cidadãos pobres e garantindo para si um comando militar extraordinário por cinco anos.[18]

Auleta havia cultivado Pompeu por algum tempo e o rei sentiu uma oportunidade, agora que Pompeu e seus aliados estavam tão fortes em Roma. Finalmente Ptolomeu XII obteve reconhecimento formal, sendo nomeado rei e "amigo e aliado do povo romano" por uma lei aprovada por César em 59 a.C. O preço foi enorme. Auleta prometeu 6 mil talentos — cerca da metade de toda a renda anual do Egito. O grosso da soma foi para Pompeu e César, embora Crasso também possa ter tirado proveito. Os representantes de Ptolomeu pediram emprestado em escala astronômica aos banqueiros romanos para fazer o pagamento inicial.[19]

ANTÔNIO E CLEÓPATRA

Em Chipre, o irmão mais novo de Auleta não tinha recursos para arcar com o custo de um reconhecimento semelhante. Em 58 a.C., um ambicioso senador romano convenceu a Assembleia Popular a aprovar uma lei concedendo a todo cidadão de Roma uma porção gratuita de grão. Para financiar os custos, a lei autorizava a República a tomar posse de Chipre — ou pelo menos confiscar as propriedade reais lá existentes — conforme o testamento de Ptolomeu X. Ofereceu-se ao rei uma confortável aposentadoria, mas, quando todos os seus protestos foram infrutíferos, ele escolheu o suicídio.[20]

Os alexandrinos parecem ter recebido bem o reconhecimento formal de Auleta por Roma, mas a anexação de Chipre provocou ressentimento profundo e um sentido de humilhação. Auleta nada tinha feito para salvar seu irmão da tomada de uma das partes mais antigas do Império Ptolemaico. Ao mesmo tempo, a burocracia real tornara-se extremamente agressiva em sua arrecadação de impostos, pois o rei precisava pagar sua dívida com o triunvirato. O ressentimento supurou. Os romanos tornaram-se impopulares — nós temos notícia de um membro de uma delegação sendo linchado depois de matar acidentalmente um gato. Os gatos eram sagrados no Egito (e esse é um aspecto que elementos da população grega absorveram das crenças existentes), mas a explosão foi provavelmente tão antirromana quanto tudo mais.[21]

Mães e filhas

O próprio rei era visto como fraco, porque bajulava os romanos, e como repressivo, por conta de seus esforços para pagar a eles. É possível que outros fatores estivessem em ação, e membros ambiciosos da corte sentiram uma oportunidade para tirar vantagens pessoais. No final de 58 a.C., Ptolomeu XII Auleta deixou a Alexandria e viajou para Roma, onde afirmou que havia sido forçado a partir. Certamente, alguns anos se passaram antes de — só pela força — ele retornar. Sua filha mais ve-

O OBOÍSTA 101

lha, Berenice IV, fora proclamada rainha em sua ausência, claramente contra a vontade dele. Não sabemos a idade dela, nem tampouco quem, se ela ou seus conselheiros mais velhos, tomou a iniciativa do golpe. Berenice não era casada e tomou como cogovernante outra mulher da família, chamada Cleópatra.[22]

Essa definitivamente não era a nossa Cleópatra, que tinha somente 11 anos na época. Auleta se casou com a sua irmã, Cleópatra V Trifena, logo depois de tornar-se rei. Ela pode ter sido meio-irmã dele, especialmente se de fato ele fosse filho de Cleópatra IV, o que sugeriria que Auleta devia ser cerca de vinte anos mais velho do que ela. Nesse caso, é bem possível que a mãe dela fosse uma concubina desconhecida. Resolver um problema da árvore genealógica da família ptolemaica quase sempre parece apenas criar outras perguntas.[23]

Cleópatra V Trifena foi certamente a mãe de Berenice IV, mas deixou de ser mencionada em documentos oficiais no final de 69 a.C. A partir de novembro daquele ano, só o próprio Ptolomeu é mencionado, o que frequentemente foi compreendido como se a rainha devesse ter morrido. Relevos no templo em Edfu ostentando o seu nome parecem ter sido deliberadamente cobertos mais ou menos no mesmo período. Isso seria estranho se a rainha tivesse morrido e sugere que ela tenha se retirado da vida pública, seja em desgraça ou por razões de saúde. Qualquer que tenha sido a razão, Auleta não se casou novamente. Se Cleópatra V Trifena ainda estava viva em 58 a.C., então Berenice pode ter governado conjuntamente com a mãe.[24]

O geógrafo Estrabão, escrevendo no final do século I a.C., menciona casualmente que Ptolomeu Auleta teve "três filhas, uma das quais, a mais velha, era legítima". A mais velha era Berenice, e isso implica que ela seria a única filha que o rei teve com sua esposa. A nossa Cleópatra nasceu antes de Cleópatra Trifena desaparecer; portanto, cronologicamente é possível que esta última seja a sua mãe, mesmo que tenha morrido logo em seguida. Muitos insultos e repreensões foram lançados contra Cleópatra durante a sua vida, mas é significativo que nenhuma outra fonte afirme que ela fosse ilegítima — um contraste marcado com o que acontece com seu pai Auleta. É muito difícil acreditar que algo desse tipo não tivesse sido usado contra ela.

Assim, há duas possibilidades principais. Uma é que o comentário informal de Estrabão esteja correto, mesmo que a questão nunca tenha sido mencionada em nenhuma outra parte. Isso faria de Cleópatra, de sua irmã mais nova Arsínoe e de seus dois irmãos a prole de uma ligação entre Auleta e uma ou mais concubinas. Se Cleópatra Trifena ainda estivesse viva após o final de 69 a.C., ou bem ela era incapaz de gerar mais filhos ou então o rei não estava disposto a tê-los com ela. Não há prova positiva da existência de uma amante ou de amantes reais. Como não sabemos se essa mulher ou essas mulheres existiram, é importante enfatizar que não temos a menor ideia de suas identidades. A afirmação feita por alguns de que ela seria egípcia de uma das famílias sacerdotais é pura conjectura.

Por outro lado, se Cleópatra Trifena sobreviveu depois de 69 a.C., mas, estando em desgraça, não é impossível que ela fosse mãe de alguns ou de todos os filhos de Auleta. Isso significaria que os pais de Cleópatra eram irmã e irmão germanos, o que por sua vez significaria que ela só tinha dois avós. Se Trifena não era mais rainha oficialmente, isso poderia explicar a afirmação de Estrabão de que apenas Berenice era legítima. Nós simplesmente não sabemos e não devemos fingir o contrário.[25]

Uma Cleópatra governou conjuntamente com Berenice IV. Se não era sua mãe, então a única alternativa era que fosse uma outra irmã, Cleópatra VI, entre Berenice e a nossa Cleópatra. Nesse caso, Estrabão estaria errado em dizer que Auleta teria três filhas. Mais uma vez, nós simplesmente não sabemos. Nossa Cleópatra é conhecida como Cleópatra VII, mas as opiniões se mostram divididas quanto a se houve ou não realmente uma Cleópatra VI. Fosse mãe ou irmã, a cogovernante de Berenice IV morreu cerca de um ano depois.

O mistério cerca quase todos os aspectos da família e do nascimento de Cleópatra. Nossas fontes são igualmente vazias sobre os seus primeiros anos de vida. Pelo menos até 58 a.C., ela foi provavelmente criada

O OBOÍSTA

103

em Alexandria. Os tutores dos ptolomeus vinham amiúde de entre os estudiosos do Museu. Na sua vida posterior, Cleópatra ostentaria intelecto e erudição formidáveis. Nesse período, a família real dava às moças uma educação tão plena e abrangente quanto aos rapazes. A sua primeira língua era o grego, mas Plutarco diz que ela também era capaz de conversar nas línguas dos medas, partos, judeus, etíopes, trogoditas, árabes e sírios — todos povos que viviam relativamente perto de seu reino. O latim está notavelmente ausente da lista. Significativamente, ela foi a primeira de sua família a falar egípcio.

Quando Ptolomeu Auleta deixou Alexandria, não sabemos o que aconteceu à Cleópatra, que então contava 11 anos de idade. Ela pode ter ficado para trás e, em função de sua juventude, sem desempenhar nenhum papel no novo regime. Uma inscrição vaga e não datada estabelecida em Atenas foi interpretada como indicativa de que ela havia partido com seu pai. Nada há de inerentemente impossível quanto a isso. Se Ptolomeu estava desconfiado da lealdade de alguns cortesãos de mais alta posição e de sua filha mais velha, ele pode ter preferido manter alguns ou todos os seus filhos perto dele. Porém, o fato de uma coisa não ser impossível não quer dizer que ela aconteceu.[26]

Não obstante, há algo intrigante quanto à ideia de a garotinha ter acompanhado Ptolomeu, pois o rei estava indo para Roma.

6. Adolescente

Muito pouco se sabe sobre a mãe de Marco Antônio. Plutarco a classificou como "uma mulher tão nobre e virtuosa quanto qualquer outra de sua época". Mulheres aristocráticas de Roma tendiam a casar-se cedo, geralmente com homens mais velhos. Se sobrevivessem aos perigos do parto, havia uma chance igualmente boa de que sobrevivessem aos seus maridos. Políticos raramente se tornavam muito proeminentes durante o período de vida dos pais, no entanto muitos tinham mães vivas e algumas delas exerciam poderosa influência sobre seus filhos. Júlia ainda era capaz de fazer o filho mudar de ideia quando Antônio tinha quarenta anos.[1]

Os romanos celebravam as mães que disciplinavam seus filhos, ensinando-lhes a virtude e os impelindo a se distinguir. O ideal era mais severo do que suave e clemente — embora assim possa ser simplesmente porque este último aspecto fosse tido como natural. Uma das mães mais famosas foi Cordélia, esposa de um homem duas vezes cônsul e censor, e mãe de Tibério e Caio Graco. Os irmãos tiveram carreiras espetaculares, mas os dois foram mortos em sucessão — os primeiros atos de violência que dominaram o último século da República. Na época, há muito ela já era viúva e diz-se que recusou uma proposta de casamento de Ptolomeu VIII. A mãe de Júlio César, Aurélia, era vista com igual consideração.[2]

Júlia era prima de quinto grau de Júlio César. Os dois ramos da família haviam divergido várias gerações antes, a ponto de serem então eleitores de tribos diferentes. Seu próprio irmão era Lúcio Júlio César, que foi cônsul em 64 a.C. e membro distinto do Senado. O pai deles também alcançou o consulado, mas ele e seu irmão foram ambos vítimas do massacre levado a cabo pelos partidários de Mário em 87 a.C. Apesar de seus fracassos contra os piratas, é altamente provável que seu marido, Marcus Antonius, tivesse alcançado um consulado se não tivesse morrido antes de retornar a Roma. O segundo marido de Júlia foi cônsul em 71 a.C.

Mulheres não podiam votar nem candidatar-se a cargos públicos, mas filhas de senadores eram educadas para terem orgulho de sua família. Impossibilitadas de terem uma carreira própria, muitas faziam o máximo para promover a carreira de seus maridos e filhos. No casamento, Júlia não tomou o nome do marido. Ela permaneceu Júlia, a filha de Lúcio Júlio César, uma dos Julii e uma patrícia, posição que se fortaleceu porque sua propriedade permaneceu com ela, sem ser tragada pelas dívidas de seu primeiro marido. Com seu pai morto, Júlia desfrutava de um notável grau de independência, mesmo tendo se casado novamente.

Mulheres aristocráticas raramente amamentavam os filhos, e o tempo que escolhiam passar com eles durante sua infância variava consideravelmente — como certamente varia hoje, em especial entre os mais ricos. Nós não sabemos absolutamente nada sobre como Júlia se sentia ou tratava os seus três filhos — do mesmo modo que nada sabemos sobre suas emoções em relação a cada um de seus maridos. O papel da mãe era importante na supervisão da educação dos filhos, mesmo que às vezes isso fosse feito a uma certa distância, os cuidados do dia a dia sendo deixados às amas, que geralmente seriam escravas. Essas também seriam selecionadas pela mãe. Não obstante, idealmente, muitos romanos pareciam acreditar que as mães deviam estar mais diretamente envolvidas. Escrevendo ao final do século I d.C., o senador Tácito afirmou:

ADOLESCENTE

Nos bons e velhos tempos, o filho de todo homem, nascido de matrimônio, não era educado no aposento de alguma ama a soldo, mas no regaço de sua mãe, e aos seus joelhos. E a esta mãe não podia haver maior louvor do que ter dirigido a casa e se entregado a seus filhos. [...] Na presença de tal mãe, nenhuma palavra baixa poderia ser proferida sem grave ofensa, e nada errado ser feito. Religiosamente e com a diligência mais extrema, ela ordenava não só as tarefas sérias dos seus jovens encargos, mas suas recreações e também os seus jogos.[3]

Em famílias aristocráticas, a educação era realizada em casa. Só os menos abastados, mas ainda assim moderadamente ricos, enviavam seus filhos para escolas primárias pagas. Os pobres tinham pouco ou nenhum acesso à educação e muitos eram provavelmente analfabetos. Ao contrário, os aristocratas eram educados para serem bilíngues, fluentes em grego e em latim. Um escravo do Oriente helênico atuaria como acompanhante (*paedagogus*) da criança para começar a lhe ensinar o grego — nessa época, as filhas de senadores eram geralmente tão instruídas quanto os filhos. Juntamente com habilidades matemáticas e alfabetização, as crianças também recebiam aulas de história, em particular do papel que a sua família representava nela. Como disse Cícero: "Para que serve a vida de um homem se não estiver entrelaçada com a vida das gerações precedentes por um sentido de história?"[4]

Júlia teria tratado de garantir que Antônio e seus irmãos soubessem que eram ambos herdeiros dos Antonii e dos Julii. A virtude pessoal era enfatizada. Roma tornara-se uma das maiores potências do mundo por causa de seu respeito especial pelos deuses, e pela coragem, constância e bom comportamento dos romanos, especialmente a sua aristocracia e sobretudo os ancestrais do filho homem. Desde os seus primeiros anos, Antônio esteve cercado por expectativas de que agiria de acordo com — ou, ainda melhor, superaria — as realizações das gerações anteriores. Roma era o maior Estado do mundo e havia sido conduzida a essa grandeza por seus líderes aristocráticos. Nascer numa família senatorial tornava uma criança especial, particularmente se sua família fosse do restrito círculo do centro da vida pública. Roma não tinha monarca e os senadores se consideravam mais grandiosos do que os reis de outros países. Antônio jamais teria duvidado de que ter nascido dos seus pais significava ser um dos homens mais proeminentes de sua geração. Ele havia nascido para a distinção e a glória.

Desde os 7 anos de idade, ele começou uma preparação prática para isso, acompanhando seu pai quando ele se ocupava de seus negócios diários. A vida dos senadores era vivida muito em público. Além das reuniões do Senado, havia uma rodada diária para receber cumprimentos de clientes — pessoas ligadas à família, em geral como resultado de favores passados — e encontros com outros senadores. Esperava-se que os meninos observassem e imitassem a maneira certa de fazer as coisas. Eles não eram admitidos nas reuniões do Senado, mas tinham permissão para permanecer sentados do lado de fora de portas abertas e ouvir o que pudessem dos procedimentos e debates. Agrupados, lá estavam os filhos das famílias aristocráticas, de modo que desde muito cedo havia uma associação próxima com os homens com quem o menino mais tarde iria competir por um cargo.[5]

Antônio só pode ter passado uns poucos anos seguindo seu pai desse modo, antes de Antonius partir para lutar contra os piratas. Depois disso, ele deve ter aprendido sobre a conduta dos políticos acompanhando um de seus tios — seja o irmão de seu pai, Caio Antônio Híbrida, ou o irmão de Júlia, Lúcio Júlio César. Não sabemos com que rapidez Júlia se casou novamente, embora um ano fosse um período comum de luto, sobretudo para deixar clara a paternidade de qualquer eventual filho. Depois disso, Antônio deve ter aprendido com Lêntulo. Nós simplesmente não sabemos.

A educação formal continuava durante as horas passadas observando a vida pública, com ênfase no que os romanos chamavam de *grammatica*. Isso incluía estudos detalhados dos clássicos das literaturas latina e grega, bem como exercícios escritos e falados de retórica. Os educandos deviam memorizar extensas passagens de literatura e também aprender de cor coisas como as Doze Tábuas, a mais antiga coleção de leis de Roma. A capacidade de falar, em particular de apresentar um argumento coerente e convincente, era vital para qualquer homem que estivesse entrando na vida pública. Embora Marco Antônio nunca tenha adquirido uma reputação oratória tão grande quanto a de seu avô, ele foi certamente um orador competente.[6]

Em geral, esperava-se que os filhos aprendessem tanto da observação quanto da prática. A vida pública era conduzida publicamente, com discursos feitos da Rostra no Fórum para multidões agrupadas diante de uma assembleia ou noutras ocasiões importantes. Julgamentos criminais também eram conduzidos ao ar livre sobre plataformas no Fórum, atraindo regularmente uma ampla plateia. Muitos oradores famosos publicavam os seus discursos, embora o avô de Antônio se recusasse a fazê-lo, dizendo temer o risco de que algo que tenha dito em um caso fosse usado contra ele em outro. A despeito disto, ele escreveu um estudo sobre oratória. Em 92 a.C., o Senado havia decretado o fechamento de escolas que ensinavam retórica em latim. A razão ostensiva era a superioridade desse ensino em grego, embora o decreto também possa ter pretendido restringir a educação formal apenas aos muitos ricos.[7]

Como homem, Marco Antônio era muito orgulhoso de seu físico. Como outros rapazes romanos, sua educação incluía exercício físico e treinamento especializado. O propósito era prático, de modo que, paralelamente ao simples exercício de correr, nadar e levantar pesos, os meninos aristocráticos aprendiam a manejar a espada, segurar um escudo e arremessar uma lança. Eles também aprendiam a cavalgar, provavelmente tanto em pelo quanto com a sela de quatro arções usada pelos romanos no período anterior ao estribo. Idealmente, o menino deveria aprender essas coisas de parente homem — muitos senadores se vangloriavam de sua habilidade com armas. O general ideal deveria ser capaz de controlar seu exército tão bem quanto manuseava as suas armas pessoais. Mais uma vez, grande parte da educação do rapaz acontecia aos olhos do público no *Campus Martius* — o Campo de Marte, a oeste do Tibre, onde certa vez o exército fora reunido em revista. Assim como se encontravam ao esperar do lado de fora das reuniões do Senado, os meninos treinavam e competiam com seus pares como um prelúdio para a competição na vida pública.[8]

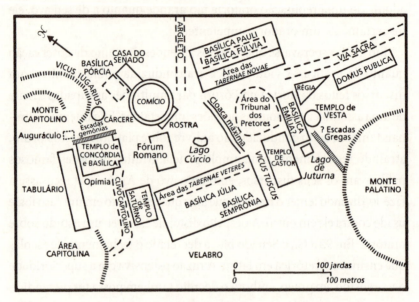

Cidade de Roma – área central, Fórum etc. Alguns detalhes são conjecturais.

Júlia educou Marco Antônio e seus irmãos para serem líderes da República. É bastante possível que seu cunhado Caio Antônio e seu segundo marido tenham ajudado a cumprir o papel, normalmente desempenhado pelo pai do rapaz. Em 70 a.C., quando Antônio tinha apenas treze anos, a capacidade deles de fazê-lo foi severamente limitada. Os censores daquele ano se mostraram muito mais rigorosos e expulsaram não menos que 64 senadores — pouco mais que dez por cento da casa. Esses homens foram condenados como inadequados, principalmente por seus padrões morais e caráter geral, bem como por quaisquer crimes específicos. Tanto Caio Antônio quanto Lêntulo tiveram seus nomes removidos da função senatorial e precisaram recomeçar a ascensão na escala política praticamente do zero.[9]

Juventude dissoluta

Quando menino, Marco Antônio usava a *toga praetexta*, que tinha a borda púrpura e, em outras circunstâncias, só era envergada por magistrados em exercício. Quando sua família decidisse, ele a dispensaria numa cerimônia que marcava a sua entrada formal na vida adulta. Não havia uma idade estabelecida para isso, alguns garotos se tornavam homens aos 12 anos de idade. A morte de seu pai pode ter encorajado a família a agir antes do que seria normalmente o caso. Não havia uma data determinada para a cerimônia, embora muitos escolhessem celebrá-la em 17 de março, durante o festival Liberália. Rezava a tradição que os cabelos do menino fossem cortados mais curtos, um penteado adulto, e que lhe fizessem a barba pela primeira vez, embora, na maioria dos casos, o barbeiro pouco tivesse a fazer. O amuleto *bulla* também era retirado, para nunca mais ser usado. No dia da cerimônia, Antônio vestiu a *toga virilis* simples pela primeira vez e foi conduzido pelos familiares através do Fórum para o Monte Capitolino, onde fez um sacrifício a Juventa, a deusa da Juventude.[10]

Embora tivesse passado a ser formalmente um homem, e o *paterfamilias*, ou chefe da família, com autoridade sobre seus irmãos mais novos, Antônio continuou a morar com a mãe e o padrasto. Não era comum para os jovens aristocratas saírem de casa antes do final da adolescência, por volta dos 19 anos, geralmente alugando uma apartamento em vez de uma casa. Havia muito para aprenderem sobre a vida pública e os deveres de um senador, e eles deviam continuar acompanhando parentes ou amigos da família em suas tarefas cotidianas, assim como observando os acontecimentos no Fórum. Ao mesmo tempo, os jovens dessa idade eram, em geral, percebidos de maneira tolerante. Desfrutar um pouco dos prazeres oferecidos pela maior cidade do mundo era perdoável, desde que isso não se desse de maneira excessiva e o homem continuasse a amadurecer, superando a fase.[11]

ANTÔNIO E CLEÓPATRA

O comedimento nunca foi um traço proeminente do caráter de Antônio, e aquela era uma época em que havia muitas tentações para os jovens. O império trazia riquezas em escala maciça e logo havia uma profusão de pessoas ansiosas por vender luxos e prazeres de todos os tipos àqueles desejosos de comprar. Senadores e equites mais idosos investiam em luxuosas vilas e propriedades no campo — Cícero se queixava constantemente de ex-cônsules mais interessados em seus peixes exóticos do que nos assuntos do Estado. Os jovens geralmente queriam emoções mais rápidas.

Um dos contemporâneos de Antônio, ele próprio eliminado da política sob acusações de corrupção, reprovou acerbamente mais tarde o ânimo da geração deles:

> Tão logo os ricos passaram a ser tidos em grande estima, quando glória, domínio e poder seguiram em seu rasto, a virtude começou a perder seu lustre, a pobreza a ser considerada uma desgraça, a irrepreensibilidade a ser denominada malevolência. Consequentemente [...] riquezas, luxúria e ganância, unidas com insolência, se apossaram dos nossos rapazes. Eles saquearam, dissiparam; deram pouco valor a si próprios, cobiçaram os bens de outros; eles desconsideraram a modéstia, a castidade, tudo que é humano e divino; em resumo, foram inteiramente imprudentes e negligentes.[12]

Assim como transigência e prazer, havia também competição, pois mesmo os turbulentos jovens romanos continuavam a ser aristocratas. O jovem Júlio César destacava a sua singularidade usando uma túnica de mangas longas tão folgada na cintura que lhe caía abaixo dos joelhos. Foi um estilo rapidamente imitado por outros filhos de senadores que queriam ser anticonvencionais. Cícero zombava dos jovens "que nós vemos com seus cabelos cuidadosamente penteados, gotejantes de óleo, alguns lisos como de moças, outros com barbas ásperas, túnicas até os tornozelos e punhos, envergando hábitos em vez de togas". Antônio tinha a sua maneira própria de destacar-se. Ao amadurecer, ele cultivou uma barba mais esmerada e espessa e, em vez de usar túnicas longas folgadas, gostava de cingi-las incomumente curtas para mostrar a bela musculatura de suas pernas. Estimulado por uma história de que os Antonii eram descendentes de Hércules, ele às vezes acrescentava um tosco manto de pele animal e portava uma espada, deleitando-se numa ostentação exuberante e até vulgar. Tais mitos não eram incomuns. Os Julii reivindicavam a deusa Vênus como ancestral.[13]

Os jovens aristocratas estavam determinados a gozar a vida, mas homens como Antônio nunca perderam sua segurança absoluta de que no devido tempo também seria direito seu dirigir a República. Ele logo se tornou o melhor amigo de um homem de temperamento semelhante, Caio Escribônio Cúrio, cujo pai havia sido cônsul em 79 a.C. Plutarco afirma que foi Cúrio quem realmente iniciou Antônio no hábito de beber muito, perseguir mulheres e levar um modo de vida extravagante. Se for verdade, então certamente ele foi um pupilo zeloso e permaneceria dedicado a todas essas coisas para o resto de sua vida.[14]

O sexo estava realmente à disposição da sociedade romana proprietária de escravos. Escravos eram propriedade e seus donos podiam vendê-los, puni-los ou matá-los se o desejassem. Eles não tinham o direito de recusar nenhum tipo de tratamento. Também havia uma profusão de bordéis, dos baratos e esquálidos até os pródigos e caros. Mais importantes para um jovem aristocrata eram as cortesãs de alta classe, cujos favores eram menos fáceis de adquirir. Elas tinham de ser cuidadosamente cultivadas, mimadas com presentes e dinheiro para pagarem os seus próprios escravos e um apartamento onde morar. Algumas eram famosas — como Précia, a amante de Cetego, que ajudara a influenciar os comandos em 74 a.C. — e passavam de um amante célebre para outro. Conta-se uma história de que Pompeu teria terminado um caso com uma cortesã para abrir caminho a um amigo e, assim, colocá-lo em situação de dever favores.[15]

As cortesãs ofereciam muito mais que apenas sexo. Muitas eram instruídas, argutas e elegantes. Elas ofereciam companhia e a excitação de uma aventura. Havia uma excitação ainda maior a ser obtida na perseguição a uma mulher aristocrática. Filhas de senadores eram valorizadas demais como meio de cimentar alianças políticas para ficarem muito tempo descasadas. Quase não havia mulheres aristocráticas jovens solteiras em Roma. Não obstante, muitas tinham maridos bem mais velhos, cujas carreiras políticas os levavam para as províncias durante anos sem fim. Numa era em que as moças eram tão bem formadas quanto seus irmãos, a maioria delas era tão fluente em grego quanto em latim, tinha conhecimento extensivo de literatura de todos os tipos, especialmente poesia, talvez tanto quanto de filosofia e de música.[16]

Todos esses atributos podiam ser vistos como virtudes, mas também podiam deixar uma mulher entediada com a tarefa de educar filhos e cuidar da casa. Exatamente como os homens de sua geração, muitas mulheres aristocráticas se recusaram a obedecer às convenções tradicionais e buscaram prazeres mais imediatos. O historiador Salústio deixou uma descrição detalhada, quiçá enciumada, de Semprônia, bem conhecida do segundo marido de Júlia, Lêntulo, e mãe de Décimo Júnio Bruto, um contemporâneo de Antônio:

> Esta mulher foi abençoada pela sorte em seu nascimento e sua beleza física, assim como por seu marido e seus filhos; bem instruída em literatura grega e latina, ela tocava a lira, dançava mais graciosamente do que qualquer mulher honesta deveria, e tinha muitos outros talentos que fomentavam uma vida suntuosa. Contudo, nunca houve nada que ela prezasse menos do que sua honra e sua castidade; é difícil dizer se era mais licenciosa com o seu dinheiro ou com a sua virtude; sua concupiscência era tão ardente que mais amiúde ela procurava homens do que era procurada por eles. [...] Ela amiúde quebrava a sua palavra, deixava de pagar suas dívidas, era cúmplice em assassinato; sua falta de dinheiro e seu vício no fausto a puseram em um rumo incontido. Mesmo assim, era uma mulher notável; capaz de escrever poesia, fazer um chiste e conversar de forma modesta, terna ou devassa; em síntese, ela possuía numerosos talentos e muitos e muitos atrativos.[17]

Mulheres aristocráticas eram excitantes, amantes desafiadoras e o rumor sugere que casos extraconjugais fossem comuns naqueles anos. Júlio César era célebre por sua sedução das esposas de outros homens — ele dormiu com as viúvas tanto de Pompeu quanto de Crasso e manteve uma relação longeva com Servília, mãe de Bruto, que lideraria a conspiração contra ele, e meia-irmã de Marco Catão, seu mais acerbo oponente. O poeta Catulo escreveu sobre as alegrias do amor com Lésbia, uma mulher casada de uma prestigiada família patrícia, e sobre a amargura da rejeição subsequente.[18]

Nós nada sabemos sobre os casos de amor anteriores de Antônio, além do fato de que ele os teve. Cícero afirmou que ele também deixava que homens fizessem sexo com ele, caracterizando-o como pouco mais que uma prostituta, até que surgiu Cúrio e lhe propôs um "casamento estável". Isso fez parte de um discurso que aviltava todos os aspectos do caráter de Antônio e deve ser tratado com cautela. Políticos romanos habitualmente lançavam os mais vulgares impropérios uns contra os outros — alhures, Cícero acusou outro senador proeminente de incesto com a filha. É impossível saber a verdade, mas provavelmente era só maledicência.[19]

Não obstante, Cúrio e Antônio eram de fato extremamente íntimos. Eles passavam muito tempo na companhia um do outro, lançando-se em sucessões de festas devassas. Não era um estilo de vida barato. Antônio tinha herdado pesadas dívidas de seu pai, mas logo estava contraindo novas e suas próprias. Muitas pessoas queriam lhe emprestar dinheiro, tanto com base nas suas propriedades remanescentes, quanto apostando que Antônio teria uma bem-sucedida carreira. Em se dando bem o bastante, ele estaria em posição de pagar empréstimos e juros ou, alternativamente, prestar favores ao credor no futuro. Ainda assim, suas dívidas subiram a patamares inacreditáveis.

Cúrio ficou ao lado do amigo e foi fiador de uma soma de 6 milhões de sestércios. (Um senador tinha que ter pelo menos um milhão de sestércios em propriedades, ao passo que um soldado recebia um bruto anual de quinhentos sestércios.) O pai de Cúrio não se deixou impressionar e proibiu a entrada de Antônio na casa deles. Cícero afirma que o não dissuadido Antônio teria subido no telhado e tido o acesso permitido por uma abertura nas telhas. O orador também diz que tanto o pai como filho vieram procurá-lo, este último implorando-lhe que convencesse Cúrio pai a quitar a fiança. Ele quitou, mas não permitiria que o filho assumisse mais nenhuma dívida de seu amigo.[20]

Salvador da República

Antônio não era o único a acumular pesadas dívidas. Júlio César seria apenas um exemplo, mas havia muitos mais. Os credores eram em geral propensos a esperar enquanto o devedor continuasse a ser bem--sucedido. Fracassos políticos sérios eram sujeitos a risco imediato de exigência de pagamento, o que só poderia dar em completa ruína. Tanto Lêntulo quando Caio Antônio tiveram que gastar muito para voltar ao Senado e à vida pública, pretendendo cargos que eles já haviam ocupado no passado. Eles fizeram progresso constante e foram respectivamente eleitos pretor e cônsul em 63 a.C.

Marco Túlio Cícero foi colega de Caio Antônio no consulado. Ele era um "novo homem" cuja fama repousava em seu grande talento como orador — de fato, ele afirmava ter aprendido muito ouvindo o avô de Antônio. Enfrentando um dos mais brutais subordinados de Sula num processo judicial, ele construiu rapidamente o seu nome e continuou a desempenhar um papel conspícuo em alguns dos casos mais notórios das décadas seguintes. Logo ele foi reconhecido — sobretudo por si mesmo — como o mais admirável orador da sua geração. Muitos senadores ficaram gratos de ter Cícero a defendê-los ou a seus clientes no tribunal. Isso não significou, todavia, que o tenham sempre apoiado quando ele pleiteou cargos superiores. Cícero continuava a ser um novo homem e não podia ostentar as realizações de sua família. Não obstante, nas

ADOLESCENTE 117

eleições de 63 a.C., uma parcela suficiente de eleitores influentes decidiu que ele era preferível a um dos outros principais contendedores, Lúcio Sérgio Catilina. Eles votaram no novo homem e em Caio Antônio. Este último era tido em baixíssima estima, mas era considerado preguiçoso demais para ser perigoso — um eco da suposta razão para dar a seu irmão Marcus Antonius o comando contra os piratas em 74 a.C.[21]

Catilina tentou ganhar o consulado no ano seguinte, porém mais uma vez fracassou. Ele era patrício de uma antiga linhagem que há muito se afastara do centro da vida pública. Nesse aspecto, ele era como Sula — e com efeito como Júlio César — e tinha a mesma ânsia motriz de reclamar o que acreditava ser o seu lugar de direito à cabeça da República. Mesmo seus inimigos tinham que admitir que Catilina tinha talento, mas a reputação dele era escandalosa — mais uma vez, semelhanças com Sula e César, e mesmo com Marco Antônio, são marcantes. Como um dos partidários de Sula, ele fora especialmente sanguinário durante as proscrições. Também existiam rumores persistentes de que havia assassinado o próprio filho, para agradar à sua nova esposa, e alegações de uma tentativa de golpe interrompida somente no último minuto.[22]

Catilina tirara proveito do sucesso de Sula, mas depois gastou tão profusamente que logo estava com pesadas dívidas. Ele era um dos encrenqueiros, andava com moças e rapazes dissolutos cujo comportamento fornecia rico material para fofocas. Antônio deve tê-lo conhecido, pois o marido de Júlia, Lêntulo, era um amigo próximo. É mais que provável que muitos de seus amigos se sentissem atraídos por Catilina, que tinha reputação de ajudar a arranjar casos amorosos e de ser generoso com dinheiro. Ele gastava para conquistar aliados e vinculá-los a ele. A política também era imensamente cara para todos numa época em que os candidatos tinham que gastar mais que seus rivais para fazer propaganda de si e ganhar votos. As três campanhas malsucedidas de Catilina para o consulado acabaram com o crédito que lhe restava.[23]

Em 63 a.C., ele perdeu para Cícero, o novo homem que ele alcunhava como mero "residente estrangeiro" em Roma. Os detalhes do que se segue só são conhecidos através de fontes hostis. É possível que Cícero tenha feito o seu melhor para provocar uma crise, pondo Catilina contra a parede. Contudo, ele não imaginou criar a rebelião que resultou. Depois de ostentar um instante certo descaramento, Catilina fugiu de Roma e aderiu a um exército que estava sendo organizado por seus amigos e associados. Finalmente, eles comandariam duas legiões, uma das quais usando como insígnia a águia de uma das legiões que havia lutado sob Mário.[24]

O padrasto de Marco Antônio, Lêntulo, era o líder dos homens que Catilina deixou para trás em Roma, os quais posteriormente foram acusados de conspirar para matar Cícero e outros protagonistas e depois desencadear uma série de incêndios para semear confusão na cidade. Estava longe de ser um complô bem organizado e disciplinado. Um dos conspiradores se gabou para a amante de como ele e seus amigos iam tomar o poder. Prontamente, ela levou a história a Cícero e continuou a mantê-lo informado. Pouco depois, Lêntulo fez contato com embaixadores enviados a Roma por uma tribo gaulesa chamada alóbroges. Eles estavam lá para queixar-se dos abusos e maus-tratos de sucessivos governadores. Lêntulo tentou convencê-los a providenciar uma cavalaria para apoiar as legiões de Catilina. Os gauleses decidiram confiar nas autoridades investidas e informaram o que estava acontecendo. Cícero conseguiu emboscá-los e prendê-los, juntamente com um dos conspiradores e várias cartas incriminadoras. Lêntulo teria até mesmo repetido para os gauleses uma profecia que afirmava que três Cornelii governariam Roma. Sula e o aliado de Mário, Cornélio Cina, foram dois, e ele, Cornélio Lêntulo, estaria destinado a ser o terceiro.

Tendo o Senado decretado estado de emergência, Lêntulo e outros líderes conspiradores foram presos. Houve violentos debates enquanto os senadores decidiam o que fazer. A maioria era favorável à execução imediata; por um instante, porém, Júlio César começou a mudar sua

ADOLESCENTE

opinião em favor da prisão perpétua. Apoiado por Cícero e outros, Catão conseguiu convencer a maioria a aplicar a pena de morte sem processo formal. Em honra ao seu status de pretor, Cícero levou Lêntulo pessoalmente pela mão para o Tullianum próximo dali, o qual servia como prisão e local de execução. Os conspiradores foram então estrangulados. Supõe-se que Cícero tenha simplesmente anunciado "eles viveram" — uma única palavra em latim, *vixerunt*.[25]

Não parece que Antônio tenha estado seriamente envolvido com a conspiração. Talvez ele também ainda fosse jovem demais para ser levado a sério, já que só tinha 20 anos e ainda não havia tomado nenhuma iniciativa formal rumo a uma carreira política. Até onde sabemos, ele não tomou parte em nenhum processo judicial e não o faria nos anos seguintes. Os rapazes tendiam a atuar como procuradores, em parte porque isso era visto como uma ação agressiva, já que, quando bem-sucedida, podia acabar com a carreira de outro homem. Oradores estabelecidos, como Cícero, geralmente atuavam na defesa, visto que era considerado mais nobre defender um amigo ou associado, mesmo que fosse culpado.

Júlia enviuvou novamente. Perto dos seus quarenta anos, ela resolveu não se casar novamente. Plutarco relata, mas questiona a veracidade de uma história que conta que Cícero teria se recusado a permitir que ela recebesse o corpo de Lêntulo para um sepultamento adequado. O cunhado dela, Caio Antônio, foi enviado com um exército para lidar com Catilina. Cícero tinha ajudado a assegurar a cooperação de seu colega através de um acordo privado. Ele havia sido designado para a província da Macedônia depois do seu ano como cônsul, mas abriu mão de seu direito e deixou Caio ficar com ela. Caio acreditava que a fronteira macedônia oferecia perspectivas de uma lucrativa guerra.[26]

Caio Antônio alegou uma crise de gota e não estava presente na batalha em que o exército rebelde foi destruído e Catilina morto. Alternativamente, o comando passou às mãos de um subordinado experiente. Era comum jovens aristocratas acompanharem parentes em campanhas, convivendo em seus quartéis-generais e aprendendo o ofício de comandar um exército observando isso sendo feito. Não há nenhum indício de que Antônio tenha acompanhado seu tio nem contra Catilina nem quando ele foi para a Macedônia. Com efeito, nós não sabemos quase nada sobre suas atividades no começo dos seus vinte anos. Provavelmente foi melhor para ele não ter acompanhado o tio. Caio Antônio foi derrotado pelas tribos trácias e, quando voltou a Roma, foi levado a julgamento em 69 a.C. sob acusação de corrupção. Cícero defendeu lealmente o seu colega consular, mas Caio foi condenado e partiu para o exílio. Com o pai e o padrasto mortos — como vimos, este último executado como rebelde — e seu tio então um exilado desonrado, Antônio estava ficando sem parentes capazes de ajudar sua carreira.[27]

Em algum ponto, ele parece ter se casado. Sua noiva se chamava Fádia e era filha de um escravo liberto chamado Quinto Fádio Galo. Não havia vantagem política nessa união — e certamente qualquer ligação com a família de um ex-escravo tenderia a provocar zombarias e desprezo da parte da aristocracia. Muito provavelmente, Fádio era rico e o casamento o ajudou a ganhar respeitabilidade enquanto ele prestava assistência financeira a Antônio. Talvez o jovem aristocrata tenha conseguido gastar algum dinheiro da esposa para manter o seu estilo de vida extravagante. Na melhor das hipóteses, qualquer que tenha sido a ajuda, só terá reduzido superficialmente o montante das suas dívidas incapacitantes.[28]

Antônio certamente sabia muito sobre os principais senadores, especialmente sobre a nova geração que abria então o seu caminho na política. Embora ele sem dúvida conhecesse Júlio César, não há nenhuma indicação de uma ligação próxima. Cedo em sua carreira, César tinha processado Caio Antônio por corrupção e, embora este último não tenha sido considerado culpado, havia pouca afeição entre os dois homens. Em 59 a.C., o amigo de Antônio, Cúrio, era um dos primeiros críticos de César, Pompeu e Crasso, desfrutando uma breve popularidade que o viu aplaudido quando aparecia em público. A família imediata de Júlia era hostil a César nessa etapa de sua carreira.[29]

ADOLESCENTE

Por algum tempo, Antônio foi um partidário entusiástico de Públio Clódio Pulcro — um homem cerca de dez anos mais velho do que ele e já se tornando uma força na política. Membro da antiga família patrícia dos Claudii, Clódio providenciou ser adotado por uma família plebeia em 59 a.C. A mudança de status significava que ele passara a poder concorrer ao cargo de tribuno da plebe, enquanto mantinha o prestígio e as conexões de sua verdadeira linhagem. O tribunato podia ser usado como uma poderosa plataforma para um homem ambicioso e bem relacionado. Foi o posto que os irmãos Graco usaram, e foram os tribunos que transferiram o comando de Sula para Mário em 88 a.C. e deram a Pompeu seus comandos extraordinários em 67 e 66 a.C. Clódio foi eleito facilmente como um dos dez tribunos para 58 a.C. Ele tinha muitos simpatizantes entre os habitantes mais pobres de Roma, e eles se mostraram dispostos a intimidar e até a atacar oponentes.

O triunvirato ajudou Clódio a adquirir status plebeu dessa maneira pouco ortodoxa, mas é errado pensar que ele fosse homem deles. Logo ele estava ameaçando atacar as leis aprovadas por César durante o seu consulado, antes de subsequentemente voltar sua atenção contra Cícero e acusá-lo de executar ilegalmente os conspiradores em 63 a.C. O novo homem era vulnerável e, amargamente desapontado pela falta de apoio de outros senadores e especialmente de Pompeu, Cícero fugiu para o exílio voluntário. Foi Clódio quem arranjou a anexação de Chipre para financiar a doação de milho que ele introduziu para os cidadãos de Roma.

Clódio era mais um dos jovens de vida desregrada, notório conquistador. Suas irmãs e seu irmão tinham reputação semelhante. Uma de suas irmãs era a "Lésbia" inicialmente adorada e depois odiada pelo poeta Catulo. O próprio Clódio havia sido descoberto uma vez vestido de mulher, entrando sorrateiramente na casa de Júlio César durante uma festividade religiosa exclusivamente feminina. A maioria das pessoas acreditava que ele estava tendo um caso com a esposa de Júlio César. César se recusou a testemunhar contra Clódio quando este foi acusado de sacrilégio. Não obstante, ele se divorciou da mulher e, quando instado, respondeu que se divorciara porque a "mulher de César deve estar acima de qualquer suspeita". Clódio era casado com Fúlvia, ela própria de uma família muito distinta. Havia rumores de que ela e Antônio tinham um caso. Pode não haver nenhuma verdade nisso, embora alguns anos mais tarde ele fosse se casar com ela. Qualquer que tenha sido a razão, Antônio rompeu com Clódio.[30]

Em algum momento, Antônio deixou a Itália, indo para a Grécia e lá permanecendo por um tempo considerável. Ostensivamente, tratava-se de uma viagem para estudar retórica, e muitos romanos, inclusive Cícero e César, tinham viajado para o leste para fazê-lo em idade semelhante, mas ambos também já haviam começado as suas carreiras políticas. Antônio não tinha, e provavelmente era restringido pelo fardo de suas dívidas, bem como por seu apego aos prazeres. É possível que a pressão de credores tenha sido uma razão forte para ele sair de Roma.

7. O retorno do rei

Antônio provavelmente já havia deixado Roma muito antes de Ptolomeu Auleta chegar, no final de 58 a.C. Não haveria razão, em todo caso, para o rei procurar o rapaz de 24 anos. Em vez disso, ele tinha que conquistar o apoio de senadores influentes em número bastante para comprometer os romanos com a sua restauração no trono. Primeiro, ele procurou Pompeu, tanto pela ligação que existia entre eles quanto por sua óbvia importância. O prestígio de um senador romano se refletia pelo nível das pessoas que o procuravam como clientes em busca de favor. A reputação de Pompeu só ganhava com reis procurando a sua ajuda e ele ofereceu a Auleta a hospitalidade da sua própria vila nas Colinas Albanas perto de Roma.[1]

A cidade era maior do que a sua própria capital Alexandria, maior sem dúvida do que qualquer cidade no mundo conhecido, mas bastante menos impressionante. Alexandria fora planejada e desde o começo construída em escala monumental. Roma se desenvolvera mais gradualmente ao longo dos séculos, e só então estava começando a adquirir as grandes construções que nós associamos a ela. Pompeu já havia encomendado a construção de um grande complexo teatral, quase nada já era visível, mas era originalmente mais grandioso do que qualquer outra coisa em Roma. Os senadores moravam em casas antigas junto do centro da cidade e sua proeminência era medida pela proximidade que ficavam da Via Sacra, a rota seguida por procissões em ocasiões importantes. A maioria dos romanos vivia abarrotada em edifícios altos (*insulae*), pagando altos aluguéis e correndo risco de doenças e incêndios. É bem possível que Ptolomeu tenha achado Roma tosca e um pouco depauperada, mas viera porque conhecia o seu poder.

Ele também tivera uma mostra recente das maneiras abruptas de alguns romanos. Em viagem, ele parou em Chipre para buscar o conselho de Marco Catão, o homem nomeado por Clódio para supervisionar a anexação da ilha. O tribuno havia declarado que era vital enviar o homem mais honesto de Roma, e Catão aceitou a lisonja e o prestigioso comando. Do ponto de vista de Clódio, a iniciativa também tirava um oponente expressivo de Roma. Catão desempenhou seu trabalho rigorosamente e sem nenhuma sugestão de malversação, o que em si mesmo já era bastante raro sobre qualquer senador romano da época. Ele era um seguidor ardente do estoicismo, uma escola filosófica que, na forma mais cara aos romanos, enfatizava o dever austero e a autodisciplina. Ele era célebre por seu estilo de vida simples e sua recusa em transigir — especialmente considerando que essas virtudes tradicionais eram aquelas pelas quais seu ancestral mais famoso, ele próprio um novo homem, também era renomado. Contudo, também havia um quê de excentricidade em Catão. Ele bebia muito e às vezes andava descalço e usando apenas sua toga, sem a túnica por baixo, mesmo em negócios oficiais.

Ptolomeu convidou Catão a procurá-lo, mas recebeu a resposta de que, se quisesse conversar, ele teria de vir ao romano. A ocasião da visita do rei mostrou ser especialmente infeliz, pois Catão estava fazendo um tratamento à base de fortes laxantes. Isso pode explicar por que ele permaneceu sentado quando o rei chegou, dizendo-lhe casualmente para sentar-se. Seu conselho foi igualmente surpreendente, pois ele disse ao rei para voltar para Alexandria e tentar estabelecer a paz. Caso contrário, nem toda a riqueza de seu reino satisfaria a ganância dos senadores se ele procurasse a ajuda de Roma. Plutarco afirma que Ptolomeu foi inicialmente convencido e só depois dissuadido por seus próprios cortesãos a seguir o conselho de Catão. Isso parece improvável. Cícero se queixou

O RETORNO DO REI 125

certa vez de que Catão se comportava como se vivesse na República ideal de Platão, em vez de na "cloaca de Rômulo". Ptolomeu sabia por experiência que, conforme outro rei havia afirmado meio século antes, Roma era "uma cidade que gostava de leilões".[2]

Não obstante, Ptolomeu também sabia que a assistência romana ativa não sairia a baixo preço. Uma vez tendo chegado a Roma, ele pediu mais dinheiro emprestado aos banqueiros de lá e o empregou generosamente para ganhar a simpatia de homens proeminentes. Berenice IV e seus ministros não ficaram à toa e enviaram uma grande embaixada de alexandrinos de primeira importância para falar contra o rei. Auleta usou o seu dinheiro emprestado para bloqueá-los: alguns foram intimidados e outros subornados para mudarem de opinião. Um certo número — nós não sabemos quantos, mas entre eles o chefe da embaixada — foi morto por assassinos contratados. A violência causou um breve escândalo e Cícero ajudou a defender um jovem senador acusado de envolvimento, mas ninguém foi condenado. Auleta se retirou e foi para Éfeso, na Ásia Menor, onde ficou esperando na segurança do Templo de Ártemis. Seus agentes ficaram em Roma e continuaram a gastar e a pleitear em seu nome.[3]

Vários romanos desejavam ser o homem encarregado de devolver Ptolomeu ao seu trono. Isso significa que havia competição e, também, que existiam numerosos outros senadores igualmente determinados a obstruí-los e impedir que um rival conquistasse o prestígio e as riquezas que a ação engendraria. Durante algum tempo, essa luta interna impediu que alguma coisa de fato acontecesse. O próprio Pompeu queria ser encarregado da tarefa, sem dúvida com um novo comando extraordinário. O fato de ele não ser capaz de garantir essa nomeação é um notável exemplo do poder limitado do triunvirato. Pompeu, Crasso e César, que então estava na Gália conquistando glórias numa sucessão de aventuras militares, tinham imensa influência, prestígio e dinheiro, mas não eram capazes de controlar permanentemente a vida pública.

Uma nova complicação surgiu quando um Oráculo Sibilino — antiga compilação de profecias crípticas de Roma — foi "descoberto" e interpretado no sentido de que Ptolomeu não deveria voltar ao trono com a ajuda de um exército. Em 57 a.C., a tarefa foi finalmente atribuída a Públio Lêntulo Espinter, cônsul naquele ano e que partiria subsequentemente para a Cilícia, na Ásia Menor, como governador. Cícero — então restaurado de seu exílio — escreveu uma série de cartas a Lêntulo, a partir de janeiro de 56 a.C. e ao longo de todo o ano seguinte, informando sobre o debate que assolava Roma sobre a questão. Lêntulo estava obviamente muito interessado, mas afinal decidiu não reempossar Ptolomeu, temendo o fracasso se fosse sem nenhuma força militar e, por outro lado, ser processado se usasse o seu exército. Qualquer desses resultados incorria em risco de arruinar a sua carreira.[4]

Enquanto isso, Berenice IV e seus ministros buscavam consolidar as suas posições. A sua cogovernante, Cleópatra, quem quer que ela fosse, morreu em 57 a.C. O mais velho dos dois irmãos de Berenice ainda não era sequer adolescente e, mesmo que estivesse no Egito e sob o controle dela, era jovem demais para ser entronizado. Rainhas só governaram sozinhas por períodos muito breves e ela e seus ministros estavam à procura de um cônjuge adequado. Um neto de Cleópatra Selene (que se casara com um selêucida) foi localizado, mas inconvenientemente morreu antes de o contrato de casamento ser arranjado. Outro candidato da mesma dinastia estava vivendo na província romana da Síria, mas seu governador se recusou a deixá-lo partir.

Finalmente, um homem com o prestigioso nome de Seleuco e direito muito indefinido à realeza foi trazido para Alexandria e casado com a rainha. O robusto senso de humor alexandrino logo o apelidou de "vendedor de peixe seco". Berenice ficou igualmente desentusiasmada e tolerou os modos rudes de seu novo marido apenas alguns dias antes de mandar estrangulá-lo. Para substituí-lo, seus ministros localizaram então um certo Arquelau, que reivindicava ser filho ilegítimo de Mitrídates de Ponto, mas que na realidade era filho de um de seus generais. Ele também estivera vivendo na província romana da Síria, mas conseguiu sair e ir para o Egito. O novo consorte se mostrou aceitável aos olhos de Berenice.[5]

O RETORNO DO REI 127

Comandante de cavalaria

Em 57 a.C., Aulo Gabínio tornou-se procônsul da província da Síria
— fora ele quem impedira um dos maridos potenciais de Berenice de
partir. Gabínio foi o tribuno que aprovou a lei que concedia a Pompeu
o comando especial contra os piratas em 67 a.C. Ele ainda era próximo
de Pompeu e os triúnviros parecem ter apoiado a sua campanha consular bem-sucedida em 58 a.C. Seu colega foi o sogro de César, e eles
estavam claramente ansiosos por contar com magistrados superiores
dispostos a defender suas recentes reformas. Na verdade, os dois cônsules brigaram e mais uma vez isso mostrou as limitações do poder do
triunvirato. Eles não conseguiam controlar plenamente senadores de
mentalidade independente e ambiciosos.[6]

Parece que Gabínio passou pela Grécia em seu caminho para a sua
província e recrutou um Antônio, então com 26 anos de idade, para a sua
equipe. Até onde podemos dizer, essa foi a primeira nomeação pública
formal de Antônio. Ele não tinha nenhuma experiência de vida militar
nem de responsabilidade funcional. Não obstante, era filho de senador,
neto de cônsul e um Antonius. Ele se recusou a juntar-se a Gabínio no
quadro inferior de assessoria que lhe fora oferecido inicialmente. Em vez
disso, exigiu e obteve o comando de uma parte da cavalaria do exército
de Gabínio ou de toda ela. Seu posto foi provavelmente de prefeito de
cavalaria (*praefectus equitum*), o qual poderia envolver o comando
de um único regimento (*ala*) de 400–500 cavaleiros, ou várias unidades
desse porte. Públio, o filho mais velho de Crasso, estava nessa mesma
época a serviço de Júlio César numa função semelhante.[7]

Antes de o ano acabar, Antônio comandou seus homens em campanha na Judeia. Durante as suas campanhas orientais, Pompeu interviera
numa guerra civil entre dois irmãos da família real hasmoneana, a
dinastia no governo desde que os macabeus se rebelaram com sucesso
contra os selêucidas. O exército romano sitiou e capturou Jerusalém,
e Pompeu e seus oficiais estiveram no Santo dos Santos no Templo de
Salomão. Embora não tenham tomado nenhum dos seus tesouros,

ainda assim tratava-se de uma violação da tradição sagrada, que só permitia a sacerdotes entrar na câmara interior do santuário e, mesmo neste caso, somente como parte de uma cerimônia. O irmão derrotado, Aristóbulo, foi levado de volta a Roma e mantido lá em confortáveis condições de cativeiro.

O filho de Aristóbulo, Alexandre, tinha escapado e permaneceu na Judeia, onde então estava recrutando um exército de 10 mil soldados de infantaria e 1.500 cavaleiros. Ele se rebelou contra seu tio, Hircano, e até começou a reconstruir as fortificações de Jerusalém. Gabínio reagiu contra ele e enviou Antônio e alguns outros oficiais na dianteira. Nossas fontes sugerem que Antônio estava no comando geral. Embora isso fosse possível, é preciso estarmos atentos ao fato de que sua fama posterior pode tê-las encorajado a exagerar sua importância real num momento tão inicial de sua carreira. Tampouco está claro se inicialmente ele tinha consigo qualquer dos cavaleiros que supostamente comandava. Grande parte da força consistia em tropas judaicas leais a Hircano. Havia também alguns romanos armados às pressas — talvez homens de negócios atuantes na área e forçados a servir.

Inicialmente, Alexandre se retirou, e uma batalha foi travada perto de Jerusalém, na qual ele foi severamente derrotado. O grosso de suas tropas era provavelmente ainda menos experiente do que a força romana, que incluía elementos do exército real. Mais da metade dos homens de Alexandre foram mortos ou capturados e ele se retirou para o nordeste, para a fortaleza de Alexandrion no Vale do Jordão. Gabínio juntou-se então à sua força avançada e os rebeldes foram derrotados novamente. Conta-se que Antônio matou diversos homens na luta, exibindo uma bravura conspícua ao longo de toda a campanha. *Virtus* — que significa muito mais que virtude ou mesmo coragem em português — era um dos mais importantes valores que se esperava de um aristocrata romano. Embora inexperiente, Antônio tinha excelente forma física e era bem treinado em suas armas. Em nenhum momento de sua carreira ninguém jamais duvidou da sua coragem física.

O RETORNO DO REI

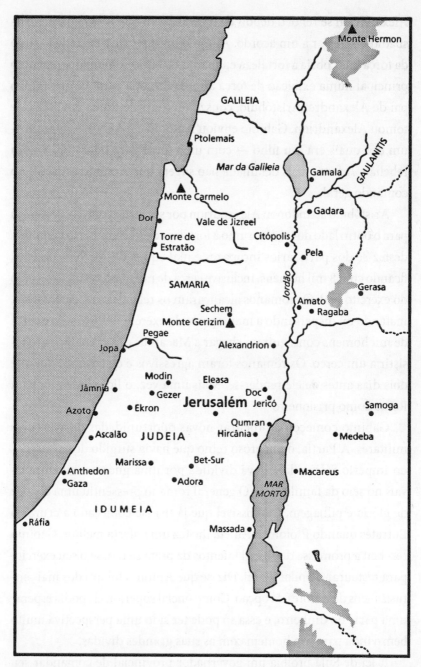

Judeia

130 ANTÔNIO E CLEÓPATRA

Alexandrion se rendeu depois de um cerco em que Alexandre foi persuadido a chegar a um acordo. Antônio pode ter sido deixado a cargo da força que cobria a fortaleza enquanto Gabínio comandou o exército principal numa exibição de força através da zona rural. Entretanto, o pai de Alexandre, Aristóbulo, conseguiu fugir de Roma em 56 a.C. e tomou Alexandrion. Gabínio enviou Antônio e dois outros oficiais — um dos quais era seu filho — com uma força para lidar com a nova rebelião. A fonte mais detalhada não sugere que Antônio estivesse no comando geral.

Aristóbulo abandonou Alexandrion por ser insustentável e se retirou para o outro lado do Jordão, rumo à fortaleza de Macareus. No caminho, desfez-se dos partidários incapazes e mal equipados para o combate, ficando com 8 mil homens, inclusive cerca de mil que haviam desertado do exército real. Os romanos alcançaram os rebeldes e os derrotaram, matando ou dispersando a maior parte do exército. Aristóbulo e cerca de mil homens conseguiram chegar a Macareus e se preparar para resistir a um cerco. Os romanos foram agressivos e o atacaram durante dois dias antes de ele render-se. Mais uma vez, o líder judeu foi para Roma como prisioneiro.[8]

Gabínio começou a procurar novas oportunidades de aventuras militares. A Pártia, o poderoso reino que havia surgido dos destroços do Império Selêucida, estava dividida por uma guerra civil entre rivais no seio da família real. O general romano pressentiu uma chance de glória e pilhagem, e é possível que já tivesse começado a cruzar o Eufrates quando Ptolomeu Auleta lhe fez uma oferta melhor. Gabínio recebeu a promessa de 10 mil talentos de prata se usasse o seu exército para restaurar o poder do rei. Diz-se que Antônio foi um dos mais entusiásticos defensores da opção. Como oficial superior, ele podia esperar uma parte do dinheiro, e essa só pode ter sido uma perspectiva muito bem-vinda para um homem com as suas grandes dívidas.

A lei de Sula proibia um governador provincial de comandar seu exército fora de sua província sem autorização explícita. Gabínio a ig-

O RETORNO DO REI

norou, assim como ignorou o oráculo que afirmava que Ptolomeu não deveria ser recolocado no trono por um exército. Em 55 a.C., suas legiões cruzaram a Judeia, rumo ao sudoeste para o Egito. Com elas, veio um contingente de tropas judaicas do exército de Hircano, comandado por Antípater, seu braço direito. O agradecido monarca hasmoneano também deu ordens para que alimentos e outros meios fossem fornecidos aos romanos. Havia uma comunidade judaica muito grande no Egito, particularmente dentro de Alexandria e no seu entorno. Os faraós, os persas e os ptolomeus também fizeram uso considerável de mercenários judeus. Alguns deles tinham a tarefa de guardar os locais de travessia na extremidade do Delta do Nilo, em Pelúsio. Antípater os convenceu a mudar de lado e a deixar os romanos passarem.

Plutarco credita a Antônio a tomada de Pelúsio, mas é possível que não tenha havido nenhum combate real e que a vitória tenha sido sem derramamento de sangue. Acredita-se que Auleta tenha ficado contrariado com esse fato, pois queria anunciar seu retorno com uma execução em massa de seus súditos recalcitrantes. Diz-se que foi Antônio quem o conteve. Algum combate mais sério de fato ocorreu subsequentemente, e o marido de Berenice IV, Arquelau, comandou seus homens com alguma determinação até ser assassinado. Ele não tinha exatamente um exército com o qual resistir às legiões. O velho sistema de clerúquias há muito havia entrado em decadência e a terra era repassada aos seus herdeiros sem a imposição da obrigação de serviço militar. Os últimos ptolomeus se fiaram pesadamente em mercenários, mas Berenice e seu governo não dispunham de dinheiro para empregá-los em grande número. A conquista romana do Mediterrâneo oriental também reduzira o número de soldados a contratar, tanto porque já os recrutara como aliados para as legiões quanto porque tornara a região mais pacífica.[9]

Depois de um breve combate, Ptolomeu Auleta foi restaurado. Um dos seus primeiros atos foi ordenar a execução de sua filha Berenice IV. Não há dúvida de que seus aliados mais importantes encontraram um destino semelhante. Antônio conquistou a admiração de muitos alexandrinos porque insistiu em dar ao corpo de Arquelau um sepultamento adequado. Os dois homens haviam se conhecido quando Arquelau tinha procurado Gabínio em busca de apoio, antes de ter sido abordado pelos representantes de Berenice. Escrevendo no começo do século II d.C., Apiano afirma que, durante essa campanha, Antônio viu pela primeira vez Cleópatra, então com 14 anos de idade, e apaixonou-se por ela. Isso não é intrinsecamente impossível — ela estaria ou bem com seu pai e seus cortesãos, ou então em Alexandria ou outra parte do Egito quando ele retornou. É provável que ela também já fosse impressionante e carismática, e não há nenhuma razão por que Antônio possa não tê-la achado muito atraente. Não obstante, isso pode facilmente ser apenas um mito romântico, e vejamos que Apiano não sugere que qualquer coisa tenha de fato acontecido entre eles.[10]

A campanha egípcia confirmou a reputação de bravura e liderança ousadamente agressiva de Antônio. Em pelo menos uma ocasião, ele demonstrou alguma habilidade tática, levando seus cavaleiros a flanquearem uma posição inimiga que estava sustentando a força principal. Mais uma vez, contudo, nós devemos nos acautelar em fazer demasiado dessas primeiras façanhas. Muitos dos jovens romanos eram valentes, ousados e amados por seus soldados. Tanto na Judeia quanto no Egito, o exército de Gabínio era marcadamente mais forte e mais bem equipado do que as forças reunidas às pressas para resistir contra ele. Por mais obstinadamente que tenham combatido, elas simplesmente não eram páreo para os romanos. O mesmo foi verdade quando Gabínio conduziu o grosso de seu exército de volta à sua província e reprimiu outro levante na Judeia, e também quando de uma campanha subsequente contra os árabes nabateus.[11]

8. Candidato

Em 54 a.C., um novo governador chegou para assumir como procônsul da Síria, e Gabínio retornou a Roma com sua recém-adquirida fortuna. Mais uma vez, Ptolomeu tinha pedido dinheiro emprestado aos banqueiros romanos para pagar o suborno prometido e pago o grosso, talvez toda a soma prometida. Gabínio confiava em seu dinheiro e em sua ligação com Pompeu para sobreviver ao processo judicial que inevitavelmente esperava por ele em casa. Seus relatórios oficiais ao Senado como governador tinham omitido a sua expedição ilegal ao Egito, mas a verdade já era amplamente conhecida. Ele tinha poucos amigos entre os *publicani* que atuavam em sua província — provavelmente porque a extorsão que ele próprio levava a cabo restringisse as atividades deles — e havia, de todo modo, outros grupos interessados que escreveram ao seus amigos no Senado. Pompeu passou a ver os ataques contra Gabínio como um desafio ao seu próprio status e o apoiou ardorosamente. Para assombro geral, ele foi absolvido por estreita margem da acusação de traição por comandar um exército fora de sua província. Acusado uma segunda vez — e defendido por Cícero, que com muita relutância cedeu à pressão de Pompeu —, Gabínio foi condenado e partiu para o exílio.[1]

O sucessor de Gabínio era ninguém menos que Marco Licínio Crasso. Sua aliança com Pompeu e César tinha começado a apresentar problemas em 56 a.C., levando a uma renegociação do acordo. Pompeu e Crasso tornaram-se cônsules pela segunda vez em 55 a.C. Eles outorgaram a César uma extensão de mais cinco anos de seu comando na Gália. Pompeu não tinha vontade de travar outra guerra, mas recebeu um comando especial das províncias espanholas combinadas, as quais ele teve permissão de governar por meio de representantes. Ele permaneceu nos arredores de Roma, para ficar de olho nos acontecimentos por lá. A ambição de Crasso era de glória militar e de lucros de conquista. Ele havia lutado por Sula durante a Guerra Civil e, posteriormente, foi ele quem derrotou o exército de escravos de Espártaco. Essa fora uma campanha muito dura, pois o gladiador fugitivo tinha esmagado uma sucessão de exércitos romanos enviados contra ele. Entretanto, apesar de tudo, havia pouca glória em derrotar escravos. Crasso tinha recebido a homenagem menor de uma ovação, em vez de um triunfo pleno por sua vitória.

Crasso escolheu a Síria como província e desde o início planejava invadir a Pártia. Essa guerra não fora autorizada pelo Senado, mas, como Gabínio, Crasso pressentiu uma oportunidade. Ele também sabia que era muito menos suscetível à instauração de processos que seu predecessor. A sua planejada guerra era amplamente comentada em Roma. Um tribuno chegou a ponto de amaldiçoá-lo formalmente quando ele deixou Roma rumo à província.[2]

Marco Antônio não retornou a Roma com Gabínio, evitando assim tornar-se alvo de quaisquer ações judiciais na esteira do processo contra o seu comandante. Ele também pode ter relutado em voltar para casa e ter que enfrentar a pressão de seus muitos credores. Nós não sabemos se ele considerou a hipótese nem se recebeu oferta de servir sob Crasso. Novos governadores traziam muitos dos seus seguidores entusiastas para preencher postos no exército e na sua equipe de governo. O filho de Crasso, Públio, já havia servido com alguma distinção nas campanhas gaulesas de César e atuava, então, como um dos subordinados de alto escalão de seu pai. Pode não ter havido lugar para Antônio, ou vontade, seja de uma parte ou de ambas, de que ele servisse.

Qualquer que tenha sido a razão, Antônio não permaneceu na Síria e não tomou parte na iminente invasão. Melhor assim. Crasso já tinha mais de 60 anos e não havia feito serviço ativo pela maior parte das últimas três décadas. Sua liderança mostrou-se letárgica e seu planejamento pobre. Mais importante, os partos foram oponentes muito mais formidáveis do que os exércitos de Ponto e da Armênia, tão facilmente destroçados por Sula, Lúculo e Pompeu. As sete legiões de Crasso foram superadas pela cavalaria parta em Carras em 53 a.C. Públio Crasso foi atraído para longe, seu destacamento foi completamente destruído e a sua cabeça degolada foi arremessada para as linhas romanas. Por um momento, o pai dele combateu obstinadamente, mas decidiu que deveria retirar-se. Os partos perseguiram as legiões romanas implacavelmente e Crasso foi morto ao tentar negociar. Os estandartes de águia das legiões foram capturados e a maioria dos legionários se rendeu ou foi morta. O questor de Crasso conseguiu reunir alguns deles e os conduziu de volta à Síria, rechaçando um ataque surpresa dos partos que chegou a alcançar a grande cidade de Antioquia.[3]

Antônio juntou-se ao exército de César, em vez de ao de Crasso, mas não sabemos quando ele chegou à Gália. Gabínio estava em Roma em 19 de setembro de 54 a.C. Parece improvável que Antônio tenha chegado à Gália antes dessa data, e ele pode não ter chegado lá até muito mais tarde naquele ano. Não há informação sobre como o assunto foi arranjado. É provável que ele tenha abordado César — diretamente ou por meio de alguém conhecido de ambos — e pedido um posto. Sua ligação familiar distante com César não era em si suficiente para garantir sua aceitação e, como vimos, não há nenhum indício de uma parceria anterior.[4]

Antônio vinha de uma família importante. Ele também mostrara coragem e habilidade na Judeia e no Egito, embora devamos lembrar que adequação à tarefa raramente foi a preocupação principal em nomeações romanas. Valia a pena investir em Antônio por causa de sua família e da promessa que este cultivo oferecia de distinção futura.

136 ANTÔNIO E CLEÓPATRA

Um comandante romano era julgado em parte pela bagagem social de seus subordinados de escalão superior, e César tinha se empenhado em atrair muitos membros das famílias mais importantes. O tio de Antônio, o ex-cônsul Lúcio Júlio César, realmente serviu como um dos legados de César em 52 a.C., e é possível que tenha estado lá antes disso, mas a maioria dos seus funcionários e oficiais vinha de famílias menos distintas.[5]

Eles foram atraídos em parte pelo carisma de César, mas principalmente por sua reputação de generosidade esbanjadora. O próprio César tinha grandes dívidas quando partiu para a sua província no começo de 58 a.C. Na década seguinte, reputa-se que ele tenha capturado e vendido não menos que um milhão de prisioneiros como escravos. Relicários e santuários em toda a Gália foram pilhados de seus tesouros. César tornou-se um dos homens mais ricos do mundo, e seus funcionários e oficiais também. Muitos homens endividados buscaram serviço com ele na Gália a fim de restaurarem suas fortunas, e essa pode ter sido uma das principais motivações de Antônio. Crasso tinha reputação de avarento; César era generoso e já bem-sucedido.[6]

Não sabemos que escalão e que responsabilidades foram atribuídas a Marco Antônio por César. Presume-se que no início ele tenha servido como um dos legados, o subordinado de mais alto escalão que em geral comandava uma legião ou mesmo forças maiores. Em sua maioria, os legados de César eram homens mais velhos e muitos tinham atuado na magistratura, mas havia exceções e por isso é possível que Marco Antônio tenha ocupado o cargo desde a época em que chegou à Gália. É igualmente possível que ele ocupasse um posto mais modesto, talvez como um da meia dúzia de tribunos em cada legião, ou mais uma vez como prefeito no comando da cavalaria, como nas campanhas orientais.[7]

César deixou relatos completos de suas campanhas na Gália, cobrindo as operações a cada ano com algum nível de detalhe. Antônio não é mencionado até o verão de 52 a.C. De certo modo, isso não surpreende,

CANDIDATO 137

já que César não era generoso em demasia ao mencionar e elogiar seus subordinados. Contudo, isso certamente torna improvável que Antônio tenha ocupado qualquer comando separado importante durante o seu primeiro período de serviço na Gália. De 58 a 56 a.C., César interviera na Gália além da província romana da Gália Transalpina (a grosso modo correspondente à Provença dos dias de hoje), estendendo a autoridade romana às costas do Atlântico e do mar do Norte. Em 55 a.C., ele fez uma ponte sobre o Reno e comandou uma breve expedição contra as tribos germânicas, antes de cruzar o Canal para a Britânia. Ele retornou à Britânia em 54 a.C., comandando uma força muito maior. Ele não ocupou a ilha permanentemente, e sua expedição chegou perto de ser um desastre quando grande parte de sua frota foi a pique por causa de uma tempestade. Isso não importa, pois a invasão foi um sucesso espetacular de propaganda em Roma. Foi aprovada uma ação pública de graças de mais de vinte dias a Júlio César, mais do que jamais fora dado a um comandante vitorioso no passado — incluindo Pompeu após suas vitórias orientais.[8]

Marco Antônio não pode ter chegado à Gália a tempo de ter tomado parte na expedição à Britânia. No inverno seguinte, houve uma séria rebelião entre as tribos do nordeste. Uma força de quinze coortes — equivalente a uma legião e meia — foi dizimada por uma tribo relativamente menor. Outra legião ficou sitiada em seu acampamento de inverno. Era comandada pelo irmão mais novo de Cícero, Quinto, que estava servindo como um dos legados de César. O próprio César comandou uma pequena coluna numa arriscada marcha para romper o cerco e dar fim à crise imediata. A rebelião perdeu força, mas não tinha acabado. Grande parte de 53 a.C. foi despendida numa série de brutais expedições punitivas, com ataques súbitos lançados contra tribos individuais antes que estivessem prontas para resistir. Povoados e safras foram queimados, o gado foi confiscado e as pessoas foram mortas, capturadas ou expulsas para as florestas.[9]

É possível que Antônio tenha servido em algumas dessas operações. Não podemos ter certeza, pois nem todas as unidades de César estiveram envolvidas. Algumas eram necessárias para controlar outras partes da Gália e não experimentaram nenhum combate de verdade ao desempenharem tal função dissuasiva. Tampouco podemos presumir automaticamente que Antônio tenha originalmente recebido responsabilidades militares. César exigia romanos educados e confiáveis para desempenhar funções administrativas, financeiras e diplomáticas. Antônio queria glória, mas também necessitava de dinheiro, de modo que oportunidades desse tipo podem ter sido particularmente bem-vindas por ele.

Em algum momento em 53 a.C., Antônio por fim retornou a Roma. É improvável que tenha sido depois do começo do outono e, provavelmente, foi bem antes disso. Ele tinha então 30 anos, velho o bastante para candidatar-se ao questorado. Essa era a magistratura de mais baixo status, e Sula havia estipulado que a eleição como questor significava automaticamente que o eleito também seria registrado como senador. Havia vinte desses magistrados e seus deveres eram principalmente financeiros. A maioria era enviada para as províncias a fim de atuar como representantes do governador e supervisionar o uso e a arrecadação de impostos.

Eleições e propaganda eleitoral eram realizadas segundo tradições bem estabelecidas. Um homem concorrendo a um cargo vestia uma toga especialmente alva — a *toga candidus*, da qual nós tomamos a nossa palavra "candidato" — destacando-se assim ao andar pelo Fórum. Um candidato prestava muita atenção em saudar cidadãos quando passavam por ele, especialmente se fossem senadores, equites ou outros homens cuja riqueza tornasse seu voto importante. Havia escravos especiais, chamados *nomenclatores*, cuja tarefa era sussurrar ao ouvido de seu senhor os nomes de cada pessoa de que ele se aproximasse. Candidatos seriam assistidos por tantos e tão distintos simpatizantes quanto possível. Lúcio Júlio César teria provavelmente apoiado seu sobrinho desse modo se estivesse em Roma. O procônsul César enviou cartas para deixar claro o seu apoio a Antônio e o apoiou financeiramente.

CANDIDATO 139

Além disso, oficiais do exército na Gália recebiam licença para ir a Roma tomar parte nas eleições. Com todo esse apoio, e porque ele era um Antonius, Marco Antônio era um dos favoritos à vitória.[10]

A prática romana era realizar as eleições consulares primeiro, de preferência ao final de julho, embora não houvesse data marcada. Postos inferiores, inclusive o questorado, eram preenchidos por meio de eleições realizadas numa Assembleia Popular diferente em algum momento depois de os cônsules terem sido escolhidos. Em 53 a.C., contudo, houve problemas. O suborno era disseminado, mas em si mesmo isso nada tinha de novo. Mais perturbador foi a violência organizada entre os simpatizantes dos vários candidatos. Clódio estava se candidatando à pretoria, prometendo, entre outras coisas, alterar a lei para dar mais peso ao voto dos escravos libertos nas Assembleias. Era grande o número dos menos abastados que apoiavam Clódio, por sentirem que fundamentalmente ele defendia o interesse deles — a lei que ele aprovou como tribuno, que introduzira a doação de grãos aos cidadãos, era muito popular. Também havia um núcleo duro de sequazes, organizados para intimidar quaisquer oponentes. A partir do tribunato de Clódio em 58 a.C., a violência política tornou-se mais frequente em Roma.

Inevitavelmente, outros políticos tinham seguido o exemplo dele. O oponente mais acerbo de Clódio era Tito Ânio Milão, que em 58 a.C. organizara o seu próprio bando de assassinos e gladiadores a soldo. Milão concorria então ao consulado. Como muitos senadores ambiciosos, ele estava maciçamente endividado e não podia se dar ao luxo de perder. Os bandos de Clódio e de Milão eram os maiores, mas outros foram formados por alguns dos outros candidatos. Intimidação e violência tornaram-se a norma, e mortes eram frequentes. Antônio estava em Roma e logo acabou envolvido, mesmo que provavelmente não tenha aderido a nenhum dos outros grupos. A sua velha rixa com Clódio se inflamou novamente e em certa ocasião um Marco Antônio armado com sua espada liderou um grupo que o encurralou numa livraria. Clódio se entrincheirou no interior e repeliu o ataque, mas Cícero talvez estivesse certo ao afirmar que somente isso tinha evitado o seu assassinato.[11]

Porém, isso mostrou ser apenas um adiamento. Em 18 de janeiro de 52 a.c., Milão e sua esposa, acompanhados por um bando de seus gladiadores, passaram casualmente por Clódio e seus partidários em Bovilas, cerca de 16 quilômetros fora de Roma ao longo da Via Ápia. Houve luta e Clódio foi ferido e levado para uma estalagem. Pouco depois, alguns dos homens de Milão invadiram o local e o mataram. Levado de volta a Roma por seus seguidores, o corpo de Clódio foi transportado até o Senado e cremado, incendiando e destruindo o prédio no processo. O próprio coração da vida pública de Roma estava naufragando no caos. As eleições consulares foram adiadas reiteradamente, pois violência e manipulação das regras invalidavam cada encontro da Assembleia Eleitoral. Por causa disso, tampouco os magistrados inferiores puderam ser escolhidos.[12]

Finalmente, o Senado decidiu dar a Pompeu poderes emergenciais para organizar um corpo de soldados e restaurar a ordem — é mais que provável que ele tenha manipulado a situação na esperança de que isso acontecesse. Ele foi nomeado cônsul sem colega consular e sem eleição, simplesmente para evitar o uso da palavra "ditador". Tropas foram trazidas para dentro da cidade a fim de controlar a violência e permitir a realização de eleições e de julgamentos. Cercado por guardas, Milão foi intimado a comparecer em juízo e a atmosfera era tão intimidadora que Cícero evitou discursar em sua defesa. Milão foi exilado. Muitos dos seguidores de Clódio também foram condenados, assim como foi condenado um outro homem que, como Milão, fora candidato ao consulado. Um outro candidato consular foi Metelo Cipião, que certamente era culpado de suborno, quando não de violência. Entretanto, a esposa de Pompeu tinha morrido no ano anterior e ele então escolheu casar-se com a filha de Cipião. Após um encontro na casa de Pompeu, as acusações de suborno foram retiradas e pouco tempo depois ele nomeou Cipião seu colega consular.[13]

CANDIDATO

Enquanto tudo isso estava acontecendo, Marco Antônio foi eleito questor pela *Comitia Tributa*, um encontro formal das 35 tribos de cidadãos romanos. Para uma eleição, essa assembleia era normalmente convocada para o *Campus Martius* — o Campo de Marte, onde certa feita o exército miliciano de Roma foi passado em revista para a guerra. Cercas temporárias dividiam o espaço aberto em seções, o que ficou conhecido como o "curral de ovelhas" (*saepta*). Havia centenas de milhares de cidadãos elegíveis, mas os votos só podiam ser registrados pessoalmente e a maioria vivia demasiado longe de Roma para comparecer. Existiam quatro tribos urbanas e até mesmo os membros mais pobres dessas tribos poderiam votar se quisessem fazê-lo. Como nas democracias modernas, muitos pareciam não se importar. Os que tendiam a comparecer foram os ricos ou aqueles cujo trabalho os trouxera para Roma. A tribo e não o indivíduo era o que importava, e a vontade de cada tribo tinha peso igual. Um sorteio determinava a ordem na qual a decisão de cada tribo era anunciada.

Candidatos podiam ter permissão para discursar. Depois, o magistrado que presidia a sessão dava a instrução, "Separem-se, cidadãos" — *Discedite, Quirites* em latim — e cada tribo ia para o seu "curral de ovelhas" designado. Uma por uma, elas passavam pelo corredor de madeira conhecido como "ponte" e colocavam a sua cédula escrita numa cesta. Um funcionário supervisionava esse procedimento e outros ficavam encarregados de contar os votos e fornecer os totais ao magistrado presidente. Uma vez que um homem recebesse o voto de dezoito das 35 tribos, ele era eleito questor. Tão logo os vinte postos eram preenchidos, a votação era interrompida.[14]

Marco Antônio foi provavelmente um dos primeiros a conquistar o posto entre os questores daquele ano. Ele era então senador e tinha dado o seu primeiro passo na carreira pública, seguindo o caminho bem estabelecido. Ele estava provavelmente com 31 anos de idade, o que o tornava um ano mais velho que a idade mínima para o cargo, tendo assim deixado escapar a conquista do cargo no "seu ano". Isso era bem menos sério no início de uma carreira do que nas fases posteriores.

142   ANTÔNIO E CLEÓPATRA

Não obstante, o processo tradicional de votação não deve obscurecer nossa visão do contexto. Houve meses de violência política nos quais Antônio tinha tomado parte. As eleições definitivamente só foram possíveis porque Pompeu recebera poderes ditatoriais para lidar com uma crise provocada por desordem interna e não por um inimigo estrangeiro. Antônio tinha testemunhado o poder da intimidação e do suborno, e visto que somente uma força maior seria capaz de subjugá-los. Ele também tinha observado Pompeu manipular a lei e explorar seu governo em benefício próprio.

Há de ter sido difícil para qualquer um da geração de Antônio amadurecer tendo muito respeito pela constituição tradicional da República. Coisas demais já haviam acontecido e continuavam acontecendo diante de seus olhos. A força prevalecia, as leis contavam pouco e se mostravam incapazes de resistir à situação, à medida que senadores acumulavam imensas dívidas que só podiam ser saldadas se eles fossem muito bem-sucedidos. Homens eram arruinados, por vezes mortos por oponentes, ou prosperavam de forma espetacular. A sua primeira experiência de vida pública em Roma provavelmente nada há de ter feito para convencer Antônio do vigor do sistema.

Júlio César escolheu Antônio para ser seu questor. Tais arranjos eram comuns e geralmente considerados bons, já que, se houvesse boa vontade entre o governador e seu representante, haveria mais chances de os dois fazerem melhor seu trabalho. Marco Antônio retornou à Gália e se viu preso em meio a uma maciça rebelião de tribos, muitas das quais tinham sido firmemente leais a Roma no passado. César havia intervindo na Gália para proteger povos aliados e usara esse pretexto para estender suas operações cada vez mais para mais longe no exterior de sua província. Depois de cinco anos, muitos gauleses compreenderam que estavam de fato ocupados pelos romanos, os quais não mostravam nenhum sinal de que iriam sair. Muitas tribos e chefes de clãs se deram bem com o processo, pois César era generoso para com seus aliados

CANDIDATO

leais, tornando-os ricos e poderosos. Já os menos favorecidos não viam perspectivas de subir às posições mais elevadas enquanto os romanos permanecessem. Alguns dos que tinham alcançado sucesso também haviam decidido, então, que poderiam acumular ainda mais poder se os ocupantes fossem embora. Tribos após tribos se rebelaram, unindo-se sob a liderança de Vercingetórix — um dos que parece ter tirado bom partido dos favores de César.[15]

Antônio não deixaria Roma antes do final do julgamento de Milão, em abril de 52 a.C., perdendo assim o começo dessa campanha extremamente brutal, marcada desde a sua inauguração por extrema selvageria e crueldade de ambos os lados. O próprio César foi surpreendido ao sul dos Alpes, quando a revolta irrompeu, e teve que remendar às pressas uma força para defender a Gália Transalpina antes de empreender uma jornada desesperada para alcançar o seu exército principal. Posteriormente naquele ano, o tio de Antônio, Lúcio Júlio César, assumiu a defesa da Gália Transalpina. Não se sabe quando ou como o questor se juntou ao seu comandante.[16]

Marco Antônio é citado pela primeira vez por César no cerco culminante de Alésia. Com o final do inverno, os romanos tinham sofrido um revés num ataque custoso e malsucedido contra a cidade de Gergóvia. César se retirou e foi apressado pelos gauleses. Então, repelindo um pesado ataque contra a sua coluna, ele retomou a iniciativa e contra-atacou, acossando Vercingetórix e seu exército na cidade de Alésia, no topo de uma colina. As legiões labutaram arduamente para construir cerca de 18 quilômetros de fortificações, cercando tanto a cidade quanto o acampamento gaulês. Vercingetórix enviara um pedido de ajuda às tribos, que então estavam reunindo um enorme exército de reforço. Assim que os romanos terminaram a sua linha de cerco, César ordenou que construíssem outra, até mais extensa, voltada para a defesa externa. Ambas as linhas eram reforçadas com fortes e, diante deles, uma rede de obstáculos e armadilhas.

César não tentou atacar Alésia, mas fiou-se na fome generalizada para derrotar seu inimigo. Vercingetórix expulsou a população não combatente da cidade para que a comida só fosse consumida por seus guerreiros. César se recusou a permitir que os civis — principalmente mulheres e os muito jovens e muito velhos — passassem por suas linhas. Eles foram deixados à morte por inanição, diante do olhar de ambos os exércitos. Quando se reuniram, as forças de reforço lançaram uma série de ataques contra setores das linhas de César, tentando abrir uma entrada. Ao mesmo tempo, Vercingetórix comandou seus homens em investida após investida, tentando abrir uma saída. Marco Antônio, juntamente com o legado Caio Trebônio, estava no comando de um dos alvos de um ataque especialmente pesado. César nos conta que eles usaram homens dos setores menos ameaçados como reforço e finalmente repeliram o inimigo.[17]

Todos os ataques gauleses fracassaram. O exército de reforço perdeu sua determinação e eles estavam ficando sem comida, de modo que começaram a dispersar. Confrontado à fome e à inanição, Vercingetórix se rendeu. O perigo de que os romanos sofressem uma derrota total e perdessem as conquistas de César havia acabado; a luta não. Ao longo de todo o ano de 51 a.C., houve escaramuças e ataques, à medida que os últimos tições da revolta iam sendo erradicados. Não foi apenas uma questão de força bruta, pois César despendeu um bocado de tempo e esforço em diplomacia, no mesmo tempo em que foi leniente com muitas das tribos, em especial as antigas aliadas. Antônio participou em parte dessa luta, embora nos digam explicitamente que, numa operação de dezembro de 52 a janeiro de 51 a.C., ele foi deixado para trás com as tropas que protegiam o comboio de suprimentos e equipamentos e o quartel-general do exército.[18]

Depois disso, César levou Antônio — e também a Décima Segunda Legião — numa expedição punitiva ao nordeste contra os eburões belgas. De várias maneiras, essas operações tinham muito em comum com as campanhas na Judeia. Boa parte da luta era em pequena escala, os oponentes numericamente fracos e pobremente equipados. Agressão e rapidez de movimento eram mais importantes para os romanos do que

CANDIDATO

preparação cuidadosa. Quando foi para o sul para tratar do cerco a um determinado bando de rebeldes em Uxeloduno, César deixou Antônio para trás com uma força equivalente a uma legião e meia para dissuadir as tribos belgas de rebelião. Esse foi o seu primeiro comando independente na Gália e provavelmente o maior de sua carreira até então.[19]

Líderes carismáticos eram importantes para manter a resistência ativa. Um desses líderes era Cômio, um homem que fora feito rei por César e mostrara-se um aliado leal até a rebelião de 53–52 a.C. Antônio enviou o comandante da cavalaria da sua força perseguir Cômio até apanhá-lo. Numa confusa escaramuça, o oficial de Antônio foi ferido, como fora ferido o líder rebelde, mas este último escapou. Ele mandou enviados a Antônio em busca de termos de paz, mas pedindo que jamais tivesse que estar na presença de um romano novamente — anteriormente naquele ano, enviados romanos tinham tentado assassiná-lo durante uma negociação. Antônio aceitou essa solicitação e fez reféns como penhor da futura boa vontade de Cômio.[20]

Exceto por Alésia, parece que Antônio não participou de nenhuma batalha considerável durante o seu tempo na Gália. A despeito de Shakespeare, ele não estava com César "no dia em que ele vencera os nérvios" em 57 a.C. A única grande operação de guerra na qual ele esteve presente foi Alésia. Só vale declará-lo por causa da ênfase em fontes antigas e modernas sobre Antônio como soldado. Na verdade, nessa etapa de sua carreira, sua história foi competente, mas não excepcional. Ele não era especialmente experiente e em geral atuava sob o comando de outrem. Logo seria tempo de voltar à política e, em 50 a.C., Antônio deixou a Gália e foi a Roma para candidatar-se outra vez.

9. "Os novos deuses que amam os irmãos"

Quando Gabínio e Antônio saíram do Egito, foi grande o número de romanos que ficaram para trás. Muitos eram soldados, pois o procônsul deixara uma poderosa "guarnição com o rei Ptolomeu". Conhecidos como os gabinianos, esses soldados permaneceriam por seis anos, inaugurando uma presença militar romana que duraria sem interrupção até o século VII d.C. Muitos eram cidadãos romanos, embora alguns deles fossem auxiliares estrangeiros — nós ouvimos falar posteriormente de quinhentos cavaleiros gauleses e germânicos. Os números totais são imprecisos, mas uma força equivalente a uma ou duas legiões parece muito provável.[1]

Ptolomeu Auleta havia pagado por uma força militar romana para reconquistar seu trono, e somente essa força garantiria que ele o mantivesse. Gabínio não tinha autoridade legal para invadir o Egito, embora tenha afirmado mais tarde que Arquelau havia estimulado a pirataria no Mediterrâneo oriental e por isso teve que ser derrotado. Igualmente, ele não tinha autoridade para aquartelar tropas romanas no Egito para proteger Auleta. Parece que desde o começo o rei pagou e abasteceu esses soldados — Gabínio também afirmou que o único dinheiro que ele aceitou de Ptolomeu foi para pagar os custos do seu exército. Poucos anos mais tarde, outro procônsul da Síria considerou que os gabinianos ainda faziam parte do exército romano, e não parece que ele estivesse sozinho nessa opinião.[2]

Não obstante, o status dos gabinianos era ambíguo. Nenhuma menção é feita a um comandante geral, mas parece que os oficiais superiores eram romanos. Muitos dos homens no exército de Gabínio tinham servido nas campanhas orientais de Pompeu, mas é de se presumir que seus alistamentos não tivessem expirado na época em que este último retornou para Roma. Nossas fontes mencionam um homem que serviu como centurião sob Pompeu e foi posteriormente tribuno no Egito. Não fica claro se ele foi um dos gabinianos ou se foi recrutado independentemente. Auleta empregou tantos mercenários quando pôde, alistando até mesmo escravos fugitivos. Ele também pode ter procurado oficiais romanos experientes necessitados de emprego, e homens com nomes italianos aparecem nos exércitos de muitos reinos clientes durante esse período. Eles podem ter completado os gabinianos e, na prática, todos atuaram, em todos os aspectos significativos, como um exército real.[3]

Não demorou muito e os gabinianos foram chamados para reprimir desordens no reino, o que eles parecem ter feito com facilidade. Entretanto, grande parte do seu tempo era passada na guarnição em Alexandria. Era um posto confortável, com os luxos de uma das maiores cidades do mundo prontamente à disposição. O pagamento de um legionário não era alto nesse período — em algum momento naqueles anos, Júlio César iria dobrar o soldo de seus legionários — e é possível que Auleta tenha sido mais generoso. O próprio César afirmou mais tarde que os gabinianos "se acostumaram a um tipo de vida e licenciosidade em Alexandria e esqueceram o nome e a disciplina do povo romano, casaram-se com mulheres locais, com as quais muitos tiveram filhos".[4]

Soldados romanos restauraram Ptolomeu Auleta e o mantiveram no poder; outros romanos ficaram com eles para cobrar o preço dessa assistência. O rei tinha tomado de empréstimo vastas somas para comprar sua restauração, haja vista os seus amigos em Roma terem se mostrado relutantes em assisti-lo puramente com base em promessas. Grande parte do montante era devido a um consórcio de financistas romanos liderados por um certo Caio Rabírio Póstumo. Havia dívidas não pagas desde 59 a.C., bem como a soma devida a Gabínio, embora não fique claro se tudo foi pago de uma só vez. Rabírio partira para a Cilícia com o pessoal de Lêntulo Espinter, esperando que este último restaurasse o rei. Desapon-

"OS NOVOS DEUSES QUE AMAM OS IRMÃOS"   149

tado quando Lêntulo desistiu da ideia, o banqueiro se juntou a Gabínio e ou bem acompanhou a expedição ao Egito ou chegou logo em seguida.

Auleta nomeou Rabírio seu ministro das finanças (*dioecetes*), de modo que os romanos supervisionassem a cobrança de impostos e outras rendas reais e pegassem o seu dinheiro diretamente. As somas envolvidas eram surpreendentes, e o rei também tinha que pagar a sua própria corte e dar continuidade a pródigos programas de gastos a fim de garantir apoios. Desde o começo, os ptolomeus trataram o seu território como uma propriedade privada. Estudiosos podem discutir a eficiência da burocracia que governava o Egito, mas ninguém duvida de que a sua função mais importante fosse gerar renda. Rabírio passou então a fazer parte desse sistema e ele e seus associados se vestiram correspondentemente, usando o traje helênico de funcionários reais em vez da túnica e toga de romanos característicos.[5]

Com a aprovação do rei, Rabírio começou entusiasticamente a levantar dinheiro, envolvendo-se não só com impostos e o produto das terras reais, mas com monopólios reais e tarifas de comércio. O Egito foi muito firmemente arrochado numa época em que as colheitas foram ruins porque a inundação do Nilo foi baixa vários anos seguidos. É provável que o sistema de irrigação tenha sido negligenciado durante os anos de crise, quando o rei foi expulso. Auleta também tinha chegado ao poder depois de muitas décadas de sérios problemas internos e de luta pelo poder no seio da dinastia. As instituições e a autoridade central tinham entrado em decadência, tornando-se bem mais corruptas e menos eficientes.

Era difícil para muitos dos súditos do rei pagar o que lhes era exigido. O desespero foi provavelmente a causa inicial da agitação esmagada por Gabínio. A abordagem implacável de aumentar a renda não foi em si suficiente. Por séculos, a moeda dos ptolomeus fora muito estável. Então, o conteúdo de prata de cada moeda foi drasticamente reduzido, com o rei buscando fazer sua renda aumentar. Ter um ministro das finanças romano ajudou a desviar a responsabilidade do próprio Auleta. Rabírio era bastante impopular.

O rei por fim cedeu às exigências dos alexandrinos e mandou prender o banqueiro romano. Rabírio "escapou" rapidamente e fugiu, retornando a

150 ANTÔNIO E CLEÓPATRA

Roma. Um bom número de navios mercantes já haviam sido despachados carregados de bens, e existiram rumores de que um deles levava uma carga muito mais valiosa do que os conteúdos mundanos dos outros. Gabínio já tinha ido para exílio e abriu-se então um processo contra Rabírio, na esperança de confiscar o suborno supostamente pago ao procônsul para restaurar Auleta. Cícero defendeu o banqueiro, mas o julgamento provavelmente nunca se concluiu devido ao sério acúmulo de casos judiciais e de crises políticas em Roma. Rabírio sobreviveu, embora seja impossível saber o quanto ele terá perdido em seus negócios com Ptolomeu XII Auleta. Júlio César assumiu grande parte da dívida pendente, além do dinheiro ainda devido a ele, César, por sua assistência ao rei em 59 a.C.[6]

Auleta não só sobreviveu, mas também, com o apoio dos gabinianos, seu controle do poder foi mais seguro do que tinha sido no passado. Apesar de toda a desvalorização da moeda e do sofrimento e privação de muitos dos seus súditos, ele era rico e se livrou sem pagar nada sequer parecido com todas as suas imensas dívidas contraídas com os romanos que o ajudaram. Em seu último ano, sua corte continuava a ser esplêndida e havia dinheiro para gastar em grandiosos projetos de construção.

Alexandria

Os vestígios de grande parte da Alexandria conhecida por Auleta e Cleópatra jazem agora sob o mar e os arqueólogos estão apenas começando a desvendar alguns dos seus mistérios. De mais de uma forma, a posição é apropriada. Alexandre, o Grande, escolheu o local porque era na costa. As velhas capitais em Mênfis e Tebas tinham bom acesso ao Nilo, mas eram distantes do mar, o que refletia as prioridades dos faraós. Alexandre estava mais interessado em assegurar boa comunicação com seu recém-conquistado território. Os ptolomeus também quiseram que seu poder fosse centrado no Mediterrâneo. Em dias melhores, seus territórios tinham se estendido a grande distância além-mar. Cultural e ideologicamente, eles sempre tiveram em mente a Grécia e a Macedô-

"OS NOVOS DEUSES QUE AMAM OS IRMÃOS" 151

nia. Economicamente, eles enriqueceram com o comércio, visto que os grandes excedentes da safra egípcia eram vendidos no estrangeiro e os bens de luxo da Arábia, da Índia e adjacências eram expedidos para o oeste. Alexandria era um porto e, com o lago Mareótis ao sul da cidade, quase cercada de água.

Não era absolutamente coincidência que o maior monumento aos ptolomeus vigiasse o mar. Numa ilha chamada Faros, que ficava ao largo e abrigava o ancoradouro, existia o grande farol. Ele tinha pelo menos 100 metros de altura, construído em pedra branca em três níveis. Encomendado por Ptolomeu I Sóter e concluído sob seu filho, a torre era encimada por uma estátua colossal de Zeus Sóter. Era visível a longa distância no mar e, à noite, mantinha-se aceso o farol — há mesmo comentários sobre espelhos para aumentar a intensidade da luz — assegurando que todavia servisse como um marco. Não tão alto quanto as grandes pirâmides, ainda assim era a estrutura mais alta construída por gregos ou romanos. No final do século VIII, o andar superior desabou, mas boa parte do restante sobreviveu até o século XIV.[7]

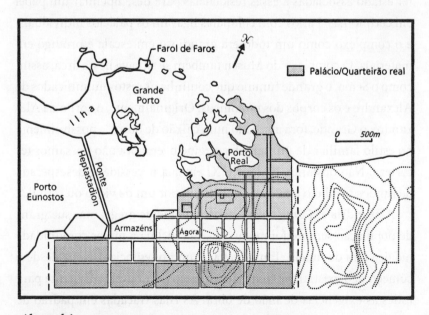

Alexandria

152   ANTÔNIO E CLEÓPATRA

Havia dois grandes portos, separados por um dique com quase 1.600 metros de comprimento que ligava a costa à ilha de Faros. A leste, havia o porto principal, cujos segmentos eram divididos em cais menores. A oeste, existia o segundo porto do "Bom regresso" (*Eunostos* em grego), que tinha uma seção interior conhecida como "a Caixa" (*Kitotos*), ligando com um canal que levava finalmente a um braço do Nilo. Frotas mercantes, armazéns e comércio proviam ocupações para um número bem maior de alexandrinos do que a burocracia real. Havia na cidade um grande número de famílias muito abastadas cujas grandes casas ocupavam rua após rua perto do porto.[8]

Um quarteirão separado, isolado das casas dos ricos por muros e provavelmente mais subdividido, continha os palácios reais. Um bom número entre os ptolomeus optou por construir as suas próprias residências suntuosas, embora a afirmação de Estrabão de que cada rei construiu um novo palácio possa ser um exagero. Outras edificações — um teatro é mencionado e provavelmente dedicado a Dionísio — podem ter estado associadas a essas residências para desempenhar um papel em cerimônias. Pátios com colunatas ligavam os palácios individuais, e o complexo como um todo era grandioso em escala e pródigo em materiais. O complexo do Museu também se situava nessa área, assim como o Sema, o grande túmulo que continha os restos mumificados de Alexandre e os corpos dos ptolomeus. Originalmente, o corpo de Alexandre, o Grande, fora abrigado num caixão de ouro — possivelmente no estilo familiar de um sarcófago egípcio, embora não possamos ter certeza. Não obstante, Ptolomeu XI em sua necessidade desesperada de fundos fundiu o ataúde e o substituiu por um de vidro ou cristal.[9]

Alexandria era uma cidade conscientemente grega, mas sua grande população sempre foi misturada. Ela incluía a maior comunidade judaica fora da Judeia. Também havia muitos egípcios, já que desde o começo não existiam colonizadores gregos em número bastante para todas as exigências de mão de obra. As ruas traçadas em padrão de grade, a cidade era dividida em cinco regiões, denominadas segundo as

"OS NOVOS DEUSES QUE AMAM OS IRMÃOS"

cinco primeiras letras do alfabeto, e as várias nacionalidades parecem ter vivido separadamente — os judeus, por exemplo, moravam em sua maioria na região chamada Delta. No dia a dia, havia sem dúvida muito mais interação. Em épocas posteriores, lemos sobre atritos periódicos entre as comunidades, em especial entre judeus e gentios, mas isso é menos claramente atestado durante os ptolomeus.[10]

Estrabão nos diz que todas as ruas de Alexandria eram largas o bastante para "andar a cavalo e conduzir carruagens". Existiam duas ruas principais em ângulo reto, ambas muito mais largas e orladas de colunatas. A mais célebre das duas era a Via Canópica. Em conjunto, as casas dos ricos e os palácios reais constituíam entre um quarto e um terço de toda a cidade. Havia grande número de outros prédios imponentes, em especial templos. Um complexo sistema de canais e de condutos submersos trazia a água necessária para a vasta população da cidade.

Havia trabalho em Alexandria e grande quantidade de riqueza. Negociantes bem-sucedidos viviam em casas grandes, como faziam os proprietários de terra cujas propriedades eram trabalhadas por lavradores arrendatários. Para os abastados, a vida era confortável, com luxos e entretenimentos disponíveis. É difícil dizer quanto interesse, se muito ou pouco, eles tinham pelas atividades intelectuais estimuladas pelo Museu e pela Biblioteca. Para os muito pobres, é possível que a vida tenha sido austera e miserável, como o era para os pobres de qualquer outro lugar do mundo antigo. A população de Alexandria era grande e volátil, dependente de fornecimento constante de alimento e água que vinham de fora. Não se sabe precisamente quem nem quantos dos seus habitantes tomavam parte nos levantes e protestos que ocasionalmente expulsavam ou matavam os governantes do reino. Ptolomeu Auleta não podia confiar somente na força em Alexandria, e era essencial manter um abastecimento adequado de alimentos. Outras partes do Egito podiam sofrer com privações sem apresentar nada que se assemelhasse a uma ameaça tão grave.[11]

Mênfis era a segunda maior cidade do Egito e continuou a ser o centro de um sem-número de importantes cultos tradicionais. À diferença de Tebas, ela nunca esteve envolvida em rebeliões contra os ptolomeus e, por isso, nunca sofreu em consequência. Em 76 a.C., Auleta foi coroado lá, em uma cerimônia tradicional, pelo sacerdote de 14 anos do culto a Ptah. Esses sacerdotes eram figuras importantes, mas sua posição refletia o domínio da monarquia. O posto de sumo sacerdote era hereditário, mas a nomeação de fato tinha de ser feita pelo rei. Da mesma forma, cultos e sacerdotes eram sustentados por grandes propriedades, porém não possuíam efetivamente a terra. Em vez disso, o rei lhes alocava a renda de propriedades específicas, mas as arrecadações passavam primeiro pelas mãos da burocracia real. Desse modo, os ptolomeus ganhavam a lealdade de egípcios importantes, os quais, por sua vez, ajudavam a manter o povo satisfeito.[12]

Apesar de todo o seu patrocínio aos cultos nativos, Ptolomeu XII, como os seus predecessores, mostrava um interesse muito mais pessoal por divindades helênicas. O autoatribuído "Novo Dionísio" tinha particular reverência por seu homônimo. Música e dança eram sempre de adoração a Dionísio e isso, assim como o apego e o orgulho que ele mostrava por sua própria habilidade, ajuda a explicar a organização regular de concursos musicais e as suas próprias apresentações. Luxo, bebida e festa eram centrais para a sua versão do culto. A entrega extravagante do rei e de sua corte misturava devoção religiosa com símbolos de riqueza e fartura para todo o reino. Elas também eram oportunidades para Ptolomeu divertir-se. Sobrevive uma inscrição em que vários homens egípcios afirmam ter sido catamitos de Auleta. Cada um deles deu a si próprio um sugestivo pseudônimo, e, mesmo que realmente eles fossem dançarinos eróticos em vez de amantes de fato — em grego pode significar ambas as coisas —, ainda assim isso nos dá um sabor da corte de Ptolomeu XII. Auleta não parece ter sido um governante muito ativo, exceto quando se tratava de reconquistar seu trono. Ele era um sobrevivente, mas há poucos sinais de energia

"OS NOVOS DEUSES QUE AMAM OS IRMÃOS"   155

no governo, mesmo depois de sua restauração. O rei festejava, tocava e se entregava a prazeres e opulências. Mesmo que tudo isso tivesse um aspecto de culto, era todavia dar livre curso a suas predileções.[13]

Herdeiros

Cleópatra passou de criança a mulher nesses anos. Nada sabemos sobre a sua vida nesse período ou até que ponto ela estaria envolvida com a vida cotidiana de banquetes da corte de seu pai. É possível que sua educação tenha continuado, mas é simplesmente impossível saber se a sua experiência de Alexandria naqueles anos teve mais ares da corte do pai ou da sóbria educação do Museu e da Biblioteca, ou, com efeito, os prazeres mais inocentes dos jovens e ricos.

Em algum momento, Auleta fez um testamento, uma cópia do qual foi enviada para Roma. Isso pode ter ocorrido durante a crise de 53 e 52 a.C., pois somos informados de que ele não foi encaminhado aos cuidados do Senado e permaneceu com Pompeu. Solicitava-se aos romanos que garantissem a implementação dos desejos do rei "em nome dos deuses e dos tratados que ele fizera em Roma". Surpreendentemente, ele não deixava o seu reino para eles, mas, em vez disso, Cleópatra, sua filha mais velha remanescente, e seu filho mais velho, Ptolomeu, deveriam tornar-se governantes conjuntos. O rapaz era cerca de sete ou oito anos mais novo do que ela e jovem demais para ser governante sozinho. Ele também precisaria de uma consorte e, para os ptolomeus, uma irmã era sempre uma escolha provável.[14]

Não seria seguro para Auleta ignorar sua filha mais velha sobrevivente, pois isso suscitaria um questionamento da sucessão. Nada se sabe sobre o relacionamento entre Cleópatra e seu pai, e se ele percebeu nela ou não alguma promessa. Talvez houvesse afeto genuíno, em especial se ela o tiver acompanhado durante o exílio, mas nós simplesmente não sabemos. De igual forma, não há meio de saber se foram feitos esforços para prepará-la para a tarefa de governar. Auleta de fato parece ter promovido publicamente todos os seus filhos, que são referidos como "os novos deuses que amam os irmãos" numa inscrição de 52 a.C. A experiência do passado nunca impediu os ptolomeus de proclamar a harmonia da família.[15]

Nessa época, a saúde de Auleta poderia estar declinando. Num friso do templo em Dendera, Cleópatra foi representada atrás da figura de seu pai, ambos fazendo oferendas aos deuses egípcios. Alguns estudiosos veem essa representação como uma indicação de que ele já havia feito dela uma cogovernante. Se for verdade, Auleta pode ter querido assistência na tarefa de governar e talvez facilitar a sucessão após a sua morte. Por outro lado, Cleópatra era na época o membro mais velho da família real, e pode ser simplesmente nessa competência que ela foi mostrada apoiando o rei. Nenhuma fonte afirma de fato que ela tenha governado conjuntamente com o pai. Alguns documentos oficiais arrolam os dois, mas é possível que isso derive dos primeiros meses do reino dela, servindo para manter uma ficção de que seu pai continuava vivo — algo que não era incomum no começo de um novo reinado.[16]

Em 51 a.C., Cleópatra tinha cerca de 18 anos, mas já deve estar claro que nós sabemos muito pouco sobre a sua vida até esse ponto ou sobre como ela seria. Além de sua educação extensiva e manifesta inteligência, quase tudo mais sobre seu caráter permanece sendo conjectura. Declarada deusa e filha de um autodeclarado deus, a sua família era real e divina há séculos. A autoconfiança de uma pessoa nascida para governar se mesclava com a incerteza e o medo de sua própria família como rivais potencialmente letais.

Tenha ela de fato viajado ou não para fora do Egito e visitado Roma, a jovem Cleópatra estava consciente do poder esmagador da República Romana. É possível que também tivesse alguma compreensão da imprevisibilidade da nova potência mundial e do domínio de indivíduos como Pompeu. A carreira posterior de Cleópatra sugere ambição e implacabilidade. É difícil acreditar que ela não soubesse desde jovem

"OS NOVOS DEUSES QUE AMAM OS IRMÃOS"

que sempre haveria pessoas ansiosas por usá-la para conquistar poder para si. Ela era a filha do rei, aceita por ele como legítima, quaisquer que sejam os detalhes precisos de seu nascimento. A opção era ser controlada por outros ou tentar ficar no controle ela própria. Em qualquer dos casos havia um risco considerável de uma morte súbita e violenta.[17]

Nós pouco podemos fazer mais do que conjecturar sobre o caráter de Cleópatra nessa fase de sua vida, mas e quanto a sua aparência? A questão se coloca inevitavelmente, de um modo que não ocorre com figuras masculinas do mundo antigo, nem na verdade com muitas mulheres. Em parte isso se deve à existência de imagens abundantes dos nomes mais famosos, como Alexandre, o Grande, e César. A atitude para com Cleópatra sempre é diferente, pois trata-se de mais que uma simples curiosidade. Imaginada e reimaginada tão amiúde ao longo das eras, as pessoas têm um desejo muito mais emocional de fazer uma imagem da verdadeira Cleópatra. Rapidamente, a questão deixa de ser qual era a sua aparência, passando a se era bonita ou não. Mesmo isso parece ser quase uma simples decisão binária, tornando-a bonita ou feia — um padrão que poucas pessoas se preocupariam a aplicar a si próprias.[18] As fontes literárias são de pouca ajuda. Segundo Plutarco,

> [...] em si mesma sua beleza não era de modo nenhum sem paralelo, não do tipo a maravilhar quem a visse; mas sua presença exercia uma fascinação inevitável, e seus atrativos físicos, aliados ao encanto persuasivo de sua conversação e à aura que ela projetava em torno de si para acompanhá-la, realmente tinham uma capacidade de estimular os demais.

Díon Cássio escreveu mais de um século depois de Plutarco e afirmou que Cleópatra "era uma mulher de beleza extraordinária e, na época, quando estava no frescor da sua juventude, era muitíssimo impressionante; ela também possuía a voz mais encantadora e o conhecimento de como fazer-se agradável a todos".[19]

As passagens são menos diferentes do que tende a ser afirmado. É importante notar que Plutarco não diz que Cleópatra não fosse bonita, mas simplesmente que não era a mulher mais bonita do mundo e que sua aparência era um elemento de seu considerável poder de atração. Díon não afirma que sua beleza superasse a de todas as outras mulheres, mas que ela era muito bonita e também carismática.

Ideais de beleza mudam de época para época e de cultura para cultura, e são de qualquer modo sujeitos a gosto individual. Representações artísticas estão sujeitas a convenções e variam em seu propósito, assim como variam os talentos dos artistas. Os relevos esculpidos em templos egípcios faziam parte de uma tradição verdadeiramente antiga, e os indivíduos só são reconhecíveis porque são nomeados na inscrição. Uma jovem Cleópatra aparece em moedas cunhadas em Ascalão. A face nessas moedas não parece especialmente atraente aos olhos modernos, mas devemos lembrar que moedas não eram um suporte destinado a estampar a imagem de mulheres bonitas nem equivalentes às capas das atuais revistas de moda. Elas eram afirmação de poder e, nesse caso, transmitiam a mensagem de legitimidade de uma jovem rainha perante um sério desafio ao seu trono e à sua vida. O objetivo era mostrar poder e legitimidade, enfatizar que Cleópatra era a herdeira legítima do trono dos ptolomeus. A cabeça nas moedas não tinha que ser estritamente precisa. As moedas de Ascalão mostram um nariz proeminente, ligeiramente curvo e olhos grandes, ambos traços fortemente associados aos ptolomeus.

Bustos posteriores de uma Cleópatra madura apresentam ainda mais problemas. Quase nunca a identificação é segura, e alguns podem facilmente representar outros membros da família, incluindo uma de suas filhas. Mesmo que sua intenção fosse de representar a própria Cleópatra, eles também podem ter sido feitos bem depois de sua morte. A maior parte sugere um rosto que era agradável, mesmo que não fosse excepcionalmente impressionante. Muitas esculturas antigas eram originalmente pintadas, o que as teria emprestado muito

"OS NOVOS DEUSES QUE AMAM OS IRMÃOS" 159

mais vida. Ainda assim, o meio ou suporte era limitado e teria sido difícil transmitir vivacidade em tais representações, mesmo que fosse considerado desejável. Tanto Díon como Plutarco enfatizaram a voz e o encanto de Cleópatra. Carisma não é facilmente transmissível em mármore ou bronze.

Cleópatra tinha certamente um nariz marcante, um pouco curvo. Dadas as tendências de sua família e de seu estilo de vida, é bem possível que ela tenha tido uma certa tendência a engordar, especialmente na adolescência. A magreza excessiva como ideal de beleza feminina é um fenômeno muito recente, a despeito de sua fervorosa promoção pela indústria da moda e pela mídia. Nenhum indício sugere que ela fosse tão obesa quanto alguns dos demais ptolomeus. Ela era certamente atraente e, provavelmente, pela maioria dos padrões, bela. Uma figura de corpo inteiro torna-se prontamente voluptuosa, e um nariz curvo pode lembrar a argúcia de um falcão, se buscarmos palavras mais lisonjeiras. Ela não era necessariamente mais bonita do que outras mulheres, mas sua genuína beleza se combinava com perspicácia, sofisticação, charme e uma personalidade intensa. Tudo isso foi reforçado pelo simples fato de que ela foi uma princesa e, depois, uma rainha. Um fascínio cercava Cleópatra, ampliando a força de sua genuína beleza e de sua personalidade. Considerando a obsessão de nossa própria época por celebridades, não devemos ter nenhuma dificuldade para compreendê-lo.

O poeta Lucano foi o único autor antigo a fazer qualquer referência que fosse à compleição de Cleópatra. Ela aparece numa cena que enfatiza a ambição da rainha, o fausto decadente de sua corte e a ambição esmagadora de Júlio César. Ele descreve Cleópatra usando um vestido de seda, material trazido originalmente da China mas retecido para tornar-se mais fino e semitransparente. Uma peça de vestuário tão diáfana é reminiscente de Ptolomeu Fiscon. Nesse caso, Lucano menciona que a roupa revela muito dos "seios brancos" (*candida pectora*) de Cleópatra. Lucano escreveu em Roma cerca de noventa anos após a morte da rainha e é difícil saber se ele viu ou não imagens acuradas

160 ANTÔNIO E CLEÓPATRA

da aparência dela, isso sem falar de sua cor. Grande parte do poema é altamente fantasiosa. Além disso, *candida* normalmente significa branco ou claro — e, quanto a cabelos, pode significar louro — o que convida a pergunta: branco ou claro em comparação a quê? Anteriormente na mesma passagem, ele fala da variedade de escravas ali servindo os convidados, contrastando louras de coloração rubicunda (ou apenas, possivelmente, cabelos ruivos) da Europa setentrional com escravas negras de cabelos crespos da África. Isso pode talvez implicar que a aparência de Cleópatra não fosse como a de nenhuma delas, mas certamente é levar longe demais o que é indício. A passagem como um todo é uma moldura demasiado fraca sobre a qual apoiar afirmações seguras sobre a aparência de Cleópatra.[20]

Exceto por isso, não há um fragmento de prova sobre a tez de Cleópatra ou a cor de seus olhos. Vale afirmá-lo sem rodeio, pois muita gente continua a tentar deduzi-lo ou alega ter descoberto provas. No momento em que escrevia, dois diferentes documentários de TV exibiram reconstituições que a apresentavam como de pele relativamente escura, olhos castanhos e cabelos negros. Conforme já vimos, há incerteza sobre a identidade da mãe e da avó de Cleópatra (ou com efeito das avós, no caso de seus pais não serem irmãos).[21]

Os ptolomeus eram macedônios, com uma miscigenação de um pouco de grego e, por intermédio de casamento com selêucidas, um pequeno elemento de sangue sírio. (Não há nenhum indício que nos faça questionar a paternidade de nenhum membro da linhagem e sugerir que fossem fruto de uma ligação ilícita entre a rainha e outro homem que não seu marido. Isso resta possível, quando não muito provável, mas é base incerta para qualquer argumento.) Os macedônios não eram um povo homogêneo e parece que variavam consideravelmente em aparência e coloração. Alexandre, o Grande, tinha cabelos louros, embora sempre seja difícil saber o que isso significa. Uma reprodução romana de um mosaico mais antigo o mostra com cabelos castanho-claros. Louro ou claro pode simplesmente querer dizer não preto nem castanho muito

"OS NOVOS DEUSES QUE AMAM OS IRMÃOS" 161

escuro. Por outro lado, vários dos primeiros ptolomeus eram louros, e comparações de seus cabelos com o ouro sugerem que fossem mais que simplesmente *não* pretos.

Quanto à maioria dos ptolomeus, inclusive Auleta, não existe nenhuma menção sobre o tom de seus cabelos ou a cor de seus olhos. Não fica claro até que ponto cabelos louros eram comuns na família. (Se a mãe de Cleópatra foi uma amante, então nós nada sabemos sobre sua aparência ou bagagem étnica, embora a probabilidade maior seja de que ela fosse da aristocracia grega ou macedônia.) Uma pintura oriunda de Herculano na Baía de Nápoles, a qual mostra uma mulher usando a tiara de uma rainha helenística, foi às vezes identificada como Cleópatra. Ela tem cabelos escuros, distintamente ruivos. Isso não é impossível, mas na verdade não há nenhuma razão forte para acreditar que a imagem devesse ser de Cleópatra.[22]

Absolutamente nada é certo. Cleópatra pode ter tido cabelos negros, castanhos, louros ou mesmo ruivos, e seus olhos podem ter sido castanhos, acinzentados, verdes ou azuis. Quase todas as combinações dessas alternativas são possíveis. Da mesma forma, ela pode ter tido a pele clara ou uma tez mediterrânea mais escura, embora a hipótese da pele mais clara seja menos provável, considerando a sua ascendência. A arte grega representou tradicionalmente as mulheres e as deusas muito pálidas, e pele clara parece ter sido parte do ideal de beleza. A propaganda romana jamais sugeriu que Cleópatra tivesse a pele escura, ainda que isso possa meramente significar que ela não fosse excepcionalmente escura ou, simplesmente, que a cor de sua pele não fosse importante para seus críticos.

Em nenhum momento nós precisaremos considerar a aparência de Antônio tão extensivamente, o que deve nos lembrar que a obsessão com a de Cleópatra é incomum e não muito saudável. Não apenas não há indícios seguros, mas também existe algo de perturbador no desejo de basear nossa compreensão em primeiro lugar e sobretudo em sua aparência. Cleópatra não foi mais uma Helena de Troia, uma figura mítica sobre quem a característica mais importante é a beleza. Ela não foi um objeto passivo de desejo, mas sim uma jogadora política bastante ativa em seu reino e região.

Cleópatra nasceu e cresceu num mundo real e muito perigoso da corte ptolemaica no século I a.C. Quando seu pai morreu em 51 a.C., ela se tornou rainha. Auleta tinha planejado que seu filho e sua filha governassem em conjunto. Cleópatra tinha outras ideias.

10. Tribuno

Quando Marco Antônio retornou a Roma em 50 a.C., seu primeiro objetivo foi entrar para o sacerdócio, tornando-se um áugure. Isso não se deveu a um súbito desabrochar de pia devoção, mas sim por ser um degrau a mais na sua ascensão política. Havia quinze membros no colégio de áugures e, juntamente com os pontífices, eles eram os sacerdotes mais prestigiados de Roma. Provinham sempre de famílias senatoriais e, uma vez eleitos, o posto era vitalício. Isso significa que vagas eram raras e veementemente disputadas quando surgiam.

Nesse caso, o cargo foi aberto pela morte de Quinto Hortêncio Hórtalo, cônsul em 69 a.C. e rival de Cícero como maior orador do período. Os outros membros do colégio tinham que indicar dois candidatos. Era comum selecionar homens cuja família tivesse ocupado o pontificado antes, mas isso não era compulsório. Ser selecionado era um sinal de proeminência e da habilidade de granjear boas graças políticas. Pompeu era áugure e Júlio César era o pontífice máximo ou *Pontifex Maximus* — título até hoje preservado pelo papa. A escolha entre os dois candidatos então era feita por uma assembleia especial consistindo em dezessete tribos escolhidas por sorteio entre as 35. Como em qualquer eleição, todos os meios, desde pedir votos até o suborno, eram empregados para convencer os eleitores. O próprio César decidiu ir à Gália Cisalpina para "falar nas cidades e colônias [...] e apoiar sua proposta para o sacerdócio. Pois ele estava feliz de usar sua influência em favor de um homem que lhe era muito próximo [...] e especialmente contra a pequena mas poderosa facção que esperava, através da derrota de Marco Antônio", enfraquecer o próprio prestígio de César.[1]

Os principais sacerdócios de Roma não eram associados a nenhuma deidade. Áugures tinham um papel especial na interpretação de mensagens enviadas pelos deuses a fim de mostrar sua atitude para com determinado curso planejado de ação. Isso poderia tomar a forma de examinar um sacrifício ou amiúde simplesmente observar os céus e interpretar o futuro com base no voo dos pássaros. Cícero foi áugure, mas, embora tenha escrito um livro repudiando a adivinhação em geral, abriu uma exceção no caso de seu próprio colégio. Entretanto, não há nenhuma indicação de que candidatos fossem avaliados por seus conhecimentos em tais questões.[2]

Antônio foi escolhido como um dos candidatos e concorreu com Lúcio Domício Aenobarbo, um ancestral do imperador Nero. Lúcio Domício era mais velho e muito mais experiente, mas, tendo sido cônsul em 54 a.C., ele tentou, mas fracassou em substituir César no governo da Gália. Domício também era cunhado de Catão, o que era para ele mais um motivo para não gostar de César nem de qualquer outra pessoa a ele associada. Bem relacionado, e de uma família bem-sucedida e distinta, podia ter esperança de derrotar seu rival muito mais jovem e de menor projeção. Conforme revelaram-se os fatos, a influência e o dinheiro de César foram esbanjados em profusão, por intermediários, para dar a vitória a Antônio. A notícia desse sucesso atingiu a Gália Cisalpina antes de o procônsul chegar lá e começar a pedir votos. Em vez disso, César fez turnês nas comunidades, agradecendo o apoio a seu ex-questor e estimulando-as a apoiar Antônio na eleição de outubro para o tribunato.[3]

Havia dez tribunos da plebe por ano e tratava-se de um posto que um homem da idade e da experiência de Antônio podia razoavelmente esperar ganhar naquela etapa de sua carreira. O tribunato não era

TRIBUNO 165

compulsório e seus deveres se restringiam à própria Roma e jamais se estendiam para servir nas províncias. Contudo, seus poderes eram consideráveis. Efetivamente, um tribuno podia convocar o *Concilium Plebis* e propor um decreto que a Assembleia podia depois transformar em lei. O tribunato havia sido criado para proteger os cidadãos contra abusos de poder de magistrados seniores e especialmente de patrícios. Eles possuíam direito de veto — literalmente, "eu proíbo" — o qual lhes permitia bloquear qualquer decisão ou ação no Senado ou numa assembleia. Não era algo coletivo, e o veto de um tribuno era bastante para interromper a tramitação de uma moção.[4]

O dinheiro e o apoio de César mais uma vez ajudaram e Antônio foi confortavelmente eleito tribuno em 49 a.C. Entre seus colegas havia vários outros homens oriundos de famílias bem estabelecidas. Nem todos os candidatos apoiados por César tiveram tão boa sorte. Um dos seus ex-legados, Sérvio Sulpício Galba, tentou mas não conseguiu eleger-se para o consulado.[5]

O caminho para o Rubicão

César estava chegando ao final do seu mandato na Gália. Desde 58 a.C., ele expandira o território de Roma em grande escala, derrotando tribos que a maioria dos romanos considerava rivais tradicionais. Suas vitórias foram celebradas por uma sucessão de ações públicas de graça e foram elaborados planos para comemorá-las reconstruindo em grande escala a área de votação do *saepta* do *Campus Martius* em Roma. O comando inicial de César e sua extensão de cinco anos foram votados mediante decretos propostos por tribunos e aprovados na Assembleia Popular. Isso era legítimo, visto que o povo podia legislar sobre qualquer coisa. No passado, Pompeu se beneficiara da mesma maneira. Porém, a prática rompia uma tradição de que as províncias deviam ser inicialmente atribuídas e, depois, renovadas ou redesignadas pelo Senado.

Houve preocupações sobre o que Pompeu faria quando retornasse à Itália de suas campanhas orientais, e medo disseminado de que o bem-sucedido comandante tomasse o controle do Estado pela força. Decorosamente, porém, ele dispersara o seu exército e entrara para a política como cidadão comum, o que permitiu que outros senadores o bloqueassem, até que, frustrado, ele se aliasse a Crasso e César. Crasso morreu na Pártia em 53 a.C., desequilibrando a aliança. Uma outra ligação muito pessoal entre Pompeu e César também havia desaparecido um ano antes. Em 59 a.C., Pompeu se casara com a filha de César, Júlia, a sua única descendência legítima. O novo cunhado de César era seis anos mais velho do que ele, mas todavia o casamento mostrou-se verdadeiramente feliz. Pompeu ansiava por adoração, seja de seus soldados, do povo ou de uma esposa, e Júlia parece ter sido tão encantadora quanto seu pai.[6]

Então, em agosto de 54 a.C., Júlia morreu no parto e o bebê a seguiu poucos dias depois. César vasculhou à cata de outra moça para renovar a aliança, mas, em vez disso, Pompeu contraiu matrimônio numa família senatorial bem estabelecida, casando-se com a filha de Quinto Cecílio Metelo Pio Cipião Nasica. A extensão do nome desse homem era produto de sucessivas adoções, as quais combinaram as fortunas de várias linhagens célebres. Sua filha era simplesmente Cornélia, a forma feminina de seu nome antes de sua própria adoção. O próprio Cipião nunca deu nenhuma mostra de compartilhar o talento de seus famosos ancestrais, mas era extremamente bem relacionado. Isso encorajou Pompeu a casar com a filha dele e fazer de Cipião seu colega de consulado em 52 a.C. Cornélia também era uma mulher notável e, mais uma vez, o casamento com uma noiva pelo menos 30 anos mais nova mostrou-se extremamente feliz.[7]

Pompeu já não precisava mais de César tanto quanto precisara em 59 a.C. Com Crasso morto, não havia então nenhum senador isolado capaz de equiparar-se à sua riqueza e importância. Apesar da glória e da grande fortuna recém-alcançadas por César com a conquista da

Gália, Pompeu ainda não considerava que ele lhe fosse um igual. A partir pelo menos de 52 a.C., muitos senadores começaram a perceber que os dois homens estavam se afastando, tornando-se bem menos familiares. Nesse ano, Pompeu foi feito cônsul único — ditador em tudo, menos no nome — e seu comando das províncias espanholas foi renovado. Embora Pompeu jamais tenha tido qualquer intenção de ir para a Península Ibérica, as províncias lhe davam o controle de um exército e imunidade contra instauração de processos por um magistrado em serviço. Uma vez que o comando de César expirasse na Gália, ele não teria nenhuma dessas prerrogativas. Em 59 a.C., César impusera medidas contra a resistência de uma oposição obstinada. No passado, o sistema romano permitia que se atacassem decretos, mesmo que fossem legais na ocasião.

César tinha carisma, o qual exibia ao cortejar outros senadores e na frequente sedução de suas esposas. Todos os que tinham a impressão de não ter sido levados em conta por esse charme tendiam a repugná-lo com um ódio quase visceral. Catão era um dos seus oponentes mais acerbos, mas havia outros homens que se ressentiam de terem sido eclipsados pela glória e pelas realizações de César. Muitos alardeavam que, assim que retornasse para casa, ele seria submetido a julgamento num tribunal cercado por soldados e condenado.[8]

O fato simples de ser levado a julgamento era um grave golpe para o prestígio de um senador, mesmo que não fosse condenado. Ninguém jamais pensou em processar Crasso, nem, com efeito, em acusar Pompeu do que quer que fosse. César se recusou a arriscar sofrer tal insulto à sua *auctoritas*. Ele também estava relutante em confiar na amizade de Pompeu para a sua defesa, tanto porque isso significaria admitir que ele era o homem mais importante, quanto, por outro lado, porque a crônica passada de Pompeu no apoio a amigos era duvidosa. Em vez disso, César queria ir diretamente de seu comando para um segundo consulado em 48 a.C., o que lhe daria imunidade durante aquele ano e, depois, a opção de conquistar uma província. Todos os dez tribunos

168 ANTÔNIO E CLEÓPATRA

de 52 a.C. foram convencidos a aprovar uma lei que lhe permitisse candidatar-se sem realmente sair de sua província e retornar a Roma.[9]

A questão de como César retornaria da Gália obscureceu a vida pública de Roma por mais de dois anos, embora não tenha acarretado a exclusão dos demais assuntos. Senadores individuais continuavam a militar nas suas próprias ambições e agendas, entrando na disputa sobre esse ponto quando isso lhes interessava. Os homens que se conheciam como os *boni* (os bons) ou mesmo os *optimates* (os melhores) eram quase todos hostis a César e decidiram que ele deveria vir a Roma como um cidadão comum vulnerável. Eles eram todos de famílias bem estabelecidas que estavam relutantes em ver tanta fama, honra e lucro oriundos do serviço à República ir para outro indivíduo que não eles próprios. Muitos, inclusive Cipião, estavam endividados e desesperadamente necessitados de comandos provinciais para restaurarem suas fortunas. Em seu passado, a maioria fora profundamente hostil a Pompeu, mas então tinham passado a acreditar que podiam usá-lo contra César.

O domínio de umas poucas famílias antigas foi bem ilustrado pelos consulados consecutivos de três homens chamados Cláudio Marcelo — dois irmãos e um primo. Todos eles atacaram a posição de César, encorajados pela mudança na atitude de Pompeu, que apoiara a lei dos tribunos em 52 a.C., mas com o passar do tempo pareceu inicialmente ambíguo e depois crescentemente antipático a seu ex-genro e aliado. Uma sugestão era chamar César de volta, pois, desde a repressão da rebelião de 52 a.C., a guerra na Gália tinha claramente acabado. Pompeu não apoiou essa ideia, mas queria que o comando gaulês terminasse assim que o seu termo completo expirasse. Havia uma divisão sobre quando isso precisamente seria e se os cinco anos concedidos a ele em 55 a.C. tinham começado a contar imediatamente ou como acréscimo ao termo original de cinco anos. Pompeu foi reiteradamente questionado sobre isso. Em outubro de 51 a.C., Célio Rufo, correspondente de Cícero, relatou o seguinte diálogo: "'O que vai acontecer', disse outra pessoa, 'se ele quiser ser cônsul e ainda manter seu exército?' Ao que

TRIBUNO 169

Pompeu respondeu brandamente, 'O que vai acontecer se meu filho quiser me atacar com um pedaço de pau?' Essas palavras fizeram as pessoas suspeitarem de que Pompeu estivesse em disputa com César."[10]

César não podia deixar legalmente a sua província sem depor seu comando, de modo que não podia falar com Pompeu nem representar seus próprios interesses diretamente. Em vez disso, tinha que trabalhar por intermédio de terceiros e, mais uma vez, os lucros da conquista foram livremente despendidos para conquistar aliados. Um presente impressionante para Lúcio Emílio Lépido Paulo, um dos cônsules em 50 a.C., garantiu seu apoio. Ele estava ocupado restaurando a Basílica Emília na extremidade do Fórum e precisava de dinheiro para pagar a renovação desse monumento aos seus ancestrais. No passado, ele não fora próximo de César, mas tinha boas razões para não gostar de Pompeu, que executara o seu pai após a sua tentativa fracassada de golpe em 78 a.C. Circularam rumores de que ele recebeu 9 milhões de denários de César.

Outro aliado recém-comprado manteve a associação em segredo inicialmente. Tratava-se de Cúrio, amigo de juventude de Antônio e, então, tribuno para 50 a.C. Suas críticas abertas ao triunvirato em 59 a.C. fizeram-se seguir por ataques periódicos, os quais frequentemente foram populares. Todos esperavam que seu tribunato mostrasse mais hostilidade contra eles, especialmente contra César. Não obstante, àquela altura havia pouco entusiasmo fora dos autodenominados *boni* para atacar César, e esse não seria o caminho para a popularidade.[11]

O pai de Cúrio falecera alguns anos antes, o que dera fim a uma influência restritiva, ainda que limitada, exercida sobre o filho, que marcou o evento com jogos fúnebres espetaculares. Esses jogos contaram com dois palcos de madeira semicirculares, os quais giravam e se encaixavam para formar um anfiteatro único para realização de lutas gladiatórias. Nesse período, esse tipo de espetáculo era extremamente popular e só podia ser encenado como parte de um funeral. Os custos foram enormes, acrescentando-se às já imensas dívidas decorrentes do estilo de vida extravagante de Cúrio. Sua posição era frágil. Seus credores apostavam no seu sucesso futuro, assim como fizeram com outros emergentes ambiciosos, e, como acontecera com eles, isso conferiu um ardor desesperado à sua necessidade de alcançar o topo da vida pública ou, alternativamente, encarar a completa ruína.

Uma fonte nos diz que César teria pago a Cúrio 2,5 milhões de denários, outra nos informa que foram não menos que 15 milhões. O dinheiro era vital, mas não era a história toda. Cúrio se decidira claramente que tinha outras coisas a ganhar aliando-se com César. Não havia nenhuma vantagem particular para ele em apoiar oponentes de César, já que o mais ardente deles era igualmente disposto a bloquear a sua própria legislatura. Cúrio tinha se casado com a viúva de Clódio, Fúlvia, e além disso estava fazendo o seu melhor para cultivar os ex-sequazes do morto. Exatamente como Clódio, Cúrio era um senador independente com metas próprias, e não meramente um títere de César. Não obstante, o irmão mais velho de Clódio, Ápio Clódio Pulcro, era ligado a Catão por casamento e era, então, um dos críticos mais entusiastas de César. Nem todos os membros de uma família seguiam necessariamente a mesma linha política.

Cúrio fez bem o seu trabalho ao longo de 50 a.C., vetando qualquer decreto senatorial que ameaçasse o direito de César de ir direto de seu comando provincial para o consulado. Em abril, Célio descreveu a Cícero em parte como as coisas se passavam:

> Quanto à situação da República, toda a contenda concentra-se em uma única causa, a saber, as províncias. No momento, Pompeu parece estar apoiando o Senado ao exigir que César saia de sua província nos Idos [13] de novembro. Cúrio está inteiramente determinado a evitá-lo — ele abandonou todos os seus outros projetos... Eis o cenário — o quadro geral — Pompeu, exatamente como se não estivesse atacando César, mas sim apresentando a ele um bom acordo, culpa Cúrio por causar problemas. Ao mesmo tempo, ele é absolutamente contra César

tornar-se cônsul antes de abrir mão de sua província e de seu exército. Ele está passando por maus bocados com Cúrio, e seu terceiro consulado está sob ataque frontal. Marque as minhas palavras, se eles tentarem submeter Cúrio com toda a sua força, César virá em seu auxílio; se, em vez disso, conforme parece mais provável, eles estiverem amedrontados demais para arriscá-lo, César ficará o tempo que quiser.[12]

Na época, Cícero era o relutante procônsul da Cilícia e estava determinado a não permanecer lá mais do que o termo mínimo de um ano. Célio observou anteriormente na mesma carta que Cúrio tinha ajudado a evitar uma extensão do termo dele. Mais uma vez, isso é uma indicação de que muitas outras questões eram intensamente contestadas, como parte, ou apenas paralelamente, de uma luta mais ampla. Cícero tinha pouca simpatia pelo apoio de Cúrio a César, mas abria os braços para a ajuda dele em seu próprio caso. Pompeu ficava fora da cidade, já que ele também não podia entrar e manter o seu comando provincial. O Senado, obsequiosamente, se reunia fora das fronteiras formais (*pomerium*) de Roma.[13]

Em 1º de dezembro, houve um debate muito importante no qual Cúrio, espertamente, marcou um ponto contra seus oponentes. O Senado votou por ampla maioria chamar César de volta da Gália, ao passo que uma moção semelhante para concluir o termo de procônsul de Pompeu na Espanha foi derrotada por uma margem exatamente igual. Ambos os decretos foram vetados por tribunos; então, Cúrio pediu ao Senado que votasse a proposta de ambos os homens deixarem os seus comandos simultaneamente. Não menos que 370 senadores apoiaram a proposta e somente 22 votaram contra. Se poucos homens eram ativamente favoráveis a César, e a maior parte muito simpática a Pompeu, a esmagadora maioria temia uma guerra civil que parecia mais que provável se a disputa não fosse resolvida pacificamente. O cônsul Marcelo ignorou o resultado e repudiou o encontro, gritando: "Se for isto o que quereis, ser escravos de César!"[14]

No final do ano, Cúrio tinha conseguido que César continuasse procônsul da Gália, mas seus ataques diretos contra Pompeu tinham apenas alimentado a tensão. Todas as questões foram transferidas para 49 a.C. Cúrio apressou-se em consultar César e retornou no começo de janeiro com uma mensagem dele. Nessa altura, Antônio tinha se tornado tribuno e assumido o papel de defender as posições de César, ajudado por um de seus colegas, Quinto Cássio Longino. Ambos os cônsules se opunham violentamente a César, que afirmou que um deles alardeava que tornar-se o próximo Sula seria a única maneira de sobreviver às suas dívidas inacreditavelmente grandes. Os homens de ambos os lados estavam desesperados e não eram poucos os que pensavam que se beneficiariam caso a guerra civil estourasse. Também havia desconfiança e suspeitas recíprocas, as quais não eram ajudadas pela incapacidade dos protagonistas principais de se encontrarem face a face. Além disso, havia uma confiança profundamente enraizada de que o outro lado iria recuar.[15]

Cúrio trouxe uma carta de César, mas Antônio e ele tiveram que insistir antes que ela fosse lida no Senado. A missiva continha uma reiteração dos seus serviços à República e afirmava que ele só entregaria o seu comando se Pompeu fizesse o mesmo. Cícero já havia retornado da Cilícia, então, e estava esperando fora de Roma na esperança do prêmio de um triunfo. Para ele, o tom da carta era "violento e ameaçador". Uma moção foi votada exigindo que César entregasse imediatamente o seu comando, mas Antônio e Cássio a vetaram. Houve ainda outras tentativas de negociação privada, César escrevendo para muitas lideranças do Senado e oferecendo concessões como, por exemplo, abrir mão da Gália Transalpina e da Ilíria, manter somente a Gália Cisalpina e uma única legião. Desse modo, ele ficaria a salvo de perseguições, mas enfraquecido demais para arriscar-se a uma guerra civil. Alguns de seus oponentes viram a oferta como um sinal de fraqueza que confirmava a sua crença de que ele cederia se eles se recusassem a fazer concessões.[16]

TRIBUNO 173

Antônio tinha se tornado um homenzarrão de peito enorme e pescoço grosso. Enquanto esteve na Grécia, estudara oratória e adotara o extravagante estilo asiático. Ele tinha extrema força de personalidade e investiu toda a sua energia em defender César, mas não era homem a quem a sutileza ocorresse naturalmente. Também era altamente inexperiente em política, tendo passado pouco tempo em Roma desde que se tornou senador. Nos anos posteriores, Cícero falou de Antônio "vomitando as suas palavras do modo habitual" ao fazer um discurso. Como Cúrio, ele havia então decidido atacar a carreira de Pompeu, especialmente o seu terceiro consulado e o uso da força para restaurar a ordem. Intercâmbios políticos em Roma eram amiúde vigorosos, mas o que estava em curso era visto como particularmente cáustico e incluía repetidas ameaças de guerra. Num encontro público no final de dezembro, o tribuno eleito Antônio foi tão agressivo que Pompeu se queixou: "O que acham que César será se ganhar o controle da República, se agora o seu fraco e imprestável questor age deste modo!"[17]

Em 7 de janeiro, o Senado aprovou o seu *senatus consultum ultimum* (decreto último do senado) suspendendo as garantias legais e chamando "os cônsules, pretores, tribunos e todos os procônsules nas proximidades da cidade a garantirem que a integridade da República não fosse prejudicada". Era óbvio que a menção "os procônsules" significava em primeiro lugar e sobretudo Pompeu. As tentativas de Antônio e de Quinto Cássio de vetar esse decreto foram ignoradas e um dos cônsules disse que não poderia mais garantir a segurança deles se permanecessem em Roma. Não parece que tenha havido um ataque real contra eles, mas os dois tribunos se disfarçaram de escravos e foram transportados para fora da cidade numa carroça alugada.[18]

César estava em Ravena, no interior de sua província da Gália Cisalpina, perto da fronteira. Ele tinha consigo a Décima Terceira Legião, apoiada por trezentos cavaleiros. Era uma força pequena, e ainda era muito incomum exércitos entrarem em campanha nos meses de inverno. Pompeu e os senadores linha-dura que se opunham a César não pensaram que ele pudesse iniciar a guerra rapidamente. É até possível que ainda pensassem que ele pudesse recuar, levando em consideração essa prova final que tinham dado de sua determinação.

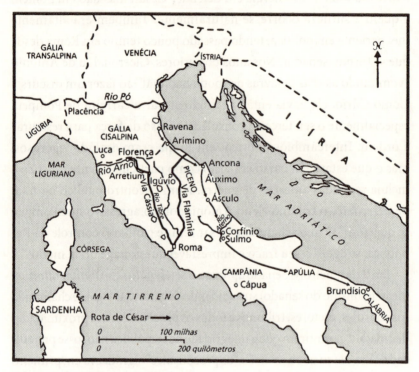

A campanha italiana, 49 a.C.

Eles estavam errados. Na noite de 10 para 11 de janeiro de 49 a.C., César conduziu seus homens de Ravena para Arímino (a Rimini de hoje). Ao cruzar o rio Rubicão — um riacho tão insignificante que não podemos ter certeza de sua localização — ele deixou a sua província, onde podia legalmente comandar tropas, e entrou na Itália, onde não podia. Diz-se que ele usou um chavão de jogador ao fazê-lo, o famoso "os dados estão lançados" (*alea iacta est*). Posteriormente, ele poria a responsabilidade da Guerra Civil diretamente nos ombros de seus inimigos, dizendo: "Eles a quiseram; mesmo depois de todos os meus grandes feitos, eu,

TRIBUNO 175

Caio César, teria sido condenado se não tivesse buscado o apoio do meu exército." Quaisquer que sejam os certos e os errados do conflito, o fato simples foi que a travessia do Rubicão o transformou e a todos os seus partidários em rebeldes.[19]

Não é claro se Antônio, Cássio e Cúrio se juntaram a César em Arímino ou, anteriormente, em Ravena, mas a primeira opção parece a mais provável. Em qualquer dos casos, a *Décima terceira* foi perfilada e o procônsul dirigiu-se aos legionários e explicou como havia sido forçado a agir por causa da hostilidade implacável e ilegal de seus inimigos, que tinham atraído Pompeu, afastando-o dele. Os dois tribunos continuavam vestidos como escravos diante dos soldados, para salientar o modo como seus oponentes tinham violado a lei. As pessoas dos tribunos do povo eram sacrossantas, mas aqueles representantes do povo haviam sofrido ameaça de violência. Todos os romanos tinham uma ligação emocional profunda com a ideia do tribunato e, ao final da parada, os legionários e seus oficiais estavam gritando que estavam prontos para corrigir as coisas.[20]

Antônio estava a poucos dias do seu trigésimo quarto aniversário. Anos mais tarde, Cícero o culparia por ter iniciado a Guerra Civil. Isso é um enorme exagero, pois é difícil vermos confiança bastante em quaisquer dos lados para que uma resolução de paz fosse possível. É justo dizer que Antônio foi um participante ativo nos acontecimentos que desencadearam a guerra. Ele tampouco mostrou qualquer relutância em tomar parte de uma invasão da Itália.[21]

Tribuno com poderes propretorianos

César não se demorou, mas, ao contrário, apressou-se. Seus oponentes estavam despreparados e não tinham nenhuma tropa confiável para resistir mesmo ao pequeno exército invasor. Várias cidades abriram seus portões aos homens de César. Antônio foi enviado com uma força de quatro coortes da *Décima terceira* para ocupar Arretium (atual Arezzo). Não houve combates. Pouco depois, Cúrio liderou outra coluna até Igúvio. O comandante pompeiano fugiu, seus soldados desertaram e a população da cidade deu boas-vindas às coortes. Desde o começo, César manteve uma disciplina estrita e proibiu seus soldados de promoverem saques ou atos indiscriminados de violência. Eles só deveriam lutar em caso de sofrerem resistência ativa.[22]

Absolutamente ninguém tinha antecipado a estratégia de César. Mesmo homens como Cícero, que conhecia César pessoalmente e tivera esperanças de evitar a guerra, esperaram que ele avançasse como Sula ou Mário, saqueando e massacrando todos os oponentes. Em vez disso, ele alardeou a sua clemência. Ao cercar uma grande força em Corfínio, sob a inepta liderança de Domício Aenobarbo, a cidade se rendeu após um breve cerco. Aenobarbo — rival de Antônio para o augurato — e todos os oficiais superiores receberam permissão para partirem em liberdade, levando consigo os seus pertences. Quase todos os seus soldados mudaram de lado, juntando-se a César, que proclamou que aquele era "um novo modo de conquista — nós nos fortalecemos através da piedade e da generosidade".[23]

Desde o começo, Pompeu havia decidido que era impossível defender Roma. Ele tinha pouquíssimos soldados treinados e confiáveis. Recrutamentos foram realizados, mas as toscas legiões assim reunidas levariam muitos meses para serem treinadas. Tudo teria de ser improvisado e, no momento, ele e seus partidários estavam fracos. Alguns exaltados, como Aenobarbo, tentaram forçá-lo a lutar, recusando-se a obedecer e recuar para juntarem-se a ele. Tentativas de negociação continuaram, algumas envolvendo o primo de Antônio, filho e xará de Lúcio Júlio César. Ambos os lados reiteraram o seu desejo de paz, mas é possível que a vocação de boa parte deles fosse ganhar o apoio dos indecisos. O grosso do Senado, sem falar da população mais ampla, não tinha compromissos fortes com nenhum dos lados e tentou ficar fora do conflito.[24]

TRIBUNO

Pompeu retirou-se para Brundísio, no sul, e começou a transportar seus homens por mar para a Grécia. Lá, ele planejava reunir e treinar um grande exército, atraindo os recursos das províncias orientais, que ele próprio organizara. Uma vez que estivesse pronto, ele retornaria para esmagar César. Na sua formulação: "Sula já o fez, por que não eu?" César o perseguiu e tentou evitar a sua fuga, mas não conseguiu fechar o porto. Brundísio caiu, mas só depois de Pompeu e suas forças terem escapado.[25]

César vencera a primeira campanha, mas continuou sendo um rebelde com muitos inimigos livres. Ele carecia dos navios necessários para seguir Pompeu, então decidiu marchar até a Espanha e lá derrotar as legiões pompeianas. Primeiro, ele precisava fazer arranjos para a governança da Itália. Ele retornou a Roma, mas inicialmente não entrou na cidade ela mesma. Como tribunos, Antônio e Cássio convocaram um encontro do Senado em 1º de abril a realizar-se num local fora do *pomerium*. Poucos compareceram, e somente dois entre eles eram ex--cônsules. Não obstante, César aproveitou a oportunidade para se dirigir ao encontro e posteriormente a uma Assembleia do povo romano para expor seu argumento. O Senado decretou o envio de uma embaixada a Pompeu e seus aliados na esperança de conseguir um acordo de paz. Contudo, como ninguém estava inclinado a fazer parte da delegação, a questão foi completamente abandonada. Precisando de fundos para pagar seus soldados, César pegou dinheiro do Tesouro da República, a despeito da oposição de um outro tribuno. Isso aconteceu apenas poucos meses depois de ele proclamar seu desejo de lutar em defesa dos direitos do tribunato.[26]

César partiu para a sua campanha na Espanha. O irmão de Antônio, Caio Antônio, foi encarregado do comando de duas legiões e enviado para Ilíria, mais perto dos inimigos, que estavam se concentrando na Grécia. Cúrio recebeu as legiões que haviam derrotado Corfínio e foi mandado para a Sicília, com ordens de seguir para a África do Norte, uma vez que a Sicília estivesse controlada. Em seu caminho, o jovem

178 ANTÔNIO E CLEÓPATRA

aristocrata visitou Cícero e falou, com a sua habitual liberdade, que a clemência de César era uma fraude e que logo ele revelaria a sua verdadeira e muito mais cruel natureza, tornando-se outro Sula.[27]

Assim como de generais, César necessitava de administradores. Roma foi posta a cargo do pretor Marco Emílio Lépido, irmão mais novo do cônsul de 50 a.C. e homem que posteriormente desempenharia um papel maior na vida de Antônio. O próprio Antônio foi investido de um *imperium* propretoriano para acrescentar ao seu cargo de tribuno, ficando encarregado de supervisionar o restante da Itália. Ambos os homens foram nomeados porque já eram magistrados devidamente eleitos e também porque vinham de famílias bem estabelecidas. Tratava-se, ainda assim, de uma responsabilidade sem precedentes para um tribuno.[28]

11. Rainha

Cleópatra tinha cerca de 18 anos de idade quando seu pai faleceu em 51 a.C., a mais velha entre os quatro filhos sobreviventes de Auleta. Sua irmã Arsínoe era um ou dois anos mais jovem e o mais velho de seus dois irmãos tinha apenas dez anos. O pai deles tinha pretendido que Ptolomeu XIII e Cleópatra governassem conjuntamente. Supõe-se que logo eles tenham se casado, segundo a tradição da família, mas nenhuma fonte nos diz isso explicitamente, e era incomum para um rei ptolemaico tomar uma esposa que fosse tão mais velha. Por outro lado, se Ptolomeu XIII tivesse se casado subsequentemente, atritos sempre seriam prováveis entre sua esposa e sua irmã e cogovernante; assim, em muitos aspectos o casamento entre os irmãos reais estimulava a estabilidade. Também é possível que o casamento tenha sido planejado, mas não realmente ocorrido.

Não se sabe como Auleta morreu nem se sua morte foi repentina ou longamente antecipada. Isso significa que não temos certeza de até onde ele preparou o caminho para a sucessão. Houve problemas desde o começo. Ptolomeu XIII era menor e não podia governar, o que exigia algum tipo de regência. Havia uma longa tradição entre os ptolomeus de conferir a cortesãos importantes o status de "amigos" ou mesmo uma honra maior, de "parentes", mantendo uma tradição macedônia, a qual havia cercado Alexandre e outros reis de "companheiros". Um certo número de homens importantes eram associados ao garoto e formavam uma vaga facção em torno dele. As figuras dominantes eram o seu preceptor Teódoto de Samos e o eunuco Potino. Não parece ter havido nenhum regente ou conselho regente formalmente nomeado, mas apenas um grupo de homens proeminentes capazes de influenciar e efetivamente controlar o jovem príncipe. Todos tinham ambições próprias e só estavam unidos pelo desejo de aumentar a importância de Ptolomeu XIII e assim adquirirem poder eles mesmos.[1]

Cleópatra também tinha os seus conselheiros e aliados, embora não saibamos quase nada sobre eles. Isso se deve ao fato de ela ser mais velha, confiante o bastante para afirmar-se e não desejar permitir que outrem governasse através dela. Desde o começo, essa situação criou tensão. Seus favoritos ganharam sem dúvida prestígio e poder dentro da corte, mas constituíam inevitavelmente uma minoria. Outros homens viam seus rivais progredirem, enquanto a sua própria influência e importância declinavam ou, na melhor hipótese, permaneciam as mesmas. Em sendo incapazes de cair nas graças da jovem rainha, a alternativa natural era voltarem-se para seu irmão. Incrementar seu poder beneficiaria todos aqueles que o cercassem e apoiassem.

A rainha adolescente deixou as suas intenções claras sem demora. Ignorando a vontade do pai, Cleópatra se fez monarca única de seu reino. Documentos oficiais de 51 a.C. não fazem menção a Ptolomeu XIII. Por outro lado, fazem referência a "Ano Trinta, que também é Ano Um". O sistema de datação egípcio herdado pelos ptolomeus baseava--se nos anos de governo de cada monarca. Ano Trinta era o ano final do reinado de Auleta — ignorando prudentemente seus anos de exílio. Consequentemente, o ano marcava o fim de uma era e a abertura de um novo reinado unicamente da rainha. Ela se autodenominou "a deusa que ama o pai" (*Thea Philopator*), ao mesmo tempo salientando a sua conexão com Auleta e ignorando a declaração dele de que seus filhos "amam os irmãos".

RAINHA   181

Seu governo exclusivo também se refletiu em fontes menos oficiais. Um sacerdote de uma associação dedicada ao culto da deusa Ísis parece ter preparado uma estátua para dedicar a Ptolomeu XII. Quando o rei morreu, ele fez alterar a inscrição para celebrar, em vez disso, a "Rainha Cleópatra Thea Filopátor". Tempo, custo ou falta de interesse significaram que a estátua ainda era obviamente de uma figura masculina na roupagem tradicional de um faraó. Não há menção na inscrição a Ptolomeu XIII.[2]

No dia 22 de março de 51 a.c., uma grandiosa cerimônia foi realizada em Hermontis, no Alto Egito, para entronizar um novo touro Buchis, o centro de um dos grandes cultos a animais do Egito. Sempre que um touro Buchis morria, era cuidadosamente mumificado e sepultado, enquanto sacerdotes buscavam um substituto de tipo, tamanho e cor adequados. O touro Buchis mudava supostamente de cor durante o curso do dia. Os cultos aos animais no Egito em geral atraíam o desdém dos observadores gregos e romanos, mas isso não obstava a sua popularidade, que se estendia, além da população nativa, a muitos colonizadores de fora. O mais célebre foi o touro Ápis, cujo santuário era em Mênfis, mas havia outros. Acreditava-se que o touro Buchis fosse de algum modo uma manifestação física de Montu, um deus da guerra, e também que fosse sagrado para outras divindades. Hermontis fica na margem oposta do Nilo à altura da capital do Alto Nilo, Tebas, e tinha imenso prestígio.

Uma inscrição de Hermontis, registrando o sepultamento desse touro Buchis mais de vinte anos depois, afirmava que:

> Ele chegou a Tebas, o lugar de instalação, o qual nasceu antes no tempo, ao lado de seu pai, Nun, o velho. Foi instalado pelo próprio rei no ano I, em 19 de Phamenoth [22 de março de 51 a.C.]. A Rainha, a Senhora das Duas Terras, a Deusa Filopátor, trouxe-o a remo no barco de Amen, juntamente com todas as barcaças do rei, todos os habitantes de Tebas e Hermontis e sacerdotes estando com ele. Ele chegou a Hermontis, sua morada...[3]

Tais inscrições eram criadas segundo fórmulas, de modo que devemos ser cautelosos quanto a ler em demasia nos detalhes. "Foi instalado pelo próprio rei" era uma fórmula tradicional e geralmente não significava que o rei estivesse de fato presente. Nós não sabemos se de algum modo a passagem se refere a Auleta, ou, menos provavelmente, a Ptolomeu XIII, ou se é simplesmente usada vagamente para significar a própria Cleópatra em seu papel religioso tradicional de faraó.

Muitos historiadores optaram por tomar essa descrição da participação dela literalmente. Se for correto, seria então surpreendente que a nova rainha quisesse viajar para o sul de seu reino tão precocemente em seu reinado, afastando-se de Alexandria e da corte por um período de pelo menos algumas semanas. Ptolomeu Auleta era generoso para com os cultos praticados em templos, e isso pode ser visto como uma extensão de sua patronagem, levado um passo adiante por uma jovem rainha capaz de falar a língua egípcia. O Alto Egito parece ter sido consistentemente leal tanto ao pai quanto à filha, o que poderia sugerir que tal atenção foi recompensada. Cleópatra certamente continuou a construir templos e a financiar cultos. Outra inscrição registra que ela deu dinheiro para pagar as celebrações cerimoniais que acompanhavam a instalação de um novo touro Ápis. Entretanto, a soma envolvida era de não mais que 421 moedas de prata, o que faz um presente generoso, mas não numa escala especialmente grandiosa.[4]

É certamente possível que Cleópatra, a jovem de 18 anos, tenha de fato descido o Nilo e desempenhado um papel nos rituais do touro Buchis. Ela parece ter gostado de teatro, talvez sentisse um compromisso religioso genuíno para com o culto e também pode ter querido mostrar-se num papel marcadamente público. Em nenhuma hipótese a expressão "trouxe-o a remo" precisaria ser mais que simbólica. Estendê-la a um compromisso profundo para com a religião e a cultura egípcias tradicionais é um passo muito grande, bem como a afirmação de que "ela foi rainha de fato do Egito", em comparação com os ptolomeus anteriores. Devemos nos lembrar de que sua participação pode ter sido inteiramente simbólica, consistindo em apoio financeiro e palavras oficiais de aprovação emitidas da distante Alexandria. Era obviamente do interesse dos sacerdotes retratarem o envolvimento real como direto e verdadeiro, num sentido antes ideal que literal. Mais uma vez, nós simplesmente não sabemos, o que faz disso um indício frágil demais para basearmos afirmações mais abrangentes sobre as políticas e atitudes de Cleópatra.[5]

Exílio

Não havia nenhuma tradição de uma rainha ptolemaica governando sozinha por qualquer período de tempo. Cleópatra era inteligente, capaz e ambiciosa, mas também jovem e inexperiente. Talvez acreditasse que pudesse ser a exceção à regra, mas a posição dela sempre foi precária e era difícil manter uma parcela suficiente da corte e da aristocracia mais ampla satisfeita. A atitude romana era quase vital, mas permanecia incerta. Embora a notícia da morte de Auleta tenha chegado a Roma no verão de 51 a.C., o Senado não tomou nenhuma atitude para reconhecer a nova rainha nem para impor os termos do testamento de seu pai. Havia uma profusão de outros assuntos ocupando a mente dos senadores e uma indiferença geral pelos assuntos do Egito. Afinal, Auleta investiu mais de uma década e um esforço combinado de pressão e suborno para ganhar a aceitação formal da República Romana.[6]

A invasão não provocada e desastrosa da Pártia por Crasso se fez seguir por uma série de investidas partas nas províncias romanas. Em 50 a.C., o procônsul romano que governava a Síria era Marco Calpúrnio Bíbulo, genro de Catão. Bíbulo teve a infelicidade de ser contemporâneo de Júlio César e, numa sucessão de magistraturas, foi eclipsado por seu colega muito mais carismático e hábil. Em 59 a.C., os dois homens eram cônsules e, depois de tentativas infrutíferas de bloquear a legislação de César, Bíbulo se retirou para a sua casa. Ele produziu uma torrente de

184 ANTÔNIO E CLEÓPATRA

ataques vulgares contra seu colega, enquanto o tempo todo proclamava que os negócios públicos eram inválidos por causa de maus augúrios. As pessoas zombavam, dizendo que o ano era o consulado de Júlio César, em vez de ser de César e Bíbulo.[7]

Como Cícero, só relutantemente Bíbulo partira para governar uma província; uma vez lá, porém, parece que tentou fazer o trabalho ao melhor da sua limitada capacidade. Com apenas remanescentes do exército de Crasso à sua disposição, ele enviou seus filhos à Alexandria para convocar as tropas gabinianas. Isso de fato sugere que elas ainda fossem vistas como parte do exército romano, embora seja possível que ele simplesmente os visse como cidadãos romanos e, como tal, obrigados a servir à causa da República. Qualquer que fosse a opinião de Bíbulo, os gabinianos e seus oficiais não reconheceram a sua autoridade. Não só se recusaram a atender a convocação para deixar o Egito, como também prontamente mataram os filhos do procônsul.

Cleópatra mandou prender os cabeças e os enviou acorrentados a Bíbulo para serem punidos. No dizer de uma fonte: "Nenhum favor maior poderia ter sido ofertado a um enlutado. Mas, tendo recebido a oferta, ele fez o luto ceder à moderação e imediatamente mandou intocados os assassinos da carne de sua carne de volta a Cleópatra, dizendo que o poder de puni-los seria do Senado, não dele."[8]

A jovem rainha tinha demonstrado sua lealdade a Roma e afirmado algum grau de controle sobre os gabinianos, que formavam uma parte tão importante do exército real. Não se sabe o que aconteceu com os prisioneiros, uma vez entregues a ela por Bíbulo. Cleópatra fora capaz de prender aqueles homens, mas não tinha sido capaz de fazer os gabinianos irem para a Síria, supondo que ela assim o desejasse. A disposição da rainha de entregar aqueles oficiais para serem executados não há de ter lhe angariado a simpatia dos colegas deles.

Grande parte da impopularidade de Auleta em 58 a.C. vinha de sua atitude bajuladora para com o poder romano. Muitos alexandrinos, em particular muitos dos alexandrinos abastados e influentes, parecem ter

RAINHA 185

se ressentido dessa atitude. Assim, é mais que provável que as ações de Cleópatra na esteira do assassinato dos filhos de Bíbulo tenham causado uma reação semelhante, mas devemos ter o cuidado de não levar a ideia longe demais. Não se tratava de uma simples questão de facções pró ou antirromanas na corte. Em vez disso, qualquer fraqueza percebida ou erro cometido pela rainha estava fadado a ser explorado pela facção em torno de seu irmão. O mal-estar entre oficiais do exército enfraquecia Cleópatra e ajudava homens como Potino e Teódoto.

Em algum momento em 50 a.C., o reinado exclusivo da rainha acabou e ela foi forçada a reconhecer seu irmão como cogovernante. Por um tempo, parece ter havido cooperação entre os dois, pelo menos oficialmente. Há relativamente poucos documentos formais desse período, mas Ptolomeu XIII é mencionado em primeiro com mais frequência. Isso pode se dever simplesmente ao fato de o rei ser normalmente considerado o parceiro dominante, mas talvez reflita o equilíbrio real de poder. Em 27 de outubro, um decreto foi emitido em nome do rei e da rainha, proibindo quaisquer excedentes de colheita de serem estocados localmente e ordenando que fossem transportados sem exceção para Alexandria. A pena de morte seria imposta a qualquer um que violasse o decreto e "todos os que o queiram devem informar [...] sobre contravenções desta ordem, tendo em vista que o informante receberá uma terça parte da propriedade da pessoa considerada culpada, ou, se for escravo, será libertado e receberá, além disso, a sexta parte". Punições severas por violação de decretos reais não eram costumeiras.[9]

Nesse caso, as colheitas parecem ter sido ruins por vários anos consecutivos, pois as inundações anuais vinham sendo baixas. Ao mesmo tempo, a burocracia real pressionava fortemente na arrecadação dos impostos sobre o que era produzido. Outros documentos desse período sugerem as duras condições de vida e o desabastecimento disseminados. Em alguns casos, os camponeses tomavam a rota tradicional de protesto, fugindo das terras em que deviam trabalhar.

A cidade de Alexandria era grande e tinha uma população volátil. Desabastecimentos de alimento eram ali propensos a causar distúrbios, que rapidamente poderiam desestabilizar o regime. Em consequência, o decreto real pode simplesmente ter pretendido garantir que, não importa o quão grave fosse a situação, os habitantes da grande cidade fossem adequadamente alimentados. Contudo, pode ter havido mais que isso. Alguns estudiosos sugerem que Cleópatra já havia abandonado a cidade e ido para o Alto Egito a fim de arregimentar apoio contra o irmão. Se assim for, o objetivo da lei era negar a ela os suprimentos alimentares de que ela viria a necessitar para alimentar qualquer exército que organizasse.[10]

Mais provavelmente, as relações entre irmão e irmã ainda não tinham se desdobrado em conflito aberto. A medida podia, com igual facilidade, ter pretendido manter todos os recursos sob supervisão estrita dos partidários de Ptolomeu e, assim, dissuadir Cleópatra de recorrer à resistência aberta. É mais que possível que, por cerca de um ano, houvesse o mesmo tipo de paz apreensiva que funcionava às vezes entre Ptolomeu Fiscon e suas duas rainhas.

No final de 50 a.C., o sistema oficial de datação falou de "Ano Um, que também é o Ano Três", a primeira menção dizendo claramente respeito a Ptolomeu XIII. Cleópatra ainda podia estar em Alexandria quando Pompeu enviou seu filho mais velho, Cneu Pompeu, à corte real em 49 a.C. Tendo se retirado da Itália, Pompeu e seus aliados estavam ocupados, organizando um exército com intenção de esmagar César, seja na Macedônia ou retornando à própria Itália. Consequentemente, enviados foram despachados para reunir homens e recursos de todas as províncias e reinos aliados no leste mediterrâneo. A ligação passada de Pompeu com Auleta pode tê-lo encorajado a enviar seu filho à corte ptolemaica, ainda que seja mais que provável que ele também tenha visitado outras regiões. Cneu conseguiu pelo menos uma parte do que solicitou. Quinhentos cavaleiros gauleses e germânicos recrutados entre os gabinianos foram despachados para incorporar-se ao exército de

RAINHA

Pompeu, que incluía muitos contingentes de tropas estrangeiras para apoiar as legiões. Além disso, ele recebeu seis navios de guerra guarnecidos de remos, parece que completamente equipados e tripulados. O Egito também enviou trigo para alimentar as forças pompeianas.[11]

Plutarco afirma que Cleópatra — então com cerca de 20 anos — seduziu Cneu Pompeu, mas nenhuma das nossas outras fontes o menciona, e é altamente improvável que Otaviano e seus propagandistas não tivessem usado tal acusação contra a rainha. Ela pode ou não ter se encontrado com o enviado romano, mas claramente ele restou sem nenhuma dúvida de que os conselheiros de Ptolomeu XIII controlavam o reino. Os senadores que estavam com o exército de Pompeu se consideravam o conselho governante legítimo da República, mesmo estando longe de Roma. Quando Cneu Pompeu retornou, eles se reuniram e reconheceram formalmente o governo do jovem Ptolomeu XIII. Absolutamente nenhuma menção foi feita ao nome de sua irmã. Não há nenhuma indicação de que a ajuda de Ptolomeu aos romanos o tenha tornado impopular entre seus súditos, o que salienta o fato de que é errado ver a questão como uma simples disputa entre facções pró e antirromanas.[12]

Em algum momento no final de 49 ou começo de 48 a.C., Cleópatra saiu de Alexandria e foi organizar um exército. Arsínoe foi com ela. Uma fonte muito posterior afirma que elas foram primeiro para o Alto Egito, buscando o apoio em Tebaida. Talvez um número insuficiente de homens tenha aderido à causa da rainha, ou o controle exercido por seu irmão sobre o suprimento de alimentos fosse simplesmente demasiado estrito. Qualquer que seja a razão, Cleópatra fugiu com a irmã para a Síria. Em apenas poucos anos, ela fora de rainha a exilada.[13]

O pai dela era apenas o mais recente dos ptolomeus a ser expulso de seu reino, só para reconquistar o poder numa data posterior. Cleópatra não estava resignada com seu destino, mas sim determinada a construir sua força até poder derrotar seu irmão e seus conselheiros ou pelo menos negociar com eles. Ela recebeu uma acolhida entusiástica na cidade de

188 ANTÔNIO E CLEÓPATRA

Ascalão, na costa da Palestina. Originalmente uma das cinco principais cidades filistinas do período do Velho Testamento, tratava-se agora de um alvoroçado porto. A aliança com os ptolomeus tinha permitido à cidade romper com o reino da Judeia e tornar-se independente. Em gratidão, em várias ocasiões eles cunharam moedas que ostentavam o símbolo da águia dos ptolomeus. Então, uma série foi produzida, trazendo a cabeça de Cleópatra. São essas as imagens que enfatizam traços familiares como os grandes olhos e o nariz curvo proeminente para provar a legitimidade de sua reivindicação de poder.[14]

É obscuro por que os líderes de Ascalão optaram por apoiar Cleópatra contra seu irmão. Ajuda também pode ter vindo de outras praças, e ela também pode ter contratado ou recebido graciosamente tropas do reino nabateu, cuja capital era a famosa cidade de Petra. No verão de 48 a.C., Cleópatra tinha um exército e estava pronta para retornar.

Ptolomeu XIII e seus ministros sabiam que as irmãs estavam voltando. O exército real foi reunido sob o comando de um general chamado Áquila, que então tinha se juntado a Potino e Teódoto como parte do círculo íntimo que controlava o jovem rei. Júlio César diz:

> Áquila [...] tinha 20 mil soldados armados. Eram velhos soldados de Gabínio [...] A estes ele acrescentou recrutas arregimentados entre os rufiões e bandidos da Síria e da província da Cilícia e regiões vizinhas. Nesse ínterim, muitos criminosos condenados e exilados se juntaram a eles; os nossos escravos fugitivos também estavam certos de uma boa acolhida em Alexandria, desde que se alistassem no exército. Se qualquer um deles fosse preso por seu proprietário, seria salvo pelo apoio comum dos outros soldados.[15]

Era uma força poderosa, mais bem treinada e mais experiente do que o exército que Cleópatra tinha conseguido reunir. Numa guerra civil, era sempre importante mostrar confiança suprema, pois qualquer cautela seria imediatamente interpretada como fraqueza e, assim, poderia fazer pessoas poderosas se perguntarem se não deveriam mudar de lado. Ptolomeu XIII ainda estava no começo de sua adolescência, mas envergava uma esplêndida armadura e o manto real para comandar seus soldados em pessoa. É improvável que a facção que o cercava tenha querido deixar o menino longe da vista e de seu controle estrito; também é improvável que seus membros confiassem um no outro.[16]

Áquila não esperou em Pelúsio para encontrar os invasores, mas marchou com seu exército cerca de 50 quilômetros para o leste a fim de esperar no Monte Cásio. Era uma posição forte e o avanço era mais uma expressão de confiança. O exército de Cleópatra chegou e tomou posição em face do de Áquila. Por dias, os dois exércitos ficaram encarando um ao outro. Tais impasses eram comuns na arte da guerra antiga; a batalha geralmente exigia o consentimento de ambos os lados. Se um exército permanecesse numa posição forte, então seus oponentes raramente se mostravam dispostos a atacar em tal desvantagem. Provavelmente, o exército de Ptolomeu era muito mais forte que o de sua irmã. A invasão do Egito por Cleópatra atolou antes mesmo de ter realmente começado.

Então, Pompeu, o Grande, chegou ao Egito pela primeira vez em sua longa carreira.

12. Guerra Civil

Pompeu devia ter ganhado a Guerra Civil, pois tinha recursos muito maiores e parecia ter apoio político bem mais amplo. Ele tinha perdido a Itália, mas isso foi mais um golpe em seu prestígio e não reduziu seriamente a sua capacidade de lutar. No verão de 49 a.C., César tinha superado as forças pompeianas na Espanha e forçado-as à rendição. Os líderes tiveram permissão de partir e retornaram devidamente a Pompeu. Os oficiais de escalão mais baixo mudaram de lado ou foram desmobilizados. As legiões na Espanha tinham sido as mais experimentadas sob o comando de Pompeu, mas viram-se presas num impasse estratégico e a campanha nada decidiu. Se César tivesse sido derrotado, a Guerra Civil teria acabado, pois os rebeldes não podiam se dar ao luxo de perder sequer uma vez. Para Pompeu, a derrota só teve um significado menor e, o mais importante, a campanha lhe dera tempo para preparar-se para o real confronto. A organização sempre fora o forte de Pompeu, e o homem de 58 anos parecia rejuvenescido ao reunir e treinar seu exército na Grécia.[1]

Também havia notícias encorajadoras de outros teatros de operação, uma vez que os subordinados de César não conseguiam equiparar-se aos seus sucessos. Caio Antônio entrou na Ilíria comandando uma legião e meia, mas foi dominado e capturado. Cúrio a princípio se deu bem contra uma oposição fraca, desfrutando uma vitória sem derramamento

192 ANTÔNIO E CLEÓPATRA

de sangue na Sicília — um revés menor para a causa de Pompeu. O comandante pompeiano da ilha era Catão, mas, como ele não tinha tropas significativas, decidiu não desperdiçar a vida de cidadãos numa defesa inútil e partiu para a Grécia. Assim, Cúrio levou duas das quatro legiões de Catão para a África do Norte. A falta de navios de transporte restringiu seriamente os cesarianos, exatamente como havia impedido César de seguir Pompeu no Adriático, e a invasão foi uma aposta. No começo, o risco compensou, pois as suas legiões de pompeianos recém--capturados mostraram-se notavelmente leais, com apenas um punhado de deserções. Um exército inimigo foi esmagadoramente derrotado na costa ao custo de apenas uma única morte. Cúrio tinha muito pouca experiência militar, mas era ousado e carismático. Também, ele estava lutando contra um oponente com soldados recrutados às pressas e oficiais inexperientes. Nas primeiras campanhas da Guerra Civil, ambos os lados continham uma alta proporção de amadores desqualificados.

Então, as coisas começaram a dar errado. O rei Juba da Numídia era um aliado leal de Pompeu — sobretudo porque em uma missão diplomática a Roma fora insultado tanto por César quanto por Cúrio. Agindo com base em falsas informações de seus agentes secretos, Cúrio fez marcha forçada com seus homens na esperança de emboscar a vanguarda do rei. Ele obteve uma vitória menor, mas então percebeu que todo o exército númido se aproximava de sua posição. Impulsivamente, decidiu lutar. Ele foi morto e somente um punhado de seus homens escaparam. Houve pânico e caos quando esses sobreviventes alcançaram as tropas deixadas para trás, no acampamento base cesariano na costa, a horda de fugitivos afundando barcos na tentativa de partir. O historiador Anísio Pólio foi um dos poucos que conseguiu sair de navio para a Sicília. Juba executou todos os que se renderam, a despeito dos protestos de seus aliados romanos.[2]

No final de 49 a.C., um dos irmãos de Antônio fora feito prisioneiro pelo inimigo, e a cabeça decepada de seu amigo Cúrio fora triunfalmente

GUERRA CIVIL 193

apresentada ao rei Juba. Seu primo, Lúcio Júlio César, o filho, estava com as forças pompeianas na África e perderia a vida no curso da guerra. O pai do rapaz permaneceu cesariano. A aristocracia romana tinha laços estreitos e todos tinham alguma ligação com o campo oposto.

A divisão na classe senatorial não era equilibrada e seus membros mais distintos — inclusive quase a metade dos ex-cônsules — apoiavam Pompeu ativamente. Isso lhe conferia uma força política profunda e impressão de legitimidade, as quais César não podia igualar. Apesar de suas vitórias na Itália e na Espanha, César era um rebelde e os pompeianos ainda estavam em melhor posição para reivindicar estarem defendendo a República. Apenas um grupo de ex-cônsules apoiava César ativamente, entre eles estavam três homens desacreditados, chamados de volta do exílio. Um deles era Gabínio e outro, o tio de Antônio, Caio Antônio, embora o sobrinho tenha sido ulteriormente acusado de pouco ter feito para estimular César a chamar seu tio de volta. Cícero desdenhava os cesarianos, chamando de "populaça" os que ele vira acompanhar seu comandante em março de 49 a.C.[3]

Como Antônio e Cúrio, muitos cesarianos vinham de famílias nobres, mas geralmente eram jovens, tinham reputação de vida desregrada e de radicalismo político; ambos tinham dissipado suas heranças. Os seguidores mais velhos de César eram os fracassados e os desesperados, descendentes dos que haviam apoiado Mário e pago o devido preço, sobreviventes da rebelião de Catilina ou gente que tinha problemas com a justiça. César tinha um histórico bem comprovado de generosidade, dizendo que recompensaria até bandidos, se o servissem bem. Alguns fizeram uma avaliação simplesmente pragmática de quem tinha mais probabilidades de vencer o conflito. O correspondente de Cícero, Célio, acreditava que Pompeu defendia a melhor causa, mas que César tinha o melhor exército, e assim tornou-se cesariano.[4]

Os pompeianos tinham pouco a oferecer a homens como Antônio. Não só César prometia pródigas recompensas uma vez obtida a vitória, mas também havia a chance de comandos e responsabilidades importantes na ocasião. Existia um grande número de pompeianos que haviam sido cônsules ou pretores e que tinham governado províncias ou comandado exércitos. Esses homens esperavam receber tarefas compatíveis com sua posição. Fosse ele um pompeiano, não havia nenhuma circunstância imaginável em que Antônio, então aos 31 anos de idade, pudesse receber incumbências de magnitude semelhante a uma supervisão da Itália.

César tinha poucos homens de distinção a quem apelar. Antônio era um magistrado eleito e também era um Antonius, ambos traços que o tornavam mais qualificado para essa tarefa do que qualquer outro cesariano. Também é claro que César tinha confiança em sua capacidade de fazer o trabalho, embora seja interessante que temporariamente ele não tenha optado por empregá-lo em um papel mais abertamente militar. Conforme já vimos, a experiência militar de Antônio ainda era relativamente modesta e é bem possível que ele tenha sido tanto, ou mais, um administrador quanto um soldado durante os seus anos na Gália. César levou consigo o seu colega tribuno Cássio Longino na campanha espanhola, lá deixando-o como governador provincial. Cássio tinha um irmão e um primo lutando por Pompeu, mas seria por outras razões que a nomeação se mostraria um equívoco.

Antônio fez um trabalho melhor como tribuno com poderes pretorianos na Itália. A paz foi mantida, sem irrupções de resistência pompeiana. Nesse ínterim, progressos foram feitos na preparação de um exército e de uma frota para cruzar para a Macedônia. É impossível saber quanto dessas duas coisas foram resultado direto do envolvimento pessoal de Antônio, pois temos muito pouca informação sobre esses meses. Plutarco afirma que ele foi enérgico ao organizar e treinar as tropas, e popular entre os soldados por sua generosidade. Ao contrário, dir-se-ia que ele tenha mostrado pouca energia quando se tratava de receber petições de civis. Parece que de fato ele viajou amplamente,

GUERRA CIVIL

visitando muitas cidades da Itália. O povo observava Antônio, e isso nem sempre ajudava a causa cesariana, pois ele ostentava o seu poder. Cícero afirmou:

> Um tribuno do povo era trazido num éssedo, precedido por litores laureados [o símbolo da vitória], e, ao centro, uma pantomimeira era transportada numa liteira aberta; homens respeitáveis da cidade eram obrigados a saudá-la, a dirigir-se a ela como Volúmnia, em vez do seu nome artístico. Logo atrás, vinham os seus vergonhosos parceiros — um rematado bando de cafetões — e ao final a mãe dele, cuidando da amante do iníquo filho justo como se fosse uma nora.[5]

Essa descrição vem de um discurso feito anos depois, mas, embora o autor possa ter exagerado um pouco, há indícios do período de que ele não estivesse inventando a história inteiramente. Em maio de 49 a.C., ele mencionou numa carta que Antônio "levava [sua amante] de um lugar para outro em uma liteira aberta, perfeitamente como se fosse uma segunda esposa, e que tinha sete outras liteiras com amigos homens e mulheres".[6]

Em algum momento daqueles poucos anos, Antônio se casara pela segunda vez. Não sabemos o que aconteceu com sua primeira esposa, mas ele pode ter se divorciado por ela ser de uma família sem distinções. Ele também se casou com sua prima de primeiro grau, a filha de Caio Antônio. Essa ligação faz parecer ainda mais estranho o fato de ele pouco ter feito para estimular César a chamar Caio de volta, mas o casamento parece não ter sido feliz. Um ano mais tarde, ele se divorciaria de Antônia em meio a rumores de que ela teria um amante. Afirma o mexerico que Antônio tinha casos amorosos com as esposas de vários outros homens, mas a sociedade romana não dava às esposas a mesma licença que aos maridos.[7]

Num relacionamento que durou vários anos, Antônio reservava sua paixão para a sua amante. Era uma escrava liberta, e o nome Volúmnia era a forma feminina do nome do seu antigo senhor. Profissionalmente, era conhecida como Citéride. Ter amantes era comum para os aristocratas romanos e havia uma classe de distintas cortesãs, algumas das quais ficaram famosas. Essas mulheres eram normalmente estrangeiras e amiúde escravas libertas, mas eram educadas e perspicazes, elegantes e, em muitos casos, capazes de cantar, dançar e tocar instrumentos. Um bom número delas, como Citéride, ganhou primeiro fama nos palcos como pantomimeiras — histórias contadas por meio de dança e mímica, nas quais a mulher tomava parte, à diferença do drama, em que os papéis femininos eram geralmente interpretados por atores do sexo masculino.[8]

Tais amantes não podiam ser consideradas consumadas. Pretendentes competiam por seus favores, oferecendo presentes e até, mesmo, providenciando uma casa ou apartamento onde a amante morasse. Ambas as partes sabiam que o caso não seria permanente, e a amante podia terminar o relacionamento se achasse um protetor mais atraente. Aptas a lisonjear e flertar de uma maneira que seria socialmente inaceitável para uma esposa, amantes caras eram uma companhia excitante e encantadora, tornando a aventura mais picante, porém sem comprometimento de longo prazo. Citéride já tivera um caso com o filho de Servília, Bruto, homem cujas inclinações filosóficas e a natureza sóbria pareciam tão opostas ao temperamento de Antônio. Considerável licença era permitida aos filhos de senadores durante a sua adolescência — período que os romanos acreditavam durar já perto do final da casa dos 30 anos. Contudo, esperava-se que eles mostrassem pelo menos alguma distinção, algo que Antônio parece nunca ter dominado, nem tampouco pensado ser necessário. Circulava uma história de que ele possuía um carro puxado por uma junta de leões em vez de cavalos. Tenha ou não realmente sido levado a cabo um experimento tão absurdamente despropositado e perigoso, só a conversa já nos dá uma ideia do que as esposas estavam propensas a acreditar sobre Antônio.[9]

GUERRA CIVIL

Ele exibia seu poder de maneira tão ostensiva quanto vulgar, dando a impressão de que se entregava a devassidões suntuosas em vez de trabalhar diligentemente. Para Cícero, isso confirmava seus piores receios de que César fosse finalmente tirar a máscara de clemência e presidir um banho de sangue. O orador acreditava que a guerra era desnecessária e tentou estimular um acordo negociado. Ele ficara chocado com a militância de muitos senadores importantes e, depois, desalentado pela evacuação primeiro de Roma e depois da própria Itália. Não obstante, ele ainda se sentia atraído por Pompeu e mais à vontade ficando do lado dele e de seus aliados do que de César e sua "populaça". Por certo tempo, ele permaneceu na Itália, evitando tomar parte em reuniões do Senado em Roma ou comprometer-se de qualquer maneira que fosse com César. Seu protegido, Célio Rufo, e vários amigos que estavam com César o encorajaram várias vezes a dar esse passo ou, pelo menos, manter a sua neutralidade. Outra opinião nesse sentido veio de seu genro Dolabela, mas Cícero desprezava o homem. O casamento com sua filha tinha sido arranjado por sua esposa durante a sua ausência na Cilícia, e sem a sua aprovação.[10]

Antônio mantinha um olho em Cícero, pois era óbvio que o famoso orador estava tentado a deixar o país e unir-se aos pompeianos. No começo de maio, Cícero mencionou ter escrito reiteradamente ao tribuno, garantindo-lhe que não estava planejando nada de tempestuoso, mas expressando um desejo de partir para o estrangeiro, talvez para Malta, e evitar todo envolvimento na guerra. Antônio respondeu:

Não tivesse eu por vós uma afeição tão forte — muito maior do que pensa — não teríeis ficado perturbado pelo rumor que tem se espalhado a vosso respeito, em particular porque não acredito que seja verdadeiro. Entretanto, por gostar muito de vós, não posso fingir para mim mesmo que a informação, mesmo que falsa, não me preocupe grandemente. Que estejais prestes a partir para o estrangeiro, eu não posso acreditar, considerando o vosso amor por Dolabela e a vossa [filha] Túlia, a mais excelente das mulheres, e por serdes tão altamente estimado por todos nós [...] Porém, acho impróprio a um amigo não se mostrar preocupado, mesmo que por maledicências, particularmente porque nossos desacordos tornam as coisas mais difíceis para mim, tudo causado mais por meu ciúme [Antônio usa aqui a palavra grega] do que por qualquer ato errado de vossa parte; pois quero vos assegurar que ninguém me é mais caro do que vós, exceto César, e tenho certeza de que César conta Marco Cícero entre os seus principais amigos. E assim, meu caro Cícero, eu imploro que não cometeis um erro [...] e que não fujais de alguém [César] que, mesmo que não possa amar-vos, pois isto seria impossível agora — sempre desejará que o senhor esteja a salvo e seja considerado na mais alta honra.[11]

Mais uma vez, Cícero deu garantias a Antônio de sua resolução de permanecer neutro e pediu permissão para deixar a Itália e ir para algum lugar pacífico. Antônio se mostrou sem serventia:

Vosso intento é muito correto. Pois todo aquele que queira permanecer neutro não deve deixar a sua terra natal, ao passo que o homem que parte é visto como se assumisse um lado ou o outro. Entretanto, não é minha atribuição determinar se alguém tem o direito legítimo de partir. A tarefa que César me incumbiu não foi a de permitir a alguém que saia da Itália. Na verdade, o que penso sobre o vosso intento pouco interessa, já que não sou eu o autorizado a permitir vossa partida. Acho que devíeis escrever para César e pedir a permissão dele. Não tenho dúvida de que sereis bem-sucedido, especialmente se nos assegurardes da nossa amizade.[12]

Uma parte disso pode ter sido uma cortina de fumaça, pois algum tempo antes Cícero fizera secretamente arranjos para ter um barco pronto para transportá-lo. Quando afinal ele partiu furtivamente, foi para encontrar-se diretamente com Pompeu.

Macedônia

César voltou da campanha espanhola no outono de 49 a.C. A caminho, ele teve que lidar com um motim no seio da Nona Legião, acampada no norte da Itália. Os soldados se queixavam de ainda não ter recebido as recompensas que ele havia prometido, mas dizia-se que a verdadeira causa era a disciplina estrita que os impedia de promover saques. O tédio durante um período de bonança na luta alimentava o descontentamento. César prendeu os cabeças e executou parte deles, restaurando rapidamente a ordem.[13]

Não havia cônsul para presidir as eleições consulares para 48 a.C. César sugeriu que o pretor Lépido fosse autorizado a cumprir esse papel, mas o colégio de áugures se recusou a aceitar. É de se presumir que Antônio tenha votado a favor, e Pompeu e Cícero estavam ambos na Macedônia, mas deve ter havido um número bastante de outros membros do sacerdócio para bloquear a ideia. Por outro lado, César fez Lépido declará-lo ditador e presidiu as eleições ele mesmo. Era comum nomear um ditador para supervisionar votações quando um cônsul estivesse indisponível, mas nunca antes um ditador havia sido nomeado por um pretor. A legalidade era questionável, mas não havia nenhuma outra solução óbvia. Os senadores com Pompeu não assumiram realizar eleições próprias e, em vez disso, simplesmente estenderam o comando de todos os magistrados eleitos que estavam do seu lado.[14]

César foi eleito para um segundo consulado, com Público Servílio Vácia Isáurico como seu colega, e, cumprida a sua tarefa, renunciou à ditadura. Onze dias depois, ele saiu de Roma e foi ao encontro do exército que estava se reunindo em Brundísio, ansioso por dar continuação aos preparativos para guerra. Antônio e seus outros subordinados tinham reunido uma quantidade considerável de navios de transporte, mas, além de não chegar nem perto do número necessário para transportar todo um exército, só havia uma dúzia de navios para

200 ANTÔNIO E CLEÓPATRA

escoltá-los. Reduzindo suprimentos e equipamentos ao mínimo mais despojado, César conseguiu apinhar 15 mil legionários e quinhentos cavaleiros nos navios disponíveis. Em 4 de janeiro de 48 a.C., ele içou as velas, chegando ao Épiro e desembarcando sem encontrar o inimigo.

Parece que Antônio não foi eleito para nenhuma magistratura nesse ano, mas continuou a exercer o *imperium*, seja como extensão de seu tribunato extraordinário ou, naquele momento, como um dos legados de César. Ele não acompanhou a expedição para a Grécia, mas foi um dos que foi deixado para trás, com instruções para trazer mais soldados assim que possível. A tarefa se mostrou mais demorada do que o esperado. César empreendera furtivamente a travessia, já que os pompeianos estavam esperando que ele arriscasse a viagem e iniciasse uma campanha no inverno. Agora, porém, eles estavam esperando com uma frota de cerca de quinhentos navios de guerra sob o comando geral de Bíbulo.[15]

Por um certo tempo, foi impossível romper o bloqueio, e Bíbulo mostrou ser um oponente especialmente implacável, incendiando os navios capturados com suas tripulações ainda a bordo. Parte disso era atrocidade deliberada, destinada a aterrorizar o inimigo. Havia também os longos anos de inveja e aversão pelo próprio César e, talvez, a amargura de um pai cujos filhos haviam sido assassinados. Navios a remo transportavam uma tripulação de remadores muito grande em proporção ao seu tamanho e, assim, havia pouco espaço para água e comida. Isso significava que as frotas eram pesadamente dependentes de bases terrestres. César tentou romper o bloqueio tomando portos e faixas litorâneas apropriadas ao desembarque. Foi uma campanha dura e em algum ponto o exausto Bíbulo adoeceu e morreu.[16]

O bloqueio continuou indiminuto, impedindo que notícias, bem como suprimentos e homens, chegassem a César. Com o arrastar das semanas, diz-se que ele decidiu que a única maneira de fazer as coisas progredirem seria retornar ele próprio à Itália. Deixando furtivamente o acampamento, ele içou velas secretamente num pequeno barco,

GUERRA CIVIL 201

acompanhado apenas por um punhado de escravos. A despeito de sua imensa autoconfiança — quando a tempestade piorou, ele garantiu ao capitão da embarcação que tudo ia dar certo porque ele transportava "César e a boa sorte de César" — o tempo piorou tanto que eles tiveram que voltar. Outro relato afirma que eles enviaram mensageiros com ordens para convocar o restante do exército. A ordem deveria ser dada primeiro a Gabínio e, se ele não obedecesse imediatamente, era para dá-la em seguida a Antônio e, por fim, a um terceiro oficial, se Antônio não conseguisse agir.[17]

Esta última história é provavelmente uma invenção, pois não há provas consistentes de que a lealdade de seus subordinados estivesse em questão. É possível que César tenha ficado nervoso, embora, como sempre, seus *Comentários* apresentem um quadro de perfeita confiança em seu sucesso final. De fato, Antônio parece ter penado para cruzar o Adriático, pois os esquadrões pompeianos não só patrulhavam o mar, como também promoviam ataques a Brundísio, tentando fechar completamente o porto. Em certa ocasião, Antônio armou uma emboscada, atraindo os navios inimigos a um porto e depois sobrepujando-os com um enxame de pequenos barcos a remo repletos de soldados. Depois desse sucesso, e achando difícil desembarcar e buscar água sem cair presa das patrulhas da cavalaria cesariana, a esquadra pompeiana se retirou.[18]

Antônio rompeu finalmente o bloqueio e enviou cerca de 10 mil legionários e oitocentos cavaleiros para desembarcar em Lisso, no norte da Grécia, em 10 de abril. Era o maior comando independente de sua carreira até então e ele o administrou com competência, mas foi de pouca duração. César conseguiu informar-se da chegada dele e as duas metades do exército cesariano estavam unidas antes que Pompeu pudesse ter tempo de intervir. Eles ainda estavam em muito menor número do que os pompeianos, especialmente quanto à cavalaria, mas tinham a vantagem de a maioria de seus legionários serem veteranos confiantes na vitória. César ofereceu batalha e, quando Pompeu

202 ANTÔNIO E CLEÓPATRA

declinou arriscar um enfrentamento, ele decidiu atacar o principal depósito de suprimentos dos pompeianos na costa, em Dirráquio. Os oponentes compreenderam imediatamente o que estava acontecendo e conseguiram chegar primeiro.

O ataque surpresa tendo falhado, César se voltou para a alternativa de bloqueio, tentando cercar os pompeianos contra o mar, construindo uma linha de fortificações no terreno alto. Pompeu respondeu ordenando que seus homens construíssem a sua própria linha fortificada, visando a fazê-lo mais rápido que os oponentes e, assim, evitar ficarem completamente cercados. Os homens de César trabalharam com o mesmo afinco que tinham mostrado em Alésia. Antônio estava então no comando da Nona Legião, a mesma formação veterana que havia se amotinado no ano anterior. Mais uma vez, os velhos soldados durões — a formação tinha sido reunida antes de César ter chegado à Gália em 58 a.C. e mantinha-se constante desde então, sendo descrita como "veteranos de excepcional coragem" — labutaram e combateram exaustivamente.[19]

Houve uma série de enfrentamentos de pequena escala para controlar terrenos chave onde construir as fortificações. Desde o começo, a *Nona* ocupou uma posição no alto de uma colina e começou a fortificá-la, mas logo eles estavam sob uma chuva de projéteis dos escaramuçadores e da artilharia inimigos. As baixas aumentaram e César ordenou a retirada, mas, ao recuarem, os legionários foram duramente acossados pelo inimigo. Soldados foram trazidos para cobrir a retirada. Então, César decidiu que não queria que o inimigo pensasse que tinha conseguido expulsar os seus homens. Antônio recebeu ordens de responder, atacando colina acima, o que ele fez, a *Nona* desbaratando os seus perseguidores e infligindo pesadas perdas. Depois disso, eles puderam se retirar sem serem molestados.[20]

Pompeu tinha uma grande força de cavalaria e como o suprimento de forragens era limitado na planície confinada das cercanias de Dirráquio,

GUERRA CIVIL

os cavalos começaram a sofrer. Contudo, em geral seus homens tinham mais comida que os soldados de César, que estavam sobrevivendo com rações mínimas. Eles colhiam uma raiz local chamada *charax*, que, assada, servia para substituir o pão. Pompeu tinha muito mais homens, e, como ele estava na parte interior do cerco, eles tinham uma extensão muito menor de linha fortificada a construir. Era uma corrida que os homens de César não podiam ganhar e logo ficou claro que eles não seriam capazes de concluir o cerco. Mesmo assim, eles repeliram uma sucessão de assaltos pompeianos contra setores da linha. Três coortes da *Nona* conseguiram manter um forte por um dia inteiro, ainda que no processo quase todos os homens tenham sido feridos. César afirma que 30 mil flechas inimigas foram recolhidas no interior do forte e que o escudo de um centurião fora atingido por nada menos que cento e vinte projéteis. Esse homem perdeu um olho em combate, mas se manteve de pé e continuou lutando. Antônio acionou as reservas, que finalmente afugentaram os atacantes.[21]

Não obstante, a pressão continuou e, após uma calmaria durante a qual os homens de Pompeu reforçavam sua linha, ele lançou um ataque que finalmente abriu uma brecha numa seção vulnerável da linha de César. César contragolpeou com um ataque dirigido por ele contra o que parecia ser um acampamento inimigo isolado, que abrigava uma única legião. A Nona fez parte da força de 33 coortes enviada para subjugar aquela posição, mas, depois de um sucesso inicial, os atacantes se desorientaram e o ataque perdeu sustentação. O fracasso transformou-se em pânico quando o inimigo investiu com reforços e forçou os cesarianos a recuarem. As baixas foram pesadas — 960 soldados e 32 tribunos e centuriões. Os pompeianos também capturaram 32 estandartes, bem como alguns prisioneiros, que foram executados em seguida.[22]

Foi um sério revés e forçou César a reconhecer que fracassara, não havia atingido o seu objetivo. Fazia pouco sentido ficar onde estava e permitir que os soldados sofressem sem perspectiva de sucesso. Sob a cobertura da noite, ele despachou seu comboio de suprimentos e equipamentos e seus feridos sob a guarda de uma única legião. A parte principal do exército seguiu depois, deixando apenas uma retaguarda, que conseguiu convencer os inimigos de que nada havia mudado. Após um tempo, esses últimos também partiram. Finalmente, Pompeu percebeu o que estava acontecendo e enviou a sua cavalaria em perseguição. Os cavaleiros de César estavam em menor número e suas montarias provavelmente em tão más condições quanto as da cavalaria inimiga. Não obstante, eles foram firmemente apoiados por uma força importante de legionários e conseguiram rechaçar os perseguidores.[23]

Os homens de César marchavam agora na zona rural, intocados pela recente campanha, e acharam muito mais fácil obter suprimentos. A cidade de Gomfoi não permitiu que eles entrassem, então César atacou o lugar e permitiu que seus homens o saqueassem numa orgia embriagada de pilhagens e destruição a que foi atribuída a restauração tanto do moral quanto da saúde de seus homens. Isso também serviu como um terrível aviso, que persuadiu outras comunidades no caminho do exército a serem mais receptivas.[24]

Pompeu foi atrás. Dirráquio tinha sido uma vitória clara e justificou a sua estratégia de evitar batalha e desgastar lentamente o exército inimigo. César deixara a costa para marchar no interior e estava então apartado da Itália e de qualquer comboio de suprimentos. Pompeu tinha o dobro de legionários e muito mais cavalaria e soldados aliados. Alguns dos senadores mais importantes em seu acampamento o instaram a ignorar César e retornar para a Itália, mas ele estava relutante em deixar a campanha inacabada e permitir que o inimigo escapasse. Consequentemente, a questão principal era se deveriam ou não continuar a evitar batalha e fustigar o exército cesariano, subjugando-o gradualmente até ele definhar por falta de alimentos ou ser obrigado a entregar-se. Isso levaria tempo, mas parece ter sido a escolha de Pompeu. A outra opção seria confiar em sua vantagem numérica e partir para esmagar o inimigo em batalha.

GUERRA CIVIL

Essa era a opinião da maioria dos senadores mais velhos, e alguns começaram a sussurrar que Pompeu só queria prolongar a campanha por causa do intenso prazer que tirava do exercício do comando supremo. Confiantes no sucesso e ansiosos por desfrutar seus espólios, eles exerciam pressão constante para que o comandante arriscasse a batalha. Essa era a grande desvantagem que vinha acoplada aos benefícios políticos de ter tantos homens distintos em um campo. Catão foi enviado em missão extraordinária, em grande parte porque Pompeu se cansou de seus ácidos comentários. Cícero era igualmente impopular, pois viu-se quase tão desgostoso com as lideranças pompeianas quanto estivera com os seguidores de César. À diferença de seu oponente, Pompeu não tinha completa liberdade de ação. Seu caráter também era diferente, pois ele ansiava por popularidade. Qualquer que tenha sido a razão, ele optou por fazer batalha. César aceitou prontamente a oferta.[25]

Em 9 de agosto de 48 a.C., perto da pequena cidade de Farsália, Pompeu formou seus 45 mil legionários em três linhas de coortes, cada uma com dez filas de profundidade. Seu flanco direito tomava como base o rio Enipeus, mas o esquerdo estava numa planície aberta e foi lá que ele concentrou a maioria dos seus 7 mil cavaleiros, colocando-os sob o comando de Labieno, um antigo legado de César na Gália. César espelhou a frente da infantaria inimiga, formando seus 22 mil legionários em três linhas de coortes, cada uma das quais de formação mais rasa, Marco Antônio recebendo o comando do flanco esquerdo, protegido pelo rio. Na extrema esquerda da formação, a sua Nona Legião tinha sofrido tantas perdas que foi fundida com a Oitava Legião para formar uma unidade mais viável. César dispunha de cerca de mil cavaleiros para enfrentar a concentrada cavalaria inimiga. Ele tomou seis coortes da terceira linha de coortes e as estacionou atrás das suas tropas montadas. Na poeira levantada por tantos pés e cascos em marcha e com a cavalaria cesariana fazendo um anteparo à sua frente, os pompeianos parecem não ter notado esse desdobramento.

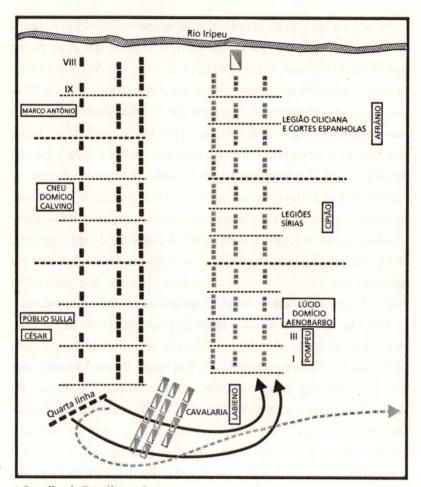

A Batalha de Farsália — I

Pompeu confiava exclusivamente no grande ataque da cavalaria para eliminar completamente os cavaleiros de César e, depois, envolver o flanco direito do seu exército. Não era um plano sutil, mas bem poderia ter funcionado. Em vez disso, a sua cavalaria inexperiente se fundiu numa grande massa imanobrável ao fazer recuar os cavalos cesarianos. Subitamente, as coortes da quarta linha avançaram em meio às nuvens de poeira e provocaram um estouro da cavalaria pompeiana em pânico. Ao centro, a infantaria pompeiana não fizera carga contra os legionários cesarianos. Eles foram lentamente empurrados para trás e, quando a quarta linha girou contra o flanco exposto pela debandada da cavalaria pompeiana, o exército inteiro começou a dissolver-se.

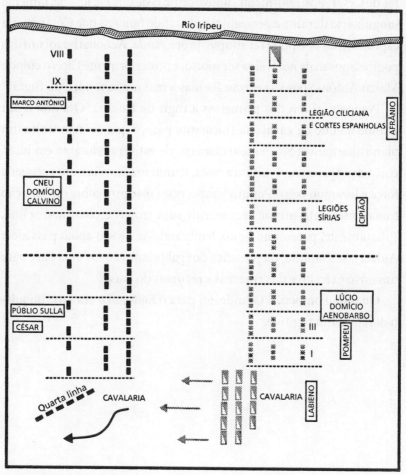

A Batalha de Farsália — II

Nós sabemos pouco sobre o que fez Antônio durante a batalha, mas é seguro dizer que ele teve um bom desempenho, e Plutarco afirma que sua bravura foi conspícua ao longo de toda a campanha. Sua função não exigiu nenhuma grande tomada de decisão tática, pois todos os movimentos chave foram feitos no flanco direito, sob a supervisão direta de

César. Não obstante, os flancos eram considerados lugares de honra e o fato de César ter dado a Antônio essa responsabilidade maior foi um sinal de confiança. Isso o destacou como um dos subordinados superiores de César. Posteriormente, houve críticas de que ele foi abertamente sanguinário durante a perseguição, matando homens que César queria capturar, mas isso pode ser simples propaganda. Aenobarbo foi um dos pompeianos mais notáveis a ser morto, e posteriormente Cícero culpou Marco Antônio por sua execução, mas a maioria se rendeu ou fugiu.[26]

Pompeu foi um dos primeiros a fugir da batalha. Quando o seu grande ataque de cavalaria fracassou, parece que ele não tinha um plano alternativo. Se, desde o começo, ele estivera relutante em lutar, então desesperou-se. Foi para a costa, reuniu sua família e uma pequena força e levantou velas. Por um tempo, ficou inseguro sobre que direção tomar, mas determinou reconstruir suas tropas e continuar a luta. Prontamente, pensou no Egito, lembrando-se de seu apoio passado a Auleta e sua família, da presença dos gabinianos como uma base para um novo exército e das riquezas e recursos do país.[27]

Quando Pompeu, o Grande, foi para o Egito, não era um conquistador, mas um fugitivo.

13. César

A pequena flotilha de Pompeu chegou à costa perto do Monte Cásio em 28 de setembro de 48 a.C., apenas um dia antes do seu quinquagésimo nono aniversário. O exército de Ptolomeu XIII estava esperando por ele, o menino rei esplendidamente paramentado como comandante, mas a facção que o controlava já havia decidido como dar boas-vindas ao visitante. A amizade de Pompeu já não parecia mais atraente, apesar de sua longa ligação com Auleta. Ele estava vindo para o Egito na esperança de reconstruir seu poder, o que significava que ele precisaria receber do reino e tinha pouco para dar em troca. Ele ia querer dinheiro, grãos e homens, e alguns dos conselheiros do rei temiam que os gabinianos pudessem querer aderir a ele. O governo de Ptolomeu XIII estava sob risco de ser despojado dos recursos que garantiam o seu poder. E, mesmo neste caso, era mais que provável que Pompeu fosse derrotado de novo e que seu conquistador não ficasse propriamente bem disposto em relação a eles. Em vez disso, apresentava-se ali uma oportunidade de ganhar a simpatia de César.

Um pequeno barco deixou o cais transportando um grupo de recepção formado pelo comandante do exército, Áquila, e dois oficiais romanos oriundos dos gabínios — um deles o tribuno Lúcio Sétimo, que servira Pompeu nos anos 60. Era uma pequena delegação numa embarcação acanhada, não exatamente um símbolo de dignidade, mas eles informaram que as condições impossibilitavam empregar uma nave mais digna ou permitir que Pompeu trouxesse o seu próprio navio à praia. Em vez disso, eles o convidaram a descer e juntar-se a eles, de modo a poderem levá-lo para ser adequadamente saudado pelo rei.

Pompeu concordou. É possível que ele e seus companheiros estivessem desconfiados, mas parecer amedrontado diante de meros representantes de um rei cliente teria destruído o pouco que lhe restava de prestígio. Sua esposa Cornélia e a maior parte de seus homens ficaram observando enquanto ele descia ao barco a remo e era conduzido até a praia. No caminho, ele notou algo familiar em Sétimo e, dirigindo-se a ele como "camarada", perguntou se já não se conheciam.

A resposta do tribuno foi apunhalar seu ex-comandante pelas costas. Áquila juntou-se a ele no ataque, assim como presumivelmente há de ter feito o centurião. Foi um assassinato brutal e canhestro, e depois a cabeça de Pompeu foi decepada e levada ao rei. Um outro senador foi feito prisioneiro e depois executado. Os navios de guerra de Ptolomeu lançaram então um ataque contra a flotilha, e vários navios foram destruídos antes que os restantes conseguissem escapar. (Treze séculos mais tarde, Dante destinaria o menino, juntamente com Caim e Judas, ao círculo do inferno reservado aos traidores.)[1]

César chegou a Alexandria poucos dias depois. A corte de Ptolomeu devia estar a par de que ele estava a caminho, pois Teódoto estava esperando por ele e triunfalmente apresentou-lhe a cabeça de Pompeu e seu anel de sinete. Isso não engendrou a reação desejada. Pompeu fora inimigo de César, mas antes tinha sido aliado; ele também era um senador romano de imenso prestígio e fama, que havia sido morto pelo capricho de um rei estrangeiro e seus sinistros conselheiros. É discutível se César teria ou não estendido a sua "clemência" ao seu mais poderoso adversário e, em todo caso, se Pompeu teria sido capaz de aceitá-la.

César se recusou a olhar para a cabeça cortada e chorou ao ver o anel familiar. Seu horror e aversão podem ou não ter sido fingidos. Dizem os céticos que tudo aquilo era muito conveniente para ele, já que seu inimigo estava morto e todavia outrem seria responsabilizado pelo crime. Suas emoções foram provavelmente ambivalentes, com alívio por seu oponente não poder renovar a luta misturado à tristeza de perder um rival e ex-amigo. Com Crasso e Pompeu mortos, na verdade não restava mais nenhum romano com quem fosse digno competir.[2]

Se ficaram decepcionados com a reação de César, os conselheiros do menino rei ficaram temerosos com o que ele fez em seguida. Pois os romanos desembarcaram e marcharam numa coluna para tomar residência numa área do complexo de palácios reais. César era cônsul e procedeu com toda a pompa, com doze litores portando as fasces andando à sua frente. Foi uma exibição ostensiva da confiança e da autoridade romanas, sugerindo a chegada, não de um aliado, mas de um ocupante. Os alexandrinos tinham um sentido ardente de sua própria independência. Alguns dos soldados reais deixados para guardar a cidade protestaram imediatamente, e multidões logo se aglomeraram para zombar dos romanos. Nos dias seguintes, vários legionários vagueando sozinhos pela cidade foram atacados e mortos pela turba.

César não estava à frente de um exército grande e só tinha com ele duas legiões. Uma delas, a *Sexta*, era uma formação veterana, mas depois de anos de pesadas campanhas só reunia mil soldados. A *Vigésima sétima* tinha cerca de 2.200 homens, o que significava estar abaixo da metade de sua força em tese. Seus legionários eram muito menos experientes e a formação fora originalmente recrutada pelos pompeianos, mas recebera novo número ao ser capturada e seus homens fizeram um novo juramento a César. Para apoiar esses homens, César contava com oitocentos cavaleiros, que muito possivelmente formariam a unidade guarda-costas de germânicos que geralmente ele trazia consigo. É muito mais difícil transportar cavalos do que homens; assim, há uma boa chance de que a maior parte desses homens ou todos eles tenham sido transportados sem as suas montarias.[3]

É tentador criticar César pela falta de tato de desfilar com pompa pela cidade e antagonizar os alexandrinos, especialmente considerando que ele tinha tão poucos soldados e não podia esperar dominar uma população que chegava a centenas de milhares de pessoas. Alguns veriam sua atitude como característica do desdém habitual dos romanos pelos sentimentos de outras nações e arrogância irrefletida reforçada por suas próprias recentes vitórias. É mais provável que fosse um cálculo. César não tinha nenhuma razão particular para esperar hostilidade ao chegar ao Egito, mas sabia que só dispunha de uma pequena força realmente a seu lado. O assassinato de Pompeu visava a agradar-lhe, mas também poderia ser visto como uma ameaça. Tivesse ele se esgueirado discretamente pelas ruas de Alexandria, a impressão teria sido de medo. É improvável ter produzido menos hostilidade da população, pois essa nutria uma longa tradição de rancor contra a influência romana, e isso poderia facilmente tê-la tornado mais agressiva.

Existiam várias razões para ele parar no Egito. Embora ansioso por perseguir Pompeu, ele já havia se demorado em várias comunidades, lidando com problemas locais e também conciliando e perdoando aqueles que tinham apoiado os pompeianos. Ele precisava de que as províncias orientais aceitassem a sua supremacia e fossem estáveis, pois confusões propiciariam mais facilmente oportunidade para seus inimigos remanescentes continuarem a Guerra Civil. Acima de qualquer outra coisa, César precisava de financiamento. A República estava despedaçada por dois anos de conflito e ele precisava encontrar dinheiro para garantir que tudo continuasse funcionando. Uma despesa maior era pagar a seu exército, que tinha inchado maciçamente com a rendição dos soldados pompeianos. Seria insensato desmobilizar esses homens, e ainda mais perigoso se eles não fossem pagos e abastecidos regularmente. O reino ptolemaico era rico, oferecendo grãos para alimentar os soldados e renda para pagar-lhes — os mesmos fatores que tinham atraído Pompeu. César tinha de ter certeza de que esses recursos permanecessem sob seu controle e não caíssem nas mãos de pompeianos recalcitrantes.

César decidiu permanecer, e logo a decisão foi reforçada por uma mudança no tempo que tornara impossível a partida de seus navios. Pouco depois de desembarcar, ele despachara ordens para que mais

CÉSAR

legiões se juntassem a ele, mas isso inevitavelmente tomaria tempo. Em algum momento, o próprio Ptolomeu XIII e grande parte de sua corte, inclusive Potino, também chegaram a Alexandria. Áquila e o exército principal de 22 mil homens permaneceram a leste, por enquanto, observando as tropas de Cleópatra.[4]

O cônsul romano informou ao rei e sua corte que ele e sua irmã tinham que dispersar suas tropas, "e acertar suas disputas através da lei e não das armas, com ele próprio atuando como juiz". Também existiam negócios privados. César declarou que os herdeiros de Auleta ainda lhe deviam 17,5 milhões de denários, nos termos do acordo de 59 a.C., e também os empréstimos de Rabírio Póstumo, que ele próprio havia subscrito. Ele exigiu que 10 milhões lhe fossem pagos imediatamente, para manter seu exército.[5]

Potino era então o *dioecetes* do rei — o mesmo cargo ocupado por Rabírio Póstumo até ele fugir do Egito — e por isso as finanças estavam sob seu controle direto. A presença de César não era bem-vinda, sua interferência numa guerra civil que parecia virtualmente vencida foi intimidadora e suas exigências não podiam ser atendidas de pronto. Também poderia ser politicamente perigoso, para o regime que controlava o rei, parecer propenso a ceder a pressões romanas. Potino sugeriu a César que conviria a ele deixar o Egito, pois certamente tinha assuntos muito mais urgentes alhures. Por certo tempo — talvez semanas — vigeu uma paz desassossegada. César ocupava parte dos palácios reais e pôs o rei e seus cortesãos sob seu controle, para mostrar ao povo que a violência era provocada por "uns poucos indivíduos e malfeitores" e não pelo rapazote. Potino atendeu a exigência de César de alimentar seus legionários, mas deu a eles os grãos mais pobres que pôde encontrar. Os banquetes nos palácios foram servidos em louça velha, em direto contraste com a opulência normal da corte ptolemaica. Tratava-se de uma dupla mensagem, dizendo a César que suas exigências não podiam ser atendidas rapidamente e sugerindo aos locais que os romanos estavam sugando o sangue do reinado.[6]

214   ANTÔNIO E CLEÓPATRA

Os amantes

Em algum ponto, Cleópatra chegou. César mal a menciona em seu breve relato desse período em Alexandria, e a narrativa mais completa escrita por um dos seus correligionários acrescenta muito pouca informação sobre ela. Tampouco sugere que ela tenha desempenhado qualquer papel importante nos acontecimentos nem insinua intimidades entre o cônsul romano e a rainha helenística, mas isso está de acordo com o estilo geralmente impessoal dos *Comentários* de César. Plutarco e Díon dizem ambos que os dois estiveram em contato por algum tempo através de mensageiro, embora difiram sobre quem o tenha iniciado.[7]

Se ia arbitrar a disputa entre irmão e irmã, é natural que César quisesse falar com ambos. Mesmo que escolhesse apoiar Ptolomeu XIII, seria necessário lidar com Cleópatra ou correr o risco de continuar a Guerra Civil entre eles, desestabilizando assim o Egito e fazendo do reino uma fonte de preocupação potencial no futuro. Na verdade, não era recomendável um endosso tão completo ao menino rei e aos homens que o controlavam. Até então eles haviam deixado de fornecer adequadamente os suprimentos e o dinheiro que ele queria, e a atitude de Potino não chegava propriamente a ser aquela de um aliado leal e convenientemente subserviente. O que quer que tenha se passado, César emitia pareceres conforme lhe parecia adequado, em geral enfatizando a sua clemência, mas sempre deixando claro que se tratava de algo que ele podia dar ou retirar. Dar apoio a Ptolomeu XIII poderia facilmente parecer que ele estivesse cedendo a coerções. Isso também o teria alinhado muito estritamente aos assassinos de Pompeu. No mínimo dos mínimos, ele precisava garantir que Ptolomeu e sua corte se esforçassem mais para conquistar a sua aprovação.

Até a chegada de César, o lance de Cleópatra para reconquistar o poder tinha perdido sustentação e parecia destinado a terminar em fracasso. Claramente, ela carecia do poder militar necessário para derrotar o exército de seu irmão, e não há traços nesse estágio de defecções políticas maiores em favor de sua causa. César tinha consigo relativamente poucos soldados, mas ele representava o poder da República romana num sentido especialmente real, pois era o vitorioso na Guerra Civil de Roma. Sua aversão pública pelo assassinato de Pompeu, sua recusa de endossar plenamente o regime do irmão de Cleópatra e, acima de tudo, sua disposição de conversar com ela sugerem que ele pudesse estar persuadido a favorecê-la. De maneira então tradicional para os ptolomeus, Cleópatra mui naturalmente queria atrelar o poder romano para apoiar a sua própria ambição.

A rainha exilada de 21 anos deixou o seu exército. Não se ouve falar mais nele, o que sugere que os soldados tenham se dispersado. Talvez o dinheiro para pagar-lhes tivesse acabado ou, considerando que não tinha força suficiente para vencer, Cleópatra decidiu que seria melhor aparecer como a exilada compassiva que preferia confiar na justiça romana ao uso da força. César pode tê-la convocado formalmente a vir a Alexandria, e certamente é provável que tenha sabido que ela estava vindo. Isso não significa que ele fosse capaz de garantir a sua chegada em segurança. Os romanos só controlavam uma pequena parte da cidade. Fora dessa área, havia muitos soldados do exército do rei. É improvável que Potino, Teódoto e sem dúvida o próprio jovem ptolomeus dessem boas-vindas à sua irmã mais velha. Dada a propensão passada dos Ptolomeu a assassinar a própria família, o assassinato mais ou menos discreto de uma irmã era não apenas possível, era provável.

Não há nenhuma boa razão para não acreditarmos nas histórias de que Cleópatra navegou secretamente até um porto em Alexandria, lançando mão de clandestinidade ou suborno para evitar os guardas de seu irmão. Somente Plutarco conta a famosa história em que ela é trazida ao porto num pequeno barco e depois ao palácio por um único cortesão fiel, Apolodoro de Sicília. Eles esperaram a noite cair, de modo a não serem vistos, e a jovem rainha foi escondida num saco de roupa suja — não no tapete oriental tão prezado pelos diretores de cinema. Apolodoro teria carregado o saco até o palácio onde César estava, levando-a para os aposentos dele. Uma vez lá, ele desfez a amarração na boca do saco, de modo que o material caiu enquanto a rainha se levantava, revelando-se quase como uma dançarina saindo inesperadamente de um bolo.

Alguns rejeitam a história como invenção romântica, enfatizando que César dificilmente permitiria que um estranho carregando um misterioso fardo entrasse em seus aposentos. Contudo, a sua correspondência anterior torna verossímil que ele soubesse que a própria rainha ou uma mensagem estava a caminho, o que faz com que tal objeção caia por terra. Nesse caso, a chegada de Apolodoro não seria tão inesperada. Outros modificariam a história, sugerindo que, em vez de esconder-se num saco, a jovem rainha estaria usando um manto longo com capote, deixando-o cair quando na presença de César. É possível, mas não há indícios diretos a comprová-lo. O aparecimento de uma história em uma única fonte não significa automaticamente que ela seja uma invenção, em especial considerando que os relatos descrevendo César e Cleópatra em Alexandria são muito breves. Era do melhor interesse do rei e de seus conselheiros evitar que a irmã alcançasse César e, além disso, o poder deste último de garantir a segurança dela antes de ela estar realmente com ele. O fato de ela vir sem nenhuma cerimônia e com pelo menos um grau de clandestinidade faz perfeitamente sentido.[8]

Cleópatra estava apostando tudo para ganhar a simpatia de César. Era uma aposta desesperada, mas sua invasão havia sido bloqueada e ele era o seu último recurso. Também foi uma iniciativa corajosa, pois havia risco real de cair nas mãos de seu irmão e, mesmo que não caísse, não havia nenhuma garantia de que seus apelos seriam bem-sucedidos. Talvez Díon estivesse certo e Cleópatra havia reconhecido a "disposição [de César], que era muito suscetível, em tal extensão que tinha suas intrigas com tantíssimas mulheres — com todas, sem dúvida, quantas cruzassem o seu caminho", e assim ela "confiou em sua beleza para todas as suas reivindicações ao trono". Tanto Plutarco como Díon a veem planejando deliberadamente o encontro, fazendo tudo para atrair o cônsul romano. Nesse contexto, revelar-se subitamente dentro de um

CÉSAR

saco aberto era dramático e sedutor. Díon afirma que ela se vestira com cuidado e que se maquiara para parecer ao mesmo tempo atraente, régia e angustiada. Foi uma performance, mas só porque foi calculada não significa que não fosse excitante para ambos.[9]

Com 21 anos de idade, Cleópatra já havia sido expulsa de seu reino e tinha esperanças de retornar. O romance com Cneu Pompeu provavelmente não passa de maledicência, e o casamento com seu irmão pode não ter acontecido e certamente não ter se consumado. Enquanto muitos ptolomeus tinham concubinas e outras amantes, a mesma licença não era concedida a suas esposas e filhas. É mais que provável que Cleópatra fosse virgem ao encontrar-se com César, e que ele e Marco Antônio tenham sido os únicos amantes que ela teve. Não é coincidência que cada um deles fosse o homem mais poderoso do mundo na ocasião. Inexperiente talvez, Cleópatra era inteligente e autoconfiante em sua própria beleza e charme. Realmente não importa qual desses traços era o mais poderoso, eles se combinavam para torná-la extremamente atraente. Ela alimentava esperanças de conquistar o apoio de César e provavelmente sentiu que seduzi-lo era o melhor caminho.

César tinha 52 anos, estava há mais de uma década em seu terceiro casamento e tinha uma longa série de casos extraconjugais atrás de si. Ele era um sedutor serial das esposas dos outros senadores — como já vimos, Pompeu, Crasso e Gabínio estavam entre os muitos que ele havia enganado — e teria supostamente dormido com uma profusão de filhas e esposas de chefes de clãs e de tribos na Gália. Por trás de suas conquistas, havia mais do que o simples desejo de fazer sexo com muitas mulheres atraentes. Seu caso mais longo foi com Servília, uma mulher tão ambiciosa, inteligente, sagaz, instruída e atraente quanto ele próprio. César gostava de emoções, talvez até mesmo com um elemento de perigo. Cleópatra se parecia com ele em vários aspectos e, como Servília, era muito mais sua igual. Ela também era uma rainha e há uma atração acrescida na ideia de realeza, especialmente em um membro que podia reivindicar um vínculo com Alexandre, o Grande.[10]

Apesar da grande diferença de idade, César ainda era considerado um homem bonito, mesmo que seus cabelos estivessem rapidamente rareando. Ele era um dândi, bastante irrequieto em relação à própria aparência e homem que ditava a moda em Roma. Após longos anos passados em campanha, era magro e saudável. Era bem difícil para todos resistir aos seus encantos. Era experiente, totalmente autoconfiante e controlava o Estado mais poderoso do mundo. Havia muito para atrair a jovem Cleópatra.[11]

A tendência na época e hoje em dia é vermos esse encontro como a sedução do romano pela rainha oriental. Às vezes, o quadro é pintado em termos morais, com Cleópatra como pouco mais que uma prostituta. Mais recentemente, os costumes mudaram e, em vez disso, os historiadores enfatizam uma mulher capacitada assumindo o controle de sua própria vida. Cada uma dessas opiniões ou visões contém um elemento de verdade, mas nenhuma delas é justa nem para com a rainha nem para com a sua situação. Cleópatra certamente usou o seu charme e o seu corpo para conseguir o que queria. Na realidade, nada mais lhe restava.

Contudo, apesar de a jovem de 21 anos esperar seduzir, era César o muito mais experiente e habituado a tomar o que queria. Cleópatra era jovem, fisicamente muito atraente, intensa e encantadora. Ele teria querido levá-la para cama mesmo que ela não estivesse tão desesperada para ganhar seu apoio. Politicamente — e pessoas como César e Cleópatra jamais se esqueceriam da política — ela seria um ativo útil, mostrando a seu irmão e a seus conselheiros que ele tinha outras opções além de apoiar o regime deles. Tanto César quanto Cleópatra queriam alguma coisa um do outro e estavam dispostos a seduzir e manipular para consegui-lo. Ele sem dúvida estava ciente disso e, considerada a inteligência dela, há uma boa chance de que ela também o estivesse. A atração física estava sem dúvida presente e muito provavelmente de ambos os lados, pois, apesar de sua idade, o sucesso de César com as mulheres mostra que seu charme era bem real. A paixão parece certa e deve ter evoluído para um amor genuíno. A política acrescentava um tempero extra e emprestava ao romance uma excitação estimulante para ambos.

CÉSAR 219

Cleópatra chegou ao anoitecer e passou a noite na cama de César. Não há registro de que ela soubesse latim e provavelmente eles falaram grego um com o outro, pois César era fluente nessa língua. Na manhã seguinte, Ptolomeu XIII e seus conselheiros descobriram que a irmã tinha retornado a Alexandria. Eles devem ter entendido rapidamente que ela estava oferecendo ao cônsul romano algo que eles não podiam equiparar nem muito menos superar.

O menino rei saiu às pressas do palácio, arrancou o seu diadema real e reclamou aos berros de traição para a multidão que rapidamente se ajuntou. César mandou que o levassem para dentro, o que só fez transformar a multidão numa zangada turba, mas as pessoas se acalmaram por um tempo quando o romano lhes fez um discurso. Logo em seguida, ele anunciou que o testamento de Auleta seria cumprido integralmente. Ptolomeu XIII e Cleópatra governariam o Egito conjuntamente. Além disso, seu irmão mais novo Ptolomeu XIV e sua irmã Arsínoe governariam Chipre. Esta última estava claramente no local àquela altura, embora não exista indício de como ela teria chegado. Ptolomeu XIV também pode ter estado com a corte, mas nenhuma das nossas fontes diz qualquer coisa sobre ele nessa ocasião, em que ele tinha somente 11 ou 10 anos de idade.[12]

Tratava-se de uma concessão maior, devolver à família um território anexado por Roma há uma década. É possível que César estivesse mais pronto a fazê-lo porque a província fora estabelecida por Catão, cumprindo um encargo especial criado para ele por Clódio. Por outro lado, seu interesse pode ter sido mais prático. Chipre fora um fardo extra para o governador da Cilícia, era difícil para ele supervisionar e houve problemas sérios de conduta e extorsões por negociantes romanos que operavam lá. Ao longo de toda a sua carreira, César mostrou preocupação em proteger provinciais contra abusos, ou ele pode simplesmente ter pensado que essa seria uma maneira eficaz de manter a ilha estável e segura.[13]

A Guerra de Alexandria

De uma hora para outra, esperava-se que Ptolomeu XIII aceitasse como cogovernante a irmã que havia tentado excluí-lo totalmente do poder. Potino e o outro círculo íntimo de conselheiros provavelmente perderiam ainda mais. Para fortalecer sua posição, ele enviou mensagens a Áquila e convocou o exército real para Alexandria. Era uma iniciativa provocativa e César arranjou para que dois cortesãos de maior prestígio, que no passado tinham ido a Roma em nome de Auleta, fossem ao encontro do exército. Áquila não estava disposto a conversar e mandou atacar os dois homens. Um foi morto e o outro ficou seriamente ferido, mas foi levado por seus assistentes.[14]

César não tinha homens em número suficiente para arriscar combater fora da cidade e não pôde responder à provocação. Quando Áquila chegou à cidade, lançou um ataque quase imediatamente. Os homens de César foram capazes de manter sua posição depois de uma pesada luta, em grande parte porque o espaço restrito dificultava ao inimigo tirar proveito de sua vantagem numérica. No porto, existiam cerca de setenta navios de guerra ptolemaicos. Entre eles, uma esquadra de cinquenta embarcações que haviam sido enviadas para apoiar os pompeianos. Na maior parte do tempo, eles tinham sido comandados com grande sucesso pelo próprio Cneu Pompeu, mas, quando chegaram as notícias da derrota de Farsália, eles o abandonaram para voltar para casa. Agora, Áquila estava ansioso por tomar os navios e usá-los para impedir César de bater em retirada ou obter reforços pelo mar.

Os romanos golpearam primeiro. Depois de pesados combates, os homens de César foram capazes de garantir o controle dos navios de guerra tempo o bastante para queimá-los. Na confusão, o fogo se alastrou para os prédios próximos do porto. Vários foram destruídos, inclusive um armazém usado para estocar pergaminhos da Biblioteca. Áquila rapidamente estabeleceu um cordão de isolamento em torno das áreas ocupadas pelos romanos. Ele recrutou uma milícia de alexandri-

CÉSAR 221

nos e parece ter encontrado uma profusão de voluntários bem dispostos. Os edifícios naquela parte de Alexandria eram grandes e solidamente construídos em pedra. Ambos os lados construíram barricadas de pedra nas ruas para bloquear ataques inimigos e também fortificaram as próprias casas, derrubando paredes internas com aríetes quando necessário. Áquila deixou o grosso do trabalho e do serviço de guarda a cargo da milícia, mantendo os seus próprios soldados de reserva para ataques mais importantes e para responder a qualquer contra-ataque romano. Até o momento, os homens de César mantinham suas posições, mas a pressão aumentava constantemente.[15]

Ao longo de toda a primeira fase da luta, Cleópatra, Ptolomeu, Arsínoe, Potino, Teódoto e outros cortesãos estavam instalados com César no palácio sitiado. César supervisionava o combate durante o dia e ao anoitecer retornava para jantar. Durante as noites, ele tinha a rainha de 21 anos como intensa amante e companheira. Apesar dessa perspectiva, pela primeira vez em sua vida ele se deixou atrair por ficar acordado até tarde, beber e banquetear com seus amigos e companheiros, embora se afirme que isso fosse motivado pelo temor de ser assassinado. Seu barbeiro tinha ouvido Potino tramar o assassinato, e esse e outros relatos foram suficientes para César ordenar a execução do eunuco. Isso não significava, contudo, que César não tivesse mais inimigos no interior do palácio.[16]

César e Cleópatra eram amantes, mas apesar disso ele manteve a sua decisão de que ela devia governar junto com o irmão. Talvez fosse simples política, mas, como ele já estava sitiado e o exército real e a maior parte da população da cidade fossem hostis, não havia nenhuma razão óbvia para uma tal cautela. Trata-se de uma indicação de que, embora estivesse lutando uma guerra contra os partidários de Ptolomeu, ele não estava inebriado com sua nova amante a ponto de ficar feliz em lhe dar tudo. Em todo caso, Cleópatra sem dúvida estava confiante de que podia dominar seu irmão mais novo. Não sabemos como ela passava os seus dias, se ficava de vigília enquanto seu amante saía para lutar.

Muitos dos combates durante aqueles dias eram facilmente visíveis dos prédios mais altos.

Ofereceu-se a Arsínoe o governo conjunto de Chipre, mas ela decidiu que havia uma oportunidade para algo mais elevado. Ela fugiu do palácio acompanhada por seu tutor, o eunuco Ganimedes, e talvez por outros conselheiros, e juntou-se a Áquila. Houve algum atrito, pois o general se ressentiu de receber ordens de uma moça adolescente e seu mestre. Esse problema foi resolvido de maneira tradicional para os ptolomeus com o assassinato de Áquila. Ganimedes tomou o lugar dele e Arsínoe foi proclamada rainha. Nenhuma menção parece ter sido feita a um consorte, mas talvez fosse simplesmente pressuposto que ela fosse governar com seu irmão, Ptolomeu XIII.[17]

O tutor eunuco provavelmente não tinha experiência militar, mas revela-se que conduziu bem o cerco. A água do mar foi desviada de modo a correr para dentro das cisternas usadas pelos romanos, inutilizando o seu suprimento de água. César enviou seus homens para cavarem novos poços e, felizmente, eles foram capazes de fazer isso. Ele fora então reforçado pela Trigésima Sétima Legião, outra antiga formação pompeiana, que conseguira navegar até o porto, trazendo estoques de alimentos, bem como equipamentos militares, inclusive artilharia.

Ganimedes decidiu que precisava interromper o acesso de César ao mar. Uma considerável engenhosidade foi posta em prática para reunir uma frota. Barcos de patrulha do Nilo foram trazidos para a cidade e os velhos e meio esquecidos navios de guerra da cidade, sem proveito em vários estaleiros reais, foram encontrados e consertados. Vigas foram retiradas dos telhados de edifícios maiores e transformadas em remos. Contudo, foi mais fácil reunir os navios do que treinar tripulações que pudessem operá-los ao máximo da sua eficiência. Numa série de batalhas travadas dentro e em torno do grande porto, os navios numericamente inferiores de César — muitos deles tripulados por rodienses e outros aliados gregos — fizeram mais do que apenas manter as suas posições.[18]

César decidiu que controlar a ilha de Faros era a chave para controlar o porto e manter acesso aberto para mais reforços. Seus homens tinham tomado uma pequena cabeça de praia na ilha logo no começo do cerco. Então, ele lançou um ataque, desembarcando dez coortes de legionários e capturando uma área maior. No dia seguinte, um ataque adicional para garantir o controle da longa ponte começou igualmente. Então, um grupo de marinheiros entrou em pânico e a confusão e o medo se espalharam para os legionários, que fugiram retornando para os barcos nos quais tinham desembarcado. César já estava a bordo de uma das embarcações quando uma torrente de fugitivos chegou em grande número sobre um dos lados. Ele mergulhou no mar e nadou para a segurança de um outro barco. Algumas fontes dizem que ele deixou para trás a sua capa vermelho-púrpura de general e que ela foi levada como troféu pelo inimigo. Suetônio o nega, mas a maioria dos relatos concorda que o comandante de meia-idade mostrou uma despreocupação notável, nadando com a mão esquerda acima da água para proteger certos documentos importantes.[19]

Tendo assistido ou não a este confronto — e a uma distância tão grande só poderia ter visto poucos detalhes — Cleópatra deve ter sentido medo quanto ao destino de seu amante. Se César morresse, os romanos seriam derrotados e era improvável que ela sobrevivesse. O cerco continuou, adentrando as primeiras semanas de 47 a.C. Nessa altura, uma delegação representando alexandrinos notáveis procurou César e implorou que ele lhes enviasse Ptolomeu, pois temiam a tirania de Arsínoe e seu tutor. Talvez eles fossem impopulares, mas é igualmente verossímil que os homens envolvidos simplesmente não contassem com as simpatias da nova rainha e esperassem melhor de seu irmão. A luta pelo poder entre os membros da família real e a elite que nutria esperanças de manipulá-los não se abrandou sequer por um momento durante a luta contra os romanos. A ideia de unirem-se contra um ocupante estrangeiro nunca se colocou.

César permitiu que o rapaz partisse, mesmo que o moço tenha rogado não ser afastado da presença dele. Uma vez livre, e sua irmã afastada ou pelo menos tornada subordinada, Ptolomeu prontamente instou seu exército a combater os romanos. Ganimedes desaparece de nossas fontes e pode ter perecido na luta pelo poder. Alguns dos oficiais de César teriam supostamente zombado da ingenuidade dele por ter sido enganado por uma criança. O autor de *A guerra de Alexandria* acreditava, em vez disso, que ele havia cinicamente permitido que Ptolomeu partisse para dividir o comando inimigo.[20]

A situação estava virando a favor de César, e logo ele teve notícias de um exército de reforço, que havia marchado por terra e atacado violentamente Pelúsio. Essa força pode não ter incluído sequer um romano e era comandada por Mitrídates de Pérgamo — filho de um dos generais de Mitrídates de Ponto, embora conte o rumor que ele fosse filho bastardo do próprio rei. Mais uma vez, Antípater liderou um comando judaico em nome de Hircano II, o Sumo Sacerdote. Ptolomeu "comandou" o grosso do seu exército para longe de Alexandria a fim de enfrentá-los. César os seguiu. Na luta de rua na capital, os gabinianos e o restante dos soldados reais tinham desempenhado bem. Em tais situações, o fardo do comando recai principalmente sobre os líderes mais jovens de mais baixo escalão. Na região mais aberta do Delta, eles foram rapidamente superados e derrotados. As mudanças sucessivas de comando provavelmente não ajudaram.

César obteve uma rápida vitória. O exército real foi destruído e o jovem Ptolomeu XIII afogou-se no Nilo ao fugir. Arsínoe foi feita prisioneira; Potino e Áquila já estavam mortos. Teódoto, o homem remanescente tido como o maior responsável pelo assassinato de Pompeu, de algum modo conseguiu fugir para a Síria.[21]

Cleópatra tinha apostado e ganhado. Ela havia procurado César, tornando-se sua aliada e amante. Ele a confirmou, então, como rainha, mas um casamento foi arranjado com Ptolomeu XIV, pois era contra a tradição uma mulher governar sozinha. Ele era jovem, e ela trataria de garantir que nenhuma facção de cortesãos manipuladores se aglutinasse em torno dele. O rei e a rainha ficaram com a ilha de Chipre e o Egito, restaurando parte da glória do reino nos anos passados.

César passou mais tempo do que precisava no Egito depois que a guerra foi vencida. Por um tempo, talvez por meses, ele e Cleópatra fizeram uma longa viagem Nilo abaixo. Os ptolomeus eram célebres por seus vastos barcos de lazer, mas um bom número de outros navios repletos de soldados os acompanhou, tornando o cruzeiro numa grande procissão. Era uma afirmação de poder e de legitimidade da rainha — e, numa medida menor, de seu irmão.[22]

Contudo, César não precisava ir pessoalmente fazer tal afirmação. Ele deixou três legiões para trás a fim de garantir que sua nomeada permanecesse no poder e não se tornasse demasiado independente. O cruzeiro tinha uma dimensão política, mas seria um erro acreditar que esse fosse o seu único papel, ou mesmo o principal. César estivera quase constantemente em campanha por mais de uma década. Cansado, enfrentando um mundo em que ele tinha que acertar sozinho os problemas da República, que já não abrigava mais rivais com os quais precisasse competir, é óbvia a atração que uma viagem de lazer exercia. Em Alexandria, ele tinha visto o túmulo e o corpo de Alexandre. Agora, veria as relíquias e monumentos do Egito Antigo, que intrigavam os gregos e os romanos igualmente. O tempo todo, ele tinha a companhia de sua inteligente, excitante e bela jovem amante, ajudando-o a esquecer-se de sua idade e de suas preocupações. Pensando retrospectivamente, os meses que César passou no Egito foram um sério erro, dando tempo aos pompeianos sobreviventes para se recuperarem e renovarem a Guerra Civil. Nas circunstâncias, contudo, é difícil culpá-lo.

Cleópatra estava grávida quando seu amante partiu, convocado para lidar com uma nova guerra na Ásia Menor.

14. Mestre da cavalaria

Antônio tinha se saído bem em Farsália, mas, na nova situação resultante, César mais uma vez preferiu empregá-lo numa função essencialmente política, em vez de militar, enviando-o de volta à Itália. Notícias precisas sobre a derrota de Pompeu levaram algum tempo para chegar a Roma. César parece ter relutado em vangloriar-se de um triunfo sobre um romano tão ilustre ou talvez quisesse atrasar a notícia até que o próprio Pompeu fosse capturado ou morto. Os relatos chegavam lentamente e mesclados de inúmeros rumores, de modo que a resposta inicial do Senado foi cautelosa. Antônio desembarcou em Brundísio no outono de 48 a.C., trazendo consigo uma parte substancial do exército da Macedônia. Àquela altura, a escala da vitória de César era evidente e os senadores estavam desesperados para mostrar sua lealdade, votando-lhe honras.

César recebeu um conjunto de poderes, inclusive o direito de declarar guerra e paz, e de lidar como quisesse com os pompeianos capturados. Ele também foi nomeado ditador pela segunda vez. Dessa vez, não era um expediente de curto prazo, autorizando-o a realizar eleições, mas um meio para tornar legal a supremacia que de fato ele já possuía. O tradicional limite de seis meses para a ditadura foi estendido para um ano. Sula não tivera limite de tempo para a sua ditadura, de modo que essa foi marginalmente mais moderada.[1]

A decisão de tornar-se ditador foi presumivelmente tomada pelo próprio César e, depois, discretamente sugerida a um Senado receptivo. De igual forma, ele deve ter selecionado Antônio para ser seu subordinado ou mestre da cavalaria (*Magister Equitum*). Estranhamente, isso se mostrou mais controverso do que a própria ditadura. Alguns de seus colegas áugures questionaram se era legítimo alguém ser mestre da cavalaria por mais de seis meses. Aos 35 anos de idade, Antônio também era jovem para uma posição de tão elevado status, especialmente considerando que até então ele só havia sido questor e tribuno. As objeções foram desconsideradas.[2]

Na ausência do ditador, o mestre da cavalaria era de fato o homem mais poderoso da República. Antônio tinha muito a fazer. As legiões que estavam retornando à Itália tinham que ser mantidas ocupadas e satisfeitas para evitar qualquer repetição do motim do ano anterior. Também havia as tarefas normais do funcionamento do governo. Quando um ditador era nomeado, o *imperium* de outros magistrados prescrevia. Em todo caso, as eleições para os magistrados de mais alto escalão para o ano de 47 a.C. tiveram que ser adiadas até o retorno de César, e somente aqueles como os tribunos, que eram selecionados pelo *Concilium Plebis*, fizeram campanha e foram eleitos.

Antônio tinha então poderes e responsabilidades até maiores do que no ano anterior e, mais uma vez, mostrou pouco comedimento ao desfrutá-los. Cícero afirmou posteriormente que Citéride correu para saudá-lo em Brundísio quando ele desembarcou. Esse parece de fato ter sido muito mais que um romance casual, e Antônio ficava feliz de ser visto em público com sua amante. Ele também continuou a sua amizade com outros atores e artistas, passando um tempo considerável na companhia deles. De volta a Roma, esteve presente nas celebrações do casamento do ator Hípias e, no dia seguinte, apareceu em sua função oficial consideravelmente embriagado. Presidindo um encontro da Assembleia Popular, ele estava obviamente com uma tremenda ressaca. Subitamente, a náusea o dominou e ele vomitou num manto estendido

MESTRE DA CAVALARIA

por um de seus companheiros — ou em seu próprio colo na versão exagerada de Cícero. Antônio não parece ter se preocupado. Anos mais tarde, quando atacado por beber demais, ele respondeu com um panfleto intitulado *De sua ebrietate*, no qual se jactava de suas proezas etílicas. Em vez de curvar-se às convenções, ele preferia chocar.[3]

Havia um espírito semelhante em sua escolha das companhias. Lealdade aos amigos independentemente de seu status social pode amiúde ser admirável, e Antônio parece genuinamente ter desfrutado a animada camaradagem de atores, dançarinos e músicos. Provavelmente, como hoje, a cultura teatral era tal que a lisonja era tão ardentemente dada quanto recebida. Contudo, ninguém podia jamais esquecer que ele era quem era, e nenhum de seus companheiros podia esquecer que ele meramente condescendia em passar um tempo com eles. Antônio era totalmente convicto de seu alto nascimento e de como isso e seus próprios méritos significavam que ele merecia ser um dos homens mais importantes da República. Ele não precisava da aprovação de outros senadores para confirmá-lo, e sem dúvida fruía o assombro e aversão deles. O que quer que pensassem dele, ele continuava a ser um Antonius. Naquele momento, ele também detinha efetivamente o poder supremo e mesmo o mais crítico dentre eles tinha que vir a ele para pedir quaisquer facilidades.

Antônio convocava e presidia encontros do Senado. Ele tendia a conduzir esse e outros negócios públicos com uma espada no quadril. Um magistrado romano no interior da cidade devia ser manifestamente civil. Antônio ignorava a convenção e também era frequentemente escoltado por soldados. Outros haviam feito o mesmo durante as guerras civis, como fez Pompeu em seu único consulado em 52 a.C., mas era esperado que a República fosse vista funcionando desse modo. Antônio era ostensivamente um conquistador e ávido por gozar os frutos da vitória.[4]

Cícero se queixou de que muitos dos partidários de Pompeu antes de Farsália já estiveram dividindo os espólios que planejavam tomar dos cesarianos e de todos aqueles que se mantiveram neutros. Agora,

Antônio liderava os cesarianos numa corrida semelhante para tirar proveito da vitória, embora eles permanecessem de fato compelidos pela recusa de César a tratar os neutros como inimigos e por sua disposição de perdoar aos que se renderam. Isso não importava muito, pois havia abundantes riquezas, muitos pompeianos eminentes e mortos cujos haveres podiam ser tomados. Antônio confiscou uma grande casa para morar, assim como outros espólios, e tendia a tomar decisões que o favoreciam e os seus amigos, inclusive alguns dos atores e outros considerados não respeitáveis.

A vitória na Macedônia também criou outros problemas. Alguns pompeianos se renderam diretamente a César. Diz-se que ele gostou especialmente de dar boa acolhida ao filho de Servília, Bruto, mas o cunhado deste último, Cássio, também foi assim perdoado. Cícero e alguns outros viajaram de volta à Itália, presumindo que César fosse retornar prontamente e que eles poderiam lhe pedir clemência pessoalmente. Em vez disso, o recém-nomeado ditador saiu em caça de Pompeu e depois enredou-se na Guerra de Alexandria.

O status de Cícero não era claro, em especial porque ele ainda não havia deposto formalmente o seu *imperium* como procônsul da Cilícia e, assim, ainda era acompanhado por seus litores. Antônio recebera ordens de César de não permitir que ex-inimigos retornassem a Roma sem o seu consentimento específico. Portanto, o mestre da cavalaria informou a Cícero que ele devia partir e esperar em algum lugar nas províncias, ou arriscar punição. Cícero respondeu que havia sido estimulado a retornar por seu genro Dolabela, um cesariano fiel que lhe assegurara da boa vontade de César. Antônio expediu um decreto isentando Cícero e outra pessoa nominalmente da proibição de voltar para a Itália. O orador não gostou nada de receber um tratamento diferenciado tão publicamente. Seu nervosismo só aumentou à medida que os meses se passavam e César não voltava do Egito, ao mesmo tempo que chegavam notícias de que os pompeianos estavam recrutando forças poderosas na África do Norte.[5]

MESTRE DA CAVALARIA 231

Antônio não era nem sutil nem discreto na maneira como exercia o poder e isso não contribuiu em nada para tornar o novo regime de César popular. Também havia muitos e muitos problemas a serem tratados e, mesmo se não tivesse gastado tanta energia em banquetes e prazeres, é muito possível que ele não tivesse sido capaz de enfrentá-los. Conforme se passaram os fatos, permitiu-se que o mal-estar supurasse e só precisasse de uma fagulha — ou do surgimento de um líder ambicioso — para se transformar em violência e desordem. Grandes festivais foram promovidos, mas isso não contribuiu em nada para resolver a inquietação mais profunda.[6]

Dívida, propriedade e terra

Antônio era um dos muitos, em ambos os lados, que entraram na Guerra Civil pesadamente endividado. Não era um problema restrito apenas à aristocracia. A vida era cara, especialmente em Roma, onde a maioria das pessoas morava em acomodações alugadas. No passado, líderes como Catilina conseguiram a adesão de muitos à sua causa com o grito "novas tábuas" (*novae tabulae*), prometendo abolir todas as dívidas existentes. Um farto número de devedores tinha esperado o mesmo de César, mas em 49 a.C. ele se mostrou moderado. As dívidas deveriam ser pagas, mas a propriedade avaliada a preços de antes da guerra, para facilitar.

Célio Rufo aderira à "causa pior" com o "melhor exército", mas, depois de seu retorno da campanha espanhola de César, passou a lamentar constantemente a sua decisão. Eleito pretor para 48 a.C., ele considerou que lhe haviam negado erradamente a posição prestigiosa de pretor urbano, a despeito das promessas anteriores e de sua própria opinião sobre seu valor. Em sua última carta sobrevivente a Cícero, ele afirmou estar nauseado com os outros seguidores de César e falou da impopularidade deles junto ao povo. Esperando explorar o desconten-

232 ANTÔNIO E CLEÓPATRA

tamento, ele proclamou um perdão abrangente de dívidas. Servílio, colega consular de César para 48 a.c., agiu rapidamente e o Senado aprovou o seu decreto último do Senado, assim como tinha feito em 49 a.C. contra César e em outros tempos de crise. Célio foi destituído do cargo e fugiu da cidade. Ele tentou juntar-se a Milo, que César se recusara a chamar de volta do exílio, mas que de fato retornara e estava promovendo a rebelião em nome de Pompeu. Milo foi morto em algum dos combates iniciais. Célio tentou subornar alguns soldados auxiliares de César para que desertassem, mas foi preso e executado.[7]

Essa breve rebelião ocorreu antes de Marco Antônio partir para a Macedônia, mas ele já estava em atarefados preparativos em Brundísio. Até onde podemos dizer, ele não esteve envolvido na sua repressão de nenhuma maneira ativa. Contudo, em 47 a.c., estaria no centro de uma nova crise desencadeada pelas mesmas questões. Coincidentemente, o líder era novamente um associado de Cícero, dessa vez o seu dissoluto genro Dolabela, que, por motivo de doença, retornara cedo da campanha macedônia. Uma vez em Roma, ele imitou Clódio e se fez adotar por um plebeu para poder concorrer na eleição para tribuno de 47 a.C. Foi bem-sucedido, mas logo começou a brigar com um de seus colegas, Lúcio Trebélio, e os partidários dos dois homens se tornaram cada vez mais violentos.

Dolabela anunciou que aboliria as dívidas existentes. Como havia tomado emprestado numa escala muito maior do que sua capacidade de algum dia pagar, sugerem os céticos que a iniciativa se voltasse principalmente para seu próprio benefício. Mesmo assim, foi grande o número de pessoas que saudou a ideia. Dolabela estava disposto a intimidar as demais, e logo houve baixas nos confrontos entre seus homens e os seguidores de Trebélio. Antônio estava fora de Roma, lidando com a inquietação no seio das legiões, e foi ignorada sua proibição de que indivíduos andassem armados em público dentro da cidade. Numa iniciativa sem precedentes, ele nomeou seu tio Lúcio Júlio César pretor urbano, mas o então idoso ex-cônsul se mostrou ineficaz. Quando o

MESTRE DA CAVALARIA

Senado mais uma vez aprovou o *senatus consultum ultimum*, ele não foi capaz de reunir forças suficientes para lidar com o problema e, além dos tribunos, não havia quaisquer outros magistrados para assisti-lo e cuidar da República para que ela não sofresse nenhum ofensa ou dano. Dolabela e seu bando ocuparam o Fórum para garantir que a Assembleia Popular aprovasse seu projeto de lei de indulto das dívidas.

Antônio pode ter sido próximo de Dolabela no começo, e os dois homens devem certamente ter se conhecido bem. Este último era popular e a princípio pode ter parecido sensato apoiá-lo. Entretanto, outros cesarianos importantes o aconselharam a resistir ao tribuno e desenvolveu-se um ódio pessoal quando Antônio ficou convencido de que sua esposa Antônia estava tendo um caso com Dolabela. O mestre da cavalaria trouxe uma significativa tropa de soldados à cidade e atacou violentamente o Fórum. É possível que tenha havido pouco derramamento de sangue, embora umas poucas execuções tenham ocorrido. Dolabela sobreviveu, mas foi obrigado a abandonar seu programa.[8]

O episódio teve ecos de Clódio e Milo, e de todas as outras disputas violentas que transtornaram a vida pública por tantos anos. Antônio tinha restaurado a ordem pela força, exatamente como fizera Pompeu em seu único consulado em 52 a.C. Contudo, a maneira como isso foi feito tornou o mestre da cavalaria impopular. E também deixou o povo com pouca confiança na estabilidade do regime de César. Duas vezes em dois anos, o Senado teve que aprovar o mesmo decreto último que usara contra o próprio César, dando início nada menos que à Guerra Civil. As classes possuidoras temiam que medidas radicais para abolir dívidas existentes ainda fossem prováveis. Se César não voltasse do Egito e do leste, ninguém podia ter certeza de como exatamente seus seguidores se comportariam. Isso supondo que os pompeianos em rearticulação não fossem capazes de virar a maré da Guerra Civil e retornar vingativamente à Itália.

Os problemas que afetavam os exércitos de César só faziam com que o sentimento de nervosa incerteza aumentasse. Exércitos que este-

234   ANTÔNIO E CLEÓPATRA

jam ocupados tendem a permanecer sob controle. Motins geralmente ocorrem em períodos de descanso e ócio, quando ressentimentos sobre injustiças reais ou percebidas têm tempo de crescer. O tumulto nas fileiras da Nona Legião em 49 a.c. tinha ocorrido durante uma calmaria na campanha. Depois de Farsália, a maioria dos veteranos de César havia sido embarcada de volta à Itália. Uma vez lá, eles foram deixados na Campânia com pouco a fazer exceto esperar por novas ordens, e isso foi mais de um ano antes de César retornar. O mesmo descontentamento que provocara o motim anterior se apresentava novamente agora. Os homens se lembravam das promessas de César de lhes dar dispensa, bem como dinheiro e terra para permitir que se sustentassem e a uma família. Até então eles não tinham recebido nada e a guerra parecia ter terminado.

Dessa vez o problema estava centrado na Décima Legião, uma unidade que César tinha favorecido especialmente desde o tempo de sua chegada à Gália. Em batalha, essa era normalmente desdobrada no local de mais alta honra, no flanco direito da linha, e em geral o próprio César optava por ficar com ela. Contudo, vários dos seus homens há muito já deveriam ter sido desmobilizados, sentiam que a guerra já fora vencida e queriam se estabelecer e desfrutar as merecidas recompensas por seu longo e fiel serviço. Diversos tribunos e centuriões mostraram-se solidários, pois as recompensas que também lhes foram prometidas eram, com efeito, bem generosas. Mantendo-se unidas, a Décima e outras legiões se recusaram a aceitar ordens de alguns dos cesarianos mais graduados enviados por Antônio para acalmá-los. A necessidade de reprimir a violência causada por Dolabela e de restaurar a ordem em Roma tinha impedido o mestre da cavalaria de confrontar os amotinados pessoalmente.

César finalmente desembarcou na Itália em setembro de 47 a.C. e correu para Roma. No caminho, ele se encontrou com Cícero e tranquilizou o nervoso orador quanto à sua boa vontade. Em Roma, ele nomeou magistrados para o que restava do ano, dando o consulado a dois de

MESTRE DA CAVALARIA

seus leais seguidores. César agiu rapidamente, substituindo a confusão do último ano por ações definidas e dando continuidade à sua abordagem geralmente moderada dos problemas maiores, inclusive a pressão da dívida. Com o ditador estando de fato presente, o seu regime pareceu bastante mais estável e menos repressivo do que quando o governo foi deixado nas mãos de seus subordinados.

O motim tomou um pouco mais de tempo para ser resolvido. César enviou Salústio — o futuro historiador — às legiões, mas ele foi atacado e quase não escapou com vida. As legiões marcharam então sobre Roma para exigir que suas queixas fossem atendidas. César cavalgou ele mesmo até o acampamento deles. Ele desalentou os amotinados com sua calma e depois aplacou seu ânimo dirigindo-se a eles não como "camaradas" (*commilitones*), o seu jeito normal, mas como "cidadãos" (*Quirites*) — não soldados, absolutamente, mas meros civis. Na Gália, certa vez ele envergonhara o exército a fim de forçá-lo a avançar, dizendo que avançaria sozinho, só com a *Décima* legião, se as outras se recusassem a acompanhá-lo. Agora, ele distinguia a *Décima* de maneira diferente, dizendo que aceitaria todas as outras, menos a *Décima*, de volta a seu serviço. No final, os veteranos da *Décima* estavam implorando que ele os decimasse — executasse um soldado a cada dez — desde que os aceitasse de volta a seu serviço. César concedeu cortesmente, não executou nenhum soldado e logo estaria conduzindo a *Décima* para a África, onde mais uma vez ela combateria com grande distinção.[9]

Antônio não acompanhou César quando ele partiu para combater os pompeianos na África, tampouco recebeu qualquer função formal a desempenhar na ausência dele. Ao contrário, Dolabela foi com o exército, embora seja possível que isso fosse para garantir que ele não se metesse em mais nenhuma travessura. César havia decidido não estender a sua ditadura e, em vez disso, tornou-se cônsul pela terceira vez para 46 a.C. O Senado lhe concedeu o direito de ignorar a restrição usual e ocupar consulados consecutivos. Como colega, ele escolheu Lépido, o homem que, como pretor, tinha tomado conta de Roma em 49 a.C.[10]

Em dezembro, César estava na Sicília, esperando para embarcar com seu exército para a travessia até a África. Antes de deixar Roma, ele dera início ao leilão público das propriedades dos pompeianos mortos. Antônio foi um dos mais entusiásticos licitantes, de modo que continuava a participar da partilha dos espólios da vitória, mesmo sem estar ocupando nenhum cargo no momento. Entre as suas aquisições, estava a grandiosa casa de Pompeu na nova região elegante conhecida como as Carinas (literalmente, "quilhas"), que começava na Via Sacra, e várias das suas propriedades no campo. Dolabela também adquiriu grande quantidade de propriedades durante esses leilões.[11]

Ambos os homens ficaram bastante surpresos quando César insistiu que eles deviam realmente pagar as grandes somas que haviam proposto em seus lances, considerando que eles claramente esperavam pagar menos ou não pagar nada. Antônio pagou de má vontade e nós não sabemos o bastante sobre sua fortuna pessoal para dizer se foi capaz de pagar com seus próprios recursos ou se mais uma vez precisou pegar emprestado; mas esta última possibilidade parece provável. Antônio continuava a viver muito além de suas posses, confiando em sucessos futuros para afastar os credores. A casa e as vilas no campo de Pompeu tornaram-se cenários de festins e celebrações dissolutas, enquanto as adegas do grande homem foram consumidas ou suas garrafas presenteadas a amigos por seu novo proprietário. Cícero sem dúvida exagerou ao atacar Antônio por seus excessos, mas é difícil pensar que ele tenha tido que inventar muito.[12]

Outra pessoa a beneficiar-se dos leilões foi a amante de César, Servília, que adquiriu várias propriedades ao preço inicial. Contam os mexericos que por volta dessa época ela arranjara para César dormir com a filha dela, que segundo o uso romano era simplesmente chamada de Tertia ou "terceira". Cícero brincou que ela seria um "terço" de desconto. O marido dela era Cássio, que no momento estava aliviado por ter sido perdoado por César, embora seja possível que isso tenha encorajado o seu ressentimento posterior contra o ditador.[13]

MESTRE DA CAVALARIA

Antônio se divorciou de sua esposa Antônia por volta dessa época, alegando publicamente que ela o havia traído com Dolabela. Ele ainda tinha Citéride como amante e continuava feliz de ser visto em público com ela. Para um senador, o casamento era normalmente um ato político, ao qual nenhum vínculo emocional era coincidente nem dele nascia depois. No caso do terceiro casamento de Antônio, pode ter havido mais que isso, pois parece que ele logo se casou novamente e que, pelo menos da parte dele, a paixão fosse genuína. Tratava-se de Fúlvia, a viúva de Clódio e de Cúrio, e o casamento fazia sentido politicamente. Ela também era claramente uma figura formidável e considerada uma das grandes belezas de seu tempo. Talvez Antônio tenha estado apaixonado por ela durante anos e os rumores de que ele causara seu afastamento de Clódio fossem genuínos.[14]

César pode ter querido dar a impressão de que Antônio já não era mais um preferido como um modo de distanciar-se dos excessos ocorridos quando seu mestre da cavalaria exercia o cargo. Talvez ele também quisesse que Antônio soubesse que sua aprovação não podia ser considerada pressuposta ou adquirida. Entretanto, também vale a pena observar que, mesmo como cidadão comum, Antônio continuava a trabalhar no interesse ou em nome de César. Como não tinha cargo, nós temos pouca informação sobre as atividades de Antônio em 46 a.C. César derrotou os pompeianos em Tapso em abril e estava de volta à Itália em junho e a Roma em julho. Não obstante, Cneu Pompeu, juntamente com Labieno e outros pompeianos obstinados, tinha reunido um exército na Espanha e, em novembro, César partiu para a guerra mais uma vez.[15]

Dolabela foi com César para a Espanha e foi ferido durante os combates que levaram à vitória em Munda. Antônio ficou para trás, mas, em 45 a.C., viajou cruzando a Gália para saudar César em seu retorno vitorioso. Se tivesse havido alguma ruptura entre os dois homens, então já estava sanada, pois César tratou Antônio com grande honra, deixando-o viajar na mesma carruagem. E mais estava por vir. César novamente seria cônsul em 44 a.C. e dessa vez escolheria Antônio como colega, mesmo que, aos 39 anos, este último estivesse vários anos abaixo da idade legal para o cargo.

Antônio estava animado com seu retorno ao privilégio da atenção de César e apressou-se em retornar a Roma, onde celebrou numa taverna. Quando escureceu, ele foi para a sua casa — outrora de Pompeu — num estado de ânimo exuberante. Ele veio disfarçado, fingindo ser um dos seus próprios escravos, trazendo uma mensagem "do marido" para Fúlvia, e foi prontamente conduzido à presença dela. Ela ficou preocupada, temerosa de que ele tivesse escrito por causa de algo ruim — um medo natural, ainda mais acentuado pelo fato de ela já ter enviuvado duas vezes. Cícero afirma que na verdade tratava-se de uma carta romântica em que ele finalmente prometia abrir mão de Citéride, mas não há nenhuma maneira de saber se existe alguma base de verdade nisso. Quando Fúlvia começou a ler, o "escravo" a tomou subitamente nos braços, beijando-a.[16]

15. Não rei, mas César

O primeiro filho de Cleópatra foi um menino. Não se sabe quando ele nasceu, embora algum momento no final de 47 a.C. seja o mais provável. Inevitavelmente, o bebê recebeu o nome de Ptolomeu, o qual, anos depois, foi estendido para "Ptolomeu chamado César". Desde bem pequenininho, os alexandrinos o apelidaram de Cesário ("Pequeno César").

César nunca reconheceu a criança formalmente como seu filho — haveria pouco sentido em fazê-lo. Cleópatra não era uma cidadã romana e a criança era ilegítima, de modo que, pela lei romana, o menino não podia ser legalmente reconhecido nem herdar nenhuma propriedade de César. Por outro lado, César não parece ter feito nada para evitar o uso informal de seu nome. Depois do seu assassinato, haveria debate sobre se ele seria realmente o pai do menino. Antônio afirmou que César tinha dito diante de testemunhas que a criança era sua e algumas pessoas afirmaram haver uma forte semelhança física. Outras foram igualmente veementes em negar a paternidade de César, e ambos os lados tinham interesse investido em provar seu argumento. Uma das cartas de Cícero, escrita apenas meses depois da morte de César, deixa claro que a opinião mais ampla achava que a criança era dele.[1]

No decurso de três longos casamentos, César só gerou uma criança — a sua filha Júlia, nascida no começo dos anos 70 a.C. Parece que ele realmente ansiou por ter mais filhos, especialmente um filho para dar

240 ANTÔNIO E CLEÓPATRA

continuidade à sua linhagem familiar, mas foi frustrado. Acrescente-se a isso que seus numerosos casos produziram um número incerto de filhos ilegítimos, embora um século mais tarde pelo menos um aristocrata gaulês se jactasse de ser fruto de uma ligação ilícita entre sua bisavó e o procônsul César.[2]

Isso levou alguns estudiosos a questionar se César seria capaz de ter filhos na época em que conheceu Cleópatra. Esse tipo de coisa é inerentemente difícil de provar e não inteiramente prognosticável, mesmo na era moderna em que estamos. Além disso, pode facilmente haver outras explicações para o fracasso em gerar mais de um filho — mesmo admitindo que não tenha havido outras gravidezes que terminaram em aborto ou em bebês natimortos que não tenham registro em nossas fontes. O segundo casamento acabou em divórcio, e é bem possível que tenha sido infeliz. César e Calpúrnia estiveram casados por quatorze anos, mas, depois dos primeiros poucos meses, ele partiu para a Gália e eles ficaram separados por uma década e, depois disso, só reunidos durante as breves visitas dele a Roma. Portanto, o casal teve poucas oportunidades para reproduzir.

Até onde podemos dizer, César de fato acreditava ser o pai do menino, e o mais provável é que estivesse certo em fazê-lo. Certeza absoluta, porém, exigiria um tipo de conhecimento íntimo que era bastante raro no passado recente, isso para não falar do mundo antigo. Exceto por aqueles que negam a paternidade do garoto, nenhuma das nossas fontes sugere que Cleópatra tenha tomado outro amante naquela oportunidade. Mais uma vez, vale destacar que não há nenhum indício sólido de nenhum homem na vida dela exceto César e, posteriormente, Antônio.[3]

César viu o menino pela primeira vez quando sua mãe o trouxe para Roma no final do verão de 46 a.C. Suetônio nos conta que ele havia chamado a rainha para a cidade, mas é improvável que o tenha feito principalmente por desejo de ver seu filho. A razão principal tampouco era romântica. Cleópatra também trouxe com ela o seu irmão e marido, Ptolomeu XIV. Toda a comitiva real foi acomodada numa vila

NÃO REI, MAS CÉSAR 241

de propriedade de César e tecnicamente fora das fronteiras da cidade. Essa prática estava bem inserida nas tradições da hospitalidade romana. Ptolomeu Auleta tinha ficado em uma das vilas de Pompeu durante a sua visita a Roma.[4]

Arsínoe também estava em Roma nessa época, mas como prisioneira. Entre 21 de setembro e 2 de outubro, César celebrou quatro triunfos sucessivamente — um a mais que Pompeu em toda a sua carreira. O segundo desses triunfos foi sobre o Egito e o Nilo, e, entre os carros alegóricos carregando pinturas sobre a campanha e troféus da vitória, havia uma estátua do Nilo como rio deus e um modelo do farol de Faros projetando sua chama. Entre os prisioneiros, estava a irmã mais jovem de Cleópatra. Ao final de seu triunfo gaulês, o chefe Vercingetórix, mantido preso desde sua rendição em Alésia oito anos antes, foi ritualmente estrangulado. A morte do líder inimigo confirmava a vitória total de Roma num conflito.

Díon nos diz que a multidão romana foi completamente dominada pela simpatia da adolescente Arsínoe. É muitíssimo improvável que César jamais tenha considerado mandar executá-la. Mulheres foram incluídas entre os prisioneiros famosos em triunfos anteriores, mas nunca foram executadas como parte da cerimônia. Arsínoe foi mantida prisioneira — como foi o filho de 4 anos do rei Juba, que fizera parte da procissão triunfal pela vitória na África. Ela foi enviada para viver como exilada no Templo de Ártemis, em Éfeso. A atitude de Cleópatra em relação à irmã nessa etapa não está registrada, mas acontecimentos posteriores sugerem que não fosse propriamente afetuosa. Durante o triunfo, os soldados de César gozavam o entretenimento tradicional de cantar canções obscenas sobre seu comandante. Alguns dos versos brincavam com seu caso com Cleópatra. Não sabemos se ela teve notícia disso.[5]

César não ficou morando na vila com a comitiva real, mas isso não significa que o caso estivesse acabado. Ele sem dúvida ficava com a rainha sempre que podia, desfrutando, como antes, a sua sagacidade,

ANTÔNIO E CLEÓPATRA

inteligência e companheirismo, bem como fazendo sexo. Contudo, ele estava excepcionalmente ocupado e, como sempre, exigia muito de si, esboçando novos planos e legislações e respondendo a petições, ao mesmo tempo que se esforçava para lidar com o grande acúmulo de assuntos públicos. Restava pouco tempo para o prazer. César tampouco era mais fiel a suas amantes do que era às esposas. Durante os seus meses na África, ele tinha passado noites com outra rainha, dessa vez Êunoe, a esposa do rei Bógudc da Mauritânia Tingitana.[6]

O regime de Cleópatra era baseado na aprovação romana. O exército real tinha apoiado seu irmão esmagadoramente. Muitos morreram ou foram dispersados durante a Guerra de Alexandria e os que sobreviveram eram de confiança questionável; assim, as legiões deixadas por César eram o principal seguro do seu governo. Seu comandante era Rúfio, homem em quem César confiava, e é interessante observar que Rúfio era filho de um escravo liberto. A nomeação pode ter sida feita puramente com base em méritos, mas também é provável que César desejasse evitar ter um subordinado de mais alto escalão estacionado no Egito, dada a reação dos alexandrinos a seus símbolos de autoridade. As tropas estavam lá, mas alguma ilusão era preservada de que fossem controladas pelo monarca e não exatamente o oposto. Outra razão para nomear Rúfio para o comando da guarnição pode ter sido o fato de ele não ser proeminente o bastante para ser perigoso.[7]

Em 46 a.C., o Senado romano reconheceu formalmente Cleópatra e Ptolomeu XIV como governantes e amigos do povo romano. César tinha feito arranjos para concederem o mesmo status a Auleta em 59 a.C., exatamente pelas mesmas razões. Segundo Suetônio, ele também deu pródigos presentes à rainha, mas o ganho mais importante que ela teve foi essa confirmação do seu governo. Não muito tempo antes, romanos proeminentes, César inclusive, tinham falado de anexar o Egito como província. Chipre foi de fato tomado, e, embora César o tenha devolvido a ela, não havia certeza absoluta de que não fosse mudar de ideia novamente.[8]

NÃO REI, MAS CÉSAR 243

Ele e a rainha tinham sido amantes no Egito num momento em que ambos estavam sob a ameaça das forças leais ao irmão dela. Teria sido somente natural ela preocupar-se com a possibilidade de o apoio dele não continuar necessariamente mais de um ano mais tarde. Tivesse ela ouvido as histórias sobre outras aventuras amorosas de César, a preocupação de Cleópatra teria naturalmente aumentado. Talvez achasse que Cesário pudesse ajudar a confirmar o elo entre eles, mas, compreendesse ela a lei e a sociedade romanas em alguma medida, a hipótese não seria tão tranquilizadora. Em todo caso, ela há de ter ficado mais que satisfeita com a visita a Roma. Num âmbito pessoal, ficou claro que restava uma forte afeição — talvez amor genuíno. É bem possível que isso possa ter sido profundamente importante para a rainha de 23 anos. Não obstante, no fim das contas, o mais essencial foi o endosso político e a garantia de que seu governo ia continuar com o pleno apoio de Roma.

Em retorno, César ganhava um Egito estável, que improvavelmente se rebelaria ou permitiria que seus recursos caíssem nas mãos de um rival romano. Não há dúvida, César também gostou de ter a rainha perto dele outra vez. Os meses passados com ela depois da Guerra de Alexandria representaram o único repouso verdadeiro que ele teve em bem mais que uma década. Além disso, Cleópatra trazia consigo assistência especialista para alguns dos projetos dele. O calendário lunar de Roma, de 355 dias, fiava-se em acrescentar um mês extra em anos alternados, mas o sistema havia sido negligenciado e maltratado durante muito tempo, encontrando-se então fora de compasso com as estações naturais. César o substituiu pelo calendário juliano — o mês de seu aniversário foi redenominado "Julho" em sua homenagem. Exceto por um reajuste menor, esse é o calendário de 365 dias e um quarto que nós ainda utilizamos hoje. Grande parte do trabalho nesse projeto foi levado a cabo para ele por Sosígenes, um astrônomo do Museu de Alexandria. Também de Alexandria veio a inspiração, e talvez assistência de fato, para um outro projeto, ou seja, a criação de

244 ANTÔNIO E CLEÓPATRA

importantes bibliotecas públicas em Roma, uma contendo literatura latina e outra, literatura grega.[9]

César partiu em novembro para a campanha espanhola. É possível que Cleópatra e a comitiva real já tivessem iniciado a jornada de retorno antes disso. Se não, partiram logo em seguida, pois não havia nenhuma razão para eles permanecerem em Roma na ausência do ditador. Não há indícios para a suposição frequente de que ela tenha permanecido na cidade por dezoito meses e parece altamente improvável que ela fosse querer estar ausente por tão longo tempo de seu próprio reino. Talvez a comitiva tenha visitado Chipre em seu caminho de volta, mas isso é pura conjectura.

Os Idos de março

César retornou da Espanha no final do verão de 45 a.C., mas não entrou em Roma até outubro, quando celebrou seu quinto triunfo. No passado, essas cerimônias tinham, pelo menos nominalmente, sido referentes a vitórias sobre inimigos estrangeiros — por exemplo, o triunfo africano foi sobre o rei Juba em vez de seus aliados pompeianos. Dessa vez, tratava-se ostensivamente de uma celebração da derrota de outros romanos. Mesmo assim, as multidões se reuniram para celebrar. O Senado havia declarado não menos que cinquenta dias de ação de graças, algo jamais concedido abertamente a uma vitória em uma guerra civil.[10]

Cada vez mais honras eram votadas a César. Ele foi feito ditador por dez anos em 46, e vitalício em 45 a.C., recebendo permissão para ser cônsul simultaneamente por dez anos. Além de poderes formais, construíram-se monumentos e estátuas, criando um status que parecia mais que humano, aproximando-se da divindade. Esperava-se que César recusasse alguns dos prêmios mais bajuladores, mas ele ainda aceitou muitos outros. A maioria estava dentro da tradição de homenagear generais e estadistas bem-sucedidos, mas, combinados, eram

NÃO REI, MAS CÉSAR 245

de uma escala maciçamente maior. Também houve generosas recompensas para seus seguidores. Pela campanha espanhola, triunfos foram concedidos a dois de seus legados, e não havia precedente de ninguém, exceto comandantes do exército, recebendo tal honraria. Além disso, César renunciou ao seu consulado exclusivo para 45 a.C. e fez eleger dois dos seus seguidores como substitutos ou cônsules sufectos para os meses restantes daquele ano. Um desses homens morreu em 31 de dezembro e César realizou nova eleição para escolher outro substituto para as horas remanescentes do dia. Cícero brincou que esse homem era tão vigilante que sequer dormiu durante o mandato. Em particular, ele e outros estavam ultrajados com um tratamento tão arrogante da magistratura mais elevada da República.[11]

César tinha pouca paciência para formalidade e tradição, em parte por causa de seu temperamento e do hábito de comandar exércitos e dar ordens, mas também porque havia muito a fazer em tão pouco tempo. Existia um enorme programa de assentamento a ser providenciado para seus veteranos dispensados e os desempregados e cidadãos empobrecidos que viviam na própria Roma. César estava determinado a levá-lo a cabo sem a confiscação e a revolta incitada pelo programa de colonização de Sula. Poucas pessoas se opunham ao que César estava fazendo, e a maioria de suas reformas eram consideradas sensíveis e pelo bem da República. Não obstante, elas se ressentiam da maneira como ele apressava tudo. Cícero se viu recebendo agradecimentos de cidades em províncias cujas petições foram atendidas em encontros do Senado nos quais ele supostamente estivera presente, mas os quais, até onde ele podia dizer, jamais ocorreram.[12]

César disse certa vez que a "República não é nada, meramente um nome sem corpo ou forma", e seu comportamento nesses meses de fato mostrou falta de consideração com aparências e convenções. Ele possuía poderes supremos, pessoais e permanentes. Até então, ele evitara cuidadosa e deliberadamente o nome e os símbolos dos antigos reis de Roma, mas aceitou o direito de vestir-se à maneira supostamente

246 ANTÔNIO E CLEÓPATRA

adorada pelos reis da vizinha e há muito desaparecida Alba Longa. Em 26 de janeiro de 44 a.C., ele celebrou o festival dos jogos latinos, grande parte da cerimônia sendo realizada nas Colinas Albanas fora da cidade. Ao retornar desfilando em procissão, foi saudado pela multidão como "rei". *Rex* era tanto um nome de família quanto um título; assim, ele simplesmente respondeu dizendo que ele "não era rei, mas César".[13]

Contudo, incidentes continuaram a acontecer deixando as pessoas inseguras — especialmente se fossem senadores ressentidos com o poder de César. Em 15 de fevereiro se realizava o festival de Lupercália, no qual seu companheiro Antônio desempenhou um papel-chave. Naquele dia, ele atuou como líder dos sacerdotes de Luperca e, seguindo o antigo ritual, correu pelo coração da cidade vestido somente com uma tanga de couro, açoitando de leve com um chicote de pele de bode todos aqueles por quem passava. Isso era considerado de bom agouro, especialmente para as mulheres, pois aumentava as chances de gravidez e tornava mais provável o parto fácil. César estava sentado numa plataforma elevada numa cadeira especialmente adornada para ele e conferida pelo Senado. Ao final da cerimônia, Antônio correu até ele. O cônsul quase nu segurava um diadema real, o qual ofereceu ao ditador. César recusou, desencadeando aplausos e gritos de aprovação da multidão que assistia à cena. Antônio ofereceu a coroa outra vez e os gritos aumentaram quando o ditador se recusou novamente a aceitar a realeza. Subsequentemente, ele mandou colocarem o diadema no Templo de Júpiter no Monte Capitolino, pois o deus era o único rei de Roma.

Foi um estranho episódio, e, ao mesmo tempo que quase todos concordam que foi deliberadamente encenado, há menos consenso sobre o seu propósito e a sua inspiração. A maioria reluta em acreditar que Antônio agiu por iniciativa própria e desconfia de que César sabia, pelo menos a grosso modo, o que ia acontecer. Mesmo na época, ninguém parecia ter certeza de que a coisa toda pretendia dar garantias ao povo de que ele não queria ser rei, ou, como os céticos a viram, testar os ânimos para ver se a opinião pública aprovaria. Se a intenção era

NÃO REI, MAS CÉSAR 247

convencer a opinião pública de que César não tinha ambição de ser rei, então a iniciativa certamente falhou.[14]

O ano tinha começado bem para Antônio e sua família. Seu irmão Caio era pretor, tendo sobrevivido ao cativeiro durante a Guerra Civil, e seu outro irmão, Lúcio, era tribuno. Os Antonii estavam se dando bem e com promessa de mais, no futuro. Antônio e Caio podiam ambos esperar partir para governar províncias após as suas magistraturas. É possível que o ditador já tivesse separado a importante província da Macedônia para seu companheiro cônsul. O próprio César também planejava sair de Roma, esperando ficar ausente por três anos. Primeiro, ele iria combater os dácios no Danúbio, antes de ir para o leste, comandar uma grande invasão da Pártia e finalmente vingar a derrota de Crasso.[15]

César planejava depor seu consulado antes de partir, permitindo que um cônsul sufecto o substituísse. Ele já nomeara os cônsules e metade dos pretores para os próximos dois anos. A escolha de César para cônsul sufecto foi Dolabela, mostrando a renovação da sua confiança nele. Provavelmente não foi coincidência que isso viesse a significar que dois dos seus mais distintos partidários assumissem cargos depois de ele partir. Entretanto, em comparação, os cônsules para o ano seguinte eram cesarianos leais, mas definitivamente não tinham família ou personalidade distinta. Embora o ditador nomeasse os candidatos consulares, ele ainda se submetia à formalidade de deixar que o povo votasse em suas escolhas. Quando a Assembleia Popular encheu o *saepta* para sancionar a eleição de Dolabela, Antônio usou seus poderes de áugure para ver maus presságios nos céus e interromper os procedimentos. César não chegava a controlar Antônio plenamente, que era um homem importante por mérito próprio e estava determinado a continuar sua vendeta contra seu adversário de 47 a.C.[16]

As rivalidades ainda continuavam entre os senadores romanos, mas o ritmo normal da vida pública estava suspenso. Cícero se desesperava com uma República em que os tribunais mal se reuniam e o Senado bajulava um ditador que tomava virtualmente todas as principais de-

248 ANTÔNIO E CLEÓPATRA

cisões em particular com seus conselheiros. Muitos seriam capazes de entender tal suspensão da normalidade, se fosse temporária. O filho de Servília, Bruto, se encontrara com César em seu caminho de volta da Espanha em 45 a.C. e esperara então que "ele passasse para o lado dos bons". Cícero não acreditava nisso, e Bruto logo mudou de ideia.[17]

Pouco importa que César governasse bem ou que poupasse e promovesse seus oponentes — tanto Bruto quanto Cássio eram pretores para 44 e podiam realisticamente esperar o consulado em poucos anos. O princípio mais fundamental da República era que nenhum indivíduo devia manter poder supremo permanente. César os possuía ostensivamente então e não mostrava qualquer sinal de que fosse renunciar — na verdade, ele chamou Sula de "analfabeto político" por ter aberto mão da ditadura. Seu título na verdade não importava. Muitos romanos, especialmente entre as classes proprietárias, tinham aversão pelo título de rei, mas, qualquer que fosse o seu título, César tinha poderes monárquicos, e isso eles odiavam ainda mais.[18]

Marco Júnio Bruto — tecnicamente, depois de sua adoção por seu tio ele receberia o nome de Quinto Cepião Bruto, mas seu nome anterior é mais usado — era filho da formidável Servília e há muito havia sido reconhecido como um dos homens em ascensão da nova geração de senadores. Seu pai tinha sido executado por Pompeu em 78 a.C. por ser um dos partidários de Lépido — o pai do colega consular de César em 46 a.C. Bruto se recusava a sequer falar com Pompeu até aderir a ele no começo da Guerra Civil. Ele era muito mais próximo de César e devia ter se casado com a filha dele, Júlia, até que a promessa de casamento foi rompida e a moça, em vez disso, casou-se com Pompeu. Bruto era um ou dois anos mais velho que Antônio. Seu caráter era sóbrio e manifestamente respeitável, embora declarem que ele também tivesse tido um caso com Citéride, antes de ela tornar-se amante de César. César dizia que "o que quer que Bruto quisesse, queria muito", e um incidente durante o mandato de Cícero como governador o confirma. Tendo emprestado dinheiro à cidade de Salamina em Chipre a uma taxa de

NÃO REI, MAS CÉSAR 249

48 por cento de juros — quatro vezes a taxa legal de 12 por cento — ele atormentou toda uma sucessão de governadores para cederem tropas a seu agente e permitirem que ele arrancasse o pagamento pela força.[19] Bruto idolatrava o meio-irmão de sua mãe, Catão, buscando uma dedicação semelhante a filosofias severas. Catão não apenas se recusou a render-se e aceitar a misericórdia de César após a derrota dos pompeianos na África, como também se suicidou de uma maneira espetacularmente horrorosa. Ele tentou e não conseguiu matar-se a golpes de espada e seu filho trouxe um cirurgião, que tratou das feridas e as enfaixou. Deixado só para dormir, Catão rompeu os pontos e removeu suas entranhas com as próprias mãos.[20]

Ao contrário, Bruto se rendeu depois de Farsália, foi bem acolhido por César e subsequentemente empossado em um cargo. A culpa alimentava a sua admiração excessiva pelo tio. Ele escreveu um livro louvando Catão e convenceu Cícero a fazer o mesmo. César não fez nenhuma tentativa de restringi-los, mas respondeu escrevendo os *Anticatones*, que tomou a forma de um ataque malicioso contra o seu caráter, na mais vulgar tradição da invectiva romana. Bruto também se divorciou de sua esposa e casou-se com a filha de Catão — e sua prima — Pórcia, a viúva de Bíbulo. Importunado por anos de rumores sobre César e sua mãe, movido pelo severo exemplo de seu tio e a jactância da família de que um ancestral havia expulso o último rei de Roma quase quinhentos anos atrás, Bruto começou a "querer muito" remover o ditador.[21]

Ele tinha três irmãs, casadas respectivamente com Cássio, Lépido e Servílio Isáurico, colega de César no consulado em 48 a.C. Isso reforçava a proximidade de sua mãe com César e sugeria que o futuro era brilhante. Cássio também estava se dando bem, mas parece que ficou amargurado ao ser preterido para o cargo de pretor urbano em 44 a.C. em benefício de Bruto. Ele havia sido questor de Crasso na invasão da Pártia e conduzira os sobreviventes do desastre de volta para a Síria,

250 ANTÔNIO E CLEÓPATRA

repelindo então um ataque inimigo que chegou até a Antioquia. Cássio construíra grande parte da sua própria liderança naquele período de crise.[22]

Bruto e Cássio eram os líderes de uma conspiração de cerca de sessenta senadores. Entre eles, estavam incluídos antigos pompeianos, mas também alguns cesarianos desiludidos: Caio Trebônio fora cônsul sufecto em 45 a.C., e Décimo Bruto — primo de Marco Bruto — tinha a promessa de um consulado em 42 a.C. Alguns haviam servido César lealmente e bem na Gália e na Guerra Civil, tendo sido devidamente recompensados. Seus motivos eram misturados, mas todos os conspiradores tinham uma percepção profunda de que era ruim para a República ser dominada por um só homem. A maioria acreditava genuinamente que estava agindo pelo bem de Roma. Eles não seriam senadores romanos se não tivessem consciência de que os homens que matassem o tirano podiam esperar estar entre os líderes da República no futuro imediato.

Trebônio sondou cuidadosamente Antônio no verão de 45 a.C., quando esse estava indo encontrar-se com César, esperando que ele aderisse à conspiração. Antônio recusou, mas nada disse ao ditador. Talvez ele tenha compreendido mal ou sentido que se tratava apenas de um velho amigo se queixando e desabafando, fazendo ameaças que nunca foram completamente sérias. Bruto foi inflexível quanto a ninguém mais ser morto exceto César e forçou os que também queriam assassinar Antônio a desistirem. Se só o ditador morresse, talvez todos compreendessem que aquilo era necessário para a República e não resultasse nenhum conflito novo.[23]

Os conspiradores sabiam que tinham um tempo limitado antes de César deixar a cidade para iniciar a sua campanha. Ele era facilmente acessível, pois no começo do ano tinha dispensado a escolta de soldados espanhóis que o protegia desde o seu retorno da campanha em Munda. Ou bem César não levava os relatórios de conspiração a sério ou já não se preocupava mais, achando, muito provavelmente, que mostrar

NÃO REI, MAS CÉSAR

autoconfiança suprema em todas as ocasiões era a melhor maneira de preservar seu regime.[24]

Depois da morte dele, rumores circulariam sobre as várias coisas que ele planejara fazer, enquanto a disputa entre seus partidários e seus assassinos evoluía para uma nova guerra civil. Um dos mais grotescos foi a afirmação de que ele queria ter permissão para se casar com quantas mulheres quisesse a fim de gerar um filho. Cleópatra, Cesário e presumivelmente Ptolomeu XIV tinham vindo a Roma para uma segunda visita em algum momento no final de 45 e começo de 44 a.C. César tinha redigido um novo testamento após retornar da Espanha, o qual não fazia nenhuma menção a Cesário, o que não sugere que ele estivesse planejando tamanha ruptura com as leis e as tradições romanas. Talvez ele quisesse estar com sua amante, porém mais uma vez a razão principal era sem dúvida política. O grão egípcio seria uma fonte principal de suprimentos para o exército romano na planejada campanha parta — exatamente como Auleta tinha ajudado Pompeu durante a sua campanha oriental.[25]

A presença da rainha, mais uma vez instalada na vila de César do outro lado do rio, pode ter feito o ditador ficar mais parecido com um rei helenístico. Isso foi uma provocação extra, mas menor, e, mesmo que ela não estivesse em Roma, os conspiradores certamente agiriam de igual maneira. Sugestões de que Cleópatra exercesse uma influência maior no pensamento e na política de César fazem pouco sentido e, mesmo na propaganda de guerra após a morte dele, eram um elemento menor. Apiano nos conta que ele mandou colocar uma estátua dela ao lado daquela da deusa Vênus no Templo de Vênus Genetrix e que a estátua ainda estava lá um século e meio depois. Esse edifício era a peça central do novo Fórum de César (*Julium*), e César havia prometido construí-lo antes da Batalha de Farsália se sua deusa ancestral lhe desse a vitória. O Fórum não estava realmente concluído em 44 a.C., e Díon nos conta que Augusto trouxe pelo menos uma estátua da rainha de volta para Roma trinta anos mais tarde, de modo que é possível que

252 ANTÔNIO E CLEÓPATRA

Apiano estivesse fazendo confusão. Por outro lado, a estátua pode ter sido outra da mesma deusa, ou de Ísis, que amiúde era equiparada a ela, tendo simplesmente sido modelada em Cleópatra, em vez de ser formalmente uma imagem dela.[26]

Enquanto em Roma, Cleópatra parece ter copiado o exemplo de seu pai e cultivado romanos importantes com presentes. Cícero foi visitá--la, mas nunca recebeu os livros prometidos e se ressentiu acerbamente de ter que cortejar uma rainha estrangeira. Talvez alguns senadores também achassem que podiam obter favores de César por intermédio dela, embora seja impossível dizer até onde isso é verdade.[27]

Em 15 de março, os Idos, no sistema romano — César compareceu a um encontro do Senado num dos templos que faziam parte do imenso complexo teatral de Pompeu. Antônio tinha ido até a casa dele para acompanhá-lo, assim como Décimo Bruto. Depois de alguma relutância, causada por algum sacrifício desfavorável e o nervosismo de sua esposa Calpúrnia, Décimo persuadiu César a comparecer à sessão. Os conspiradores estavam esperando, tendo se reunido cedo naquele dia, usando a maioridade do filho de Cássio como pretexto. Eles eram apoiados por um grupo de gladiadores de propriedade de Décimo Bruto estacionados nas proximidades, mas estavam determinados a praticar a façanha eles mesmos. Eles saudaram César quando saltou de sua liteira. Trebônio puxou Antônio para uma conversa privada, atrasando-o fora do templo, enquanto os outros entraram. Eles não queriam que o robusto cônsul estivesse em seu lugar ao lado de César, avaliando com justiça que sua reação instintiva seria lutar.

Antônio deve ter ouvido o barulho. Talvez Trebônio tenha lhe contado o que tinha acontecido. Os outros conspiradores se agruparam em volta de César para peticionar. Então atacaram, sacando punhais e adagas, todos tentando alcançá-lo e apunhalá-lo. César foi ferido 23 vezes, embora tenham pensado posteriormente que só um dos ferimentos tinha sido fatal. Na confusão, alguns dos conspiradores se golpearam acidentalmente e Bruto foi ferido na coxa. O ditador pareceu surpreso

NÃO REI, MAS CÉSAR

e depois irado, e reagiu, golpeando-os em resposta com o seu afiado estilete. Ao cair, desfaleceu aos pés da estátua de Pompeu.

Os senadores atentos ficaram estupefatos e depois aterrorizados. Eles fugiram, saindo correndo do templo para chegarem ao santuário de suas casas, pois ninguém sabia o que aconteceria em seguida. Antônio fugiu com eles.[28]

16. Cônsul

Antônio passou grande parte dos Idos de março entrincheirado em sua casa. Ele se desfizera de suas vestiduras consulares e se disfarçara de escravo ao fugir — o disfarce, uma irônica repetição de sua fuga de Roma no começo de 49 a.C. No passado, políticos romanos que lançaram mão de violência nunca tinham parado com a morte de apenas um homem, e não havia nenhuma razão para esperar algo diferente então. Exceto da parte dos conspiradores, já que até então ninguém mais sabia da insistência de Bruto de que somente César fosse morto. Como a própria clemência de César para com seus oponentes derrotados, essa atitude era surpreendente. Antônio era colega consular e aliado político de César e sabia que era um alvo político óbvio. Lépido, *Magister Equitum* de César, refugiou-se igualmente em sua própria casa, assim como a maioria do Senado, antecipando um banho de sangue. Alguns hão de ter temido a morte nas mãos dos conspiradores e seus partidários, outros nas mãos dos partidários vingativos de César. Todos estavam nervosos, temerosos de que multidões de saqueadores se aproveitassem do caos.[1]

A notícia do assassinato levou mais tempo para cruzar o rio Tibre e chegar a Cleópatra. Não há dúvida de que ela tenha ficado chocada, provavelmente pesarosa e certamente nervosa, mas não corria nenhum perigo real a menos que Roma caísse em total anarquia. Politicamente, ela era irrelevante, e pode ser que já soubesse o bastante sobre a vida pública romana para compreendê-lo, e que os conspiradores não teriam nenhuma razão para pensar que valesse a pena se dar ao trabalho de matá-la. Qualquer que fosse o novo regime que surgisse na sequência da morte do ditador, seria formado por romanos. A rainha não poderia desempenhar um papel neste processo e só podia esperar uma acomodação com os líderes que emergissem. Ela havia perdido seu protetor político e seu amante. Era impossível saber como Rúfio e suas legiões reagiriam à notícia da morte de César e se ela seria capaz de agarrar-se ao poder sem seu arrimo romano. Cleópatra não fugiu de Roma assim que soube do assassinato, temendo por sua própria vida ou a de seu filho. Ela permaneceu na cidade por várias semanas, observando o desenrolar dos acontecimentos.[2]

Um Senado já esvaziado sofrera um novo desbaste de suas lideranças durante a Guerra Civil. César havia registrado centenas de novos senadores, mas poucos dentre eles tinham prestígio ou influência política apreciável. O seu Senado ampliado de cerca de novecentos membros era muito leve na cúpula. Quando César caiu morto, Bruto evocou o nome de Cícero, pois ele era um dos muito poucos ex-cônsules distintos que poderia então dirigir a República restaurada. Sem ter sabido previamente da conspiração, o orador de 62 anos fugiu no pânico generalizado.

Os conspiradores feriram a si mesmos ao apunhalar o ditador até a morte num alvoroço desenfreado de golpes. Eles não parecem ter se preparado bem para o que aconteceria em seguida e foram pegos de surpresa pela debandada que os deixou sozinhos no templo. Eles ergueram um gorro de escravo liberto numa haste como sinal de que os cidadãos tinham mais uma vez conquistado a sua liberdade, exatamente como um escravo punha essa cobertura na cabeça no dia em que seu senhor lhe concedia a liberdade. (Os revolucionários franceses iriam um dia adotar o mesmo símbolo.) Depois, acompanhados pela tropa de gladiadores de Décimo Bruto, eles subiram o Monte Capitolino, a antiga cidadela de Roma, e esperaram para ver o que aconteceria. Três dos liteireiros de César retornaram, levando o corpo dele para casa.[3]

CÔNSUL 257

Os partidários de César não surgiram buscando vingança, tampouco cidadãos de todos os estratos correram para saudar os homens que heroicamente tinham morto o ditador e restaurado a liberdade. Roma estava aturdida, e só lenta e cautelosamente começou a mexer-se novamente. Um lento fluxo de senadores começou a subir o Capitólio para congratular os conspiradores. Cícero foi um deles, e foi caloroso em seus louvores, mas nem ele nem os demais permaneceram muito tempo. Dolabela foi outro visitante e, naquela ocasião ou nos dias seguintes, assumiu o traje e o status de cônsul. Caloroso em seu elogio aos assassinos, ele não viu razão para não assumir o cargo a ele designado pelo ditador. Bruto e Cássio se dirigiram ao escasso ajuntamento que então já se demorava no Fórum. Não houve grande entusiasmo por sua justificativa do assassinato, e nem mesmo o dinheiro que eles distribuíram logrou produzir uma eclosão de apoio. Apiano observou a ironia de homens que esperavam que seus concidadãos abraçassem a liberdade no mesmo tempo em que os subornavam.[4]

Mais tarde naquele dia, Antônio deve ter compreendido que nenhum ataque era iminente. Como qualquer senador romano, ele buscou conselho da família, dos amigos e dos associados políticos. Encontrou-se com Lépido e outros cesarianos proeminentes como Aulo Hírcio, o homem nomeado para ser um dos cônsules de 43 a.C. Dada a sua personalidade forte, e sem dúvida a sua relutância em prantear um terceiro marido, é bem provável que Fúlvia tenha desempenhado um papel muito ativo encorajando Antônio. Lépido comandava a única legião na Itália. Pelo menos uma parte das suas tropas estavam perto de Roma e, no dia 16, ele as trouxe para a cidade. Tecnicamente, agora que o ditador estava morto, o poder de seu *Magister Equitum* deveria ter expirado, mas os soldados responderam às ordens de Lépido e isso era tudo que realmente importava naquele momento. Antônio e Hírcio o contiveram quanto a lançar um ataque imediato contra os conspiradores, e o primeiro procurou o sogro de César, Calpúrnio Pisão, e, com o seu apoio, eles conseguiram obter o testamento do ditador no Templo de Vesta.

Nesse ínterim, Bruto fez um discurso para uma multidão que se reunira na encosta do Capitólio, porém mais uma vez fracassou em incendiar seu entusiasmo. A maioria não via César como um tirano e não conseguia ver nenhuma vantagem para si na morte dele. Havia um grande número de veteranos dispensados em Roma, à espera de receber seu lote de terra, e agora eles temiam que o Senado dirigido pelos conspiradores abandonasse o plano de assentamento do ditador. Bruto tentou em vão tranquilizá-los, garantir que receberiam suas terras. Existia hostilidade crescente contra os conspiradores e a casa de um senador que os apoiara publicamente foi ameaçada por uma multidão.

Em 17 de março, na condição de cônsul, Marco Antônio pediu uma reunião do Senado. A reunião foi convocada para o Templo de Telo, perto de sua casa e distante do Capitólio. Soldados de Lépido, apoiados por veteranos, ficaram de guarda do lado de fora. A maioria dos senadores, inclusive Cícero, compareceu, e, quaisquer que tenham sido as suas atitudes para com César, a esperança universal era de estabilidade e paz. Os conspiradores permaneceram onde estavam, ainda guardados por seus gladiadores e deprimidos por seu fracasso em recrutar cidadãos em seu apoio.

A questão fundamental era se o assassinato tinha sido justificado. Fosse César um tirano, o assassínio seria justificado, e tudo o que ele havia feito seria ilegal. O problema é que ele tinha feito muitas coisas. Vários senadores deviam cargo e privilégio ao ditador. Bruto e Cássio eram pretores, e Décimo Bruto foi nomeado procônsul da Gália Cisalpina para o ano seguinte e cônsul em 42. Se os atos de César fossem declarados inválidos, eles não teriam direito a esses cargos, Antônio e Dolabela não seriam cônsules, nem nenhum outro governador provincial ou magistrado estaria habilitado a exercer poder. As decisões de César se propagavam muito além do Senado, até as comunidades provinciais e os colonos aos quais status havia sido concedido por decisões dele. Indivíduos tinham muito a perder, mas havia o risco igualmente considerável de mergulhar todo o governo no caos. Levaria tempo para realizar novas eleições, e seus resultados seriam incertos. Muitos dos nomeados por César estavam abaixo da idade legal para ocupar determinado cargo específico — no caso de Dolabela, mais de uma década. Mesmo quando esse não era o caso, lançar uma campanha eleitoral era caro e seu resultado, incerto. Porém, se César não fosse um tirano, os conspiradores eram assassinos e mereciam ser punidos. Um bom número de senadores simpatizava com Bruto, Cássio e os demais. Um número maior estava simplesmente com medo de que condená-los pudesse provocar um banho de sangue e talvez uma guerra civil, o que eles haviam temido no próprio dia, os Idos.

Antônio defendia um compromisso. Cícero estava propenso a apoiá--lo e a votação de fato foi feita a partir de uma proposta apresentada pelo orador. Os conspiradores não deveriam ser perseguidos nem responsabilizados de nenhuma maneira. Ao mesmo tempo, os decretos de César seriam confirmados e, no dia seguinte, o direito de ter um funeral público lhe foi concedido e seu testamento foi formalmente reconhecido. Era ilógico, mas temporariamente o bastante para manter a paz. Cícero afirmou posteriormente que era o melhor que podia ser esperado, uma vez que estava claro que os conspiradores não deveriam ser formalmente absolvidos nem César condenado, mas talvez ele se sentisse mais otimista na ocasião. Naquela noite, Antônio e Lépido enviaram seus filhos às Capitolinas como reféns e receberam Bruto e Cássio para jantar com todos os sinais de boa vontade. As esposas de Cássio e de Lépido eram irmãs, ambas filhas de Servília, mãe de Bruto.[5]

Verdade e reconciliação

Ao descrever os meses subsequentes, é especialmente importante evitar qualquer percepção de inevitabilidade ou ver as coisas como simples conflito entre conspiradores e cesarianos. Esses últimos não formavam um partido coerente nem sequer uma facção com políticas comuns, mas eram uma coleção algo vaga de pessoas que, por várias razões, haviam optado por apoiá-lo. A posição de César no Estado fora pessoal, seus poderes lhe foram concedidos individualmente. Ele era um ditador vitalício e controlava um enorme exército de soldados que a ele tinham feito um juramento de lealdade — assim como fizera o Senado não muito antes dos Idos. Não havia nenhum herdeiro à espera de assumir seus poderes e comandar seu exército, nem mesmo qualquer indicação de que César ou qualquer outra pessoa tenham suposto que devesse haver.

Antônio era colega de César no consulado e um partidário distinto, mas não tinha a riqueza, a reputação e a *auctoritas* de César, nem a rede de clientes ligados a ele por favores passados. O status e a importância do ditador eram produto de anos de esforço, assim como de guerra civil, e não poderiam ser assumidos por nenhuma outra pessoa. O que as legiões fariam, era difícil prever. Muitas tinham sido originalmente recrutadas por pompeianos. Em conjunto, aqueles homens tinham correspondido bem às recompensas e promessas de César e se mostrado leais a ele. Isso não significava que fossem obedecer automaticamente a outra pessoa, simplesmente porque também tinham servido César. Em 44 a.C., Antônio não comandou nenhuma tropa, apesar de ter sido designado, para o ano seguinte, a uma província que possuía legiões. Bruto e Cássio podiam da mesma forma esperar comandos provinciais após o seu ano como pretores, mas naquele momento nenhum dos conspiradores comandava nenhum soldado. Décimo Bruto deveria governar a Gália Cisalpina, que possuía um exército bem situado para intervir na Itália, mas ainda não tinha deixado Roma para assumir seu posto. Lépido tinha apenas uma legião, o que realmente não era o bastante para controlar Roma por muito tempo. Se as rivalidades políticas se tornassem violentas e a guerra civil estourasse, nenhum dos principais protagonistas poderia ter confiança na vitória.[6]

César estava morto, e, se ninguém podia esperar substituí-lo como o homem esmagadoramente dominante na República, quer dizer que

CÔNSUL   261

ainda restavam novas oportunidades. Antônio era cônsul, mas também era um Antonius, algo que ele salientaria reiteradamente nos meses seguintes. Ele esperava ser uma das lideranças do Estado e ter cargos e honras correspondentes. Também ainda necessitava de dinheiro, pois, embora tivesse se saído bem nesse aspecto com a Guerra Civil, até então não adquirira riqueza suficiente para financiar seu estilo de vida ou sua carreira. À beira dos 40 anos, ele podia esperar ser ativo na vida pública por décadas. Queria honras adicionais e, talvez, finalmente, o tipo de domínio que César mostrou ser possível. Ele tinha muito por que ser grato ao ditador e havia gostado de César como homem, mas um aristocrata romano com a sua bagagem cultural nunca seria plenamente homem de outrem. O seu próprio sucesso e o sucesso da sua família vinham em primeiro lugar. Em si mesmo, vingar a morte de César não fortaleceria nem tornaria mais segura a posição de Antônio, pelo menos não no momento.[7]

De igual forma, os conspiradores queriam aceitação e não conflito. Para eles, sucesso e segurança só adviriam se os senadores e todas as outras classes aprovassem a sua ação. Em sua maioria, eles também eram jovens pelos padrões da política romana. Bruto e Cássio tinham quase 40 anos, e poucos entre os demais eram mais velhos. Uma das razões pelas quais eles queriam a sua República "livre" era para que pudessem avançar na vida pública, sem ser restringidos por um ditador. Dolabela era ainda mais jovem, provavelmente com não mais de 30 anos, e, ainda que fosse um dos simpatizantes de César, pode ter parecido interessante aos conspiradores que o novo colega consular de Antônio fosse um homem que ele detestava. Rivalidades pessoais acerbas eram um meio tradicionalmente romano de restringir o poder de indivíduos. Além disso, a restauração da liberdade não poderia começar bem com ataques contra cônsules. Bruto em particular esperava que a disposição de Antônio de encontrarem-se fosse uma indicação de que ele também via que a República não poderia funcionar como

262 ANTÔNIO E CLEÓPATRA

devia enquanto houvesse um ditador permanente. Isso não significa que ele e os outros não vigiassem Antônio tão cautelosamente quanto ele os vigiava. Todos estavam em busca de fazer avançar a sua própria posição na nova República.

Diz-se que Cássio argumentou contra consentir a César um funeral público e permitir que Antônio o conduzisse, mas deixou-se indeferir por Bruto. Isso mostrou ser um erro, embora fosse possível que recusar essa honra ao ditador tivesse produzido ressentimento ainda maior. A simples razão é que César era popular entre muitos cidadãos. Em 20 de março, o funeral foi realizado no próprio Fórum, presenciado por uma ampla e explosiva multidão. Detalhes do testamento do ditador já haviam sido publicados e sabia-se que ele tinha deixado seus espaçosos jardins à cidade para serem um parque público. Avaliado em si mesmo, foi um lembrete da generosidade de César para muitos e, por menor que tivesse sido, o apoio aos conspiradores diminuiu ainda mais. A versão de Shakespeare do discurso que Marco Antônio fez nessa ocasião é a justo título célebre e dá uma boa sugestão do poder de um orador para incitar a multidão romana. Entretanto, nossas fontes se mostram divididas quanto ao que ele falou realmente. O corpo de César foi exibido, ornado com suas insígnias e posto num ataúde de marfim. As manchas de sangue de seu manto oficial estavam claramente visíveis.

Antônio parece ter começado arrolando algumas das muitas dignidades votadas a César pelo Senado, abordando sutilmente o juramento de apoiá-lo e protegê-lo que todos os senadores — inclusive os conspiradores — tinham feito. A ironia foi tão pesada quanto a reiteração shakespeariana de Bruto como um "homem honrado". Daí, ele passou a falar de alguns dos grandes feitos de César, tornando o discurso aos poucos mais emocional. Ele puxou o manto do corpo e o ergueu para mostrar as rasgaduras feitas pelos punhais e adagas dos assassinos. Alguém gritou uma famosa frase de uma velha tragédia — "pensar que eu salvei estes homens para que pudessem me destruir!" Os termos do

CÔNSUL 263

testamento foram lidos em voz alta. Houve consternação quando Décimo Bruto foi mencionado como um dos herdeiros menos importantes, mostrando uma vez mais o quanto César gostava dos homens que o mataram. Além da doação dos jardins, cada cidadão morador de Roma deveria receber um donativo de 300 sestércios. Uma efígie de cera do corpo que havia sido feita foi então erguida no ar por uma grua do tipo usado no teatro ou nos jogos. E foi girada lentamente, exibindo todas as 23 feridas, vívida e realisticamente marcadas no modelo.

A emoção transbordou a essa visão. Hélvio Cina, um partidário leal de César e poeta respeitado, foi confundido com um outro homem chamado Cina que havia apoiado os conspiradores e espancado até a morte. Multidões furiosas foram para as casas dos conspiradores — como senadores proeminentes, muitos terão morado nas encostas do Monte Palatino ao lado do Fórum — mas não encontraram nenhum deles e após um tempo voltaram para se agrupar em torno do corpo. A cremação deveria ocorrer fora da cidade, no *Campus Martius*, mas então a multidão empilhou às pressas uma pira no local, arrastando tudo o que fosse de madeira do Fórum e de suas lojas. César foi cremado no coração de Roma. Soldados veteranos lançaram suas condecorações na pira em chamas e as mulheres lançaram suas joias. Entre a multidão havia muitos não cidadãos vindos de todo o império. Durante as noites seguintes, a comunidade judaica de Roma veio ao local, pranteando publicamente o homem que havia sido tão generoso com o seu povo.[8]

Antônio havia ajudado o ressentimento latente da população mais ampla a ferver e fazer-se em ódio. Os conspiradores temiam por suas vidas — eles nunca apareciam em público, nem por uma vez sentiram-se seguros o bastante para comparecer a um encontro do Senado. No decurso dos meses seguinte, todos eles fugiram da cidade. Antônio fez o Senado conceder a Bruto e a Cássio uma dispensa especial para partirem, pois normalmente, como pretores, eles teriam que permanecer na cidade. Décimo Bruto e Trebônio logo partiram para as províncias a eles designadas por César. Daquele ponto em diante, os conspiradores só podiam ter esperança de influenciar a política através de amigos e de familiares que tivessem ficado em Roma. Os autoproclamados "Libertadores" foram obrigados a sair de Roma, tornando muito mais difícil para eles desafiar o domínio vigente de Antônio.[9]

O ódio pelos conspiradores não significava uma onda de entusiasmo popular pela liderança de Antônio. Logo após o funeral, um altar foi erguido no local onde César havia sido cremado. Não houve nenhuma sanção oficial para isso, e o líder principal foi um homem chamado Amatius, que afirmava ser neto de Mário e, portanto, parente de César. Dolabela dispersou a multidão e fez remover o altar. Amatius e seus seguidores o erigiram novamente e dessa vez foi Antônio quem reagiu e mandou executar o homem. A profunda afeição por César e a raiva contra seus assassinos eram às vezes úteis, mas ambos os cônsules queriam mantê-las sob controle.[10]

No dia 17, o Senado tinha concordado em ratificar todos os decretos de César, inclusive os que haviam sido publicamente anunciados, mas ainda não implementados. Era óbvio que a distribuição de terras para os veteranos tinha que continuar, se quisessem manter a ordem entre os seus grandes contingentes. Bruto e Cássio tinham tentado ganhar a simpatia desses homens, fazendo conceder a eles o direito de vender suas novas propriedades se quisessem, algo que César havia proibido, pois queria que os homens se estabelecessem permanentemente. Antônio tinha se apropriado dos papéis de César com a viúva Calpúrnia e apresentou ao Senado uma série contínua de decisões do ditador a serem postas em prática.[11]

Logo ele estava anunciando coisas que não haviam sido mencionadas enquanto César estava vivo, e Cícero e outros acreditaram que eram invenções dele. O ditador concedera status latino à maior parte da população da Sicília, e então Antônio fizera deles cidadãos romanos de pleno direito. O rei Deiotaro da Galácia tinha apoiado Pompeu na Guerra Civil, e o tamanho do seu reino foi substancialmente reduzido por César. O poder e o território perdidos foram então restaurados.

CÔNSUL 265

Houve rumores de suborno, e Cícero afirmou que Fúlvia muito fizera para arranjar o negócio. O fato de um senador romano ser demasiado influenciado por sua esposa era malvisto; assim, pode ser que isso não passe de difamação rotineira de Antônio. Não obstante, muitas mulheres aristocráticas eram influentes nos bastidores da vida pública, de modo que não há nisso nada de inerentemente implausível.[12]

Para Cícero, parecia que, apesar de o tirano estar morto, a tirania continuava, haja vista um homem emitir séries de decisões arbitrárias. Isso era um pouco parcial. Antônio lhe escreveu uma carta ostensivamente cortês em abril, pedindo a permissão dele para chamar de volta do exílio um dos velhos inimigos do orador, um amigo de Clódio. Cícero aceitou tão polidamente quanto pôde, acreditando que Antônio o faria de qualquer maneira. Havia sem dúvida uma ameaça mal velada na carta do cônsul: "Embora eu saiba que vossa fortuna, Cícero, esteja acima de qualquer perigo, acho, todavia, que preferiríeis desfrutar vossa velhice na paz e com honra do que na ansiedade."[13]

Antônio estava determinado a fazer as coisas a seu modo, mas ele também estava muito ocupado, o que sem dúvida alimentou sua impaciência. Havia vários negócios a serem resolvidos, pois César tivera muito pouco tempo e o governo da República não funcionara bem por muitos anos. Especialmente nas províncias, existiam comunidades e indivíduos pressionando por reconhecimento, pedindo benefícios ou buscando arbitragem em disputas. Embora pudesse parecer preferível a Cícero que a República funcionasse mais tradicionalmente, isso significaria obrigar essas delegações a esperarem pacientemente até que o Senado tivesse tempo para avaliar seus casos. Os prazos seriam longos, sem nenhuma certeza de que os assuntos seriam decididos, e muito menos de modo satisfatório para os envolvidos. A maioria dos provinciais se habituara a lidar rápido com um único indivíduo supremo, em preferência à lenta e tortuosa obtenção de favores por intermédio do Senado.

Como cônsul, Antônio se ocupava ele mesmo de tratar de uma extensa série de questões difíceis. Era simplesmente mais rápido afir-

266 ANTÔNIO E CLEÓPATRA

mar que cada decisão tinha na verdade sido tomada por César, pois isso assegurava a sua aprovação. Não há dúvida de que isso também era explorar a situação para fortalecer a sua própria posição. Favores concedidos a romanos e a provinciais lhe proporcionavam subornos, mas também colocavam indivíduos e comunidades em dívida para o futuro. Houve um novo decreto da terra, estendendo o programa de colonização. Ademais, ex-centuriões — Cícero afirma maliciosamente que também soldados veteranos da Legião V Alaudae recrutada entre os gauleses — deveriam ser incluídos nos júris de julgamentos mais importantes, o que representava importante crescimento de sua importância. Tomados isoladamente, os centuriões eram o grupo mais influente dentro de cada legião, valendo muito a pena cultivá-los. César os tinha retratado de maneira heroica em seus comentários sobre as campanhas na Gália, *De Bello Gallico*, pela mesma razão.[14]

Antônio efetivamente exercia imensa patronagem e usava isso, como qualquer romano usaria, para conquistar mais clientes. Ele ficou mais rico e se tornou mais influente. Seu consulado só duraria até o final do ano. Naquele momento, ele tinha mais poder do que qualquer outra pessoa e precisava fazer com ele o bastante para melhorar sua posição quando o mandato terminasse. Rivais e inimigos potenciais estavam fracos então, mas não existia nenhuma garantia de que assim permaneceriam. Antônio precisava de riqueza, de relações e de prestígio tanto para competir no futuro quanto para assegurar-se contra ataques. Não havia nenhuma garantia de que a relutância de Bruto em matar qualquer outra pessoa além de César fosse durar para sempre.

Antônio prevaleceu sobre Lépido assegurando tornar-se *Pontifex Maximus* em lugar de César. Ele também prometeu sua filha em casamento ao filho de Lépido para reforçar a aliança, embora ambos fossem crianças demais para o casamento acontecer prontamente. Antônio aceitou a pretensão de Dolabela ao consulado, tanto porque era melhor do que qualquer outra alternativa quanto por ser uma decisão bem conhecida de César. Ele o ajudou a obter a província da Síria para um

CÔNSUL 267

proconsulado de cinco anos. A Síria era rica e controlava um exército substancial como parte dos preparativos para a Guerra Parta de César. Dolabela tinha a perspectiva de comandar essa expedição, e guerras orientais bem-sucedidas eram sempre lucrativas. Para um homem cujas dívidas ainda eram enormes — ele relutara e fora incapaz de reembolsar o dote ao divorciar-se da filha de Cícero — era uma perspectiva muito atraente.[15]

A primavera de 44 a.C. foi um tempo de novas alianças e arranjos, à medida que os indivíduos se empenhavam na construção e consolidação de seu poder e de suas conexões. Eles agiam em meio a uma mescla de ambição e medo, tão familiar aos políticos romanos da última geração ou pouco mais. A renovação da guerra civil e da violência era uma possibilidade real, talvez quase inevitável. Antônio e todos os demais tinham esperança de se tornarem seguros e fortes o bastante para tirar proveito das oportunidades que surgiriam. O assassinato de César tinha alterado radicalmente o equilíbrio de poder no seio do Estado romano e reajustar-se à nova realidade tomava tempo.

O filho de César

É bem possível que Cleópatra tenha permanecido em Roma, esperando para receber o reconhecimento formal de seu poder e, talvez, a confirmação de seu status de amiga do povo romano. Numa carta datada de 16 de abril de 44 a.C., Cícero menciona que ela havia deixado Roma. Posteriormente, existiriam falsos rumores de que ela havia falecido na jornada de retorno ao lar, e alguns interpretaram que uma carta posterior escrita por Cícero indicava que ela estava grávida, presumivelmente de outro filho de César. Isso parece improvável, já que não é mencionado em nenhuma outra fonte e que uma leitura mais natural faria desse conteúdo uma simples referência a Cesário. Nervosa quanto ao seu controle do poder em Alexandria, para a rainha era sensato

268 ANTÔNIO E CLEÓPATRA

retornar tão logo houvesse concluído algum esforço para garantir a aprovação de Roma.[16]

Logo depois que Cleópatra decidiu retornar ao seu reino, um jovem de 18 anos chegou a Roma. Seu nome era Caio Otávio e ele era filho da sobrinha de César, Átia. Seu pai tinha morrido alguns anos antes, mas exercera a pretoria e esperava-se que ele ascendesse mais. Átia casou-se então com Lúcio Márcio Filipo, que foi cônsul em 56 a.C. Otávio era o parente do sexo masculino mais próximo de César e, com apenas 12 anos de idade, coube a ele a oração no funeral de sua filha Júlia, em 54 a.C. O ditador se interessara pelo rapaz, registrando-o no colégio de pontífices em 47 a.C., e ele se juntara à campanha contra Pompeu na Espanha, embora uma doença o tenha impedido de desempenhar um papel muito ativo. No começo de 44 a.C., ele estava em Apolônia, na costa do Adriático, esperando para tomar parte na Guerra Parta de César.[17]

O primeiro relato da morte de César foi trazido com a notícia de que ele designara Otávio como seu principal herdeiro e também o adotara como filho, o que significava que ele herdaria o seu nome. Os romanos levavam a adoção muito a sério, e era uma maneira bem comum de homens sem filhos perpetuarem o nome e as ambições da família. Não há nenhuma indicação de que ele estivesse ciente das cláusulas do testamento e elas certamente não eram de conhecimento comum no tempo em que César estava vivo.

É importante lembrar o quanto Otávio era jovem e inexperiente em 44 a.C., pois só então poderemos ter esperança de compreender o assombro perante a sua pronta aceitação do legado e sua determinação de assumir não só o nome de César, mas também a sua dominância política. Seu padrasto, Filipo, aconselhou-o a declinar o legado, e por algum tempo recusou-se a dirigir-se a ele como César. Antônio foi ainda menos receptivo quando o jovem chegou a Roma em abril e veio vê-lo. Ele não entregaria os documentos e papéis de César nem os seus fundos privados, os quais estava empregando com grande valia. Mais

CÔNSUL 269

tarde naquele ano, ele alcunharia Otávio de o rapaz "que tudo deve a um nome", mas, naquele ponto, Antônio estava relutante em sequer reconhecer o nome de qualquer maneira formal.[18]

Alguns dos antigos simpatizantes de César ficaram mais entusiasmados, impressionados com a imensa autoconfiança "do rapaz". Um grupo de homens ricos, inclusive Rabírio Póstumo, proveram a ele os fundos necessários para ir a alguns dos assentamentos estabelecidos pelos veteranos de César e começar a recrutar soldados. Tomando emprestado desses homens e também vendendo algumas de suas propriedades, ele também começou a pagar a cidadãos o donativo que César havia prometido em seu testamento. Doações generosas combinadas com o apelo do nome do herdeiro de César e a ira pelo fato de os conspiradores não terem sido punidos logo produziram centenas de voluntários entre os veteranos. Caio Júlio César Otaviano — para evitar confusão, os estudiosos o chamam convencionalmente de Otaviano — começou a tornar-se uma força política. Até aquele momento, seu poder era menor, mas sua rápida ascensão foi notável e perturbadora.[19]

Bruto ainda estava na Itália, mas não se arriscou a voltar a Roma. Como pretor, ele era responsável pelos jogos que formavam parte do festival de Apolo, os *Ludi Apollinares*. Com medo de ir, ele enviou agentes para organizarem os espetáculos e despendeu muito dinheiro e esforço na esperança de que isso lhe granjeasse mais apoios. O próprio Otaviano presidiu os *Ludi Victoriae Caesaris*, votado para comemorar a Batalha de Farsália, mais uma vez pagando por isso com o dinheiro emprestado. Um cometa apareceu durante as celebrações e normalmente essas coisas eram vistas como mau augúrio. Otaviano, contudo, persuadiu as pessoas de que era um sinal da ascensão de César ao céu para tornar-se um deus. O jovem, que tinha acabado de fazer 19 anos de idade, já não era mais simplesmente César, mas o filho de um divino Julius. Uma estátua de César com uma estrela sobre a cabeça foi colocada no templo que ele havia construído para Vênus Genetrix.

ANTÔNIO E CLEÓPATRA

Um altar foi novamente erguido no Fórum, e finalmente seria o local de um templo dedicado ao novo culto.[20]

Bruto e Cássio finalmente saíram da Itália. Sob ordem de Antônio, o Senado lhes atribuiu províncias sem importância nem tropas, mas eles ignoraram essas incumbências. Bruto foi para Atenas, professadamente para estudar. Décimo Bruto estava na Gália Cisalpina e controlava o exército mais próximo da Itália. Antônio recebeu a província da Macedônia, que controlava seis legiões bem treinadas e numericamente importantes, a maioria das quais destinadas às projetadas campanhas de César. No começo de junho, ele apresentou um projeto de lei à Assembleia Popular que lhe concedia por cinco anos tanto a Gália Cisalpina quanto a extensiva província da "Gália dos cabelos compridos" conquistada por César. O comando de Décimo Bruto seria concluído e Caio Antônio seria enviado à Macedônia como governador. Antônio assumiria as legiões de Décimo Bruto e também traria a maior parte das tropas da Macedônia para a sua nova província, embora uma dessas seis divisões tenha sido cedida a Dolabela. Tais iniciativas não eram ortodoxas, mas, como o povo romano podia votar qualquer coisa, não eram tecnicamente ilegais. Isso não significa que Décimo Bruto tenha aceito de boa vontade a sua substituição.[21]

Antônio já havia recrutado a sua própria força junto aos veteranos de César, empregado-os como guarda-costas na própria Roma. Como cônsul, ele tinha *imperium*, mas o pequeno exército privado recrutado por Otaviano era totalmente ilegal, comparável às legiões que Pompeu outrora alistara com os recursos de suas propriedades familiares. Na Espanha, o seu filho sobrevivente, Sexto Pompeu, ainda comandava as forças pompeianas que tinham sobrevivido à derrota de 45 a.C. As tentativas de Cícero e outros para conseguir a sua reabilitação depois dos Idos de março tinham fracassado. Rapidamente, Bruto e Cássio também assumiriam comandos de exércitos sem nenhuma autoridade para fazê-lo. Todos os atores-chave tinham decidido que somente o controle de legiões lhes daria alguma segurança real. A guerra civil estava

CÔNSUL   271

fermentando mais uma vez e mergulharia todo o mundo mediterrâneo, inclusive o Egito, em conflito e caos. Para monarcas como Cleópatra, havia o grave risco de apoiarem o lado errado ou, simplesmente, de a riqueza de seus reinos atrair líderes romanos desesperados atrás de fundos para financiar seus exércitos. César dera à República um breve período de estabilidade. Por uns poucos meses após a sua morte, houve uma paz apreensiva. Agora, mesmo isso estava indo por água abaixo.[22]

17. "Um entre três"

Para conter a ascensão de Otaviano, Antônio fizera algumas ofertas públicas de compromisso com Bruto e Cássio, mas isso alienou muitos dos seus aliados que eram cesarianos resolutamente leais e odiavam os assassinos. Tratava-se de um malabarismo difícil, talvez impossível. Em agosto, Calpúrnio Pisão criticou Antônio no Senado. Cícero, que havia planejado partir para o estrangeiro, sentiu-se suficientemente encorajado para retornar a Roma, mas deixou de comparecer ao encontro de 1º de setembro, alegando cansaço da viagem. Em sua ausência, Antônio o atacou e propôs novas honras a César. No dia seguinte, Antônio não estava no Senado, mas Cícero sim, e fez um discurso que mais tarde seria a base para a sua *Primeira Filípica*. As *Filípicas* originais tinham sido proferidas pelo famoso orador ateniense Demóstenes, advertindo seus concidadãos do perigo apresentado pelo rei Filipe II da Macedônia, pai de Alexandre, o Grande. O primeiro discurso de Cícero foi bastante moderado, todavia representava um ataque planejado contra as posições e ações de Antônio.

O cônsul respondeu iradamente, embora só tenha desacatado o orador num discurso de 19 de setembro. Antônio o culpou de ser o verdadeiro instigador dos Idos de março, criticando-o por sua "ingratidão" para com um homem que o tratara generosamente em 49 a.C. e, à verdadeira moda romana, condenando livremente o seu caráter e a sua política. Cícero se retirou para o campo e escreveu a *Segunda Filípica*.

274 ANTÔNIO E CLEÓPATRA

Ela nunca foi pronunciada como um discurso, mas tomou a forma de um folheto e cópias foram enviadas a uns poucos amigos, embora a opinião se mostre dividida quanto à amplitude de sua distribuição. O texto replicava em espécie, literalmente atirando invectivas contra toda a vida e a carreira de Antônio.[1]

Por volta dessa época, Antônio mandou erigir uma estátua de César sobre a Rostra no Fórum, a qual a ele se referia como "pai e benfeitor". Tal manifesto tornava mais difícil chegar a qualquer compromisso com os conspiradores. Depois, ele acusou Otaviano de enviar um assassino para matá-lo. Cícero estava profundamente desconfiado com o "jovem César", mas ficou animado com essas notícias e lentamente começou a pensar se o rapaz não teria alguma utilidade. Tratava-se provavelmente de nada mais que rumores. Otaviano tinha pouco a ganhar assassinando Antônio e ainda não podia arriscar-se a um confronto aberto. Poucas semanas depois, sua mão tornou-se mais forte.[2]

Três legiões do exército macedônio chegaram a Brundísio, e uma quarta viria logo em seguida. Por voto do povo, esses soldados foram postos sob o comando de Antônio e seus oficiais obedeceram à convocação para virem para a Itália. As legiões eram bem treinadas e é razoável pensar que fossem importantes em termos numéricos e talvez bem próximas de sua plena força. Antônio não tinha ligação anterior com essas unidades, as quais tinham sido treinadas na Macedônia desde que lá foram formadas em 48 a.C. Seus oficiais haviam sido todos nomeados por César e tanto eles quanto os homens eram leais à sua memória. Eles não conheciam Antônio e ele não os conhecia. Quando foi travar conhecimento com eles em outubro de 44 a.C., houve queixas indignadas de que ele nada tinha feito para vingar a morte de César.

Antônio prometeu aos soldados um prêmio especial de 100 denários por cabeça, menos da metade do pagamento anual de 225 denários. Os agentes de Otaviano já haviam visitado os acampamentos e prometido aos homens 500 denários, e dez vezes mais quando de sua baixa, e por isso as legiões se mostraram indiferentes e zombaram do cônsul. Sempre vale lembrar que os oficiais recebiam somas muito maiores, de

"UM ENTRE TRÊS" 275

modo que centuriões e tribunos com efeito esperavam ficar muito ricos. César havia aplacado a sediciosa Décima Legião com autoconfiança suprema e uma única palavra, apoiado em punições mínimas. Eles eram seus "camaradas", homens que ele levara a vitória após vitória por doze anos, com os quais ele compartilhara privações e fora pródigo em recompensas, condecorações e louvores. O vínculo entre soldado e comandante era profundo e não se deixaria abalar por um desacordo.

Antônio e essas legiões não se conheciam. Além disso, ele não tinha grandes vitórias a mostrar e não havia história de recompensas para seus soldados. Ele carecia da experiência e dos dons de César, bem como do seu carisma, e, quando os soldados gracejaram, ele perdeu a calma e tentou submetê-los com intimidações. Exigindo que os oficiais lhes dessem os nomes dos descontentes, ele ordenou execuções, embora possa ter parado antes da plena decimação. Cícero afirma que entre as vítimas desse expurgo havia centuriões assim como soldados comuns, e parece improvável que ele tenha inventado esse nível de detalhe. É muito menos provável que esses homens tenham sido mortos na frente de Antônio e sua esposa, de modo que seu sangue respingasse em Fúlvia, que ali estaria incitando o marido. Ela pode ter estado com Antônio e possivelmente o estimulou a tomar atitudes enérgicas, mas o restante vem facilmente da imaginação de Cícero, e era raro esperar-se que esse tipo de invectiva se restringisse à verdade dos fatos.

As punições deixaram as tropas revoltadas e ressentidas, e isso foi um erro, considerando que os agentes de Otaviano continuavam a oferecer serviço muito mais atraente sob o filho de César. O descontentamento e a ira de Antônio se abateram principalmente sobre a Quarta Legião e a Legião Martia, cujo número não fora preservado e que parecia preferir ser conhecida como um cabedal de Marte, o deus da guerra. Quando as tropas marcharam para o norte a partir de Brundísio, ambas essas unidades abandonaram Antônio e marcharam sob disciplina para juntar-se a Otaviano. Eles trouxeram consigo alguns suprimentos, inclusive um certo número de elefantes de guerra.[3]

O jovem César já reunira 3 mil voluntários entre os veteranos e os levara para Roma em novembro. Poucos tinham armas e equipamentos adequados, e eles mostraram relutância em apoiá-lo contra Antônio. Eles também estavam decepcionados com ele, por não estar tomando medidas imediatas para punir os conspiradores. O filho de César ainda não tinha demonstrado suas capacidades, e sua força e suas relações ainda eram modestas, por isso ele deixou Roma e começou a recrutar novamente. Quando equipou e treinou plenamente as legiões Quarta e Martia, finalmente ele tinha a base para um exército adequado. Ao mesmo tempo, ele formou novas versões das velhas Sétima e Oitava de César, bem como uma coorte pretoriana de tropas selecionadas para atuar como guarda-costas e elite de reserva. O jovem César tinha agora mais do que "apenas um nome". Ele tinha um exército.[4]

Uma legião permaneceu fiel a Antônio e uma outra logo chegou a Brundísio e juntou-se a ele. Eram a Segunda e a Trigésima Quinta. Sua lealdade foi amparada no final de novembro, quando ele lhes deu um prêmio de quinhentos denários, igualando a promessa de Otaviano. Ele também dispunha de uma força substancial de auxiliares, incluindo infantaria leve e cavaleiros leves mouros. Em algum momento, ele formou novamente a V Alaudae de César, as "Cotovias", originalmente recrutada entre os gauleses, mas recebendo em seguida a cidadania. Pouco havia a ganhar em lutar contra Otaviano naquele momento, e tampouco existia qualquer pretexto. Em vez disso, Antônio decidiu marchar para a Gália Cisalpina e ocupar a província a ele designada pela Assembleia Popular. Antes de partir, Antônio fez os senadores que se reuniram para vê-lo prestarem-lhe um juramento de lealdade. Seus soldados fizeram o mesmo e provavelmente seriam mais prontamente confiáveis quanto a mantê-lo. Dispondo de tempo, Antônio tinha talento para fazer as tropas, especialmente os oficiais, gostarem dele. Ele tinha então uma força talvez de 10 a 15 mil homens. Seria a sua primeira campanha como comandante-geral.[5]

Cônsul ou inimigo público?

Décimo Bruto se recusou a entregar a Gália Cisalpina. Anteriormente naquele ano, ele havia comandado a sua guarnição numa expedição contra tribos alpinas. Ele conquistou algumas pequenas vitórias e compartilhou os rigores da campanha com seus homens, recompensando-os com as pilhagens para "robustecer sua resolução para a defesa dos nossos interesses". Ele disse a Cícero que pensava ter "conseguido, pois eles têm a experiência prática da minha generosidade e da minha vitalidade". Já havia duas legiões na Gália Cisalpina e, logo depois de sua chegada, Décimo Bruto começou a formar mais outras duas. Antônio também continuou a recrutar, formando três novas legiões no começo de 43 a.C. Essas novas unidades eram inexperientes e necessitavam de treinamento intensivo antes de se tornarem efetivas. Todas parecem ter sido muito pequenas, bem abaixo da sua força em teoria. A prática normal era estabelecer um quadro, nomeando oficiais e provendo estrutura para toda a legião, e só então distribuir os recrutas, à medida de sua disponibilidade. Isso fazia sentido prático, mas também havia um elemento de propaganda. Um exército de quatro ou cinco legiões soava impressionante, mesmo que na realidade a maioria das unidades em questão fossem meras sombras do seu tamanho normal.[6]

Décimo estava determinado a conservar a província e o exército, embora fosse provável que seu comando devesse supostamente expirar no final de 44 a.C. Ele não estava propenso a enfrentar Antônio abertamente, e talvez ainda esperasse que a luta pudesse ser evitada. Sacrificando juntas de bois de transporte e defumando a carne para reforçar seu suprimento de alimentos, ele levou seu exército para a cidade de Mutina e se preparou para defendê-la. Antônio estabeleceu um bloqueio, mas não parece ter tentado um assalto direto. Ele também estava relutante em iniciar uma guerra aberta, e de qualquer maneira era inverno, com tempo ruim e condições difíceis para pastagem. Os homens de Bruto sem dúvida estavam mais felizes de estarem aquartelados numa cidade, em vez de acampando em linhas de sítio do lado de fora.[7]

Itália

A partir do final de 44 a.C., Cícero começou intensa campanha para o Senado citar Antônio como inimigo público e declarar formalmente hostilidades contra ele. A maioria dos senadores estava relutante em dar esse passo, e Fúlvia e a mãe de Antônio, Júlia, se manifestaram muito visivelmente, expressando seu pesar de que um cônsul de Roma fosse condenado em sua ausência e sem julgamento. Alguns senadores tinham ligações com Antônio, embora seus dois tios, Caio Antônio e Lúcio Júlio César, jamais tenham sido mais que mornos em seu apoio, sendo às vezes hostis. Muitos não tinham nenhuma simpatia particular por Décimo Bruto ou outros conspiradores; quase todos temiam o retorno da guerra civil e sentiam que qualquer acordo ou compromisso seria preferível. Para desgosto de Cícero, o Senado enviou uma delegação de três ex-cônsules — o sogro de César, Calpúrnio Pisão, o padrasto de Otaviano, Filipo, e Sérvio Sulpício Rufo — para negociar com Antônio.

O medo da guerra civil era a emoção mais forte, piorada porque permanecia incerto quais seriam os lados e quem tinha possibilidades de ganhar. Lépido era então procônsul da Gália Transalpina e da Hispânia Citerior, e Asínio Pólio governava a Hispânia Ulterior. Ambos eram cesarianos, mas isso não queria dizer que se aliariam automaticamente a Antônio e, em todo caso, este último estava suficientemente ocupado, tentando conter o ressurgente Sexto Pompeu. Em 1º de janeiro de 43 a.C., os novos cônsules Hírcio e Pansa assumiram os cargos. Eles também eram cesarianos, embora não estivessem especialmente próximos de Antônio nos meses recentes.[8]

O irmão de Antônio, Caio, tinha partido para a Macedônia, mas a legião deixada lá fora subvertida por Bruto. Caio foi preso, Bruto tomou seu lugar como governador e logo estava recrutando mais soldados. Confrontações mais violentas já haviam irrompido nas províncias orientais. Em seu caminho para a Síria, Dolabela tinha visitado a Ásia, a província designada a Trebônio por César. Fingindo amizade, Dolabela pegou o procônsul de surpresa e mandou matá-lo. Cícero afirma que Trebônio foi primeiro torturado, e houve histórias horríveis sobre a sua cabeça cortada sendo jogada de um lado para outro como uma bola até a face ficar irreconhecível. Enquanto Dolabela saqueava

280 ANTÔNIO E CLEÓPATRA

entusiasticamente a Ásia, Cássio foi para a Síria e assumiu o controle do exército que estava lá. Ele e Bruto agora comandavam exércitos e governavam províncias sem autoridade para fazê-lo. Em Roma, Cícero se empenhou e finalmente conseguiu obter reconhecimento para eles.[9]

Sulpício morreu ao voltar de um encontro com Antônio. Os outros dois delegados retornaram em fevereiro e relataram que ele estava disposto a abrir mão da Gália Cisalpina, desde que conservasse a outra Gália e mantivesse o comando de suas seis legiões por cinco anos. Antônio insistiu que, antes de este período expirar, Bruto e Cássio teriam que ter aberto mão de seus comandos, aceitando tacitamente que eles o exerciam. Ele também exigiu reconhecimento formal de todos os seus atos como cônsul e, no momento oportuno, bônus de baixa para seus soldados iguais àqueles prometidos por Otaviano.[10]

Desde o começo do ano, os cônsules vinham conduzindo o Senado em preparativos para a guerra. Ambos reuniram exércitos, e um *imperium* pretoriano foi outorgado a Otaviano, apesar de ele ainda ser um cidadão comum. Um homem com seu ardorosamente leal exército próprio simplesmente não podia ser ignorado. Décimo Bruto também foi confirmado em seu comando. O Senado rejeitou os termos de Antônio, mas só depois de um violento debate. Lúcio César bloqueou a iniciativa de declarar Antônio inimigo público. O *senatus consultum ultimum* foi aprovado, mas, em vez de uma declaração formal de guerra, a crise foi denominada como *tumultus* — algo cujo sentido é mais próximo de estado de emergência. De muitas maneiras, a situação era semelhante à escalada gradual para a guerra em 49 a.C. Ambos os lados estavam relutantes em se comprometer irrevogavelmente e ainda esperavam que o outro fizesse concessões. Houve outra tentativa de formar uma delegação para falar com Antônio, mas não deu em nada. Lépido enviou cartas instando o compromisso. Contudo, enquanto tudo isso acontecia, o exército de Décimo Bruto estava consumindo os seus estoques de alimento e passaria fome ou se renderia se não fosse socorrido em poucos meses.[11]

No começo da primavera, Hírcio, Pansa e Otaviano estavam prontos para agir — dois ex-cesarianos e o filho de César marchando contra Antô-

"UM ENTRE TRÊS"   281

nio para resguardar um dos assassinos do ditador. Cícero havia decidido que os perigos de reconhecer Otaviano eram superados por sua utilidade. Otaviano forneceu três das sete legiões em marcha para socorrer Mutina, as únicas tropas experientes de um exército que, não fosse por isso, era formado por alistamentos. Provisoriamente, ele pôs a *Quarta* e a *Martia* sob o comando de Hírcio, mas os soldados permaneceram leais a ele. Bruto e Cássio achavam ambos que Cícero e o Senado foram imprudentes ao confiar no jovem César, mas, conforme era frequentemente o caso, não sugeriram nenhuma alternativa prática. Três legiões veteranas não podiam ser ignoradas e tinham um poder de combate muito maior que o mero tamanho do seu efetivo. Cícero achava que o rapaz de 19 anos podia ser usado, dizendo, "nós devemos louvar o jovem, condecorá-lo e descartá-lo" (*laudanum aduluscentem, ornandum, tollendum*).[12]

Hírcio se aproximou de Mutina primeiro, mas sozinho não tinha tropas para atacar Antônio, o que continuou a ser verdade quando Otaviano se juntou a ele. Para tentar indicar a Décimo Bruto que o socorro estava a caminho, eles acenderam fogueiras em locais eleva-dos, mas no final a notícia foi levada por um homem que se insinuou através das linhas e depois cruzou um rio nadando. O mesmo método foi usado para dar uma resposta e nos dias seguintes Décimo empregou pombos-correio com algum sucesso. Em abril, Pansa conduziu quatro legiões recém-recrutadas para juntarem-se a eles.[13]

Antônio tomou conhecimento da vinda dele e viu uma oportunidade para destruir aquelas tropas inexperientes antes que o inimigo juntasse forças. Seria semelhante aos ousados ataques que ele comandara na Judeia e no Egito, embora em escala muito maior. Ele decidiu usar a *Segunda* e a *Trigésima quinta* legiões, juntamente com duas coortes pretorianas de elite (uma dele mesmo e a outra recrutada por um dos seus partidários) e alguns dos seus veteranos recrutados, bem como o apoio de cavalaria e de tropas leves. Contudo, à diferença da Judeia e do Egito, dessa vez os seus oponentes eram muito mais competentes. Hírcio e Otaviano agiram primeiro, enviando a *Martia* e as suas pró-prias coortes pretorianas para se encontrarem com a coluna de Pansa.

Em 14 de abril, as forças combinadas avançaram contra a cidade de Fórum Gallorum, deslocando-se pela Via Emília, a qual, àquela época, se estendia sobre um caminho elevado através de uma área pantanosa irregular. Patrulhas viram alguns cavaleiros de Antônio e depois perceberam o brilho de elmos e equipamentos entre os juncos altos.

Relembrando-se das execuções no verão anterior, os homens da *Martia* perderam a cabeça de raiva e atacaram imediatamente, apoiados por duas coortes pretorianas. Até então, eles só tinham visto a cavalaria e os escaramuçadores das tropas leves de Antônio, pois a *Segunda* e a *Trigésima quinta* estavam ocultas na própria Fórum Gallorum. Foi uma batalha confusa e não planejada e o terreno irregular produziu vários

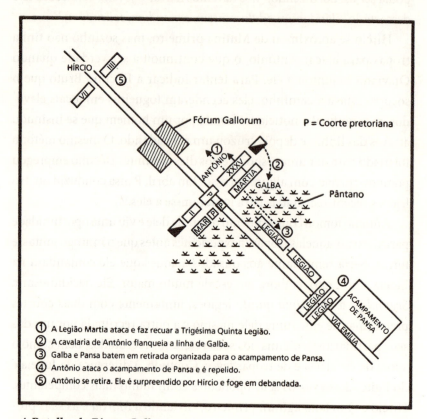

A Batalha do Fórum Gallorum

"UM ENTRE TRÊS" 283

combates separados. Pansa mandou duas das legiões inexperientes para apoiar, mas a batalha já estava bem avançada antes de elas chegarem.

O comandante da *Martia* era outro dos ex-oficiais de César, chamado Sérvio Sulpício Galba, e ele informou posteriormente que eles haviam formado as dez coortes da *Martia* e as duas de pretorianos em uma única linha — uma formação rara para um exército romano. À direita, ele comandou as oito coortes da *Martia* e fez a *Trigésima quinta* recuar não menos que 800 metros. Isso deixou o seu flanco exposto e a cavalaria de Antônio liderada pelos mouros começou a envolver a linha. Na confusão desse combate fluido, o general se viu cavalgando no meio dos soldados de Antônio. O próprio Antônio estava a alguma distância atrás dele, pois o comandante romano deve dirigir e encorajar seus homens colocando-se um pouco atrás da linha de combate. Galba foi reconhecido e fugiu para junto de suas tropas. Perseguido pelos antonianos, ele teve que deixar seu escudo para trás, para evitar ser morto por seu próprio lado, caso os recrutas que avançavam para apoiar o tomassem por um ousado líder inimigo.

Os soldados veteranos das legiões macedônias lutaram entre si com selvageria cruel e, segundo Apiano, silenciosa. Os pretorianos de Otaviano foram esmagados, pois defenderam obstinadamente a própria Via Emília. No lado esquerdo da estrada, só havia duas coortes da *Martia* e os pretorianos de Hírcio. Não demorou muito e a cavalaria de Antônio estava ameaçando seu flanco. Eles foram forçados a se retirar e logo toda a linha estava cedendo terreno. Pansa foi ferido por um projétil, mas a resistência das tropas experientes permitiu que todo o exército se retirasse para seu acampamento sem sofrer perdas catastróficas. Antônio os pressionou e tentou uma vitória decisiva assaltando o acampamento. Seus homens já estavam cansados e o inimigo ainda numeroso e determinado o bastante para repeli-los.

Antônio conduziu seus homens de volta para o acampamento a alguns quilômetros de distância. Eles estavam animados com seu sucesso, mas fisicamente cansados, emocionalmente esgotados e famintos após horas de espera, marcha e luta. César teria provavelmente acampado no próprio local e trazido suprimentos para eles. Antônio não viu nenhum perigo e, enquanto a coluna marchava despreocupadamente, Hírcio comandou a *Quarta* e a *Sétima* em um ataque surpresa. Os soldados antonianos fugiram, se renderam ou foram mortos. Os estandartes da águia da *Segunda* e da *Trigésima quinta* foram capturados, juntamente com a metade dos seus outros estandartes, e as duas efetivamente deixaram de existir como unidades. Os sobreviventes passaram a noite em suas casas em Fórum Gallorum.[14]

O bloqueio de Mutina ainda estava intacto, mas Otaviano e Hírcio deslocaram o exército combinado para mais perto. Uma semana depois, eles tentaram romper as linhas de sítio. Desenvolveu-se uma batalha e Antônio foi derrotado, o que o obrigou a abandonar o cerco e retirar-se. Quando a notícia chegou a Roma, o Senado foi finalmente convencido a declará-lo inimigo público. Contudo, o controle dos acontecimentos estava fugindo das mãos de Cícero e dos outros, ansiosos por continuar a guerra contra Antônio. Hírcio tinha sido morto ao comandar seus homens contra o acampamento de Antônio. Pansa sucumbira às suas feridas pouco depois. Otaviano ficou no comando de todo o exército e isso era claramente muito conveniente para ele. Não houve necessariamente nada de suspeito na morte dos cônsules e tampouco podemos ter certeza de que Otaviano não teria descoberto que eles lhe eram simpáticos, caso não tivessem morrido. Nenhum dos dois havia mostrado muito entusiasmo pelos conspiradores.

Otaviano pediu um triunfo ao Senado. Cícero tentou e não conseguiu obter para ele a honra menor de uma ovação. O triunfo de César depois da campanha de Munda em 45 a.C. tinha chocado o povo por comemorar ostensivamente uma vitória numa guerra civil. Menos de dois anos depois, pareceu muito mais fácil discutir tais coisas. Feitas as contas, o Senado estava aliviado com a derrota de Antônio, mas não estava inclinado a ser generoso. As recompensas para os soldados da *Quarta* e da *Martia* foram reduzidas e Otaviano não foi incluído na comissão encarregada de dar terras aos soldados dispensados. Tratava-se de um sinal de que manobras estavam em curso para "descartar" o jovem César.[15]

"UM ENTRE TRÊS" 285

Aliança e listas de proscrição

Antônio havia sido taticamente superado e derrotado durante a campanha. Mais uma vez, vale enfatizar que aquela foi a sua primeira campanha como comandante exclusivo e que sua experiência militar em operações de grande escala era limitada à Itália em 49 e à Macedônia em 48 a.C. A Guerra Civil foi combatida por exércitos improvisados, que continham muitos amadores inexperientes. Contudo, ele esteve em seu melhor durante a retirada, compartilhando as mesmas rações precárias com seus homens, até mesmo bebendo água estagnada e comendo frutos silvestres e raízes escavadas durante a marcha nos Alpes. Houve alento quando Públio Ventídio Basso se juntou a ele com três legiões recrutadas nas colônias estabelecidas para os veteranos de César. O próprio Ventídio havia servido a César na Gália e na Guerra Civil, o que talvez tenha ajudado a realistar aqueles velhos soldados.

Os veteranos de Otaviano se opuseram acerbamente a servir sob Décimo Bruto, que o Senado então designara para o comando-geral das forças na Gália Cisalpina. O jovem César ele mesmo não chegava a estar mais entusiasmado. Os vitoriosos estavam divididos e isso impediu qualquer perseguição concertada, ajudando Antônio a escapar para a Gália Transalpina, onde Lépido controlava um poderoso exército com muitos soldados e oficiais experientes. O ex-*Magister Equitum* tinha proclamado a sua lealdade à República em numerosas ocasiões, mas Cícero e muitos outros achavam difícil confiar nele. Não ajudou a situação o fato de Cássio receber, mais ou menos na mesma época, o reconhecimento de seu comando, enquanto Sexto Pompeu era finalmente nomeado para um comando naval, em vez de ser simplesmente um rebelde. Os inimigos de César pareciam estar se fortalecendo e dava-se pouco incentivo aos antigos cesarianos para apoiarem o Senado. Os veteranos estavam frustrados pelo fracasso em punir os assassinos de César. Para Lépido, como para outros líderes dessa época, o poder e a segurança dependiam, em última análise, de controlar seu próprio exército. Seus homens tinham que se esforçar para ver Antônio como o verdadeiro inimigo e suas melhores tropas haviam sido alistadas entre os veteranos, pois Lépido formara outra vez várias das legiões de César, inclusive a *Décima*.

Os dois exércitos acamparam perto um do outro. Antônio não fez nenhum movimento hostil e sem dúvida estimulou seus homens a confraternizarem com os de Lépido. Plutarco nos conta que ele não fazia a barba desde a derrota em Mutina — uma marca de luto que o próprio César tinha empregado até vingar o massacre de quinze coortes nas mãos dos rebeldes em 54–53 a.C. — e que usava um manto negro. Em dias, o exército desertou em massa para o lado de Antônio. Lépido afirmou ter sido obrigado a seguir seus homens, mas parece mais provável que ele tenha preferido juntar-se a Antônio, pois pouco tinha a ganhar lutando contra ele. Um dos legados de Lépido cometeu suicídio, mas todos os demais pareciam felizes com a mudança. Na Espanha, Pólio protestou sua lealdade um pouco mais extensamente, mas por fim também se alinhou com Antônio. Com a adesão de todos os governadores das províncias ocidentais, Antônio e seus aliados controlavam algo como dezoito ou dezenove legiões. Muitas eram pequenas em tamanho, e nem todas podiam ser desdobradas sem perigo na Guerra Civil, mas a qualidade das tropas era alta. Meses depois de sua derrota, Antônio tinha ficado muito mais forte militarmente.[16]

Décimo Bruto não estava em posição de enfrentá-los. Algumas de suas tropas desertaram e ele fugiu, mas foi capturado e mantido preso por um chefe de clã gaulês. Otaviano tinha o seu próprio comando e da maioria das legiões de Hírcio e Pansa — com recrutas novos, cerca de oito legiões. Ele enviou alguns de seus centuriões a Roma, exigindo ser eleito para o consulado então vago. Havia rumores de que Cícero seria seu colega. O orador tinha tentado em vão convencer Bruto a trazer seu exército da Macedônia para a Itália e fornecer tropas para enfrentar Antônio e seus aliados. O Senado se recusou a considerar um homem que ainda estava a algumas semanas do seu vigésimo aniversário. Em resposta, Otaviano

"UM ENTRE TRÊS" 287

fez seu exército marchar para o sul desde a Gália Cisalpina, a travessia do Rubicão sendo não mais que incidental.

Pansa tinha deixado uma legião para trás para proteger Roma. Três mais foram convocadas da província da África. Todas elas desertaram para Otaviano quando ele acampou fora da cidade. Relutantemente — Cícero o mais relutante de todos — os senadores saíram para saudá-lo e concordar com seus termos. Ele foi eleito cônsul sufecto em 19 de agosto de 43 a.C., com Quinto Pédio como colega. Este último também era parente de César e fora nomeado herdeiro secundário no testamento. A adoção de Otaviano também foi oficialmente confirmada. Nos meses anteriores, tanto Antônio quanto Dolabela haviam finalmente sido condenados como inimigos públicos. Essa condenação foi então revogada e, alternativamente, os conspiradores sobreviventes assim como Sexto Pompeu foram proscritos. Houve recompensa para os soldados, cada qual recebendo imediatamente 2.500 denários provenientes de fundos do Estado — metade do que havia sido prometido para quando dessem baixa.[17]

Otaviano levou seu exército para o norte outra vez. Ele não estava marchando para guerrear, mas a base militar do poder era ostensiva quando ele se reuniu com Lépido e Antônio por três dias numa ilha perto de Bonônia. Finalmente, todos os associados de César se juntaram numa aliança contra os conspiradores e quem mais a eles se opusesse. Eles acordaram constituir um "conselho de três para restaurar o Estado", o *tresviri rei publicae constituendae*. À diferença da aliança informal entre Pompeu, Crasso e César, essa foi formalmente estabelecida por lei quando eles chegaram a Roma, e seus poderes foram votados por cinco anos. Antônio e Lépido mantinham as províncias já sob seu controle, e a Otaviano foram outorgadas a África, a Sicília e a Sardenha. Entre eles, o triunvirato logo comandava mais de quarenta legiões, embora muitas dessas formações fossem pequenas e algumas consistissem principalmente em recrutas não testados.[18]

288 ANTÔNIO E CLEÓPATRA

A lei que criou o triunvirato, a *Lex Titia*, segundo o nome do tribuno que a propôs, foi aprovada pelo *Concilium Plebis* em 27 de novembro de 43 a.C. Ela concedia aos três homens o direito de fazerem leis sem consultar nem o Senado nem o povo, e os tornava as autoridades judiciais supremas. As eleições eram controladas como controladas foram sob a ditadura de César. Antônio e seus dois colegas rejeitaram publicamente a política de clemência de César, pois sua misericórdia tinha poupado os homens que depois viriam a matá-lo. Mais urgentemente, seu exército era agora vasto e generosas recompensas haviam sido prometidas. Os triúnviros necessitavam de dinheiro para pagar e a forma mais rápida de obtê-lo era tomá-lo dos ricos. Em vez de César, eles escolheram imitar Sula e deram início a uma nova série de proscrições. Os inimigos deveriam ser mortos e, também, muitos homens cujos crimes mais graves eram serem ricos e não terem laços suficientes com o triunvirato.

Uma relação com apenas um deles nem sempre era suficiente. Diz-se que Otaviano quis poupar Cícero, mas Antônio estava determinado, convencido de que Cícero tinha que morrer, e assim foi feito. Em troca, ele sacrificou seu tio, Lúcio Júlio César. Lépido consentiu — alguns afirmam que ele inspirou — a adição às listas de seu irmão Lúcio Emílio Lépido Paulo, homem cuja lealdade César havia comprado durante seu consulado em 50 a.C. Não está claro quantas pessoas morreram nesses expurgos. Apiano afirma que não menos que trezentos senadores e 2 mil cavaleiros foram mortos, mas esse pode igualmente ser o total de nomes nas listas de proscrição. Lúcio César procurou sua irmã Júlia e a mãe de Antônio o protegeu. Plutarco afirma que ela confrontou os homens que vieram matá-lo, bloqueando a porta e dizendo, "Vós não matareis Lúcio César sem antes matar-me, a mãe de vosso comandante!" Eles desistiram e, em seguida, Antônio concedeu perdão ao tio depois que sua mãe o abordou no Fórum. O irmão de Lépido fugiu para Mileto e sobreviveu no exílio.[19]

Eles não foram os únicos sobreviventes. Muitos dos proscritos estavam escondidos ou conseguiram fugir para o estrangeiro e se re-

"UM ENTRE TRÊS" 289

fugiar com Sexto Pompeu ou um dos conspiradores. Contudo, muitos morreram, e houve bem mais histórias de selvageria e traição. Cícero enfrentou calmamente os seus executores em 7 de dezembro. Seu irmão e seu sobrinho já haviam sido mortos, mas seu filho estava na Grécia e juntou-se ao exército de Bruto.

As listas de proscrição consistiam somente em nomes de homens. Seus filhos nada sofreram, a menos que já tivessem chegado à maturidade. Nenhuma mulher foi incluída ou ferida deliberadamente, e suas propriedades permaneceram intocadas. Elas incorriam em risco se protegessem maridos ou filhos proscritos, embora não haja registro de nenhuma sendo realmente morta. Creditou-se a mulheres tanto salvar como condenar. Júlia foi capaz de salvar seu irmão; dizem que Fúlvia induziu Antônio a acrescentar nomes à lista. As fontes são hostis a ela, mas é bem possível que uma mulher que perdeu dois maridos tivesse contas a acertar. Apesar de toda a selvageria da Guerra Civil e das proscrições, restou uma certa medida de comedimento. Júlia certamente passou um tempo em Roma quando seu filho foi declarado inimigo público, e Fúlvia também pode ter estado lá. Servília, suas filhas e a mulher de Bruto foram igualmente capazes de viver na cidade e fazer campanha em prol dos conspiradores quando Antônio era dominante, e, depois, quando os triúnviros chegaram e Bruto e Cássio passaram a ser inimigos do Estado. Disputas com um político rival não implicavam necessariamente a morte ou o exílio de sua família, e somente parentes adultos do sexo masculino eram suscetíveis a ataques. Apesar da brutalidade da Guerra Civil, algumas convenções ainda eram respeitadas. Todos os lados pretendiam estar lutando em nome da República contra seus inimigos; a ideologia não desempenhou nenhum papel maior, e, como somente os homens podiam deter poder, somente os homens eram tanto aceitáveis para combater como dignos de serem mortos.

A esmagadora maioria de todas as classes tinha tido esperanças de evitar a renovação da Guerra Civil depois dos Idos de março. Os conspiradores eram jovens demais e não tinham status e influência

290 ANTÔNIO E CLEÓPATRA

suficientes para assumir o controle da República. Bruto quis enfatizar que eles tinham agido relutantemente para eliminar um tirano e restaurar a República e o estado de direito. Contudo, mesmo que ele e seus colegas tenham desejado assumir o controle do Estado, é improvável que pudessem tê-lo feito. A aversão pela ditadura, e às vezes por César pessoalmente, não se transferiu automaticamente para um apoio entusiástico a Bruto, Cássio e os outros. A maioria dos senadores não tinha nenhum apetite de entrar em guerra para proteger os conspiradores ou destruir Antônio. Cícero tentou granjear apoio para essa causa e nunca conseguiu, mas de muitas maneiras os conspiradores eram os responsáveis, permanentemente ressentidos por veteranos de César e muitos dos seus amigos e associados de mais prestígio e autoridade. O orador pode ter tornado as coisas piores, forçando uma crise e demonizando Antônio, provocando uma guerra que ele não conseguiu ganhar. A guerra civil poderia estourar de qualquer maneira. O medo e a dificuldade em confiar em rivais políticos contribuíram tanto para esse conflito quanto tinham contribuído para a luta entre César e Pompeu. Mais uma vez, a política desempenhou um papel pequeno ou nulo, e rivalidades pessoais foram a essência da luta.

No dia 15 de março de 44 a.C., Antônio era cônsul, mas não tinha nenhuma tropa sob seu comando. No final de 43 a.C., ele partilhava o poder supremo, muito maior do que o consulado, e era líder conjunto do mais poderoso exército existente. Nada disso teria acontecido se ele tivesse simplesmente completado seu mandato consular e depois se tornado procônsul de uma província gaulesa ampliada. Antônio tirou partido das oportunidades oferecidas, quando a ordem foi quebrada e a República cambaleou para uma guerra civil, e ele sobreviveu aos perigos que as acompanhava. Não existe nenhuma razão a sugerir que ele tenha seguido uma senda planejada. Como qualquer aristocrata romano, ele estava determinado a ascender ao topo da vida pública, a conquistar tanto poder, influência, riqueza e glória quanto pudesse. Poder-se-ia igualmente enfatizar que ele foi legalmente eleito cônsul e designado

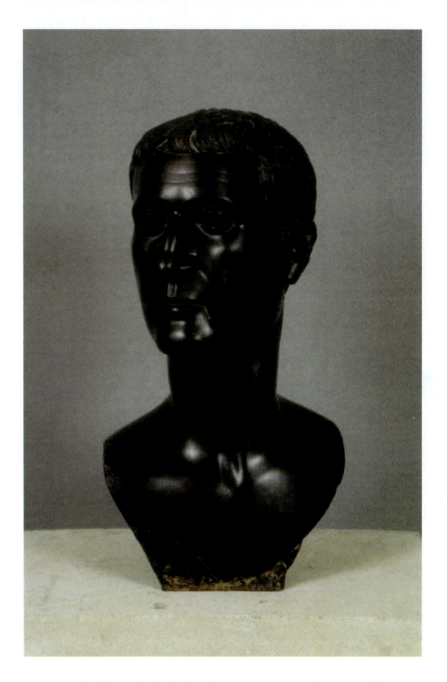

Busto de Marco Antônio. Geralmente aceito como uma reprodução de Marco Antônio, o busto mostra traços semelhantes às suas imagens em moedas, embora mais sutis. Estas últimas retratam um indivíduo de compleição mais robusta e pescoço taurino. Antônio tinha orgulho de sua aparência musculosa e de sua força física, que ele acreditava evocar seu ancestral Hércules. (NTPL/Paul Mulcahy)

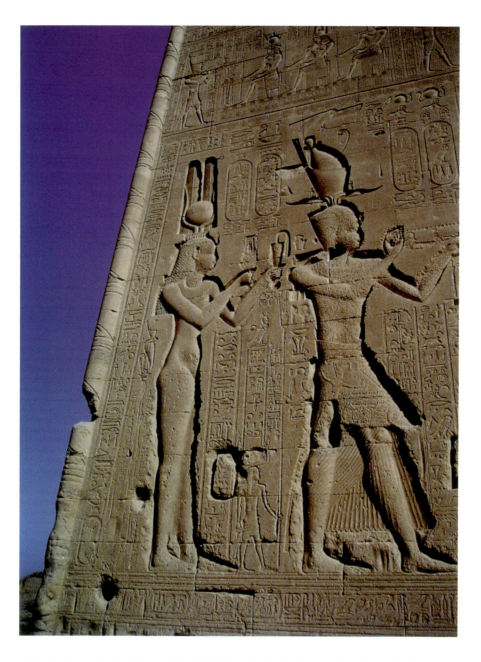

Cleópatra egípcia. Na parede sul do Templo de Hathor em Dendera, Cleópatra e seu filho Cesário são representados no estilo dos faraós da antiguidade distante. Embora não mais que uma criança quando os entalhes foram realizados, Cesário, à direita, tem a mesma altura que a mãe. (Rowan)

Cleópatra grega. O busto, hoje em Berlim, é amplamente aceito como uma reprodução de Cleópatra e apresenta uma imagem muito mais grega da rainha. Os cabelos estão presos num coque e ela usa o diadema dos monarcas helenísticos. (Photo Scala)

Imagem em moeda da jovem Cleópatra *(abaixo).* Cunhada na cidade de Ascalão em 50-49 a.C., a moeda de prata representa a jovem Cleópatra. O nariz forte e recurvo dos ptolomeus é enfatizado. (Museu Britânico)

Beleza idealizada. O busto proveniente da Itália é identificado como de Cleópatra em grande parte por causa do diadema, que pode originalmente ter incluído o símbolo do uraeus dos reis ptolemaicos. Ele tem traços mais suaves do que outras reproduções. (Corbis)

Imagem de poder. A efígie de Cleópatra em moeda posterior enfatiza fortemente os grandes olhos e o nariz recurvo, familiar nas moedas dos ptolomeus. Moedas eram muito mais afirmações de poder do que imagens fiéis. (Museu Hunteriano, Glasgow)

Alexandre louro *(acima)*. Alexandre, o Grande, é descrito como louro, como muitos da família de Cleópatra. Neste mosaico, uma cópia romana de um original grego encontrado em Pompeia e construído três séculos após sua morte, o rei da Macedônia é representado com cabelo castanho médio. (Bridgeman Art Library)

O pai de Cleópatra. Ptolomeu XII se autodenominou o "Novo Dionísio", mas foi menos respeitosamente apelidado de "o bastardo" ou "o auleta". A imagem sugere a tendência da família a engordar ou mesmo à obesidade. (Jastrow)

Caligrafia real. O papiro ao lado registra a concessão de favores por Cleópatra a um dos comandantes de Antônio. A palavra isolada abaixo do texto principal — em grego, "que assim seja" — é de caligrafia diferente e pode ter sido escrita pela própria Cleópatra. (Reuters/Corbis)

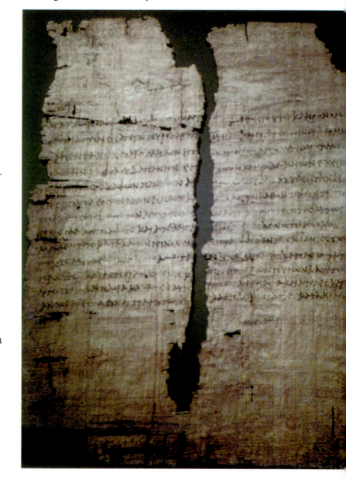

César *(à esquerda)*. Talvez a única representação de César realizada durante a sua vida, este busto proveniente de Túsculo nos dá uma ideia do homem que se tornou o primeiro amante de Cleópatra. (W&N Archive)

Pompeu *(à direita)*. Pompeu, o Grande, fora genro e aliado de César, mas tornou-se seu mais poderoso oponente e a disputa entre os dois levou à Guerra Civil. (W&N Archive)

Casa dos Grifos. Embaixo do Palácio do Imperador Domiciano no Monte Palatino, em Roma, há vestígios de casas do século I a.C., ainda com as ornamentações em suas paredes. A chamada "Casa dos Grifos" nos dá uma ideia da decoração de uma casa aristocrática nos dias de Antônio. (Coleção do autor)

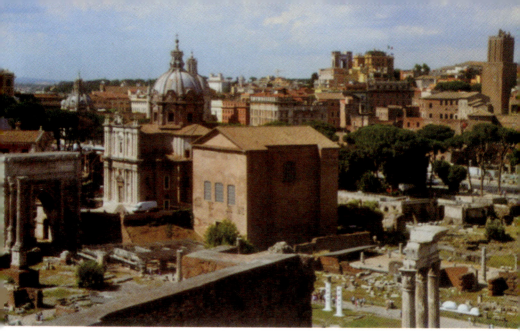

O centro físico da República. Nesta foto tirada das encostas do Monte Palatino, a vista do Fórum Romano nos mostra a Casa do Senado no século III d.C., a cúria ao centro e a Rostra mais à esquerda. As estruturas eram diferentes na época de Antônio, mas situavam-se na mesma área. O local era o coração da vida pública romana. (Coleção do autor)

Funeral de um ditador — templo de um deus. Um pouco à esquerda, no centro deste panorama do Fórum Romano, encontra-se o Templo do Divino Júlio, com seu moderno telhado de metal semicircular. À direita, o Templo de Vesta. Antônio presidiu o funeral de César no Fórum. (Coleção do autor)

Bruto *(à esquerda).* Busto geralmente identificado como uma imagem de Bruto, um dos líderes da conspiração para matar César. (W&N Archive)

Sexto Pompeu *(à direita).* Filho mais novo de Pompeu, o Grande, Sexto Pompeu se recusou a submeter-se a César e construiu uma poderosa frota baseada na Sicília e ilhas adjacentes. (Alinari/Topfoto)

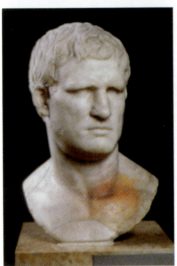

Agripa. Marco Vipsânio Agripa foi um contemporâneo de Otaviano. De família obscura, mostrou-se um administrador capaz, um general talentoso e um almirante de gênio. Otaviano lhe confiou responsabilidades consideráveis, e ele se dava por satisfeito de ascender como assistente de seu amigo. (Bridgeman Art Library)

Cícero. Marco Túlio Cícero foi o maior orador de sua época. Como cônsul em 63 a.C., executou o padrasto de Antônio, Lépido. Em 44-43 a.C., Cícero lideraria a oposição ao próprio Antônio, proferindo as *Filípicas*, uma série de discursos atacando seu caráter e suas ações. Como retaliação, Antônio mandou pregar a sua cabeça e a sua mão cortadas na Rostra. (Bridgeman Art Library)

O vencedor. Otaviano se juntou a Antônio no triunvirato, mas apenas uma década depois os aliados entraram em conflito. Otaviano venceu, criou o sistema imperial e assumiu o nome de Augusto. Ele teve cerca de quarenta anos para legitimar suas ações e maldizer a reputação de Antônio. A estátua mostra o produto acabado, o "pai de seu país", que restaurou o Estado para a glória. (Bridgeman Art Library)

Poder naval. A escultura proveniente de Preneste mostra uma imagem estilizada de um navio de guerra romano. O tamanho dos marinheiros é exagerado em proporção à embarcação; observe, porém, a torre no convés, planejada para permitir que os homens lançassem ou disparassem projéteis contra navios inimigos. (Photo Scala)

Controlando a Itália. Este porto hoje se encontra no local da antiga Putéolos, com o cabo Miseno se estendendo no fundo à esquerda. Considerado um dos portos mais movimentados da Itália romana, foi em sua baía que Antônio e Otaviano negociaram com Sexto Pompeu. (Coleção do autor)

Otávia. Considerada de grande beleza, a irmã mais velha de Otaviano estava no começo dos 30 anos e já era viúva quando se casou com Antônio para consolidar a aliança. Ela lhe deu duas filhas, e dessa linhagem vieram nada menos que três dos imperadores de Roma. (AKG Images/Nimatallah)

O triúnviro. A moeda que representa Antônio, o triúnviro, foi cunhada em 43 a.C. e sugere a força física rústica do homem. (W&N Archive)

Lívia. Otaviano se casou com Lívia durante a gravidez dela, fazendo seu antigo marido se divorciar e dar a mão dela em casamento. Sua pressa sugere uma paixão real por esta mulher atraente e de inteligência aguçada. (Coleção do autor)

Guarda-costas bárbaro. A estátua de um guerreiro gaulês expressa uma boa ideia dos combatentes aristocráticos enfrentados pelo exército de César na Gália. Em anos posteriores, Antônio deu a Cleópatra uma escolta formada por centenas desses guerreiros. (The Art Archive/Gianni Degli Orti)

Governante romano do Oriente *(à esquerda).* Antônio, mais velho, aparece com o pescoço ainda mais taurino nesta série posterior de moedas. Os títulos atribuídos a ele são registrados como áugure, imperador (ou general triunfante) três vezes, duas vezes cônsul e triúnviro para restaurar o Estado. A outra face da mesma moeda *(abaixo, à esquerda)* mostra o filho de Antônio, Antilo. Apesar de honras prestadas a Cleópatra, esta série de moedas promovia seu filho e herdeiro romano. (Museu Britânico)

Oponentes letais *(abaixo).* A estatueta de terracota de um arqueiro parto montado a cavalo enfatiza o estilo de combate muito diferente do vizinho oriental de Roma. A grande força do exército parto estava em sua cavalaria. Poucos elementos eram catafractos pesadamente couraçados, mas a maioria consistia em arqueiros sem armadura, que confiavam na velocidade para evitar projéteis inimigos. (Bridgeman Art Library)

Ácio hoje. A vista aérea da baía de Ácio ajuda a mostrar por que foi difícil para a frota de Antônio escapar ao cerco. O acampamento principal de Antônio se situava no ponto mais distante do estuário. Seu acampamento menor e a posição de Otaviano estavam fora de alcance no ponto mais próximo. (Coleção de Harry Gouvas)

Afresco acíaco. A pintura mural mostra um conflito naval frequentemente identificado como a batalha de Ácio. Ela oferece uma ideia da confusão reinante enquanto navios a remo buscavam manobrar para posições favoráveis a fim de atacar o inimigo num encarniçado combate a curta distância. (The Art Archive/Gianni Dagli Orti)

Harmonia do novo regime. Em anos posteriores, quando Otaviano já se tornara o Imperador Augusto, ele exibiu a família como ideal de harmonia e virtude tradicional romana, incluindo Otávia e as duas filhas que ela dera a Antônio. A Antônia mais nova está ao centro, segurando a mão de seu jovem filho Germânico. A Antônia mais velha está à direita, com a cabeça coberta. O filho de Antônio com Fúlvia, Iulo Antônio, sucumbiu a um escândalo envolvendo a filha do imperador, Júlia, o qual resultou no exílio da moça e na execução do rapaz, e não é representado. (Coleção do autor)

Orgulho, lealdade e soldo. Em preparação para a Guerra Acíaca, Antônio cunhou uma série de moedas para pagar seu exército. Em uma das faces, elas mostravam um navio de guerra, simbolizando a frota substancial em parte financiada por Cleópatra. Na outra, retratavam uma águia legionária, flanqueada por dois estandartes "signa" levados pelas sessenta centúrias numa legião. (Coleção do autor)

Antônia, a Jovem *(acima)*. A filha mais nova de Antônio e Otávia se casou com o filho mais novo de Lívia, que ela já levava no ventre quando se casou com Augusto. (Coleção do autor)

Espólios de guerra *(à direita)*. Entre os espólios que Otaviano trouxe do Egito, figuravam dois obeliscos. Este está agora situado na Piazza di Montecitorio. (Coleção do autor)

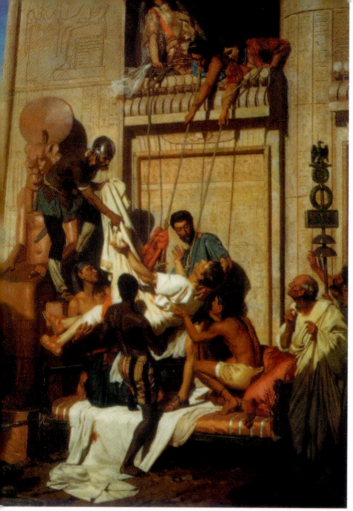

Final dramático. O romance cercou cada um dos aspectos do caso entre Antônio e Cleópatra, mas acima de tudo a morte dos dois, conforme mostrado nestas duas telas do século XIX. *Antônio moribundo é levado até Cleópatra* (alto), de Ernest Hillemacher, representa uma Cleópatra muito oriental e suas escravas içando um Antônio surpreendentemente arrumado com auxílio de cordas. Observem os hieroglifos que decoram as paredes do mausoléu. (The Art Archive/Gianni Degli Orti)

No segundo quadro, o orientalismo torna--se erótico. *A morte de Cleópatra*, de Jean-André Rixens, mostra a rainha nua, em vez de trajada em suas vestimentas reais. Ela e as criadas são inteiramente egípcias, tanto que Charmiana é representada de perfil, muito evocativo das pinturas murais estereo-típicas atrás dela. (AKG Images/Erich Lessing)

"UM ENTRE TRÊS" 291

para uma província e o comando de um exército. Os conspiradores tinham uma posição institucional muito mais fraca.

Isso era ainda mais verdadeiro para Otaviano, que foi também oportunista. Sua ascensão foi certamente mais espetacular que a de Antônio e não poderia ter ocorrido tão rapidamente se ele não tivesse sido "louvado" e "condecorado". Nem ele nem Antônio tinham muitas razões para respeitar as tradições de uma República que eles nunca tinham visto funcionar adequadamente. É improvável que o que ambos os homens planejaram para o futuro, além de um desejo geral de distinguir-se, tenha sido muito claramente desenvolvido até mesmo em suas próprias mentes. Ainda havia uma guerra a ser travada e uma vingança a ser tirada pela morte de César.

18. Deusa

Em maio de 44 a.C., Cícero fez circular um rumor de que Cleópatra e "aquele seu César" tinham morrido em seu retorno ao Egito, o que ele esperava que fosse verdade. Um mês depois, ele escreveria sem enfeites, "eu odeio a rainha" (*Reginam odio*, no latim incisivo), e também se queixaria sobre um cortesão dela chamado Amônio. Isso não o impedira de visitar a rainha durante a vida de César e aceitar a oferta de presentes "que diziam respeito a aprendizado e não depreciavam a minha dignidade". O fato de esses presentes nunca terem se materializado contribuiu muito para alimentar sua desafeição e ele repreendeu severamente "a arrogância da rainha". Ao partir, Cleópatra deixou agentes em Roma para cuidar de seus interesses, e o acesso de ódio parece ter sido desencadeado por uma pergunta para saber se ele iria ou não ajudá-los. Roma estava sempre cheia de homens fazendo campanha em benefício de governantes e comunidades, tentando convencer senadores a apoiá-los.[1]

Esse curto parágrafo, numa longa carta tratando de muitas outras coisas, é a menção mais copiosa a Cleópatra em toda correspondência ou outros escritos de Cícero. Ele passa ao largo do principal e não explica os difíceis relacionamentos do orador com mulheres, se é que é necessário descobrirmos o porquê de ele não gostar dela. Muito mais significativo é o fato de ele só mencionar Cleópatra brevemente e em apenas um punhado de ocasiões em 44 a.C., e nunca mais depois disso. Se realmente tivesse desempenhado algum papel na luta pelo poder então em desenvolvimento em Roma, a rainha figuraria bem mais proeminentemente, mesmo que os comentários fossem hostis. Naquele momento, nem ela nem Cesário importavam o bastante para atrair muito interesse, ou mesmo ódio, das lideranças romanas.[2]

Talvez a viagem para a Alexandria tenha sido agitada. Viagens marítimas quase sempre se mostravam perigosas no mundo antigo e a ameaça de doenças era constante. Se houve perigos no percurso, Cleópatra e seu filho sobreviveram bem. E também o seu irmão e consorte, Ptolomeu XIV, presumindo que ele tenha estado com eles em Roma, o que parece ser o mais provável. Contudo, no final de agosto de 44 a.C., o rapaz estava morto. O historiador judeu Josefo, escrevendo um século depois, diz que Cleópatra mandou envená-lo. Sua atitude para com a rainha era geralmente hostil, mas apesar disso são poucas as razões para duvidarmos da história. A maioria dos ptolomeus que tiveram mortes violentas as tiveram por ordem de sua própria família. Não obstante, é realmente possível que o jovem tenha morrido de causas naturais.[3]

Se assim for, então a morte foi muito conveniente para Cleópatra. Rivais sérios para o trono só poderiam vir de dentro da família, sobretudo dos irmãos. César tinha confirmado irmão e irmã como governantes conjuntos, talvez porque entendesse que o reinado exclusivo de uma rainha tinha pouca probabilidade de ser aceito e talvez também para honrar o espírito do testamento de Auleta. Com seu protetor e amante romano vivo, Cleópatra podia ter confiança de que controlaria seu consorte. Agora que César havia morrido e que Ptolomeu XIV estava chegando à maturidade — ele tinha 15 ou 16 anos —, isso era muito menos certo. Havia uma ameaça bem real de que cortesãos e aristocratas alexandrinos se unissem em torno do rei e vissem o aumento de seu poder como caminho para a sua própria riqueza e influência. Cleópatra sobrevivera por pouco e prevalecera na luta com Ptolomeu XIII e pode não ter tido vontade de repetir a experiência.

DEUSA   295

Não era nada incomum para os ptolomeus — nem para quaisquer
outras dinastias helenísticas e entre imperadores romanos em séculos
posteriores — o uso do assassinato na política dinástica. A remoção
dele deixou Cleópatra e Arsínoe como as únicas filhas sobreviventes
de Auleta. A irmã mais jovem permanecia em conveniente cativeiro
no Templo de Ártemis em Éfeso. Ela era uma ameaça, e já havia se
proclamado rainha uma vez em 48 a.C., mas por enquanto uma ameaça distante, e de todo modo além do alcance de Cleópatra. Arsínoe
necessitaria de apoio poderoso para tentar retornar ao reino, e tal apoio
só poderia vir de Roma. Isso tornava ainda mais importante do que
antes a necessidade de os emissários de Cleópatra continuarem a cortejar homens importantes em Roma, assim como o pai dela havia feito
ao longo de toda a sua vida. Sem dúvida, outros lá estariam presentes,
querendo falar e subornar em nome de Arsínoe, igualmente. Em 44
a.C., Antônio parece ter anunciado que a irmã mais jovem deveria ser
libertada e governar Chipre, ainda que não esteja claro se algo foi feito
para implementar essa decisão antes de seus decretos serem abolidos.[4]

Cleópatra sabia que somente o apoio romano seria capaz de assegurar o seu próprio governo, e que nada podia garanti-lo, especialmente
num momento em que a República estava derivando para uma guerra
civil. Antônio dominava, mas então pareceu cair antes de emergir
novamente para controlar a República com outros triúnviros. Isso
tornava as legiões deixadas no Egito por César valiosas para qualquer
líder romano ambicioso. Seu poder baseava-se na sua força militar e
a única coisa que os suplantaria seria uma força superior. Em algum
momento, uma quarta força se juntou às três lá estacionadas em 47
a.C., e Aulo Alieno assumiu o comando de Rúfio, que desaparece das
nossas fontes. Provavelmente, isso fazia parte dos preparativos para a
projetada campanha parta. No passado, essas tropas tinham amparado
o poder de Cleópatra. Agora, a sua própria presença era um perigo,
criando risco de envolvimento direto com a Guerra Civil em Roma.[5]

296 ANTÔNIO E CLEÓPATRA

Quando Dolabela enviou um mensageiro a Alexandria pedindo à rainha que lhe enviasse as legiões, isso pode quase ter sido um alívio e ela obedeceu prontamente. Tratava-se provavelmente do começo de 43 a.C. Dolabela demorou muito antes de ir para a sua província da Síria, e a demora permitiu a Cássio chegar lá primeiro e reunir apoios. A luta já havia começado na sequência de um motim de algumas das legiões baseadas na província, o qual dois dos governadores de César se empenharam para reprimir. Ambos os lados sepultaram então as suas diferenças e se juntaram a Cássio. Alieno não tivera notícia disso quando levou seu exército para a província. Estando desprevenidos, confrontados pela evidência de oito legiões contra as suas quatro, ele se rendeu e seus homens desertaram para o lado de Cássio. Parece que houve muito pouco entusiasmo em servir sob o comando de Dolabela, assim como desejo de estar no lado mais forte, mesmo que fosse comandado por um dos conspiradores. Quando finalmente chegou, Dolabela foi sitiado em Laodiceia, mas não foi capaz de resistir e cometeu suicídio antes de a guarnição se render no verão de 43 a.C.[6]

Cleópatra tinha obedecido às instruções de um cônsul da República e provavelmente ficado feliz em ajudar um homem que estava combatendo um dos assassinos de César. Não obstante, este último vencera e era improvável que tivesse boa disposição em relação a ela. As legiões tendo partido, só lhe restara uma pequena guarnição de mercenários sob seu controle. Isso podia ser suficiente para combater uma inquietação interna menor, mas seria pateticamente inadequado para enfrentar qualquer invasão por um exército romano.[7]

Felizmente, Cássio estava ocupado, pois ele e Bruto se preparavam para o confronto inevitável com os triúnviros, e não tinham tempo de ir para o Egito. Em vez disso, ele exigiu apoio em forma de dinheiro, grãos e navios de guerra. Cleópatra protelou, argumentando uma sucessão de más colheitas que lhe impossibilitavam dar o que ele pedia imediatamente. Logo, ela teria tido notícia da emergência de Antônio, Otaviano e Lépido em Roma, da declaração de Bruto e Cássio como

DEUSA

inimigos públicos, e da promessa do triunvirato de vingar César. Tudo isso deve ter sido bem-vindo e convencido Cleópatra de que era melhor resistir a Cássio e apoiar os triúnviros. Isso fazia sentido se ela esperava que eles ganhassem, pois ela queria que os vencedores a confirmassem no poder. A política pragmática de sobrevivência provavelmente se combinava com seu ódio natural contra os homens que assassinaram seu amante. Por enquanto, ela não podia declarar abertamente a sua lealdade e continuou a prometer ajuda a Cássio, só que não naquele momento.

O conspirador logo ficou desconfiado e enviou instruções diretas a Serapião, o governador de Cleópatra para Chipre — e muito possivelmente o mesmo homem usado como embaixador por César na Guerra de Alexandria. O oficial obedeceu de imediato, independentemente da rainha. Cássio controlava Éfeso e parece ter decidido usar Arsínoe, talvez lhe devolvendo o governo nominal de Chipre. Isso era uma ameaça para Cleópatra e poderia forçá-la a aceitar as suas exigências. Se não fosse o caso, na devida hora ela poderia ser substituída por sua irmã mais maleável.

Cleópatra preparou uma esquadra de navios de guerra exatamente como Cássio havia exigido. Entretanto, em 42 a.C., ela os comandou pessoalmente, não para ajudar os conspiradores, mas para se juntar aos triúnviros, que finalmente tinham lançado a sua ofensiva. Era uma iniciativa ousada, incomum para uma monarca, embora de alguma forma menos surpreendente da parte de uma mulher que, em 48 a.C., tinha formado um exército e invadido o Egito para tomar o seu trono de volta do irmão. Porém, coragem e confiança não trazem em si mesmas prosperidade ou sucesso. Sua invasão anterior do Egito atolara num impasse. Dessa vez, o tempo interveio e muitos dos navios de guerra naufragaram numa tempestade. A própria Cleópatra ficou doente. Talvez fosse enjoo do mar, mas, como ela já viajara por mar antes, o mais provável é que tenha sido algo mais grave.

298 ANTÔNIO E CLEÓPATRA

Os castigados remanescentes da expedição acabaram tendo que voltar como podiam para Alexandria. Sem se intimidar, Cleópatra ordenou a construção de novos navios de guerra para repor as perdas. Ao que se revelou, a guerra foi decidida antes de ela poder tomar parte. A contribuição do Egito foi uma parte minúscula quase insignificante da luta entre os imensos exércitos comandados pelos conspiradores e os triúnviros. Contudo, o custo para Cleópatra foi considerável numa época de privação econômica, e mais uma vez o conteúdo de prata das moedas foi reduzido. Ficar de fora não a teria valorizado aos olhos de quem quer que ganhasse, e lá estava Arsínoe como uma alternativa viável a ser imposta por forças romanas. Cleópatra precisava apostar em fazer o bastante para ganhar o favor dos vitoriosos, sem provocar seus oponentes tão gravemente que não sobrevivesse à guerra.[8]

Sobreviver e ainda mais tirar proveito das lutas no seio da República Romana era um malabarismo delicado, que a mudança das alianças complicava ainda mais. Em momentos diferentes, tanto Antônio como Cássio estiveram dispostos a tirar o poder de Cleópatra e dá-lo a Arsínoe. Foi somente ao final de 43 a.C. que a Guerra Civil se tornou mais firmemente um conflito entre os simpatizantes de César e os conspiradores.

Ísis e Hórus

Assim como lidar com as ameaças e oportunidades apresentadas pelo conflito interno de Roma, Cleópatra tinha o dever sempre presente de manter seu domínio em seu próprio reino. Depois da morte de Ptolomeu XIV, ela não tentou reinar como monarca exclusiva, mas tomou imediatamente Cesário como cogovernante. Ainda uma criança, o menino estava completamente sob o controle da mãe, situação que provavelmente duraria pelo menos até ele tornar-se adulto e casar-se. Por enquanto, o reino tinha tanto um rei como uma rainha e não havia

DEUSA   299

nenhum perigo de facções separadas e rivais surgirem entre mãe e filho. Cesário era herdeiro único, oferecendo uma perspectiva de estabilidade de longo prazo para o regime. Cleópatra não tinha marido e, até onde podemos dizer, não teve nenhum amante, de modo que não haveria outros filhos ou rivais potenciais. A aristocracia em Alexandria e os membros da corte real tinham pouca alternativa exceto aceitar o regime vigente, pelo menos por enquanto.[9]

Os longos anos de crise durante o reinado de Auleta e as disputas entre Cleópatra e seus irmãos tinham prejudicado gravemente a administração e a infraestrutura do reino. Projetos reais, como a manutenção dos sistemas de irrigação, haviam sido negligenciados. Quando as inundações foram pobres ano após ano de 43 a 41 a.C., essa negligência tornou a situação mais difícil. Cleópatra estava apenas sendo sincera ao dizer a Cássio que as colheitas tinham sido ruins. Como sempre, a administração tentou controlar a situação, empregando os estoques de comida de coletas anteriores de parcelas da safra e dos impostos correntes. A fome podia desencadear agitação prontamente. Como a maioria das administrações no mundo antigo, o governo de Cleópatra era especialmente cuidadoso em aplacar as classes mais ricas e as populações das cidades principais. O alimento não podia faltar na instável e explosiva Alexandria, embora Josefo afirme que a comunidade judaica lá de fato sofresse. Significativamente, os funcionários reais também eram advertidos para não extrair coletas pesadas demais dos arrendatários dos grandes proprietários de terra.[10]

Tanto quanto possível, Cleópatra tentava manter todas as diferentes comunidades que viviam em seu reino satisfeitas de aceitarem o seu reinado. Sobrevive uma inscrição desse período confirmando o direito de asilo a fugitivos abrigados na sinagoga de Leontópolis, uma cidade com assentamento judaico considerável. O texto está em grego, exceto pela última linha, que foi escrita em latim e diz, "Por ordem da rainha e do rei". Mesmo depois que as legiões partiram, uma boa proporção dos mercenários servindo como soldados e guardas eram provavelmente

300 ANTÔNIO E CLEÓPATRA

romanos, atraídos por condições confortáveis e soldo generoso, assim como os homens de Gabínio o tinham sido no passado.[11]

Há certa sugestão de que autoridades regionais tivessem considerável liberdade nesses anos, provavelmente continuando a política de Auleta. Inscrições celebram as realizações de Calímaco, um *strategos* da Tebaida, e só fazem breve menção ao rei e à rainha. O governo de Cleópatra também pode ter introduzido um novo estilo de decreto, a decisão recebendo aprovação real por um simples "que assim seja" (*ginestho* em grego). Eles eram enviados a autoridades superiores cuja tarefa era copiá-los e enviá-los a toda a região para todos as autoridades relevantes.[12]

Havia pouco dinheiro, mas, assim como seu pai, Cleópatra continuou a ser generosa com os cultos nos templos do reino, cultivando a parte mais importante da população nativa. Ela concluiu obras no grande templo da deusa Hathor e seu filho Ihy em Dendera. Sua parede sul, traseira, era coberta com relevos representando Cleópatra e Cesário com suas insígnias tradicionais da dignidade real fazendo oferenda às duas divindades do templo e a outros deuses importantes. Alto em pé, "Ptolomeu César" está à frente de sua mãe, segurando uma dádiva de incenso enquanto ela agita o *sistrum*, o chocalho sagrado usado nos ritos da deusa Ísis. Artisticamente, pelo menos, as tradições são mantidas, o faraó e a sua contraparte mulher cumprem seu papel como representantes dos deuses na terra, o vínculo direto com o céu, assegurando que a ordem prevaleça sobre o caos e que Maat seja preservada.

A construção de templos gerava empregos na construção civil, dava dignidade e status ao culto envolvido e seu sacerdócio e produzia grandes monumentos que celebravam o regime. Logo depois que Cleópatra retornou de Roma, o trabalho parece ter começado com um grandioso "templo do nascimento" para Cesário em Hermontis. Tais construções tinham uma tradição que recuava ao passado distante. Essa era consideravelmente maior que o normal, e também incomum, pois não parece ter sido estreitamente associada a um templo existente. Infelizmente, a

DEUSA

estrutura não existe mais, tendo sido demolida e substituída por uma fábrica de processamento de açúcar em meados do século XIX, mas felizmente umas poucas fotografias e desenhos mais extensivos foram realizados antes de isso ocorrer.

Um relevo mostra múltiplas cenas de parto e algumas ou todas podem representar a própria Cleópatra. Ela é descrita em hieróglifos como "a Hórus mulher, a Grande, a soberana da perfeição, brilhante conselheira, a soberana das Duas Terras, Cleópatra, a deusa que ama seu pai". Alhures, ela também é denominada "a imagem de seu pai", embora nessa parte a cártula tenha sido deixada em branco, sem ser preenchida com o nome dela. Ser conhecida como a Hórus mulher era uma indicação clara de domínio — pois reis eram os representantes de Hórus na terra — mas Cleópatra nunca recebeu todos os títulos de um faraó.[13]

Em seu valor nominal, a tradição parece muitíssimo viva nos cultos praticados em templos apoiados por Cleópatra. No mínimo, parece ter havido mais revivificações de práticas, imagens e títulos muito antigos em seu reino. Também é possível distinguir ecos de cultos antigos na própria vida da rainha. Assim como seu pai tinha sido o "Novo Dionísio", Cleópatra se autodenominou a "Nova Ísis"; assim como Dionísio evoluiu de deus do vinho a um grande deus muito mais poderoso e abrangente da vitória e da prosperidade, também a deusa egípcia Ísis transmudou-se em culto internacional. Havia um templo dedicado a ela em Atenas no século IV a.C. e, durante o período de vida de Cleópatra, houve tentativas determinadas mas malsucedidas de suprimir o culto à deusa na própria Roma.

Nós sabemos muito mais sobre Ísis como deusa adorada por gregos e outros estrangeiros do que sob sua forma egípcia. Plutarco, cuja biografia de Antônio é uma fonte de grande importância para a vida de Cleópatra, como para a dele próprio, proveu o mais longo relato da história de Ísis. Irmã e esposa de Osíris, eles eram filhos da deusa do Céu. Osíris e Ísis governaram o Egito como rei e rainha, ensinando o

302 ANTÔNIO E CLEÓPATRA

povo a cultivar safras e prosperar, a obedecer a leis e prestar culto aos deuses. Porém, seu irmão invejoso, Seth, assassinou Osíris. Depois de consideráveis aventuras, Ísis encontra o corpo do marido numa ilha distante, mas, ao trazê-lo de volta ao Egito, Seth o rouba, esquarteja-o em múltiplos pedaços, atirando-os em seguida aos ventos. Auxiliada por Anúbis, o deus dos mortos com cabeça de chacal, Ísis encontra todos os fragmentos — exceto o pênis, que caíra no Nilo e fora consumido por peixes. Ela costurou as partes, fabricou um novo pênis e soprou a vida de novo no corpo de seu marido. Eles fizeram amor e oportunamente ela deu à luz o filho deles, Hórus. Osíris deixou então a terra dos vivos para ir governar o reino dos mortos. Ísis protegeu o menino até ele crescer o bastante para ser capaz de derrubar seu iníquo tio. Mãe e filho governaram então o Egito.[14]

É difícil saber até que ponto os egípcios teriam reconhecido a versão da história de Plutarco ou, com efeito, sequer ter certeza de que a maioria dos veneradores de Ísis acreditava no mesmo mito. Poucas religiões antigas tinham uma teologia ou mesmo tradições claramente desenvolvidas e universalmente aceitas. Os cultos variavam de região para região, e a mesma deidade era amiúde percebida e apresentada de maneiras muito diferentes, embora chamadas pelo mesmo nome. Colonizadores gregos no Egito equipararam divindades locais com deuses e deusas familiares, cultuando-os de sua própria maneira, enquanto a população nativa persistia em suas crenças tradicionais. Para os gregos no Egito e alhures, Ísis se expandiu para assumir os atributos de Atena, Deméter e Afrodite — sabedoria, fertilidade, lei, como mãe e esposa, como fonte de renascimento e ressurreição com a promessa de uma vida após a morte. Considerando Osíris um pouco estrangeiro demais, os ptolomeus criaram um novo consorte para Ísis, no deus Serápis. Os egípcios parecem nunca ter adotado o novo deus, mas sua veneração era comum entre os gregos no Egito e se difundiu no estrangeiro por meio de sua associação com a popular Ísis. O culto a Ísis parecia igualmente exótico aos olhos gregos e romanos, com seus

DEUSA 303

sacerdotes de cabeça raspada, chocalhos *sistrum*, rituais dramáticos e experiências profundamente emocionais. Ele tinha o apelo da sabedoria antiga e distante, mesmo sendo bem possível que possuísse pouca semelhança com os cultos tradicionais do Egito.

Não podemos dizer se Cleópatra optou por associar-se a Ísis porque fazia sentido prático tornar-se a personificação de uma divindade tão poderosa e popular ou se foi por razões mais pessoais, emocionais. Talvez fosse uma mistura dos dois. Nascer Ptolomeu separa a pessoa do restante da humanidade, pois eles eram divinos e sucessores de Alexandre, o Grande. Se de fato ela sentiu ser Ísis, seria certamente em alguma variante da percepção grega da deusa. As imagens tradicionais em Dendera, Hermontis e outros santuários eram convencionais, mudando pouco ao longo dos séculos. Isso não significava uma participação ativa do monarca nos cultos — algo especialmente improvável no caso do infante Cesário. Templos não eram igrejas frequentadas regularmente por grandes congregações, mas casas sagradas para os deuses, só adentradas por sacerdotes como parte do ciclo perpétuo de ritos. Se algumas fórmulas e imagens foram ressuscitadas sob Cleópatra, o mais provável é que a iniciativa tenha partido dos cultos sacerdotais, que recebiam dinheiro e favores reais, e tinham permissão para supervisionar os rituais como lhes parecesse mais adequado.

A história de Ísis de um marido assassinado e do filho infante que necessitava de proteção até amadurecer e poder enfrentar o assassino tinha paralelos com a vida de Cleópatra. Como ela era Ísis, César poderia ser o Osíris morto ou Serápis, e Cesário seria Hórus. Não obstante, exceto pelo nome Ptolomeu César, não há nenhuma alusão ao amante assassinado de Cleópatra em nenhum dos monumentos ou iconografias voltadas para plateias egípcias. Estes estavam muito mais preocupados em salientar a própria legitimidade da rainha e de seu filho como governantes e seu papel como representantes divinos na terra. Hórus, o bom governante do Egito, é mostrado sobre a cabeça de Cesário na forma de um pássaro no relevo de Dendera. A bênção dos deuses que protegiam o Egito e asseguravam prosperidade era o que importava. Não há lugar para um pai morto nem necessidade de vingar sua morte.

Talvez houvesse uma sugestão disso no monumento chamado Cesareum, dedicado a César, em Alexandria, embora não esteja claro quando a obra começou, e é possível que tenha sido posteriormente em seu reino. É lamentavelmente fácil esquecer que os monumentos na cidade abertamente helenística foram quase todos perdidos e concentram-se apenas nos grandes templos muito egípcios que sobrevivem. Em grego, Cesário era intitulado "o deus que ama o pai e que ama a mãe" (*Theos Philopator Philometor*) e "Ptolomeu chamado César". Depois da morte de Ptolomeu XIV, a própria Cleópatra prescindiu do título "que ama o irmão", talvez consciente da ironia, mas continuou a ser uma "deusa que ama o pai" (*Thea Philopator*).

César foi reverenciado, mas nunca houve qualquer tentativa de apresentá-lo seja para os gregos ou para os egípcios como marido ou consorte de Cleópatra, e menos ainda como rei ou faraó. Ele era o distinto pai de Cesário, mas o menino era em primeiro lugar e acima de tudo um Ptolomeu, e era por intermédio de sua mãe e com ela que ele governava por direito. Mesmo que Cleópatra tivesse um forte desejo de vingar a morte de seu amante, ela carecia da capacidade de fazê-lo. Ela podia ajudar os triúnviros, e é surpreendente que o tenha tentado fazer em pessoa, mas estava além de sua capacidade fazer mais que apenas ajudar um dos lados da Guerra Civil em Roma. Nessa etapa, não há absolutamente nenhum sinal de atrito entre Otaviano, o filho adotivo de César, e o filho verdadeiro, quiçá legítimo, Cesário. Este último não tinha nenhum status em Roma. Além disso, era ainda um menininho, governando nominalmente o Egito tão somente por causa da necessidade de um consorte da parte de sua mãe. Os romanos levavam a adoção muito a sério, considerando o vínculo tão estreito quanto a ligação consanguínea. Ao mesmo tempo que pode ser embaraçoso ter um filho estrangeiro bastardo do ditador como um lembrete vivo das indiscrições humanas de César, nada havia que fizesse dele uma preocupação para Otaviano. De nenhum modo significativo ele poderia ser um rival, e é equivocado presumir que alguém possa ter considerado essa hipótese tão prematuramente.[15]

Cleópatra tinha reconquistado o seu trono mediante a intervenção de César. Sua prioridade após a morte dele era sobreviver e permanecer no poder. Isso ela conseguiu, descartando seu irmão, defendendo-se da irmã e mantendo o controle do Egito, e quiçá de Chipre, contra autoridades ambiciosas e outros rivais. Ao mesmo tempo, conseguiu evitar que seu reino fosse tomado e saqueado por um líder romano ansioso por explorar seus recursos e tentou ajudar aqueles que ela esperava ou supunha que iam ganhar. Ela manobrou para evitar colaboração direta com qualquer dos assassinos de César, ainda que, se isso tivesse se tornado inevitável, é duvidoso que ela o tivesse recusado ao custo de perder seu reino em nome de seu ódio pessoal. Cleópatra era uma política pragmática e conseguiu sobreviver a alguns anos difíceis. Ela era rainha e seu filho, rei. Juntos, prometiam estabilidade a longo prazo, o que em si mesmo ajudava a dissuadir quaisquer questionamentos do seu domínio. Cleópatra fizera tudo o que podia para alcançar essa posição, e o fez bem. Sim, no verdadeiro longo prazo, tudo dependia, como sempre dependeu, de Roma e de seus líderes.

19. Vingança

Em 1º de janeiro de 42 a.C., Lépido começou um segundo consulado com Lúcio Munácio Planco como colega. Ser cônsul era prestigioso, mas ele partilhava um poder muito maior com Antônio e Otaviano, como triúnviros. Juntos, eles tomavam todas as decisões importantes e nem magistrados, nem assembleias populares podiam contestá-los. Os assassinatos formalizados das listas de proscrição continuaram, uma advertência clamorosa sobre o custo de fazer oposição ao triunvirato.

Os assassinos de Cícero levaram a sua cabeça diretamente para Antônio, que estaria jantando quando eles chegaram. Numa história que ecoa aquelas contadas sobre Mário e Marcus Antonius, supostamente ele teria segurado a cabeça cortada com alegria em suas mãos. Segundo o historiador Díon, Fúlvia ficou ainda mais exultante, agarrando o terrível troféu e arremedando o orador. Ela teria tirado alfinetes de seus próprios cabelos — como toda mulher aristocrática romana ela usava elaborados penteados à moda — e espetado na língua do orador.[1]

A história pode ser invenção, embora devamos lembrar que Cícero fora um dos mais acerbos opositores de seu primeiro marido, acusando-o publicamente de revolução e de incesto e, depois, elogiando o homem que ordenara seu assassinato. Mais recentemente, as suas *Filípicas* vinham desacatando Antônio, atacando de modo brutal o seu caráter e inspirando o Senado regularmente a declará-lo inimigo público.

Fúlvia tinha vivido em Roma durante esses meses e se viu ela própria sob ataques nos tribunais, visto que inimigos de Antônio e numerosos oportunistas perceberam uma chance de tomar seus bens. Existiam dívidas que ela e seu marido haviam contraído e compras que tinham feito, as quais ela não se empenhava em pagar. O correspondente de longa data de Cícero, Ático, ajudara a acossada Fúlvia, comparecendo ao tribunal com ela e emprestando-lhe fundos para evitar a falência.[2]

Não há indício de que Cícero tenha desempenhado um papel pessoal nos ataques contra Fúlvia, porém, mais do que qualquer outra pessoa, ele havia criado o clima nos quais os ataques ocorreram. Antônio e sua esposa tinham numerosas razões para odiar o orador. Tenham ou não realmente brincado com sua cabeça decepada durante o jantar, eles com certeza levaram a cabo uma forma muito pública de vingança. Antônio tinha dado ordens ao oficial encarregado dos soldados enviados para matar Cícero para que cortassem a mão direita do orador assim como a sua cabeça. Tanto a cabeça quanto a mão foram pregados na Rostra no centro do Fórum. A cabeça que havia proferido e a mão que havia escrito as *Filípicas* pagaram o preço e serviram como uma advertência assustadora quanto ao custo de fazer oposição a Antônio e aos outros triúnviros.[3]

Ático buscou refúgio quando o triunvirato ocupou Roma, pois, assim como dera assistência a Fúlvia, ele havia ajudado as famílias de Bruto, Cássio e outros opositores dos triúnviros. Não obstante, quando Antônio soube "onde estava Ático, ele lhe escreveu de próprio punho, dizendo para não ter medo, mas sim procurá-lo imediatamente; que ele havia apagado o seu nome... da lista dos proscritos". O amigo que o estava escondendo também foi perdoado, como mais um gesto de boa vontade. Antônio enviou um destacamento de soldados para escoltar os dois fugitivos, pois era noite e levaria um certo tempo para a notícia da suspensão de suas sentenças circular. Até então, eles estariam sob risco de todos com expectativas de reivindicar a recompensa por suas cabeças.[4]

VINGANÇA 309

Em outra ocasião, Antônio teria supostamente perdoado um certo Copônio, que provavelmente seria um ex-pretor. Sua mulher tinha procurado o triúnviro, sacrificando a sua honra em troca da vida do marido. Antônio dormiu com ela e, como pagamento, retirou o nome do marido das listas de proscrição. Díon afirma que Antônio e Fúlvia se mostraram dispostos a aceitar dinheiro para retirar o nome de um homem da lista, mas que ele sempre o substituía por outro nome para preencher a lacuna. Em outras circunstâncias, não há nenhuma história de Fúlvia buscando perdão para alguém, e ela foi acusada de conseguir proscrever um homem para poder arrematar a propriedade dele, contígua à dela. Otaviano foi forçado a perdoar a outro homem quando a viúva deste último o escondeu num baú e mandou levá-lo à presença do triúnviro durante a apresentação de uma peça teatral. A multidão ficou tão obviamente a favor do perdão que o jovem César foi obrigado a concedê-lo.[5]

O massacre inaugurado pelas listas de proscrição eram uma mancha no currículo de todos os três triúnviros. Na época, Otaviano pode ter sido mais odiado que os outros, visto que tal depravação assentava ainda menos num jovem. A não ser por isso, o sentimento geral era de que, à sua idade, ele realmente não devia ter feito tantos inimigos políticos. Nos anos posteriores, quando era o Imperador Augusto, ele fez um esforço conjunto para se dissociar dos triúnviros com as mãos sujas de sangue e pôr a culpa da crueldade em seus dois colegas. Isso sem dúvida intensificou a atenção dada nas nossas fontes a Fúlvia como a megera irada que instigava Antônio à prática de crueldades cada vez maiores.

Devemos ser cautelosos quanto a aceitar todas as histórias contadas sobre esses anos, pois muitas sem dúvida foram crescendo ao serem contadas, os papéis de Antônio, Fúlvia e Lépido sendo enfatizados para encobrir as culpas de Otaviano. Não obstante, a verdade era brutal o bastante e claramente assustou a memória coletiva romana. Muitos livros foram escritos recontando histórias de proscritos e de como eles foram salvos ou traídos. Estes não sobreviveram, mas os traços

ANTÔNIO E CLEÓPATRA

em Apiano e outras fontes posteriores nos dão uma boa ideia de sua natureza, focalizando a coragem de alguns dos homens que morreram e a lealdade ou traição daqueles que os protegeram ou traíram. Sexto Pompeu foi altamente elogiado porque não só deu refúgio aos proscritos, como também mandou navios procurarem por eles ao longo das costas da Itália.[6]

As proscrições tinham a vocação de intimidar e conseguiram fazê-lo — a punição exemplar de Cícero deixou claro que ninguém estava a salvo, não importa o quão distinto fosse. Os triúnviros eram odiados, mas também temidos, e nenhuma voz se levantou contra eles no Senado. Eles também tinham esperado levantar dinheiro e, nesse aspecto, foram um pouco menos bem-sucedidos. As pessoas tinham medo de fazer lances nos leilões das propriedades dos proscritos, inquietos de que uma ostentação de riqueza pudesse ser perigosa e levar a que seus próprios nomes fossem acrescentados às listas. Igualmente importante, alguns dos homens que se beneficiaram das proscrições de Sula tinham sido publicamente humilhados nas décadas subsequentes e, em alguns casos, forçados a abrir mão de suas aquisições. Algumas das propriedades confiscadas foram usadas como recompensa para os assassinos e informantes, e o montante levantado com as restantes se mostrou decepcionante.[7]

Desesperados atrás de dinheiro, acima de tudo para pagarem um exército que então contava com mais de quarenta legiões, o triunvirato procurou por outras fontes de renda. Um dos anúncios mais heterodoxos foi que 1.400 das mulheres mais proeminentes de Roma teriam as suas propriedades publicamente avaliadas e passariam a pagar impostos sobre elas. Nunca antes as mulheres haviam sido convocadas a pagar impostos à República, embora durante as Guerras Púnicas elas tenham doado voluntariamente as suas joias ao Estado.

O decreto foi profundamente antipopular junto às mulheres afetadas. Numa atitude particularmente romana, elas procuraram primeiro as esposas dos triúnviros, pedindo que fizessem valer a sua influência.

VINGANÇA 311

Supostamente, Fúlvia as teria mandado embora. Mais uma vez, isso pode ser mera propaganda, embora valha a pena lembrar que ela pode ter se perguntado por que essa mesma solidariedade não se mostrou quando ela estava sendo arrastada pelos tribunais e uma guerra sendo empreendida contra o seu marido. Lideradas pela filha de Hortêncio — o homem que Cícero havia superado como maior orador do seu tempo —, as mulheres se reuniram no Fórum e apelaram tanto à multidão quanto aos triúnviros. A primeira foi solidária e, sentindo isso, os últimos não esboçaram nenhuma tentativa de fazer seus litores e outros serviçais dispersarem os manifestantes à força.[8]

É notável que somente mulheres arriscassem fazer oposição aberta ao triunvirato na própria Roma. Isso era um testemunho do medo inspirado pelas proscrições, mas também a confiança de que a violência deles só ia ser dirigida contra homens. Uma mulher que havia escondido o seu marido pediu para ser executada com ele quando ele foi preso. Os algozes recusaram-se e então ela deixou de alimentar-se até morrer. O triunvirato não queria ser visto atacando mulheres, mas mesmo assim o protesto só foi parcialmente bem-sucedido. O número de mulheres a sofrer incidência de imposto foi reduzido para quatrocentas. Por volta dessa mesma época, taxações semelhantes foram anunciadas sobre a propriedade de cidadãos homens.[9]

Senhores da guerra

O triunvirato foi estabelecido e mantido pela força, qualquer que fosse o verniz de legalidade que tenha criado em torno de si. A oposição pública de mulheres aristocráticas em Roma era em si mesma espetacular, mas nada mais que um transtorno menor. As únicas pessoas capazes de exercer pressão séria sobre os triúnviros eram os seus próprios soldados. Eles tinham que levantar dinheiro por muitas razões, mas a maior delas era sempre prover seus legionários. O melhor das legiões triunvirais

312 ANTÔNIO E CLEÓPATRA

consistiam em veteranos de César. Elas eram leais à memória do ditador e estavam ansiosas por vingarem o seu assassinato, mas eram muito menos firmemente comprometidas com quaisquer dos líderes correntes. Em 44 a.C., Otaviano tinha feito um lance mais alto pela lealdade das legiões *Quarta* e *Martia*. Na medida em que os líderes em competição buscavam superar seus rivais prometendo recompensas cada vez mais pródigas, as expectativas das tropas cresceram. Conscientes de seu próprio poder, eles tinham que ser persuadidos a servir. O soldo padrão foi então apequenado pelos frequentes presentes de substanciais somas em dinheiro, reforçados pela promessa de terras para cultivarem ao final de seu serviço. Com mais legiões armadas do que em qualquer época do passado, as somas em dinheiro envolvidas eram colossais. Os triúnviros ocupavam o centro da própria Roma, mas seu controle do império mais amplo era mais limitado.

O poder de Sexto Pompeu estava crescendo sem parar, especialmente no mar, e ele tinha capacidade de ameaçar partes da Espanha, da África do Norte, da Sicília e das demais ilhas mais importantes no Mediterrâneo ocidental. Todas as províncias e Estados aliados do leste foram fechados a eles por Bruto e Cássio. Cleópatra conseguiu evitar fornecer aos conspiradores uma ajuda muito ativa, mas teve sorte de escapar sem retaliações. Outros líderes e comunidades que protestaram que, embora leais a Roma, não tinham recebido nenhuma instrução do Senado de obedecer a Bruto e Cássio, foram brutalmente punidos. Cássio invadiu Rodes, derrotando a sua frota e saqueando a cidade. Quando algumas comunidades da Judeia se recusaram a dar o dinheiro que Cássio exigia, ele mandou vender as suas populações como escravas. Bruto atacou violentamente e saqueou a cidade de Xanto, na Lícia (Turquia moderna), apesar de a extensão de sua vitória ter sido deslustrada pelo suicídio e incêndio de sua própria propriedade da parte de alguns membros da população. A liberdade proclamada pelos assassinos trouxe pouco conforto aos aliados e súditos de Roma. Cássio também conseguiu vingar Pompeu ao prender e executar o antigo preceptor

VINGANÇA 313

de Ptolomeu XIII, Teódoto, que havia convencido o conselho do rei a assassinar o romano fugitivo em 44 a.C.[10]

Bruto e Cássio precisavam de fundos para suprir os seus próprios exércitos, que haviam chegado a mais de vinte legiões. Muitas daquelas formações tinham feito juramento de lealdade a César no passado, embora antes disso alguns soldados tenham servido Pompeu até a sua derrota em Farsália. Somente umas poucas companhias tinham feito campanha ativamente sob o comando de César, e a maioria fora recrutada e treinada para a sua planejada Guerra Parta. O laço com a memória de César estava presente, mas era menos forte do que nas legiões formadas por seus veteranos. Eles tinham se juntado aos conspiradores por várias razões, desde aversão por homens como Dolabela e Caio Antônio, até alguma admiração por Bruto e Cássio, ou talvez simplesmente uma percepção de que a dinâmica estava do lado deles. Eles só permaneceriam fiéis se bem tratados, e ambos os comandantes começaram a recompensar suas tropas tão prodigamente quanto os triúnviros, e por essa razão extorquiam dinheiro de provinciais e aliados.

Cássio tinha sido questor de Crasso quando ele invadiu a Pártia em 54 a.C. Um ano depois, quando a maior parte do exército havia sido morta ou capturada em Carras, Cássio conduziu os sobreviventes de volta à Síria e defendeu determinadamente a província, obtendo umas poucas pequenas vitórias contra ataques partos. Ele ainda tinha alguma reputação no leste e isso sem dúvida o ajudou a recrutar e a conquistar aliados na região, mas em última análise tanto ele quanto Bruto tiveram sucesso porque controlavam os exércitos mais fortes da região. Depois de seu questorado, Cássio não parece ter tido nenhuma outra experiência militar até 49–48 a.C. A participação na campanha macedônia parece ter sido o tempo total de serviço de Bruto no exército.

Nenhum dos dois homens era um comandante experimentado. Suas campanhas recentes foram travadas contra outros romanos ou eram conflitos unilaterais contra comunidades aliadas. Cássio celebrou de maneira um tanto dramática a sua vitória sobre Rodes cunhando moe-

314 ANTÔNIO E CLEÓPATRA

das que retratavam a deusa da vitória. As moedas de Bruto ostentavam o gorro da vitória e a adaga do assassino no reverso, mas ele imitava César mostrando a sua própria cabeça na face da moeda. Talvez houvesse o sentimento de que sua reputação e seu nome precisassem ser enfatizados para inspirar apoio. Não obstante, um dos mais notáveis traços desses anos é, de certo modo, até onde o comportamento dos conspiradores espelhava aquele dos triúnviros, embora eles não tenham se rebaixado ao nível das proscrições. Caio Antônio foi morto como represália à execução de Décimo Bruto, mas, fora isso, eles executavam poucos cidadãos romanos, embora não mostrassem comedimento semelhante em relação a provinciais e aliados. Bruto talvez mostrasse alguma relutância, mas sua tomada do poder na Macedônia foi premeditada e, uma vez tendo resolvido usar a violência, ele se mostrou determinado a fazê-lo efetivamente. Tivessem os conspiradores ganhado a guerra, é um pouco difícil ver como poderiam ter restaurado a República tradicional que eles veneravam.[11]

Ambos os lados tinham uma causa. O poder de Sexto Pompeu estava crescendo, mas os triúnviros sabiam que Bruto e Cássio eram a ameaça mais séria no futuro imediato. Eles eram mais velhos, politicamente mais significativos, com mais simpatizantes no Senado, e tinham assassinado César. Bruto e Cássio reivindicavam estar lutando para restaurar a República, que fora ilegalmente tomada por três ditadores em vez de um só. Os lemas eram apoiados em ambos os lados por recompensas imediatas e prometidas. Para os triúnviros, os veteranos de César mostravam entusiasmo em punir seus assassinos — não que isso os tornasse menos exigentes na questão dos pagamentos. Para Otaviano — "que tudo devia a um nome" e à sua ligação com o grande César — a necessidade de vingança era pessoal e imperativa, um aspecto de *pietas*, o respeito e o dever que se deve aos pais. De modo semelhante, Sexto Pompeu também colocava o seu pai e seu irmão mortos e não vingados no centro da sua imagem pública. Ele assumiu o nome de seu pai, Magno, e também se autodenominou Pio. Tais divisas significavam muito

VINGANÇA 315

para muitos romanos e a devoção, fosse entre pais e filhos ou escravos e senhores, fosse respeitada ou desonrada, figurava sempre nas narrativas das proscrições. Otaviano foi acusado de ostentar a sua devoção a seu pai adotivo ao mesmo tempo que a desprezava nos outros, matando pais e filhos igualmente nas proscrições e exigindo que nenhum dos dois protegesse o outro.[12]

A lealdade das legiões podia ser inspirada por uma causa, enquanto fosse endossada pela confiança dos soldados de que seriam recompensados. A convicção não estava de um lado, mas era um vínculo pessoal, quase um contrato, com o seu comandante. Os soldados seguiam um general, mas podiam deixá-lo e servir um outro se sentissem que fosse do seu próprio interesse. Quando Antônio, Otaviano e Lépido ofereceram recompensas a seus legionários, o fizeram em seus próprios nomes. O mesmo era verdade para Bruto e Cássio. Bruto, não o Senado ou a República, deu generosos prêmios a seus legionários e garantiu pessoalmente todas e quaisquer recompensas futuras. Os soldados relutavam em confiar que um comandante aliado ao seu próprio general fosse cumprir as promessas dele. Isso significava que cada lado no conflito iminente consistia em mais de um exército. As legiões de Otaviano e de Antônio eram grupos distintos, como eram aquelas de Bruto e Cássio. Isso teria um impacto maior no curso da guerra.[13]

Mais uma vez, a campanha decisiva seria combatida na Macedônia, exatamente como a disputa entre César e Pompeu. Então, César desdobrara oito legiões contra onze de Pompeu. Em 42 a.C., Bruto e Cássio tinham provavelmente dezessete legiões, ao passo que Antônio e Otaviano trouxeram não menos que dezenove para a batalha principal. Ambos os lados tinham várias outras unidades em papéis de apoio. Estivessem essas legiões em sua força total, os triúnviros deveriam ter 95 mil legionários, contra 85 mil dos conspiradores. Apiano diz que as legiões dos conspiradores não contavam com todo o efetivo padrão, e afirma que as de Otaviano — e talvez, por extensão, as de Antônio — estavam completas. Creditam-se a ambos os lados números substanciais

316 ANTÔNIO E CLEÓPATRA

de cavalaria, mas dessa vez os conspiradores estavam em vantagem, desdobrando 20 mil cavaleiros contra 13 mil dos triúnviros.[14]

Tratava-se de números impressionantes. A campanha de Filipos pode ter envolvido exércitos excepcionalmente grandes, embora, numa digressão, Díon na verdade afirme que não foi, em escala, o maior combate nas guerras civis de Roma. Seria surpreendente se Bruto e Cássio tivessem tido a capacidade de reunir o dobro do contingente de infantaria e quase o triplo daquele de cavalaria agrupados por Pompeu em 49–48 a.C. Nem Alexandre, o Grande, nem Aníbal jamais haviam comandado tantos cavaleiros. Logisticamente, alimentar tantos soldados, montarias e animais de carga teria sido uma tarefa gigantesca, especialmente considerando que a campanha foi adiada e adentrou bastante os meses de outono. Comandar forças tão grandes — especialmente para generais e oficiais superiores relativamente inexperientes — teria sido quase tão difícil. No começo do século seguinte, o futuro imperador Tibério consideraria muito difícil controlar um exército de dez legiões e por isso o dividiu em várias forças menores.[15]

Conforme já foi observado, dirigir um grande número de legiões acrescentava muito ao prestígio de um comandante. Ter muitas unidades também abria uma profusão de postos de oficiais, criando oportunidades para caçadores de recompensa. Quando soldados comuns recebiam o equivalente a uma década ou mais de soldo numa única recompensa, um centurião está pronto para receber cinco vezes esse montante, e um tribuno o dobro disso. A outorga de terras teria escala semelhante. Muitos jovens aristocratas romanos que estiveram estudando em Atenas, inclusive os filhos de Cícero e de Catão, assim como o poeta Horácio, foram atraídos pelo prestígio de Bruto e precisavam ser recompensados com comissões adequadas.[16]

É provável que as legiões de ambos os lados estivessem bem abaixo da força. Em Farsália, as unidades de Pompeu estiveram em cerca de 80% de sua força e as de César com menos da metade do tamanho apropriado a uma legião, e todavia ambas funcionaram efetivamente.

VINGANÇA   317

As legiões de Otaviano e Antônio podiam ser maiores que as formações inimigas, como afirma Apiano, mas um tamanho médio de 5 mil
homens é improvável. Mesmo que a força total dos dois lados fosse
dividida pela metade, isso ainda significaria que de 90 mil a 100 mil
legionários — o grosso deles cidadãos romanos, embora saibamos que os
conspiradores recrutaram provinciais igualmente — teriam combatido
em Filipos, apoiados por contingentes substanciais de cavalaria. Esses
números ainda fariam esse encontro ser significativamente maior do que
qualquer outra batalha na Guerra Civil de 49–45 a.C., e seus exércitos
serem muito maiores do que era típico de forças romanas em campanha.

Filipos

Em 42 a.C., os triúnviros decidiram deixar Lépido para proteger a
Itália, enquanto Antônio e Otaviano iam para o Oriente lidar com
os conspiradores. Pode ter sido por isso que ele recebeu o consulado.
Ele emprestou várias de suas legiões aos seus colegas e, no decurso da
campanha, elas seriam integradas aos exércitos desses últimos, tendo
passado a encarar seus novos líderes como a fonte das recompensas.
Antônio era a figura dominante do triunvirato e não seria possível negar
a Otaviano a oportunidade de vingar seu pai e conquistar glórias, de
modo que Lépido era a escolha certa para deixar para trás.[17]

Como César em 49 a.C., o triunvirato enfrentou um inimigo que era
muito mais forte no mar. Bruto e Cássio se decidiram essencialmente
pela mesma estratégia adotada por Pompeu, esperando encontrar seus
inimigos no oriente. Isso lhes deu a chance de fustigar e interceptar o
inimigo no mar. No final do verão, os triúnviros despacharam uma
força avançada de cerca de oito legiões para a Grécia. Elas fizeram a
travessia sem infortúnios, mas a esquadra dos conspiradores dificultou
as ações para qualquer comboio transportando suprimentos ou reforços
que tentasse alcançá-las. Antônio efetivamente ficou bloqueado em
Brundísio por várias semanas. Otaviano tinha começado a construir

318 ANTÔNIO E CLEÓPATRA

uma força de navios de guerra para lidar com Sexto Pompeu, e foi somente quando esses navios circunavegaram a Itália meridional que o bloqueio foi rompido. Com os seus exércitos principais, Antônio e Otaviano puderam fazer a travessia para a Macedônia.[18]

A Via Inácia, construída pelos romanos no século II a.c., cruzava o alto da Península Grega, desde o Adriático até a costa egeia, constituindo um caminho natural para o exército. A guarda avançada tinha investido até quase o Egeu e ocupado os desfiladeiros mais comumente utilizados através das montanhas. Bruto e Cássio embarcaram os seus exércitos combinados pelo estreito de Dardanelos e, com a assistência dos chefes de clãs trácios locais, encontraram um outro desfiladeiro, que lhes permitiu flanquearem a posição. A guarda avançada do triunvirato se retirou para Anfípolis, na costa. Bruto e Cássio a seguiram até Filipos. Então, o seu avanço parou e eles ocuparam uma posição fortificada fora da cidade, bloqueando a linha da Via Inácia.[19]

Antônio chegou a Apolônia em algum momento de setembro de 42 a.C. O exército de Otaviano tinha ficado para trás, pois ele havia adoecido gravemente. Apesar disso, Antônio levou as suas próprias legiões e a guarda avançada e acampou na frente de Filipos. Foi um gesto de confiança que enervou os conspiradores. Embora eles tivessem uma vantagem numérica provisória, não parece que tenham feito nenhum esforço para provocar a batalha e Otaviano pôde juntar-se a Antônio dez dias depois. Os conspiradores planejaram desgastar o inimigo. Bruto e Cássio acamparam separadamente, mas construíram um fosso e uma muralha para juntar os dois acampamentos. Eles estavam bem abastecidos, tinham pronta comunicação com a costa e copiosas fontes de água de nascentes locais. Bruto estava ao norte e Cássio, ao sul. Antônio e Otaviano construíram um único acampamento na planície e tiveram que cavar poços, embora logo eles tenham passado a fornecer um suprimento adequado de água. Era difícil obter comida e forragem nos campos circundantes. A campanha de Filipos se pareceria mais com Dirráquio do que com Farsália ou qualquer outra batalha renhida da Guerra Civil de César.[20]

VINGANÇA   319

Antônio e Otaviano formaram repetidamente seus exércitos diante de seu acampamento. Bruto e Cássio fizeram o mesmo — e sem dúvida sentiram-se encorajados quando o inimigo fez uma lustração, cerimônia que purificava ritualmente o exército por trás de suas próprias defesas, interpretando a iniciativa como um sinal de cautela. Entretanto, eles não queriam avançar uma distância grande à frente de suas fortificações. Com isso, seus exércitos mantinham a vantagem de um terreno ligeiramente mais eivado, ao passo que a muralha e as torres por trás deles podiam apoiá-los com projéteis e oferecer um porto seguro rápido para tropas em retirada se as coisas não fossem bem. Antônio e Otaviano não estavam querendo atacar nessas condições, pois implicava arriscar o fracasso e certamente envolver muitas baixas. Eles continuaram a desdobrar tropas e a provocar o inimigo, mas, além de algumas escaramuças, não houve combate sério. O exército de Otaviano se formou à esquerda da linha, confrontando Bruto, enquanto as legiões de Antônio ficaram à direita, frente a frente com os homens de Cássio.

Incapaz de provocar a batalha, Antônio decidiu ameaçar o flanco inimigo, construindo uma nova linha de fortificações chegando até após o acampamento de Cássio e, depois, em ângulos retos, à posição dos conspiradores. Se concluída, isso permitiria aos triúnviros cortar as linhas de comunicação inimigas, forçando-os ou bem a se retirarem ou a arriscarem batalha. O trabalho começou em segredo, com homens destacados de cada unidade enquanto seus colegas formavam a linha de batalha como de costume, confrontando o inimigo. A tática diversionista foi ajudada porque o trabalho começou numa área de pântano, onde os juncos altos toldavam a visão do que estava acontecendo. Durante dez dias, o caminho elevado progrediu e somente então tornou-se visível, pois os soldados começaram a guarnecer a nova linha abertamente. Contudo, ela estava longe de estar concluída e a resposta de Cássio à ameaça foi pôr os seus próprios homens a trabalharem numa linha estendendo-se para o sul a partir do seu acampamento. Sua intenção era cortar as fortificações de Antônio, impedindo a sua extensão e isolando qualquer reduto que restasse atrás de sua própria linha.

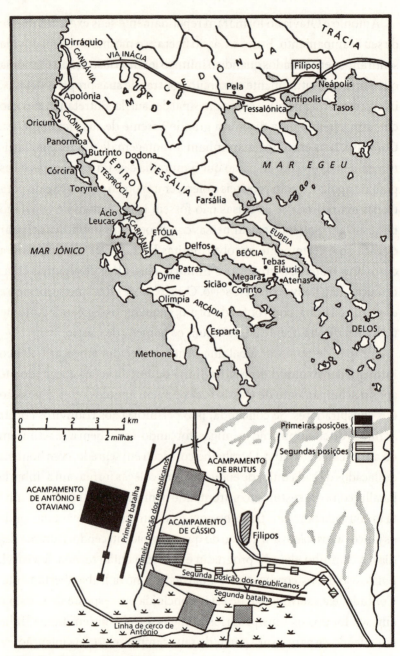

No alto: Grécia e Macedônia
Abaixo: As batalhas de Filipos

VINGANÇA   321

Em 3 de outubro, Antônio compreendeu o que estava acontecendo. Era por volta do meio-dia e os exércitos rivais fizeram formação de batalha, como de costume. É possível que Bruto e Cássio já tivessem decidido lançar uma demonstração de força ou mesmo um ataque maior para dar cobertura às obras em andamento. Otaviano permanecia seriamente adoecido e ainda não estava em seu exército. Ele não parece ter nomeado ninguém para exercer a autoridade suprema, mas, mesmo que o tivesse feito, seria difícil esse indivíduo inspirar o mesmo entusiasmo e obediência a seus homens, considerando os vínculos muito pessoais de lealdade e recompensa daqueles anos.

Antônio levou as tropas para a extrema direita de sua linha e as conduziu diagonalmente colina acima, evadindo a linha principal de Cássio e golpeando na nova muralha. Logo em seguida, os principais exércitos de ambos os lados entraram em combate e desenvolveu-se uma pesada luta. Nesse ínterim, Antônio e seus homens irromperam violentamente através da nova linha de fortificação, que ainda não fora concluída, e varreram de seu caminho um contra-ataque conduzido por outra parte do grupo de trabalho nas obras do inimigo. Então, ele voltou o ataque contra o acampamento de Cássio. O acampamento era robustamente fortificado, mas continha poucos defensores, considerando que o grosso das legiões ou bem estava na linha principal ou então estivera trabalhando na nova muralha. Antônio, mantendo o ímpeto de seu ataque por meio de seu exemplo pessoal, entrou no acampamento. Quando a notícia se espalhou, chegando à linha principal de batalha, as legiões de Cássio ruíram em debandada. Tropas romanas amiúde ficavam nervosas por medo de perder seus haveres, e esta era sem dúvida uma preocupação particular para legionários tão generosamente remunerados por seus comandantes.[21]

Enquanto isso estava acontecendo, o que era na verdade uma luta separada estava em curso ao norte, onde Bruto lançara um ataque. Suas legiões avançaram em certa confusão, várias unidades partindo antes de receberem a ordem. Tudo isso sugere um general sem experiência com uma equipe de oficiais igualmente inexperiente tentando controlar um exército incomumente grande e não muito bem disciplinado. (Tudo isso ainda seria verdade mesmo se, como foi sugerido, os números envolvidos fossem substancialmente menores do que geralmente se acredita.)

Conforme revelou-se, funcionou bem, pois os homens de Otaviano absolutamente não contavam com a autoridade clara de um comandante e não estavam prontos. O fato de por tantos dias eles terem se formado em ordem de batalha e não feito nada pode ter tornado as coisas piores. A linha de Bruto era mais extensa que aquela formada pelas tropas de Otaviano, que foram rapidamente flanqueadas. A linha de Otaviano cedeu, com três legiões sendo gravemente laceradas — uma delas, a *Quarta*. Os homens de Bruto avançaram com ímpeto e entraram no acampamento dos triúnviros, o qual trataram de pilhar. Otaviano não estava lá — ele afirmaria posteriormente que seu médico tinha tido um sonho advertindo-o para sair do acampamento. Críticos dizem que ele passou o dia escondido num pântano, totalmente sem contato com o seu exército.[22]

Cada lado superou o inimigo em um flanco. Bruto parece não ter feito nenhum esforço real para manter-se em comunicação com Cássio e não soube de sua derrota até ser tarde demais. Diz-se que ele percebeu que a tenda do general havia sido atacada no acampamento de seu aliado. Antônio comandara o ataque contra a muralha e o acampamento pessoalmente, transmitindo energia aos homens com quem estava, mas em consequência perdendo contato com o quadro mais amplo. Provavelmente, de todo modo teria sido impossível para ele retomar o controle sobre os homens sem liderança de Otaviano. Ambos os lados simplesmente recuaram para as suas próprias posições. As baixas podem ter sido mais pesadas entre os homens dos triúnviros, mas os conspiradores sofreram um golpe muito grave quando Cássio perdeu o ânimo. Sem saber do sucesso de Bruto, ele confundiu um grupo de cavaleiros amigos com inimigos — ele era míope e tomou a saudação deles a um de seus oficiais como um grito de vitória — e ordenou que um escravo o matasse. Por coincidência, era o aniversário dele.[23]

VINGANÇA

Por quase três semanas os exércitos voltaram a observar um ao outro cuidadosamente. Rapidamente, Bruto distribuiu uma generosa recompensa entre os soldados de Cássio, esperando manter sua lealdade. Eles permaneceram em seu acampamento separado e houve sinais de que os dois exércitos tinham que se esforçar para cooperar. Próximo do acampamento, um outeiro que havia sido permanentemente guardado por um destacamento de Cássio foi abandonado por ordem de Bruto — talvez simplesmente por erro — e rapidamente ocupado e fortificado por homens de Otaviano. Incapazes de provocar outra batalha, os triúnviros se voltaram para o plano de Antônio de cercar o flanco inimigo, consolidando esse ganho.[24]

Em 23 de outubro, Bruto sentiu-se forçado a propor batalha outra vez, por medo dessa ameaça às suas linhas de suprimento e também desconfiado da lealdade dos soldados. A segunda batalha foi travada numa linha em ângulo reto com a primeira e ele já não tinha mais uma vantagem de posição. Ironicamente, os triúnviros haviam acabado de saber que um comboio trazendo duas das suas legiões, uma delas a *Martia*, tinha sido surpreendido e destruído por navios inimigos. Um desertor levou a notícia a Bruto, que se recusou a acreditar, e as fontes sugerem que seu ânimo era fatalista na ocasião. A batalha foi travada duramente, mas os homens dos triúnviros fizeram progressos constantes. Apiano diz que eles forçaram os legionários de Bruto a recuar passo a passo, como homens empurrando uma pesada maquinaria. Não há indício de nenhuma grande sutileza tática e tratou-se simplesmente de uma dura batalha. No final, os homens de Bruto se dispersaram e fugiram. Ele agrupou elementos de quatro legiões, mas logo desanimou e, assistido, cometeu suicídio.[25]

Os triúnviros obtiveram uma vitória esmagadora. Bruto e Cássio estavam ambos mortos, assim como o filho de Catão e muitos outros aristocratas proeminentes. Outros renderam-se e apenas uns poucos continuaram a lutar, a maioria tendendo a juntar-se a Sexto Pompeu. Diz-se que os prisioneiros em Filipos saudaram Antônio, mas zombaram asperamente de Otaviano. Este último foi certamente considerado mais cruel ao executar certo número de cativos. Diversos prisioneiros perdoados optaram por juntar-se a Antônio e o seguiriam lealmente. Ele também ganhou crédito por tratar o corpo de Bruto com dignidade, até mesmo envolvendo-o em seu manto de general segundo um relato. O corpo foi decapitado e depois cremado, e Antônio mandou enviar as cinzas para a mãe de Bruto, Servília. A cabeça foi despachada separadamente para Roma — as fontes se dividem quanto a quem deu essa ordem, se Otaviano ou Antônio — mas foi perdida no mar.[26]

Filipos foi a grande vitória da carreira de Antônio. Na época e desde então, ninguém duvidou seriamente de que ele tenha desempenhado um papel muito mais importante do que colega mais jovem ao ganhar as duas batalhas e na campanha como um todo. Foi Antônio quem ameaçou o flanco inimigo, precipitando a primeira batalha, e então liderando a entrada de seus homens no acampamento inimigo. A sua coragem pessoal não podia ser questionada, à diferença daquela de Otaviano. Contudo, tratou-se de uma campanha combatida por exércitos grandes e desajeitados, contendo muitos soldados inexperientes, comandados por generais e oficiais superiores igualmente inexperientes. Antônio tinha muito mais experiência militar do que Bruto e Cássio, bem como do que Otaviano, mas nunca no passado havia comandado uma força tão grande. Ele fora ousado, exatamente como tinha sido na Judeia e no Egito e quando se juntou a César na Macedônia em 48 a.C. Ele havia sido igualmente agressivo em Fórum Gallorum e sofrido uma dura derrota após o seu sucesso inicial. Dessa vez, ele teve sucesso, mas poderia não ter sido o caso, se tivesse tido a infelicidade de enfrentar oponentes mais capazes.

Entre os espólios da vitória em Filipos, Antônio acrescentou um excelente e extraordinariamente alto cavalo baio ao seu estábulo. Originalmente, ele fora propriedade de um homem chamado Seius, mas este último fora executado por ordem de Antônio, ou em 44 a.C. ou quando

VINGANÇA

Antônio era representante de César na Itália. Dolabela comprou o cavalo e posteriormente o levou consigo para o Oriente. Ao ser derrotado e cometer suicídio, o baio passou às mãos do vitorioso Cássio. Agora, ele também estava morto e Antônio se tornou proprietário de um excelente, senão agourento, animal.[27]

20. Dionísio e Afrodite

A vitória em Filipos trouxe novos problemas para o triunvirato. Dezenas de milhares de soldados esperavam e tinham direito à dispensa. Eles haviam recebido a promessa de lotes e a maioria esperava que fossem situados em terras de boa qualidade na Itália. As propriedades confiscadas dos proscritos e dos mortos partidários de Bruto e Cássio só supririam uma pequena parte do que era necessário. Já era óbvio que territórios teriam que ser tomados de indivíduos e de comunidades para serem cedidos aos soldados. A tarefa de supervisionar esse processo foi dada a Otaviano. Sua saúde ainda estava debilitada — com efeito, ele estava tão doente na jornada de retorno que se supôs amplamente que iria morrer — e essa era uma boa razão para ele voltar para casa. A redistribuição de terras numa escala tão vasta estava fadada a ser uma incumbência difícil e provavelmente bastante impopular. Ninguém aceitaria de bom grado ter sua terra confiscada, enquanto os veteranos rechaçariam qualquer provisão que fosse considerada menos que generosa.[1]

Antônio ficou certamente satisfeito de ver essa controversa tarefa assumida por seu colega e feliz de permanecer no leste. Vários comandantes que podiam ser contados como leais a ele estavam na Itália e nas províncias ocidentais. O mais importante era Quinto Fúfio Caleno, que, como governador das conquistas de César na Gália, controlava onze legiões. Lépido já estava sendo marginalizado, sob suspeita de conluio com Sexto Pompeu. O terceiro triúnviro foi deixado no controle somente da província da África, uma região que, de qualquer modo, não estava plenamente assegurada. Antônio e Otaviano dividiram as províncias e os exércitos remanescentes entre si.[2]

No momento, Antônio tinha muito a fazer. As províncias e Estados aliados no Mediterrâneo ocidental haviam sido apanhadas nas lutas internas de Roma por grande parte da última década. Alistamentos obrigatórios e coletas de dinheiro, suprimentos e outros recursos tinham sido impostos por uma sucessão de líderes, mais recentemente os conspiradores. Líderes e comunidades tinham sofrido, muitos perderam seu poder, alguns foram depostos e uns poucos, mortos. Um pequeno número teve sorte o bastante para evitar as piores depredações e até aumentar o seu poder. Virtualmente todos tinham ajudado recentemente os conspiradores.

Era importante reorganizar toda a região, restaurar a ordem e a estabilidade. Antônio e os outros triúnviros também precisavam de dinheiro para pagar seus exércitos, que ainda seriam bem grandes, mesmo depois de os veteranos terem sido desmobilizados. Muitos dos soldados capturados em Filipos foram imediatamente registrados nas legiões do triunvirato. Isso era melhor do que deixá-los partir e correr o risco de vê-los se inscreverem alegremente a serviço de outros líderes ávidos por abrirem seu caminho à força para o poder. As onze legiões organizadas depois de Filipos continham muitos prisioneiros, assim como homens cuja exoneração ainda não era devida. Também havia a questão da longamente postergada Guerra Parta. Uma campanha dessa escala exigia anos de preparação, mas Antônio provavelmente já estava planejando empreendê-la. Filipos tinha robustecido a sua reputação militar, mas a verdadeira glória só poderia ser alcançada contra um inimigo estrangeiro poderoso, um inimigo cuja humilhação de Roma ainda não fora vingada. As águias das legiões de Crasso continuavam a ser troféus do rei parto.[3]

Antônio era o candidato óbvio entre os triúnviros para a tarefa de reorganizar o Oriente. Ele era mais velho que Otaviano, que contava

DIONÍSIO E AFRODITE

apenas 21 anos de idade, e sua reputação era muito maior. Ele também tinha saúde forte, à diferença de seu colega mais jovem. Além disso, nenhum dos seus colegas havia passado sequer uma ínfima parte do que ele passara no leste helenístico. Antônio passou o inverno de 42-41 a.C. em Atenas, cidade que ele conhecia bem do tempo que passou estudando lá nos anos 50 a.C. Ele adotou jovialmente o estilo grego de vestir, frequentava leituras e representações dramáticas, e participava ativamente e com prazer dos exercícios físicos e exibições dos ginásios. Numerosos romanos, inclusive governadores e comandantes do exército em serviço, no passado tinham mergulhado na cultura helênica desse modo. Bruto havia passado vários meses em Atenas em 44 a.C., assumindo a atitude de um mero visitante, ansioso por partilhar as tradições da cidade. Como resultado, ele ganhou popularidade, assim como Antônio. Os atenienses e outros gregos não podiam ignorar nem jamais esperar questionar a realidade do domínio romano. Quando protagonistas romanos ostentavam seu amor pela cultura grega, reconhecendo nalguma medida a sua superioridade, ficava mais fácil para eles aceitarem essa dura realidade.[4]

Desde o começo, delegações vinham a Antônio, pedindo favores, arbitragem em disputas e alívio de penalidades impostas pelos conspiradores ou outras injustiças. Na primavera de 41 a.C., ele fez a travessia para a Ásia Menor e viajou em toda a província, lidando com peticionários e recolhendo impostos. Ele também banqueteou e celebrou, desfrutando o poder e a riqueza como sempre fizera. Plutarco diz que músicos, dançarinos e atores das províncias corriam para estar em sua casa. Quando seguiu para Éfeso, Antônio foi precedido por bailarinas vestidas como bacantes, as devotas dissolutas do culto ao deus do vinho Dionísio/Baco, assim como meninos e homens em roupas de sátiros. A multidão lá e alhures o saudava prontamente como o deus. Essa também era a cultura helênica, embora um lado diferente dela para os gostos educados dos aristocratas da Atenas clássica.[5]

Outros romanos também tinham sido saudados como deuses nas províncias orientais, mais recentemente Pompeu e César. Os ródios haviam saudado Cássio como "Senhor e Rei", ao que ele respondeu não ser nenhum dos dois, mas um matador de ambos. Tais sentimentos não o impediram de saquear a cidade capturada. Antônio não teve necessidade de usar a força, mas fez exigências muito pesadas aos provinciais. Feitas as contas, ele exigiu uma quantia equivalente a nove anos de coletas normais de impostos, mas quis que lhe pagassem em apenas dois anos. Uma parte disso ele gastou em presentes espetaculares a seguidores de reputação duvidosa. Um cozinheiro que havia preparado um banquete para ele foi recompensado com uma casa tomada de um aristocrata. Quando Antônio anunciou que exigia uma segunda arrecadação da província antes do final do ano, um orador chamado Híbreas conseguiu dissuadi-lo perguntando se o general romano também seria capaz de providenciar um segunda colheita. Híbreas continuou destacando que, como Antônio já havia coletado deles 200 mil talentos, ele precisava compreender que eles já nada mais tinham a dar — e que, se Antônio não tivesse recebido o dinheiro, deveria então estar conversando com seus funcionários e oficiais, em vez de com os pobres provinciais.[6]

Antônio gostava de conversas sem papas na língua, em especial quando levavam o fermento do humor. Acredita-se amplamente que ele tenha sido amiúde manipulado por gente que fingia falar francamente. Havia outras maneiras de influenciar Antônio. Ele gostava de mulheres, e acreditava-se que muitos governantes orientais ficavam mais à vontade deixando suas esposas convencerem o romano. Havia dois pretendentes ao trono da Capadócia, e a mãe de um deles, Glafira, despertou a atenção de Antônio. Ela fora amante de Arquelau, o dinasta de Comana, até ele ser chamado para casar-se com Berenice IV. Embora ilegítimo, seu filho era descendente e possuía, portanto, sangue real. Pelo menos por algum tempo, acreditou-se que Glafira tinha se tornado amante de Antônio. Um fragmento de verso escrito por Otaviano afirmava que "Antônio transou com Glafira, então, como vingança, Fúlvia quer me agarrar". Até aquele ponto, porém, ela não fora suficientemente persuasiva, e o governo da Capadócia foi para o outro reclamante.[7]

DIONÍSIO E AFRODITE   331

Quando não havia nenhuma persuasão especial envolvida, Antônio geralmente favorecia as comunidades que tinham sofrido por se opor a Bruto e a Cássio, e punia os partidários entusiastas desses últimos. Os habitantes da comunidade judaica escravizada por Cássio foram libertados e sua propriedade foi restaurada. Rodes ganhou algum território e ficou isenta de impostos até segunda ordem, assim como a Lícia, onde Bruto tinha atacado violentamente Xanto e extorquido dinheiro de outras cidades.

O tirano de Tiro parece ter sido deposto, tanto por seu entusiasmo por Cássio quanto por usá-lo como pretexto para tomar território judeu. Ao escrever para a cidade, Antônio dirigiu sua carta a "magistrados, conselho e povo" e enfatizou que seus "adversários" recém-derrotados não tinham recebido comandos por outorga do "Senado, mas sim tomado-os pela força". Tiro recebeu ordem de devolver ao governo de Hircano todo e qualquer território tomado da Judeia. Na carta a Hircano, Antônio fala da tirania de Bruto e de Cássio como uma ofensa aos deuses, e do quanto ele desejava "permitir que nossos aliados também participem da paz que nos foi dada por Deus; e assim, graças à nossa vitória, o corpo da Ásia está se recuperando agora, por assim dizer, de uma séria doença".[8]

O triunvirato precisava de dinheiro e não há dúvida de que algumas comunidades consideraram o governo de Antônio tão opressivo e exigente quanto o de Bruto e Cássio. Talvez alguns achassem que estavam em condição ainda pior e que havia poucos sinais de recuperação. Entretanto, nós temos informação sobre líderes que ajudaram os conspiradores e todavia foram confirmados no poder. Antípatro, o segundo no comando e comandante militar de Hircano, tinha nessa época sido assassinado, e o poder passado para seus filhos Herodes e Fasael. O primeiro se mostrou especialmente condescendente em atender as exigências de dinheiro de Cássio. Apesar disso, Antônio os confirmou no poder, sem dúvida por sentir que eles manteriam o geralmente pró-romano Hircano em segurança.[9]

Antônio continuou seu progresso através das províncias. Fontes hostis caracterizam todo esse período como de descomedimento, controle relaxado que permitia aos seguidores inescrupulosos abusarem de sua posição, decisões arbitrárias e arrocho sobre os provinciais por dinheiro. Contudo, onde suas decisões são conhecidas em algum detalhe, elas parecem razoáveis, e certamente bastante dentro do caráter da administração provincial romana do período. Os triúnviros precisavam desesperadamente de renda, essa necessidade não iria desaparecer e era importante para eles restaurarem a estabilidade de longo prazo do império. Antônio e seus colegas tinham que criar uma situação em que as províncias e os aliados os suprissem com uma renda substancial e constante ano após ano.

Tarso

Em 41 a.C., Antônio convocou Cleópatra a encontrá-lo na cidade de Tarso, na Cilícia — posteriormente torrão natal de São Paulo, que a apelidou de "cidade insigne". Nós não sabemos se ela já havia lhe mandado enviados em suas jornadas, mas é totalmente possível. Como todos os demais governantes da região, ela precisava ter certeza de que seu poder fosse confirmado e de que os triúnviros aderissem ao reconhecimento dado ao seu governo conjunto com Cesário. Seu reino era a maior fonte isolada de grãos no Mediterrâneo oriental, de modo que era obviamente uma preocupação primordial para Antônio garantir seu acesso a esses recursos, tanto no momento quanto para a eventual guerra contra a Pártia.[10]

Foram feitas perguntas sobre a conduta dela durante a luta contra os conspiradores. Serapião em Chipre os ajudara ativamente, e a própria rainha tinha feito muitas promessas a Cássio, mesmo que nada tenha entregado, ao passo que sua tentativa de juntar-se aos triúnviros com um esquadra tinha fracassado. Vale a pena lembrar que existia uma

DIONÍSIO E AFRODITE 333

alternativa a Cleópatra. Antônio tinha feito uma longa visita a Éfeso. Nessa ocasião, ele deve ter confirmado os direitos do grande Templo de Ártemis lá situado. É inconcebível que não tenha tido algum contato com Arsínoe, ou pelos menos com os representantes dela. Antônio tinha apoiado a reivindicação dela em 44 a.c., e não havia nenhuma garantia de que não decidisse, agora, que substituir Cleópatra por sua irmã mais nova pudesse lhe permitir explorar os recursos do Egito e de Chipre mais efetivamente.[11]

Antônio enviou Quinto Délio a Alexandria para convocar a rainha. Délio já havia desertado de Dolabela para Cássio e, depois, de Cássio para Antônio, e escreveu em anos posteriores uma espirituosa história do período, a qual não sobreviveu, mas que pode ter influenciado o relato de Plutarco. Ele afirmou ter compreendido de imediato que Antônio podia ser emocionalmente engolido por uma mulher como Cleópatra. Conjecturando que isso iria acontecer e que ela ganharia as suas graças, ele decidiu que seria vantajoso para si dar assistência à rainha. Ele a encorajou a deslumbrar Antônio, garantindo-lhe que ele podia ser prontamente convencido a fazer o que ela queria.[12]

Cleópatra não apressou sua viagem a Tarso. Chegou uma sucessão de cartas exigindo que ela se apressasse, mas ela ignorou todas, determinada a surgir no momento de sua escolha e ao mais espetacular dos estilos. À diferença de seu encontro com César, não havia necessidade de chegar furtivamente até Antônio. Inspirada na longa tradição de sua família de construir luxuosas embarcações de lazer, ela se transferiu para um navio especialmente preparado para a etapa final de sua viagem até Tarso, rio Cidno acima. Suas velas eram de cor púrpura viva, a proa de ouro e os remadores manejavam remos com extremidades de prata à música de flautas, oboés e liras. Seu pai teria ficado sem dúvida orgulhoso de um tal desempenho. Tudo no navio era pródigo e quantidades generosas de incenso eram queimadas, a fim de que finos odores bafejassem as margens do rio.

Cleópatra "reclinava-se sob um dossel bordado a ouro, adornado como uma pintura de Afrodite, flanqueada por rapazes escravos, cada qual preparado para assemelhar-se a Eros, que a refrescavam com leques. Outrossim, as suas mais belas escravas, vestidas como Nereidas e Graças, estavam postadas junto às espadelas e cordas".[13]

Afrodite era uma das muitas deusas cuja personagem havia sido absorvida no culto helenizado a Ísis, e Cleópatra era a Nova Ísis. Contudo, seria provavelmente errado considerar que essa associação a sujeitasse rigidamente. A descrição de Plutarco não sugere um sabor especialmente egípcio — nem mesmo uma visão grega idealizada do que seria egípcio — na performance dela. Tratava-se de espetáculo, e sobretudo de fascinação e riqueza. Há quem o veja como exclusivamente concebido com os gostos de Antônio em mente. Um historiador disse tratar-se de "uma isca vulgar para pegar um homem vulgar".[14]

Prontamente a performance teve o impacto que Cleópatra pretendera. Plutarco nos conta que logo uma multidão se reuniu para observar o progresso da barcaça real ao longo do rio. Antônio estaria recebendo petições diante de um grande ajuntamento na própria Tarso. Então, começou a espalhar-se o rumor de que a deusa Afrodite estava a caminho e as pessoas começaram a sair furtivamente para ver o espetáculo. No final, Antônio e seus serviçais ficaram sós e trataram de ir atrás. O rumor foi que Afrodite tinha vindo para celebrar com Dionísio pelo bem de toda a Ásia. Não importa se para alguns isso significasse Afrodite/Ísis e Dionísio/Hórus, enquanto, para outros, diferentes aspectos das divindades eram importantes. Havia entusiasmo genuíno por ostentação, bem dentro das tradições das monarquias helenísticas e inspirado em raízes ainda mais antigas.

Antônio enviou a Cleópatra um convite para jantar. Ela declinou e sugeriu, ao contrário, que ele viesse juntar-se a ela. O banquete que decorreu foi brilhantemente iluminado por agrupamentos cuidadosamente arranjados de lanternas. O luxo, a opulência e o espetáculo da corte ptolemaica foram exibidos para máximo efeito. Na noite seguinte, Antônio recebeu a rainha para outro banquete, mas, apesar de seus melhores esforços, sua casa não logrou equiparar-se à pompa real.

DIONÍSIO E AFRODITE

O triúnviro, e senhor do Mediterrâneo oriental, reagiu com humor depreciativo.[15]

Cleópatra era inteligente e espirituosa, e parece que baixou o tom de seu humor para acompanhar as preferências de Antônio. Estando na época com cerca de 28 anos — "numa idade em que a beleza de uma mulher está mais deslumbrante e seus poderes intelectuais estão no auge", segundo Plutarco —, ela era confiante e sofisticada, seu carisma provavelmente mais vigoroso do que quando conhecera César. Não é de surpreender que Antônio a tenha achado atraente e provocante. Ela precisava convencer o homem que detinha o poder de a confirmar ou depor; assim, é razoável acreditar que tenha deliberadamente planejado seduzi-lo e que, desde o princípio, ele a quisesse como amante. Como no caso de seu primeiro encontro com César, tanto a rainha como o triúnviro tinham consciência de que desejo e vantagem política se combinavam, que cada qual esperava seduzir o outro e ganhar com o encontro. Era excitante. Cleópatra só se entregara uma vez a outro amante e ele fora o homem mais poderoso do mundo romano. Para Antônio, era uma medida de sua própria importância que uma rainha pudesse estar à sua disposição. Ele estava no começo dos 40 anos, mais próximo dela em idade do que o primeiro amante. Ele era vigoroso, rudemente bonito, experiente e muito confiante. Seu poder fazia dele um amante aceitável, bem como oportuno.[16]

A atração física e emocional entre eles foi forte. Cleópatra também demonstrara a abundância de seu reino. Mesmo após anos de safras ruins, o Egito ainda era de algum modo capaz de financiar aquela opulência, e isso representava uma clara promessa de que a rainha poderia mobilizar aquela riqueza a serviço de Antônio. A rainha tinha mais uma vantagem em Cesário, embora não esteja claro se trouxe ou não o rapaz consigo para Tarso. Tradição e experiência mostraram que era difícil, talvez impossível, para uma rainha ptolemaica governar como monarca exclusiva. O governo conjunto com Cesário dava a seu regime a promessa de estabilidade.

Nada sabemos sobre a aparência de Arsínoe, nem se podia ou não igualar a irmã mais velha em encanto e fascinação. Ela era uma rival potencial de Cleópatra, mas provavelmente era mais útil, tanto para Cássio quanto para Antônio, como uma alavanca para controlar a rainha. Cleópatra já estava estabelecida e mantivera o controle de seu reino extraordinariamente bem desde a morte de César. Ela dispunha de um herdeiro e de um cogovernante que estariam sob seu total controle por pelo menos mais uma década. Arsínoe não era capaz de equiparar-se a isso, e teria sido um risco maior destronar Cleópatra para instalar a irmã mais nova, solteira e sem filhos. Anexar o Egito e reclamar Chipre como províncias romanas eram ideias pouco atraentes, pois o fardo de administrá-los teria sido pesado em um momento em que todo o leste precisava ser reorganizado depois dos levantes das guerras civis. Era muito melhor deixar a monarca já estabelecida arranjar as coisas para suprir aquilo de que o triunvirato necessitava.

Logo depois da chegada a Tarso, Cleópatra e Antônio tornaram-se amantes. Em um ano, ela lhe daria gêmeos, um filho e uma filha. A rainha foi confirmada no poder, com Cesário como rei e comonarca. Sob ordens de Antônio, Arsínoe foi retirada do santuário de Ártemis, cujos direitos haviam sido recentemente confirmados, e executada. Não há indícios que a conectem com a incomum tumba em forma octogonal em Éfeso. Com efeito, não há nenhuma razão particular para associar essa estrutura com os ptolomeus ou outra família real. Mais uma vítima do sucesso de Cleópatra foi um jovem que reivindicou ser o seu irmão morto, Ptolomeu XIII. Essa ameaça menor foi executada na cidade fenícia de Arado.[17]

Alexandria

Antônio passou o inverno de 41–40 a.C. com Cleópatra em sua capital. Alexandria era uma cidade importante, de modo que a escolha podia ser justificada em bases práticas, mas é claro que o fator-chave nessa

DIONÍSIO E AFRODITE

escolha foi que isso lhe permitiria passar alguns meses com sua amante. Não há dúvida, o trabalho continuou e delegações de reis e de cidades percorreram tortuosos caminhos até o Egito, buscando audiência com o triúnviro. Como no inverno anterior em Atenas, Antônio vestia vários itens do figurino grego. Havia palestras filosóficas, teatro e dança, assim como a vida dos ginásios e outros esportes. Antônio e Cleópatra fizeram expedições de caça, sem dúvida em grande escala. Cavalos e caça eram obsessões dos aristocratas gregos e, mais especialmente, macedônios. É muito possível que Cleópatra fosse uma cavaleira consumada — com efeito, nós lemos sobre uma das suas ancestrais ajudando a comandar um exército sobre o dorso de um cavalo.[18]

Outra atividade era a pesca. Ansioso por garantir o sucesso de seus esforços, Antônio mandava escravos nadarem sob a água e prenderem peixes nos anzóis na ponta de sua linha. Plutarco diz que Cleópatra percebeu facilmente o engodo e, no dia seguinte, mandou um dos seus servos sob a água, o qual trespassou com o anzol um peixe salgado do mar Negro. Antônio puxou e trouxe o mortíssimo peixe a bordo para folguedo geral. Sua amante sugeriu que ele desistisse, pois, como grande vitorioso, ele deveria fisgar cidades, países, continentes inteiros.[19]

Cleópatra lisonjeava Antônio e observava admirada enquanto ele se exercitava ou, com a mesma vivacidade, bebia ou apostava jogando dados — uma paixão particular para muitos romanos, inclusive Otaviano. Comer e beber eram preocupações particulares, conforme adequado às tradições da corte ptolemaica. Juntos com seus íntimos, tanto romanos como alexandrinos, o casal formou uma sociedade que eles chamaram de "Os Inimitáveis Viventes". Poucos anos mais tarde, um dos cortesãos envolvidos nesses entretenimentos propôs uma inscrição em que ele se alcunhava de "O Parasita", intitulando Antônio de deus, bem como de "Inimitável no Sexo".[20]

Tudo tinha uma escala extravagante. O avô de Plutarco repetia uma história contada por um amigo que estivera estudando medicina em Alexandria na época e fez amizade com um dos cozinheiros re-

338 ANTÔNIO E CLEÓPATRA

ais. Estupefato com a grande quantidade de comida sendo feita uma noite, ele ficou surpreso ao ser informado de que o grupo de convivas era muito pequeno. Múltiplas porções de tudo eram preparadas para estarem prontas em diferentes momentos, para que Antônio pudesse ser servido quase instantaneamente sempre que pedisse pelo próximo prato. Presumivelmente, o pessoal da cozinha ficou feliz de poder dispor da comida não utilizada. Nos anos recentes, o Egito tinha sofrido com safras ruins e eclosões de penúria de víveres. Contudo, a mui ostentada opulência da corte ptolemaica nunca vacilou.[21]

A extravagância era deliberada e enfatizada, não apenas na comida, mas também nas decorações dos palácios e mesmo nos utensílios de mesa. No primeiro banquete em Tarso, Cleópatra usara utensílios de ouro adornado com joias e cobrira a sala com ricas tapeçarias. Tudo isso foi dado de presente para os convidados, os luxos mais ricos ficando para Antônio. Na noite seguinte, tudo era ainda mais pródigo e caro, e mais uma vez foi presenteado. Cleópatra providenciou escravos etíopes segurando tochas para escoltá-los e a seus novos haveres até em casa. Em outra ocasião, ela fez com que nuvens de pétalas de rosas caíssem adejantes sobre a cabeça dos comensais. Luxo e excesso eram celebrados e é certo que as pompas na sua própria corte em Alexandria foram de escala ainda mais grandiosa. Pode ter sido nessa época que Antônio adquiriu um conjunto de penicos de ouro.[22]

Algumas vezes, o grupo passearia pelas ruas de Alexandria à noite, com Antônio e Cleópatra — e presumivelmente seus criados — vestidos nas roupas simples de escravos. Antônio se comportaria irascivelmente, zombando dos passantes e mesmo olhando dentro das casas, enquanto a sua amante, supõe-se, observava. Os disfarces não eram convincentes, mas muitos alexandrinos ficavam contentes de brincar com eles, respondendo às zombarias com injúrias de sua própria lavra. Uns poucos se mostraram até dispostos a deixar Antônio se envolver em brigas com eles, e, mais de uma vez, ele teria voltado com contusões oriundas dessas aventuras. Havia uma longa tradição desse tipo de manifestação pelos

DIONÍSIO E AFRODITE

aristocratas, e muitos alexandrinos ficaram felizes de ceder ao desejo de sua rainha e de seu amante. Eles diziam que Antônio só revelava o rosto sério de um ator trágico aos seus próprios compatriotas, mas para eles mostrava a máscara de um ator cômico.[23]

Ao longo dos meses de inverno, os alexandrinos os trataram com muito favor e complacência e eles parecem ter sido populares. Antônio continuou a trabalhar, mesmo que seus prazeres sejam mais conspícuos e recebam mais atenção em nossas fontes. Ele desfrutava o caso com Cleópatra, como havia desfrutado outros casos antes em sua vida. Esse tornara-se especial, pois ela era uma rainha numa corte esbanjadora. O tempero desses meses foi muito helênico e isto o atraía igualmente. Não obstante, na primavera de 40 a.C., Antônio partiu para lidar com a crise premente na Itália. Logo haveria mais problemas, quando os partos invadiram a Síria e atacaram províncias romanas.

Antônio e Cleópatra não se veriam novamente por três anos e meio. É bem possível que o amor tenha sido genuíno para um ou os dois lados, mas, naquela altura do processo, eles não sentiram nenhum ímpeto esmagador de permanecerem sempre juntos. O governo de Cleópatra e Cesário tinha sido confirmado e Antônio recebera garantias de que poderia mobilizar os recursos do reino deles. Por enquanto, as ambições dos dois estavam satisfeitas.

21. Crise

Para grande surpresa de todos, Otaviano tinha se recuperado de sua doença no final de 42 a.C. De volta à Itália, ele mergulhou no grande programa de colonização necessário para satisfazer os veteranos com direito à dispensa. No mínimo dos mínimos, havia dezenas de milhares desses homens, mesmo que a maioria das legiões naqueles anos estivesse abaixo de sua força normal. Terras foram confiscadas a partir de uma lista inicial de dezoito cidades, mas isso não foi o bastante e quarenta comunidades sofreram em maior ou menor extensão. A maioria dos senadores tinha influência suficiente para proteger suas propriedades nessas regiões, e o mesmo fizeram talvez os habitantes locais mais ricos. O fardo caiu mais sobre as faixas de renda média, sem amigos poderosos. Por uma estranha coincidência, três dos maiores poetas do período, Virgílio, Horácio e Propércio, viram terras de suas famílias serem confiscadas e doadas a soldados reformados. Foi claramente um episódio traumático para muitos italianos. O comportamento dos veteranos e dos comissários encarregados de atribuir as terras raramente ajudou, e houve acusações de que eles estariam tomando mais do que o que havia sido demarcado e quase sempre intimidando seus novos vizinhos. Por outro lado, os veteranos se ressentiam do ritmo lento do processo e estavam prontos a resistir contra qualquer tentativa de lhes darem menos do que havia sido prometido.[1]

342 ANTÔNIO E CLEÓPATRA

O irmão sobrevivente de Antônio era cônsul em 41 a.C., com Públio Servílio Vácia Isáurico, o homem que havia sido colega de César em 48 a.C., ocupando o posto pela segunda vez. Havia indignação entre os muitos expropriados e um descontentamento ainda maior devido ao crescimento do poder de Sexto Pompeu. Ele invadiu a Sicília e dominou as rotas marítimas, impedindo que grande parte do suprimento de grãos chegasse à Itália. Roma dependia de alimento importado — a Sicília era a sua maior fornecedora — e o triunvirato foi considerado responsável pela escassez. Otaviano estava encarregado da colonização e também estava na Itália. O ressentimento se concentrou na figura dele, pois Antônio estava fora, no leste, e Lépido já era reconhecido como o menos importante dos três.

Lúcio Antônio sentiu uma oportunidade de se beneficiar do descontentamento supurante. Ele era um senador romano, determinado a chegar ao topo, conquistar glórias, reputação, poder e riqueza. É um erro vê-lo simplesmente como agente de Antônio. Seu irmão pode ter indicado um apoio geral, mas não ordenou suas ações naquele ano — com efeito, o ritmo lento das comunicações o teria tornado impraticável. Fúlvia estava relutante a princípio, mas por fim encorajou seu cunhado, enviando seus filhos a Lúcio para ele exibir aos veteranos de Antônio e recrutar apoio. Contudo, era difícil para os soldados se solidarizarem com os expropriados pelo processo de colonização. Claramente, Fúlvia achou que estava agindo pelo bem de Antônio ao voltar-se contra Otaviano. O verso deste último sugere que ela estivesse com ciúme de Glafira, e outros afirmam que ela também esperava reconquistar seu marido, perdido para Cleópatra. Como era frequente naqueles anos, fortes emoções pessoais se combinavam com ambições políticas.

O resultado foi um confuso período de inquietação e guerra civil, no qual as lealdades eram em geral obscuras. Lúcio tomou Roma, mas não pôde mantê-la. Ele formou um exército e acabou sendo bloqueado por Otaviano na cidade de Perúsia (hoje Perúgia). Projéteis de funda de chumbo sobrevivem da época do cerco, alguns simplesmente proclamando lealdade a um dos líderes, mas outros com dizeres zombando da

CRISE   343

calvície de Lúcio ou mencionando os órgãos sexuais de Fúlvia. Asínio
Polião, Planco e Ventídio Basso estavam na Itália com suas legiões e
eram vistos como homens de Antônio, comandantes de legiões leais
a ele. Entretanto, os três generais não foram capazes de chegar a um
acordo sobre o que fazer e começaram a brigar. Eles ousaram e se manifestaram, mas pararam carentes de ajuda concreta. Claramente, eles
não receberam nenhum tipo de instrução e isso, combinado com seu
próprio juízo do que era melhor para os seus próprios interesses, os
impediu de intervir. Sem ajuda, Lúcio se rendeu no começo de 40 a.C.[2]

O cônsul foi poupado, e também os seus soldados, mas pode ter
havido execuções e Perúsia foi saqueada e incendiada. Lúcio foi logo
despachado para governar a Espanha. Fúlvia fugiu da Itália, à procura
de seu marido. A mãe de Antônio, Júlia, também decidiu sair de Roma,
mas escolheu um caminho tortuoso para chegar ao filho. Ela procurou
primeiro Sexto Pompeu, que a recebeu bem e depois a enviou com uma
escolta para Antônio, com uma oferta de aliança contra Otaviano.
Parecia que Perúsia seria apenas a primeira campanha de uma nova
guerra civil, um triúnviro opondo-se a outro.

Otaviano também estava tentando conciliação com Sexto. Ele se
divorciou da filha de Fúlvia, afirmando que o casamento nunca havia
sido consumado. Se for verdade, isso sugere que desde o começo ele
tenha sido cauteloso quanto à aliança, embora possa simplesmente ser
que ela fosse jovem demais, mesmo para o padrão das noivas romanas.
Em vez disso, se casou com Escribônia, irmã do sogro de Sexto e um dos
seus principais partidários. O filho de Pompeu não parece ter passado
a ver o jovem César mais afetuosamente por causa disso.[3]

Um novo acordo

Nenhuma das nossas fontes acusa Antônio de provocar o conflito (que
ficou conhecido como a Guerra de Perúsia). No máximo, afirmam que
ele deixou de conter Fúlvia e Lúcio. Uma parte disso tinha claramente a

vocação de enfatizar a sua incapacidade de controlar a própria esposa. Realisticamente, ele estava longe demais para desempenhar um papel direto na situação em rápida evolução na Itália. Também vale a pena dizer que Antônio raras vezes iniciou um confronto deliberadamente em qualquer fase de sua vida. Ele era ambicioso, buscava o poder e nele se deleitava. Depois dos Idos de março, ele reagiu ao assassinato e mudou gradualmente de opinião contra os conspiradores, mas mesmo assim não provocou ele mesmo um conflito aberto com eles. Do começo ao fim, ele dá a impressão de que teria ficado contente de deixá-los continuar na vida pública, desde que isso não entrasse em conflito com a sua própria aquisição de poder, patronagem e riqueza. De igual forma, nos meses seguintes, enquanto Cícero e outros aumentavam a pressão sobre ele, Antônio respondeu furiosamente, mas não estava preparado para a guerra quando ela eclodiu. Em parte isso se deu porque ele subestimou seus oponentes, tanto os senadores quanto o jovem César, mas também parece refletir a sua natureza. Há poucos indícios de estratégia de longo prazo em qualquer etapa de sua vida, além de um desejo geral de ascender ao topo. Lúcio desempenhou um papel forte, mas, feitas as contas, as fontes parecem estar mesmo certas ao ver Fúlvia como a força principal por trás da oposição a Otaviano.

Antônio não queria o confronto com Otaviano, embora não haja dúvida de que teria tirado alegremente proveito da nova situação, se sua esposa e seu irmão tivessem ganho. Isso não significa que ele pudesse fingir que o conflito não ocorrera. Antônio saiu de Alexandria e foi para a Síria, mas, apesar de uma invasão parta, ele se apressou para Atenas, onde encontrou-se com Júlia e Fúlvia. Ele agradeceu aos enviados de Sexto terem trazido a sua mãe, mas enviou ao seu senhor uma cautelosa resposta. Se estourasse de fato uma guerra contra Otaviano, ele trataria Sexto como aliado. Se não, o acordo para formar o triunvirato ainda estaria de pé e tudo que ele podia fazer era estimular seus colegas a negociarem com Sexto.[4]

Parece que ele recebeu Fúlvia friamente, o que tornou mais fácil para ele isentar-se da responsabilidade pela Guerra de Perúsia. Ela

CRISE 345

podia já estar doente e diz-se que estava de coração partido. Fúlvia morreu posteriormente naquele ano, depois que Antônio partiu de Atenas. Lúcio Antônio também sucumbiu à doença depois de assumir seu posto como procônsul na Espanha. Não há qualquer sugestão de assassinato em nenhum dos casos. A morte de Caleno, o governador da Gália, no verão de 40 a.C. foi de várias maneiras muito mais prejudicial a Antônio. Otaviano foi para lá pessoalmente e tomou a província sem luta, assumindo o comando de suas onze legiões. O equilíbrio de poder estava mudando, tornando o resultado da iminente guerra civil muito difícil de prever.[5]

Antônio retornou à Itália. Ele não foi sozinho, mas levou uma frota de duzentos navios de guerra. Havia poucos navios de transporte, se é que algum, e ele só tinha um pequeno exército. A caminho, mais navios e soldados comandados por Cneu Domício Aenobarbo, o mais importante líder republicano a continuar a luta depois de Filipos, juntaram-se a ele. Asínio Polião já arranjara a reconciliação, de modo que Antônio ficou calmo quando a outra frota se aproximou e o saudou como general. A força acrescida foi bem-vinda e Aenobarbo tinha o prestígio de uma distinta família, mas os novos aliados mostraram ser uma desvantagem quando as frotas combinadas chegaram a Brundísio. No passado, Aenobarbo atacara várias vezes o porto. A guarnição se recusou a receber esse inimigo conhecido e tratou Antônio do mesmo modo.[6]

O triúnviro respondeu com ira, atracando nas proximidades e sitiando a cidade. Uma nova guerra civil parecia estar começando. Otaviano reuniu suas forças e marchou para o sul, estabelecendo o seu próprio bloqueio em torno das forças de Antônio. Houve alguma escaramuça. Antônio levou quinhentos cavaleiros para um ataque, pegando de surpresa a cavalaria inimiga, que contava com o triplo da quantidade de homens e esmagando-a. Otaviano promoveu recrutamentos entre as colônias de veteranos, mas, quando os homens souberam que deviam lutar contra Antônio, a maioria deu meia-volta e foi para casa. Não era tanto um sinal de entusiasmo por — ou mesmo de medo de — An-

346 ANTÔNIO E CLEÓPATRA

tônio, mas um sentimento de que simplesmente não havia nenhuma boa razão para lutar em uma guerra civil. Esse estado de espírito era generalizado entre os antigos oficiais e soldados de César de ambos os lados. Eles confraternizaram e logo sentiram confiança bastante para dar conhecimento dos seus sentimentos aos seus comandantes.

Seus exércitos não queriam a guerra e é improvável que Antônio e Otaviano estivessem eles próprios muito interessados, pois nenhum dos dois tinha muito a ganhar. Ainda existiam coisas demais a serem feitas para que um deles tivesse confiança de que podia controlar o império naquele momento. Se Antônio destruísse Otaviano, não havia nenhuma garantia de que Sexto Pompeu, ou quem quer que emergisse como líder dominante no Ocidente, não viesse a ser uma ameaça no futuro. Nenhum dos lados estava devidamente preparado para guerra, o que tornava o resultado ainda mais incerto. Lutar teria sido uma aposta perigosa tanto para Antônio como para Otaviano, e era somente o temor de que o outro estivesse determinado a lutar que tornava a perspectiva aceitável para ambos. No passado, desconfiança e medo recíprocos tinham fomentado mais de uma guerra civil. Dessa vez, a relutância dos exércitos rivais obrigou seus líderes a se moderarem. Combates sérios não ocorreram e isso facilitou a Antônio e Otaviano negociarem.

As conversações foram conduzidas por Asínio Polião da parte de Antônio e por um cavaleiro chamado Caio Mecenas da parte de Otaviano, com o oficial veterano, Lúcio Coceio Nerva, que tinha a confiança das tropas, como elemento neutro. Ninguém estava presente para representar Lépido, o que reflete o declínio contínuo de sua importância. Mecenas foi um dos primeiros partidários de Otaviano e seu amigo mais íntimo, e ao longo dos anos mostrou ser um astuto articulador político, assim como, mais tarde, um patrono de poetas como Virgílio e Horácio. Em setembro de 40 a.C., os três representantes tinham conseguido montar o que conhecemos como o Tratado de Brundísio.

Antônio e Otaviano repartiram o império entre si, deixando Lépido somente com a África. Otaviano conservou a Gália, de modo que

CRISE 347

efetivamente controlava então todas as províncias ocidentais, enquanto Antônio manteve o Oriente. A fronteira entre os dois foi estabelecida em Scodra, na Ilíria. Parece que Antônio foi formalmente encarregado da guerra contra a Pártia, ao passo que Otaviano deveria reconquistar a Sicília e as outras ilhas ocupadas por Sexto Pompeu, a menos que este último demonstrasse vontade de negociar a paz. Essa foi a única concessão a Sexto, que sentiu-se claramente enganado. Aenobarbo se deu melhor, recebendo um perdão. Ele fora condenado junto com os assassinos de César, embora pareça que não tenha realmente feito parte da conspiração. Alguns outros foram perdoados, e Antônio e Otaviano executaram cada um dos seus mais proeminentes seguidores. Antônio matou um agente um tanto obscuro chamado Mânio, pois ele havia estimulado Lúcio e Fúlvia a rebelarem-se. Conta-se que ele também teria dito a Otaviano que um dos seus generais tinha oferecido desertar para o seu lado. O homem foi chamado sob um pretexto qualquer e morto, e os triúnviros conseguiram que o Senado aprovasse o seu decreto último para emprestar um verniz de legalidade à morte.[7]

A *concordia* (concórdia) foi proclamada e logo estava sendo celebrada em toda a Itália. Qualquer que fosse a atitude em relação ao triunvirato, o medo de uma nova guerra civil era profundo e o alívio foi genuíno. Conforme tão amiúde, um casamento de aliança confirmou a barganha política. Fúlvia tinha morrido — comentou-se que Antônio sentiu-se culpado por sua frieza para com ela em Atenas, mas em todos os aspectos sua morte foi notavelmente conveniente. A irmã mais velha de Otaviano enviuvara recentemente, com a morte de seu marido Marcelo, cônsul de 50 a.C. Ela estava com cerca de 30 anos de idade. A lei romana estipulava um prazo de dez meses entre a morte de um marido e um novo casamento da viúva, visto que isso deixaria clara a paternidade de qualquer eventual filho. Antônio e Otaviano fizeram o Senado aprovar um decreto especial isentando Otávia dessa lei e o casamento foi celebrado quase imediatamente.

Antônio e Otaviano fizeram cunhar moedas com seus rostos. Antônio também emitiu uma série com Otávia no verso, tornando-a a

348 ANTÔNIO E CLEÓPATRA

primeira mulher romana a aparecer numa cunhagem. Outra moeda de Otaviano mostrava mãos apertadas, um símbolo adicional da nova concórdia. O poeta Virgílio escreveu sobre uma nova era de ouro, a ser introduzida pelo nascimento de um menino — claramente um mais que esperado filho de Antônio e Otávia. Revelou-se que ela na verdade lhe deu a primeira de duas filhas, mas, na altura em que isso aconteceu, os ânimos já haviam se tornado menos otimistas.[8]

Antônio e Otaviano celebraram cada um uma ovação quando foram para Roma no final do ano. Era uma cerimônia menos importante que um triunfo, mas ainda assim impressionante, embora não estivesse muito claro que vitórias estavam sendo comemoradas. Em grande parte como as honras a César, elas marcavam os triúnviros como maiores que os magistrados. É bem possível que as multidões tenham saudado as procissões. Contudo, a população ficou muito menos entusiasmada quando mais impostos extraordinários foram anunciados. Para piorar as coisas, Sexto Pompeu se recusou a ser ignorado e estava bloqueando efetivamente as rotas marítimas mais importantes para a Itália. Havia carência de alimentos e os preços subiram. As pessoas não culpavam Sexto, mas os triúnviros por não chegarem a um acordo com ele. Otaviano foi ameaçado por uma multidão ao aparecer no Fórum com muito poucos guarda-costas. Projéteis foram arremessados e ele foi ferido.

Antônio trouxe uma pequena tropa de soldados pela Via Sacra para ajudar seu colega. Percebido como mais favorável a uma paz com Sexto, nenhuma pedra foi jogada, mas uma multidão determinada bloqueou o caminho. Quando tentou forçar a passagem, a turba começou a arremessar projéteis contra ele. Antônio se retirou, reuniu mais soldados e então atacou o Fórum a partir de duas direções. Ele e seus homens abriram caminho até Otaviano e seu grupo e conseguiram trazê-los para fora. Corpos foram jogados no rio para ocultar o número de mortos. No final, a multidão se dispersou, mas estava claro que seu ressentimento só fora contido pela força bruta dos triúnviros.[9]

Ficou então claro que eles tinham que lidar com Sexto, e, como não tinham uma força naval para derrotá-lo, a negociação era a única opção.

CRISE 349

Abordagens foram feitas por intermédio de parentes, inclusive a mãe de Sexto. Houve conversações preliminares na primavera de 39 a.C. fora do centro de veraneio em Baias e, pela primeira vez, o filho de Pompeu se encontrou com o filho de César e seu aliado Antônio. Os lados rivais ficaram em plataformas especialmente preparadas, plantadas na areia a uma distância confortável para a audição, mas oferecendo segurança contra ataques repentinos. Não foi o bastante para superar a desconfiança mútua e as conversações foram rompidas. Finalmente, realizou-se um segundo encontro fora de Miseno e um acordo foi alcançado.

Sexto Pompeu estava com 20 e tantos anos e nunca fora registrado no Senado, nem antes de ter sido proscrito em 43 a.C. juntamente com os conspiradores e outros inimigos do triunvirato. Ele foi então nomeado governador da Sicília, da Sardenha e da Córsega — que de todo modo ele já controlava — e também do Peloponeso, na Grécia, que ele não controlava. Sexto juntou-se a Antônio no colégio de áugures e foi nomeado para um consulado em 33 a.C. (Ele ainda seria jovem demais para o cargo, mas tais descumprimentos da velha lei já não causavam mais tanto comentário.) Em troca, ele concordou em suspender seu bloqueio naval. Para seu grande mérito, Sexto também insistiu na restauração dos direitos dos proscritos e outros exilados, permitindo-lhes retornar e receber de volta pelo menos um quarto de suas propriedades. Somente os poucos conspiradores sobreviventes foram excluídos desse perdão. As proscrições deveriam acabar. Foi concedida liberdade aos escravos fugitivos que serviam em sua frota.

O pacto de Miseno interrompeu por um tempo as guerras civis que dividiram a República Romana desde 44 a.C. — com efeito, virtualmente desde que César cruzou o Rubicão em 49 a.C. Houve genuína celebração quando a notícia se espalhou, em especial quando o comércio fluiu mais normalmente e a falta de alimentos em Roma e alhures terminou. As celebrações imediatas envolvendo os líderes de cada lado parecem ter começado algo nervosamente, e houve boatos de que os convidados ao grande banquete que marcou o evento portavam punhais

350 ANTÔNIO E CLEÓPATRA

escondidos. Quando Antônio e Otaviano jantavam ambos a bordo da nau capitânia de Sexto, um dos seus almirantes teria supostamente sugerido cortar os cabos e jogá-los ao mar, tomando imediatamente o poder. A resposta tornou-se célebre, pois Sexto disse não poder descumprir sua palavra desse modo e que bem que gostaria que o homem tivesse simplesmente agido, sem pedir sua permissão. Desde o começo, a trégua foi apreensiva.[10]

Atenas

Após passar quase um ano na Itália, Antônio partiu novamente para o leste, levando Otávia com ele. Talvez fosse um sinal de afeição, pois, embora o casamento tenha sido de conveniência política, pelo menos no começo pareceu ser razoavelmente feliz. Antônio correspondia prontamente ao afeto, e sua nova esposa era atraente e inteligente. Acreditou-se amplamente que ele tivesse se apaixonado por ela, contudo mais coisas deviam estar envolvidas. Governadores provinciais romanos não levavam as suas esposas para as suas províncias. Mesmo durante as guerras civis, isso era bastante incomum e a esposa de Pompeu, o Grande, Cornélia, foi uma rara exceção. Não havia nenhuma ameaça para Otávia se ficasse na Itália — como Fúlvia fizera em 44 a.C., e as esposas de Bruto e de Cássio ao longo de toda a Guerra Civil. Ela era sem dúvida o símbolo mais claro da renovada aliança entre seu irmão e seu marido. A razão mais provável de ela ter acompanhado Antônio foi que todos os envolvidos acharam que seria uma boa ideia manter esse símbolo com ele como um lembrete do novo e mais estreito vínculo com Otaviano.

O casal passou o inverno junto em Atenas. Otávia era instruída, mas mulheres romanas tinham poucas oportunidades de viajar ao estrangeiro e essa era talvez a sua primeira visita à famosa cidade. A filha deles, Antônia, a Velha, nasceu antes de eles chegarem e Antônio

CRISE 351

vangloriou-se de estar deixando de lado muitas das suas obrigações formais em prol de uma vida pacata de cidadão comum. Seus auxiliares foram reduzidos a um mínimo e, mais uma vez, ele se vestiu à moda grega, frequentou palestras e se exercitou no ginásio. Com sua esposa, ele jantava à maneira local e participava do ciclo de festivais religiosos, que envolviam sacrifícios e outros rituais, assim como suntuosos banquetes. Um filósofo estoico dedicou um livro a Otávia. Antônio aceitou o cargo cívico de ginasiarco, usando sapatos e manto brancos e portando o bastão do ofício. Era um posto anual cuja tarefa era supervisionar a vida e a educação dos efebos, os jovens que treinavam no ginásio.

Os atenienses entravam na brincadeira, assim como os alexandrinos tinham fingido não reconhecer o general romano e a sua própria rainha quando eles se vestiam de escravos. Contudo, os jogos festivos panatenaicos foram denominados Antonianos em homenagem a ele. Ao mesmo tempo, eles proclamaram Antônio o "Novo Deus Dionísio", e ele e Otávia os "Novos Deuses Benfeitores". Parece ter havido alguma forma de aliança sagrada ou casamento entre o Novo Dionísio e a própria deusa da cidade, Atena. Antônio o aceitou como uma honra, mas também insistiu numa soma substancial em dinheiro da cidade como dote de sua nova noiva.[11]

Apesar desta e de outras coletas ou arrecadações, Antônio mais uma vez foi popular aos olhos da audiência grega, especialmente a ateniense. Os romanos impunham impostos de todo modo, e pelo menos ele mostrava respeito pela cultura deles. As honrarias não eram sem precedente — César também se permitira tornar-se ginasiarco — e tomou parte de uma promoção mais ampla desse status. Apiano afirma que ele recebeu poucas delegações durante os meses de inverno, embora tenha aceitado e respondido cartas. Apesar de os triúnviros sempre apresentarem seus atos como constitucionais e submeterem suas decisões ao Senado para aprovação, as comunidades provinciais e aliadas estavam plenamente conscientes de que o poder real estava nas mãos de Otaviano e Antônio.

352 ANTÔNIO E CLEÓPATRA

Cidades os abordavam diretamente em busca de favores. A cidade de Afrodísias iniciou uma série de longas inscrições na parede de seu teatro, registrando as decisões tomadas pelos triúnviros e afirmando ousadamente:

> Quaisquer recompensas, honras e privilégios que Caio César ou Marco Antônio, triúnviros para restaurar o Estado, tenham concedido ou concederão, outorgaram ou outorgarão, consentiram ou consentirão por decreto próprio ao povo de Plarasa ou Afrodísias devem ser considerados como tendo ocorrido justamente e conforme a regra.[12]

Estava claro que o Senado não questionaria nenhuma decisão dos triúnviros. Afrodísias ficava na Ásia Menor e, assim, claramente no interior das províncias designadas a Antônio, e é interessante que eles tenham se sentido livres para abordar Otaviano independentemente, e que ele tenha se mostrado bem receptivo e capaz de tomar decisões em resposta. Outras comunidades parecem ter agido do mesmo modo. Há muito menos indícios da vida cívica nas províncias ocidentais — em parte porque elas eram menos desenvolvidas em muitas áreas — porém parece mais que provável que algumas deles procurassem Antônio, em vez de Otaviano, em busca de favores e de decisões legais. Por outro lado, talvez houvesse simplesmente mais problemas necessitando de atenção no Oriente, pois a recente invasão parta espalhara a desordem sobre uma ampla área.

Ao final do inverno, Antônio reassumiu plenamente a pompa e a cerimônia da sua dignidade de triúnviro, vestiu o uniforme de magistrado e general romano e deixou claro que estava disponível para receber peticionários.

22. Invasão

Cleópatra deu à luz gêmeos em 40 a.C. O menino se chamou Alexandre e a menina, Cleópatra. Poucos anos mais tarde, eles seriam alcunhados "o Sol" e "a Lua" — Alexandre Hélio e Cleópatra Selene. Parece ter sido nesta altura que Antônio os reconheceu abertamente como seus filhos, mas sem dúvida foi informado do nascimento deles logo após a ocorrência. Tenham ou não tido contatos formais nesses anos, eles certamente tinham o cuidado de se manterem informados sobre as atividades um do outro. Sentimentos pessoais à parte, tratava-se simplesmente de política normal e saudável.[1]

Antônio já tinha pelo menos três filhos. Seu primeiro casamento com a filha de um escravo liberto, Fádia, parece ter gerado prole, mas eles podem ter morrido cedo — o destino de muitas crianças no mundo antigo. Antônia, filha de Antônio, é geralmente tida como filha de sua segunda esposa e prima, Antônia, e não de Fádia. Fúlvia deu a ele dois filhos, Marco Antônio, também conhecido como Antilo, e Iulo Antônio. Em 39 a.C., Otávia lhe deu a primeira de duas filhas, ambas é claro chamadas Antônia, e conhecidas como a Velha e a Jovem, a fim de distingui-las nos estudos modernos. À diferença de César, que tinha perdido a sua única filha reconhecida quando Júlia morreu, para Antônio não foi tão grande novidade quando sua amante real lhe deu gêmeos.[2]

354 ANTÔNIO E CLEÓPATRA

De todo modo, havia interesses muito mais preocupantes tanto para Antônio como para Cleópatra. No começo de 40 a.c., uma invasão parta varreu a Síria. Ela foi comandada por Pácoro, filho do rei Orodes II e herdeiro favorito do trono. Quinto Labieno estava com ele, filho do homem que havia sido o legado mais competente de César na Gália, mas havia desertado — ou talvez retornado a uma lealdade mais antiga — para Pompeu no começo da Guerra Civil. O Labieno mais velho tinha morrido em Munda. Seu filho — outro dos homens jovens que tanto dominaram a vida pública e as guerras civis após a morte de César — alinhou-se a Bruto e Cássio e foi enviado por eles para buscar a ajuda de Orodes II. Em 49 a.C., Pompeu havia feito um pedido semelhante, e eram poucos os líderes romanos que mostrassem alguma relutância em procurar aliados estrangeiros para ganhar uma guerra civil. Contudo, esse ponto ainda era politicamente sensível, haja vista que a tentativa de Lépido e de outros conspiradores de ganhar o apoio dos alóbroges em 63 a.C. os desacreditara completamente. Em todo caso, o rei parto se mostrou cauteloso e não deu apoio ativo nem a Pompeu nem aos conspiradores. Labieno ainda estava com ele quando a campanha de Filipos foi perdida e Bruto e Cássio cometeram suicídio.[3]

O que aconteceu em seguida não tinha precedente. A figura do príncipe ou aristocrata exilado servindo como mercenário para um monarca estrangeiro era bastante comum no mundo antigo, especialmente entre as cidades gregas. Ambas as invasões persas do século V a.C. incluíam tais exilados, que forneciam informações na esperança de terem seu poder restaurado por meio da ajuda estrangeira. Entretanto, senadores romanos não se comportavam desse modo. Não havia nenhum aristocrata romano com Pirro ou com Aníbal quando eles comandaram seus exércitos invadindo a Itália. Mesmo quando a competição entre senadores romanos ambiciosos se tornou violenta, ninguém imaginou que pudesse ser restaurado ao poder por um exército estrangeiro. Aliados subordinados eram aceitáveis, mas não a perspectiva de acompanhar um inimigo invasor.

INVASÃO

Labieno estava entre os proscritos e podia esperar ser executado se fosse pego. Presumivelmente, ele concluiu que a República não existia mais e que qualquer meio era aceitável para derrotar a tirania dos triúnviros. Ele ainda se via como um general romano e cunharia moedas com os devidos símbolos do ofício. Ele também se autodenominou Parto, mas isso parece irônico, pois tais títulos só eram assumidos por homens que tivessem derrotado um exército estrangeiro, e ele servia com os partos. Nossas fontes o descrevem buscando convencer Orodes II a atacar as províncias romanas. O mais provável é que ele tenha provido serviço de inteligência útil sobre as vulnerabilidades de suas defesas e oferecido a esperança de convencer uma parte dos soldados a desertarem; na verdade, porém, é improvável que o rei parto tenha precisado então de muito encorajamento.[4]

Quando Crasso lançou seu ataque não provocado contra Pártia, Orodes II era rei há apenas quatro anos e só recentemente tinha derrotado um rival ao trono. As tentativas de apaziguar o comandante romano fracassaram, mas então ocorreu a súbita e esmagadora derrota dos invasores em Carras. Orodes e seu principal exército não estavam presentes e a vitória foi conquistada por um dos membros das grandes casas aristocráticas partas. Esse homem celebrou o seu sucesso demasiado ostensivamente e logo foi executado pelo rei. Mesmo assim, os partos logo recuperaram todos os territórios perdidos para Crasso, atacando a Síria implacavelmente nos anos subsequentes.

A República Romana era uma vizinha agressiva. As décadas de conflitos internos também a tornaram altamente imprevisível. A própria Pártia era um império criado através de guerras agressivas. Romanos e partos tinham derrotado a maioria de seus inimigos no Oriente Próximo com facilidade quase desdenhosa. Então, Carras pareceu demonstrar que as legiões tampouco eram páreo para os catafractos encouraçados e os rápidos arqueiros montados que eram a grande força do exército parto. Por grande parte da década seguinte, Orodes tinha outros problemas a resolver e se restringiu a intervenções menores nas guerras

356 ANTÔNIO E CLEÓPATRA

civis romanas. Os planos de César de uma grande expedição para a Pártia não eram segredo para ninguém, e Dolabela e Antônio falaram, cada qual a seu turno, de realizar essa ambição. Antes de partir para o inverno em Alexandria no final de 41 a.c., Antônio despachou um ataque de cavalaria para saquear a cidade de Palmira, situada além das fronteiras da Síria. Os partos o interpretaram como uma clara confirmação de intenções agressivas futuras.[5]

Em 41 a.c., Orodes II estava livre de outras ameaças e tinha o benefício das informações detalhadas fornecidas por Labieno. Derrotar Roma também reforçaria grandemente a posição de seu herdeiro escolhido, Pácoro, e, melhor, evitaria quaisquer desafios da parte dos outros filhos ou parentes de Orodes quando o trono lhe fosse transmitido. O principal alvo da guerra era a Síria, outrora o coração do Império Selêucida, que os próprios partos tinham suplantado. Cultural e geograficamente, parecia um acréscimo natural ao reino de Orodes.

A resistência romana foi fraca. A maior parte das guarnições na área era de sobreviventes dos exércitos de Bruto e de Cássio. Alguns desertaram para Labieno. O comandante de Antônio na área conseguiu reunir um pequeno exército de campanha, mas rapidamente foi derrotado e morto. A cidade de Tiro resistiu ao sítio — consequentemente, Antônio foi capaz de desembarcar lá em seu caminho para a Grécia na esteira da Guerra de Perúsia — mas quase todo o restante da Síria foi prontamente conquistado. Pácoro deu apoio limitado a ataques adicionais. Labieno foi para a Ásia Menor, mas parece só ter levado as tropas romanas que foi capaz de recrutar, não sendo acompanhado por nenhum parto. Mesmo assim, foi o bastante para ele invadir uma grande área. Algumas comunidades resistiram. O sincero orador Híbreas, que havia convencido Antônio a reduzir impostos, convenceu então a sua própria cidade natal a voltar-se contra a guarnição que Labieno havia instalado. Ela foi derrotada, mas o general romano logo atacou novamente. Híbreas já fugira, então, mas uma de suas propriedades foi destruída. Uma outra cidade parece ter sido salva por condições climá-

INVASÃO 357

ticas extravagantemente anormais e erigiu uma inscrição louvando o deus Zeus por sua intervenção.[6]

Em toda a região, numerosos reis, tiranos e outros líderes tinham sido expulsos de suas comunidades nos últimos anos, quase sempre porque haviam apoiado o lado errado da Guerra Civil romana. Muitos desses homens fugiram em busca de Orodes ou de seus aliados e estavam agora instalados como governantes locais solidários. Pácoro enviou uma pequena força parta para a Judeia a fim de apoiar Antígono em sua tentativa de tomar o poder de seu tio, Hircano. O primeiro havia prometido a seus aliados pagamento em forma de dinheiro e também de quinhentas mulheres, muitas delas de família real ou aristocrática e, por isso, úteis como reféns e também como harém. Antígono era filho de Aristóbulo, que Antônio tinha ajudado a derrotar em 56 a.C., e existia claramente um apoio substancial ao desafiador. Hircano e o irmão de Herodes, Fasael, foram capturados. Antígono mutilou seu tio, aparentemente mordendo as suas orelhas. Um homem que não era fisicamente íntegro não podia ser sumo sacerdote, de modo que isso deu cabo imediatamente de seu governo. Fasael morreu no cativeiro, talvez por suicídio.[7]

Herodes escapou, levando consigo a sua família estendida e muitas das mulheres da corte real prometidas aos partos como prêmio. Instalando-as na fortaleza de Massada, descortinando o mar Morto, ele foi em busca de ajuda do rei dos árabes nabateus. Rechaçado, ele se voltou para o Egito. Em Pelúsio, Herodes e seu grupo foram detidos por uma guarnição de Cleópatra, até ela enviar permissão para eles serem escoltados até Alexandria. A rainha os recebeu com amizade e ofereceu emprego a Herodes como general em seu próprio exército. Um relato afirma que a oferta dizia respeito a uma expedição que ela estava planejando, mas não dá mais detalhes sobre isso. É possível que ela simplesmente quisesse um comandante capaz para os seus mercenários, sobretudo como defesa contra os partos, se eles decidissem avançar contra ela. Naquele momento, Cleópatra não contava com nenhuma legião para defender o seu reino. Não havia nenhum incentivo para ela juntar-se aos partos, que, no mínimo, eram descendentes dos selêucidas e, por isso, provavelmente pouco propensos a favorecer os interesses dela.[8]

A oferta não foi aceita. Em sua propaganda ulterior, é possível que Herodes tenha querido ressaltar que foi imune à famosa sedutora, mas havia razões mais importantes pelas quais declinar o convite. Antígono já estava buscando o reconhecimento de Roma para seu governo, e não era impossível que tivesse sucesso. Herodes queria ir em pessoa e usar de influência junto aos triúnviros e qualquer outra pessoa que pudesse influenciá-los. Ele deixou Alexandria. Cleópatra não fez nenhum esforço para retardá-lo e deve ter encontrado outro comandante, talvez menos célebre, para as suas forças.

Subordinados de gênio

A prioridade de Antônio era lidar com a situação na Itália, e isso foi algum tempo antes de ele fazer alguma coisa quanto aos partos. Mesmo depois da renovação da aliança em Brundísio, ele claramente sentia que era necessário permanecer na Itália. Em seu lugar, ele enviou Públio Ventídio Basso com um exército para assumir o comando na Ásia e, se possível, recuperar as províncias lá, assim como na Síria. Outros comandantes, inclusive Asínio Polião, foram para a Macedônia a fim de guerrear contra as tribos nas suas fronteiras. Ao mesmo tempo, Otaviano enviou subordinados seus para lidar com problemas da Gália.[9]

A carreira de Ventídio Basso era notável para um general romano. Quando criança, em Piceno, ele havia sido apanhado na Guerra Social, a última grande rebelião dos aliados italianos de Roma. É bem possível que seu pai tenha morrido nesse conflito, mas o rapazote e sua mãe marcharam entre os prisioneiros no triunfo realizado pelo pai de Pompeu, Pompeu Estrabão, para comemorar sua vitória contra os rebeldes.

INVASÃO

Ventídio restaurou sua fortuna criando mulas, vendendo muitas delas para o exército romano, e parece ter se estabelecido como um eficiente provedor de transporte para as legiões. Júlio César o alistou e ele serviu em postos cada vez mais altos nas campanhas na Gália e na Guerra Civil. César fez dele senador e o nomeou para uma pretoria e, após, por ter trazido várias legiões para juntaram-se com Antônio depois de Mutina, ele foi recompensado com um breve consulado no final de 43 a.C. Durante a Guerra de Perúsia, ele foi um dos comandantes que não conseguiu ajudar Lúcio Antônio de maneira mais significativa.

Com um currículo comprovado em logística, Ventídio logo demonstrou um considerável discernimento natural para táticas. Labieno foi expulso da Ásia com muito pouca luta. Ele tinha bem poucos homens para enfrentar Ventídio sem apoio parto, que não se manifestou por algum tempo, provavelmente não até ele ter de fato se retirado da Ásia para a Síria. No monte Tauro, provavelmente ao sul do desfiladeiro conhecido como Portões Cilicianos, Ventídio atraiu o exército combinado inimigo para atacá-lo no terreno de sua escolha. Os partos estavam excessivamente confiantes, convencidos de sua superioridade depois de Carras e das fáceis vitórias no ano anterior. Seu ataque montanha acima foi um desastre, tendo sido rechaçado com pesadas perdas. Labieno escapou e tratou de esconder-se, mas foi capturado e morto por um dos governadores de Antônio algum tempo depois.

Pácoro e a parcela mais poderosa de suas forças não estiveram na batalha. O ano já ia tarde e pode ser que eles já tivessem se retirado para o inverno perto do Eufrates. Na primavera de 38 a.C., o príncipe comandou uma nova invasão da Síria. O exército de Ventídio ainda estava disperso em seus próprios quartéis de inverno, mas um plano de diversionista bem urdido conseguiu convencer o inimigo a avançar por uma estrada mais lenta, dando a ele tempo de se concentrar. No monte Gindaro, o general romano usou tática muito parecida com a do ano anterior. Ocupou uma posição fortificada, mantendo uma parte de suas tropas escondidas, e atraiu o inimigo a atacá-lo, fazendo

ANTÔNIO E CLEÓPATRA

avançar uma pequena força com ordens de retirada assim que fosse pesadamente confrontada. Os partos ainda desprezavam os inimigos romanos, e o ambicioso Pácoro estava ávido por provar o seu próprio valor comandando o ataque final para a vitória. Ele mordeu a isca e foi posto em debandada pelo súbito contra-ataque romano. Pácoro foi morto e os romanos exibiram, em parada militar pelas províncias e comunidades aliadas, a sua cabeça cortada. Foi uma prova do poder romano e talvez também uma vingança em nome de Crasso, que tinha sido decapitado pelos partos.[10]

Enquanto Ventídio estava conquistando glórias, a atenção de Antônio permanecia concentrada na Itália. A paz com Sexto Pompeu mostrou ser de pouca duração e em 38 a.C. a guerra eclodiu mais uma vez. A propaganda o repudiou como um pirata, o líder fugitivo dos escravos, e — depois de sua derrota final — desdenhando a real ameaça que ele tinha significado. Era verdade que ele sempre fora mais forte no mar, capaz de promover ataques no contorno da costa italiana, mas não de estabelecer presença permanente. É bem possível que Otaviano tenha provocado a luta, confiante em um sucesso rápido. Em vez disso, as suas esquadras foram esmagadas duas vezes pelos pompeianos e sofreram mais perdas em tempestades. Em certo momento, o filho do Divino Júlio foi um fugitivo com apenas um punhado de homens. Ao longo de toda a sua carreira, ele nunca chegou mais perto da derrota e da morte. Desesperado, Otaviano pediu que Antônio viesse a Brundísio para uma conferência, mas não estava lá quando Antônio chegou. Impaciente, seu colega só esperou uns poucos dias e retornou para a Grécia.[11]

Desta vez, porém, chegou a Atenas a notícia da vitória de Gindaro. Ventídio levou adiante os seus sucessos avançando contra o reino de Comagene, que havia apoiado o inimigo. Ele começou a sitiar a capital Samósata, em meio a rumores de que aceitara suborno do rei. Numerosos dos recém-instalados governantes dos reinos e cidades da área eram pródigos ao dar presentes a Ventídio e seus oficiais, num esforço para comprar o reconhecimento dos romanos e permanecer no poder.

INVASÃO 361

Antônio chegou pessoalmente antes do final do verão para concluir o sítio. Não obstante, isso se mostrou mais difícil do que esperado e, com a temporada de campanhas quase chegando ao fim, ele permitiu que o rei acordasse a paz em termos muito generosos. Em novembro de 38 a.C., Ventídio estava de volta a Roma, conduzindo em seu cavalo um triunfo ao longo da Via Sacra, a mesma onde no passado arrastara os pés como prisioneiro. Ele foi o primeiro comandante a conquistar um triunfo sobre os partos e essa foi a grande culminação de sua carreira. O "muleteiro", como zombeteiramente foi apelidado pelo povo, estava finalmente com 50 e tantos anos, ficando velho para um comando ativo. Ele também poderia estar doente, pois morreu não muito depois, recebendo a honraria adicional de um funeral de Estado.[12]

Em 37 a.C., Otaviano pediu novamente a Antônio que o encontrasse em Brundísio. Ele veio, acompanhado por uma frota de trezentos navios de guerra, e a cidade ficou nervosa demais com a ideia de admiti-los no porto. Antônio foi para Tarento, e lá a conferência teve lugar. Lépido foi conspicuamente excluído. Levou boa parte do verão para negociar um novo acordo, supostamente ajudado pela grávida Otávia, que conciliou seu irmão e seu marido. No final, Antônio apoiou Otaviano em sua guerra contra Sexto, que foi despojado de seu posto de áugure e do prometido consulado. O mandato de cinco anos do triunvirato tinha expirado no final de 38 a.C., sem que ninguém se desse particularmente conta. Então, para restaurar o verniz constitucional de seu governo, eles se deram mais cinco anos no poder. Eles ainda eram triúnviros — assim como presumivelmente Lépido, a despeito de seu papel marginal. Conforme tão amiúde, casamentos de aliança deveriam confirmar a unidade política. O filho de Antônio com Fúlvia, Antônio Antilo, foi prometido à filha de Otaviano, Júlia. Como o menino ainda não tinha 10 anos de idade e a menina era uma criança de dois anos, o casamento deveria ocorrer no futuro.[13]

Em termos práticos, Antônio prometeu fornecer 120 navios para fortalecer a frota de Otaviano na luta contra Sexto. Em troca, Otaviano

362 ANTÔNIO E CLEÓPATRA

deveria mandar a Antônio mil guardas pretorianos veteranos, apresentados como um presente especial para Otávia. Também deveria haver uma poderosa força de legionários. Apiano nos dá o número de 20 mil homens, muito provavelmente uma cifra redonda para quatro legiões. Entretanto, Plutarco diz que a promessa foi de fornecer apenas duas legiões. Os navios e tripulações foram prontamente entregues. Não houve nenhum sinal das prometidas tropas, mas como tanto a expedição oriental quanto o esforço principal, contra Sexto, estavam programados para o ano seguinte, isso não pareceu importar inicialmente.[14]

Era de grande vantagem para Otaviano que o seu subordinado mais capaz estivesse presente para dirigir a campanha iminente. Marco Vipsânio Agripa era contemporâneo e amigo íntimo do filho adotivo de César. De família obscura, o que limitava a sua ambição pessoal, ele estava satisfeito de servir ao seu mais célebre associado. Desde o começo, ele assistiu Otaviano, atuando nas primeiras campanhas, em Filipos e na Guerra de Perúsia. Com o passar do tempo, ganhou experiência, mostrou ser um comandante altamente talentoso. Em 38 a.C., ele estava na Gália subjugando uma rebelião das tribos no sudoeste e, com a sua ausência, a campanha contra Sexto Pompeu não foi bem. Tendo um triunfo votado em seu retorno a Roma, ele declinou celebrar, pois isso salientaria o fracasso de seu amigo. Agripa preparou e treinou cuidadosamente uma esquadra nova e mais forte para a luta iminente.[15]

As províncias orientais ainda estavam agitadas na esteira da ocupação parta. Herodes tinha atuado espetacularmente bem quando foi para Roma em 40 a.C. Não só Antônio e Otaviano lhe deram boas-vindas, mas também fizeram o Senado reconhecê-lo como rei. Isso emprestou um ar de tradição aos procedimentos, mas, como Antônio e Otaviano andavam ao lado do recém-nomeado monarca, escoltando-o para o encontro, era óbvio onde estava o poder real. Apesar dessa aprovação — igualmente um sinal de favor às conexões de ambos os triúnviros com o pai dele, Antípatro — ele levou mais tempo para retomar de fato

INVASÃO   363

o controle da Judeia, da Galileia e da Idumeia. Ventídio Basso enviou um oficial com tropas para apoiá-lo, mas isso se mostrou ineficaz, em meio a mais rumores de suborno. Mais tarde, a assistência de Roma se mostrou mais efetiva e, a certa altura, ele recebeu até mesmo o comando de duas legiões — um favor especial para um líder aliado. Jerusalém foi capturada depois de um cerco que durou vários meses. Antígono foi subsequentemente açoitado e decapitado sob ordens diretas de Antônio. Herodes era rei, mas desde o começo esteve longe de ser popular.[16]

Antônio passou o inverno de 37–36 a.C. em Antioquia, mas respondeu energicamente às delegações judaicas que vieram queixar-se de seu novo monarca. Ele ordenou que um grupo fosse retirado à força de sua presença e várias pessoas foram mortas por seus guardas. Antônio tinha muito a fazer para reorganizar as províncias e preparar o ataque à Pártia, que então dava a impressão de estar bastante vulnerável. Orodes II estava devastado com a notícia da morte de Pácoro e talvez incapaz de restringir o poder crescente das facções no seio da corte. Em 37 a.C., ele abdicou em favor de um outro filho, Fraates IV, que inaugurou seu reino massacrando a maioria dos seus irmãos — havia cerca de trinta deles — assim como o seu filho e o próprio Orodes.[17]

A guerra civil tomava forma na Pártia, o que sugeria que Antônio pudesse explorar essa fraqueza interna para obter um grande triunfo. Até então, a sua carreira militar tinha amplamente consistido em combater outros romanos. Ele nunca comandara um exército contra um inimigo estrangeiro. Pompeu, o Grande, havia começado do mesmo modo, mas sua posição e autoridade como o maior comandante de Roma só foram confirmadas depois das vitórias contra os piratas e contra Mitrídates. Se pudesse derrotar os partos — e Ventídio tinha demonstrado que eles estavam longe de serem imbatíveis — Antônio poderia realizar o plano de César, e talvez inclusive colocar-se ao lado de Alexande, o Grande, como conquistador do Oriente.

Era uma perspectiva tentadora, mas, antes que pudesse ser realizada, havia um inverno de trabalho para preparar o caminho. Isso não significa que Antônio não banqueteasse e celebrasse. Otávia não estava com ele, tendo voltado para a Itália após o começo da jornada para o leste, na esteira do novo acordo em Tarento. É possível que seu retorno fosse devido à sua gravidez estar avançada e talvez se mostrando difícil. Ela lhe daria uma segunda filha, Antônia, a Jovem, em 16 de janeiro de 36 a.C. Seu irmão, Otaviano, já se divorciara da mãe de sua única filha, pois Escribônia não era mais útil como contato com Sexto Pompeu. Em vez disso, ele havia se casado com Lívia Drusila, membro de um dos ramos do grande clã patrício dos Claudii e casada com um marido de outro ramo. Esse homem, Tibério Cláudio Nero, tinha lutado contra Otaviano na época da Guerra de Perúsia, e ele, sua esposa grávida e seu jovem filho, o futuro imperador Tibério, foram todos fugitivos perseguidos. Logo em seguida, ele foi perdoado, um divórcio foi arranjado e ele desempenhou o papel do pai da noiva na sua cerimônia de casamento com Otaviano. Ao nascer não muito depois, o filho dela foi enviado de volta a Tibério para ser educado na família dele.[18]

Otaviano permaneceria casado com Lívia até a sua morte meio século mais tarde, e, embora eles não conseguissem ter filhos, o casamento se mostrou muito bem-sucedido em todos os outros aspectos. Em sua juventude, ela foi considerada bonita e, ao longo de toda a sua vida, provou ser ameaçadoramente inteligente — o imperador Calígula a alcunhou de Ulisses de saia (*Ulixem stolatum*), segundo o astuto herói de Homero. Historiadores romanos posteriores a descreveriam como uma manipuladora política e, no século XX, Robert Graves reforçaria essa imagem em seu romance *Eu, Cláudio*. A pressa do casamento sugere uma paixão genuína da parte de Otaviano. Existiam também vantagens políticas de mais longo prazo numa aliança com um distinto grupo de famílias.[19]

Não era somente Antônio que se regalava e desempenhava o papel de um deus. No auge da luta contra Sexto Pompeu, quando a Itália estava novamente bloqueada e o preço dos alimentos altos, Otaviano, sua nova noiva e seus amigos participaram de um banquete que ficou

INVASÃO 365

mal-afamado. Havia doze convidados e cada um assumiu o papel de uma das doze divindades olímpicas. Otaviano se vestiu de Apolo. Eles comeram e beberam em um luxo espetacular. Vale a pena lembrar que Otaviano e muitos de seus companheiros mais próximos ainda estavam apenas na casa dos 20 anos e todavia se viam como senhores da República. Se isso torna o apascentar-se no poder e na riqueza menos surpreendente, não o torna menos sem tato. Otaviano continuava a ser amplamente odiado. Pelo menos os excessos de Antônio eram praticados longe e não em pleno coração de uma Roma ameaçada pela fome generalizada.[20]

Antônio não optou por passar o inverno sozinho. Ele chamou Cleópatra. Havia política a ser feita e o Egito seria um importante fornecedor de grãos, para alimentar seus soldados, e de dinheiro, para lhes pagar. Muitos outros líderes vieram em pessoa ou enviaram representantes a Antioquia. Talvez Cleópatra tenha levado os gêmeos para verem seu pai. Parece certamente ter sido então que ele os reconheceu e que os filhos foram chamados de Sol e de Lua. Tal reconhecimento não tinha qualquer status na lei romana e Antônio não fez nenhum esforço para fazer mais que admitir a paternidade. Contudo, sua hospitalidade para com a rainha foi afetuosa e mais que puramente diplomática. Mais uma vez, eles se tornaram amantes. Antes do final do inverno, Cleópatra estava grávida pela terceira vez.

23. "Amante de sua pátria"

Antônio precisava de Cleópatra. Plutarco afirma que a necessidade era principalmente física e emocional, pois sua antiga paixão por ela havia crescido a um ponto que ele já não podia mais controlar. Uma amante real, excitante e cheia de vida pode ter parecido uma companheira mais atraente para o inverno que sua esposa pesadamente grávida. Ao que se revelou, Antônio nunca mais veria Otávia e, nos anos que lhe restavam de vida, iria passar mais tempo com Cleópatra do que longe dela. Não há razão para acreditar que era isso que ele esperava — ou necessariamente desejava — que acontecesse, pelo menos não nessa etapa. Ele decerto não havia repudiado sua esposa. Cleópatra continuava a ser uma amante, embora ilustre, e Antônio jamais se preocupou com discrição quando era de amantes que se tratava. Fazer banquetes com a rainha ptolemaica só diferia em escala de sair em procissão pela Itália com Citéride.[1]

O triúnviro romano achava a rainha ptolemaica muito atraente e é difícil acreditar que não a amasse, mas Antônio amava prontamente, não com exclusividade. Continuava-se a acreditar amplamente que ele fosse suscetível à boa aparência e que isso influenciaria as suas decisões. Herodes tinha se casado com Mariana, a filha de Hircano, o rei mutilado e deposto. O casamento de aliança lhe deu alguma ligação com a dinastia real da Judeia, mas as relações com a sogra Alexandra

368 ANTÔNIO E CLEÓPATRA

não eram fáceis. A facção em torno da antiga rainha arranjou para que retratos de Mariana e seu irmão mais novo, Aristóbulo, fossem enviados a Antônio. Eles foram encorajados por Délio, o mesmo homem que chamara Cleópatra para encontrar-se com Antônio em Tarso.

Aristóbulo tinha 16 anos, era alto para a sua idade e bonito, enquanto a beleza de sua irmã era célebre. Antônio ficou convenientemente impressionado. Herodes conduziu as coisas de modo a evitar que o rapaz fosse encontrar-se com o triúnviro em pessoa, temendo que o que quer que ele desejasse lhe fosse prontamente concedido. Foi dito que havia até temores de que Antônio tomasse o jovem como amante. A família de Herodes era obscura e, pior que isso, ele era idumeu, de uma área convertida à força ao judaísmo, sob os macabeus, e nunca aceita como plenamente judaica. A Judeia fora flagelada por violentas lutas pelo poder no seio da família real por mais de uma geração. Poucas eram as razões a sugerir que o novo rei estivesse de algum modo mais seguro no trono.[2]

Antônio precisava de que o Mediterrâneo oriental fosse estável. Era importante que os governantes e as comunidades locais fossem leais e seguros contra quaisquer contra-ataques, uma vez que ele iniciasse a expedição parta. Os reinos precisavam ser estáveis o bastante para não exigir a presença de guarnições fortes, e comprometidos o suficiente para fornecer tudo de que ele precisasse, tropas, recursos e dinheiro. Os romanos em geral preferiam empregar reis clientes a governar diretamente. Antônio reduziu as províncias orientais a três — Ásia, Bitínia e uma versão menor da Síria — e fortaleceu notavelmente o poder de um punhado de reis. A maioria, como Herodes, era de fora das dinastias existentes, de modo que deviam sua posição a Antônio. Foi então que Antônio designou o filho de Glafira para governar a Capadócia, substituindo o homem que ele mesmo havia instalado em 41 a.C.[3]

Fronteiras foram redesenhadas, reinos expandidos às expensas de seus vizinhos ou ex-províncias romanas, e monarcas feitos ou depostos. Pompeu tinha tendido a favorecer cidades, mas agora Antônio confiava

"AMANTE DE SUA PÁTRIA"   369

mais em reis. Contudo, em geral havia pouca diferença entre os objetivos e métodos dos dois líderes romanos, ou, com efeito, em relação às medidas de César para assegurar o Oriente após a Farsália. Cada líder romano queria que sua colonização funcionasse, mas também compreenderia que estava pondo os monarcas e líderes de cada comunidade firmemente em débito para consigo.

Cleópatra e seu reino eram uma parte importante do quebra-cabeça composto pelos territórios sob controle de Antônio. Por isso, assim como amor, sexo e celebrações, havia razões políticas ortodoxas para trazê-la para Antioquia no final de 37 a.C. Não há quaisquer indicações de que ela houvesse retardado a sua chegada como fizera em Tarso, pois Cleópatra estava plenamente consciente da importância das decisões que estavam sendo tomadas por seu antigo amante. Isso sem dúvida contribuiu para o entusiasmo com que ela renovou o caso com ele, sentindo-se ainda mais encorajada quando ele se mostrou muito generoso. Chipre pode ter sido confiscado depois do apoio dado a Cássio por seu governador, Serapião. Porém, ou nessa ocasião ou nalguma etapa anterior, a ilha foi devolvida ao controle dela. Cleópatra também recebeu Creta, bem como parte da Cirenaica, a oeste do Egito, da Sicília e da Síria, todas previamente governadas como províncias romanas. Seu reino abrangeu então virtualmente toda a faixa costeira da Síria, incluindo a Fenícia, o interior da Itureia, parte de Decápolis (as "Dez Cidades" dos Evangelhos) perto do mar da Galileia e setores do reino árabe da Nabateia. Tiro continuou a ser uma cidade independente, mas Herodes só conservou Gaza como um porto no Mediterrâneo.

Antônio foi generoso com sua amante e Plutarco afirma que a opinião pública em Roma ficou chocada. Talvez fosse verdade, mas, se assim foi, não teve quaisquer resultados tangíveis. As concessões à rainha estavam de acordo com sua reorganização geral. Ela era leal a Roma, e a Antônio pessoalmente, e havia toda razão para acreditar que ela exploraria entusiástica e efetivamente os recursos desses territórios no interesse dele. A Cilícia era especialmente rica em madeira, matéria de que o próprio Egito não dispunha em quantidades significativas. Por isso, ela seria muito útil para a rainha, contribuindo para seus projetos de construção, mas destinando-se claramente, também, a permitir a fabricação de navios. Alguns seriam sem dúvida navios de guerra para reforçar a frota de Antônio. Navios de transporte que levassem grãos do Egito à costa síria, de onde pudessem ser distribuídos para as legiões, eram igualmente importantes.[4]

Cleópatra governava agora a maior parte do território controlado pelos ptolomeus no auge de seu poder no século III a.C. Não obstante, Antônio não tinha cedido a todos os desejos dela. O reino de Herodes na Judeia tinha três lados cercados por terras dela, mas permanecia distinto. A região fora disputada por ptolemaicos e selêucidas ao longo dos séculos e teria tornado o seu reino expandido geograficamente mais coeso. Cleópatra queria a Judeia, mas nunca foi capaz de induzir Antônio a concedê-la. Isso não a dissuadiu de tentar — ela nutria interesse estreito pelos assuntos do reino e permaneceu em termos muito amigáveis com Alexandra. Herodes era nomeação do próprio Antônio — uma das únicas decisões afetando a região tomada em conjunto com Otaviano. E ele se agarrou ao seu recém-conquistado trono, ainda que tenha perdido a maior parte do reino. Também foi dada à rainha a região perto de Jericó, rica em tamareiras e bosques de balsameiros. Esses produzindo o famoso "bálsamo de Galaad", um incenso altamente apreciado, usado em rituais e também tido por ter qualidades medicinais. O reino nabateu abriu mão de seu território perto do mar Morto, o qual fornecia um rico suprimento de betume — mais uma vez importante para a construção, entre outras coisas, de navios.

Herodes e o rei nabateu arrendaram essas terras de Cleópatra, pagando a ela uma alta renda anual, proveniente de seus lucros. Em algum momento, Herodes assumiu a responsabilidade pelos pagamentos do outro monarca. Seu principal objetivo pode ter sido político, incrementar as relações com o vizinho, mas também era um reflexo da lucratividade do comércio de betume, tanta que ele podia esperar

"AMANTE DE SUA PÁTRIA" 371

ganhar dinheiro com o acordo. O ganho para Roma era inevitavelmente indireto. Cleópatra ganhara novas fontes valiosas de renda e, em retorno, Antônio podia esperar poder beneficiar-se dela para apoiar os seus próprios empreendimentos. Em outros lugares, as comunidades que se tornaram parte do reino ptolemaico continuaram, como um todo, a tocar seus próprios negócios, assim como o tinham feito previamente se parte da província romana, autônomas ou incluídas no seio de algum outro reino. Há alguns sinais de que aspectos da administração provincial romana continuaram a funcionar na Cirenaica sob domínio de Cleópatra, exceto impostos e outras rendas, que então passaram a ir diretamente para ela.[5]

A rainha tinha lucrado com o acordo de Tarso. Ela não foi a única a fazê-lo, visto que vários monarcas tiveram o seu poder amparado pela reorganização do Oriente promovida por Antônio. Não obstante, mesmo quando posta no contexto geral da reorganização mais ampla do Mediterrâneo oriental, a sua amante real foi provavelmente a maior beneficiária. Um reino ptolemaico mais forte parecia útil a Antônio. À diferença de seu pai, Cleópatra não tinha contraído imensas dívidas com romanos proeminentes, mas nunca houve nenhuma dúvida de que os recursos de seu reino estavam à disposição de Antônio. O que ele dera podia prontamente ser tirado.

O sucesso de Cleópatra em Antioquia tendeu a cegar os historiadores para a precariedade da posição dela. Ela ainda dependia de apoio romano para permanecer no poder e não havia nenhuma situação imaginável no futuro em que essa dependência pudesse cessar. A continuação do apoio romano era menos certa, embora, naquele momento, a boa vontade e generosidade de Antônio estivessem asseguradas. Contudo, suas necessidades e inclinações podiam mudar no futuro, e tampouco era certo quanto tempo ele ia permanecer no leste e se seu poder iria perdurar ou declinar. Cleópatra tinha que seguir provando a sua lealdade e efetividade como aliada e, pessoalmente, aferrar-se ao afeto de Antônio. É bem possível que o amor também fosse genuíno da parte dela, mas, mesmo que não fosse, ela simplesmente não podia se dar ao luxo de perder o interesse dele.

Nenhum ptolomeu esteve seguro no trono por muito tempo. Os irmãos de Cleópatra estavam mortos, mas em 37 a.C. Cesário tinha 10 anos de idade. À medida que avançava na adolescência, o menino seria cada vez mais difícil de controlar. Podia chegar uma hora em que ele não ficasse mais satisfeito como cogovernante nominal ao lado da mãe. Considerando as personalidades de seu pai e de sua mãe, seria surpreendente se não fosse uma pessoa ambiciosa. E, mesmo que não fosse, e que Cleópatra se sentisse capaz de dominá-lo, havia os vínculos dele com os cortesãos e aristocratas alexandrinos, que sentiam que seu próprio poder poderia ser fomentado mediante a promoção do status do jovem príncipe. Em algum momento, Cesário se casaria, acrescentando um outro elemento à política da corte. Sua noiva — mesmo que Cleópatra Selene fosse escolhida — podia mostrar-se igualmente independente. Um rei adulto que fosse considerado dominado por sua mãe provavelmente não seria popular. E, no longo prazo, Alexandre Hélio seria automaticamente visto como um governante alternativo potencial.

Uma mulher não podia governar sozinha por muito tempo. O nascimento de Cesário tinha, na devida hora, permitido a Cleópatra livrar-se de seu irmão e governar com um consorte que cumpria o papel titular necessário de rei e faraó, mas que podia ser totalmente controlado. Contudo, a mais longo prazo, ele e outros filhos eram potenciais rivais tanto quanto trunfos. A história familiar tornava duvidoso que os filhos de Cleópatra se mostrassem incomumente capazes de viver em harmonia. Eles poderiam tornar-se ameaças para ela ou um para o outro. Para ela, a única garantia contra isso era manter o apoio estreito de Roma, e a única garantia para tal era agarrar-se à afeição do romano com maior poder na região. Nem Cleópatra nem nenhum dos seus filhos podiam ter esperança de desafiar Roma e ganhar. O seu primeiro protetor romano tinha sido morto e ela precisava tirar o máximo de seu segundo. Obter territórios lhe trouxe prestígio e, igualmente importante, riqueza com

"AMANTE DE SUA PÁTRIA" 373

a qual recompensar seguidores leais. Havia até mesmo a possibilidade de ela poder evitar uma luta final pelo poder entre seus filhos se seu território fosse grande o bastante para ser dividido em vários reinos. Tratava-se de um método que a família já empregara no passado, reconhecidamente com relativo sucesso.

Antônio precisava politicamente de Cleópatra e de seu reino, e tinha imensa satisfação com seu amor e companhia. A necessidade que ela tinha dele — ou de alguém como ele, com o seu poder — era ainda maior e mais premente, visto que perder seu apoio significaria remover a última segurança de seu poder. Se a política normal tivesse liberdade para recomeçar em Alexandria, o exílio e a morte se tornariam novamente possibilidades reais.

O novo império

O ano de 37–36 a.C. foi, para o regime de Cleópatra, "o Ano Dezesseis, que também é o Ano Um". Havia dezesseis anos que ela tinha sucedido a seu pai no trono em 51 a.C. — lembrando novamente que esse sistema de contagem não tinha zero e começava por um. O período de seu exílio e o reino exclusivo de Ptolomeu XIII antes de César recolocá-la no poder foram discretamente ignorados. Tampouco os anos de governo conjunto com Cesário foram mencionados no novo sistema de datação.

Há outros sinais da importância desse ano para a propaganda real, haja vista Cleópatra ter começado a se autodenominar "a deusa mais jovem" (*Neotera Thea*) e "amante de sua pátria" (*Philopatris*), bem como o habitual "que ama o pai". Os títulos de Cesário não mudaram, e ele seguiu sendo "o deus que ama o pai e que ama a mãe". A própria Cleópatra foi reverenciada em seus novos territórios e ocasionalmente nas comunidades vizinhas. Cesário recebeu pouca ou nenhuma atenção fora do Egito.[6]

A ligação com as concessões de território feitas por Antônio é óbvia. Cleópatra "a deusa" (*Thea*) foi evocada, a princesa ptolemaica que, no século II a.C., casara-se com três reis selêucidas sucessivamente e era mãe dos três — um dos quais ela assassinou. (Ela era filha de Cleópatra II e, assim, irmã da bisavó de Cleópatra IV.) Recentemente, Síria, Itureia e alguns dos outros territórios tinham sido mais governados por selêucidas do que por ptolemaicos. Cleópatra claramente sentiu que era vantajoso promover a memória de sua homônima, tornando-se "a deusa mais jovem".

O que se pretendia dizer com "pátria" é menos óbvio. Para alguns, isso seria uma prova da sua profunda ligação com o próprio Egito. Contudo, não parece haver qualquer razão particular pela qual ela tivesse escolhido expressá-lo nesse momento particular em seu reino. Muito mais plausível é a sugestão de que Cleópatra estaria então se associando com a memória de Alexandre, o Grande. Assim, a pátria seria especificamente a Macedônia, mas, de modo geral, a área mais ampla das suas conquistas e os reinos sucessores. O apelo se dirigia aos seus territórios recém-obtidos, lembrando-os da unidade mais antiga, pré-romana. É difícil dizer se a audiência foi receptiva. Igualmente, a expressão era vaga e podia ser interpretada de diferentes maneiras por povos das várias regiões que tinham passado a ser governados pela rainha. Talvez houvesse algumas pessoas no Egito, até mesmo gente que se considerasse mais egípcia do que grega, que o vissem como um sinal de genuína afeição de sua monarca.

Cleópatra se empenhou para manter o Egito estável e produtivo. Por razões práticas, ela favorecia os setores mais importantes, e potencialmente mais perigosos, da população. A Alexandria tinha precedência sobre o campo e as regiões meridionais, ao passo que os aristocratas da grande cidade eram ainda mais favorecidos. Ela deu continuidade à sua política de construir templos e apoiar os cultos, mantendo a religião tradicional do país e preservando, em consequência, a lealdade das importantes classes sacerdotais egípcias. Não existe nenhum indício de que ela tenha feito alguma coisa para melhorar a sorte dos egípcios mais pobres, mas não havia então nenhuma razão particular para esperá-lo.

"AMANTE DE SUA PÁTRIA" 375

Eles eram importantes como força de trabalho, laborando os campos e produzindo as safras anuais que proviam o grosso da renda da coroa. Os anos 40 a.C. sofreram crises nos sistemas de irrigação e no governo em geral, bem como uma série de inundações fracas ou insuficientes. Embora a situação pudesse estar começando a melhorar, e, até onde podemos dizer, o ciclo de inundações tinha retornado aos seus níveis mais normais, é improvável que a produção tenha sido tão alta quanto nos períodos anteriores de estabilidade. Uma boa parcela dos rendimentos também ia para os aristocratas de Alexandria e alhures, a fim de garantir a sua lealdade.[7]

Havia algumas outras fontes de renda real. O comércio a partir dos portos do mar Vermelho para a Arábia, e além disso para a Índia e o Sri Lanka, foi promovido pela rainha e mostrou-se muito lucrativo. A principal vantagem que o novo território oferecia eram as novas fontes de renda. Recursos como a madeira tinham utilidade prática, tanto para fazer navios como para a construção em geral. Cleópatra também ordenou que os balsameiros de Jericó fossem replantados no Egito, em vista de proporcionar um suprimento mais imediato. Ela não foi a primeira Ptolomeu a introduzir um novo cultivo no Egito, pois no período inicial houve uma tentativa fracassada de cultivar um tipo de repolho original de Rodes. Em conjunto, os ptolomeus não foram grandes inovadores em termos de métodos de produção.[8]

Desenvolver bosques de balsameiros não produziria um resultado rápido e o maior ganho estava no arrendamento imediato. Cleópatra se tornara substancialmente mais rica, e grande parte dessa riqueza vinha diretamente em dinheiro, por meio de taxações e impostos. Dinheiro era importante para recompensar os partidários, tanto dentro de seu reino quanto romanos importantes, e para manter o esplendor de sua corte. Isso em si mesmo ajudou a conservar os favores de Antônio, mas muito mais importante era a capacidade de suprir seu protetor romano com riqueza e recursos nas ocasiões e nas quantidades necessitadas. Apesar de todo o seu perfil mais amplo nos novos territórios e da propaganda de monarcas helenísticos passados, nunca houve uma tentativa de ocultar que ela governava por consentimento romano. Várias séries de moedas de bronze foram cunhadas nos limites de seu novo reino, ostentando a rainha na face e Antônio no reverso. A Antioquia começou a pôr em circulação uma cunhagem com a cabeça de Antônio e os títulos "imperador pela terceira vez e triúnviro" traduzidos para o grego, com uma Cleópatra de aparência marcadamente romana na outra face.[9]

Isso é bem ilustrado por seu envolvimento continuado em assuntos judaicos. Cleópatra e Alexandra se correspondiam, embora grande parte da comunicação tivesse que ser feita em segredo, e nos dizem que a sogra de Herodes usava um menestrel como correio. Entre as suas línguas, Cleópatra era fluente tanto em hebraico quanto no aramaico usado para grande parte da comunicação cotidiana na Judeia. Em certo momento, Alexandra tentou sair clandestinamente de Jerusalém junto com o filho para buscar refúgio no Egito, ideia supostamente sugerida por Cleópatra. O plano era escondê-los em caixões, mas os informantes de Herodes o mantiveram informado da trama e eles foram vigiados e surpreendidos no ato.

Como um idumeu de fora das famílias sacerdotais, o próprio Herodes não podia ser rei e sumo sacerdote, como Hircano e seus predecessores tinham feito. O culto no templo exigia a nomeação de um sumo sacerdote, e apesar de Aristóbulo, o irmão de sua esposa, ser o candidato óbvio, poderia mostrar-se um perigoso rival. Herodes escolheu outra pessoa, o que fez Alexandra apelar para a ajuda de Cleópatra. Esta última a apoiou e, por sua vez, apelou a Antônio. O apoio dele deixou Herodes sem opção, então ele dispensou o incumbido e elevou Aristóbulo ao posto. Pouco depois, ele arranjou o afogamento "acidental" do jovem. Alexandra foi virtualmente mantida como prisioneira.[10]

Cleópatra podia intervir nos assuntos judaicos porque era capaz de influenciar Antônio. Só o triúnviro podia dar ordens a Herodes para fazer algo, e não era provável que Antônio fosse remover um monarca que se mostrou um cliente leal e efetivo. Ele não daria a Judeia a Cle-

"AMANTE DE SUA PÁTRIA" 377

ópatra, tampouco permitiria que ela interferisse independentemente nos assuntos do reino no exterior. Cleópatra tinha influência em vez de poder. Em sua jornada de volta de Antioquia, ela parou na Judeia e foi hospedada por Herodes. Havia negócios a conduzir sobre o arrendamento de terras perto de Jericó. Josefo, sem dúvida apoiado nas memórias do próprio Herodes, afirma que Cleópatra fez tudo o que pôde para seduzir o rei. Ele não apenas teria resistido, como também considerado a hipótese de mandar matá-la. As afirmações parecem inverossímeis, e não há dúvida de que Herodes apenas quisesse mais uma vez destacar a sua capacidade de resistir à célebre sedutora. Por outro lado, é possível que Cleópatra tenha ao mesmo tempo flertado e ameaçado, mantendo Herodes desequilibrado durante as negociações. Não seria mau negócio para ela o seu vizinho estar nervoso, o que o tornaria mais suscetível a ceder às suas solicitações.[11]

O tamanho do território de Cleópatra não deve ocultar a fragilidade essencial de sua posição. Terra, riqueza e influência dependiam do favor romano, especificamente de Antônio. Ela permanecia uma monarca cliente, embora de grande porte, mas de modo algum deve ser considerada como governante de um reino autônomo ou aliado. Os novos territórios eram doação, não conquista. Cleópatra não possuía nenhum recurso militar significativo e não poderia ter tomado nenhuma dessas terras. Tampouco seria ela capaz de mantê-las sem apoio romano. O exército real era minúsculo e mal chegava a ser adequado para o controle interno do próprio Egito. Mais de uma geração tinha transcorrido desde que o sistema de clerúquias perdera toda e qualquer ligação real com o serviço militar, tornando-se apenas um tipo de propriedade de terra. As únicas tropas reais eram mercenárias e havia cada vez menos delas, à medida que crescia o controle romano. Em certo momento, Antônio deu à sua amante uma guarda-costas de quatrocentos cavaleiros gauleses e germânicos, recrutados em sociedades guerreiras célebres por sua lealdade.[12]

Cleópatra jamais poderia lutar contra Roma sequer com a mais remota chance de ganhar. O mesmo era verdade sobre Herodes e todos os demais reis e comunidades clientes orientais. Eles eram simplesmente um modo útil de os romanos controlarem o Mediterrâneo oriental, e sobreviveriam enquanto nenhuma alternativa mais atraente se apresentasse aos romanos. Desde o começo, o Egito e, em certa medida, todas as possessões ptolemaicas tinham sido administrados como propriedade real, com o objetivo primário de extrair renda constante para o monarca. Isso ainda era verdade, só que agora o sistema também era empregado para ceder grande parte dos seus rendimentos ao sustento de Antônio. Nem ele — nem antes dele, César — tinha qualquer papel a jogar nos títulos e na propaganda oficiais empregados no próprio Egito. Lá, eram a rainha e seu filho que serviam como faraós e asseguravam o equilíbrio do mundo. Nesse contexto, absolutamente não importava que eles não fossem, de modo nenhum, independentes.[13]

O poder dos ptolomeus afiançara-se em última análise no apoio romano por pelo menos um século antes de Cleópatra tornar-se rainha. Ao longo da vida dela, o poder romano em todo o Mediterrâneo oriental tinha se tornado ainda mais forte e claramente não dava sinais de estar prestes a desaparecer. Ela foi extremamente bem-sucedida dentro desse contexto, mas sempre seria uma dependente de Roma. Naquele momento, Roma significava Antônio. É possível que o fato simples de ser sua amante a tenha mantido no poder. Contudo, a equação estava sendo tão útil e confiável, tanto quanto o seu charme pessoal, que lhe trouxera novas terras a governar no interesse dele. Cleópatra tinha sobrevivido, e isso por si só não foi um feito menor naqueles tempos tão conturbados. O fato de ela ser uma mulher e de governar efetivamente, embora talvez não nominalmente, como único poder em seu reino, emprestou a esse feito uma dimensão ainda maior de realização.

24. "A Índia e a Ásia tremem":
A grande expedição

Depois do inverno em Antioquia, Marco Antônio por fim começou a longamente propalada guerra para punir os partos e vingar Crasso. Alguns na Itália podem ter achado que as vitórias de Ventídio e a morte de Pácoro já haviam satisfeito a honra romana, e é possível que Otaviano incentivasse essa opinião. Contudo, a noção estava longe de ser universal e os partos ainda possuíam as águias legionárias e outros estandartes levados para Carras como troféus da humilhação de Roma. As vitórias de Ventídio tinham sido defensivas, expulsando invasores de território romano e aliado. Antônio estava agora pronto para humilhar o rei parto em seu próprio torrão natal.[1]

Pelos padrões romanos, existiam boas razões para um ataque contra a Pártia, sobretudo para restaurar a fachada de invencibilidade das legiões e para dissuadir futuras invasões da Síria. Antônio também tinha razões pessoais profundas para travar essa guerra. Ele estava com 47 anos de idade, fora cônsul uma vez e compartilhara eficientemente poderes ditatoriais com seus colegas triunvirais desde 43 a.C. Era uma carreira altamente heterodoxa — embora talvez não tão espetacularmente heterodoxa quanto a de Otaviano em seus 27 anos — que só foi possibilitada pelas conturbações do período. Como vimos, apesar de todo o seu sucesso, Antônio jamais havia comandado

ANTÔNIO E CLEÓPATRA

uma guerra contra oponentes estrangeiros e, com efeito, só tinha uma experiência limitada de tais conflitos, e em escalão inferior, a serviço de Gabínio e de César.

Para um aristocrata romano, a mais alta glória era derrotar um inimigo estrangeiro e, de preferência, um inimigo perigoso e exótico. Isso estava profundamente incrustado em sua psique e se refletia num sistema político que dava tanto poderes militares quanto civis aos executivos veteranos da República. Ganhar uma guerra estrangeira dava glória indisputada, e igualmente pilhagem indisputada, sem o estigma de matar ou pilhar concidadãos. Uma vitória estrangeira podia fazer a fortuna de um homem, bem como a sua reputação. Era algo que nem Antônio nem Otaviano tinham feito até então. Algo que podia ajudar a eclipsar o caminho brutal que eles haviam tomado para controlar o Estado.[2]

Preparativos

Os preparativos de Antônio foram de grande escala. No final de 37 a.C., ou bem no comecinho de 36 a.C., um de seus generais, Públio Canídio Crasso, encenou uma demonstração de força no reino da Armênia e, depois, fez operações contra as tribos ao norte, derrotando a Ibéria e a Albânia caucasianas. A Armênia fora derrotada por Pompeu, mas, embora uma aliada romana, tinha ligações culturais estreitas com a Pártia. É possível que Antônio tenha planejado usá-la como base para a sua invasão. Foi dito que César pretendia fazer a mesma coisa, evitando as planícies abertas da Mesopotâmia onde o exército de Crasso fora destruído, atacando em vez disso na região mais irregular da Média Atropatene (a grosso modo o Azerbaijão de hoje). Os iberos e os albaneses provavelmente não apresentavam nenhuma ameaça à planejada expedição. Operações contra eles seriam uma maneira útil

"A ÍNDIA E A ÁSIA TREMEM": A GRANDE EXPEDIÇÃO   381

de obter glória e dar, pelo menos a algumas das legiões, a confiança e a experiência de vitórias recentes.[3]

Outras lições também foram tiradas da derrota de Crasso. Ventídio demonstrara a eficácia da infantaria armada com arcos, fundas e lanças, e Antônio garantiu dispor de um grande número deles para apoiar seus legionários. Numa troca de projéteis, os arqueiros montados já não teriam mais as coisas completamente ao seu modo. Também haveria um contingente muito forte de cavalaria acompanhando o exército. Diz-se que Antônio teve 10 mil cavaleiros auxiliares, a maior parte deles da Espanha e da Gália. Mais tropas montadas foram fornecidas pelos reinos orientais. O rei Artavasdes da Armênia trouxe 6 mil cavaleiros — uma mistura de catafractos pesados e arqueiros montados leves, muito semelhante à dos próprios partos — assim como 7 mil homens de infantaria. Em conjunto, Plutarco afirma que havia 30 mil soldados aliados, mas não diz quantos dentre eles eram de cavalaria. Com os gauleses, os espanhóis e o núcleo de 60 mil legionários, ele sugere um total de 100 mil homens no exército de Antônio. Em um floreio retórico, ele afirma que, em toda a Ásia Central e mesmo na Índia distante, as pessoas tremeram ao rumor de uma força tão imensa.[4]

Como de costume, é um pouco difícil saber como tratar esses números. Plutarco não diz quantas legiões tomaram parte na operação, embora mencione posteriormente que duas legiões foram destacadas e faça referência à presença da Terceira Legião. Esta última é a única unidade mencionada nas nossas fontes, mas parece verossímil que outras legiões associadas a Antônio, como por exemplo a V Alaudae, também tenham tomado parte. Veleio Patérculo diz que Antônio tinha ao todo treze legiões, mas não dá números para as suas forças. Outras fontes afirmam que havia quinze, dezesseis ou dezessete legiões. Por nenhuma razão muito convincente, a maioria dos estudiosos modernos opta por um exército de dezesseis legiões. Apiano diz que esse era o número que César havia pretendido empregar em sua própria expedição parta, apoiada por 10 mil cavaleiros. O exército de Crasso tinha a metade desse tamanho, com oito legiões.[5]

É extremamente improvável que quaisquer das legiões tenham reunido a sua plena força teórica. Primeiramente, depois de Filipos, muitos veteranos tinham sido dispensados de unidades pouco suscetíveis de terem recebido seu complemento integral. Recrutas foram alistados entre os sobreviventes dos homens dos conspiradores, mas também houve baixas nas campanhas empreendidas desde então. Antônio parece ter tido problemas para recrutar na Itália, e as tropas prometidas por Otaviano em 37 a.C. não tinham se apresentado. Ele havia recrutado alguns legionários nas províncias, haja vista termos notícia de tropas das mais experientes apoiando Herodes na Judeia. Muitos dentre eles podem não ter sido cidadãos.[6]

O exército de Antônio era certamente grande, embora, mais uma vez, de 2 mil a 3 mil homens seja provavelmente uma boa estimativa da força média de suas legiões; e é improvável que a força total fosse tão grande quanto sugere Plutarco, pelo menos em termos de combatentes. Feitas as contas, eles eram a nata das suas tropas, pois outras forças permaneceram na Macedônia e provavelmente também nas províncias orientais. O exército continha algumas unidades e indivíduos experientes, assim como recrutas mais recentes. Ele era bem equilibrado, com diferentes tipos de tropas, e em geral, bem equipado. Uma desvantagem era que os diferentes contingentes tinham experiência limitada de trabalharem juntos como um exército único, mas isso era inevitável numa operação tão grande.

Deslocar as provisões e outros equipamentos necessários aos homens e montarias era uma tarefa formidável e havia um grande número de animais de carga e de tração, assistidos por escravos e outros civis que acompanhavam a expedição. Eles representavam mais bocas a alimentar e, em última análise, é provável que a capacidade de abastecer sua força

"A ÍNDIA E A ÁSIA TREMEM": A GRANDE EXPEDIÇÃO   383

tenha limitado mais o seu tamanho do que a questão da disponibilidade de tropas. Entre os equipamentos transportados no comboio de bagagens, havia grande número de balistas e outros equipamentos de sítio, notadamente o aríete de 25 metros de comprimento, presumivelmente transportado desmontado. Não se tratava de um mero ataque, mas da invasão de um exército capaz de capturar posições solidamente fortificadas.[7]

Nem Antônio nem nenhum de seus oficiais tinham experiência de liderar e controlar um exército tão grande. Talvez tenha havido mais homens nos exércitos combinados em Filipos, mas lá as suas próprias forças e aquelas de Otaviano haviam se mantido claramente separadas. E aquela campanha também se mostrou relativamente simples, com as principais manobras limitadas a uma pequena área em torno da própria Filipos. Quase toda a experiência militar de Antônio fora adquirida na Itália ou nas províncias mais colonizadas, onde as estradas eram geralmente boas e a informação geográfica e topográfica bastante fácil de obter. Mesmo a Gália já era muito bem conhecida pelo exército de César na época em que Antônio juntou-se a ele. Agora, o contexto seria diferente, isto é, avançar numa região nunca antes explorada por um exército romano. Muito mais dependência e confiança teriam que ser investidas em guias locais. Se o tamanho do exército era algo novo, também o era a escala absoluta do teatro de operações e das distâncias envolvidas.[8]

Comandantes romanos eram ousados por instinto e por treinamento, e Antônio não era exceção. Em suas primeiras façanhas sob Gabínio, Antônio tinha sido um enérgico líder de cavalaria, bom em aproveitar oportunidades e, numa escala menor, beneficiar-se do fator surpresa mediante alta velocidade ou flanqueamento do inimigo. Ele confiou em métodos semelhantes nas operações de maior porte das guerras civis, e a ousadia deu frutos em Filipos. Então — e sem dúvida em quase todas as campanhas ao longo de toda a sua carreira — as operações foram concluídas no prazo de um único ano. Posteriormente, Antônio seria criticado por ter adiado a invasão para poder passar mais tempo com Cleópatra em Antioquia, e depois por apressar-se ao final da campanha para voltar aos seus braços. Foi uma crítica injusta, e ele devia saber que César havia esperado que sua Guerra Parta durasse vários anos. Não obstante, a sua própria experiência era de campanhas rápidas, e talvez lhe fosse difícil planejar algo mais extenso.[9]

Dessa vez, o inimigo haveria de mostrar-se mais perigoso do que o desempenho hesitante, quase indolente de Bruto e Cássio em 41 a.C. Os exércitos partos eram extremamente bons quando bem comandados. Em 40–38 a.C., eles foram excessivamente confiantes, atraídos para lutar em desvantagem por Ventídio Basso. Seria equivocado supor que cometeriam o mesmo erro outra vez, e devemos considerar que, com uma força montada tão forte, eles eram altamente móveis. Em defesa de sua pátria, podia-se esperar que os partos fossem numerosos, o mais provavelmente excedendo em número de maneira significativa a cavalaria de Antônio, senão todo o seu exército. Tantos cavalos criavam problemas maiores de suprimento, especialmente se as operações se estendessem além da primavera e do verão. Entretanto, dentro de seu próprio território e em território aliado, o rei parto estava mais bem situado para garantir suprimentos adequados de alimento e forragem, os quais podiam ser protegidos atrás dos muros das suas cidades.[10]

A guerra apresentaria a Antônio problemas novos e o desafio de um inimigo com mobilidade e eficácia. Contudo, o seu exército era grande e razoavelmente bem preparado. Se ele carecia de experiência nesse nível, de algumas maneiras isso também tinha sido verdade sobre César quando ele assumiu o comando na Gália. Antônio ainda estava na casa dos 40, a plenitude da vida para um general romano, e possuía uma autoridade maior até mesmo que a que Pompeu ostentara em seu

"A ÍNDIA E A ÁSIA TREMEM": A GRANDE EXPEDIÇÃO   385

comando oriental. Havia numerosas razões para prever um grande sucesso, o que aumentaria imensamente o seu status e o seu poder.

Fraates IV era rei apenas há um ano e, depois da sua sangrenta ascensão, ainda enfrentava rivais dentre a aristocracia. Um nobre chamado Monaeses fugiu, passando para o lado de Antônio, e foi prontamente recompensado com a renda de três cidades nas províncias. O aristocrata parto garantiu ao romano que o rei era detestado e que muitos outros desertariam se ele atacasse. Antônio sentiu-se encorajado, mesmo quando Monaeses decidiu retornar à sua terra natal no começo de 36 a.C. e se reconciliar com o seu rei. Pareceu uma evidência clara de um reino instável e vulnerável.

Ataque

Naquele momento, Antônio fingiu negociar, enviando uma missão diplomática para exigir a devolução das águias de Crasso e de quaisquer prisioneiros ainda mantidos pelos partos. Fraates não podia arriscar-se a prejudicar o seu próprio prestígio fazendo uma concessão desse porte, mas Antônio queria convencer o rei de que hostilidades eram improváveis no futuro imediato. Então, Antônio concentrou uma parte substancial do seu exército — talvez a maior parte das legiões e a cavalaria auxiliar — e marchou para Zeugma, na margem síria do Eufrates. Isso sugeria que ele planejava ameaçar e talvez invadir a Mesopotâmia, assim como Crasso havia feito.

Antônio pode sempre ter pretendido que isso fosse manobra diversionista, mas, mesmo que ele ainda planejasse invadir a partir da Armênia, a estrada de Zeugma, via Edessa, era cerca de 800 quilômetros mais curta. Os partos não tinham reunido suas tropas com rapidez bastante para bloquear a invasão inicial de Crasso e talvez os romanos esperassem entrar rapidamente, antes que o inimigo se concentrasse. Contudo, Fraates foi rápido, ou Antônio atrasado, e a estrada estava fechada. Em vez disso, o exército romano marchou para o norte, contornando a Armênia e acercando-se dela para encontrar-se com a maioria dos contingentes aliados e muito provavelmente com as forças comandadas por Canídio. (Um problema extra para avaliarmos o tamanho do exército durante essa campanha é a incerteza sobre se os números apresentados dizem respeito somente aos homens de Antônio, a todo o exército de campanha ou a todas as tropas no teatro mais amplo de operações. Parece muito provável que algumas tropas tenham ficado na Síria, quiçá para preservar a ilusão de que o principal exército ficara lá, embora isso não seja mencionado nos relatos.)[11]

A manobra surpreendeu os partos, deixando-os em desvantagem, mas foi uma longa marcha. A rota precisa não pode ser estabelecida — Plutarco afirmou que os soldados tiveram que cobrir 1.600 quilômetros — um imenso desvio em comparação com a estrada mais rápida, controlada pelos partos. Como resultado, o verão já ia bem avançado antes que o exército estivesse pronto nas fronteiras da Armênia. Foi sugerido, posteriormente, que Antônio deveria ter esperado até o próximo ano, descansando os seus homens. Isso teria dado a Fraates tempo para preparar sua defesa, desperdiçando qualquer vantagem obtida com a manobra de logro e a marcha rápida de flanqueamento. Isso também teria significado que Antônio não teria conseguido nenhum resultado tangível de uma temporada de campanha. Ele ainda acreditava que podia realizar mais, antes que o clima tornasse a campanha impossível. Filipos não tinha sido decidida até o final de outubro. Essa foi a primeira das suas apostas.[12]

"A ÍNDIA E A ÁSIA TREMEM": A GRANDE EXPEDIÇÃO

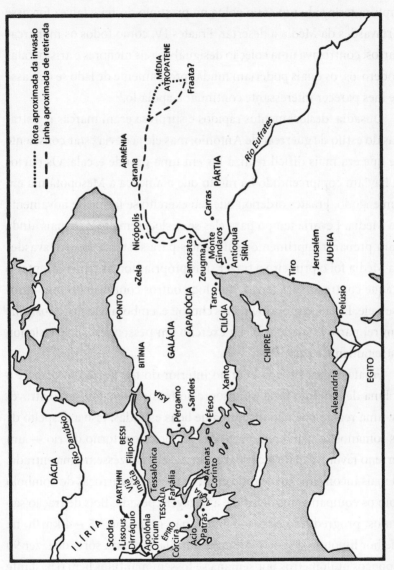

A expedição parta de Antônio

Antônio apressou o passo, liderando a entrada do exército combinado na Média. O rei dessa região também se chamava Artavasdes, como o rei da Armênia. Antônio estabeleceu como objetivo a cidade real de Fraata — cuja localização não é hoje identificável — que continha o tesouro do rei e a residência de suas esposas e de seus filhos. Sua

388 ANTÔNIO E CLEÓPATRA

captura teria sido um sério golpe no prestígio do rei e talvez forçasse Artavasdes da Média a desertar. Fraates IV, como todos os monarcas partos, controlava uma coleção desigual de reis menores e aristocratas poderosos, os quais poderiam mudar prontamente de lado se deixasse de lhes parecer interessante continuar a apoiá-lo.[13]

Ousadia, deslocamentos rápidos e surpresa eram marcas registradas do estilo de guerrear de Antônio, mas ele já devia estar consciente de que era mais difícil realizá-los em uma grande escala. Os partos já haviam compreendido há muito que a ameaça à Mesopotâmia era um engodo. Fraates ordenou que seu exército se formasse novamente na Média. Levaria tempo para eles se deslocarem até lá, e mais ainda para preparar suprimentos suficientes para sustentá-los. Artavasdes da Média foi o primeiro a trazer suas próprias forças para enfrentar o ataque contra as suas terras, mas logo outros contingentes juntaram--se a ele. Então, o próprio Fraates chegou e, embora não fosse costume um rei parto comandar o seu exército em pessoa, ele supervisionou estreitamente a campanha.

Fraata estava situada bem no interior do território da Média e a coluna de Antônio fazia um progresso frustrantemente lento através de uma região que não dispunha de boas estradas. Isso a despeito de os romanos se manterem perto das planícies em torno do rio — um terreno favorável para a cavalaria parta, se elas fizessem uma entrada. O mais inconveniente de tudo eram as trezentas carroças do comboio com os equipamentos de sítio e a bagagem pesada. Bois de tração são lentos, progredindo penosamente a não mais que 3,5 – 4 km/h, na melhor hipótese sete ou oito horas por dia, e teriam sorte de fazer 90 e poucos quilômetros por semana se fossem mantidos bem o bastante para continuar trabalhando. Transportes sobre rodas tendem a ser mais difíceis de deslocar até mesmo se o terreno for apenas um pouco irregular. A cada obstáculo, um engarrafamento se formaria, levando horas para desenredar e mais tempo para os veículos e tropas à espera emparelharem.[14]

"A ÍNDIA E A ÁSIA TREMEM": A GRANDE EXPEDIÇÃO 389

O pesado comboio não podia se deslocar mais rápido, então Antônio decidiu deixá-lo para trás e apressar-se com o grosso das tropas de combate e apenas equipamento mais leve e suprimentos limitados. Ele correria até Fraata e talvez fosse capaz de submeter os defensores pelo terror ou tomar a cidade num assalto súbito. Duas das suas legiões menos experientes foram deixadas para guardar o comboio enquanto esse seguia atrás, em seu próprio ritmo. Na Gália, César comandara rotineiramente saídas das suas melhores legiões, deixando tropas inexperientes para guardar equipamentos pesados e provisões. Contudo, esses sempre foram deixados em um acampamento robustamente fortificado ou por trás dos muros de uma cidade. Nunca se permitiu que viajassem sozinhos com uma proteção tão fraca, nem mesmo na Gália, onde o inimigo tinha muito menos mobilidade do que os partos. Essa foi a segunda aposta, até maior que a primeira.[15]

Antônio chegou a Fraata, mas os defensores não se deixaram intimidar pelo tamanho do seu exército. Ele foi obrigado a iniciar um sítio formal, mandando seus soldados construírem um morro que pretendia ser mais alto que o muro e assim permitir que atirassem nos defensores. Os romanos parecem ter trazido alguma artilharia leve consigo, e tinham numerosos soldados com projéteis. Contudo, o progresso era lento e até que o equipamento pesado chegasse havia pouca perspectiva de tomar a cidade.

Os observadores de Fraates localizaram o comboio pesado e relataram sobre a fragilidade de suas defesas. Aproveitando a oportunidade, Fraates enviou uma poderosa força de cavalaria para interceptá-lo. Naquela altura, o comboio estava apenas a uns poucos dias da principal força romana. O comandante da escolta enviou informes a Antônio pedindo assistência do contingente da Armênia de Artavasdes, mas, na esteira da campanha, o rei foi acusado de ter se recusado a oferecer apoio. Os partos atacaram e rapidamente sobrepujaram as duas legiões. Seria difícil proteger um comboio tão grande com uma força daquele tamanho. A escolta romana foi destruída e seu comandante, morto. O

390 ANTÔNIO E CLEÓPATRA

rei Polemo de Ponto — um dos monarcas cujo poder Antônio grandemente aumentara nos últimos anos — estava entre os prisioneiros. O equipamento de sítio foi queimado; os animais de transporte, veículos e suprimentos, levados ou destruídos.

Ao tomar conhecimento da ameaça, Antônio se deslocou com uma poderosa força do sítio de Fraata e partiu em marcha forçada para resgatar o comboio de equipamentos. Ao chegar, ele só encontrou corpos e as cinzas e escombros da destruição. Fraata continuava a resistir e, sem o insubstituível comboio de sítio, havia pouca chance de tomá-la. A capitulação parecia bastante improvável, agora que uma substancial força parta estava operando na área. Mais imediatamente, Antônio também tinha perdido a maior parte das suas reservas de comida. Os grupos forrageiros eram extremamente vulneráveis, a menos que enviados em grande força. As baixas começaram a crescer à medida que uma sucessão de pequenas colunas eram surpreendidas e destruídas pelos arqueiros montados partos. Artavasdes da Armênia já havia decidido levar o seu próprio contingente para casa.[16]

Antônio decidiu fazer outra aposta. Deixando uma força reduzida para proteger as linhas de sítio, ele comandou dez legiões, três coortes da guarda pretoriana e toda a sua cavalaria numa marcha através do campo circundante. No mínimo, eles deveriam recolher comida e forragem, mas a esperança era atrair os partos e fazê-los entrar em combate. Uma vitória clara no campo de batalha poderia facilmente mudar o curso da campanha, forçando o rei Fraates a retirar-se ou buscar um acordo, e talvez quebrar a determinação dos defensores da cidade de Fraata.[17]

Uma poderosa força parta logo estava nos calcanhares da coluna romana, no primeiro dia de sua marcha. O inimigo não atacou, impressionado pela disciplina dos homens de Antônio, cada formação mantendo-se em seu lugar para prover apoio recíproco. O comandante romano fingiu retirar-se, fazendo seus homens marcharem em frente ao amplo crescente formado pelo inimigo, que continuou simplesmente a observar. Ordens foram dadas para as unidades na coluna girarem, se colocarem em linha e atacarem assim que os partos estivessem pró-

"A ÍNDIA E A ÁSIA TREMEM": A GRANDE EXPEDIÇÃO   391

ximos o bastante para os legionários arremeterem. Trombetas soaram para dar o sinal e o exército romano irrompeu no ataque, os legionários gritando e batendo suas armas em seus escudos para assustar os cavalos inimigos. O violento ataque pôs o inimigo em pânico, mas foi difícil para os romanos alcançarem os cavaleiros partos em fuga. Talvez a ordem tenha sido dada cedo demais. O mais provável é que a cavalaria inimiga fosse difícil de alcançar, a menos que estivesse pesadamente comprometida em algum ataque, como nas batalhas contra Ventídio. Os romanos mataram oitenta homens e capturaram apenas trinta.

Antônio não tinha conseguido a batalha decisiva de que precisava. No dia seguinte, ele levou suas tropas de volta a Fraata e o inimigo mostrou a sua confiança perseverante fustigando a coluna romana a cada passo de seu caminho. Nesse ínterim — ou talvez logo após o desanimado retorno de seus homens — os defensores da cidade lançaram um ataque relâmpago. Os legionários estacionados nos postos avançados entraram em pânico, e o inimigo foi capaz de alcançar o morro romano e infligir danos às obras de sítio. Antônio ordenou que as unidades envolvidas fossem decimadas, a execução de um homem a cada dez, e alimentou os sobreviventes com uma ração de cevada em vez de trigo. Conforme os suprimentos diminuíam, esta última medida pode ter se estendido ao exército todo.[18]

O outono já ia então bem avançado e os romanos não estavam fazendo nenhum progresso no cerco. A comida estava acabando para ambos os lados, e Fraates compreendeu que logo ele teria dificuldade para manter os contingentes semifeudais no corpo do exército parto. Como Antônio antes dele, ele optou por enganar seu oponente. Os ataques contra os grupos de coleta de forragem foram deliberadamente reduzidos. Patrulhas partas foram estimuladas a falar com seus oponentes — talvez em especial os contingentes aliados — louvando sua coragem e mencionando o desejo do rei de acabar com as hostilidades. Era exatamente o que os romanos e seus comandantes queriam ouvir. Uma missão diplomática foi enviada ao acampamento parto. Díon fornece um vívido retrato de Fraates sentado em um trono de

392 ANTÔNIO E CLEÓPATRA

ouro para recebê-la, brincando o tempo todo com um arco composto encordoado — um símbolo da continuidade das hostilidades. Um arco desencordoado era um sinal de paz. A solicitação renovada de devolução dos estandartes e dos prisioneiros de Crasso foi bruscamente recusada, mas os romanos receberam a garantia de que, se partissem em retirada, não seriam perseguidos. A trégua foi limitada. Os defensores de Fraata promoveram ataques relâmpago novamente, destruíram as obras de sítio romanas e promoveram mais ataques contra os forrageiros.

Talvez Antônio e seus oficiais superiores tenham acreditado, ou querido acreditar, na promessa do rei. De muitas maneiras, isso não interessa. Se Fraata tivesse caído, eles poderiam ter capturado alimento bastante para suprir as tropas e passar o inverno na Média. Não caiu, e um exército inimigo invicto rondava ameaçadoramente em torno deles. Permanecer onde estavam não oferecia nenhuma perspectiva de sucesso, mas sim uma forte chance de desastre total. Foi tomada a decisão de retirada para a Armênia. Antônio não quis fazer um discurso informando o exército das novas ordens e, em vez disso, delegou a tarefa a Domício Aenobarbo, o ex-republicano ardoroso cujo filho fora então prometido à filha mais velha de Antônio por Otávia. Dado o tamanho do exército, é provável que o discurso tenha que ter sido feito várias vezes, a menos que tenha se dirigido simplesmente a uma reunião dos centuriões e outros oficiais, que depois transmitiram a essência a seus homens. Muitos soldados ficaram comovidos com a vergonha evidente sentida por seu comandante pelas más decisões tomadas. Antônio continuava a ser popular.[19]

Retirada

Retirar-se diante do inimigo é uma das manobras mais difíceis para qualquer exército. Quando esse inimigo tem muito mais mobilidade, o risco de perdas sérias, até mesmo de desastre, torna-se particularmente

"A ÍNDIA E A ÁSIA TREMEM": A GRANDE EXPEDIÇÃO   393

grande. Antônio decidiu não usar a mesma rota tomada durante o avanço. Um mardiano que tinha conseguido sobreviver ao massacre do comboio pesado advertiu que a região era demasiado aberta. Seria melhor manter-se mais perto da zona das montanhas, passando por povoados e campos que ainda não haviam sido despojados. O homem já dera prova de lealdade e submeteu-se prontamente, então, a cavalgar acorrentado e sob escolta enquanto guiava a coluna.

O mardiano pode ter tido razão ao dizer que o rei Fraates não tinha intenção de dar passagem livre aos romanos, ou talvez a mudança de rota de Antônio o tenha feito suspeitar de traição. No terceiro dia de marcha, havia sinais de que o inimigo tinha rompido propositalmente um dique, inundando um trecho da estrada. Antônio formou novamente o exército em *agmen quadratum* — uma formação retangular em que a bagagem remanescente era mantida ao centro, cercada por todos os lados por tropas formadas, prontas a se desdobrarem em ordem de batalha. Eles estavam no ato de fazê-lo quando surgiram as primeiras patrulhas partas.

A cavalaria inimiga logo afluía em velocidade para o ataque, tentando subjugar os romanos antes que eles pudessem completar o seu novo desdobramento. A infantaria leve de Antônio a enfrentou, mas foi finalmente forçada a retirar-se, buscando abrigo atrás de seus legionários. Finalmente, um ataque em formação da cavalaria auxiliar gaulesa expulsou o principal corpo de militares partos. Não houve mais ataques pelo restante do dia. Durante a noite, Antônio e seus oficiais trataram de assegurar que todo o exército estivesse familiarizado com os seus lugares na nova formação. Ordens estritas foram dadas para que todo e qualquer contra-ataque de cavalaria fosse limitado, de modo que nenhuma unidade fosse atraída para longe do exército principal e isolada — o destino do filho de Crasso, Públio, e seus cavaleiros gauleses em Carras.[20]

Por quatro dias, os romanos mantiveram o plano. O progresso era lento, pois a formação era pesada e difícil de manejar, mas, embora

394 ANTÔNIO E CLEÓPATRA

houvesse lentas e constantes baixas, eles foram capazes de infligir perdas semelhantes ao inimigo. Arqueiros montados confiavam na velocidade para tornarem-se alvos mais difíceis, o que reduzia o alcance efetivo de seus arcos se quisessem atingir uma formação inimiga, isso para não falar de indivíduos. Arqueiros e fundeiros a pé tinham um alcance efetivo mais longo do que arqueiros montados. Projéteis de funda tinham a vantagem acrescida de serem difíceis de ver em pleno voo e podiam causar concussão se atingissem um elmo, fazendo até de armaduras uma proteção incerta.[21]

Houve frustração com o ritmo lento e a defesa passiva, o que levou um oficial chamado Flávio Galo a pedir permissão para formar uma pequena força de escaramuçadores e cavalaria. Antônio foi persuadido pela promessa de que ele causaria danos mais sérios ao inimigo. No dia seguinte, Galo alcançou um sucesso local na retaguarda da coluna, mas então seguiu adiante até estar longe demais dos legionários mais próximos para obter qualquer proteção. Quando seus homens e cavalos começaram a dar sinal de cansaço, os partos começaram a cercá-los, mas Galo continuou confiante ou simplesmente obstinado, recusando--se a ordenar a retirada. Reforços foram sendo pouco a pouco enviados por Canídio Crasso, não o bastante para fazer qualquer diferença real, e desse modo apenas acrescentando à escala do desastre potencial. Por fim, um contra-ataque realizado pela Terceira Legião e a chegada do próprio Antônio comandando tropas da guarda avançada fizeram o inimigo recuar e permitiram que o destacamento voltasse à segurança de seu exército. Galo tinha quatro flechas em seu corpo e morreria em poucos dias.

Flechas tinham mais probabilidade de ferir do que de matar diretamente, e a ação tinha feito aumentar substancialmente o número de homens feridos no exército. Plutarco conta que 5 mil feridos foram resgatados e 3 mil homens foram mortos. Antônio visitou os feridos, tomando-lhes as mãos chorosamente, enquanto os soldados lhe diziam para não se preocupar e que as coisas iriam funcionar enquanto ele

"A ÍNDIA E A ÁSIA TREMEM": A GRANDE EXPEDIÇÃO   395

estivesse no comando. Exibições dramáticas de emoção eram completamente aceitáveis na sociedade romana e ele estivera com o exército tempo o bastante para conquistar sua afeição. Ao fazer um discurso formal para as tropas no dia seguinte, a reação foi entusiástica, com alguns dos soldados que tinham sido derrotados "implorando" para que ele os dizimasse. Díon afirma que muitos homens estavam prontos a desertar e só se detiveram porque tinham visto os partos matarem todos os que tentaram render-se. Os homens de Fraates não tinham comida bastante para fazer muitos prisioneiros; assim, pode ter havido uma razão prática para isso, bem como o desejo de disseminar o terror.[22]

Os partos sentiram-se ainda mais encorajados por seus sucessos e seu exército crescera quando Fraates mandou as tropas reais aderirem aos próximos ataques. Plutarco diz que havia 40 mil homens no campo inimigo, mas parece improvável que os romanos pudessem ter uma contagem precisa na época ou posteriormente. Com a mobilidade deles e a necessidade de os romanos permanecerem em formação, os partos podiam sempre ter certeza da sua superioridade numérica local quando atacados. Eles ficaram surpresos de ver a coluna marchando outra vez em ordem. Mesmo assim, lançaram ataques de sondagem, os quais foram se tornando maiores e mais frequentes com o passar do dia. Em certa altura, os arqueiros montados se aproximaram tanto de alguns legionários que eles formaram o famoso testudo — a linha frontal ajoelhando-se atrás de seus escudos e aquelas por trás mantendo seus escudos sobrepostos sobre a cabeça. O movimento nas fileiras quando eles assumiram a formação foi visto como um sinal de desordem e de fuga iminente. Os arqueiros montados partiram para o ataque direto, pois uma infantaria em fuga ficava à mercê de homens montados a cavalo. Eles ficaram surpresos quando os legionários se mostraram firmes e ansiosos para lutar corpo a corpo. Quando decidiram fugir, um número maior que o usual de arqueiros montados tinha sido capturado e morto.[23]

Por um tempo, o inimigo ficou intimidado, mas a situação alimentar estava se tornando desesperadora. Muitos animais de carga ou de tração tinham morrido ou estavam sendo usados para transportar os números substanciais de feridos. Isso era bom para o moral, mas a saúde dos soldados remanescentes também estava sofrendo. Pequenas quantidades de trigo trocavam de mãos a preços exorbitantes. A ração dos soldados era normalmente distribuída sem preparação, mas agora restavam pouquíssimos molinilhos para moer o grão e fazer a farinha. Em desespero, os homens andavam às apalpadelas em busca de ervas ou verduras comestíveis, e alguns caíram doentes em função dessas experiências. Homens continuavam a morrer, mesmo que os ataques partos tivessem se abrandado um pouco.[24]

O rei Fraates mostrou-se novamente disposto a negociar e tentou convencer os romanos a irem para uma estrada mais fácil nas terras baixas, prometendo que seriam meramente observados pelos habitantes locais, mas não atacados. Antônio recebeu uma mensagem de Monaeses, afirmando que era uma armadilha. Além da sua gratidão pela generosidade passada de Antônio, o ex-exilado podia não estar ansioso por uma vitória tão esmagadora do rei, a qual poderia cimentar seu controle do poder. O guia mardiano ecoou a suspeita, e Veleio conta a história de um dos legionários de Crasso que ainda estava em cativeiro, mas de algum modo conseguiu esgueirar-se, fugindo para os postos avançados romanos e advertindo-os da traição. Antônio ordenou que o exército partisse na calada da noite, na esperança de conseguir algum espaço para respirar durante a fuga, mantendo-se na estrada mais difícil. Os soldados receberam ordens de levarem água, para não haver necessidade de parar no caminho para distribuí-la. O princípio era bom, mas àquela altura muitos já não tinham nenhum recipiente para carregá-la.[25]

Os romanos marcharam com sede por quase 50 quilômetros, mas foram alcançados pelos partos antes que o dia estivesse demasiado avançado. Alguns estavam tão desesperados que, apesar dos avisos, beberam de um córrego poluído e ficaram prostrados com dores de barriga enquanto Antônio cavalgava entre eles, implorando para que

"A ÍNDIA E A ÁSIA TREMEM": A GRANDE EXPEDIÇÃO 397

esperassem até o próximo rio. Nessa noite, a disciplina acabou completamente. O que restava do comboio de bagagens — e alguns oficiais ainda possuíam equipamentos pessoais e objetos de luxo — foi saqueado e homens foram mortos por seu dinheiro. Délio, a fonte provável dos relatos sobreviventes, estava com o exército e disse que nessa ocasião Antônio chegou a avisar a um dos seus guarda-costas que poderia precisar da sua ajuda para cometer suicídio.[26]

A ordem foi finalmente restaurada ao nascer do dia. Eles seguiram adiante e mais uma vez combateram uma série de ataques partos. Esse foi o último dia de luta, pois a perseguição estava sendo abandonada. Em poucos dias, os homens de Antônio chegaram ao rio Artaxes, a fronteira com a Armênia, 27 dias depois de terem deixado Fraata. Plutarco diz que quando passou seu exército em revista, Antônio descobriu que tinha perdido 20 mil soldados de infantaria e 4 mil cavaleiros, o que parece não incluir as legiões destruídas com o comboio de bagagem pesada. A Armênia era uma aliada, mas por enquanto o desempenho sem brilho de seu rei seria desconsiderado.

A provação do exército ainda não tinha terminado. Era então o final do outono e não havia comida disponível bastante para permitir que os soldados passassem o inverno, não antes de marcharem uma distância considerável Armênia adentro. Eles tiveram que continuar em movimento, deslocando-se através de uma região montanhosa, presa de tempestades de neve. Plutarco diz que mais 8 mil homens morreram de exaustão, doença e exposição à intempérie. Como sempre, com os números nas nossas fontes antigas, alguma cautela é exigida. Veleio diz que um quarto de seus legionários e um terço dos civis que acompanhavam o acampamento pereceram na expedição, e que virtualmente toda a bagagem foi destruída. Uma perda de entre um quarto e um terço de todo o exército de Antônio parece plausível, e menos da metade desses tombaram pela ação inimiga. O grosso dos sobreviventes só podia estar exausto e muitos provavelmente com a saúde debilitada. Além das mortes humanas, houve a morte dos animais, perdidos com o comboio pesado ou na longa marcha de retorno. Cavalos, mulas e bois tendem a entrar em colapso antes dos humanos, ou podem simplesmente ser comidos quando se esgotam os estoques de alimento. Finalmente, havia as carroças e os equipamentos especializados perdidos do comboio dos equipamentos de sítio. Temporariamente, o exército de Antônio estava mutilado, incapaz de lançar outra operação de maior porte e necessitado de tempo para recuperar-se.[27]

Os danos ao seu prestígio seriam ainda mais difíceis de reparar. A Guerra Parta deveria supostamente lhe trazer glória e riqueza. À diferença de Crasso, Antônio sobrevivera e trouxera de lá mais da metade de seu exército. Não obstante, os romanos esperavam vitória, não meramente sobrevivência ou feitos de resistência à provação. Havia amplo escopo para criticar a capacidade de Antônio como general. O plano inicial parece não ter sido claro sobre os objetivos e como alcançá-los. Na melhor hipótese, era provavelmente ambicioso demais dados o tempo e a escala, ao passo que a decisão de deixar o comboio com os equipamentos de sítio e a bagagem pesada para trás era previsivelmente desastrosa. Erros poderiam ser perdoados e justificados se o resultado da guerra fosse bom. Bons generais romanos ostentavam a sua sorte, já que no fim das contas era ganhar que contava.

Antônio não tinha ganhado e fracassara em todos os seus objetivos. Nenhum território fora tomado e não só ele não tinha recuperado nenhuma águia ou nenhum prisioneiro, mas os partos conquistaram novos troféus de vitória. Ele permaneceu com seu exército até as tropas estarem alojadas na Síria. Sua coragem pessoal foi exemplar ao longo de toda a campanha e ele compartilhara os perigos e as privações com os seus homens. Antônio ainda era popular, mas lorde Raglan também o foi no exército britânico, que tão mal ele comandou na Crimeia. Um general precisa de muito mais que bravura física para fazer seu trabalho bem-feito. Antônio fracassou exatamente no mais central dos campos de esforço para a identidade de um aristocrata romano.[28]

Seus homens a salvo, Antônio partiu apressado para a costa da Síria e enviou uma mensagem a Cleópatra.

25. Rainha de reis

Antônio escolheu um local obscuro para seu encontro com Cleópatra. Leuce Come — literalmente, "o porto branco" — ficava situado entre Berito (a Beirute de hoje) e a velha cidade fenícia de Sídon. Ambas eram cidades grandes, mas, em vez de ir para uma delas, ele esperou Cleópatra num lugar que era pouco mais que uma aldeia. Talvez temesse que os partos tirassem partido de seu retiro para contra-atacar na Síria e sentisse, por isso, que grandes cidades fossem alvos mais atraentes para o inimigo. Contudo, era provavelmente dezembro de 36 ou janeiro de 35 a.C. na época em que ele chegou à costa e nessa estação um ataque de maior porte era improvável. Além disso, os muros de um lugar como Tiro, por exemplo, eram muito mais suscetíveis de oferecer segurança do que um lugarejo como Leuce Come.

O mais provável é que ele tenha escolhido um porto tão secundário porque aquela não era para ser uma grande ocasião de cerimônia e pompa, mas uma reunião privada — ou pelo menos tão privada quanto possível ao tratar-se do encontro de um triúnviro com uma monarca cliente tão importante. Ele a instruiu para trazer dinheiro e suprimentos para as suas tropas, de modo que havia um elemento de trabalho, mas, se essa fosse a questão principal, não havia necessidade de ele convocar a rainha em pessoa. Essa necessidade era pessoal.

Antônio estava mental e fisicamente esgotado. Em menos de um ano havia viajado mais de 3.200 quilômetros, exercido um cerco e combatido numa sucessão de escaramuças e outras batalhas. Durante a retirada, ele exigiu muito de si mesmo para manter seu exército em movimento e, pelo menos uma vez, contemplou o suicídio. Como comandante, havia tomado as decisões principais e era responsável por suas consequências desastrosas. Ele tinha fracassado, e esse fracasso iria eclipsar o restante de sua vida.

Cleópatra oferecia uma chance de esquecer-se disso por um instante. Antônio podia confiar que ela seria uma companhia animada, interessante e acrítica. Ela ouviria quando ele quisesse falar e seus comentários seriam plausivelmente encorajadores. Podiam banquetear e celebrar, continuando a viver vidas "inimitáveis", bem como fazendo sexo. A rainha era uma amante que precisava manter o apoio dele. Também é difícil acreditar que não houvesse pelo menos um grau de amor genuíno de ambos os lados. Mais importante que tudo, Cleópatra não era romana. Com ela, Antônio podia pretender ser um governante helenístico, ou Hércules ou Dionísio, se preferisse. Ele não tinha que ser o nobre romano que ficara aquém das proezas militares tão importantes para a sua classe.

Antônio esperou impacientemente a chegada de sua amante. Plutarco o menciona perambulando inquieto e levantando-se no meio de refeições para ir olhar o mar na esperança de reconhecer os navios dela. Ele começou a beber ainda mais intensamente à medida que os dias se estendiam em semanas e Cleópatra não chegava. Não há indicações de que ela tenha deliberadamente protelado. Fazia apenas meses que ela dera à luz o terceiro filho deles, um menino que recebeu o nome de Ptolomeu Filadelfo. O nome era uma lembrança do segundo rei da linhagem dela, que presidira o império quando da sua maior extensão. Talvez Cleópatra ainda não tivesse se recuperado do nascimento e não tenha se sentido imediatamente capaz de viajar. Igualmente importante, a convocação foi inesperadamente urgente e preparativos precisavam ser feitos. Antônio queria dinheiro e roupas para seu exército esfarrapado.

Obter 10 mil ou mais túnicas ou pares de botas tomava inevitavelmente tempo, assim como obter moeda suficiente no tipo certo de denominação para ser distribuída como pagamento para os soldados, e ambos faziam um volume relativamente grande a ser carregado.

Quando finalmente chegou, Cleópatra trouxe quantidades consideráveis de roupas, mas menos dinheiro do que Antônio tinha requerido. A soma podia não estar disponível na ocasião e, em todo caso, ele ainda tinha reservas próprias substanciais. As tropas foram pagas — muito provavelmente com o acréscimo de uma recompensa generosa além do salário normal, pois as legiões tinham se acostumado a tais atitudes na última década ou pouco mais. Antônio foi acusado de ter dito a seus homens que o dinheiro era um generoso presente de Cleópatra, embora não o fosse. Seu ânimo certamente se recuperou agora que a rainha estava com ele. Logo, ambos retornaram a Alexandria.[1]

Agora eram só dois

Muito havia mudado depois que Antônio partira para a Armênia. Em 36 a.C., Otaviano lançou uma ofensiva maior contra Sexto Pompeu. Lépido ajudou, trazendo as suas próprias forças da África para invadir a Sicília. Sexto mostrou algo da sua velha capacidade, e seus homens a sua coragem usual, mas dessa vez eles foram superados em excelência. Agripa tinha passado um ano criando uma marinha maior e mais bem treinada, a qual incluía os cento e vinte navios de guerra emprestados ao seu colega por Antônio. Ele ganhou a primeira batalha do ano. Sexto logo reagiu, derrotando Otaviano. Entretanto, ele não foi capaz de impedir Otaviano e Lépido de desembarcarem exércitos na Sicília. Grande parte da ilha logo foi invadida e conquistada. Havia cerca de trezentos navios de cada lado na batalha decisiva, travada ao largo do Cabo de Náuloco. Otaviano ficou observando da margem

402 ANTÔNIO E CLEÓPATRA

enquanto Agripa virtualmente destruiu a frota pompeiana, fazendo uso de um aparelho recém-inventado, o *harpax*, que facilitava segurar as embarcações inimigas. Uma vez presas, elas podiam ser abordadas e capturadas. Agripa possuía navios maiores com mais legionários atuando como marinheiros, e assim tinha sempre maior probabilidade de vencer tais embates.[2]

O poder de Sexto fora arruinado e ele fugiu. Lépido escolheu esse momento para tentar reconquistar o poder e a proeminência de que outrora desfrutara. Talvez estivesse pensando em livrar-se de uma vez de Otaviano, ou pelo menos renegociar a aliança deles. Lépido assumiu o controle dos exércitos combinados da Sicília. Os detalhes são pouco claros e muito toldados pela propaganda, mas não há dúvida de que rapidamente tudo estava resolvido. O jovem César foi pessoalmente ao acampamento de Lépido. Os legionários desertaram então para o seu campo, assim como tinham se arrebanhado para aderirem a Antônio em 43 a.C. Lépido foi despojado de seus poderes de triúnviro, mas pôde viver o restante de sua vida em confortável aposentadoria. Tratava-se de uma exibição de clemência reminiscente de Júlio César e diferente da selvageria das proscrições. Lépido continuou a ser *Pontifex Maximus*, embora na prática não tenha podido exercer a função. Somente quando ele morreu, mais de vinte anos depois, Otaviano — então tendo assumido o nome de Augusto — assumiu o sacerdócio. Desse ponto em diante, o ofício permaneceu prerrogativa dos imperadores até colapso do Império do Ocidente no século V d.C., quando passou ao papa, que ainda mantém o título.[3]

Otaviano celebrou uma ovação pela derrota de Sexto, exatamente como Crasso realizara outrora essa cerimônia menor para marcar sua vitória contra Espártaco. A certa altura, o próprio Otaviano havia libertado um grande número de escravos para prover mão de obra à frota, mas sua propaganda pintava Sexto como líder de escravos fugitivos rebelados contra a ordem natural. Milhares de prisioneiros foram cru-

RAINHA DE REIS 403

cificados em outra advertência quanto a Espártaco. Afirmou-se que eles eram ex-escravos cujos donos anteriores não puderam ser encontrados. Talvez fosse verdade, embora a mensagem de propaganda negando que se tratava de mais uma guerra civil fosse mais importante. Em vez disso, seria questão de restaurar a ordem, de lidar com um pirata e não com o filho de Pompeu, o Grande.[4]

Ainda assim, era um sucesso, o qual contrastava fortemente com a derrota de Antônio na Média. Os despachos deste último para o Senado ocultavam a escala das perdas e pintavam algumas das escaramuças como grandes vitórias. Até então, pelo menos em público, Otaviano e seus associados não questionaram a versão de Antônio. De qualquer maneira, rumores teriam florescido, pois sem dúvida muitos dos seus oficiais escreveram a sua própria versão dos acontecimentos. No mínimo, logo ficou claro que a expedição tinha obtido poucos ganhos tangíveis, se é que algum.[5]

Otávia viajou para Atenas na primavera de 35 a.C., decidida a encontrar-se com seu marido. Trouxe consigo 2 mil pretorianos e também uma quantidade substancial de dinheiro, suprimentos e animais de tração e carga. Apiano também menciona uma unidade de cavalaria. Por volta da mesma época, Otaviano devolveu a Antônio os navios que tinha tomado emprestado em Tarento. Restavam apenas setenta, refletindo as pesadas perdas na luta contra Sexto. Os legionários prometidos — duas legiões ou 20 mil homens — não estavam incluídos. Plutarco pensou que Otaviano teria enviado sua irmã com menos do que o prometido como provocação deliberada, e os comentadores modernos têm se mostrado propensos a concordar. Se desse boa acolhida à esposa, poder-se-ia compreender que Antônio teria aceito sem questionar a assistência, qualquer que fosse, que seu colega triunviral escolheu conceder. Mais provavelmente, ele se sentiria ofendido e poderia rejeitar a respeitada Otávia. Desdenhar uma esposa romana em favor de uma amante que não era apenas estrangeira, mas da realeza, estaria fadado a prejudicar a reputação de Antônio.[6]

404 ANTÔNIO E CLEÓPATRA

Não obstante, era bastante natural Otávia ir novamente a Atenas, levando ajuda para seu marido, e tudo o que ela levou — incluindo os pretorianos — foi apresentado como presente pessoal dela, não de seu irmão. Teria sido estranho impedi-la. Por outro lado, no passado ela nunca tinha ido mais longe que Atenas para o leste. Antônio enviou um recado dizendo-lhe que permanecesse na cidade, pois ele planejava fazer campanha novamente. Uma esposa romana supostamente não deveria seguir seu marido na guerra em si. Ele aceitou os presentes que ela trouxe, embora compreensivelmente — e, sem dúvida, publicamente — tenha ficado aborrecido por seu irmão ter deixado de cumprir suas promessas. A falta de apoio de Otaviano era algo conveniente para Antônio responsabilizar, como uma desculpa para seus próprios erros. É muito improvável que mais soldados tivessem feito alguma diferença importante no resultado da expedição de 36 a.C.

Tampouco teriam eles sido de grande utilidade imediata no verão seguinte. Os remanescentes de seu exército não tinham tido tempo bastante para se recuperarem das privações e sofrimentos da retirada. Em particular, as montarias da cavalaria deviam estar em má forma e a força montada era de importância vital em qualquer operação contra os partos. Ainda mais sérias foram as perdas em termos de animais e carroças do comboio de bagagem, e aqueles trazidos por Otávia provavelmente não as compensavam. Sem transporte, uma ofensiva maior era simplesmente impossível. Felizmente, o inimigo sucumbira a disputas sobre os espólios de sua vitória recente. Artavasdes da Média enviou mensageiros a Antônio oferecendo aliança contra o rei parto.[7]

Parecia haver uma oportunidade para operações limitadas, adequadas à limitação dos seus recursos, quando Antônio foi subitamente forçado a lidar com uma ameaça totalmente inesperada. Sexto Pompeu tinha fugido para o leste e desembarcado na província da Ásia. Inicialmente, ele ofereceu aliança a Antônio contra Otaviano. Depois, tendo notícia do desastre na Média, ele parece ter decidido que o triúnviro oriental era vulnerável ou, talvez, que fosse melhor negociar a partir de uma posição de força. Sexto começou a recrutar legiões próprias. Depois de uma breve campanha, ele foi subjugado pelos governadores mais próximos e executado. Não está claro se o próprio Antônio deu essa ordem. Posteriormente, Otaviano contrastaria a sua própria generosidade para com Lépido com o assassínio sumário de Sexto por seu colega triúnviro. Não obstante, é difícil imaginar que ele próprio não teria matado o filho de Pompeu se Sexto lhe tivesse caído nas mãos, o que certamente dificultaria conciliar com o esforço concertado para descrevê-lo como pirata. Tampouco houve qualquer incentivo real para Antônio poupá-lo. Na época, Otaviano celebrou publicamente em Roma a sua execução.[8]

Em face dessas distrações e com o grosso de seu exército ainda exausto, Antônio realizou muito pouco antes que o outono inviabilizasse de vez qualquer campanha. É possível que ele próprio ainda estivesse bem cansado. Cleópatra esteve com ele por grande parte do ano, seja em Alexandria ou, depois, provavelmente em Antioquia. Plutarco diz que ela temia Otávia e estava relutante em permitir que seu amante passasse o inverno com a esposa. Antônio era sensível a afeição, e, apesar de ser irmã de Otaviano, Otávia tinha idade semelhante à da rainha, era inteligente e considerada bonita por muitos. É bem possível que seu amor pelo marido fosse genuíno, e seu sentido de dever era claramente muito forte. Consequentemente, Cleópatra teria influenciado Antônio, demonstrando encanto incondicional quando ele estava com ela e "deixando-o" perceber vislumbres de lágrimas logo escondidas quando ele não estava. Ela emagreceu deliberadamente, enquanto seus cortesãos, e muito possivelmente alguns dos amigos romanos de Antônio que ela teve o cuidado de cultivar, falavam com ele sobre a total devoção dela.[9]

Cleópatra se fiava em Antônio para manter o poder. O amor pode ter crescido, estivesse ou não presente desde o começo. Juntos, eles tiveram três filhos e, com efeito, havia muito poucos homens que Cleópatra

406 ANTÔNIO E CLEÓPATRA

pudesse ver como seus iguais e, assim, dignos como companheiros e também como amantes. A paixão genuína provavelmente alimentou a dependência política. Antônio a tinha deixado por quatro anos em 40 a.C., retornando à Itália e à sua nova esposa. Em algum momento, ele seria obrigado a retornar a Roma e ao coração da República, que lhe dera o seu poder. Se ficasse com Otávia, isso poderia acontecer antes do que seria ideal e retirar o apoio direto que ele dava à rainha. A esposa romana era uma perigosa rival.

Ela também era, para o marido, um lembrete de seu fracasso recente. Se Antônio ficasse com ela, estaria renovando a estreita ligação com o irmão de Otávia, mas, mais que isso, tornar-se-ia outra vez plenamente um senador romano. Sua reorganização administrativa do Oriente fora geralmente bem-sucedida, renovando e algumas vezes aperfeiçoando o trabalho de Pompeu. Não obstante, à diferença de Pompeu, ele não podia jactar-se de vitórias genuínas. Tampouco havia qualquer perspectiva de lutar outra campanha da mesma escala — e com chances tão boas de sucesso — nos vários anos seguintes. Essa verdade teria sido muito mais difícil de ignorar na companhia de Otávia, e também o reconhecimento de que o irmão dela com certeza capitalizaria a fraqueza dele.

Não era uma perspectiva muito atraente, em comparação a permanecer com Cleópatra, uma companheira muito mais agradável e encorajadora. Com ela, ele podia viver muito mais aprazivelmente e tentar esquecer o futuro. Talvez também fosse mais fácil acreditar que ele pudesse fazer algo para reparar os danos de sua derrota. Antônio enviou mensagem a Otávia, dizendo-lhe que retornasse a Roma. Como boa esposa romana, ela obedeceu e retornou à casa deles — outrora propriedade de Pompeu, o Grande. Ela continuou a usar sua influência em benefício dos amigos de Antônio. Rumores disseram que seu irmão teria sugerido que ela se divorciasse do marido, mas ela se recusou cabalmente.[10]

Tratava-se provavelmente de uma preocupação menor de Otaviano, pois ele estava muito ocupado. De 35 a 33 a.C., comandou três cam-

RAINHA DE REIS 407

panhas consecutivas nos Bálcãs, combatendo várias tribos ilírias. O próprio César havia planejado fazer campanhas na área, de modo que talvez houvesse um eco do grande comandante na escolha de Otaviano. Também havia derrotas a serem vingadas e estandartes perdidos a serem recapturados, pois o antigo comandante de Antônio, Gabínio, perdera lá um exército em 47 a.C. A região também era próxima da fronteira com o território governado por Antônio, e assim um lugar conveniente para demonstrar o poder de suas forças contra qualquer rival potencial, inclusive o seu colega. Não obstante, a razão principal era a mesma que levara Antônio a atacar os partos. Otaviano queria mostrar-se um servo respeitável da República e conquistar a glória de derrotar inimigos estrangeiros. No caso dele, mesmo as suas vitórias contra outros romanos foram maculadas por rumores de covardia e fraqueza.

Nas campanhas que se seguiram, ele passou a tomar muito cuidado para aparecer tão heroico quanto possível, dando um jeito de acabar ferido num assalto contra uma cidade. (É provável que não tenha sido por meio da ação direta do inimigo, mas o inimigo certamente estava próximo.) Como Antônio, ele ordenou que pelo menos uma coorte fosse decimada. Há outras histórias de suas punições exemplares que podem datar dessas operações — por exemplo, mandar centuriões ficarem em posição de sentido diante de sua tenda. Às vezes, o cinturão de um homem estava mal atado, de modo que sua túnica ficava caindo até quase os tornozelos, parecendo pouco marcial e até feminino. É possível que eles também tenham sido obrigados a ficar segurando torrões de turfa ou varas de medir. Com pouco menos que 30 anos quando as campanhas terminaram, Otaviano queria estabelecer uma reputação de comandante austero ao modelo tradicional, um homem que personificasse a *virtus* esperada de um aristocrata romano. Premiado com um triunfo, ele optou por adiá-lo, ocupando-se em trabalhar em prol da República.[11]

408   ANTÔNIO E CLEÓPATRA

Os espólios da vitória foram aplicados na reconstrução de Roma. Otaviano iniciou uma série de projetos maiores, e outros foram empreendidos por outros generais bem-sucedidos, muitos deles associados próximos. Houve uma torrente de construção de templos, a Régia e várias outras basílicas foram restauradas. Roma, também pela primeira vez, adquiriu um anfiteatro permanente de pedra, ao passo que Asínio Polião deu à cidade uma biblioteca pública — algo que César planejara, mas não tivera tempo para realizar. Em sua vida posterior, Augusto muito se orgulharia de ter "encontrado Roma em tijolos e a deixado em mármore". (Ele não queria dizer os tijolos vermelhos incrivelmente resistentes, endurecidos ao forno, visíveis ainda hoje em muitos dos grandes monumentos de Roma, pois essa foi uma inovação do período imperial. Sob a República, tijolos de barro simples e baratos eram um dos materiais de construção mais comuns.)

A transformação da cidade realmente começou naqueles anos. Tão importantes quanto os próprios monumentos, foram o trabalho e os rendimentos propiciados aos habitantes de Roma. Pequenas obras sempre eram realizadas por escravos; esses projetos, porém, foram um importante plano de criação de empregos. Grande parte das melhorias eram altamente práticas. Agripa tornou-se edil em 33 a.C., um posto extraordinariamente subalterno para um homem que tinha sido cônsul em 37 a.C., mas, como ele ainda era tecnicamente jovem demais para ambos os postos, a situação representava uma ruptura menor com a tradição. Ele assumiu a tarefa de aperfeiçoar os sistemas de abastecimento de água e de esgotos da cidade, e foi lembrado por navegar pelos canais de esgotamento num bote para inspecioná-los adequadamente. Essas inspeções se fizeram seguir por um longo programa de obras. Agripa consertou os aquedutos existentes e acrescentou um novo, o Aqua Julia, e construiu "setecentas cisternas, quinhentas fontes [...] cento e trinta torres d'água". Roma não deveria ser apenas bela, mas também funcional e um lugar melhor para se viver. Os espólios da vitória deveriam beneficiar o povo romano.[12]

As Doações

Em 34 a.C., Antônio finalmente alcançou uma pequena vingança pelo desastre na Média. Ele ainda não estava em condições de prejudicar Fraates IV seriamente e, em vez disso, voltou a sua atenção para o rei Artavasdes da Armênia, o aliado acusado de faltar à palavra com os romanos. Numa operação limitada, a Armênia foi invadida e Artavasdes, feito prisioneiro, provavelmente capturado sob pretexto de negociações. Délio fora o delegado escolhido para negociar com o rei. Os romanos achavam tais métodos aceitáveis se ajudassem a resolver um conflito, portanto, essa não era, em si mesma, uma acusação demasiado prejudicial. Não obstante, no fim das contas, foi uma operação menor, obtendo uma vitória sobre um aliado recente com muito pouco combate. Havia pouca glória em sucessos desse porte, certamente nem de longe suficientes para contrabalançar o fracasso anterior. A operação tampouco foi completa, já que a nobreza armênia proclamou o filho do rei como sucessor, o qual conseguiu fugir para a Pártia.

Antônio reforçou a posição de Roma nos reinos fronteiriços ao controlar temporariamente a Armênia. Por volta dessa mesma época, a aliança com o rei Artavasdes da Média também foi fortalecida, quando o filho de Antônio e Cleópatra, Alexandre Hélio, foi prometido à filha do rei. Ambos ainda eram crianças pequenas, de modo que o casamento não poderia ter lugar significativamente antes de pelo menos uma década, mas era um penhor para o futuro. De muitas maneiras, um casamento mais surpreendente na verdade aconteceu poucos anos mais tarde, quando Antônio casou sua filha mais velha, Antônia, com Pitódoro de Trales, um rico e influente aristocrata da Ásia Menor. Presumivelmente, ele já possuía — ou recebeu — a cidadania romana, mas restava uma aliança extremamente heterodoxa para a filha de um senador. Supõe-se que Antônia fosse filha do segundo casamento de Antônio, com sua própria prima, também chamada Antônia, embora talvez seja possível

ANTÔNIO E CLEÓPATRA

que ela fosse filha de sua primeira esposa, a filha do escravo liberto, Fádia. Mais que reconhecimento formal de seus filhos com Cleópatra, essa aliança ia uma etapa além do que a emulação anterior da realeza helenística por comandantes romanos. Diz-se que Antônio se jactava de que fundar dinastias de sua própria linhagem o colocava lado a lado com seu ancestral Hércules, e que a melhor coisa sobre o domínio de Roma era o que eles davam aos povos das províncias.[13]

A captura de Artavasdes foi o maior sucesso que Antônio desfrutara desde Filipos, sete anos antes, o que sugere a sua falta de concentração pessoal em aventuras militares. Volta e meia, sentiu-se ele chamado a partir para lidar com crises no Ocidente, pois o triunvirato ameaçava romper-se. Suas visitas à Itália e a necessidade nos anos anteriores de lidar com Sexto Pompeu eram objeto de preocupações importantes, contudo isso contrasta bastante com sua abordagem implacavelmente resoluta das campanhas militares de Pompeu e de César e, com efeito, de muitos comandantes romanos menos famosos. Essas interrupções tinham certamente estorvado os seus preparativos para o ataque à Pártia e provavelmente contribuído para o seu começo apressado e conduta desnorteada.

A vitória armênia foi pequena, mas, como foi tudo o que teve durante tanto tempo, Antônio decidiu celebrá-la em grande estilo. O que decorreu logo tornou-se profundamente controverso e a realidade foi encoberta por propaganda hostil, de modo que talvez seja impossível estabelecer toda a verdade. Antônio decidira passar outro inverno em Alexandria e entrou na cidade em uma grande procissão. Mais uma vez, ele aparecia como Dionísio — Baco ou *Liber Pater*, o "Pai Livre" dos romanos. O triúnviro vinha numa carruagem báquica e usava uma grinalda de hera, um manto amarelo-laranja e ouro, bem como as peles de gamo associadas ao deus, e levava o seu bastão sagrado, conhecido como *thrystus*. Nada disso era novo, e era uma maneira mais discreta de mostrar poder a uma audiência helenística, aparecendo como a

RAINHA DE REIS 411

personificação de um grande deus de celebração e vitória e não como um chefe supremo ostensivamente romano.[14]

Artavasdes caminhou na procissão, junto com muitos outros prisioneiros. O rei estava acorrentado, mas, em deferência à sua posição, as correntes eram simbólicas e feitas de metal precioso — prata ou ouro, dependendo da fonte. A coluna seguiu uma rua adentrando a cidade, passou por multidões aclamadoras e foi finalmente recebida por Cleópatra, sentada em um trono de ouro numa plataforma prodigamente decorada, segundo as tradições de espetáculo ptolemaicas. Isso se deu provavelmente diante do Serapeu, o grande templo a Serápis, o deus criado pelos ptolomeus. Supostamente, Artavasdes e os nobres armênios se recusaram a saudar a rainha e a curvarem-se diante dela, apesar de todos os esforços para convencê-los ou intimidá-los.[15]

Os aliados de Otaviano logo pintaram a parada como um triunfo em tudo, exceto o nome, e, portanto, um deboche contra um dos mais antigos e reverenciados rituais romanos. Um triunfo só podia ser realizado em Roma e tinha de concluir-se com um sacrifício ao Júpiter Capitolino. A vitória era de Roma e do povo romano, concedida pelos deuses de Roma. Não podia ser transferida para uma cidade estrangeira nem marcada por rituais estrangeiros e, de tudo o mais grave, rituais centrados numa monarca estrangeira.

É muito improvável que Antônio tenha pretendido que a cerimônia fosse um triunfo. Alguns dos rituais romanos tinham sua origem em processões dionisíacas, o que acrescentou às semelhanças e tornou mais fácil criticar. A cerimônia se voltava certamente a uma audiência helenística, embora também refletisse o amor de Antônio pelo teatro. Ele podia desfrutar de seus sucessos antes de passar outro agradável inverno em Alexandria. A continuação de seu poder teria sem dúvida lhe garantido um real triunfo, tivesse ele retornado a Roma, mas todos teriam sabido que era uma fraude. Além disso, ele ainda não tinha nenhuma intenção de voltar à Itália, não antes de ter conquistado uma

412 ANTÔNIO E CLEÓPATRA

vitória maior, ou no mínimo aumentado a sua riqueza e a influência que ela lhe deu. Uma pompa helenística, muito parecida com a entrada formal de qualquer grande rei numa cidade, apregoava o seu poder em toda a região e sua simpatia para com a cultura local.

Parece que foi semelhante o motivo por trás da cerimônia ainda mais extravagante realizada alguns dias depois. Ocorreu no grande ginásio de Alexandria, a mais helenística das instituições da maior cidade grega do mundo. Posteriormente, a cerimônia ficou conhecida como as Doações de Alexandria, mas permanece obscuro como Antônio e Cleópatra teriam descrito o evento. Não é certo como ele estava vestido, mas sua amante apareceu como a Nova Ísis, de modo que é provável que vestisse as mantas negras da deusa. O triúnviro romano e a rainha grega sentaram-se lado a lado em tronos de ouro. Diante deles, e um pouco abaixo, Cesário, então com seus 13 anos de idade, os gêmeos Alexandre e Cleópatra Selene, de 6 anos, e Ptolomeu Filadelfo, de dois, ocupavam tronos menores.

Antônio proclamou formalmente Cleópatra e Cesário governantes do Egito, de Chipre e da Síria. Alexandre Hélio foi nomeado rei da Armênia, da Média e da Pártia, ao passo que sua irmã gêmea recebeu o restante da Síria, a Fenícia e a Cilícia. A menina trajava capa e botas militares macedônias e usava um chapéu tradicional, encimado por um diadema real. Alexandre Hélio usava uma versão do traje real médio, com uma tiara muito mais oriental. A mãe deles também foi nomeada "Rainha de reis, cujos filhos são reis" e variações desses motes logo começaram a aparecer em moedas e documentos oficiais.

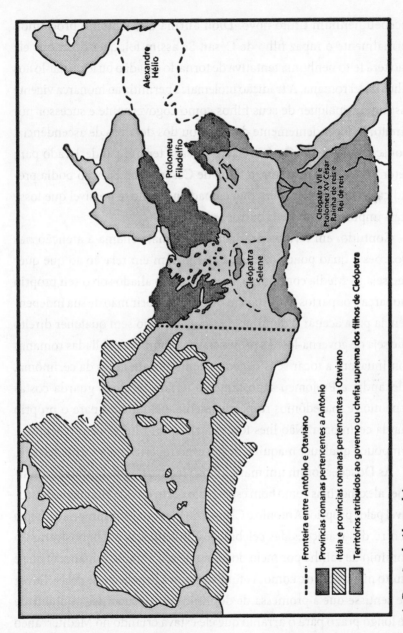

As Doações de Alexandria

A superioridade de Cleópatra sobre seus filhos foi confirmada, pois mesmo o seu cogovernante Cesário estava sentado abaixo dela e não

414 ANTÔNIO E CLEÓPATRA

recebeu nenhum título novo. Díon afirma que Antônio proclamou formalmente o rapaz filho de César. Se assim foi, quer dizer que ele não terá feito nenhuma tentativa de torná-lo cidadão ou legitimá-lo aos olhos da lei romana. A tradição ptolemaica permitia ao monarca vigente distinguir qualquer de seus filhos como cogovernante e sucessor por direito, independentemente da idade ou dos detalhes de ascendência. Consequentemente, Cesário não precisava ter um pai declarado para deter poder. Não obstante, a fama de César como pai não podia prejudicar e, se raramente era mencionada no Egito, é possível que fosse mais importante em seus outros territórios.[16]

Contudo, em termos práticos, o que mais chama a atenção nas Doações é quão pouca diferença elas faziam em relação ao que quer que seja. A Média continuava a ser um reino aliado sob o seu próprio monarca e os partos não estavam dispostos a abrir mão de sua independência para aceitar o domínio de um garotinho sem qualquer direito que seja de governá-los. As províncias e comunidades aliadas romanas continuavam a tocar seus negócios como faziam antes da cerimônia. Alexandre e Ptolomeu supostamente teriam recebido guarda-costas armênios e macedônios respectivamente, pelo menos para o próprio dia da cerimônia. Não lhes foram atribuídos tutores nem regentes, e tampouco qualquer máquina de governo foi criada em torno deles.

As Doações foram um maravilhoso teatro, popular junto às multidões alexandrinas como bom espetáculo e sem dúvida altamente desfrutável pelos próprios Antônio e Cleópatra. Elas estavam apropriadamente dentro das tradições das celebrações ptolemaicas e demonstraram o domínio da rainha por meio do apoio de seu amante romano. O que é muito menos claro é como Antônio esperava beneficiar-se delas. Talvez ele sentisse que a promessa de domínio futuro sugerisse estabilidade de longo prazo para o arranjo que ele estava criando no Mediterrâneo oriental. Promessa era o máximo que aquilo podia ser, haja vista que nada mudou de fato e que, de qualquer modo, a inclusão da Pártia emprestava a tudo uma atmosfera de fantasia. Era como se Antônio

RAINHA DE REIS

estivesse aparentando ser um verdadeiro conquistador, empolgado com sua própria propaganda a ponto de acreditar (ou de querer acreditar) que era um verdadeiro Dionísio, Hércules ou Alexandre, o Grande.

Para Otaviano, a ocasião forneceu uma munição esplêndida para difamar o nome de seu colega. Antônio parecia iludido e estava agindo como um monarca, cedendo livremente territórios provinciais e aliados conquistados pelas legiões a seus filhos, à injunção de uma rainha estrangeira. Supostamente, os aliados de Antônio no Senado teriam suprimido o relatório dele das campanhas e da cerimônia, haja vista serem tão desabonadores para ele. Em troca de pouco ou nenhum ganho, ele danificou gravemente a sua imagem em Roma e em toda a Itália. Mesmo à época, muitos se esforçaram para compreender o que Antônio estava planejando para o futuro. Ele e Otaviano ainda eram triúnviros, embora o segundo mandato de cinco anos do triunvirato estivesse para expirar ao final de 33 a.C. A grande pergunta era quando e como Antônio planejava retornar para casa?

26. "É ela minha esposa?"

Em 1º de janeiro de 34 a.C., Antônio tornara-se cônsul pela segunda vez. Nove anos tinham se passado desde o seu primeiro consulado; assim, transcorrera quase a década que a lei decretava ter que passar antes de ocupar a magistratura novamente. De qualquer modo, essa regra tinha sido quebrada tantas vezes que mal vale a pena comentar. Muito mais raro era um cônsul não estar em Roma ao assumir o posto, apesar de Mário e César terem-no feito. Mais perturbador foi a sua renúncia ao cabo de um único dia, dando mostra da importância menor da magistratura suprema da República para um homem com o poder de Antônio. Os cônsules, então, raramente serviam o seu ano inteiro, mas nenhum havia optado por renunciar em 24 horas. Apesar de sua ausência e da extrema brevidade de seu mandato, o ano continuou a ser oficialmente conhecido como o do consulado de Marco Antônio e Lúcio Escribônio Libão.[1]

Em 39 a.C., Antônio e Otaviano tinham esboçado uma lista de cônsules para os oito anos seguintes, incluindo os cônsules sufectos que os substituiriam uma vez que eles renunciassem. Houve quatro desses homens em 34 a.C., pois o primeiro par deles também renunciou antes de completar-se o ano. Desse modo, seguidores mais leais eram recompensados, recebendo a dignidade do status consular, a precedência que isso implicava nos debates senatoriais e a perspectiva de um comando

418 ANTÔNIO E CLEÓPATRA

provincial adequadamente importante. De igual forma, Otaviano assumiria e renunciaria ao consulado em 1º de janeiro de 33 a.C., e os cônsules sufectos no restante daquele ano não foram menos que seis.

Por sua vez, esse número foi apequenado pelos 67 pretores designados pelos triúnviros em 38 a.C. A falta de respeito deles pelas magistraturas tradicionais era ostensiva e, contudo, é igualmente claro que ambos os triúnviros e seus seguidores ainda valorizavam o prestígio trazido por esses postos. Havia também numerosas irregularidades, ignorando restrições de idade e outras convenções. Um pretor renunciou ao cargo em favor de seu filho. Um questor foi reconhecido como escravo fugitivo por seu antigo senhor. Outro escravo evadido foi descoberto servindo como pretor. Escravos eram geralmente executados por crucificação, mas essa terrível punição foi considerada inapropriada para qualquer um que tenha servido como pretor, mesmo que ilegalmente. Consequentemente, o tribunal decretou que o homem deveria receber a sua liberdade e, depois, ser atirado à morte da Rocha Tarpeia. Antônio e Otaviano tinham se conferido um consulado conjunto em 31 a.C. É interessante observar que isso se dava um ano após o poder triunviral ter supostamente expirado. Talvez, ambos planejassem estar então em Roma, para poder renegociar e renovar a sua aliança.[2]

Antônio certamente não tinha dado as costas a Roma, apesar de gostar da pompa da monarquia no mundo grego. Parecia ter uma genuína afeição por Alexandria e a certa altura ele serviu na cidade como ginasiarco, exatamente como tinha feito em Atenas. Não obstante, embora ele reconhecesse publicamente os seus filhos com Cleópatra, maior proeminência era dada a Marco Antônio Antilo, seu filho adolescente com Fúlvia. Uma série de moedas de prata foi cunhada mostrando Antônio de um lado e o rapaz do outro.[3]

Embora Otávia tomasse conta de seus outros filhos romanos, parece que Antilo esteve no Oriente com seu pai durante aqueles anos. Em Alexandria, ele desfrutava tanto a companhia de homens ilustrados quanto um pouco do pródigo estilo de vida da corte real. O amigo

"É ELA MINHA ESPOSA?" 419

do avô de Plutarco, Filotas, conheceu o rapaz nesse período e contou histórias sobre a sua rápida inteligência e generosa natureza. Em certa ocasião, Antilo deu a ele os cálices de ouro que eles só haviam usado em um banquete — um eco interessante da visita de Cleópatra a Tarso. Filotas ficou preocupado de que o garoto pudesse ter problemas por dar um presente tão caro. Contudo, quando vieram para presenteá-lo com os copos e pediram recibo por eles, os servos lhe garantiram que o filho de Marco Antônio podia dar tanto ouro quanto quisesse. Na verdade, eles substituíram os recipientes por seu valor em dinheiro, já que alguns eram antigos e, como tal, podiam fazer falta a seu pai.[4]

Em outra parte, Plutarco conta uma nova história sobre a generosidade do próprio Antônio, quando prometeu a um homem um presente de 250 mil denários. Um dos seus escravos pessoais aparentemente ficou preocupado com a possibilidade de o seu senhor não estar compreendendo o quanto a soma era substancial e, por isso, expôs todas as moedas para mostrar o seu número. Quando informado para que o dinheiro estava ali, Antônio afirmou estar chocado, pois pensara que o presente era maior, ordenando imediatamente que a soma fosse dobrada.[5]

O apreço de Antônio por gastos espetaculares era muito anterior ao seus anos no Oriente, mas ele se entregou plenamente a eles enquanto estava com Cleópatra. Apostas grandiosas foram um traço comum da corte real durante aqueles anos. O incidente mais célebre ocorreu em algum momento entre 34 e 32 a.C., centrado no afamado luxo da corte ptolemaica e na própria obsessão de Antônio por comidas raras e exóticas, extremamente caras. A rainha teria supostamente zombado da comida que ele estava servindo e prometeu que no dia seguinte iria apresentar-lhe um banquete ao custo de não menos que 2,5 milhões de denários. Contudo, quando a refeição foi servida, ele não se impressionou com a comida que ela servia a seus convidados, pois não parecia nada extraordinária pelos padrões recentes que eles mesmos praticavam. Cleópatra — nossa fonte, Plínio, não a designa pelo nome, mas a desdenha como uma "rameira impertinente da corte" — meramente riu quando Antônio afirmou ter ganhado a disputa. A comida fora uma mera preliminar, e ela degustaria sozinha o banquete de 2 milhões e meio de denários. Divertindo-se com a confusão dele, a rainha ordenou que o prato final fosse servido. A sobremesa era tão profusa quanto os pratos anteriores, mas ela recebeu uma única tigela, cheia de *acetum*, o vinho acre e avinagrado fornecido aos soldados como parte da sua ração e usualmente uma bebida dos pobres. Estendendo a mão, Cleópatra pegou um dos seus brincos de pérola — o par era célebre por seu tamanho e qualidade — e o deixou cair na tigela. Dissolveu-se a pérola em um lodo e ela bebeu a mistura. Lúcio Munácio Planco, que fora encarregado de decidir quem tinha ganhado a aposta, rapidamente declarou a rainha vitoriosa e a impediu de repetir o processo com a outra pérola.[6]

Pérolas tinham se tornado joias muito elegantes em Roma na última geração ou pouco mais. Em 59 a.C., Júlio César deu à sua amante Servília uma pérola que custara 1,5 milhão de denários, e, assim, as dos brincos de Cleópatra eram de qualidade semelhante. Chegou a correr um rumor de que ele havia invadido a Britânia na esperança de encontrar um rico suprimento de boas pérolas. Tampouco a ideia de dissolver pérolas em vinho acre era totalmente desconhecida, pois temos notícia de um jovem romano rico fazendo o mesmo, numa história divulgada em um dos poemas de Horácio. É impossível saber se Cleópatra estava a par desse incidente ou se teve a ideia ela mesma. Em anos posteriores, o imperador Calígula, um descendente de Antônio, repetiria a prática, uma marca tanto de sua excentricidade quanto de sua extravagância.[7]

Comentadores mais modernos têm se mostrado céticos em relação à possibilidade de dissolver uma pérola em vinagre, e tentativas de repetir a malícia de Cleópatra têm invariavelmente fracassado. O ácido no líquido de fato amolece a pérola e dissolve pérolas esmagadas, mas parece que leva um tempo muito longo para fazê-lo. O valor de tais experimentos é todavia limitado, pois nós não conhecemos nem o tamanho nem a densidade dos brincos de pérola. Eles podem muito bem ter sido

"É ELA MINHA ESPOSA?" 421

menores do que as expectativas modernas. Tampouco devemos insistir que a tigela de Cleópatra estivesse cheia apenas de vinho acre. Outras substâncias podem acelerar a reação, e os filósofos do Museu tinham, por gerações, se especializado em usar seu conhecimento para desempenhar truques espetaculares, aparentemente milagrosos para ornar ocasiões régias. A pérola não precisava desvanecer inteiramente, mas dissolver-se o bastante para não ter mais valor e ser fácil de consumir sem ensejar vômito. Plínio não sugere que ela tenha simplesmente engolido o brinco para recuperá-lo mais tarde. O precioso objeto tinha que estar permanentemente destruído para tornar a aposta significativa.[8]

Munácio Planco é alhures descrito como um dos principais aduladores da rainha dentre os seguidores romanos de Antônio. Ele sentia claramente que isso também poderia lhe conquistar o favor do triúnviro. Diz-se que chegou ao ponto de fazer uma performance de dança, interpretando o deus marinho Glauco, sua pele nua pintada de azul e usando uma falsa cauda de peixe. Esse não chegava propriamente a ser o comportamento esperado de um ex-cônsul. Poucos aristocratas romanos eram conhecidos por terem orgulho de suas habilidades de dançarinos, mas Cícero provavelmente refletiu o sentimento geral quando disse, "Nenhum homem são dança quando está sóbrio".[9]

É improvável que a sobriedade tenha sido uma característica conspícua dos amigos íntimos de Antônio e Cleópatra. Antônio sempre bebeu muito e parece verossímil que isso só tenha se agravado, especialmente depois da decepção e do estresse da expedição parta. É possível que ele tenha sido um alcoólatra e que a escolha de associar-se a Hércules e a Dionísio significasse reverenciar divindades célebres por bebida e festividades. Este último era importante para os ptolomeus, e Cleópatra usava um anel com a inscrição "Embriaguez" (*Methe*, em grego). Esperava-se que as mulheres seguidoras de Dionísio, as Mênades, estivessem em estado permanente de arrebatamento extático, induzido não pelo álcool, mas pela mera presença do deus. É provável que o anel celebrasse isso. Não podemos dizer se as fontes que a acusam de

422 ANTÔNIO E CLEÓPATRA

embriaguez frequente eram verdadeiras ou simplesmente propaganda. É bem possível que fosse difícil passar muito tempo na companhia de Antônio sem compartilhar pelo menos em algum grau o hábito de beber intensamente.[10]

O círculo em torno de Antônio e Cleópatra incluía artistas do Oriente grego. Nós temos notícia de um homem que parece ter se especializado em danças eróticas, e também havia o "Parasita" mencionado anteriormente. Contudo, exceto pela própria rainha, apenas romanos eram tratados como conselheiros próximos por Antônio, e certamente somente romanos recebiam comandos importantes assim como outras responsabilidades maiores. Planco, Délio e Canídio eram só um pequeno número dos senadores entre os companheiros próximos e agentes-chave do triúnviro.[11]

No ano 2000, um papiro contendo um decreto emitido por Cleópatra em 33 a.C. (ou o "Ano Dezenove, que também é Ano Quatro") foi identificado, desencadeando considerável excitação porque a última palavra podia ser caligrafia da própria rainha — ginestho ("que assim seja", em grego). O conteúdo principal recebeu pouca atenção fora dos círculos eruditos, mas é altamente instrutivo:

> Nós concedemos a Públio Canídio e a seus herdeiros a exportação anual de 10 mil ártabas de trigo [aproximadamente 300 toneladas] e a importação anual de 5 mil ânforas de vinho da ilha de Cós sem que dele ninguém cobre taxas ou outra despesa de qualquer espécie. Nós também concedemos isenção de impostos sobre todas as terras que ele possui no Egito. [...] Que seja escrito a quem interessar possa, de modo que, sabendo, lhes seja possível agir de acordo.[12]

Canídio recebera as suas extensivas propriedades da rainha, e a renda que ele ganhava deveria ser livre de quaisquer impostos reais. Seus agentes também tinham permissão de importar e vender vinho dentro do Egito sem pagar qualquer direito. Outros seguidores veteranos de

"É ELA MINHA ESPOSA?" 423

Antônio sem dúvida saíram-se bem com a generosidade da rainha. Cleópatra necessitava de apoio romano e nos últimos anos isso significava manter os favores de Antônio. Para assegurar-se disso, ela explorava seu reino em benefício do triúnviro e de seus fiéis seguidores. Reis ptolomeus anteriores tinham sido igualmente generosos, concedendo terras e riquezas livres de impostos a aristocratas poderosos. Naquele momento, os beneficiários importantes eram romanos e não há nenhuma indicação de que qualquer desses homens planejasse estabelecer-se permanentemente em seu reino. Suas famílias, grande parte de suas propriedades e suas ambições políticas fundamentais estavam na Itália. Não há nenhuma boa indicação de que Antônio pudesse sentir de outra forma. Ele estava no Oriente para acumular riqueza e poder, assim como fortalecer sua posição dentro da República.

"Por que mudastes?"

As histórias sobre os excessos e a devassidão do círculo íntimo de Antônio e Cleópatra sem dúvida foram crescendo ao serem contadas ao viajarem para a Itália. O estado de espírito em Roma era geralmente inquieto ao esperar um homem poderoso voltar depois de um longo período nas províncias. As pessoas tinham ficado muito nervosas à espera do retorno de Pompeu de suas campanhas orientais, e temores semelhantes acerca do que César poderia fazer de fato tinham colaborado para ocasionar a Guerra Civil em 49 a.C. Otaviano conseguiu visitar Roma em várias oportunidades durante as guerras ilírias e estivera na Itália pela maior parte da última década. Ele suportou o ímpeto de todo e qualquer mal-estar e ressentimento, por exemplo dos agricultores italianos desapropriados e dos veteranos insatisfeitos, mas deu um jeito para lidar com cada crise a seu turno. A derrota de Sexto Pompeu dera cabo de uma longa sequência de guerra civil e reinava um otimismo cauteloso quanto à possibilidade de que a nova situação

424 ANTÔNIO E CLEÓPATRA

pudesse ser permanente. A população mais ampla certamente não tinha apetite por uma renovação do conflito. Poetas como Horácio e Virgílio ajudaram a expressar esse ânimo, estimulados pelo associado próximo de Otaviano, Mecenas.[13]

Antônio não recebeu novas honras do Senado após 37 a.C., mas seu colega era muito mais visível. Um ano mais tarde, Otaviano fora distinguido com o mesmo status sacrossanto concedido aos tribunos da plebe romana. Tratava-se de uma alta honraria. Em 35 a.C., o mesmo status foi estendido a Lívia e a Otávia, que também ganharam estátuas públicas e o direito de administrar os seus próprios negócios sem a necessidade de um guardião. Eram honras sem precedentes para mulheres. Isso fez com que as rudes instruções de Antônio para que sua esposa retornasse à Itália soassem ainda mais chocantes, tornando especialmente pungentes a sua obediência e seus incessantes cuidados com a casa, os filhos e os amigos dele.[14]

Otaviano e Antônio competiam por prestígio e por domínio. Era natural para aristocratas romanos comportar-se desse modo e foi talvez inevitável, uma vez que todos os demais rivais tinham desaparecido, que os dois homens mais poderosos do Estado se voltassem um contra o outro. Em 33 a.C., a rivalidade estava se tornando regularmente mais aberta, embora até então nenhum lado tivesse lançado qualquer ataque direto contra o outro. Em vez disso, era uma questão de contrastes. Otaviano tinha vencido Sexto Pompeu. Seus sucessos na Ilíria foram de pequena escala, mas genuínos, à diferença do fracasso de Antônio na Média. Antônio se contrapunha, principalmente por meio de seus partidários em Roma, mas também, parece, através de cartas, que eram prontamente tornadas públicas e falavam dos defeitos pessoais de Otaviano. Em Filipos, ele estivera "doente" e ausente. No confronto final com Sexto Pompeu, o jovem César mais uma vez foi prostrado pela doença — ou terá sido medo?

A invectiva política romana sempre foi pessoalmente abusiva e amiúde obscena. Em geral, dava-se muito pouca atenção a políticas

"É ELA MINHA ESPOSA?" 425

específicas, e o núcleo da questão era o caráter. Ambos os homens tinham fornecido ao rival uma abundância de bons materiais. Porém, no essencial, as histórias hostis sobre Otaviano diziam respeito ao passado — à sua crueldade durante as proscrições, ou quando ele se vestiu como Apolo no famigerado banquete. Um alvo favorito para o inquestionavelmente aristocrático Antônio era a família de seu rival, e reiteradamente a pretensa obscuridade, bem como as profissões degradantes de seu pai e de seu avô, eram jogadas contra Otaviano. Foi somente nessa ocasião que Cesário começou a importar em Roma. Ele era um filho genuíno de César e não importava que fosse um estrangeiro e um bastardo, pois não houve nenhuma tentativa de tornar o adolescente numa figura representativa na política romana. Tratava-se simplesmente de uma maneira útil — e bastante embaraçosa — de lembrar a todos que o "filho do divino Júlio" era de nascimento humilde e apenas e tão somente por adoção um dos Julii Caesares. A adoção era levada a sério pelos romanos, mas a posição de Otaviano era vulnerável porque ele não tinha sido adotado quando César estava vivo, e a adoção póstuma era legalmente muito questionável. Foi provavelmente então que Otaviano incumbiu um dos associados próximos de César de escrever um panfleto negando que Cesário fosse filho de César, ao passo que Antônio proclamava que o ditador tinha reconhecido publicamente o bebê.[15]

Embora Antônio tenha perdido a longo prazo, muitas histórias desses anos sobreviveram para ser repetidas por autores posteriores, dando-lhe assim uma pequena vitória póstuma. Anos antes, as *Filípicas* de Cícero tinham começado a arranhar a reputação e a memória de Antônio, e agora aqueles insultos estavam sendo reforçados. Muitos dos ataques eram exagerados, mas havia verdades em número demasiado por trás deles para impedir danos sérios. Atacado como beberrão, Antônio respondeu publicando a sua única obra conhecida de literatura, intitulada *De sua ebrietate* (Sobre sua embriaguez). Ela não sobreviveu, mas presumivelmente ele negou alguns dos excessos ou pelo menos sustentou que o álcool nunca tinha prejudicado o seu julgamento nem

426 ANTÔNIO E CLEÓPATRA

as suas ações. Contudo, o mero fato de ele sentir que era necessário defender-se contra a acusação mostra que o dano já havia sido causado. (Escarneceram de César quando ele fez um juramento público negando seu caso com o rei Nicomedes. Acreditassem ou não na história, as pessoas zombavam do ditador.)[16]

Excessos sexuais acompanhavam as histórias de excessos alcoólicos de Antônio. Demasiado de ambos era visto como fraqueza, traição à severa *virtus* esperada de um senador romano. Louvores a Otávia por sua virtude, e também por sua beleza, enfatizavam como ela estava sendo maltratada pelo marido. E, mais uma vez, sendo o caso com Cleópatra demasiado público para ser negado, Antônio tentou, em vez disso, fazê-lo passar levianamente, escrevendo uma carta aberta a Otaviano. O estilo era abrupto, deliberadamente cru e abertamente viril:

> Por que mudastes? É porque estou indo para a cama com a rainha? É ela minha esposa? Acabei de começar a fazê-lo, ou já está acontecendo há nove anos? E quanto a ti — tu só dormes com [Lívia] Drusila? Congratulações, se, ao ler esta carta, tu não tiveres estado dentro de Tertúlia ou Terência, Rufila ou Sálvia Titisênia, ou de todas elas. Importa realmente onde ou em quem tu enfias a tua espada?[17]

"É ela minha esposa?" — o latim *uxor mea est* poderia, igualmente, ser a afirmação "ela *é* minha esposa". Apenas o contexto, como parte de uma série de perguntas à queima-roupa, sugere não ser só uma interrogação, mas também que a resposta implícita seja: "Não, ela não é." Não obstante, Antônio não nega o caso, e sem dúvida sublinha que ele já durava há nove anos. Sua posição era fraca desde o começo, pois o melhor que ele podia esperar era a crença de que o comportamento de Otaviano não fosse em nada melhor que o dele. Otaviano podia ser um adúltero entusiástico, mas não tinha uma concubina única e pelo menos as suas amantes eram romanas. Antônio fez circular outras histórias, sobre como os amigos do jovem César saíam para caçar mulheres para

"É ELA MINHA ESPOSA?" 427

ele, chegando a desnudar moças respeitáveis e mulheres casadas para inspecionar se não seriam escravas. Chegou-se a afirmar que, em certo jantar, ele levara a esposa de um senador para outra peça e, quando voltaram para juntar-se ao restante do grupo, ela estava ruborizada e parecendo despenteada e desalinhada.[18]

Este certamente não era um comportamento respeitável para um romano, embora enganar outros senadores com suas esposas tenha constituído grande parte das proezas de César. Além disso, Otaviano ainda era um adolescente, ao passo que Antônio estava em seus 50 anos, idade em que um homem devia comportar-se com mais decoro. Ter muitas amantes era ruim, mas para os romanos era pior ter uma única concubina, ainda pior parecer dominado por ela, e imperdoável que ela fosse estrangeira e rainha. Essa era a acusação mais condenatória, que Antônio tinha sido tão desvirilizado por sua paixão por Cleópatra que lhe obedecia e tomava decisões sobre questões importantes segundo os caprichos dela. As concessões de terras, as acusações de que retardara a Guerra Parta para ficar com ela e, acima de tudo, as Doações de Alexandria sugeriam um Antônio manipulado por sua amante a ponto de já não estar mais agindo nos melhores interesses da República. Até mesmo a sua própria propaganda podia ser virada contra ele. Hércules também fora humilhado por uma mulher, quando Ônfale o fez usar um vestido e realizar tarefas domésticas, como fiar. É improvável que seja coincidência o fato de representações dessa história aparecerem na arte do período.[19]

Otaviano estava em Roma, numa cidade que desfrutava a paz e sinais visíveis de reconstrução e renovação física, grande parte disso empreendido por seus associados próximos. Ele estava muito melhor situado para influenciar a opinião pública. Os senadores eram uma plateia, mas também o eram os aristocratas das cidades e metrópoles da Itália. Para um distante Antônio, era difícil competir, especialmente considerando que suas realizações no Oriente eram tão limitadas. Ele de fato parece ter administrado a região razoavelmente bem, mas isso raramente era fonte de grande popularidade junto a uma audiência romana. A longo prazo, ele não podia esconder a escala do desastre na Média — especialmente quando Otaviano e seus aliados deixaram de ajudar a esconder as notícias — ou a escassez de seus sucessos subsequentes.

Na primavera de 33 a.C., Antônio concentrou o grosso das suas legiões às margens do Eufrates, pronto para uma nova intervenção nos assuntos da Pártia e de seus reinos vizinhos. Depois de algumas operações menores, ele mudou de ideia. Mais uma vez, seus olhos estavam na Itália, e a luta na Pártia ficaria em segundo lugar na defesa de sua posição na própria Roma. Canídio recebeu ordem de marchar 1.600 quilômetros rumo à costa jônica da Ásia Menor, pronto a cruzar os mares para a Grécia. Não havia nenhuma ameaça externa à região a exigir tão grande concentração de tropas. A menos que ele estivesse planejando retornar finalmente à Itália, trazendo consigo os seus soldados, talvez para marcharem em triunfo ou pelo menos serem dispensados e receberem terras, caso em que seu movimento só podia ser visto como uma ameaça para Otaviano. Antônio de fato se queixou de que Otaviano não estava provendo terras suficientes para seus veteranos, e pode ser que ele tivesse futuras distribuições em mente. Seu colega enviou ironicamente a resposta de que ele podia lhes dar terras das suas "conquistas" orientais.[20]

No mínimo dos mínimos, Antônio incitou um acirramento do conflito ao transferir suas legiões para o oeste. O momento e o ritmo dessa manobra são demasiado prontamente esquecidos, uma vez que é muito mais fácil seguir o curso da escalada da propaganda de Otaviano rumo a uma guerra final. Nenhum dos dois parecia relutar muito em lutar, mas o povo odiava o pensamento de uma renovação da guerra civil, de modo que ambos estavam ansiosos para deixar o outro provocar o conflito. O triunvirato expirou em dezembro de 33 a.C.; Antônio o ignorou e continuou a usar o título. Otaviano fingiu retirar-se para a vida privada. Ambos mantiveram o controle de seus exércitos e províncias.[21]

"É ELA MINHA ESPOSA?"

Em 1º de janeiro de 32 a.C., Domício Aenobarbo tornou-se cônsul, com Caio Sósio como colega. Ambos eram partidários de Antônio, uma coincidência que pode não ter sido significativa quando os triúnviros nomearam os cônsules em 39 a.C. Os cônsules assumiam precedência em meses alternados e Aenobarbo iniciou o ano presidindo as reuniões do Senado. Antônio tinha lhes enviado um relatório da sua reorganização das províncias orientais, o qual incluía as doações de terras a Cleópatra e a seus filhos. Ele queria o endosso do Senado, mesmo que seus poderes de triúnviro já conferissem legalidade a seus atos. Aenobarbo achou que o documento era muito insuflador, com sua declaração formal das Doações, e decidiu suprimi-lo.

Em fevereiro, Sósio assumiu e lançou um ataque direto contra Otaviano. As medidas que ele propôs foram vetadas por um tribuno antes que uma votação pudesse adotá-las. Era uma interessante sobrevivência da política anterior, apesar de não ser claro quem inspirou o veto. Sósio pode ter achado que apenas fazer as declarações fosse bastante para prejudicar Otaviano. Por outro lado, este último pode ter ficado genuinamente preocupado. Mesmo que as medidas não tenham sido aprovadas, e é improvável que pudessem ser, o fato simples de terem sido mencionadas era um golpe considerável em seu prestígio e sua *auctoritas*.[22]

O triúnviro "aposentado" não estava presente, mas convocou outra reunião do Senado, embora já não tivesse mais o direito legal de fazê-lo. Otaviano chegou, escoltado por soldados e guardado por amigos cujas adagas "escondidas" eram visíveis. Ele tomou seu assento entre os dois cônsules, deste modo marcando a sua superioridade, e procedeu a sua defesa. Aenobarbo e Sósio fugiram de Roma após a reunião, indo diretamente encontrar-se com Antônio, que dessa vez estava novamente em Atenas. Por carta, e pelas vozes de uns poucos adeptos, ele foi capaz de dar continuidade à batalha de acusações contra Otaviano. Além das difamações pessoais, ele retornou às queixas já familiares. Otaviano era acusado tanto de depor Lépido como de tomar todas as suas tropas e todos os seus territórios sob seu controle. Seu fracasso em fornecer os soldados prometidos era outra acusação. Otaviano contra-atacou dizendo que Antônio não partilhara os espólios de suas próprias vitórias, mas o principal ataque continuava a ser pessoal. O comandante romano fora corrompido por Cleópatra — havia até histórias de que ela usava poções mágicas para escravizá-lo.[23]

Munácio Planco escolheu esse momento para desertar de Antônio e aderir a Otaviano. Ele era um ex-cônsul e com ele veio o seu sobrinho, cônsul designado, mas não há outras deserções de senadores registradas nessa época. Planco fez um discurso no Senado acusando Antônio de uma longa lista de crimes e abusos de poder. Nem todos ficaram impressionados e um velho rival comentou secamente, "Antônio há mesmo de ter feito muita coisa para fazer você deixá-lo!" Bem mais prejudicial foi o relato de que dois homens haviam testemunhado o testamento de Antônio, então depositado no Templo de Vesta no coração do Fórum, e que esse continha cláusulas chocantes.[24]

As seis Virgens Vestais eram as únicas mulheres que compunham sacerdócio de Roma e eram figuras de grande respeito. A líder da ordem recusou a solicitação de Otaviano de que o testamento lhe fosse entregue, pois seria uma quebra sem precedentes da lei e dos costumes. Não obstante, ele foi ao interior do templo e leu o documento, antes de retirá-lo e de mandar lê-lo em voz alta — ou, mais provavelmente, passagens cuidadosamente escolhidas — numa reunião pública. Nele, Antônio reconhecia formalmente Cesário como filho do ditador e também deixava legados a seus próprios filhos com Cleópatra. Esta última disposição era ilegal, pois um cidadão não podia constituir um não cidadão herdeiro seu. Houve certamente menção a Antilo e seus outros filhos romanos, mas interessava aos propósitos de Otaviano ignorar cláusulas normais. Por fim, mesmo que Antônio estivesse em Roma por ocasião de sua morte, seus restos mortais deveriam ser enviados para serem enterrados junto com Cleópatra.

"É ELA MINHA ESPOSA?" 431

Nenhuma das nossas fontes antigas sugere que o testamento fosse uma falsificação, embora numerosos estudiosos modernos o tenham suposto. Havia com certeza um testamento, e o mais provável é que Otaviano tenha sido simplesmente seletivo ao usá-lo. Antônio já havia publicamente reconhecido os seus filhos com Cleópatra e proclamado que Cesário era filho de César; assim, nesse sentido, nada havia de novo em repetir tais declarações. Seus legados para os filhos suscitaram muitas questões, pois não era possível que ele não tivesse conhecimento de que eram ilegais. Talvez ele planejasse lhes conceder cidadania ou simplesmente tenha suposto que, como triúnviro, tudo o que fizesse fosse legítimo. Contudo, é notável que Antônio pudesse imaginar morrer em Roma, longe de Cleópatra.[25]

Essa não era a ideia que o povo recebia. Otaviano encorajava rumores de que Antônio e Cleópatra planejavam governar a República como um império pessoal, mudando a capital para Alexandria — um eco de uma das acusações feitas contra César. Sublinhava-se a arrogância da rainha. Dizia-se que ela havia adotado uma blasfêmia preferida, afirmando: "tão certamente quanto hei de ministrar justiça no Capitólio." Não importava que isso entrasse em contradição com as histórias sobre Antônio preferir Alexandria a Roma, desejando governar a partir da cidade egípcia e ser sepultado lá. O importante era convencer os romanos do orgulho de Cleópatra e do perigo que ela representava. Velhos preconceitos contra gregos, orientais em geral, realeza e mulheres poderosas interferindo nos assuntos de Estado tornavam a audiência receptiva a essa mensagem. Para enfatizar o seu próprio patriotismo, Otaviano iniciou a construção de um grande mausoléu no *Campus Martius*.[26]

Não havia nenhum entusiasmo por outra guerra civil e, assim, Otaviano marginalizou Antônio. Ele era meramente um simplório, um homem que tinha deixado de ser romano e não era mais capaz de recusar nada à sua amante. Histórias sobre ele lavando os pés dela para pagar uma aposta, lendo cartas de amor ao mesmo tempo que conduzia assuntos públicos e correndo atrás dela como um cachorrinho reforçavam essa imagem, mesmo que não fossem verdadeiras. Cleópatra era o perigo, por isso a mordacidade dos poetas dirigida contra ela, atacando brutalmente o seu caráter e deplorando que um comandante romano e legionários romanos "servissem" a uma tal concubina.[27]

Em vez de uma nova guerra civil, Otaviano deu à Itália uma grande causa. A República Romana enfrentava a terrível ameaça de uma governante estrangeira que desejava aniquilar a liberdade deles. Eis um pretexto melhor para guerra, e as pessoas optaram prontamente por acreditar até onde fosse necessário, pois era irrealista impedir Antônio e Otaviano de lutarem. Contudo, elas não lutariam contra Antônio, mas contra Cleópatra, não contra legiões romanas, mas contra uma horda estrangeira que adorava deuses estranhos com cabeça de animal. Comunidades em toda a Itália fizeram juramento de lealdade pessoal a Otaviano. Umas poucas colônias de veteranos de Antônio foram isentas, mas nenhuma mostrou qualquer desejo de lutar em seu nome. Alguns senadores fugiram para juntar-se a ele. Otaviano afirmou posteriormente que mais que setecentos tinham optado por lhe servir. O Senado contava no máximo com mil membros na época, e muito possivelmente menos. Grande parte dos remanescentes foi para o lado de Antônio, embora o mais provável é que fossem menos de trezentos aqueles supostos de o terem feito. Alguns poderiam estar velhos demais para exercer um papel ativo, ao passo que outros escolheram a neutralidade. O mais célebre entre eles era Asínio Polião, que disse que ia "ficar longe da disputa [deles] e ser um espólio do vitorioso".[28]

Os partidários ativos de Antônio no Senado eram minoritários. A situação de alguns era desesperadora, inclusive os últimos sobreviventes dos assassinos de César, que obviamente não podiam esperar reconciliação com Otaviano. Um desses homens, Cássio de Parma, produziu uma série de folhetos extremamente cáusticos atacando o jovem César. Ele era acusado de planejar casar a sua única filha, Júlia, com o rei dos getae dos Bálcãs para cimentar suas vitórias ilírias — claramente uma reação de reprimenda ao casamento de Antônia com Pitódoro de Trales.

"É ELA MINHA ESPOSA?"

Ainda mais extravagante foi a acusação de que Otaviano teria planejado divorciar-se de Lívia para casar-se com a filha do rei.[29]

O que Antônio fez realmente, ou pelo menos pareceu fazer, era muito mais prejudicial que qualquer coisa que se pudesse afirmar que seu rival tenha meramente considerado. Em 32 a.C., estava claro que Antônio tinha perdido a batalha política. A propaganda de guerra continuaria, mas não tinha ido bem para ele até então, e era improvável que melhorasse. Sua única esperança era ganhar a guerra real de exércitos e de frotas.

27. Guerra

Antônio e Cleópatra passaram a maior parte do inverno de 33–32 a.C. em Éfeso, enquanto suas tropas se reuniam na costa da Ásia Menor. Era a primeira vez em muitos anos que ela não passava o inverno na Alexandria. Na primavera, iniciou-se o longo processo de embarcar e fazer a travessia do exército para a Grécia. Era algo que não podia ser apressado, de modo que Antônio e Cleópatra fizeram uma viagem de lazer, parando na ilha de Samos, onde celebraram um festival de teatro, música e dança dedicado a Dionísio. Artistas de todo o mundo grego vieram concorrer por prêmios, enquanto o triúnviro e a rainha faziam banquetes em seu estilo extravagante. Como recompensa, Antônio fez, à guilda dos artistas, uma concessão de propriedade e de direitos especiais na cidade de Priene, na Ásia Menor.[1]

A generosidade dele era menos óbvia para o povo do Mediterrâneo oriental, pois mais uma vez eles foram obrigados a apoiar o esforço de guerra de um dos lados de uma guerra civil romana. Pesadas contribuições em dinheiro, suprimentos e outros recursos foram exigidos de todas as comunidades provinciais e aliadas. Os subordinados de Antônio não eram delicados ao impor tais exigências. Na ilha de Cós, bosques de árvores consagradas a Esculápio, o deus da cura, foram derrubados para serem usados na construção naval por ordem de Décimo Turúlio, um dos assassinos de César. Mão de obra e efetivos também

436 ANTÔNIO E CLEÓPATRA

foram exigidos. Antônio tinha necessidade de artífices para fazer os navios e todos os demais equipamentos necessários a um exército e uma frota. Além disso, ele precisava de remadores e de marinheiros para tripularem seus navios, e de soldados para servirem no exército. Sem acesso às áreas de recrutamento na Itália, muitos dos seus legionários eram provinciais, que logo recebiam a cidadania ao serem recrutados para as legiões. A maioria parece ter sido alistada compulsoriamente.[2]

Cleópatra contribuiu com uma vasta soma em dinheiro para financiar a guerra. Plutarco diz que chegava a 20 mil talentos, duas vezes o que seu pai prometera a Gabínio em 55 a.C. Como o restante do leste, seu reino foi extorquido para apoiar o esforço de guerra de Antônio. Além disso, ela contribuiu com duzentas embarcações para a frota de quinhentos navios de guerra e cerca de trezentos navios mercantes que seu amante estava reunindo. Alguns dos navios de guerra eram grandes, construídos na grande tradição da marinha ptolemaica, e é possível que muitos dos vasos mercantes fossem grandes navios graneleiros. Era a maior frota que seu reino havia formado em várias gerações — os navios usados contra César na Guerra de Alexandria eram menores, mais adaptados aos combates confinados no interior de enseadas e portos, e menos numerosos. Como os navios, Cleópatra de fato parece ter fornecido também tripulações, mas não está claro quantos desses homens vinham do Egito — ou do seu reino mais amplo. Ela lhes pagou, mas muitos parecem ter sido alistados por grupos de recrutamento forçado, onde quer que pudessem ser encontrados.[3]

Contribuindo voluntariamente com navios e dinheiro para apoiar seu amante, Cleópatra já estava se beneficiando da gratidão de Antônio quando ele tomava estátuas e outros objetos de arte de templos e a presenteava. Um dos aliados de Otaviano o acusou de presenteá-la com duzentos pergaminhos da Biblioteca de Pérgamo. A história pode ser uma invenção, ou pelo menos o número exagerado, embora o longevo apetite de sua família por adquirir volumes novos para a Biblioteca de Alexandria fosse bem conhecido.[4]

Depois de Samos, o casal foi para Atenas e por lá ficou no mais tardar até o começo do verão. Se Cleópatra realmente acompanhou seu pai no exílio, então ela já estivera na cidade, mais de vinte anos antes, mas aquela era certamente a sua primeira visita como adulta. A visita mais longa de Antônio em anos recentes foram os meses passados lá com Otávia, ocasião em que atenienses tiveram o cuidado de reverenciar tanto o triúnviro quanto sua esposa. Agora, eles estavam igualmente ansiosos para assegurar os favores de Antônio reverenciando a sua concubina. Uma estátua dela trajada com as vestes de Ísis — ou talvez uma estátua da deusa intencionalmente parecida com a rainha — foi erigida perto da cidade. Cleópatra retribuiu mandando encenar e pagando por uma parte do ciclo de performances musicais e teatrais encomendadas ali e em Samos. Uma delegação formal de líderes da cidade, incluindo o próprio Antônio, que se fizera cidadão honorário, veio à casa que ela estava ocupando, onde ele fez um discurso arrolando os privilégios especiais que o conselho havia concedido a ela.

Aenobarbo e Sósio provavelmente se juntaram a Antônio antes de ele sair da Ásia Menor. Notícias de Roma continuavam a chegar até ele. Em Atenas, ele finalmente decidiu divorciar-se de Otávia, uma indicação clara de que ele percebia que a ruptura com Otaviano era séria e talvez irreconciliável. Pichações apareceram em uma das estátuas de Antônio — "Otávia e Atena para Antônio: pega tuas coisas e vai!", referindo-se ao seu casamento sagrado anterior com a deusa da cidade. A primeira frase era escrita em grego, a segunda era a forma latina tradicional do divórcio — *res tuas tibi habe* — o que certamente sugere que o trocista fosse um dos seus seguidores romanos.[5]

Não sabemos se em algum momento anterior Antônio e Cleópatra contraíram casamento oficial. Isso não seria legítimo sob a lei romana, a menos que ele concedesse cidadania a ela. Nenhuma das fontes narrativas mais importantes afirma que o casal tenha de fato se casado, embora seja possível interpretar que Plutarco o tenha sugerido. O poeta Virgílio, escrevendo não muito tempo depois da morte deles, faz de fato

438 ANTÔNIO E CLEÓPATRA

uma menção ultrajada à "esposa egípcia" de Antônio, mas, não fosse por isso, a afirmação só é feita em fontes muito posteriores e geralmente não confiáveis. É difícil acreditar que Otaviano não tivesse lançado a acusação contra ele se alguma forma de casamento tivesse ocorrido. Nós não podemos ter certeza, o que torna a ambiguidade das próprias palavras de Antônio — *uxor mea est*, "É ela minha esposa?" ou "Ela é minha esposa" — ainda mais frustrante. O debate é amiúde complicado pelas atitudes modernas em relação a casamento ou uniões estáveis. A verdade é que nós simplesmente não sabemos o que Antônio ou Cleópatra pensavam sobre essas coisas, nem o que fizeram ou deixaram de fazer.[6]

O que sabemos é que Cleópatra acompanhou Antônio, e desde o começo parece ter sido aceito que ela permaneceria com ele mesmo que, ou quando, a guerra estourasse. Outros monarcas clientes também estavam com ele e, se não contribuíram com tanto dinheiro ou com tantos navios para o esforço de guerra, vários trouxeram robustos contingentes de tropas. Polemo fora deixado vigiando a fronteira com a Pártia, pois Antônio havia estacionado muito poucas das suas próprias tropas para se proteger contra qualquer eventual recrudescimento da guerra naquele teatro. Herodes foi enviado para negociar com o rei dos árabes nabateus, cuja lealdade estava em questão e que havia parado de pagar o arrendamento das terras de Cleópatra. Ela também enviou os seus próprios oficiais gregos, provavelmente com uma tropa da mercenários, para cooperar com o rei da Judeia, mas a campanha pouco realizou. Afirmou-se que ela simplesmente queria Herodes fora do caminho e menos capaz de conquistar os favores de Antônio.[7]

Os demais governantes a servirem com Antônio eram todos homens e a maioria comandaria os seus soldados pessoalmente. Cleópatra era amante de Antônio e passava muito mais tempo intimamente ao lado dele, tanto quando ele conduzia negócios oficiais como quando ele relaxava e celebrava. Ela recebia honras públicas muito maiores do que quaisquer outras concedidas a outros reis e claramente possuía mais influência sobre ele. Domício Aenobarbo era o único romano no grupo

GUERRA 439

de Antônio que se recusava a dirigir-se a ela como "rainha", ainda menos como "Rainha de reis", chamando-a em vez disso pelo nome. Ele não era o único insatisfeito com a presença extremamente pública dela, o que só ajudava a campanha difamatória de Otaviano, concentrada no controle que ela exercia sobre Antônio. Em 32 a.C., ainda havia um certo número de senadores na Itália que permanecia solidário. Antônio era generoso com dinheiro para fortalecer a lealdade deles e ganhar novos adeptos, mas a sua associação íntima com a rainha era politicamente desastrosa.[8]

Plutarco nos diz que um senador chamado Gemínio — talvez Caio Gemínio — viajou da Itália para ver Antônio, provavelmente durante os meses que Antônio passou em Atenas. Cleópatra supostamente desconfiou dele, suspeitando de que ele quisesse reconciliar Antônio e Otávia. Ela arranjou para que ele ficasse sentado longe de seu amante nos banquetes e que o senador fosse o alvo de algumas das pilhérias comuns na corte. Gemínio não perdeu a paciência e por fim, durante um banquete, lhe pediram que apresentasse o motivo de sua visita. Afirmando que seria melhor esperar que todos estivessem completamente sóbrios, ele disse todavia que a mensagem mais importante era que Antônio devia mandar a rainha embora. O triúnviro enraiveceu-se e Cleópatra, encantada, teria dito que fora bom que Gemínio tivesse admitido a verdade sem necessidade de tortura — algo a que um senador nunca devia ser submetido. Gemínio se foi e Cleópatra permaneceu ao lado de seu amante. Seja ou não verdadeira, a história reflete a inquietação crescente dos homens de Antônio. Monarcas só eram aceitáveis se fossem claramente subordinados.[9]

Alguns dos seus seguidores romanos falaram em favor da continuação da presença da rainha. Canídio argumentou que Cleópatra era uma das mais capazes e experientes entre os monarcas em todo o Mediterrâneo oriental. Ela contribuíra muito para a campanha, e seria perigoso para o moral do contingente naval, que ela havia provido, se a rainha fosse mandada embora. Plutarco afirma que ele havia sido subornado e que o papiro que registrava a isenção de impostos a ele concedida comprovava a generosidade de Cleópatra. Talvez Canídio também estivesse inclinado a adotar uma postura diferente em relação a Aenobarbo e outros por pura competitividade. Contudo, é muito possível que ele genuinamente acreditasse que a presença da rainha fosse uma coisa boa, seja em si mesma, ou pela influência que ela exercia sobre Antônio.

Estudiosos mais modernos têm se mostrado propensos a concordar com a afirmação de Canídio de que Cleópatra precisava ficar para fomentar o moral dos marinheiros em seus navios de guerra. Considerando que muitos dentre eles eram conscritos compulsórios relutantes, isso é altamente improvável. Ainda menos provável é a ideia de que ela inspirasse os muitos recrutas das províncias helenísticas que faziam parte das legiões e da frota, e que de algum modo esses homens estivessem lutando contra o domínio romano. Um oráculo que previa a conquista de Roma pelo Oriente é o único indício citado em defesa dessa afirmação, mas não há nenhuma razão sólida para datar o documento nesse período. Não é surpreendente que muitos provinciais odiassem os romanos. O imperialismo romano era brutal, as decisões das autoridades romanas eram quase sempre arbitrárias e muitos dos seus governadores eram selvagens em sua exploração dos povos conquistados e aliados. Antônio era mais sensível em seu respeito pelas susceptibilidades gregas, mas não era menos explorador, especialmente ao preparar-se para o confronto com Otaviano. Ele não representava uma alternativa ao domínio romano, apenas uma versão mais branda. O conflito era uma guerra civil romana. Só Otaviano tentava caracterizá-lo como uma guerra entre o Ocidente e o Oriente.[10]

Antônio queria Cleópatra ao seu lado. Seu dinheiro e seus navios eram de grande utilidade, mas sua necessidade da companhia dela era ainda maior. Antônio gostava de luxo, algo que sua amante era boa em prover de maneiras inventivas, e necessitava de afeto e lisonja, em que ela possuía excelência. Cleópatra o fazia sentir-se melhor e ou bem isso

GUERRA   441

o impedia de ver o quanto a presença dela era politicamente prejudicial ou então o convencia de que era um preço que valia a pena pagar. Anos já haviam se passado depois de Filipos, e desde então todas as suas operações mais importantes redundaram em desastre. É difícil evitar a conclusão de que Antônio perdera grande parte da sua autoconfiança na retirada da Média. Talvez ele não acreditasse mais que pudesse funcionar sem Cleópatra perto de si.

Ela pode ter percebido isso e sentido que não era seguro deixá-lo ir para a guerra sozinho. Cleópatra tornara-se governante de um reino expandido por meio da generosidade de Antônio. Se ele perdesse a guerra, ela também poderia perder tudo o que ganhara. Com esse fim, ela comprometera os recursos de seu reino em apoiá-lo. Era compreensível que ela também quisesse ficar facilmente disponível, para ajudar a garantir a vitória de qualquer outra maneira que pudesse, ao menos aconselhando Antônio. Cleópatra tinha muito pouca experiência militar, mas não está claro se ela compreendia isso, e ela pode ter sentido que podia pelo menos ajudar seu amante a ser decisivo e resoluto ao guerrear. Talvez ela tenha de fato ajudado nos planejamentos, pois deslocar e alimentar um exército tão grande era um projeto maior.

Havia uma outra razão para a presença dela. A tensão fora alta entre Otaviano e Antônio em várias ocasiões no passado e eles recuaram à beira da guerra para chegar a um acordo. Isso poderia acontecer novamente e, se acontecesse, Cleópatra precisava garantir que seus próprios interesses fossem assegurados. Ela não desejava tornar-se uma perda aceitável, permitindo que Antônio retornasse pacificamente a Roma e ao coração da República. Fosse ou não realista, esse medo era perfeitamente compreensível.[11]

A política se misturava à paixão. Tanto Antônio quanto Cleópatra eram ambiciosos, e nenhum dos dois teria sobrevivido aos perigosos mundos da corte ptolemaica e da república fraturada de Roma sem uma vontade implacável de defenderem interesses próprios. Por uma combinação de motivos, ele a queria ao lado dele e ela também achava

442 ANTÔNIO E CLEÓPATRA

que isso era importante. A decisão servia aos interesses de Otaviano, já que ele excitava os ânimos contra a rainha e seu títere romano que ameaçavam a própria Itália. No final do verão, ele estava pronto. Revivendo — ou muito possivelmente inventando — um ritual arcaico, ele procedeu como um sacerdote fecial e presidiu um sacrifício no Templo de Belona, a deusa da guerra. Pegando uma lança molhada no sangue de um animal sacrificial, Otaviano a arremessou num pedaço de terra que representava simbolicamente o Egito. A guerra fora declarada pela República Romana contra Cleópatra. Nada foi dito sobre Antônio, embora todos soubessem que a verdadeira contenda era contra ele, e que os ex-aliados estavam lutando por supremacia.[12]

28. Ácio

Nenhum dos lados estava pronto para lutar e, além disso, já era tarde na estação de campanhas. Antônio seria criticado por não ter invadido a Itália imediatamente, pois Otaviano não havia reunido todas as suas tropas e estava enfrentando oposição à medida que introduzia impostos extraordinários para levantar dinheiro para a guerra. Embora Otaviano tivesse um número copioso de soldados e uma frota experiente e confiante após a derrota de Sexto Pompeu, ele estava com grave carência de fundos. Ainda não estava pronto para a guerra, e tampouco podia se dar ao luxo de permitir que o confronto se estendesse demais. Como de regra, ambos os lados estavam prometendo generosos bônus aos seus legionários. Antônio cunhou uma série de moedas que mostravam uma galé de guerra na face, com a águia e dois estandartes *signa* no verso, registrando igualmente o nome de uma das unidades do seu exército.[1]

A combinação de navio de guerra com estandartes do exército enfatizava que a guerra seria combatida tanto na terra quanto no mar. Antônio tinha acrescentado mais três legiões às dezesseis trazidas por Canídio, mas mesmo as nossas fontes sugerem que essas formações estavam abaixo de suas forças. Além disso, ele tinha soldados de infantaria aliados, alguns deles armados com arcos, fundas e outros projéteis, e uma poderosa força de cavalaria. Plutarco afirma que ele contava ao todo com 100 mil soldados de infantaria e 12 mil cavaleiros. Otaviano tinha uma força semelhante de cavalaria e cerca de 80 mil soldados de infantaria. Algumas de suas legiões permaneceram para guardar as províncias e Antônio também deixou uma pequena parcela de suas próprias tropas para trás, inclusive uma força de quatro legiões para defender a Cirenaica. Plutarco credita a Otaviano apenas 250 navios de guerra, porém outras fontes sugerem que o número fosse maior, talvez algo em torno de quatrocentas embarcações.

É bem possível que os números dados para os totais de navios de guerra sejam precisos, mas, como de uso, os números para os exércitos parecem suspeitosamente arredondados para totais baseados em um número de legiões que supostamente contariam com sua plena força teórica. Os totais são provavelmente elevados demais. Não obstante, os exércitos eram sem dúvida muito grandes para os padrões romanos, mesmo que a maioria das legiões estivesse substancialmente abaixo de sua força. É muito possível que tantos soldados estivessem envolvidos nessa campanha quantos aqueles que combateram nos exércitos rivais em Filipos. Tanto em 31 a.C. quanto em Filipos, os comandantes adversários confiaram mais em números do que em sutileza. Desde o começo, eles enfrentaram sérios desafios logísticos, considerando que operaram no limite superior de tamanho exequível de suas forças para os sistemas militares e logísticos romanos.[2]

Não ajudava haver desequilíbrio entre as forças militares e navais. Os navios de combate a remo empregados por ambos os lados transportavam tripulações excepcionalmente grandes em proporção ao seu tamanho, já que sua principal força motriz vinha das equipes de remadores. Uma galera quinquerreme, com cinco ordens de remos, levava 280 remadores e vinte tripulantes de convés. (A maioria dos navios de guerra tinha três bancos de remadores. Eles eram nomeados segundo a equipe de remadores necessários para operar um conjunto de três remos. Um "cinco", portanto, tinha uma equipe de cinco homens, dois sentados nos bancos mais altos manejando um remo, dois no banco intermediário para usar o remo intermediário e por fim um último sentado no banco mais baixo para operar o remo inferior. O "cinco" era um navio de guerra padrão, mas embarcações maiores, como os "seis", os "oito" e os "dez" também estavam em uso.) Havia pouco espaço para transportar alimentos e água para alimentar esses homens. Se houvesse expectativa de batalha, os navios de guerra maiores podiam levar a bordo cerca de cem soldados por um curto período — idealmente, apenas o próprio dia da batalha. Eles não eram capazes de transportar tantos homens a qualquer distância maior, e decerto não com comida, tendas e outros equipamentos de que eles teriam necessidade para operar. Não havia nenhuma possibilidade de eles transportarem números significativos de cavalos de montaria nem de animais de carga ou de equipagem.[3]

Antônio tinha trezentos navios de transporte. Eles tiveram que trazer comboios regulares de grãos e outros alimentos, grande parte deles viajando do Egito para a Grécia, pois era impossível abastecer a longo prazo tantos soldados e marinheiros com os estoques localmente disponíveis. Alguns dos navios, em especial os vasos maiores, seriam sempre necessários para essa tarefa. Isso os deixava em número ainda menor para transportar soldados, animais, reservas de curto prazo de alimento, forragem e equipamento. Antônio não podia esperar transportar seu exército inteiro em um único comboio, e fazê-lo provavelmente exigiria vários deles. De fato parece que levou um bom tempo para transportar as legiões através do Egeu na primavera de 32 a.C. Qualquer invasão da Itália teria que ocorrer em várias etapas e isso dificultaria que os navios de guerra protegessem os comboios. Os caprichos do clima acrescentavam outra incerteza. Quaisquer navios perdidos para a ação inimiga ou para tempestades não estariam disponíveis para futuros comboios, além das perdas efetivas de homens e de *matériel* mortos ou capturados com eles.[4]

Já era o final do verão de 32 a.C. quando as forças de Antônio se concentraram na costa ocidental da Grécia e ele e Cleópatra assentaram residência em Patras, no Golfo de Corinto. Nos meses de outono e de inverno, o tempo era menos propenso a ficar bom, o que contraindicava

446 ANTÔNIO E CLEÓPATRA

um ataque imediato. Além disso, a costa leste da Itália tinha poucos portos naturais, e a experiência passada tinha mostrado que era difícil tomar Brundísio ou Tarento. Antônio decidiu contra a invasão imediata. Ele não estava com pressa, à diferença de Otaviano, cujas finanças estavam esticadas a ponto de romper.

Além da questão de melhores condições de tempo, as dificuldades de transportar e desembarcar um exército na Itália seriam igualmente sérias quando a primavera chegasse. No final do ano, estava claro que ele planejava deixar Otaviano vir até ele. Antônio aguardaria na Grécia, esperando destruir os comboios inimigos quando eles cruzassem o Adriático. Não temos um número exato sobre as embarcações mercantes à disposição de Otaviano, mas é provável que ele enfrentasse problemas semelhantes aos de Antônio e não fosse capaz de fazer a travessia com o seu exército de uma vez só. Pelo menos no começo, a vantagem deveria estar com Antônio, cujas forças superariam significativamente em número aquelas do inimigo. Havia também um elemento político. Invadir a Itália com Cleópatra ao seu lado afastaria quaisquer eventuais partidários lá.

Estudiosos modernos costumam aplaudir o plano de Antônio, considerando-o sensível e a única opção prática. Contudo, vale lembrar que essa foi a mesma estratégia adotada infrutiferamente por Pompeu em 48 a.C. e por Bruto e Cássio em 42 a.C. Em ambas as ocasiões, os defensores contavam com uma superioridade naval maior do que a que Antônio possuía agora, mesmo assim eles fracassaram em impedir que os atacantes desembarcassem tropas suficientes para prevalecer — embora por pequena margem em 48 a.C. Sula tenha ganhado a Guerra Civil a partir da Grécia, mas somente usando-a como base para invadir a Itália. Estratégias defensivas não funcionaram bem nas guerras civis de Roma, pois entregavam imediatamente a iniciativa ao inimigo. Isso criava uma impressão de passividade e fraqueza, o que tornava improvável convencer indecisos a aderir. Mais uma vez, Antônio estava perdendo a batalha política.[5]

ÁCIO 447

Também havia dificuldades práticas para implementar tal estratégia. O litoral da Grécia é abundante em portos naturais, sendo dotado de ilhas, muitas das quais servem como bases potenciais de desembarque. A geografia estimulava Antônio a espalhar suas forças a fim de cobrir uma área tão grande quanto possível. O problema constante de alimentar os marinheiros, soldados e animais ao longo do inverno também tornava desejável dispersá-los. Antônio espalhou seus navios e forças de terra desde Metone, no sul do Peloponeso, até a ilha de Córcira (atual Corfu), no norte. Mais ao norte, ele não estacionou quaisquer forças significativas na costa de Épiro. Talvez a sua maior concentração de navios estivesse em Ácio, onde o Golfo de Ambrácia oferecia um vasto porto natural. Estoques substanciais foram armazenados ali para suprir aquelas esquadras, e a posição foi fortificada. Altas torres, provavelmente abrigando artilharia, guardavam a entrada da baía.[6]

As campanhas em 48 e 42 a.C. tinham sido combatidas no norte, na Macedônia e na Tessália. Antônio abandonou essa área e a estrada principal da Via Inácia. Talvez estivesse convidando Otaviano a desembarcar lá, confiante de que haveria então tempo suficiente para ele concentrar as suas próprias forças, confrontar e destruir o inimigo. Não obstante, naquele momento os defensores de Antônio estavam perigosa e dispersamente espalhados ao longo do litoral, onde os exércitos não podiam se deslocar de forma rápida. Para o inverno, não havia nisso grande risco, e ele e Cleópatra se estabeleceram para passar aqueles meses agradavelmente em Patras, esperando para ver o que Otaviano faria na primavera. Houve algum intercâmbio diplomático. Otaviano pediu a Antônio que se retirasse da costa e permitisse que ele desembarcasse, prometendo que eles travariam então a batalha decisiva em cinco dias. Antônio respondeu desafiando seu oponente mais jovem a um combate homem a homem entre os dois. Nenhuma das propostas era séria, mas foram pretendidas como prova de confiança.[7]

Contato com o inimigo

Em 1º de janeiro de 31 a.C., Otaviano tornou-se cônsul pela terceira vez, com Marco Valério Messala como seu par. Antônio fora despojado do consulado que lhe fora concedido quando o triunvirato foi assegurado. Otaviano tinha poder formal outra vez como magistrado da República. Antônio continuou a chamar-se de triúnviro, embora tenha prometido depor seus poderes uma vez que tivesse alcançado a vitória. Inicialmente, ele disse que isso se daria dois meses após a guerra ser vencida, mas Díon afirma que amigos o persuadiram de que haveria muito trabalho a fazer e que, por isso, ele deveria esperar seis meses. Otaviano manteve o *imperium* legal, o que representava alguma vantagem. Vantagem muito maior foi a leal assistência de um velho amigo, Agripa, então um talentoso general e um dos melhores almirantes que Roma já produziu.[8]

O inverno mal terminado, Agripa atacou, golpeando em Metone. Era a posição mais ao sul de Antônio, um pouco isolada do restante de suas forças. Para chegar lá, Agripa teve que navegar um percurso mais longo do que para o norte. Isso sempre representava um risco na guerra de galeras, cujo alcance era limitado pela dificuldade de transportar muita comida e água para a tripulação. Se tivesse sido repelido, ou gravemente atrasado pelo clima, ele poderia ter tido sérias dificuldades. A aposta pagou. Os homens de Antônio não estavam preparados e a cidade portuária foi rapidamente devastada. Os navios inimigos foram destruídos ou capturados e um dos seus comandantes, o rei exilado Bógudc da Mauritânia, estava entre os mortos. Otaviano e Agripa tinham agora uma base na costa grega.[9]

Antônio havia esperado que o ataque principal viesse pelo norte, mas em vez disso o inimigo golpeou ao sul. Pego de surpresa, ele ficou ainda mais desequilibrado quando Agripa lançou uma sucessão de ataques ao longo da costa grega, chegando a alcançar a Córcira. Na confusão, Otaviano cruzou o Adriático ao norte e começou a desembarcar o exército em Panormo, uma pequena cidade ao norte da Córcira. Até onde podemos dizer, cada um dos seus comboios seguiu sem ser molestado pelas esquadras de Antônio e logo o grosso das suas tropas estava em segurança na Grécia. Ele ocupou a Córcira, que fora abandonada pela guarnição de Antônio na confusão causada pelos ataques de Agripa. Otaviano marchou para o sul ao longo da costa, seus navios atacando antes do exército.

Antônio demorou para reagir, e ele e Cleópatra tentaram se mostrar calmos. Talvez fosse calma genuína e eles ainda estivessem confiantes na inevitabilidade da vitória, considerando o tamanho das suas forças e sua crença no próprio talento de Antônio. Díon o faz jactar-se de sua perícia como general em um discurso a seus homens: "Vós sois o tipo de soldados que poderiam vencer mesmo sem um bom líder, e [...] eu sou o tipo de líder que poderia prevalecer mesmo com soldados inadequados." Quando chegou a notícia de que Otaviano havia ocupado no Épiro uma cidade chamada Toryne (que significa "concha"), ele brincou quanto a por que deveriam eles preocupar-se "se Otaviano está sentado numa concha" — a palavra também era uma gíria para pênis. Antônio começou a reagir à invasão, mas suas forças estavam amplamente dispersas e levariam tempo para se concentrarem.[10]

O objetivo de Otaviano era Ácio, e, embora não pudesse surpreender as esquadras e unidades lá estacionadas, ele conseguiu ocupar as colinas — hoje conhecidas como Mikalitzi — que dominavam a península que formava a entrada setentrional do Golfo de Ambrácia. Antônio chegou logo depois, tendo se deslocado de Patras e acampado no lado sul da baía. No momento, ele só dispunha de uma guarda avançada e declinou a oferta de batalha do inimigo. Com a chegada de mais soldados, sua confiança cresceu e ele estabeleceu um segundo acampamento menor no lado norte da baía, perto da posição de Otaviano. Então, Antônio desdobrou seus homens em ordem de batalha, mas o inimigo se recusou ao combate, já que perdera a vantagem numérica.

A posição de Otaviano no topo da colina, reforçada por fortificações que a ligavam ao mar, oferecia proteção aos seus navios e era demasiado forte para arriscar um assalto direto. Também era consideravelmente

450 ANTÔNIO E CLEÓPATRA

mais bem situada do que o acampamento principal de Antônio, que jazia em terreno baixo alagadiço, infestado de mosquitos. Doenças começaram a ser um problema sério, com tantos soldados e marinheiros concentrados numa área tão pequena. Provavelmente, as maiores culpadas fossem a malária e a disenteria e outras queixas digestivas. Homens adoeceram e muitos morreram. Medidas desesperadoras foram tomadas para alistamento compulsório de novos remadores para a frota, os quais, talvez, tenham sofrido o mais grave. Recebendo menos que os legionários, e talvez mais mal alimentados, o mais provável é que esses recrutas recentes não tenham se adaptado prontamente à disciplina do acampamento, onde, em circunstâncias ideais, medidas eram tomadas para regulamentar a higiene, em especial com a escavação de latrinas. Doença e deserção destruíram gradualmente a força de Antônio.

O impasse se estendeu da primavera até o verão. Otaviano mandou alguns grupos em investidas na Grécia setentrional, mas não conseguiu que nenhuma força inimiga significativa se expusesse para lidar com eles. Em vez disso, Antônio começou a trabalhar numa linha de fortificações atrás da colina de Mikalitzi, esperando impedir o acesso dos homens de Otaviano ao rio Louros, sua única fonte de água potável. Uma série de escaramuças foram travadas pelo controle dessa posição, principalmente pela cavalaria, enquanto a infantaria trabalhava nas obras. Os homens de Otaviano venceram todos os combates mais importantes, e manter o bloqueio mostrou-se impossível para os homens de Antônio.[11]

Agripa continuou a percorrer a costa. Justo ao sul da entrada do Golfo de Ambrácia situa-se a ilha de Leucas — o "Promontório Branco", assim denominada segundo os altos rochedos de pedra calcária em suas praias. Agripa destruiu o esquadrão antoniano baseado lá e capturou a ilha. Isso dificultou muito o acesso por mar de reforços e suprimentos de Antônio a Ácio. Também propiciou uma melhor ancoragem para Otaviano, cujos navios poderiam ter sofrido duramente nos meses precedentes se a sorte tivesse virado contra eles e estourado alguma tempestade mais forte.

ÁCIO 451

Um golpe ainda mais surpreendente adveio pouco depois, quando Agripa capturou Patras e em seguida a própria Corinto. Mais estoques e navios de Antônio foram tomados, mas, igualmente importante, o inimigo passou a dominar as águas em torno da costa ocidental da Grécia. A rota de suprimento que trazia grãos do Egito fora efetivamente cortada, destruindo um dos maiores suportes da estratégia de Antônio. A comida começou a faltar em seu acampamento em Ácio, o que por sua vez agravou o mal causado pelas doenças. Ordens foram despachadas para o confisco de alimento nas cidades da Grécia. O bisavô de Plutarco se recordava de como a sua cidade natal, Queroneia, fora obrigada a fornecer grãos. O número de animais não chegava nem perto do necessário para transportar os pesados fardos e, assim, cidadãos foram obrigados a carregá-los nas costas, instados a golpes por homens de Antônio.[12]

No final do verão, a situação de Antônio em Ácio só piorava e, por um instante, ele considerou marchar, afastando-se da costa a fim de levar a guerra para o interior. Délio e um nobre trácio foram enviados à Macedônia e à Trácia para recrutar novos contingentes de auxiliares e também explorar essa possibilidade. Ela significaria abandonar os navios no porto, a menos que pudessem romper o cerco. Por um tempo, Antônio também levou uma força para o interior. Houve animação quando Sósio conseguiu atacar uma esquadra isolada de navios inimigos e derrotá-la; no caminho de volta, porém, ele foi pego por Agripa e acachapantemente derrotado. O bloqueio continuou no lugar. Antônio retornou a Ácio, mas foi ele próprio derrotado em uma outra ação de cavalaria. Plutarco afirma que ele evitou por pouco, em certo momento, a captura por uma armadilha preparada pelos homens de Otaviano.[13]

O moral caiu vertiginosamente no acampamento de Antônio e um sinal visível disso foi o abandono do acampamento menor. Todo o exército se retirou para o local original, altamente insalubre. A situação parecia sem esperanças e as tropas pararam de acreditar na capacidade dele de fazer o que quer que fosse para mudá-la. Domício Aenobarbo partiu num pequeno bote e aderiu a Otaviano, mas já estava doente e

452 ANTÔNIO E CLEÓPATRA

morreu pouco depois. Antônio teve a mesma atitude que César havia tido para com Labieno, enviando a bagagem de Aenobarbo atrás de seu dono. Délio — que no passado já se arranjara para abandonar o lado perdedor antes de o desfecho chegar — também partiu. Ele afirmou que Cleópatra estava tramando contra ele, porque ele havia brincado sobre a qualidade do vinho servido em certo banquete, comparando-o com as "melhores safras falernas" servidas à mesa de Sarmento. Este último era um escravo liberto, célebre por sua boa aparência e sua disposição de explorá-la, que ascendera à classe dos cavaleiros e tornara-se íntimo de Mecenas e, por meio dele, de Otaviano.[14]

Assim como um certo número de senadores, monarcas clientes também começaram a mudar de lado. Otaviano recebeu a adesão dos governantes de Paflagônia e da Galácia, este último trazendo 2 mil cavaleiros. Cada vez mais desconfiado e receoso de seus subordinados, Antônio ordenou a execução de um senador e de um rei árabe, bem como de outros homens não nomeados. No final de agosto, estava claro que nada havia a ganhar em permanecer onde ele estava. Seu exército e sua frota estavam minguando. Mal havia pessoal bastante para tripular os 230–240 navios de guerra e muitos dos remadores eram conscritos recentes.[15]

As legiões também tinham sofrido, mas continuavam a ser uma força formidável e Canídio argumentou que era melhor abandonar a frota e deslocar-se para o interior. Antônio discordou e decidiu romper o cerco por mar, deixando Canídio levar o exército em marcha para a segurança. Fontes antigas veem o gesto como parte da obsessão de Antônio por Cleópatra. Alguns dos navios eram dela e, mais importante, seu tesouro provavelmente era demasiado volumoso para ser retirado por terra. Estudiosos modernos tendem a um máximo de esforço para justificar a decisão de Antônio, os mais otimistas argumentando que ele ainda esperava ganhar uma batalha decisiva no mar, ao passo que a maioria vê a ruptura do bloqueio simplesmente como a melhor opção para continuar a guerra. Poucos são os que destacam que ele já havia perdido a campanha. Para outros romanos, não era possível ter dúvida de que Antônio fracassara como comandante em Ácio. Um bom general romano nunca desistia, ele reagrupava tanto quanto possível de sua força, removendo-a para retomar o conflito numa etapa posterior. Essa era a *virtus* esperada de um aristocrata romano. Abandonar seu exército na esperança de que um subordinado o comandasse numa fuga era contrário aos valores de sua classe.

O mau tempo atrasou a fuga por vários dias. Todos os navios que não puderam ser tripulados foram queimados. Era sensível evitar que eles caíssem em mãos inimigas, mas também um claro sinal de desespero e desesperança. Cleópatra, com cerca de sessenta navios, ficou em reserva, levando seu dinheiro e seus cortesãos. Os restantes foram formados em três esquadras, com a ala esquerda comandada por Sósio, o centro por Antônio apoiado por Marco Insteio e Marco Otávio — um parente distante de Otaviano que também lutara com Pompeu contra Júlio César — e a ala direita por Gélio Publícola. Os navios de Cleópatra, e provavelmente alguns ou todos os demais, tinham velas a bordo. Isso não era comum, já que remos eram o único meio eficaz de controlar uma galera em batalha e que mastros em geral eram deixados em terra, por causa do volume e do atravanco que causavam. É difícil saber se as tripulações sabiam que o objetivo principal era fugir e não lutar. Isso certamente foi mantido em segredo para as legiões a serem deixadas em terra. Alguns desses homens foram embarcados para atuarem como marinheiros, mas seus camaradas seriam abandonados.

Nessa altura, Otaviano tinha cerca de quatrocentos navios, alguns deles capturados ao longo dos últimos meses. Antônio tinha um certo número de galeras muito grandes — "dez" e "oito", embora o grosso de sua frota fosse de "cinco" e "seis" — que lhe davam uma leve vantagem, mas nem de longe o bastante para compensar a superioridade numérica do inimigo. Mais importante ainda, muitas das tripulações de Agripa tinham anos de experiência — o que era vital para as equipes de remadores desempenharem suas funções com eficiência e para os capitães controlarem suas embarcações. Eles se desdobraram num arco raso confrontando o inimigo, com Agripa à esquerda, Lúcio Arrúntio no comando do centro e Marco Lúrio à direita. Otaviano também estava à direita e compartilharia o perigo com seus homens, mas sabiamente deixou o controle da batalha a Agripa.[16]

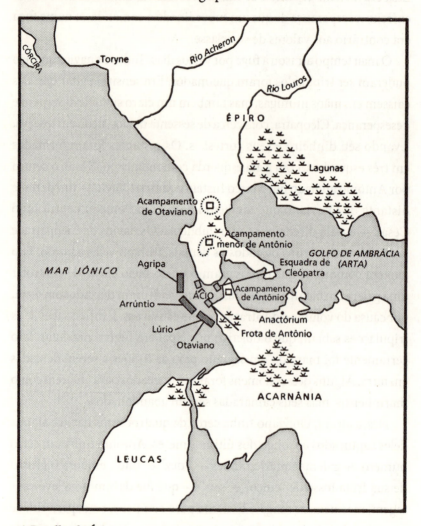

A Batalha de Ácio

Em 2 de setembro de 31 a.C., a frota de Antônio saiu do Golfo de Ambrácia. Eles fizeram formação e então os dois lados ficaram face a face por várias horas. Nenhum dos dois queria lutar muito perto da costa.

ÁCIO

Agripa queria que o inimigo saísse mais, para que seus navios mais numerosos pudessem cercar a linha inimiga. Parece que ele dissuadiu Otaviano de um plano inauspicioso de deixar o inimigo passar e depois atacá-lo por trás. Antônio enfrentava o problema de ter que passar pela ilha de Leucas. Para isso, ele precisava esperar a tarde, quando em geral o vento ganhava força, soprando norte-noroeste. Para ultrapassar o inimigo, os navios de Antônio necessitavam do vento atrás de si e de espaço bastante para afastar-se de Leucas. Isso significava que precisavam estar a alguma distância mar adentro quando o vento mudasse para a direção certa.[17]

O dia já ia pela metade quando o vento começou a mudar e Antônio finalmente deu o sinal para o avanço geral. Agripa ainda queria mais espaço marítimo, por isso instruiu seus próprios navios a recuarem, remando para longe do inimigo. Só depois de satisfeito com o espaço existente para ameaçar o flanco inimigo, ele deu sinal para atacar. As frotas opostas se aproximaram e a luta irrompeu em pugnas entre um ou dois navios de cada lado. A tática de abalroamento raramente era muito eficaz contra as galeras maiores empregadas por ambos os lados. Os projéteis tinham mais eficácia, disparados dos conveses e das torres erguidas transportadas em batalha pela maioria dos navios de guerra, assim como as abordagens. Era possível lidar com navios maiores, se atacados por mais de um navio menor.

Agripa se esforçou para cercar a direita do inimigo e a esquadra antoniana do comandante Publícola se afastou do centro para impedi--lo. Os navios de Antônio finalmente formaram uma linha irregular em ângulo com o restante da sua frota e tentaram evitar Agripa. Ao centro, amplas lacunas tinham se aberto durante o desenvolvimento dessas manobras. Nessa altura, a esquadra de Cleópatra içou velas e dirigiu-se a esse espaço. Uma vez que tinham se afastado o bastante para tirar vantagem do vento, seus navios começaram a se deslocar rápido demais para abalroamentos ou abordagens, pois, àquela velocidade, eles não podiam manobrar com rapidez. Contudo, o mais importante é que eles estavam velozes o bastante para que o inimigo tivesse chance de interceptá-los.

Antônio os viu afastarem-se e deixou sua nau capitânia — uma das grandes "dez" — e se transferiu em bote a remo para um "cinco" menor, o qual presumivelmente ainda não se envolvera em combate ou encontrava-se em melhor estado. Essa embarcação também içou velas e seguiu a rainha. Alguns dos seus outros navios de guerra conseguiram ir com ele. As embarcações de Agripa não estavam levando mastros e velas e por isso tinham pouca chance de alcançá-los, além da necessidade de continuar lutando com os vasos inimigos restantes. Só dois navios foram interceptados e tomados e talvez cerca de setenta a oitenta galeras tenham conseguido escapar com Antônio e Cleópatra. Pelo menos dois terços da frota foram deixados para trás. A luta continuou por algum tempo, embora a escala e a intensidade do combate sejam ardentemente debatidas.[18]

A propaganda de Otaviano exagerou a ferocidade da luta para superar os navios maiores de Antônio. Certamente, houve algum combate, e histórias sobre tripulações de Agripa que usavam projéteis incendiários para pôr fogo nas embarcações inimigas aparecem em várias fontes, e são provavelmente verdadeiras. Plutarco fala que houve 5 mil baixas, mas não explicita se foram perdas combinadas de ambos os lados ou somente aquelas sofridas pela frota de Antônio. A maioria dos estudiosos, como sempre inclinados a uma certa sede de sangue, considera que esse número é baixo, o que os convence de que a luta foi limitada. Isso é possível, embora seja também possível que, numa batalha travada não muito longe da costa, muitos tripulantes de navios afundados tenham se salvado do afogamento — nós lemos, por exemplo, que Sexto Pompeu dispunha de um serviço de resgate organizado, apoiado por pequenos botes.[19]

Alguns navios de Antônio foram afundados ou incendiados. Outros ao fim se renderam. Um número significativo recuou e entrou de novo no Golfo de Ambrácia. Os homens de Agripa podem tê-los deixado ir,

ÁCIO 457

sentindo que não valia a pena sofrer baixas para destruir navios que ainda estavam sob bloqueio, o qual eles eram incapazes de romper. Canídio comandava o exército em terra, mas logo haveria falta de suprimentos e não havia lugar algum para ir. Mesmo que alcançassem a costa em algum ponto longe do inimigo, não existiam navios para evacuá-los. Eis as legiões de Antônio. Elas não lutavam por uma causa, mas para um general que as recompensou generosamente no passado e prometeu mais no futuro. Então, esse comandante as tinha abandonado e não havia nenhuma razão para elas sofrerem ou morrerem em seu nome. Apesar de Canídio, oficiais do exército começaram a negociar com Otaviano, que foi generoso. Várias legiões foram preservadas, os soldados das restantes ou foram alistados para servir em uma de suas legiões ou, então, se já tivessem direito à dispensa, deveriam receber terras como parte do seu acordo com os veteranos. Canídio fugiu.[20]

Antônio tinha abandonado o grosso de sua frota em Ácio. O exército que ele deixou para trás havia mudado de lado em uma semana. Tudo o que restava era um terço de sua frota e os legionários que serviam a bordo como marinheiros. Tratava-se apenas de uma minoria dos seus legionários, e o número poderia ter sido ainda menor se os navios de Cleópatra também não tivessem sido reforçados dessa mesma maneira. O tesouro da rainha fora salvo, mas nem ele nem toda a receita que ela pudesse extrair de seu reino seriam capazes de substituir as legiões e a frota que ele perdera.

Pode fazer sentido levar a rainha e seu dinheiro para longe do bloqueio em Ácio. Contudo, não havia necessidade de Antônio a seguir, se isso tivesse acontecido com finalidade única de continuar a batalha. É improvável que mesmo a sua presença física pudesse ter permitido aos seus vasos de guerra, em número inferior, derrotar o inimigo. Não obstante, o restante da frota poderia ter se retirado em melhor ordem, salvando mais tripulações e embarcando legionários. Se Antônio em pessoa tivesse comandado o exército para longe da costa, é provável que os soldados tivessem permanecido mais leais. Havia até mesmo a remota possibilidade de que ele viesse a travar e vencer uma batalha decisiva para mudar o destino da campanha, assim como César fizera em Farsália. Caso contrário, ele poderia apenas ter organizado e conduzido a retirada. No mínimo dos mínimos, ele teria levado a cabo uma luta, recusando-se a admitir a derrota, a um modo adequadamente romano.

Em vez disso, Antônio fugiu, sacrificando a vida de alguns de seus homens para consegui-lo e deixando os demais entregues à própria sorte. Ainda pior, ele fugiu para ficar com a amante. Algumas fontes a culparam posteriormente de traição, afirmando que a covarde oriental estivera desejosa de abandonar até mesmo seu amante para poder escapar. Tratava-se de mera propaganda difamatória, pois está claro — sobretudo porque os navios transportavam mastros e velas — que a manobra foi premeditada. O que é menos claro é se a intenção era de a frota inteira escapar, ou se apenas devia abrir caminho para Cleópatra e sua esquadra. A primeira hipótese parece ser a mais provável. Se a última foi conscientemente planejada, então Marco Antônio já havia de fato reconhecido a derrota na luta contra Otaviano.

Cleópatra, ou quem quer que realmente comandasse a sua esquadra, de fato demonstrou considerável frieza, em vez de pânico, ao esperar o momento certo e então encontrar a brecha nas linhas de batalha. Isso exigia alguma coragem, mas resta que, em todos os aspectos, o plano de Antônio e de Cleópatra era autocentrado. Eles salvaram a própria pele — e o tesouro dela — aparentemente sem dedicar nenhum pensamento aos homens que deixaram para trás, os soldados e marinheiros alistados para lutar e talvez morrer em nome deles.[21]

Em Ácio, Antônio deixou de mostrar a coragem e a capacidade militar — a *virtus* — esperadas de um senador romano. Com a segurança rematada de um aristocrata, Antônio nunca sentira necessidade particular de obedecer a convenções. Ele era um Antonius, e nada mudaria isso ou significaria que ele não estivesse em seu direito de ser um dos grandes líderes da República. No passado, ele amiúde exibira coragem, mesmo sendo muito menos experiente e capaz como comandante do que a sua própria construção de imagem sugeria, e em que a posteridade acreditou. Em Ácio, ele abandonou frota e exército para fugir. Isso em si seria suficiente para condená-lo, desacreditando-o para sempre aos olhos de seus pares. Tal atitude pareceu confirmar tudo que a propaganda de Otaviano estivera dizendo sobre ele, um homem tão escravizado que ficou tão emasculado espiritualmente quanto os eunucos de Cleópatra o eram fisicamente.

A causa de Antônio estava arruinada, sem que restasse nenhuma razão além de obrigações pessoais para que qualquer romano aderisse a ela. Em termos práticos, ele perdeu o grande exército e a grande frota que havia reunido e não tinha nenhuma chance realista de substituí--los. A guerra estava acabada e Antônio havia perdido. Era só questão de tempo antes de o fim chegar.

29. "Um grande feito"

Os homens de Cleópatra viram a quinquerreme de Antônio seguindo-os e ela ordenou-lhes que dessem um sinal de reconhecimento. Provavelmente diminuíram a velocidade e ele pôde subir a bordo. Seu humor estava sombrio e Antônio se recusou a falar com sua amante. A pausa em sua fuga parece ter permitido que alguns navios inimigos os alcançassem. As embarcações eram de um tipo conhecido como liburniano, pequenos mas rápidos. Por um momento, sua energia voltou e Antônio resolveu corajosamente enfrentá-los. Um navio se perdeu, mas a perseguição inimiga também fora interrompida. Em seguida, supõe-se que ele tenha ficado só à proa da embarcação da rainha. Plutarco, que conta a história, diz não saber se Antônio estava consumido pela vergonha ou pela raiva. No terceiro dia, eles desembarcaram num dos pontos mais ao sul do Peloponeso. As duas serviçais próximas de Cleópatra, provavelmente suas criadas Charmiana e Iras, conseguiram convencê-lo a juntar-se a ela. Os amantes conversaram, comeram juntos e dormiram juntos pelo restante da jornada. Alguns navios de transporte e também umas poucas galeras mais, que tinham conseguido escapar de Ácio, se juntaram a eles, e talvez isso tenha encorajado Antônio. Ele levou o dinheiro a bordo para um dos transportes e presenteou generosamente os seus seguidores remanescentes.

Eles navegaram para a costa norte-africana, desembarcando em Paraetonium (a Mersa Matruh de hoje), a cerca de 320 quilômetros de

462   ANTÔNIO E CLEÓPATRA

Alexandria, onde se separaram. Cleópatra voltou para a sua capital, enquanto Antônio tratava de reunir seu único exército remanescente de alguma significância. Quatro legiões tinham sido deixadas na Cirenaica sob o comando de Lúcio Pinário Escarpo — um sobrinho-neto de Júlio César, que fora mencionado como herdeiro menor no testamento do ditador. Era uma força bem modesta para comparar com os exércitos de Otaviano, que controlava um exército muito maior do que o de Antônio mesmo antes de ter recrutado as legiões deste último deixadas para trás na Grécia. Pragmaticamente, Pinário tinha mudado de lado, declarando lealdade a Otaviano e executando o punhado de seus oficiais que resistiram. A imensa maioria não teve nenhum grande desejo de morrer por uma causa perdida. Quando a notícia chegou a Antônio, seus companheiros tiveram que impedi-lo de matar-se.[1]

Cleópatra permaneceu muito mais determinada. Quando seus navios entraram no Grande Porto em Alexandria, suas proas estavam engrinaldadas e músicos tocavam. Provavelmente, sempre havia cerimônias quando um dos ptolomeus entrava na cidade ou saía dela, mas nesse caso era um símbolo de vitória. Confiante de que as notícias de Ácio não a teriam precedido, a rainha assentou residência em seu palácio. Contudo, soube que sua posição era frágil e prontamente ordenou a execução de muitos aristocratas alexandrinos proeminentes, antes que algum tentasse desafiá-la. Eles foram mortos e suas propriedades confiscadas. Grande parte de seus fundos de guerra já tinha sido gasta para financiar a campanha, e estava claro que nada poderia ser alcançado sem somas substanciais em dinheiro. Ouro e outros tesouros foram coletados entre os sobreviventes e também tomados dos muitos templos de seu país. Artavasdes da Armênia, mantido prisioneiro desde 34 a.C., também foi executado, talvez num esforço para agradar ao rei da Média e assim assegurar o seu apoio, ou possivelmente para tomar o que restava do tesouro dele. Uma fonte recente e bastante questionável afirma que sacerdotes do Egito meridional se ofereceram então para lutar por ela. Para alguns, isso é interpretado como um sinal da

"UM GRANDE FEITO"
463

sua difundida popularidade entre os egípcios. Se de fato isso ocorreu, o medo gerado pelo recente expurgo promovido por ela teria provido um incentivo igualmente forte.[2]

Antônio veio para Alexandria, porém mais uma vez caiu em depressão. Um molhe se estendia mar adentro, a partir de um ponto próximo do Templo de Poseidon. Antônio ou bem converteu uma casa real ali existente, construída no extremo do molhe, ou mandou construir uma estrutura nova. Desistindo por enquanto de ser Dionísio ou Hércules, ele imitou um célebre — e semimítico — ateniense chamado Timão de Atenas, que virtualmente vivia como um ermitão, lamentando suas penas e avesso aos seus concidadãos. (*Timão de Atenas*, de Shakespeare, inspirou-se nas histórias contadas sobre esse homem.) Por um tempo, Antônio entregou-se à autopiedade e à amargura, vivendo em relativa, embora sem dúvida confortável, solidão.[3]

Houve oportunidade para tais demonstrações teatrais, pois, na sequência de Ácio, Otaviano não lançara uma perseguição concertada. A prioridade imediata tinha sido lidar com a frota e as legiões antonianas deixadas para trás. Depois que elas desertaram, Antônio deixou de ser uma ameaça militar séria. Era mais importante garantir o controle da Grécia. Muito rapidamente, as várias comunidades enviaram representantes para selar a paz com o vitorioso. Os habitantes de Queroneia estiveram prestes a fazer outra viagem, levando trigo para o acampamento de Antônio, quando chegaram notícias de Ácio. Eles ficaram em casa e dividiram entre si o grão estocado.[4]

Otaviano foi generoso para com a maioria das comunidades da Grécia e das províncias orientais. Algumas foram novamente convocadas a doar dinheiro ou tesouros de arte para mais um líder romano a fim de ganhar seu apoio. Todos os que Antônio nomeou para os tronos dos reinos orientais mudaram de lado nos meses seguintes a Ácio. Herodes foi um dos últimos e enviou a insígnia da dignidade real para Otaviano, antes de apresentar-se em pessoa. Era importante manter as províncias e reinos aliados estáveis e, além disso, os homens designados por An-

464 ANTÔNIO E CLEÓPATRA

tônio geralmente cumpriram tudo o que os romanos deles exigiram. Eles obedeceram porque ele representava a autoridade romana em toda a região. Ninguém via nenhuma razão para perder poder e talvez a própria vida agora que a força de Antônio fora aniquilada. Ninguém tampouco viu a Guerra Civil como uma oportunidade para livrar-se do jugo romano, não mais do que o tinham feito nos conflitos anteriores.[5]

No meio do inverno, época em que as viagens marítimas eram normalmente evitadas, Otaviano apressou-se a voltar para a Itália para lidar com uma crise. Havia descontentamento continuado sobre os impostos, que ele havia aumentado para a guerra. Em resposta, ele reduziu drasticamente as suas exigências. Mecenas afirmou ter descoberto e reprimido um complô para tomar o poder, liderado pelo filho de Lépido, que foi prontamente executado. O mais grave era o descontentamento entre os soldados que já haviam adquirido direito à dispensa. Agora que ele assumira a responsabilidade pelas dezenove legiões de Antônio, além das suas próprias forças, a tarefa era de larga escala, mas os veteranos ficavam impacientes com qualquer atraso. Otaviano teve que apaziguar os amotinados em pessoa, mas precisava de dinheiro para financiar as generosas alocações de terra que ele acabara de prometer. Apoderar-se das riquezas do Egito tornou-se ainda mais urgente.[6]

Os últimos conflitos

Cleópatra estava muito mais ativa que seu amante: ela ordenou a construção de navios em um dos portos na costa do mar Vermelho e alguns dos navios que já possuía foram puxados por terra do Nilo para juntarem-se a eles. O trabalho envolvido era maciço, acrescentando-se à tarefa já das maiores de mudar o tesouro para o porto. De lá, ela — e presumivelmente Antônio — poderiam partir em viagem, levando riqueza bastante para garantir seu conforto e um número suficiente de cortesãos e mercenários para protegê-los. Eles poderiam viver em

"UM GRANDE FEITO" 465

suntuoso exílio ou mesmo empenhar-se na construção de um pequeno reino na Índia. Talvez ela até sonhasse em retornar do exílio, como fizera duas décadas antes. Para esses planos, seu dinheiro foi gasto e a labuta dos seus súditos despendida. Mas não era o que ia acontecer. O rei Malco — o governante nabateu cujas terras Antônio cedera a Cleópatra — tinha pouco apreço pela rainha e um desejo natural de conquistar as boas graças de Otaviano. Malco atacou e queimou os navios antes que o projeto fosse concluído.

Cleópatra não deixara Alexandria e foi capaz de convencer Antônio a juntar-se a ela no palácio. Canídio chegou para informar a perda do exército e as contínuas deserções. Ainda havia momentos de otimismo e grandes planos. É possível que eles tenham considerado a hipótese de navegar para a Espanha, na esperança de reviver a guerra lá. Por mais improvável que isso pudesse parecer, um dos oficiais de Otaviano ocupou-se de construir posições fortificadas na costa espanhola. Tratava-se provavelmente de uma distância demasiado grande sem bases seguras no caminho e, por razões climáticas, a ideia foi abandonada.[7]

Antônio estava novamente feliz ao entregar-se ao fausto. Cleópatra preparou uma grande celebração para o aniversário dele em 14 de janeiro de 30 a.C. Ele estava com 53 anos. Cleópatra deixou o seu próprio aniversário passar de maneira muito mais discreta, ansiosa por concentrar sua atenção na recuperação da confiança dele. A rainha tinha 39 anos de idade. Sua sociedade dos "Inimitáveis Viventes" fora dispersa e eles formaram uma nova associação — os "Sócios na Morte". O nome foi inspirado numa peça teatral sobre dois amantes que acreditavam que sua morte era certa, embora no palco a história acabasse com um alívio de último minuto.[8]

É difícil avaliar o estado de espírito de Antônio e de Cleópatra no inverno e na primavera de 30 a.C., mas não há dúvida de que seus ânimos oscilavam. Ambos tinham sobrevivido a situações aparentemente desesperadas no passado e talvez isso os encorajasse a agarrarem-se a esperanças então. Conjectura-se que a rainha tenha adquirido inte-

466 ANTÔNIO E CLEÓPATRA

resse por venenos, supostamente assistindo a testes com prisioneiros condenados para ver quão rápida e confiavelmente eles morriam, e o nível de dor e desconforto envolvido. A morte era mais uma maneira de escapar, mas nenhum dos dois estava propenso a apressar esse destino ou deixar de explorar outras possibilidades. Cleópatra fez arranjos para que Cesário fosse enviado para a Índia com tesouro e escolta, fazendo em menor escala o que ela planejara para todos eles.[9]

Cesário tinha então cerca de 16 anos e, num festival público, Antônio e Cleópatra celebraram a sua maioridade. Ele foi inscrito numa efebia no ginásio, uma cerimônia quintessencialmente grega. Ao mesmo tempo, Antilo, que tinha cerca de 14 ou 15 anos, também tornou-se formalmente homem, vestindo a *toga virilis*. Isso foi visto como uma promessa de que mesmo que Antônio e Cleópatra tivessem de morrer, seus herdeiros estavam prontos como adultos a assumir o poder que era deles. Particularmente, a promoção de Cesário pretendia dar garantias aos súditos de que o regime era estável. Talvez também houvesse a esperança de que as chances fossem maiores, caso ele já estivesse mais firmemente estabelecido, de que lhe permitissem continuar a ser rei.[10]

Tanto Antônio quanto Cleópatra escreveram e enviaram mensageiros repetidas vezes e independentemente para Otaviano, num esforço de negociar. Ela o assegurou de sua lealdade a Roma e em certa altura copiou o gesto de Herodes, mandando insígnias da dignidade real, incluindo o trono, o cetro e o diadema. Sem dúvida, houve presentes generosos e a promessa de uma riqueza muito maior se ela ou seus filhos recebessem permissão para manter uma parte do seu reinado ou todo ele. Antônio empregou uma versão mais amistosa do seu estilo abrupto, dessa vez falando da antiga amizade deles, das aventuras amorosas que tinham compartilhado no passado. Ele ofereceu aposentar-se, pedindo permissão para viver em Atenas se não pudesse ficar com Cleópatra em Alexandria.

Otaviano não fez nenhuma oferta concreta a nenhum dos dois, pelo menos não publicamente, embora Díon afirme que ele teria secretamen-

"UM GRANDE FEITO" 467

te prometido a Cleópatra o seu reino, se ela matasse Antônio. Grande parte da negociação foi feita por escravos libertos de suas respectivas casas, embora Antônio também tenha enviado Antilo em uma ocasião. O jovem levou ouro, que Otaviano pegou, antes de mandar o garoto de volta sem fazer qualquer proposta concreta para ele levar ao pai. É interessante que Antônio e Cleópatra tenham optado por contatar seu inimigo independentemente, e que ele tenha preferido responder da mesma maneira. Em seu caso, Otaviano claramente esperava estimular a suspeita entre os amantes de que o outro pudesse estar buscando um acordo separado.

Um dos representantes de Otaviano junto à rainha foi um escravo liberto chamado Thrystus, um homem encantador e com claras habilidades diplomáticas. Cleópatra lhe concedeu longas audiências privadas, incitando um desconfiado Antônio a mandar açoitá-lo e enviá-lo de volta a Otaviano. Antônio disse que, se Otaviano quisesse responder, sempre poderia dar umas chicotadas em Hiparco — referindo-se a um dos seus próprios escravos libertos que há muito havia desertado para o inimigo. Em outra ocasião, ele mandou um tipo de presente diferente, seus enviados levaram Turúlio, o penúltimo dos assassinos de César. O prisioneiro foi mandado para Cós e executado lá, tanto pelo assassinato quanto por sua profanação do bosque sagrado.[11]

Antônio tinha pouco a oferecer, exceto a aposentadoria voluntária e uma conclusão rápida de uma guerra que, de todo modo, não poderia durar muito mais. Seus exércitos tinham minguado e o único grupo a declarar lealdade a ele abertamente foi uma força de gladiadores em Cízico, na Ásia Menor. Condenados a morrer na arena, esses homens parecem ter esperado ser transformados em soldados e conquistar a sua liberdade com Antônio. Finalmente, eles foram subjugados e, apesar de seus captores terem lhes prometido vida, foram traiçoeiramente executados. Lépido teve permissão para viver, embora a conspiração recente envolvendo seu filho possa ter feito Otaviano questionar a prudência dessa sua decisão. Antônio sempre fora uma figura mais forte e

468 ANTÔNIO E CLEÓPATRA

ele tinha dois filhos romanos, um dos quais havia acabado de atingir a maioridade. Poupar a vida de seu oponente derrotado teria sido uma grande exibição de clemência, mas também uma jogada arriscada.[12]

Cleópatra estava em melhor situação. Otaviano precisava usar a riqueza de seu reino, e ela estava em posição de facilitá-lo para ele. Se escolhesse resistir, no curto prazo, ela poderia privá-lo da renda de que ele precisava desesperadamente para prover seus veteranos. Desde o seu retorno para Alexandria, a rainha tinha reunido uma grande quantidade de riquezas do reino prontamente acessíveis. Grande parte dela, ela estocou no mausoléu que estava preparando para si — a localização é desconhecida, mas era próximo do templo a Ísis. Material combustível foi estocado no interior da tumba, para que o tesouro pudesse ser facilmente destruído se ela desse a ordem. Mesmo que os metais preciosos pudessem ser recuperados, levaria um tempo antes de eles serem restaurados a uma forma utilizável. Esses preparativos não foram mantidos em segredo. Cleópatra estava se preparando para a sua morte e ao mesmo tempo negociando a sua vida.[13]

No verão de 30 a.C., Otaviano atacou o Egito a partir de dois pontos diferentes. Um exército veio ao longo da costa da Cirenaica a oeste, apoiado por uma frota. Ele incluía quatro antigas legiões de Antônio e provavelmente algumas tropas do próprio Otaviano. Toda a força estava sob o comando de Caio Cornélio Galo, um descendente de aristocratas gauleses que tinha sido trazido para a vida pública por César. O próprio Otaviano avançou a partir da Síria, a leste, marchando por terra para Pelúsio, ao longo de uma rota tradicional de invasão. Antônio tinha seja lá quantos legionários tenham sido trazidos a bordo nos navios de Ácio, juntamente com seja lá quantas forças tenham ficado estacionadas no Egito ou sido recrutadas desde o seu retorno. Na melhor hipótese, é improvável que ele tenha sido capaz de reunir uma força equivalente a um par de legiões e auxiliares, juntamente com uma pequena força naval.[14]

Antônio enfrentou primeiro a força que se aproximava pelo oeste, na esperança de convencer seus homens a retornar à sua antiga lealda-

"UM GRANDE FEITO" 469

de. Supõe-se que Galo tenha mandado seus trombeteiros soarem uma fanfarra para encobrir as palavras dele. Antônio atacou e foi repelido, então Galo conseguiu atrair os navios inimigos a um ataque ao porto e os prendeu lá. Antônio e os remanescentes de suas forças se retiraram. Nesse ínterim, Pelúsio tinha caído, aparentemente sem lutar. Díon afirma que Cleópatra entregara a fortaleza ao inimigo. O comandante da guarnição de Cleópatra lá chamava-se Seleuco. Plutarco diz, contudo, que ela mandou executar a mulher e os filhos desse homem em razão de seu fracasso. Isso pode ter sido por raiva genuína, uma tentativa de abafar rumores ou mesmo de ocultar seu envolvimento.[15]

Retornando de sua derrota, Antônio deu de cara com a vanguarda de Otaviano e foi capaz de desbaratar alguns cavaleiros. Ele mandou seu arqueiros dispararem flechas contra o acampamento inimigo, cada uma com uma mensagem amarrada à sua haste, oferecendo aos soldados 1.500 denários se viessem para o seu lado. Nenhum deles mudou. Mesmo assim, Antônio retornou a Alexandria — a ação fora travada nas cercanias da cidade — e, sem se dar ao trabalho de tirar sua armadura, abraçou e beijou Cleópatra à maneira homérica típica. Um de seus cavaleiros tinha se distinguido na escaramuça e Antônio apresentou o homem à rainha, que o recompensou com um elmo e uma couraça decorados em ouro. Talvez o soldado fosse um dos guarda-costas gauleses que ele dera a ela alguns anos antes. Seja qual for o seu passado, ele desertou para o inimigo naquela mesma noite.[16]

Membros da sociedade "Sócios na Morte" realizaram um último banquete naquela noite. Uma festa pródiga em escala, mas chorosa, com Antônio falando abertamente de seu desejo de ter uma morte heroica — o que não chega a ser um tópico encorajador para a noite anterior à batalha. Durante a noite, conta-se que as pessoas ouviram música e cantos, exatamente como nas procissões dionisíacas tão apreciadas pelos dois amantes. O som parecia estar deixando a cidade, como se o deus a estivesse abandonando. Os gregos e os romanos eram propensos a acreditar que as deidades associadas a um lugar partiam antes de um desastre. O exército romano realizava regularmente uma cerimônia destinada a receber os deuses de uma cidade recém-sitiada em novos lares, recém-preparados para eles pelos sitiantes.[17]

Antônio planejara um ambicioso ataque combinado para o dia seguinte, 1º de agosto de 30 a.C. Começaria com navios de guerra atacando a frota inimiga e seria seguido por um assalto por terra. Não havia nenhuma chance realista de vitória, nem pelo menos de qualquer sucesso que pudesse realmente mudar o curso da guerra. Isso pode explicar o que aconteceu em seguida. Antônio observou seus navios de guerra se aproximarem do inimigo, mas ficou estupefato ao vê--los parar e erguer os remos para fora da água, um gesto de rendição. Mais perto dele, sua cavalaria seguiu o exemplo deles, escolhendo esse momento para desertar. Sua infantaria — menos capaz de deslocar-se rapidamente, menos segura dos ânimos um do outro ou verdadeiramente leal — permaneceu. Eles atacaram e foram rapidamente batidos. Antônio retornou ao palácio e Plutarco afirma que ele gritava que a rainha o havia traído. Díon simplesmente afirma que ela dera ordens para os capitães dos navios desertarem.

A maioria dos navios que escaparam de Ácio eram dela. Alguns podem ter se perdido na tentativa de alcançar a costa árabe, mas qualquer um que tenha sido construído e tripulado para substituí-los o foi à sua custa. Em muitos aspectos, as esquadras eram dela e não de Antônio e, assim, certamente é possível que ela tenha arranjado a sua defecção em negociações secretas. Historiadores mais modernos descartam a hipótese como propaganda visando a deslustrar a reputação da rainha. Eles podem estar certos, mas é improvável, em casos desse tipo, que a verdade seja amplamente conhecida, mesmo à época. Contudo, não havia absolutamente nada a ser ganho combatendo. Possuir uma frota era um elemento de barganha e abrir mão dela poderia ter sido um gesto de confiança. Naquele momento ou nos meses anteriores, a rendição incondicional significava simplesmente acreditar na clemência do conquistador. Cleópatra esperava convencer Otaviano a fazer

"UM GRANDE FEITO" 471

um acordo com ela, e isso significava fazer concessões gradualmente, demonstrando tanto a sua capacidade quanto o seu desejo de ser útil. Ceder Pelúsio e depois ordenar a rendição de sua frota fariam sentido como gestos, tornando a conquista de Otaviano mais fácil e menos onerosa em vidas. Tratar-se-iam de decisões friamente pragmáticas, mas que certamente não eram impossíveis.[18]

Cleópatra era uma sobrevivente que se agarrara ao poder por quase vinte anos em meio a todas as intrigas da corte ptolemaica e o caos das guerras civis romanas. Não seria do seu caráter desesperar-se, e está claro que ela ainda não o tinha feito. Ela poderia ser capaz de salvar algo de seu poder, ou, senão, assegurar a posição de algum ou de todos os seus filhos. Cesário estava vulnerável depois da ênfase em sua paternidade na luta contra Otaviano, mas ele já fora mandado embora numa longa jornada que finalmente o levaria à Índia. É bem possível que seus filhos com Antônio fossem mais aceitáveis para o jovem César, e os romanos gostam de empregar governantes clientes. O pai deles poderia já estar além de qualquer possibilidade de salvação.

"Bravamente conquistado por um romano"

Enquanto o exército de Antônio se dissolvia em volta dele, Cleópatra foi para o seu mausoléu. Era uma estrutura de dois andares, com uma única porta e uma ou mais janelas no andar superior. A obra ainda não estava concluída e havia cordas e outros equipamentos de construção para erguer e dispor os blocos de pedra ainda à sua volta. Ela entrou, acompanhada apenas por suas duas amas e um eunuco. Mecanismos foram acionados, fazendo cair uma barreira de pedra no vão da porta para fechar a entrada permanentemente. Lacrada com seu tesouro, a rainha obviamente não esperava que seu amante se juntasse a ela. Tanto Plutarco como Díon afirmam que ela teria dito aos seus cortesãos para dizer a Antônio que ela estava morta.[19]

472 ANTÔNIO E CLEÓPATRA

Ele acreditou na informação e sua raiva contra ela se transformou em tristeza e em desejo de juntar-se à sua amante na morte. Plutarco o faz lamentar que a rainha tenha sido a primeira a dar esse corajoso passo, de modo que ele — o corajoso comandante — tinha que seguir o exemplo dela. Retirando-se para seus aposentos e tirando a armadura, ele pediu a um escravo que o ajudasse na tarefa, assim como Bruto e Cássio tinham feito. Embora essa geração de aristocratas romanos tenham se enamorado tanto do suicídio, a maioria ainda compreendia que era uma coisa difícil de fazer limpa e rapidamente. Mesmo o determinado Catão não conseguiu em sua primeira tentativa. Em sua retirada da Média, Plutarco diz que Antônio teria pedido a um dos seus guarda-costas para realizar a tarefa. Sua escolha agora foi diferente e coube a um servo chamado Eros, que já havia sido instruído para preparar-se para esse serviço final para seu senhor. Tomando a espada de Antônio como se fosse para orientar e dar força ao golpe, o escravo, ao contrário, cravou-a em si mesmo.

Inspirado por esse gesto, Marco Antônio se esfaqueou na barriga, caindo para trás sobre um divã. Ou havia outras pessoas no aposento ou elas foram atraídas pelo barulho. Antônio recobrou a consciência e rogou que o ajudassem a morrer. Ninguém ajudou, e alguns ou todos fugiram. Plutarco diz que nesse ponto Cleópatra enviou um de seus escribas para trazer Antônio até ela, embora não explique como ela soube o que ele havia feito. Díon afirma que o grito dos servos dele tinham feito a rainha olhar pela janela do mausoléu. Alguém a viu e contou a Antônio, que compreendeu que sua amante não estava morta. Ele tentou se levantar, caiu com o esforço, então ordenou que o carregassem até ela.

A porta do mausoléu estava lacrada e assim eles usaram algumas das cordas dos construtores para alçá-lo à janela numa cama, Cleópatra e suas criadas puxando com força para içar seu peso. Depois de um grande esforço, elas o levaram para dentro da tumba e o deitaram. Após o empenho, diz-se que ela chorou alto, rasgando as suas roupas e batendo e arranhando o próprio peito em aflição. Antônio implorou

"UM GRANDE FEITO" 473

que ela se acalmasse, então pediu vinho e bebeu. Isso pode ter apressado o fim, e ele morreu logo em seguida, com a rainha ao seu lado. Plutarco o faz dizer que seu fim era um bom fim para um "romano, bravamente conquistado por um romano", mas é difícil saber como alguém pode ter sabido o que ele falou. Seriam boas palavras na boca de um moribundo, tanto para a propaganda otaviana quanto para os romanos que estimavam a reputação de Antônio.

Na melhor hipótese, seu suicídio resultou de uma série de equívocos, mas, como ambas as nossas fontes principais relatam que parte da confusão foi deliberadamente criada por Cleópatra, então é difícil não acreditar que ela planejou separar seu destino do de Antônio. O relato da morte dela o faria, necessariamente, reagir. Ele poderia fugir de Alexandria, embora, com outro invasor a oeste, teria sido difícil ir para qualquer outro lugar exceto o sul, e havia pouca chance de ele reunir apoios lá. Talvez ele se rendesse e se deixasse ser capturado, sendo preso ou executado, conforme Otaviano julgasse adequado. O mais provável seria ele fazer o que fez e suicidar-se. Cleópatra o conhecia tão bem quanto qualquer outra pessoa e há de ter conjecturado como ele reagiria. Ela não matou seu amante, e o mais certo é que não tenha condescendido com assassinato, ainda que o mais provável, reconhecidamente, seja que os amigos romanos de Antônio teriam reagido com violência caso ela o tivesse feito. Não obstante, a falsa mensagem tornou provável que ele se matasse, ou partisse, ou fosse morto de alguma outra maneira.[20]

Qualquer que fosse a atitude que tomasse, Antônio estaria fora do caminho, deixando-a para negociar seu próprio acordo com Otaviano. Pois está claro que Cleópatra não tinha nenhuma intenção de ser uma "Sócia na Morte", pelo menos não no momento, e ela sobreviveria a ele por mais de uma semana. Abrigada em seu mausoléu, cercada por seu tesouro e pelos meios de destruí-lo, ela dispunha de poucas cartas para jogar. Isso não significa que seu pesar por Antônio fosse menos real, mesmo — talvez especialmente — que fosse tingido por um elemento de culpa por ter de sacrificá-lo para que houvesse uma chance de que ela ou algum de seus filhos sobrevivessem com dignidade e talvez poder. Cleópatra pranteou seu amante e ela e suas servas fizeram o seu melhor para tratar o corpo adequadamente. Não havia nada que ela pudesse fazer para salvá-lo.

Otaviano entrou em Alexandria com mais espetáculo do que com uso real de força. Convocou a população para uma assembleia pública no ginásio. Lá, ele se dirigiu ao público em grego. À diferença de Antônio e da maioria dos romanos de sua classe, ele não ficava inteiramente à vontade nessa língua, em parte porque sua educação fora interrompida pela morte de César. Ele garantiu bom tratamento aos alexandrinos e apresentou-lhes um filósofo chamado Areio, que ele planejava usar como representante local. Os habitantes da cidade não responderam com o entusiasmo que haviam nutrido por Antônio, mas houve certamente alívio geral.[21]

O suicídio de Antônio por sua vez aliviou Otaviano de ter que lidar com ele e o estigma que provavelmente decorreria de sua execução. Ele pôde se dar ao luxo de ser magnânimo e fazer sua exibição de pesar, lendo cartas de Antônio aos superiores de sua equipe e falando de sua amizade passada. Cleópatra e seu tesouro apresentavam um problema, mesmo que não fossem uma ameaça à sua vitória. Qualquer contato ou negociação secreta que possa ter ocorrido, nenhum acordo foi selado ou então ela não estava preparada para acreditar na boa-fé de Otaviano. Ele enviou um cavaleiro chamado Caio Proculeio acompanhado por um escravo liberto ao mausoléu para falar com a rainha. No relato de Plutarco da morte de Antônio, ele supostamente diz a Cleópatra que ela podia confiar em Proculeio, embora mais uma vez seja difícil saber como o autor pode ter obtido essa informação. Nenhuma das testemunhas escreveu um relato do que aconteceu, embora seja possível que tenham contado a outros o que acontecera nos dias anteriores à morte deles. Proculeio e a rainha conversaram, mas ela se recusou a sair e ele retornou para informar Otaviano.

"UM GRANDE FEITO" 475

Em seguida, Proculeio voltou com Cornélio Galo e foi este último quem conduziu as negociações. Como na ocasião anterior, ela não veio à janela, mas gritou através da porta lacrada. Enquanto Galo prendia a atenção dela, Proculeio e dois escravos puseram uma escada na lateral do prédio e penetraram por uma janela. Descendo ao primeiro andar, eles agarraram Cleópatra, frustrando a sua tentativa de apunhalar-se. O eunuco morreu na luta, talvez picado por uma cobra ou envenenado, mas a rainha e suas criadas foram levadas de volta ao palácio como prisioneiras.[22]

Cleópatra teve permissão para tomar parte nos arranjos para os funerais de seu amante morto, tarefa que vários romanos proeminentes e outros governantes clientes supostamente solicitaram para si. No século I a.C., os romanos, e especialmente a sua aristocracia, geralmente cremavam os mortos e depois enterravam as cinzas numa tumba. O corpo de Antônio parece não ter sido cremado, mas embalsamado e provavelmente colocado em um caixão. Alexandre, o Grande, fora mumificado, e também muitos dos ptolomeus, pelo menos a partir do século II a.C. Não obstante, o processo inteiro durou setenta dias, e pode ser que não tenha se concluído antes de Cleópatra já estar morta.[23]

Por sua tristeza, e por causa de uma infecção nos cortes que ela se infligira com as próprias unhas, Cleópatra adoeceu, desenvolvendo febre e se recusando a comer. Ela foi tratada por seu médico, Olimpo, que posteriormente escreveu um relato dos últimos dias da rainha, o qual foi usado por Plutarco. Ele diz que Cleópatra tinha perdido a vontade de viver, mas então reanimou-se um pouco ao saber que Otaviano queria vê-la, talvez relutantemente, pois comentou-se que ele teria ameaçado prejudicar os filhos dela.

Díon e Plutarco apresentam o encontro de maneiras dramaticamente diferentes. O primeiro coloca Cleópatra vestida de modo a parecer ao mesmo tempo condoída e bela — muito parecido com a primeira vez em que ela se encontrou com César. Ela se reclinou num divã elaboradamente decorado em um grande apartamento, cercada por pinturas e bustos de César, com as cartas dele para ela apertadas contra o peito. Quando Otaviano entrou, ela se levantou para saudá-lo, não a rainha orgulhosa, mas uma mulher respeitosa e abertamente suplicante. A conversa dela foi principalmente sobre César e ela leu extratos das cartas dele, pausando às vezes para chorar e beijar o papiro. Díon faz Otaviano recusar-se a olhar para a bela peticionária, mas apenas garantir que sua vida não estava em perigo. A rainha se pôs de joelhos para suplicar, mas não obteve mais que isso, mesmo quando lhe suplicou que deixasse que ela se juntasse a Antônio na morte. A propaganda enfatizou que o virtuoso Otaviano não se deixaria seduzir como César e Antônio, mas na verdade as situações eram tão diferentes que isso jamais teria sido provável.

O relato de Plutarco dos últimos dias de Cleópatra é bastante mais simpático, com efeito mais cordial de que seu retrato do restante da vida dela. Ele a descreve trajando apenas uma túnica ou vestido liso solto, os cabelos despenteados e deitada num colchão comum de palha. Contudo, talvez a sua descrição não seja tão diferente, já que ele também mantém que sua aparência era de fato chocante. A Cleópatra de Plutarco alegou que não tivera escolha exceto obedecer a Antônio e que a culpa era dele. Otaviano supostamente teria pacientemente refutado todos os argumentos dela.

Ambas as nossas fontes deixam claro que eles discutiram a riqueza dela, Cleópatra arrolando as suas propriedades com algum detalhe. Um funcionário real chamado Seleuco, provavelmente não o general do mesmo nome, mas alguém igualmente ávido por conquistar a aprovação romana — interveio para dizer que ela estava omitindo muitos itens valorosos. Plutarco diz que Cleópatra agarrou o homem pelos cabelos e lhe bateu repetidas vezes no rosto. Então, ela explicou que estava deixando de lado algumas de suas joias mais preciosas para dar de presente a Lívia e a Otávia. Díon também diz que ela queria conquistar as mercês da esposa e da irmã de Otaviano, e que se ofereceu a ir de barco até Roma. As imaginações tiveram sem dúvida curso livre em ambos os

"UM GRANDE FEITO"   477

relatos desse encontro dramático. Não obstante, nada há de implausível nas afirmações de que Cleópatra estaria propensa a tentar a sedução, a lisonja, as qualidades musicais de sua voz e a força de sua aparência e personalidade para persuadir o conquistador. Era tão somente sensato empregar todos os meios que ainda lhe restavam.[24]

O encontro terminou com pouca coisa resolvida. Otaviano estava determinado a levá-la para Roma para ser conduzida em triunfo e acreditou que a reunião a tivesse tranquilizado e restaurado a sua vontade de viver. É duvidoso que em qualquer momento ele ou qualquer outra pessoa tenha sugerido que Cleópatra fosse executada ao final do triunfo. Isso nunca tinha acontecido a uma mulher e, mesmo com líderes do sexo masculino, esse ritual nem sempre era seguido. Contudo, provavelmente também ficou claro que, apesar de sua vida ser poupada, ela não poderia exercer nenhum poder. Exílio confortável, talvez na Itália ou quiçá possivelmente em algum lugar do mundo grego, era a extensão da clemência dele. Incisivamente, Otaviano tampouco prometeu permitir que qualquer dos filhos dela governasse como monarca. Logo ele anexaria o Egito, que seria uma província diferente de todas as demais, virtualmente administrada como uma possessão pessoal de Otaviano e seus sucessores. Era vital para ele explorar seus recursos diretamente, e igualmente importante impedir que qualquer rival jamais os controlasse.

Cleópatra estava decepcionada. O máximo que conseguiu do encontro foi a satisfação de convencer o líder romano de que ela não tiraria a própria vida. Retirar-se nada oferecia de atraente, já que a satisfação de passar o poder a seus filhos lhe fora negada. A perspectiva de ser conduzida como prisioneira ao longo da Via Sacra para divertimento da plebe romana a repugnava. Plutarco afirma que um jovem aristocrata solidário da equipe de Otaviano a fez saber que ela teria de passar por essa provação. Ela decidiu matar-se.[25]

Alguns estudiosos especularam que, apesar de suas tentativas de manter a rainha viva, na realidade era mais conveniente para Otaviano deixá-la morrer ou mesmo mandar matá-la. Consequentemente, a guarda que foi montada para ela era negligente o bastante para dar a Cleópatra todas as chances de suicidar-se. O exemplo de Arsínoe, que conquistou a piedade da multidão romana ao ser conduzida em um triunfo de César, foi citado. É possível que uma reação semelhante fosse temida, mas, considerando que Cleópatra era muito mais velha e tinha sido tão vigorosamente retratada como inimiga de Roma, essa possibilidade estaria longe de ser certa. Como prisioneira célebre, Cleópatra dignificaria o triunfo de Otaviano e pelo resto de sua vida seria um símbolo da clemência dele. Feitas as contas, é mais provável que ele quisesse mantê-la viva. Certamente, seria possível ela ter sido morta "acidentalmente" na confusão da derrota de Antônio, se assim tivesse Otaviano desejado — pelo menos depois que a posse de seu tesouro estivesse garantida.[26]

O método preciso do suicídio tende a ser discutido longa e mesmo excessivamente, na medida em que às vezes adquire preponderância sobre episódios muito mais importantes da vida dela. Nossas fontes antigas estavam claramente inseguras sobre o que precisamente aconteceira. Portanto, é altamente improvável que possamos resolver todos os aspectos do mistério. Se o método utilizado foi picada de cobra, as pessoas especulam sobre a espécie precisa de áspide ou víbora e, então, se perguntam sobre quantos animais seriam necessários para matar Cleópatra e suas duas criadas. A candidata mais provável seria a naja egípcia, que pode crescer até quase 2 metros e teria sido mais complicado de esconder, especialmente se duas ou três delas fossem necessárias. Plutarco conta a história de uma serpente sendo contrabandeada para os aposentos reais, escondida numa cesta de figos, ao passo que, na versão de Díon, se tratava de uma cesta de flores. Ambos relatam outras versões e outras fontes de veneno — por exemplo, um grampo oco que Cleópatra usava em seus cabelos, contendo um veneno fatal. A substância poderia ser veneno de cobra colhido anteriormente. Estrabão fala de um unguento venenoso.[27]

"UM GRANDE FEITO"

Os detalhes amplos são mais precisos. Em 10 de agosto de 30 a.C., Cleópatra foi provavelmente visitar o corpo de Antônio pela última vez. Provavelmente, o corpo ainda estava em seu mausoléu, cuja entrada teria então sido aberta, quiçá para remover o tesouro. Nenhuma de nossas fontes sugere que a rainha e suas criadas tenham tido que subir uma escada para entrar e sair novamente. Retornando ao palácio, ela se banhou, vestiu-se uma vez mais em seus ornatos régios e, com apenas Charmiana e Iras como companhias, fez uma última refeição suntuosa. Anteriormente, ela enviara uma carta a Otaviano, confiante de que ele não chegaria a tempo para detê-la.

Cleópatra então se matou. Uma das fontes informa sobre leves arranhões ou perfurações em seu braço e que essas seriam as únicas marcas visíveis em seu corpo. Não se sabe se foram feitas pelas presas de uma serpente ou pela ponta de um alfinete. Se de fato ela usou uma serpente, seu veneno pode causar convulsões em estágios posteriores. Suas amas cuidaram de deitar sua senhora num divã, mantendo seu corpo, suas roupas e joias tão imaculados quanto possível. Depois disso, elas tomaram veneno de alguma forma, se deixando picar por cobras, bebendo ou ingerindo de alguma outra maneira a substância fatal. Quando Otaviano recebeu a carta e enviou soldados ao aposento real, Iras já estava morta, jazendo aos pés da rainha. A moribunda Charmiana se empenhava em acertar a posição da coroa real na cabeça de Cleópatra.

Plutarco diz que um dos soldados gritou zangado com ela que aquilo era um grande feito. "Sim, um grande feito, tornar-se uma rainha que descende de tantos reis", replicou Charmiana, e então caiu e morreu. Seja ou não verdadeiro, o relato é adequadamente teatral para a cena final da história de Cleópatra.[28]

Conclusão:
História e o grande romance

Todas as tentativas de reanimar a rainha fracassaram. Otaviano ordenou que grandes manipuladores de cobras conhecidos como psilos fossem trazidos, pois atribuía-se a eles a capacidade de sugar veneno de feridas. Ele estaria aborrecido, mas tratou o corpo com o devido respeito. Cleópatra foi sepultada ao lado de Antônio no mausoléu que ela havia construído. Otaviano foi mais desdenhoso para com os ptolomeus anteriores. Ele fez uma visita à tumba de Alexandre, não só para olhar o corpo no interior do sarcófago de cristal, mas para introduzir a mão e tocá-lo, quebrando acidentalmente parte do nariz. Quando perguntado se gostaria de ver as tumbas da família de Cleópatra, ele disse que tinha vindo para ver um rei e não um bando de cadáveres.[1]

Com base em tradições bem estabelecidas de entreter dignitários romanos visitantes, também lhe perguntaram se ele queria ver o touro Ápis. Otaviano não se interessou, dizendo que adorava "deuses e não gado". Ele estava muito mais interessado em juntar tanto ouro e outros tesouros quanto possível, tarefa essa facilitada por Cleópatra e seu enérgico levantamento de fundos desde o seu retorno de Ácio. Díon diz que ele não precisou cometer o sacrilégio de confiscar propriedades dos templos.

482 ANTÔNIO E CLEÓPATRA

Ele pode ter recebido "presentes" adicionais dos cultos praticados em templos. Plutarco afirma que as estátuas de Antônio foram destruídas, mas um homem chamado Archibus pagou 1.000 talentos para Otaviano proteger as imagens da rainha. Muitas delas tinham sido esculpidas ou entalhadas em templos e sua destruição poderia causar danos maiores à estrutura física e ao prestígio desses santuários. Alguns duvidam da história completamente, mas outros sugerem que o homem fosse um representante de um dos cultos sacerdotais. Mesmo se assim for, o gesto não é necessariamente uma indicação de afeição particular por Cleópatra. Otaviano queria dinheiro, e era melhor para os templos e mais conveniente para ele que fosse dado "voluntariamente" do que tomado. Os cultos nos templos também esperavam, naturalmente, mostrar-se tão úteis aos novos ocupantes romanos quanto tinham sido para os ptolomeus.

Além do tesouro, havia outros troféus. Dois obeliscos antigos foram levados para Roma, um para formar o gnômon de um relógio solar gigantesco construído por Otaviano. (Hoje ele se encontra na Piazza San Giovanni, em Laterano.) Numa escala menor, o brinco de pérola que sobreviveu ao truque de Cleópatra com vinagre foi dividido em dois e colocado nas orelhas de uma estátua da rainha no Templo de Vênus Genetrix. Alguns sugerem que a própria estátua teria vindo para Roma como parte dos espólios de Otaviano, em vez de ter sido erguida na época de César.[2]

Antônio e Cleópatra não foram as únicas vítimas de sua derrota. Canídio foi executado, como também Cássio de Parma, o último sobrevivente dos assassinos de César. Um número bem maior de seguidores mais próximos de Antônio manobrou para mudar de lado antes que fosse tarde demais e, no mínimo dos mínimos, salvaram suas vidas. Sósio, o cônsul de 32 a.C. que havia liderado o ataque contra Otaviano no Senado e, posteriormente, comandou a ala esquerda da frota em Ácio, se rendeu e foi bem tratado. Marco Licínio Crasso, neto do aliado

CONCLUSÃO: HISTÓRIA E O GRANDE ROMANCE 483

de César, desertou um pouco mais cedo e foi recompensado com o consulado em 30 a.C. Munácio Planco se deu bem no novo regime e, após uma longa vida, foi sepultado num mausoléu monumental, que perdura até hoje em Gaeta, na costa da Itália. Foi dito que muitos dos companheiros mais íntimos de Otaviano nos anos seguintes eram homens que outrora haviam seguido Antônio.[3]

Antilo não sobreviveu a seu pai por muito tempo. O adolescente, que estava apenas a alguns meses de tornar-se homem, foi tirado à força do santuário a César construído por Cleópatra em Alexandria. Ele foi decapitado por ordem de Otaviano. Seu tutor o traíra e depois roubara uma valiosa gema que ele usava como colar. A joia foi descoberta escondida no cinto do tutor, que foi crucificado.[4]

Cesário também foi traído por seu tutor na jornada ao mar Vermelho. O nome do homem era Ródio e ou bem ele mandou um recado a seus perseguidores ou na verdade ludibriou seu protegido, conduzindo-o de volta a Alexandria. Cesário foi assassinado imediatamente. Supõe-se que Areio, o filósofo, instou Otaviano a dar essa ordem, mudando uma passagem da *Ilíada* para dizer que "pode haver demasiados Césares". (No original, Ulisses dirigia um encontro dos gregos inclinados a abandonar a guerra com Troia pela força, dizendo-lhes, "Certamente, nós aqueus não podemos ser todos como reis aqui. Primado para muitos não é bom. Que haja um governante, um rei [...] para olhar por seu povo".)[5]

Em 1º de janeiro de 29 a.C., Otaviano tornou-se cônsul pela quarta vez. Entre 13 e 15 de agosto, ele celebrou três triunfos. O primeiro foi por suas vitórias em Ilíria, o qual ele adiara em 34 a.C. O segundo era por Ácio e o terceiro pela captura de Alexandria. Uma efígie de Cleópatra — e provavelmente retratos — foi levada como parte da procissão. Ela foi representada com duas serpentes. Isso deixa claro que a história da morte de Cleópatra por picada de cobra já era corrente e tinha apoio oficial. Por outro lado, outras formas de veneno teriam sido mais difíceis de representar. Horácio escreveu: "É hora de beber/ com o pé liberto/

484 ANTÔNIO E CLEÓPATRA

De tanger a Terra",* em um poema celebrando a derrota da inimiga de Roma. Contudo, posteriormente na mesma peça, ele fala da coragem da rainha ao tomar sua própria vida. As atitudes em relação a Cleópatra já estavam mudando. Os romanos apreciavam a coragem, mesmo em inimigos — ou pelo menos em inimigos derrotados.[6]

No triunfo, também estavam incluídos Alexandre Hélio e Cleópatra Selene, e talvez Ptolomeu Filadelfo, então com 17 anos. Este último não é mencionado pelo nome, mas, exceto Antilo e Cesário, nenhum dos filhos de Antônio nem outros filhos de Cleópatra foram feridos. Todos foram educados na casa de Otávia. O irmão mais novo de Antilo, Iulo Antônio, desfrutou de considerável favor até se ver envolvido no escândalo cercando a filha de Otaviano, Júlia, em 2 a.C. É possível que se tratasse na realidade de uma tentativa de golpe, e certamente as punições foram severas. Júlia foi exilada, Iulo e um certo número de jovens de famílias senatoriais proeminentes foram executados. Cleópatra Selene foi oportunamente casada com o rei Juba II da Mauritânia. (Ele era filho de Juba I da Numídia e, quando menino, também caminhou como prisioneiro quando César celebrou seu triunfo africano em 45 a.C.) Seus dois irmãos remanescentes podem tê-la acompanhado para viver na corte real. O filho de Juba e Cleópatra Selene, Ptolomeu, foi o sucessor do reino, até ser deposto e executado pelo imperador Calígula, ele próprio bisneto de Antônio.[7]

Calígula foi o primeiro de três imperadores a ser descendente de Marco Antônio, através de Antônia, a Jovem, sua segunda filha com Otávia. Quando foi assassinado, Calígula foi sucedido por seu tio — e neto de Antônio — Cláudio. Este último foi seguido por outro bisneto de Antônio, dessa vez através de Antônia, a Velha, que se casou com Lúcio Domício Aenobarbo, o homem que havia desertado antes de Ácio. Seu nome era Nero e ele se mostrou um dos homens menos capazes a

---

* Horácio, Ode 37, livro I, na tradução de Augusto de Campos e José Paulo Paes. (*N. do T.*)

CONCLUSÃO: HISTÓRIA E O GRANDE ROMANCE   485

jamais deter o poder imperial em Roma, embora talvez seu amor pela música e pela pompa devesse algo a seu ancestral.

Com o suicídio de Nero, a linhagem júlio-claudiana de imperadores estabelecida por Otaviano/Augusto chegou ao fim. Sua criação, o sistema de governo imperial conhecido como o Principado, duraria ainda mais dois séculos, e imperadores governariam a partir da Itália até o século V e de Constantinopla até o XV. O homem que derrotou Antônio e Cleópatra foi o primeiro imperador romano, cujas reformas alteraram profundamente o Estado. Seu sucesso não era inevitável. Com somente 32 anos, quando Antônio e Cleópatra se suicidaram, ninguém teria conjecturado que ele viveria e continuaria a dominar por mais quarenta anos. Com efeito, considerando a sua saúde persistentemente má e seus surtos de doenças aparentemente mortais, sua sobrevivência é ainda mais extraordinária. Otaviano tornou-se Augusto e, ao longo de muito tempo e após um grande número de mudanças de direção, ele formulou o sistema que governaria o império no apogeu do seu sucesso.

Não podemos saber o quanto as coisas teriam sido diferentes se Antônio tivesse vencido, ou simplesmente sobrevivido ao seu rival. Em nenhum momento de sua carreira, Antônio sugeriu compromisso forte com quaisquer mudanças em particular. Toda a sua atividade legislativa como cônsul e triúnviro visava sobretudo e acima de tudo a trazer vantagens tangíveis para si próprio e seus aliados próximos. Não parece que ele tenha querido mudar o Estado, mas meramente acumular tanto poder e riqueza quanto possível. Nisso, as ambições de Antônio foram altamente tradicionais, ainda que seus métodos tenham sido extremos. O mesmo poderia ser dito sobre muitos senadores nas últimas décadas da República.

Como adulta, a primeira preocupação de Cleópatra sempre foi permanecer no poder. As maiores ameaças vinham de sua própria família e daqueles que desejavam apoiá-la na corte. Arsínoe e seus dois irmãos foram descartados, mas ela não viveu tempo o bastante para ver seus

486 ANTÔNIO E CLEÓPATRA

próprios filhos desafiarem a sua posição. As concessões de terra que recebeu de Antônio, culminando com as Doações, ofereceram um meio de manter sua dominância, tornando-se "Rainha de reis" e, desse modo, de um nível superior àquele de sua descendência. A sobrevivência dela e essa elevação foram alcançadas exclusivamente mediante apoio romano.

Os críticos de Júlio César afirmavam — e talvez acreditassem genuinamente — que ele queria ser rei, e o único modelo de monarquia era o do mundo helenístico. Houve quem achasse que Cleópatra encorajava seu desejo, mas os indícios tornam essa possibilidade improvável. César era ditador, detinha o poder supremo, o qual claramente ele queria manter, e isso foi suficiente para incitar o seu assassinato. Certamente, não há muito mais indícios a sustentar as acusações da propaganda otaviana de que Antônio e Cleópatra planejavam formar algum tipo de governo conjunto. A sua pretensa fanfarrice de que ministraria justiça no Capitólio e seu suposto plano de mudar o centro do governo de Roma para Alexandria são apenas parte das contradições nas acusações feitas contra ela. Antônio manteve Cleópatra ao seu lado na Guerra Civil. Isso atesta a importância dela para ele, mas foi um sério erro político. Ele nada fizera para promover a posição dela mais formalmente no contexto romano.

Se Antônio ou Cleópatra quisessem governar como rei e rainha de um Império Romano — o que de fato parece inverossímil —, o plano era totalmente irrealista. César fora morto por muito menos, e, apesar de as pessoas terem sido forçadas desde então a aceitar que o poder estava com os comandantes dos exércitos mais poderosos, elas certamente não estavam prontas a aceitar uma monarquia declarada. Otaviano moderou alguns dos projetos e símbolos mais grandiosos de seu poder na década seguinte. Eles se tornaram muito menos provocativos que a presença de uma rainha estrangeira ao lado do homem que controlaria Roma. Se tivessem ganhado a Guerra Civil e tentado dominar como monarcas, Antônio e Cleópatra teriam fracassado.

CONCLUSÃO: HISTÓRIA E O GRANDE ROMANCE   487

Ele certamente teria sido assassinado e ela também poderia morrer. Com efeito, é difícil acreditar que Antônio tivesse sobrevivido a longo prazo, mesmo se houvesse tentado exercer o poder de uma maneira mais tradicionalmente romana. A sutileza nunca foi o seu ponto forte, preferindo a ostentação do poder. A opinião em Roma ainda não estava pronta para isso. Otaviano tomaria o cuidado de velar a realidade do seu poder exclusivo por trás de uma fachada de tradição.

A carreira de Antônio reflete as grandes vantagens desfrutadas pela nobreza estabelecida em Roma. Ele foi educado para ocupar um lugar no centro da República e seu nascimento lhe deu tantas vantagens que pelo menos alguma eminência lhe estava assegurada, supondo que vivesse tempo o bastante. Isso era verdade apesar das pesadas dívidas que herdou de seu pai e das que ele próprio acumulou. O histórico de seu tio, Caio Antônio Híbrida, é ilustrativo. Ele foi expulso do Senado em 70 a.C., mas conseguiu tornar-se cônsul em 63 a.C. Exilado na Guerra Civil, ele contudo retornou a Roma e à vida pública. Famílias estabelecidas como os Antonii tinham uma poderosa rede de clientes e de ligações, amparada em favores passados e na promessa de mais favores no futuro. Também tinham a vantagem de os seus nomes serem bem conhecidos.

Foi por ser ele um Antonius que César esteve tão pronto a promover a carreira de Antônio. Poucos *nobiles* se juntaram a César na Gália e menos ainda ficaram ao seu lado em 49 a.C. Homens como Antônio eram valorosos por seus nomes e suas conexões, tanto ou mais do que por suas capacidades pessoais. Os representantes de César empregados para controlar a Itália em sua ausência eram todos homens oriundos de famílias estabelecidas. Na confusão da Guerra Civil, Antônio adquiriu responsabilidades muito maiores do que teria sido possível para um homem da sua idade, não importando o quanto a sua família fosse eminente. A sorte também desempenhou um papel. Em 44 a.C., Antônio era cônsul, o que fez dele o magistrado mais graduado quando o ditador foi assassinado. Teve poder imediato e a promessa de uma

488 ANTÔNIO E CLEÓPATRA

província e de um exército no futuro próximo. Combinado com o seu nome e com as suas relações, isso propiciou a base do seu domínio pelos treze anos seguintes.

Nada disso teve muito a ver com talento excepcional. Antônio começou sua carreira com vantagens consideráveis e tirou o máximo de suas oportunidades. Em 44 a.C., ele explorou a sua posição de cônsul ao máximo, fortalecendo o seu poder e a sua influência. Valente, ele teve considerável sucesso em combates de pequena escala, mas isso também era verdade sobre muitos senadores. Em posições mais graduadas, ele mostrou ser um oficial subordinado adequado para César, mas, em comandos independentes, Antônio mais fracassou do que triunfou. Ele foi vencido em 43 a.C. e só sobreviveu por meio das manobras políticas que criaram o triunvirato. Em Filipos, ele se mostrou o mais capaz dos quatro comandantes veteranos, mas, como nenhum dos outros exibiu qualquer capacidade real, essa realização não deve ser superestimada. Fosse Bruto um general melhor, é bem possível que tivesse podido transformar seu sucesso na Primeira Batalha de Filipos em uma vitória decisiva, enquanto Antônio estava impedido, enfronhado nos detalhes de assaltar o acampamento de Cássio. A invasão da Média foi um desastre em grande parte causado por seus próprios erros. Em 31 a.C., ele permitiu que o inimigo tomasse e mantivesse a iniciativa, e sua única realização foi conseguir romper o cerco e fugir, abandonando dois terços de sua frota e virtualmente todo o seu exército.

Antônio não era muito bom general, a despeito de sua própria imagem pública, de seu retrato nas nossas fontes antigas e do mito moderno. Sua ascensão política permitiu que ele acumulasse imensos recursos em homens e suprimentos, concentrados para o ataque contra a Pártia, mas ele se mostrou incapaz de usá-los bem. Em si mesmo, um grande exército não é garantia de vitória. O fracasso na Média foi o ponto crítico de sua carreira. Ele realizou muito pouco nos anos seguintes. É tentador vê-lo nesses anos como se estivesse sofrendo de algum tipo de colapso mental e emocional — hoje nós poderíamos falar de transtorno de

CONCLUSÃO: HISTÓRIA E O GRANDE ROMANCE   489

estresse pós-traumático — e provavelmente conducente ao alcoolismo, enquanto ele lutava para lidar com sua derrota.

Nada havia em sua carreira passada que fizesse presumir um desempenho mais competente em 31 a.C., contudo seu comportamento parece tão letárgico, que mais uma vez reforça o retrato de um homem espiritualmente alquebrado, ora indeciso, ora precipitado. Talvez Cleópatra o tenha percebido e talvez essa tenha sido uma das razões para ela desejar ficar ao lado dele, na esperança de fortalecer a sua resolução. Contudo, Cleópatra não era uma comandante, e, ao mesmo tempo que foram capazes de concentrar uma marinha e um exército imponentes na Grécia, eles pareceram não saber como usar essas forças para alcançar a vitória. De certo modo, isso nos aproximaria da propaganda otaviana, que pintava Antônio como um homem controlado pela rainha. A diferença seria que Cleópatra não era a causa da fraqueza de Antônio, mas a fonte da força que eventualmente lhe restara. Os indícios podem sustentar essa interpretação, mas também podem fundamentar outras opiniões. Nós simplesmente não temos informação bastante para compreender o estado emocional e os motivos de Antônio, de Cleópatra nem de qualquer figura de importância maior na história deles. Só podemos examinar o que aconteceu.

Apesar de seu início vacilante, naquele momento Otaviano era mais capacitado do que Antônio para desempenhar o papel de general. Mais importante, ele tinha Agripa para tomar as principais decisões e comandar, de fato, os soldados e marinheiros em batalha. A habilidade com que Otaviano ganhou a guerra de propaganda tem sido frequentemente observada; o grau em que ele e Agripa sobrepujaram tão copiosamente o talento militar de Antônio em geral é ignorado. Em 31 a.C., Antônio foi excedido em excelência e capacidade de manobra em todos os aspectos importantes. Ele tinha recursos para equiparar-se a seu oponente, mas nem de longe chegou a usá-los tão bem.

Marco Antônio ascendeu para ser um dos homens mais poderosos do mundo romano por meio do histórico de sua família, juntando-se

490 ANTÔNIO E CLEÓPATRA

a César e compartilhando o sucesso dele, e pela sorte que o colocou no centro dos acontecimentos quando este último foi assassinado. Ele mostrou alguma competência como político e administrador, mas só possuía habilidade limitada como soldado. Como a maioria esmagadora dos políticos ao longo da história, a ascensão de Antônio pouco devia a talentos conspícuos e muito mais a boas relações, sorte e um ardente desejo de poder, posição e riqueza. Nesse aspecto, sua carreira foi tradicional, e o mesmo é verdade quanto às suas ambições. Isso, mais uma vez, o torna muito diferente de Otaviano. Este último poderia facilmente ter morrido jovem ou ter sido derrotado e totalmente desacreditado por Sexto Pompeu. Antônio estava pronto para a guerra — ou no mínimo dos mínimos para uma demonstração de força — contra seu colega triunviral em 33 a.C. Contudo, não usou bem o seu tempo no Oriente para preparar-se para esse conflito.

Cleópatra era mais inteligente, e certamente muito mais instruída, do que Antônio. Difícil dizer se ela era mais capaz em outros aspectos. Sua habilidade política foi suficiente para mantê-la no poder por duas décadas, mediante um apoio romano atrelador. Não sabemos o quanto Cleópatra era popular em seu reino, seja em Alexandria, com sua heterogênea população, em meio à comunidade grega ou junto aos vários setores da população egípcia mais ampla. A força romana a restaurou após seu exílio e a manteve no poder, exatamente como fizera com seu pai. Roma dominava o mundo mediterrâneo e isso nos traz de volta a um dos fatos básicos sobre a vida dela, com o qual começamos. Em termos de poder e de importância política, Cleópatra nunca foi uma igual perante César ou Antônio, ou a qualquer senador romano. Seus simpatizantes romanos — e, acima de tudo, os seus dois amantes — a mantiveram no trono e aumentaram as dimensões do seu território. Ela não poderia tê-lo alcançado sozinha.

Cleópatra foi a última dos ptolomeus a governar Alexandria, já que não é possível realmente contar que Cesário tenha governado por mérito seu. O reino de Cleópatra foi a última das grandes potências criadas

CONCLUSÃO: HISTÓRIA E O GRANDE ROMANCE 491

na dissolução do império de Alexandre, o Grande, e nesse sentido a sua morte marca o fim de uma era. Não obstante, a ascensão de Roma ocorreu ao longo de um extenso período e já era claramente inevitável na época em que ela nasceu. Cleópatra não tentou resistir a Roma, mas aceitou seu poder e tentou dele tirar o melhor proveito.

Antônio foi o último homem a desafiar o predomínio de Otaviano. Sua morte marcou o começo de uma nova era, o domínio de Roma por imperadores — três dos quais seriam descendentes seus. A tradição posterior, alimentada por uma classe senatorial nostálgica de seu antigo predomínio, às vezes o desqualifica como mais próximo do espírito de Bruto e de Cássio, com base em que Antônio se opusera a Otaviano exatamente do mesmo modo que eles haviam assassinado César. Tais afirmações fazem pouco sentido. Como triúnviro, Antônio compartilhou um poder supremo igual àquele de um ditador e não tinha contas a prestar nem ao Senado nem à Assembleia Popular. Não há dúvida de que ele também teria poderes ditatoriais exclusivos, se tivesse sido capaz de tomá-los. Antônio não lutou e perdeu para Otaviano em nome de qualquer visão da República, mas por supremacia pessoal.[8]

Não menos do que outros elementos, o drama do suicídio de Antônio e de Cleópatra ajudou a alimentar o fascínio por eles, o qual persiste até hoje. A história deles floresceu e foi embelezada ao longo dos séculos, de modo que a verdade começou a ser esquecida. Cleópatra se tornou uma figura muito maior, mais famosa e mais importante do que jamais tinha sido em vida. Hoje a imagem dela provavelmente deve mais a Elizabeth Taylor do que à rainha ptolemaica, mas é instantaneamente reconhecível, seja nas telas ou em uma fantasia. Antônio vem atrás, raramente mencionado, a não ser na mesma frase que Cleópatra.

Esse não é o lugar para traçarmos a longa história cultural de Antônio e Cleópatra, pois trata-se de um tema maior em si mesmo e que já foi tratado em outros livros. Aqui, o foco incidiu exclusivamente sobre o Antônio e a Cleópatra da história, sobre o que nós sabemos e o que não sabemos, e às vezes sobre o que nós apenas conjecturamos. Ficção

492 ANTÔNIO E CLEÓPATRA

e drama inventam e alteram livremente, mas na história simples havia bastante ambição, orgulho, crueldade, desumanidade, inveja, fraude, selvageria e paixão. Nem Antônio nem Cleópatra tiveram uma vida sossegada. Eles vão continuar a fascinar, sua história sendo recontada e reinventada em cada nova geração. O mesmo é quase tão igualmente verdadeiro sobre o seu mais famoso retrato ficcional, à medida que novas produções da peça de Shakespeare adotam diferentes estilos e representações. Nada que qualquer historiador possa dizer jamais vai alterar esse processo, nem deveria.[9]

A história aí está para aqueles que cuidam de examiná-la e, como vimos, as fontes contêm muitas lacunas e dificuldades de interpretação. É improvável que algum dia elas sejam preenchidas e os mistérios permanecerão. Haverá descobertas arqueológicas novas, mas não é provável que acrescentem mais que pequenos detalhes ao nosso quadro do mundo. Escavações subaquáticas no sítio de Alexandria produziram uma grande quantidade de artefatos, embora, como a cidade foi ocupada durante tantos séculos, somente uma pequena proporção date do século I a.C., isso sem falar de terem ou não alguma ligação direta com Cleópatra. Não obstante, é tal o apelo de seu nome e de sua história, que as pessoas continuarão a buscar lugares mais intimamente vinculados à rainha e ao seu amante romano.

Recentemente, uma equipe alegou estar perto de descobrir o mausoléu em que Marco Antônio e Cleópatra estariam sepultados — uma história que logo chegou aos jornais e aos noticiários de televisão. Nada resultou até hoje, e uma tal descoberta parece improvável. É verdade que uma descoberta desse porte poderia fornecer uma grande quantidade de novas informações, mas inevitavelmente elas seriam sobretudo pessoais e não alterariam de modo nenhum a nossa compreensão da política da época. Mesmo assim, como historiador, qualquer nova descoberta seria de interesse. Não obstante, em geral não consigo deixar de esperar que os escavadores fracassem. Nem Antônio nem Cleópatra usufruíram de muita paz em suas vidas (embora seja discutível se merecem ou não mais

CONCLUSÃO: HISTÓRIA E O GRANDE ROMANCE 493

ou menos do que experimentaram). Eu veria humilhação se seus restos acabassem numa exposição para multidões de turistas, armazenados e catalogados no porão de um museu. Tanto Antônio como Cleópatra expressaram separadamente o desejo de repousarem juntos. É melhor deixá-los assim, no túmulo que ela iniciou e que foi concluído depois de seus suicídios.

Árvores genealógicas

ÁRVORE GENEALÓGICA DE MARCO ANTÔNIO

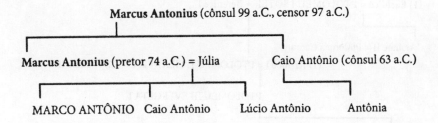

CASAMENTOS E FILHOS DE MARCO ANTÔNIO

Esposa	Seu destino	Filhos
Fádia	desconhecido	"filhos" mencionados por Cícero, não está claro quantos nem o que teria acontecido com eles
Antônia, filha de Caio Antônio (cônsul. 63 a.C.)	divorciada c. 47 a.C.	Antônia, posteriormente casada com Pitódoro de Trales
Fúlvia	morta c. 40 a.C.	Marco Antônio ANTILO, executado em 30 a.C. Iulo Antônio, executado em 3 a.C.
Otávia	divorciada em 32 a.C. morta em 11 a.C.	Antônia, a Velha, avó do imperador Nero Antônia, a Jovem, mulher do imperador Cláudio, avó do imperador Calígula

FILHOS DE MARCO ANTÔNIO COM CLEÓPATRA

1. Alexandre Hélio, nascido em 40 a.C.
2. Cleópatra Selene, nascida em 40 a.C.
3. Ptolomeu Filadelfo, nascido em 36 a.C.

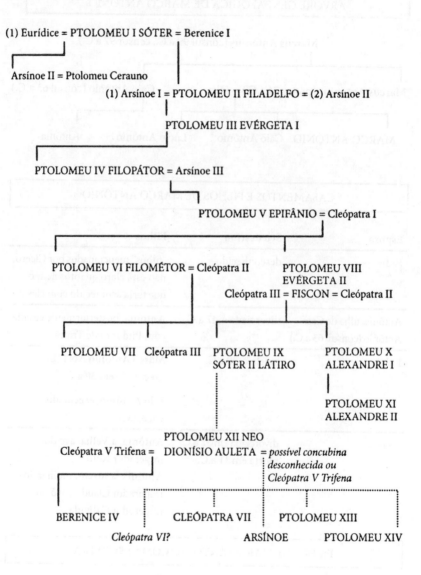

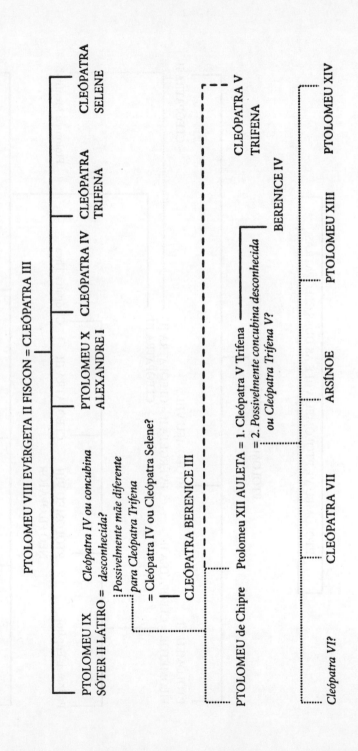

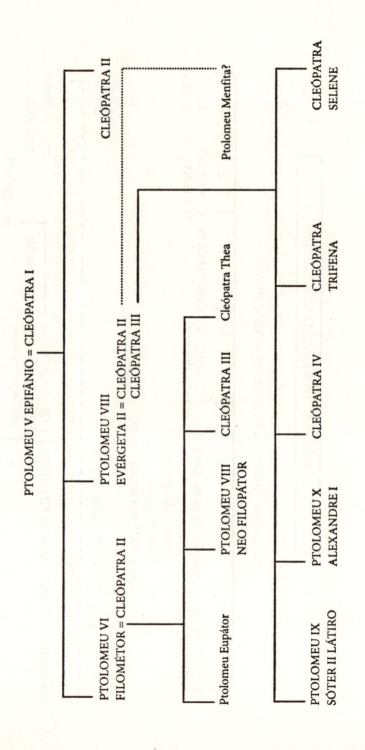

Cronologia

753 a.C.	Data tradicional da fundação de Roma por Rômulo.
509	Expulsão do último rei de Roma, Tarquínio Soberbo, e a criação da República.
332–321	Alexandre, o Grande, visita o Egito e funda Alexandria.
323	Morte de Alexandre, o Grande. Ptolomeu I se torna sátrapa do Egito.
305–304	Ptolomeu I se declara rei.
305–283/282	**Reinado de Ptolomeu I Sóter.**
282	Morte de Ptolomeu I, ascensão de Ptolomeu II.
282–246	**Reinado de Ptolomeu II Filadelfo.**
273	Ptolomeu II envia embaixadores a Roma, estabelecendo relações de amizade e estimulando o comércio.
246	Morte de Ptolomeu II.
246–221	**Reinado de Ptolomeu III Evérgeta I.**
221	Morte de Ptolomeu III.
221–204	**Reinado de Ptolomeu IV Filopátor.**
217	Ptolomeu IV derrota os selêucidas na Batalha de Ráfia.
205	A Primeira Guerra Macedônia entre Roma e Filipe V da Macedônia termina com um tratado de paz.
204	Morte de Ptolomeu IV.
204–181/180	**Reinado de Ptolomeu V Epifânio.**
201	Roma vence a Segunda Guerra Púnica contra Cartago.

ANTÔNIO E CLEÓPATRA

197	Roma derrota o rei Filipe V da Macedônia na Batalha de Cinoscéfalos.
196	Segunda Guerra Macedônia entre Roma e Filipe V termina com a derrota deste último. Inscrição da Pedra de Roseta registrando um decreto de Ptolomeu V.
189	Roma derrota o selêucida Antíoco III na Guerra Síria, na Batalha de Magnésia.
181/180	Morte de Ptolomeu V.
180–164	**Primeiro reinado de Ptolomeu VI Filométor.**
170–163	**Primeiro reinado de Ptolomeu VIII Evérgeta II Fiscon como cogovernante.**
168	Roma derrota Perseu da Macedônia na Terceira Guerra Macedônia, na Batalha de Pidna. Seu reino é dissolvido. Embaixada romana. força Antíoco IV a retirar seu exército para o Egito.
164	Ptolomeu VI foge para Roma e faz apelo malsucedido ao Senado.
163	Ptolomeu VIII foge para Roma e faz apelo malsucedido ao Senado.
163–145	**Segundo reinado de Ptolomeu VI Filométor.**
163–145	Ptolomeu VIII controla a Cirenaica.
154	Ptolomeu VIII tenta ocupar Chipre, mas é capturado e restituído à Cirenaica.
146	Terceira Guerra Púnica acaba com a destruição de Cartago.
145	Ptolomeu VI é morto ao intervir numa guerra civil na Síria.
145/144	**Reinado de Ptolomeu VII Neo Filopátor.**
145/144	Ptolomeu VII é assassinado por Ptolomeu VIII.
145–116	**Segundo reinado de Ptolomeu VIII Evérgeta II Fiscon.**
123–122	Tribunatos e morte de Caio Semprônio Graco.
116–101	**Reinado de Cleópatra III Evérgeta.**
116–107	**Primeiro reinado de Ptolomeu IX Filométor Sóter II.**
113	Marcus Antonius (avô de Antônio) é eleito questor. Ele é processado e exonerado sob acusação de seduzir uma Virgem Vestal.

CRONOLOGIA 501

107–103/102	**Primeiro reinado de Ptolomeu X Alexandra I com Cleópatra III.**
107–106	Ptolomeu IX e forçado a sair do Egito e ganha, perde e retoma Chipre.
104–100	Quatro consulados consecutivos para Caio Mário, que guerreou e derrotou os migrantes cimbros e teutônicos.
103/102	Cleópatra III expulsa Ptolomeu X do Egito.
102–100	Marcus Antonius serve como pretor e governa a Cilícia, onde faz campanha bem-sucedida contra piratas e é recompensado com um triunfo.
101	Ptolomeu X retorna a Alexandria e assassina Cleópatra III.
101–87	**Segundo reinado de Ptolomeu X Alexandre I com Cleópatra Berenice.**
100	Violência política em Roma durante a repressão ao tribuno Saturnino. Nascimento de Júlio César.
99	Consulado de Marcus Antonius.
97–93	Marcus Antonius e Lúcio Valério Flaco são censores.
91–88	A Guerra Social, a última grande rebelião dos aliados italianos de Roma.
88	Sula marcha para Roma com suas legiões e toma a cidade.
87	Mário ocupa Roma. Marcus Antonius é assassinado. Ptolomeu X é expulso de Alexandria. Ptolomeu X é morto numa batalha naval.
87–81/80	**Segundo reinado de Ptolomeu IX Filométor Sóter II Látiro.**
83 (ou 86)	Nascimento de Marco Antônio.
83–81	Sula retorna do Oriente e ganha a Guerra Civil, fazendo-se ditador.
81/80	Morte de Ptolomeu IX. Por alguns meses, Cleópatra Berenice (filha de Ptolomeu IX e sobrinha e viúva de Ptolomeu X) é governante exclusiva.
81/80	**Reinado de Cleópatra Berenice.**
80	Ptolomeu XI (filho de Ptolomeu X) retorna ao Egito. Ele se casa com Cleópatra Berenice e depois a assassina.

ANTÔNIO E CLEÓPATRA

80	**Reino de Ptolomeu XI Alexandre II.**
80	Ptolomeu XI é morto pela multidão. Ptolomeu XII (filho ilegítimo de Ptolomeu IX) toma o poder.
80-58	**Primeiro reinado de Ptolomeu XII Auleta.**
78	Golpe malsucedido do cônsul Marco Aurélio Lépido (pai do triúnviro).
74	Marcus Antonius (pai de Antônio) serve como pretor e assume um comando especial contra os piratas.
73-71	Rebelião escrava liderada por Espártaco na Itália, finalmente subjugada por Crasso.
72	Marcus Antonius derrota os piratas. Ele é ironicamente apelidado de Crético, mas morre antes de retornar a Roma.
71 ou posterior?	A mãe de Antônio, Júlia, se casa com Públio Cornélio Lêntulo Sura e Antônio foi educado em sua casa.
70	Consulado de Pompeu e Crasso. Censores expulsam Lêntulo e o tio de Antônio, Caio Antônio, do Senado.
69	Nascimento de Cleópatra.
63	Conspiração de Catilina. Lêntulo é preso e executado por Cícero depois de o Senado aprovar o *senatus consultum ultimum.*
59	Primeiro consulado de Júlio César e domínio do primeiro triunvirato e sua aliança com Pompeu e Crasso. Ptolomeu XII é reconhecido como rei e amigo do povo romano depois de pagar um pesado suborno.
58	Tribunato de Clódio. Anexação de Chipre por Roma e suicídio de Ptolomeu (irmão mais novo de Ptolomeu XII). Ptolomeu XII foge para Alexandria e vai para Roma. Sua filha Berenice IV é nomeada rainha.
58-55	**Reinado de Berenice IV.**
57	Aulo Gabínio é eleito procônsul da Síria. Ele recruta Antônio para comandar uma parte ou toda a sua cavalaria.
57-56	Gabínio e Antônio fazem campanha militar na Judeia.
55	Segundo consulado de Pompeu e Crasso. Ptolomeu XII Auleta convence Gabínio a restaurá-lo em seu trono.

CRONOLOGIA   503

	Antônio desempenha um papel proeminente na expedição ao Egito. Auleta é restaurado e executa Berenice.
55–51	**Segundo reinado de Ptolomeu XII Auleta.**
54	Crasso é designado procônsul da Síria e começa a invasão da Pártia. Gabínio retorna a Roma e é julgado sob várias acusações e sentenciado ao exílio. Posteriormente nesse ano Antônio se junta a César na Gália.
53	Crasso é derrotado e morto pelos partos em Carras. Antônio vai para Roma para fazer campanha eleitoral pelo questorado. Eleições adiadas por violência política. Antônio tenta matar Clódio.
52	Clódio é assassinado. Pompeu é nomeado cônsul exclusivo para restaurar a ordem. Antônio é eleito questor. Ele retorna à Gália e serve no cerco a Alésia.
51	Morte de Ptolomeu XII Auleta. Ele é inicialmente sucedido por Cleópatra governando sozinha. Antônio comanda uma legião durante expedições punitivas na Gália.
51–49/48	**Primeiro reinado de Cleópatra VI.**
50	Cleópatra é obrigada a aceitar seu irmão Ptolomeu XIII como cogovernante. Antônio retorna a Roma para tentar se eleger como áugure. Tribunato de Cúrio. A tensão política aumenta quando seus inimigos tentam conseguir que César seja chamado de volta da Gália e impedi-lo de chegar direto a um segundo consulado. Antônio se torna áugure e tribuno eleito.
49	Tribunato de Antônio. O Senado aprova o *senatus consultum ultimum*. Antônio, seu colega Cássio e Cúrio fogem de Roma e correm para César. César invade a Itália e inicia uma guerra civil. Antônio serve com César quando ele assola a Itália. Pompeu se retira para a Grécia. Antônio é deixado como tribuno com *imperium* propretoriano para administrar a Itália. César derrota as forças pompeianas na Espanha. Cúrio toma a Sicília, mas é morto na África.
49/48	Cleópatra foge do Egito e recruta um exército.

504 ANTÔNIO E CLEÓPATRA

48 Segundo consulado de César. Ele comanda a invasão da Macedônia. Vários meses depois, Antônio e reforços se juntam a ele. Eles são repelidos em Dirráquio, mas conquistam uma vitória decisiva em Farsália. Cleópatra lidera uma invasão do Egito, mas é confrontada pelo exército de Ptolomeu XIII. Pompeu chega ao Egito e é assassinado. César chega, exige dinheiro e declara que vai arbitrar a disputa entre os irmãos. Célio e Milão se rebelam na Itália e são mortos.

48-47 Guerra de Alexandria. Breve governo de Arsínoe. Morte de Ptolomeu XIII. Arsínoe é capturada e levada para Roma. Cleópatra governa em conjunto com seu irmão mais novo, Ptolomeu XIV. Em sua ausência, César é nomeado ditador por um ano, com Antônio como seu mestre da cavalaria. Este administra a Itália. César e Cleópatra cruzam o Nilo. Nascimento de Cesário.

48-30 Segundo reinado de Cleópatra VII.

47 Tribunato de Dolabela. Senado aprova o *senatus consultum ultimum*, mas só quando Antônio traz tropas para Roma o tribuno é subjugado. César retorna depois da campanha militar de Zela.

46 Terceiro consulado de César, com Lépido como colega. Antônio não ocupa nenhum cargo formal e talvez esteja desprestigiado. Dolabela é levado por César para a África. César vence a Guerra Africana em Tapso. Ele é feio ditador por dez anos, com Lépido como mestre da cavalaria. Cleópatra e Ptolomeu XIV visitam Roma e seu governo é formalmente reconhecido. César celebra triunfos. Arsínoe é apresentada no triunfo egípcio.

45 Quarto consulado de César. César vence a Guerra Espanhola em Munda e retorna para celebrar um triunfo. Antônio é publicamente restaurado e nomeado cônsul para o ano seguinte. César é feito ditador vitalício. Consulado de 24 horas de Canínio Rébilo em 31 de dezembro.

CRONOLOGIA   505

45/44   Cleópatra e Ptolomeu XIV visitam Roma novamente.

44   César é cônsul pela quinta vez, com Antônio como colega. Em fevereiro, Antônio joga um papel polêmico no Lupercal. César é assassinado em 15 de março. Dolabela se torna colega. Antônio incita a multidão contra os conspiradores no funeral de César. Cleópatra retorna ao Egito. Morte/ assassinato de Ptolomeu XIV. Ptolomeu Cesário é nomeado cogovernante com Cleópatra VII. Antônio busca consolidar poder com base nos apontamentos de César. Cícero começa a pronunciar as *Filípicas*. Otaviano chega a Roma e aceita o legado de César. Antônio vai para a Gália Cisalpina e sitia Décimo Bruto em Mutina.

43   Otaviano se junta aos cônsules Hírcio e Pansa para derrotar Antônio, que se retira para a Gália Transalpina. Hírcio é morto em batalha e Pansa morre dos ferimentos sofridos. Bruto toma o poder na Macedônia e prende Caio Antônio. Cássio toma o poder na Síria. Dolabela é derrotado e comete suicídio. Antônio e Lépido unem forças. Otaviano é nomeado cônsul em novembro. Otaviano se junta a Antônio e Lépido para formar o triunvirato. Décimo Bruto é capturado e executado. Caio Antônio é executado em represália. Os triúnviros ocupam Roma e começam as proscrições. Cícero é uma das vítimas.

42   Júlio César é deificado. Ambos os lados se preparam para a guerra. O subordinado de Cleópatra em Chipre ajuda Cássio, mas a rainha tenta sem sucesso levar uma esquadra de navios para juntar-se aos triúnviros. As duas batalhas de Filipos são travadas em outubro. Cássio e Bruto são derrotados e cometem suicídio. Antônio é designado responsável pelas províncias orientais. Otaviano retorna à Itália. O poder de Sexto Pompeu cresce continuamente, criando condições para ele promover um bloqueio da Itália.

41   Antônio arrecada impostos e nomeia líderes em todo o Oriente. Herodes e seu irmão são feitos tetrarcas da

506 ANTÔNIO E CLEÓPATRA

	Judeia. Antônio convoca Cleópatra a Tarso e eles se tornam amantes. Lúcio Antônio começa a promover agitação contra Otaviano. Arsínoe é executada em Éfeso.
41-40	Antônio e Cleópatra passam o inverno em Alexandria. Estoura e Guerra de Perúsia na Itália, com Lúcio Antônio e Fúlvia aderindo aos veteranos de Antônio contra Otaviano. Os comandantes de Antônio não conseguem intervir efetivamente e Lúcio é sitiado em Perúsia. Ele se rende e é enviado para governar a Espanha, onde morre. Fúlvia e a mãe de Antônio, Júlia, fogem para Atenas.
40	Cleópatra dá à luz gêmeos, Alexandre Hélio e Cleópatra Selene. Partos e seu aliado Labieno invadem e ocupam a Síria. Labieno invade a Ásia Menor. Partos apoiam um ataque contra a Judeia. Hircano é deposto. Herodes foge para o Egito, mas rejeita oferta de emprego de Cleópatra. Ele vai para Roma. Antônio viaja para Atenas, onde repudia Fúlvia. Ele navega para a Itália e o republicano Domício Aenobarbo junta-se a ele. Sua entrada em Brundísio não é permitida e eles iniciam um sítio. A relutância dos soldados de lutarem entre si encoraja negociações e leva ao Tratado de Brundísio. Lépido é marginalizado. Otaviano e Antônio renovam sua aliança e Antônio se casa com Otávia.
39	Negociações com Sexto Pompeu para levantar o bloqueio à Itália levam ao Pacto de Miseno.
39-38	Antônio e Otávia passam o inverno em Atenas. Ventídio Basso derrota Labieno e o príncipe parto Pácoro numa série de batalhas, reconquistando a Síria e a Ásia Menor.
38	Otaviano se casa com Lívia. Retomada do conflito entre Otaviano e Sexto Pompeu. Sexto vence duas batalhas navais. Antônio vem à Itália para uma reunião, mas Otaviano deixa de aparecer. Antônio vai para o Oriente e assume o sítio a Samósata, que finalmente se rende.
37	Antônio viaja novamente para Tarento. Dessa vez negociações têm lugar e resultam no Pacto de Tarento. Antônio

CRONOLOGIA 507

retorna para o leste, mas envia Otávia grávida de volta para a Itália. Ele nomeia vários reis clientes, inclusive Herodes, Polemo, Arquelau e Amintas da Galácia. Antônio convoca Cleópatra e eles reatam o seu caso.

36 Sexto Pompeu conquista mais uma vitória, mas depois é decisivamente batido em Náuloco. Lépido tenta tomar o controle da Sicília e é deposto, suas legiões desertando para Otaviano. Antônio lidera uma expedição desastrosa para a Média. Cleópatra dá à luz Ptolomeu Filadelfo. Antônio retorna à costa mediterrânea e chama Cleópatra.

35 Sexto Pompeu foge para a Ásia e é morto. Antônio passa o inverno em Alexandria. Otávia chega com pretorianos e suplementa o exército dele. Eles são aceitos, mas ela recebe ordem de voltar para a Itália.

35–33 Otaviano faz campanha militar nos Bálcãs.

34 Antônio é cônsul pela segunda vez, mas permanece no Oriente e renuncia após um dia. Antônio comanda uma pequena expedição contra a Armênia e captura o rei Artavasdes, provavelmente mediante traição. Ele é trazido para Alexandria e conduzido numa procissão dionisíaca na cidade. As Doações de Alexandria ocorrem logo depois.

33 Otaviano é cônsul pela segunda vez, mas renuncia após um dia. Agripa é edil e dá continuidade ao seu extensivo programa de construção e de amenidades em Roma. Otaviano e seus partidários começam a criticar e atacar mais abertamente Antônio. O exército de Antônio se concentra no Eufrates, mas ele ordena que marche para a Ásia Menor e começa a concentrar suas forças na Grécia. Antônio e Cleópatra passam o inverno em Éfeso. Os poderes do triunvirato prescrevem formalmente no final do ano. Otaviano finge obedecer a ele. Antônio o ignora e continua a usar o título, mas fala em depô-lo no futuro.

32 Domício Aenobarbo e Sósio são cônsules e começam a atacar Otaviano. Ele replica e ambos fogem para encontrar-se

508 ANTÔNIO E CLEÓPATRA

com Antônio. Antônio e Cleópatra visitam Samos e, depois, Atenas. Antônio se divorcia de Otávia. Munácio Planco deserta para juntar-se a Otaviano. Otaviano pega o testamento de Antônio no Templo de Vesta e o faz ler publicamente. As comunidades da Itália fazem juramento de lealdade pessoal a Otaviano. É declarada guerra contra Cleópatra. Antônio e Cleópatra estacionam suas forças ao longo da costa ocidental, com seu quartel-general em Patras.

31   Otaviano é cônsul pela quarta vez. Agripa captura e promove ataques a tão longas distâncias quanto a Córcira. Otaviano desembarca em Épiro e se desloca para o sul para ameaçar Ácio. Antônio se concentra em Ácio, mas fica sob bloqueio depois que Agripa captura Leucas, Patras e Corinto. Antônio tenta romper o bloqueio em 2 de setembro, resultando na Batalha de Ácio. A maior parte da sua frota é abandonada e logo deserta ou é capturada. As legiões de Antônio na Cirenaica desertam para Otaviano. Ele e Cleópatra retornam para Alexandria. Otaviano retorna à Itália para lidar com tropas amotinadas e outras agitações.

30   Otaviano invade o Egito a partir do leste, enquanto Cornélio Galo o faz a partir do oeste. As forças de Antônio desertam ou são derrotadas. Ele se suicida em 1º de agosto. Cleópatra é capturada por Otaviano e há um período de negociação. Ela se suicida em 10 de agosto. Antilo é tirado à força do Cesareum e morto. Cesário é traído e morto.

29   Otaviano retorna para Roma e se torna cônsul pela quarta vez. Ele celebra três triunfos. Os filhos de Antônio e Cleópatra estão entre os prisioneiros do triunfo egípcio.

27   Otaviano recebe o nome de Augusto.

c. 20   O rei Juba II da Mauritânia se casa com Cleópatra Selene.

13   Morte de Lépido.

12   Otaviano se torna *Pontifex Maximus*. Morte de Agripa.

2   Júlia é exilada. Iulo é executado.

14 d.C. Morte de Augusto.

CRONOLOGIA

37–41	Reinado de Calígula.
40	O rei Ptolomeu da Mauritânia (filho de Juba e Cleópatra Selene) é executado por Calígula.
41–54	Reinado de Cláudio.
54–68	Reinado de Nero.

Glossário

Antigônida: A dinastia fundada por Antígono Gonatas controlou a Macedônia a partir do segundo quarto do século III a.C. Somente os ptolemaicos e os selêucidas disputaram o poder antigônida entre os reinos sucessores. O último rei foi deposto pelos romanos depois de sua derrota na Terceira Guerra Macedônia, em 168 a.C.

Aquilífero: Porta-estandarte que conduzia o estandarte da Legião (*aquila*), uma estatueta prateada ou dourada de uma águia encimando um bastão.

Auctoritas: O prestígio e a influência de um senador romano. A *auctoritas* era extraordinariamente incrementada por realizações militares.

Áugure: Um dos mais importantes colégios sacerdotais em Roma, os quinze áugures eram nomeados vitaliciamente. Sua responsabilidade mais importante era a supervisão da observação e da interpretação corretas dos auspícios, realizados regularmente como parte da vida pública romana. Marco Antônio tornou-se áugure em 50 a.C. Durante a sua ditadura, Júlio César acrescentou um décimo sexto elemento ao colégio.

Auxiliar: Os soldados não cidadãos recrutados para o exército durante o período final da República eram geralmente conhecidos como auxiliares ou tropa de apoio.

Balista: Catapulta de torção de dois braços, capaz de disparar dardos e pedras com considerável precisão. Eram construídas em vários tamanhos e mais frequentemente empregadas em sítios ou cercos.

512 ANTÔNIO E CLEÓPATRA

Catafracto: Cavaleiro pesadamente couraçado, geralmente montando um cavalo couraçado. Era um componente importante do exército parto.

Centurião: Importante graduação militar no exército romano durante a maior parte da sua história; centuriões originalmente comandavam uma centúria de oitenta legionários. O centurião de maior patente em uma legião era o *primus pilus*, posto de enorme status, ocupado apenas por um único ano.

Centúria: A subunidade básica do exército romano, a centúria era comandada por um centurião e geralmente consistia em oitenta legionários.

Clerúquia: Originalmente, as clerúquias foram terras dadas a soldados pelos ptolomeus e outros reis sucessores (literalmente, um *kleros* ou campo) em retribuição por serviços militares. Nos dias de Cleópatra, o sistema tinha, há muito, decaído. As clerúquias se tornaram puramente hereditárias e a obrigação de serviço no exército fora esquecida.

Coorte: Unidade tática básica da legião, consistindo em seis centúrias de oitenta homens, com uma força total de 480.

Comitia Centuriata: A Assembleia do povo romano que elegia a maioria dos magistrados superiores, inclusive cônsules e pretores. Era dividida em 193 grupos votantes de centúrias, a condição de membro sendo baseada em propriedades registradas pelo censo. Os membros mais ricos da sociedade tinham uma influência altamente desproporcional nos resultados. Acreditava-se que sua estrutura fosse baseada na organização do antigo exército romano.

Comitia Tributa: A Assembleia de todo o povo romano, inclusive patrícios e plebeus. Era dividida em 35 tribos votantes, a condição de membro se baseava em descendência. Tinha poder de legislar e era presidida por um cônsul, um pretor ou um edil curul. Ela também elegia homens para um certo número de postos, inclusive o questorado e a edilidade curul.

Concilium Plebis: A Assembleia da plebe romana, que se reunia tanto para legislar quanto para eleger certos magistrados, como os tribunos da plebe. Patrícios não tinham permissão para participar nem assistir. O povo votava em 35 tribos, cuja condição de membro se baseava em descendência. A assembleia era presidida por tribunos da plebe.

GLOSSÁRIO 513

Cônsul: Os dois cônsules anuais eram os mais altos magistrados eleitos da República Romana e ocupavam o comando em campanhas importantes. Às vezes, o Senado estendia seus poderes após seu ano de mandato, em cujo caso eram conhecidos como procônsules.

Cúria: O prédio da Cúria (Casa do Senado) ficava no lado norte do Fórum romano e fora tradicionalmente construído por um dos reis. Sula o restaurou, mas ele foi incendiado durante o funeral de Clódio. Como ditador, César deu início à obra de uma nova Cúria. Mesmo quando o prédio estava em boas condições, em algumas ocasiões o Senado poderia ser convocado para reunir-se em outros edifícios para debates específicos.

Cursus honorum: Termo dado ao padrão de carreira que regulava a vida pública. A legislação existente sobre idade e outras qualificações para magistraturas eleitas foi reafirmada e reforçada por Sula durante a sua ditadura.

Demótico: No período ptolemaico, o demótico era a forma da língua egípcia usada na fala cotidiana e na escrita cursiva, ao contrário do hieróglifo.

Ditador: Em tempos de crise extrema, um ditador era nomeado para um período de seis meses, durante o qual ele exercia poder supremo civil e militar. Os últimos vitoriosos em guerras civis, como Sula e Júlio César, usaram o título como base para um poder mais permanente.

Dioecetes: O *dioecetes* era o ministro financeiro do rei ptolemaico, encarregado de supervisionar a coleta e a distribuição de todas as taxas, impostos e produtos das terras reais.

Edil: Os edis eram magistrados responsáveis por aspectos da vida cotidiana de Roma, inclusive a realização de um certo número de festivais anuais. Posto geralmente ocupado entre o questorado e a pretoria, havia menos edis do que pretores e o cargo não era uma parte compulsória do *cursus honorum*.

Efebo: Adolescentes do sexo masculino nas cidades gregas passavam por um processo de treinamento no ginásio supervisionado pelo Estado. O objetivo principal era a forma física, mas em geral incluía elementos de treinamento mais especificamente militar.

514 ANTÔNIO E CLEÓPATRA

Epistrategos: Originalmente um posto militar, nos dias de Cleópatra, o *epistrategos* foi o governador civil de Tebaida. A fraqueza do governo central outorgava a esse funcionário considerável liberdade de ação.

Equites: Os "cavaleiros" eram o grupo com a mais alta qualificação decorrente de propriedades registradas pelo censo. Desde a época dos Graco, receberam um papel público mais formal como jurados nos tribunais, questão que se tornou extremamente contenciosa.

Fasces (sing. Fascis): Feixe ornamental de varas de cerca de 1,5 metro de comprimento, envolvendo, ao centro, um machado. Os fasces eram levados pelos lictores e eram o símbolo mais visível do poder e posição de um magistrado.

Fórum Romanum: O coração político e econômico da cidade de Roma, situado entre as colinas Capitolino, Palatina, Quirinal e Vélia. Encontros públicos eram frequentemente realizados na **Rostra** ou na ponta leste do Fórum. O **Conculium Plebis** e a **Comitia Tributa** geralmente também se reuniam no Fórum para legislar.

Gladius: Palavra latina que significa espada, *gladius* é convencionalmente empregada para descrever a *gladius hispaniensis*, a espada espanhola que foi a arma padrão romana até um período bem avançado do século III d.C. Feita de aço de alta qualidade, essa arma podia ser usada para cortar, mas fora desenhada principalmente para perfurar.

Hasmoneana: No século II a.C., a Judeia foi bem-sucedida ao rebelar-se contra os selêucidas. Um reino independente foi criado, governado pela dinastia hasmoneana. Antônio e Otaviano finalmente instalaram Herodes, o Grande, no lugar da antiga família real.

Imperium: O poder de comando militar exercido por magistrados ou promagistrados durante o seu mandato.

Parente: O status de "parente" era concedido aos cortesãos mais importantes da corte ptolemaica.

Lágida: Nome alternativo da dinastia fundada por Ptolomeu I, que era filho de Lagos.

GLOSSÁRIO

Legado: Funcionário subordinado que exercia **imperium** por delegação em vez de fazê-lo por direito próprio. Os *legati* eram escolhidos por um magistrado, em vez de eleitos.

Legião: Originalmente o termo *legio* significava reunir, recrutar. As legiões se tornaram as principais unidades do exército romano por grande parte de sua história. Na época de César, a força teórica de uma legião era de cerca de 4.800–5.000 homens. A força efetiva de uma legião em campanha, contudo, era frequentemente bem menor.

Lictor: Funcionário de um magistrado, carregava os fasces que simbolizavam o direito de dispensar justiça e infligir punição corporal e capital. Doze lictores atendiam um cônsul, ao passo que um ditador tinha direito normalmente a 24.

Magister Equitum: Segundo em comando do ditador romano, o mestre da cavalaria tradicionalmente comandava a cavalaria, pois o ditador era proibido de cavalgar.

Nomo: Os nomos eram as regiões administrativas básicas do Egito ptolemaico. Em cada região, um funcionário conhecido como nomarca controlava a produção agrícola.

Nomenclator: Escravo especialmente treinado cuja tarefa era sussurrar os nomes de cidadãos que se aproximassem, permitindo a seu senhor cumprimentá-los com familiaridade. Tais escravos normalmente acompanhavam políticos em campanha.

Ovação: Uma versão menos importante do triunfo, na ovação, *ovatio* em latim, o general cavalgava pela cidade, em vez de percorrê-la em carruagem.

Pilum (pl. pila): Lança pesada que foi equipamento padrão do legionário romano por grande parte da história de Roma. Sua ponta estreita era desenhada para perfurar o escudo do inimigo. Sua haste estreita e longa mergulhava, então, gerando alcance para atingir o homem por trás do escudo.

Pontifex Maximus: O líder do colégio de quinze pontífices, um dos três mais importantes sacerdócios monopolizados pela aristocracia romana. Os pontífices estipulavam as datas de muitos festivais e eventos estatais especiais. O *Pontifex Maximus* era mais um presidente formal do que um chefe, mas o posto era altamente prestigioso.

516   ANTÔNIO E CLEÓPATRA

Pretor: Pretores eram na verdade magistrados eleitos que, sob a República, governavam as províncias menos importantes e se encarregavam das guerras menos importantes de Roma.

Coorte pretoriana: Os pretorianos deste período eram soldados cuidadosamente selecionados e esplendidamente equipados, recrutados nas legiões. Cada general só tinha direito de alistar uma única coorte de pretorianos. No decurso das guerras civis, porém, Antônio chegou a controlar várias formações desse tipo, tomando-as de seus subordinados.

Praefectus: Um funcionário equites com uma gama de obrigações, inclusive o comando de unidades de tropas aliadas ou auxiliares.

Questor: Magistrados cujos deveres eram principalmente financeiros, os questores atuavam como representantes ou agentes de governadores consulares e amiúde assumiam comandos militares subordinados.

Rostra: Plataforma dos oradores no Fórum, de onde os políticos se dirigiam aos ajuntamentos nos encontros públicos.

Saepta: A área de votação no *Campus Martius*, onde as várias assembleias se reuniam para realizar eleições.

Sátrapa: Os reis persas administraram seu império nomeando sátrapas para controlar cada região. Alexandre, o Grande, manteve o sistema e, após a sua morte, homens como Ptolomeu I foram designados sátrapas. Subsequentemente, o cargo foi usado como base para seu titular declarar-se rei.

Escorpião: Balista leve lançadora de dardos empregada pelo exército romano tanto em batalhas campais quanto em sítios. Tinha longo alcance, bem como grande precisão e a capacidade de penetrar em qualquer tipo de armadura ou couraça.

Selêucida: A dinastia fundada por Seleuco durante os conflitos que se seguiram à morte de Alexandre, o Grande, tinha base na Síria. Conflitos eram frequentes entre os selêucidas e os antigonidas, na Macedônia, e os ptolemaicos, no Egito, pelo controle das terras entre seus reinos. Derrotados por Roma em 189 a.C., os selêucidas restaram todavia fortes o bastante até os últimos anos do século II a.C. A Pártia se rebelara e tornara-se independente no final do século III

GLOSSÁRIO   517

e, no século I, controlava grande parte do Império Selêucida. O último rei selêucida, Antíoco XIII, foi deposto por Pompeu em 64 a.C.

Signifer: Porta-estandarte que levava a insígnia (*signum*) da centúria.

Strategos (pl. strategoi): Embora o termo signifique "general", na época de Cleópatra, os *strategoi* (estrategos) eram essencialmente funcionários civis que haviam substituído os nomarcas no controle dos nomos, relegando-os à administração da agricultura.

Subura: O vale entre as colinas Viminal e Esquilina era notório por suas ruas estreitas e cortiços.

Talento: A real dimensão desta medida de peso grega — e, por extensão, da moeda — variava consideravelmente, de *c.* 25 a 37 kg. A partir de nossas fontes que empregam o termo, é raramente claro que padrão estaria em uso.

Testudo: A famosa formação tartaruga, na qual os legionários romanos sobrepunham os seus longos escudos para prover proteção à frente, aos lados e por sobre a cabeça. Era mais frequentemente empregada durante os assaltos a fortificações.

Tebaida: Região em torno da capital de Tebas, a antiga capital do Reino do Alto Egito. A Tebaida consistia em sete nomos.

Tribuno da plebe: Embora ocupassem um cargo político sem responsabilidades militares diretas, os dez tribunos da plebe eleitos a cada ano tinham competência para legislar sobre qualquer questão. Durante os últimos anos da República, muitos generais ambiciosos, como Mário, Pompeu e César, recrutaram a ajuda de tribunos para obter comandos importantes para si.

Tribuni aerarii: Grupo registrado abaixo da ordem dos equites no censo. Relativamente pouco se sabe sobre eles.

Tribuno militar: Seis tribunos militares eram eleitos ou nomeados para cada legião republicana, uma dupla deles assumindo o comando a qualquer momento.

Triunfo: A grandiosa celebração concedida pelo Senado a um general bem--sucedido assumia a forma de uma procissão ao longo da Via Sacra, a principal via cerimonial de Roma, exibindo espólios e prisioneiros de sua vitória e culminando na execução ritual do líder inimigo capturado. O comandante era conduzido em carruagem, vestido como as estátuas de Júpiter, um escravo portando a coroa de louros acima de sua cabeça. O escravo devia sussurrar ao general, relembrando-o de que ele era mortal.

Triúnviro: Em 43 a.C., Antônio, Lépido e Otaviano foram nomeados *triunviri rei publicae constituendae* (conselho de três para restaurar o Estado) pela *Lex Titia* proposta por um tribuno e aprovada pelo **Concilium Plebis**. Poderes ditatoriais foram outorgados ao triunvirato, inicialmente por um período de cinco anos.

Uraeus: O diadema em forma de serpente usado ocasionalmente pelos ptolomeus como símbolo da monarquia. *Uraei* duplos são típicos, provavelmente simbolizando os dois reinos do Egito. *Uraei* triplos aparecem em algumas imagens identificadas como de Cleópatra, mas seu significado preciso não é claro.

Vexillum: Lábaro quadrado montado em cruz numa vara, o *vexillum* era usado para marcar a posição de um general. Também era o estandarte portado por um destacamento de soldados. Aparentemente, o *vexillum* dos generais era em geral vermelho.

Abreviações

Apiano, *BC* = Apiano, *Bellum Civile*.

Broughton, *MRR* 2 = Broughton, T., & Patterson, M., *The Magistrates of the Roman Republic*, vol. 2 (1951).

CAH² IX = Crook, J., Lintott, A., & Rawson, E. (orgs.), *The Cambridge Ancient History* 2ª ed., vol. IX: *The Last Age of the Roman Republic, 146–43 BC* (1994).

CAH² X = Bowman, A., Champlin, E., & Lintott, A. (orgs.), *The Cambridge Ancient History* 2ª ed., vol. X: *The Augustan Empire, 43 BC-AD 69* (1996).

César, *BC* = César, *Bellum Civile (A guerra civil)*.

César, *BG* = César, *De Bello Gallico (Comentários sobre a guerra gálica)*.

Cícero, *ad Att.* = Cícero, *Cartas a Ático*.

Cícero, *ad Fam.* = Cícero, *Cartas Familiares*.

Cícero, *ad Quintum Fratrem* = Cícero, *Cartas ao seu irmão Quinto*.

Cícero, *Agr.* = Cícero, *Orationes de Lege Agraria*.

Cícero, *De reg. Alex. F.* = Cícero, fragmento de *Oration Concerning the King of Alexandria*.

Cícero, *Verrines* = Cícero, *Verrinas*.

CIG = *Corpus Inscriptionum Graecarum*.

CIL = *Corpus Inscriptionum Latinarum*.

De vir. III. = o anônimo *De viris illustribus*.

Díon = Díon Cássio, *História romana*.

Galeno, *Comm. In Hipp. Epid., CMG* = Kühn, C., *Galenus Medicus (1821-1833)*, suplementado por Diels, H. et al. (1918–).

520 ANTÔNIO E CLEÓPATRA

Gélio, *NA* = Aulo Gélio, *Noites áticas.*

ILS = Dessau, H. (org.), *Inscriptiones Latinae Selectae (1892-1916).*

Josefo, *AJ* = Flávio Josefo, *Antiguidades judaicas.*

Josefo, *BJ* = Flávio Josefo, *Guerra dos judeus.*

JRA = *Journal of Roman Archaeology.*

JRS = *Journal of Roman Studies.*

Lívio, *Pers.* = Tito Lívio, *História de Roma: Epítome (Periochae).*

OGIS = Dittenberger, W., *Orientis Graeci Inscriptiones Selectae (1903-1905).*

PIR[1] = Kelbs, E., et al., *Prosopographia Imperii Romani* (1933-).

Plínio, *Epistulae* = Plínio, o Jovem, *Cartas.*

Plínio, *NH* = Plínio, o Velho, *História natural.*

Quintiliano = Quintiliano, *Institutio Oratoria.*

RIB = Collingwood, R., & Wright, R., *Roman Inscriptions in Britain* (1965-).

Salústio, *Bell. Cat.* = Salústio Crispo, *A conjuração de Catilina.*

Salústio, *Bell. Jug.* = Salústio Crispo, *A guerra de Jugurta.*

SEG = Roussel, P., Tod, M., Ziebarth, E., & Hondius, J. (orgs.), *Supplementum Epigraphicum Graecum* (1923-).

Serv. = Sérvio.

Estrabão, *Geog.* = Estrabão, *Geografia.*

Valério Máximo = Valério Máximo, *Fatos e ditos memoráveis.*

Veleio Patérculo = Veleio Patérculo, *História romana.*

Bibliografia

Livros

Adcock, F. *The Roman Art of War under the Republic* (1940).

Ashton, S. *The Last Queens of Egypt* (2003).

———. *Cleopatra and Egypt* (2008).

Austin, M. *The Hellenistic World from Alexander to the Roman Conquest: A Selection of Ancient Sources in Translation* (1981).

Austin, N. & Rankov, B. *Exploratio: Military and Political Intelligence in the Roman World from the Second Punic War to the Battle of Adrianople* (1995).

Badian, E. *Publicans and Sinners* (1972).

Bagnall, R. & Frier, B., *The Demography of Roman Egypt* (1994).

Barrett, A. *Livia: First Lady of Imperial Rome* (2002).

Beard, M. *The Roman Triumph* (2007).

Bernard, A. *Alexandrie des Ptolémées* (1995).

———. *Alexandrie la Grande* (1998).

Bianchi, R. *Cleopatra's Egypt: Age of the Ptolemies* (1988).

Bingen, J. *Hellenistic Egypt: Monarchy, Society, Economy, Culture* (2007).

Bowman, A. *Egypt after the Pharaohs: 332 BC-AD 642 — from Alexander to the Arab conquest* (1986).

Broughton, T. & Patterson, M. *The Magistrates of the Roman Republic*, vol. 2 (1951).

Brunt, P. *Italian Manpower 225 BC-AD 14* (1971).

522 ANTÔNIO E CLEÓPATRA

Burnstein, S. *The Reign of Cleopatra* (2004).

Carter, J. *The Battle of Actium: The Rise and Triumph of Augustus Caesar* (1970).

Cartledge, P. *Alexander the Great: The Hunt for a New Past* (2004).

Chauveau, M. *Egypt in the Age of Cleopatra* (trad. Lorton, D.) (2000).

Crawford, M. *Roman Republican Coinage* (1974).

Cunliffe, B. *Greeks, Romans and Barbarians: Spheres of Interaction* (1988).

Dixon, N. *On the Psychology of Military Incompetence* (1994).

Dixon, S. *The Roman Mother* (1988).

Dunand, E. & Zivie-Coche, C. *Gods and Men in Egypt 3000 BCE to 395 BCE* (trad. Lorton, D.) (2002).

Ellis, W. *Ptolemy of Egypt* (1994).

Empereur, J-Y. *Alexandria Rediscovered* (1998).

Evans, R. *Caius Marius* (1994).

Finneran, N. *Alexandria: A City and Myth* (2005).

Fletcher, J. *Cleopatra the Great: The Woman Behind the Legend* (encadernado 2008, brochura 2009).

Fraser, P. *Ptolemaic Alexandria*, 3 vols. (1972).

Gabba, E. *The Roman Republic, the Army and the Allies* (trad. Cuff, P.) (1976).

Gelzer, M. *Caesar* (trad. Needham, P.) (1968).

Goddio, F. *L'Égypte Engloutie: Alexandrie* (2002).

Goddio, F. com Bernard, A., Bernard, E., Darwish, 1., Kiss, Z., & Yoyotte, J., *Alexandria: The Submerged Royal Quarters* (1998).

Goldsworthy, A. *The Roman Army at War 100 BC-AD 200* (1996).

_____· *In the Name of Rome* (2003).

_____· *Caesar: The Life of a Colossus* (2006).

Grant, M. *Cleopatra* (1972).

Green, P. *Alexander to Actium: The Historical Evolution of the Hellenistic Age* (1990).

Grenfell, B., Hunt, A. et al. (orgs.). *The Oxyrhynchus Papyri* (1898–).

Grimal, P. *Love in Ancient Rome* (1986).

Grimm, G. *Alexandria: Die erste Königsstadt der hellenistischen Welt* (1998).

Gruen, E. *Roman Politics and the Criminal Courts, 149-78 BC* (1968).

_____· *The Last Generation of the Roman Republic* (1974).

_____· *The Hellenistic World and the Coming of Rome*, vol. 2 (1984).

BIBLIOGRAFIA

Gwynn, A. *Roman Education* (1926).

Hamer, M. *Signs of Cleopatra: History, Politics, Representation* (1993).

Hardy, E. *The Catilinarian Conspiracy in its Context: A Re-study of the Evidence* (1924).

Hölbl, G. *A History of the Ptolemaic Empire* (trad. Saavedra, T.) (2001).

Hopkins, K. *Conquerors and Slaves* (1978).

Hughes-Hallett, L. *Cleopatra: Queen, Lover, Legend* (1990, reeditado com novo posfácio 2006).

Jeffrey Tatum, W. *The Patrician Tribune: Publius Clodius Pulcher* (1999).

Keaveney, A. *Sulla: The Last Republican* (1982).

Keppie, L. *The Making of the Roman Army* (1984).

Kleiner, D. *Cleopatra and Rome* (2005).

Lampela, A. *Rome and the Ptolemies of Egypt: The Development of their Political Relations 273-80 BC* (1998).

Lane Fox, R. *The Classical World: An Epic History from Homer to Hadrian* (2006).

Lewis, N. *Creeks in Ptolemaic Egypt: Case Studies in the Social History of the Hellenistic World* (1986).

Lintott, A. *The Constitution of the Roman Republic* (1999).

Marrou, H. *A History of Education in Antiquity* (1956).

Matyszak, P. *Mithridates the Creat: Rome's Indomitable Enemy* (2008).

Mayor, A. *The Poison King: The Life and Legend of Mithridates* (2009).

Meier, C. *Caesar* (trad. McLintock, D.) (1996).

Millar, F. *The Crowd in the Late Roman Republic* (1998).

Mitchell, T. *Cicero: The Ascending Years* (1979).

_____. *Cicero: The Senior Statesman* (1991).

Morrison, J. & Coates, J. *Greek and Roman Oared Warships* (1996).

Mouritsen, H. *Plebs and Politics in the Late Roman Republic* (2001).

Murray, W. & Petsas, P. *Octavian's Campsite Memorial for the Actian War*, Transactions of the American Philosophical Society 79. 4 (1989), pp. 133-134.

Osgood, J. *Caesar's Legacy: Civil War and the Emergence of the Roman Empire* (2006).

524 ANTÔNIO E CLEÓPATRA

Parkin, T. *Demography and Roman Society* (1992).

Pelling, C. (org.). *Plutarch: Life of Antony* (1988).

Pitassi, M. *The Navies of Rome* (2009).

Pomeroy, S. *Women in Hellenistic Egypt* (1984).

Powell, A. *Virgil the Partisan: A Study in the Re-integration of Classics* (2008).

Preston, D. & Preston, M., *Cleopatra and Antony* (2008).

Rawson, B. *Children and Childhood in Roman Italy* (2003).

Rawson, E. *Cicero* (1975).

Rice, E. *Cleopatra* (1999).

Rice Holmes, T. *The Roman Republic and the Founder of the Empire*, 3 vols. (1923–1928).

Rich, J. *Declaring War in the Roman Republic in the Period of Transmarine Expansion* (1976).

Roberts, A. *Mark Antony: His Life and Times* (1988).

Roth, J. *The Logistics of the Roman Army at War (264 BC-AD 235)* (1999).

Roymans, N. *Tribal Societies in Northern Gaul: An Anthropological Perspective*, Cingula 12 (1990).

Saller, R. *Personal Patronage in the Early Empire* (1982).

Samuel, A. *From Athens to Alexandria: Hellenism and Social Goals in Ptolemaic Egypt* (1983).

Scheidel, W. *Measuring Sex, Age, and Death in the Roman Empire: Explorations in Ancient Demography*, JRA Supplementary Series 21 (1996).

Scheidel, W. *Death on the Nile: Disease and the Demography of Roman Egypt* (2001).

Schürer, E. Vermes, G., & Millar, E., *The History of the Jewish People in the Age of Jesus Christ*, vol. 1 (1973).

Seager, R. *Pompey the Great* (2ª ed., 2002).

Shaw, I. (org.). *The Oxford History of Ancient Egypt* (2000).

Sheppard, S. *Actium: Downfall of Antony and Cleopatra*, Osprey Campaign Series 211 (2009).

Sherk, R. *Roman Documents from the Greek East* (1969).

Sherwin-White, A. *Roman Foreign Policy in the East 168 BC to AD 1* (1984).

Shipley, G. *The Greek World after Alexander 323–30 BC* (2000).

Southern, P. *Mark Antony* (1998).

BIBLIOGRAFIA

525

_____.*Antony and Cleopatra* (encadernado 2007, brochura 2009).

Stockton, D. *Cicero: A Political Biography* (1971).

Syme, R. *The Roman Revolution* (1939, brochura 1960).

Taylor, L. *Party Politics in the Age of Caesar* (1949).

_____.*Roman Voting Assemblies: From the Hannibalic War to the Dictatorship of Caesar* (1966).

Thompson, D. *Memphis under the Ptolemies* (1988).

Treggiari, S. *Roman Marriage* (1991).

Tyldesley, J. *Cleopatra: Last Queen of Egypt* (encadernado 2008, brochura 2009).

Walbank, F. *The Hellenistic World* (3ª ed., 1992).

Walker, S. & Higgs, P. (orgs.), *Cleopatra of Egypt: From History to Myth* (2001).

Walker, S. & Ashton, S. (orgs.), *Cleopatra Reassessed* (2003).

Ward, A. *Marcus Crassus and the Late Roman Republic* (1977).

Watson, G. *The Roman Soldier* (1969).

Weigel, R. *Lepidus: The Tarnished Triumvir* (1992).

Welch, K. & Powell, A. (orgs.). *Sextus Pompeius* (2002).

Weinstock, S. *Divus Julius* (1971).

Yazetz, Z. *Julius Caesar and his Public Image* (1983).

Zanker, P. *The Power of Images in the Age of Augustus* (trad. Shapiro, A.) (1988).

Artigos

Badian, E. "The Early Career of A. Gabinius (cos. 58 BC)", *Philologus* 103 (1958), pp. 87-99.

Bagnall, R. "Greeks and Egyptians: Ethnicity, Status and Culture", in Bianchi, R. (org.), *Cleopatra's Egypt: Age of the Ptolemies* (1988), pp. 21-25.

Bennett, C. "Cleopatra Tryphaena and the Genealogy of the Later Ptolemies", *Ancient Society* 28 (1997), pp. 39-66.

Bradley, K. "Wet-nursing at Rome: A Study in Social Relations", in Rawson, B. (org.), *The Family in Ancient Rome* (1986), pp. 201-229.

Carson, R. "Caesar and the Monarchy", *Greece and Rome* 4 (1957), pp. 46-53.

Clarysee, W. "Greeks and Egyptians in the Ptolemaic Army and Administration", *Aegyptus* 65 (1985), pp. 57-66.

Clarysee, W. "Ethnic Diversity and Dialect among the Greeks of Egypt", in Verhoogt, A., & Vleeming, S. (orgs.), *The Two Faces of Graeco-Roman Egypt: Greek and Demotic and Greek-Demotic Texts and Studies Presented to P. W. Pestman* (1998), pp. 1-13.

Erskine, A. "Culture and Power in Ptolemaic Egypt: The Museum and Library of Alexandria", *Greece & Rome* 42 (1995), pp. 38-48.

Fraser, P. "Mark Antony in Alexandria — A *Note*", *JRS* 47 (1957), pp. 71-74.

Gabba, E. "The Perusine War and Triumviral Italy", *Harvard Studies in Classical Philology* 75 (1971), pp. 139-160.

Goudchaux, G. "Cleopatra's Subtle Religious Strategy", in Walker, S., & Higgs, P. (orgs.), *Cleopatra of Egypt: From History to Myth* (2001), pp. 128-141.

_____. "Was Cleopatra Beautiful? The Conflicting Answers of Numismatics", in Walker, S., & Higgs, P. (orgs.), *Cleopatra of Egypt: From History to Myth* (2001), pp. 210-214.

_____. "Cleopatra the Seafarer Queen: Strabo and India", in Walker. S., & Ashton, S. (orgs.), *Cleopatra Reassessed* (2003), pp. 109-111.

Grimm, G. "Alexandria in the Time of Cleopatra", in Walker, S., & Ashton. S. (orgs.), *Cleopatra Reassessed* (2003), pp. 45-49.

Gruen, E. "P. Clodius: Instrument or Independent Agent?", *Phoenix* 20 (1966). pp. 120-130.

_____. "Cleopatra in Rome: Facts and Fantasies", in Braund, O., & Gill, C. (orgs.), *Myths, History and Culture in Republican Rome: Studies in Honour of T. P. Wiseman* (2003), pp. 257-274.

Hammond, N. "The Macedonian Imprint on the Hellenistic World", in Green. P. (org.), *Hellenistic History and Culture* (1993), pp. 12-37.

Harrington, O. "The Battle of Actium: A Study in Historiography", *Ancient World* 9. 1-2 (1984), pp. 59-64.

Huzar, E. "Mark Antony: Marriages vs. Careers", *The Classical Journal* 81. 2 (1986), pp. 97-111.

Johansen, F. "Portraits of Cleopatra — Do They Exist?", in Walker, S., & Ashton. S. (orgs.), *Cleopatra Reassessed* (2003), pp. 75-77.

Johnson, J. "The Authenticity and Validity of Antony's Will", *L'Antiquité Classique* 47 (1978), pp. 494-503.

BIBLIOGRAFIA

Kennedy, O. "Parthia and Rome: Eastern Perspectives", in Kennedy, D. (org.), *The Roman Army in the East*, *JRA* Supplement 18 (1996), pp. 67-90.

Keppie, L. "A Centurion of *Legio Martia* at Padova?", *Journal of Roman Military Equipment Studies* 2 (1991), pp. 115-121 (também publicado como Keppie, L., *Legions and Veterans: Roman Army Papers 1971-2000* (2000), pp. 68-74.

_____."Mark Antony's Legions", in Keppie, L., *Legions and Veterans: Roman Army Papers 1971-2000* (2000), pp. 75-96.

Lintott, A. "P. Clodius Pulcher — Felix Catilina", *Greece and Rome* 14 (1967), pp. 157-169.

_____."Electoral Bribery in the Roman Republic", *JRS* 80 (1990), pp. 1-16.

Maehler, H. "Alexandria, the Mouseion, and Cultural Identity", in Hirst, A., & Silk, M. (orgs.), *Alexandria, Real and Imagined* (2004), pp. 1-14.

Mendels, D. "The Ptolemaic Character of Manetho's *Aegyptica*", in Verdin, H., Schepens, G., & De Keyser, E. (orgs.), *Purposes of History: Proceeding of the International Colloquim — Leuven, 24-26 May 1988* (1990), pp. 91-110.

Millar, E. "Triumvirate and Principate", *JRS* 63 (1973), pp. 50-67.

Murray, W. "The Development and Design of Greek and Roman Warships (399-30 BC)", *JRA* 12 (1999), pp. 520-525.

Purcell, N. "Literate Games: Roman Urban Society and the Game of *Alea*", *Past & Present* 147 (1995), pp. 3-37.

Rankov, B. "The Second Punic War at Sea", in Cornell, T., Rankov, B., & Sabin, P. (orgs.), *The Second Punic War: A Reappraisal* (1996), pp. 49-56.

Rathbone, D. "Villages, Land and Population in Graeco-Roman Egypt", *Proceedings of the Cambridge Philological Society* 36 (1990), pp. 103-142.

_____. "Ptolemaic to Roman Egypt: The Death of the Dirigiste State?", in Lo Cascio, E., & Rathbone, D. (orgs.), *Production and Public Powers in Classical Antiquity* (2000), pp. 44-54.

Rawson, E. "Caesar's Heritage: Hellenistic Kings and their Roman Equals", *JRS* 65 (1975), pp. 148-159.

Ray, J. "Alexandria", in Walker, S., & Higgs, P. (orgs.), *Cleopatra of Egypt: From History to Myth* (2001), pp. 32-37.

528 ANTÔNIO E CLEÓPATRA

————·"Cleopatra in the Temples of Upper Egypt: The Evidence of Dendera and Armant", in Walker, S., & Ashton, S. (orgs.), *Cleopatra Reassessed* (2003), pp. 9–11.

Rundell, W. "Cicero and Clodius: The Question of Credibility", *Historia 28* (1979), pp. 301–328.

Salmon, E. "Catiline, Crassus, and Caesar", *American Journal of Philology 56* (1935), pp. 302–316.

Salway, B. "What's in a Name? A Survey of Roman Onomastic Practice from 700 BC-AD *700*", *JRS* 84 (1994), pp. 124–145.

Scott, K. "The Political Propaganda of 44–30 BC", *Memoirs of the American Academy in Rome* 11 (1933), pp. 7–49.

Seaver, J. "Publius Ventidius: Neglected Roman Military Hero", *The Classical Journal* 47 (1952), pp. 275–280 e 300.

Siani-Davies, M. "Ptolemy XII Auletes and the Romans", *Historia* 46 (1997), pp. 306–340.

Syme, R. "The Allegiance of Labienus," *JRS* 28 (1938), pp. 113–125.

Tait, J. "Cleopatra by Name", in Walker, S., & Ashton, S. (orgs.), *Cleopatra Reassessed* (2003), pp. 3–7.

Tarn, W. "The Bucheum Stelae: A *Note*", *JRS* 26 (1936), pp. 187–189.

Tchemia, A. "Italian Wine in Gaul at the End of the Republic", in Garnsey, P., Hopkins, K., & Whittaker, C. (orgs.), *Trade in the Ancient Economy* (1983), pp. 87–104.

Thompson, D. "Cleopatra VII: The Queen in Egypt", in Walker, S. & Ashton, S. (orgs.), *Cleopatra Reassessed* (2003), pp. 31–34.

Tyrell, W. "Labienus' Departure from Caesar in January 49 BC", *Historia* 21 (1972), pp. 424–440.

Ullman, B. "Cleopatra's Pearls", *The Classical Journal* 52. 5 (Fev. 1957), pp. 193–201.

Van Minnen, P. "An Official Act of Cleopatra (with a Subscription in her Own Hand)", *Ancient Society* 30 (2000), pp. 29–34.

————·"A Royal Ordinance of Cleopatra and Related Documents", in Walker, S. & Ashton, S. (orgs.), *Cleopatra Reassessed* (2003), pp. 35–44.

Walker, S. "Cleopatra's Images: Reflections of Reality", in Walker, S., & Higgs. P. (orgs.), *Cleopatra of Egypt: From History to Myth* (2001), pp. 142–147.

BIBLIOGRAFIA

_____. "Cleopatra VII at the Louvre", in Walker, S. & Ashton, S. (orgs.). *Cleopatra Reassessed* (2003), pp. 71-74.

Welch, K. "Caesar and his Officers in the Gallic War Commentaries", in Welch. K. & Powell, A. (orgs.), *Julius Caesar as Artful Reporter: The War Commentaries as Political Instruments* (1998), pp. 85-110.

Winnicki, J. "Carrying off and Bringing Home the Statues of the Gods", *Journal of Juristic Papyrology* 24 (1994), pp. 149-190.

Yakobson, A. "Petitio et Largitio: Popular Participation in the Centuriate Assembly of the Late Republic", *JRS* 8 (1992), pp. 32-52.

BIBLIOGRAFIA

Notas

Introdução

1. Plutarco, *Caesar* 15 para os números de um milhão de mortos e o mesmo tanto de escravizados durante as campanhas gálicas.
2. Citação de P. Green, *Alexander to Actium: The Historical Evolution of the Hellenistic Age* (1990), p. 664.
3. Apenas nesses últimos poucos anos, várias biografias de Cleópatra foram publicadas, incluindo J. Tyldesley, *Cleopatra: Last Queen of Egypt* (encadernado 2008, brochura 2009), J. Fletcher, *Cleopatra the Great: The Woman Behind the Legend* (encadernado 2008, brochura 2009) e a mais breve de S. Ashton, *Cleopatra and Egypt* (2008), dando sequência àquela do mesmo autor, *The Last Queens of Egypt* (2003). Outras contribuições recentes incluem S. Burnstein, *The Reign of Cleopatra* (2004), e E. Rice, *Cleopatra* (1999). Houve também duas biografias do casal: D. Preston & M. Preston, *Cleopatra and Antony* (2008), que inverteu notavelmente a ordem habitual dos seus nomes para enfatizar Cleópatra, e P. Southern, *Antony and Cleopatra* (encadernado 2007, brochura 2009), baseada em biografias individuais anteriores do casal do mesmo autor. Não houve biografias dedicadas a Antônio desde P. Southern, *Mark Antony* (1998), e A. Roberts, *Mark Antony: His Life and Times* (1988), e livros consagrados a Cleópatra têm sempre sido muito mais comuns. O mesmo se aplica a documentários para a televisão.

532 ANTÔNIO E CLEÓPATRA

4. R. Syme, *The Roman Revolution* (1939, brochura 1960) continua a ser um dos mais importantes estudos desse período. Escrevendo na época em que ditadores fascistas na Alemanha e na Itália ameaçavam desencadear uma nova guerra mundial, o autor não gostava muito de Otaviano, o que encorajou certa generosidade em seu tratamento de Antônio — "o leal e cortês soldado", Syme (1960), p. 104.

5. Para estudos gerais sobre o período helenístico, ver F. Walbank, *The Hellenistic World* (3ª ed., 1992), G. Shipley, *The Greek World after Alexander 323-30 BC* (2000), e Green (1990).

6. Tanto Tyldesley como Fletcher são egiptólogos e, naturalmente, desenvolvem este veio mais vigorosamente e em mais detalhe do que os elementos gregos ou romanos. Por exemplo, observe as alusões a Hatshepsut, que governou como rainha-faraó no século V a.C., em Tyldesley (2009), pp. 45, 121, Fletcher (2008), pp. 43, 82-83, 86, e o interesse particular por iconografia tradicional. Em si mesmo, isso não é ruim nem particularmente valioso para classicistas que careçam de conhecimento sobre a história egípcia anterior. O perigo é que acaba dominando a narrativa da própria época e da própria cultura de Cleópatra. Ashton tem mais bagagem clássica, mas optou abertamente por enfatizar os aspectos egípcios da rainha, sentindo que haviam sido negligenciados, e quis "considerá-la como uma governante do Egito, não como uma monarca grega" — Ashton (2008), p. 3, cf. p. 1. Seu estudo concentrou-se particularmente em representações da rainha na arte.

7. P. van Minnen, "An Official Act of Cleopatra (with a Subscription in her Own Hand)", *Ancient Society* 30 (2000), pp. 29-34.

8. Plutarco, ver o excelente comentário de C. Pelling (org.), *Plutarch: Life of Antony* (1988).

9. O comentário foi feito por W. Tarn, em S. Cook, E. Adcock & M. Charlesworth (orgs.), *The Cambridge Ancient History*, Vol. X: *The Augustan Empire 44 BC-AD 70* (reeditado com correções em 1952), p. 111 — "Pois Roma, que nunca havia transigido temer alguma nação ou povo, temeu efetivamente em seu tempo dois seres humanos; um foi Aníbal, e o outro foi uma mulher."

NOTAS

1. As duas terras

1. Como parte de uma história que escreveu em grego a pedido de Ptolomeu II, um sacerdote egípcio chamado Maneton estabeleceu uma lista de faraós. Ela sobrevive apenas em fragmentos citados em fontes muito posteriores, ver D. Mendels, "The Ptolemaic Character of Manetho's *Aegyptica*", em H. Verdin, G. Schepens & E. De Keyser, *Purposes of History: Proceeding International Colloquim — Leuven*, 24-26 maio 1988 (1990), pp. 91-1 10. Para história egípcia anterior em geral, I. Shaw (org.), *The Oxford History of Ancient Egypt* (2000) é uma introdução útil.

2. Para asserções sobre o tamanho da população do Egito, ver Josefo, *BJ* 2. 385, Diodoro Sículo 1. 31. 6-9, com R. Bagnall & B. Frier, *The Demography of Roman Egypt* (1994), T. Parkin, *Demography and Roman Society* (1992), W. Scheidel, *Measuring Sex, Age, and Death in the Roman Empire: Explorations in Ancient Demography, JRA* Supplementary Series 21 (1996), e D. Rathbone, "Villages, Land and Population in Graeco-Roman Egypt", *Proceedings of the Cambridge Philological Society* 36 (1990), pp.103-142.

3. Ver F. Dunand & C. Zivie-Coche, *Gods and Men in Egypt 3000 BCE to 395 CE* (trad. Lorton) (2002), esp. pp. 197-199.

4. Plutarco, *César* 11, Suetônio, *César* 7. 1-2, e Díon 37. 52. 2.

5. P. Green, *Alexander to Actium: The Historical Evolution of the Hellenistic Age* (1990), pp. 3-7, e F. Walbank, *The Hellenistic World* (3ª ed. corrigida, 1992), pp. 29-45.

6. Para discussão e fontes, ver Green (1990), pp. 3-20.

7. J. Bingen, *Hellenistic Egypt: Monarchy, Society, Economy, Culture* (2007), p. 24.

8. Para a carreira de Ptolomeu I, ver W. Ellis, *Ptolemy of Egypt* (1994); sobre língua, ver W. Clarysee, "Ethnic Diversity and Dialect among the Greeks of Egypt", em A. Verhoogt & S. Vleeming (orgs.), *The Two Faces of Graeco-Roman Egypt: Greek and Demotic and Demotic Texts and Studies Presented to P. W Pestman* (1998), pp. 1-13.

9. Para uma discussão introdutória sobre o que aconteceu em Siuá, ver P. Cartledge, *Alexandre the Great: The Hunt for a New Past* (2004), pp. 265-270.

10. Walbank, (1992), pp. 108-110.

534   ANTÔNIO E CLEÓPATRA

11. W. Scheidel, *Death on the Nile: Disease and the Demography of Roman Egypt*, pp. 184-248.
12. R. Bagnall, "Greeks and Egyptians: Ethnicity, Status and Culture", em R. Bianchi (org.) *Cleopatra's Egypt: Age of the Ptolemies* (1988), pp. 21-25, N. Lewis, *Greeks in Ptolemaic Egypt: Case Studies in the Social History in the Hellenistic World* (1986), pp. 26-35, 69-87 e 124-154; para o testamento do soldado, ver W. Clarysee, "Greeks and Egyptians in the Ptolemaic Army and Administration", *Aegyptus* 65 (1985), pp. 57-66, esp. 65.
13. Lewis (1986), pp. 104-123, e Clarysee (1985), pp. 57-66.

2. A "Loba": República de Roma

1. A. Lampela, *Rome and the Ptolemies of Egypt: The Development of their Political Relations 273-80 BC* (1998), pp. 50-51, E. Gruen, *The Hellenistic World and the Coming of Rome*, vol. 2 (1984), pp. 672-719, esp. 673-678, e P. Green, *Alexander to Actium: The Historical Evolution of the Hellenistic Age* (1990), pp. 146 e 231.
2. Gruen (1984), pp. 674-677.
3. F. Walbank, *The Hellenistic World* (3ª ed., 1992), pp. 228-240. Deu-se uma breve relutância do povo romano em votar a favor da guerra tão celeremente após o fim da Segunda Guerra Púnica. Essa relutância foi rapidamente superada, ver Lívio 31. 59.
4. Políbio 1. 1. 5 (trad. Loeb, de W. Paton (1922)).
5. Sobre o desenvolvimento do exército, ver L. Keppie, *The Making of the Roman Army* (1984), pp. 14-63, e, em geral, F. Adcock, *The Roman Art of War under the Republic* (1940), P. Brunt, *Italian Manpower 225 BC-AD 14* (1971), e E. Gabba, *The Roman Republic, the Army and the Allies* (trad. P. Cuff) (1976).
6. E. Badian, *Publicans and Sinners* (1972).
7. Para o impacto econômico do imperialismo, ver K. Hopkins, *Conquerors and Slaves* (1978); sobre o comércio de vinho, ver B. Cunliffe, *Greeks, Romans and Barbarians: Spheres of Interaction* (1988), pp. 59-105, esp. p. 74, N. Roymans, *Tribal Societies in Northern Gaul: An Anthropological Perspective*, Cingula 12 (1990), pp. 147-167, e A. Tchernia, "Italian Wine in

NOTAS 535

Gaul at the End of the Republic", em P. Garnsey, K. Hopkins & C. Whittaker (orgs.), *Trade in the Ancient Economy* (1983), pp. 87-104.

8. Plutarco, *Tiberius Gracchus* 9 (trad. Penguin, de I. Scott-Kilvert (1965).

9. Catulo 10; Cícero, *Verrines* 1. 40.

10. Ver M. Beard, *The Roman Triumph* (2007) para uma discussão detalhada sobre os triunfos, enfatizando em particular as variações nos rituais.

3. Os ptolomeus

1. Para terras conquistadas pela lança e a natureza da realeza helenística, ver P. Green, *Alexander to Actium: The Historical Evolution of the Hellenistic Age* (1990), pp. 5, 187, 194, 198 e 367, e N. Hammond, "The Macedonian Imprint on the Hellenistic World", em P. Green (org.), *Hellenistic History and Culture* (1993), pp. 12-37.

2. Ver J. Bingen, *Hellenistic Egypt: Monarchy, Society, Economy, Culture* (2007), pp. 15-30, esp. 18-19; para histórias de que Filipe era seu pai, ver Cúrcio 9. 8. 22, Pausânias 1. 6. 2.

3. R. Bianchi, *Cleopatra's Egypt: Age of the Ptolemies* (1988), pp. 29-39, F. Dunand & C. Zivie-Coche, *Gods and Men in Egypt 3000 BCE-395 BCE* (trad. D. Lorton) (2002), pp.197-341, esp. pp. 199-210, N. Lewis, *Greeks in Ptolemaic Egypt: Case Studies in the Social History* of the Hellenistic World (1986), pp. 4-5, e M. Chauveau, *Egypt in the Age* of Cleopatra (trad. D. Lorton) (2000), pp. 37-39, 100-109; sobre a devolução de objetos tomados pelos persas, ver J. Winnicki, "Carrying off and Bringing Home the Statues of the *Gods*", *Journal of Juristic Papyrology* 24 (1994), pp. 149-190.

4. Diodoro Sículo 20. 100. 3-4, com Green (1990), pp. 32-33.

5. Em geral, ver A. Erskine, "Culture and Power in Ptolemaic Egypt: The Museum and Library of Alexandria", *Greece & Rome* 42 (1995), pp. 38-48, e G. Shipley, *The Greek World after Alexander 323-30 BC* (2000), p. 243; sobre a aquisição agressiva de livros, ver Galeno, *Comm. In Hipp. Epid.* iii, *CMG* 5. 10. 2. 1, pp. 78-79.

6. Ver Shipley (2000), p. 139.

7. Para Arsínoe em geral, ver S. Pomeroy, *Women in Hellenistic Egypt* (1984), pp. 14-20, e Bingen (2007), pp. 30-31.

536 ANTÔNIO E CLEÓPATRA

8. Políbio 5. 34. 1-11, 15. 25. 1-33. 13.
9. Políbio 5. 107. 1-3, e em geral Shipley (2000), pp. 203-205.
10. M. Austin, *The Hellenistic World from Alexander to the Roman Conquest: A Selection of Ancient Sources in Translation* (1981), p. 227.
11. Políbio 15. 20. 1-2.
12. Políbio 29. 27. 1-11, Lívio 45. 12. 3-8.
13. Green (1990), pp. 442-446.
14. Green (1990), pp. 537-543, Pomeroy (1984), pp. 23-24, e Chauveau (2000), pp. 14-16.
15. Políbio 34. 14. 1-7, Estrabão, *Geog.* 17. I. 12.
16. Lewis (1986), pp. 15-20 e 29-30, A. Samuel, *From Athens to Alexandria: Hellenism and Social Goals in Ptolemaic Egypt* (1983), pp. 110-117, e Shipley (2000), pp. 232-234; para o Oráculo do Oleiro, ver S. Burnstein, *The Reign of Cleopatra* (2004), pp. 142-143.
17. Ver Green (1990), pp. 158-160.
18. Diodoro 33. 28b. 1-3, Ateneu 6. 273a.

4. O orador, o esbanjador e os piratas

1. Sobre nascimentos neste período, ver B. Rawson, *Children and Childhood in Roman Italy* (2003), esp. pp. 99-113; para uma lápide especialmente pungente, ver aquela de "Ertola, na verdade chamada Vellibia, que viveu mui felizmente quatro anos e dezesseis dias", em Corbridge, a qual é decorada com um entalhe pueril da pequenina brincando com uma bola, *RIB* 1181. Também havia uma tradição de períodos muito específicos, mesmo para adultos, em lápides de algumas partes da Itália.
2. Para um exame geral do significado dos nomes romanos, ver B. Salway, "What's in a Name? A Survey of Roman Onomastic Practice from 700 BC-AD 700", *JRS* 84 (1994), pp. 124-145, esp. pp. 124-131.
3. Cícero, *Brutus* 138-141 (trad. Loeb).
4. Valério Máximo 3. 7. 9, 6. 8. 1, e ver E. Gruen, *Roman Politics and the Criminal Courts, 149-78 BC* (1968), pp. 127-132.
5. Para Mitrídates e suas guerras com Roma, ver P. Matyszak, *Mithridates the Great: Rome's Indomitable Enemy* (2008), e A. Mayor, *The Poison King: The Life and Legend of Mithridates* (2009).

NOTAS 537

6. Para a carreira de Mário, ver A. Goldsworthy, *In the Name of Rome* (2003), pp.113-136, e, para mais detalhes, R. Evans, *Gaius Marius* (1994); para Sula, ver A. Keaveney, *Sulla: The Last Republican* (1982).

7. Apiano, *BC* 1. 72, Plutarco, *Marius* 44, Valério Máximo 8. 9. 2.

8. Valério Máximo 9. 2. 2 (trad. Loeb, de D. Shackleton Bailey); para cabeças postas em exibição na Rostra por Mário, ver Lívio, *Pers.* 80.

9. Foi às vezes sugerido que Antônio nasceu em 86 a.C., mas os indícios não são convincentes; a data de 83 a.C. é hoje universalmente aceita.

10. Plutarco, *Sulla* 3 1; sobre as proscrições, ver Keaveney (1982), pp. 148-168, Apiano, *BC* 1. 95, e Veleio Patérculo 2. 31. 3-4.

11. Plutarco, *Sulla* 38.

12. Plutarco, *Antonius* I, com C. Pelling (org.), *Plutarch: Life of Antony* (1988), pp. 117-120, Salústio, *Historiarum* 3. 3.

13. P. Ascônio 259, cf. Plutarco, *Luculus* 5-6.

14. Veleio Patérculo 2. 3 I. 4.

15. Sobre a falta de suprimentos para Pompeu na guerra contra Sertório, ver Plutarco, *Sertorius* 21; sobre as guerras contra os piratas, ver Cícero, *2 Verrines* 2. 2. 8, 3. 213-216, Lívio, *Pers.* 97, Salústio. *Historiarum* 3. 4-7, mais prontamente acessível em Salústio: *The Histories: Volume 2* (trad. de P. McGushin) (1994), pp. 64-70 e 122-125.

16. Cícero, *Filípicas* 2. 44.

5. O oboísta

1. P. Green, *Alexander to Actium: The Historical Evolution of the Hellenistic Age* (1990), pp. 480-496, G. Shipley, *The Greek World after Alexander 323-30 BC* (2000), pp. 346-350, F. Walbank, *The Hellenistic World* (1992), pp. 189-190, e M. Chauveau, *Egypt in the Age of Cleopatra* (trad. D. Lorton) (2000), pp. 176-177.

2. Em geral, ver G. Hölbl, *A History of the Ptolemaic Empire* (trad. T. Saavedra) (2001), pp. 204-214, e D. Thompson em *CAH*² IX (1994), pp. 310-317; para a inscrição, ver Hölbl (2001), p. 204, nota de rodapé. 121.

3. Hölbl (2001), pp. 210-211, in *CAH*² IX (1994), pp. 316-317.

4. Para uma discussão abrangente, ver C. Bennett, "Cleopatra Tryphaena and the Genealogy of the Later Ptolemies", *Ancient Society* 28 (1997), pp. 39-66, esp. 43-45.

538 ANTÔNIO E CLEÓPATRA

5. Um Ptolomeu mencionado como um menino (*puer*) por Cícero, *De reg. Alex.* F9, ver discussão em Bennett (1997). pp. 47 e 48–51, que argumenta que a referência não diz respeito a Ptolomeu XII.

6. Sula enviara seu questor, Lúcio Licínio Lúculo, ver Plutarco, *Luculus* 2. 2–3. 3.

7. Uma visita de um senador em 112 a.C. é descrita em algum detalhe em *Tebtunis Papyrus* 1. 33, ver Hölbl (2001), p. 207.

8. Cícero, *Agr.* 1. 1,2.41–42, *CAH²* IX (1994), p. 316; Ptolomeu Evérgeta II já havia legado a Cirene a Roma em 155 a.C., embora isso não seja mencionado em nenhuma fonte literária e seja de nosso conhecimento através de uma inscrição, *SEG* 9.7.

9. Cícero, *Verrines* 2. 4. 61–68.

10. Hölbl, (2001), pp. 223–225, *CAH²* IX (1994), pp. 318–319.

11. O "jovem carniceiro", Valério Máximo 6. 2. 8; para o começo da carreira de Pompeu em geral, ver R. Seager, *Pompey the Great* (2002), pp. 20–39.

12. Ver Plutarco, *Crassus* 2–3, e A. Ward, *Marcus Crassus and the Late Roman Republic* (1977), pp. 46–57.

13. Para a campanha contra os piratas, ver Apiano, *Mithridatic Wars* 91–93, Plutarco, *Pompeu* 26–28, e A. Goldsworthy, *In the Name of Rome* (2003), pp. 164–169.

14. Goldsworthy (2003), pp. 169–179.

15. Para presentes dados a Pompeu, ver Josefo, *AJ* 14. 35, Apiano, *A guerra de Mitrídates* 114 e Plínio, *NH* 33. 136; sobre a tentativa de anexar o Egito, ver Plutarco, *Crassus* 13, Suetônio, *Caesar* 11 e Díon 37. 9. 3–4; Ward (1977), pp. 128–135, M. Gelzer, *Caesar* (1968), pp. 39–41.

16. Cícero, *Agr.* 2. 43, Hölbl (2001), pp. 224–225, e, para mais detalhes sobre a lei agrária proposta por Rulo, ver Gelzer (1968), pp. 42–45, D. Stockton, *Cicero: A Political Biography* (1971), pp. 84–91, T. Rice Holmes, *The Roman Republic and the founder of the Empire*, vol. 1 (1928), pp. 242–249, e Ward (1977), pp. 152–162.

17. Seager (2002), pp. 75–85.

18. Sobre o triunvirato e o consulado, ver A. Goldsworthy, *Caesar: The Life of a Colossus* (2006), pp. 158–181.

NOTAS

19. Suetônio, *Caesar* 54. 3, com M. Siani-Davies, "Ptolemy XII Auletes and the Romans", *Historia* 46 (1997), pp. 306–340, esp. 315–316.

20. A. Sherwin-White, *Roman Foreign Policy in the East 168 BC to AD 1* (1984), pp. 268–270, que é cético quanto à possibilidade de Chipre render muito dinheiro a Roma a curto prazo.

21. Sobre atitudes para com os romanos e o incidente envolvendo o gato, Diodoro Sículo 1. 83. 1–9, 1. 44. 1; em geral, ver Siani-Davies (1997), pp. 317–322, e Hölbl (2001), pp. 225–227.

22. *CAH²* IX (1994), pp. 319–320.

23. Bennett (1997), pp. 63–64.

24. Bennett (1997), pp. 57–65; para visões alternativas, ver *CAH²* IX (1994), p. 319, que aceita Cleópatra VI como irmã, e Hölbl (2001), p. 227, e Green (1990), pp. 650, 901, n. 21, onde a cogovernante é a mãe dela; cf. Hölbl (2001), p. 223, que afirma que a mãe de Cleópatra era uma concubina egípcia, M. Grant, *Cleopatra* (1972), pp. 3–4, que aceita que a mãe dela era Cleópatra V Trifena, e J. Bingen, *Hellenistic Egypt: Monarchy, Society, Economy, Culture* (2001), pp. 52–53, que argumenta que a mãe de Cleópatra era uma concubina, mas não egípcia.

25. Estrabão, *Geog.* 17. 1. 11 (trad. Loeb).

26. Para a possível visita de Cleópatra à Itália, ver G. Goudchaux, "Cleopatra's Subtle Religious Strategy", em S. Walker & P. Higgs (orgs.), *Cleopatra of Egypt: From History to Myth* (2001), pp. 128–141, esp. 131–132, endossado por Grant (1972), pp. 15–16.

6. Adolescente

1. Plutarco, *Antonius* 2, 20.

2. Ver S. Dixon, *The Roman Mother* (1988), *passim*, mas esp. pp. 13–70; sobre Cornélia, ver Plutarco, *Tiberius Gracchus* 1. Alguns sugeriram que foi Ptolomeu VI, em vez de Fiscon, quem lhe propôs casamento.

3. Tácito, *Dialogues* 28. 6 (trad. Loeb, de *Sir* W. Peterson, revisada por M. Winterbottom (1970), p. 307).

4. Cícero, *Orator* 120; sobre amamentação, ver K. Bradley, "Wet-nursing at Rome: A Study in Social Relations", em B. Rawson, *The Family in Ancient*

540 ANTÔNIO E CLEÓPATRA

Rome (1986), pp. 201–229; sobre infância em geral, ver B. Rawson, *Children and Childhood in Roman Italy* (2003), esp. pp. 99–113, e, sobre o papel da mãe e o das amas, ver Dixon (1988), pp. 104–167; sobre educação, ver H. Marrou, *A History of Education in Antiquity* (1956), pp. 229–291, A. Gwynn, *Roman Education* (1926), esp. pp.1–32; Cícero, *de Re Publica* 4. 3.

5. Para uma introdução ao sistema de clientelas, ver R. Saller, *Personal Patronage in the Early Empire* (1982); para meninos acompanhando seus respectivos pais enquanto esses tocavam os seus negócios, ver Gélio, *NA* 11. 23. 4, Plínio, *Epistulae* 8. 14. 4–5, e, sobre a influência do pai a partir dos 7 anos de idade, ver Quintiliano 2. 2. 4, e os comentários em Marrou (1956), pp. 231–233.

6. Rawson (2003), pp. 153–157.

7. Cícero, *Brutus* 138–145, 296, *Orator* 18, 132; para a recusa de Antonius a redigir seus discursos, Cícero, *pro Cluentio* 140.

8. Plutarco, *Antonius* 2, 4.

9. Sobre expulsões do Senado em 70 a.C., ver T. Broughton, *The Magistrates of the Roman Republic*, vol. 2 (1952), pp. 126–127.

10. Para a importância do festival Liberália, ver Ovídio, *Fasti* 3.771–788; sobre o sacrifício à deusa Juventa, ver Dionísio de Halicarnasso 4. 15. 5; sobre as cerimônias associadas à adoção da *toga virilis* em geral, ver Rawson (2003), pp. 142–144.

11. Cícero, *pro Caelio* 28–30. Mesmo que Cícero exagere, ele claramente espera alguma solidariedade de sua audiência com essa opinião.

12. Salústio, *Bell. Cat.* 12. 1–2 (trad. Loeb).

13. Cícero, *In Catilinam* 2. 22 (trad. Loeb, de McDonald (1977), p 91); Hércules, ver Plutarco, *Antonius* 4. Sobre a descendência dos Julii de Vênus, ver Veleio Patérculo 2. 41. 1, e Suetônio, *Caesar* 6. 1; para o estilo de César, ver Suetônio, *Caesar* 45. 3.

14. Plutarco, *Antonius* 2.

15. Plutarco, *Pompeu* 2.

16. P. Grimal, *Love in Ancient Rome* (1986), pp. 112–15 e 226–237, e S. Treggiari, *Roman Marriage* (1991), esp. pp. 105–106, 232–238, 253–261, 264, 270–275 e 299–319.

17. Salústio, *Bell. Cat.* 25.

NOTAS 541

18. Suetônio, *Caesar* 47, 50. 1–52.

19. Cícero, *Filípicas* 2. 44.

20. Cícero, *Filípicas* 2. 45–46, Plutarco, *Antonius 2.*

21. Ver Salústio, *Bell. Cat.* 23. 5–24. 1. Para a carreira e a eleição de Cícero para o consulado, ver E. Rawson, *Cicero* (1975), T. Mitchell, *Cicero: The Ascending Years* (1979), esp. pp. 93ss., e D. Stockton, *Cicero: A Political Biography* (1971), esp. pp. 71–81; para atitudes em relação a Antonius, ver Plutarco, *Cicero* 11.

22. Para Catilina, ver Salústio, *Bell. Cat.* 15. 1–5, com E. Salmon, "Catiline, Crassus, and Caesar", *American Journal of Philology* 56 (1935), pp. 302–316, esp. 302–306; E. Hardy, *The Catilinarian Conspiracy in its Context: A Re-study of the Evidence* (1924), pp. 12–20; T. Rice Holmes, *The Roman Republic*, vol. 1 (1928), pp. 234–235.

23. Salústio, *Bell. Cat.* 14. 1–7, 16. 1–4.

24. Salústio, *Bell. Cat.* 59. 3.

25. Salústio, *Bell. Cat.* 31. 4–48. 2, Rice Holmes (1928), pp. 259–272, Stockton (1971), pp. 84–109.

26. Plutarco, *Antonius* 2; sobre as províncias, ver Cícero, *In Pisonem* 5, cf. *Pro Sestio.* 8.

27. Salústio, *Bell. Cat.* 59. 4; ver também E. Gruen, *The Last Generation of the Roman Republic* (1974), pp. 287–289.

28. Cícero, *Filípicas* 2. 3–4.

29. Cícero, *ad Att.* 2. 19.

30. Sobre Clódio, ver Plutarco, *Antonius* 2, Cícero, *Filípicas* 2. 48, com W Jeffrey Tatum, *The Patrician Tribune: Publius Clodius Pulcher* (1999), esp. pp. 70 e 235–236, A. Lintott, "P. Clodius Pulcher — Felix Catilina", *Greece and Rome* 14 (1967), pp. 157–169, W. Rundell, "Cicero and Clodius: The Question of Credibility", *Historia* 28 (1979), pp. 301–328, e E. Gruen, "P. Clodius: Instrument or Independent Agent?", *Phoenix* 20 (1966), pp. 120–130.

7. O retorno do rei

1. Díon 39. 12. 1–3, Estrabão, *Geog.* 17. 1. 11, com P. Green, *Alexander to Actium: The Historical Evolution of the Hellenistic Age* (1990), pp. 649–650, e M. Grant, *Cleopatra* (1972), pp. 16–19.

542 ANTÔNIO E CLEÓPATRA

2. Plutarco, *Catão, o Jovem* 6, 35–36; Salústio, *Bell. Jug.* 35. 10 para a citação; para o comentário de Cícero sobre Catão, ver, *ad Att.* 2. I.

3. Díon 39. 13. 1–14. 4, Cícero, *pro Caelio* 23–24, com E. Gruen, *The Last Generation of the Roman Republic* (1974), pp. 305–309.

4. R. Seager, *Pompey the Great* (2002), pp. 111–112, Plutarco, *Pompeu* 49, Cícero, *ad Fam.* 1. 1–8.

5. Díon 39. 57. 1–2, Estrabão, *Geog.* 17. 1. 11; ver também M. Siani-Davies, "Ptolemy XII Auletes and the Romans", *Historia* 46 (1997), pp. 306–340, esp. 323–327, Green (1990), pp. 650–652, e G. Hölbl, *A History of the Ptolemaic Empire* (trad. T. Saavedra) (2001), pp. 225–229.

6. Ver E. Badian, "The Early Career of A. Gabinius (cos. 58 BC)", *Philologus* 103 (1958), pp. 87–99.

7. Plutarco, *Antonius* 3, com C. Pelling (org.), *Plutarch: Life of Antony* (1988), pp. 120–122.

8. Josefo, *BJ* 1. 160–178, *AJ* 14. 27–104, com E. Schürer, G. Vermes & E. Millar, *The History of the Jewish People in the Age of Jesus Christ*, vol. 1 (1973), pp. 233–242 e 267–269.

9. Plutarco, *Antonius* 3, Díon 39. 57. 2–58. 3, Cícero, *Filípicas* 2. 48, *pro Rabirio Postumo* 19–20, com A. Sherwin-White, *Roman Foreign Policy in the East 168 BC to AD 1* (1984), pp. 271–279 para mais detalhes.

10. Apiano, *BC* 5. 8.

11. Plutarco, *Antonius* 4, com Pelling (1988), pp.123–126; sobre Gabínio, ver Gruen (1974), pp. 322–331.

8. Candidato

1. Díon 39. 59. 160. 4, 62. 1–63. 5, R. Seager, *Pompey the Great* (2002), pp. 123–125 e 128–130, E. Gruen, *The Last Generation of the Roman Republic* (1974), pp. 323–327.

2. Plutarco, *Crassus* 16, Díon 39. 39. 3–8, com T. Rice Holmes, *The Roman Republic,* vol. 2 (1923), pp. 147–148.

3. Para um resumo da campanha, ver T. Wiseman em *CAH²* IX, pp. 402–403.

4. Cícero, *Filípicas* 2. 48; Cícero, *ad Quintum Fratrem* 3. 1. 15 para a chegada de Gabínio a Roma.

NOTAS

543

5. César, *BG* 7. 65; para uma discussão dos legados de César, ver Gruen (1974), pp. 114-118.

6. Plínio, *NH* 7. 92, Suetônio, *Caesar* 54, 71, Plutarco, *Caesar* 17.

7. Inicialmente, César menciona Antônio como um legado, em César, *BG* 7. 31, mas em *BG* 8. 2 e subsequentemente ele é um questor.

8. Para oficiais na Gália, ver Welch, "Caesar and his Officers in the Gallic War Commentaries", em K. Welch & A. Powell (orgs.), *Julius Caesar as Artful Reporter: The War Commentaries as Political Instruments* (1998), pp. 85-110; sobre a ação de graças pública, ver César, *BG* 4. 38, Díon 39. 53. 1-2, e, sobre a expedição em geral, ver A. Goldsworthy, *Caesar: The Life of a Colossus* (2006), pp. 278-292.

9. Para uma narrativa dessas operações, ver Goldsworthy (2006), pp. 293-314.

10. Cícero, *Filípicas* 2. 49, sobre o apoio de César à sua candidatura.

11. Cícero, *Filípicas* 2. 21,49.

12. Sobre a morte de Clódio, ver Wiseman em *CAH²* IX, pp. 405-408, Rice Holmes (1923), pp. 164-167.

13. Seager (2002), pp. 133-139.

14. Para uma discussão sobre eleições, ver L. Taylor, *Party Politics in the Age of Caesar* (1949), esp. pp. 50-75, e *Roman Voting Assemblies: From the Hannibalic War to the Dictatorship of Caesar* (1966), esp. pp. 78-106, A. Lintott, "Electoral Bribery in the Roman Republic", *JRS* 80 (1990), pp. 1-16, F. Millar, *The Crowd in the Late Roman Republic* (1998), H. Mouritsen, *Plebs and Politics in the Late Roman Republic* (2001), esp. pp. 63-89, e A. Yakobson, "Petitio et Largitio: Popular Participation in the Centuriate Assembly of the Late Republic", *JRS* 8 (1992), pp. 32-52.

15. Cícero, *Filípicas* 2. 50, *ad Att.* 6. 6. 4, 7. 8. 5, *ad Fam.* 2. 15. 4; para um relato da rebelião de 53-52 a.C., ver Goldsworthy (2006), pp. 315-342; sobre os favorecimentos de César a Vercingetórix, ver Díon 40. 41. 1, 3.

16. Antônio não deixou Roma até o final do julgamento de Milão, ver Ascônio 41 C; sobre Lúcio César como legado na Gália Transalpina, ver César, *BG* 7. 65.

17. César, *BG* 7. 81.

18. César, *BG* 8. 2; para um relato dessas operações, ver Goldsworthy (2006), pp. 343-353.

544   ANTÔNIO E CLEÓPATRA

19. César, *BG* 8. 24, 38.

20. César, *BG* 8. 46–48; cf. 8. 23, para a tentativa de assassinato contra Cômio.

9. "Os novos deuses que amam os irmãos"

1. César, *BC* 1. 4.

2. César, *BC* 3. 110, Valério Máximo 4. 1. 15, Cícero, *pro Rabirio Postumo* 34.

3. Cícero, *pro Rabirio Postumo* 20, 34; Plutarco, *Pompeu* 78. Quanto a ita-lianos/romanos servindo nos exércitos de reis clientes, entre os exemplos encontramos Rufo e Grato no comando de setores do exército de Herodes, o Grande, em 4 a.C., ver Josefo, *BJ* 2. 52, 58, 63, com E. Schürer, G. Vermes & F. Millar, *The History of the Jewish People in the Age of Jesus Christ*, vol. 1 (1973), pp. 362–364.

4. César, *BC* 3. 110; sobre o pagamento dos legionários, ver Suetônio, *Caesar* 26, com discussão em G. Watson, *The Roman Soldier* (1969), pp. 89–91; ver também M. Siani-Davies, "Ptolemy XII Auletes and the Romans", *Historia* 46 (1997), pp. 306–340, esp. 338–339.

5. Cícero, *pro Rabirio Postumo* 4–7, 19–29.

6. Cícero, *pro Rabirio Postumo* 38–42; sobre a burocracia real em geral, ver D. Rathbone, "Ptolemaic to Roman Egypt: The Death of the Dirigiste State?", em E. Lo Cascio & D. Rathbone (orgs.), *Production and Public Powers in Classical Antiquity* (2000), pp. 44–54, M. Chauveau, *Egypt in the Age of Cleopatra* (trad. D. Lorton) (2000), pp. 72–95, e J. Bingen, *Hellenistic Egypt: Monarchy, Society, Economy, Culture* (2007), pp. 1 57–205.

7. P. Green, *Alexander to Actium: The Historical Evolution of the Hellenistic Age* (1990), pp. 156– 158, J. Tyldesley, *Cleopatra: Last Queen of Egypt* (2009), p. 81; sobre os faraós, ver P. Fraser, *Ptolemaic Alexandria*, Vol. 1 (1972), pp. 17–20.

8. Estrabão, *Geog.* 17. 1. 9–10, Chauveau (2000), pp. 61–62.

9. Estrabão, *Geog.* 17. 1. 8, J. Ray, "Alexandria", em S. Walker & P. Higgs (orgs.), *Cleopatra of Egypt: From History to Myth* (2001), pp. 32–37, e G. Grimm, "Alexandria in the Time of Cleopatra", em S. Walker & S. Ashton (orgs.), *Cleopatra Reassessed* (2003), pp. 45–49; sobre o Museu e a cultura grega, ver também H. Maehler, "Alexandria, the Mouseion, and Cultural Identity", em A. Hirst & M. Silk (orgs.), Alexandria, Real and Imagined (2004), pp. 1–14.

NOTAS

10. Green (1990), pp. 317–318.

11. Para Alexandria em geral, ver Fraser (1972), *passin*, A. Bernard, *Alexandrie la Grande* (1998), e *Alexandrie des Ptolémies* (1995), G. Grimm, *Alexandria: Die erste Königsstadt der hellenistischen Welt* (1998), N. Finnerman, *Alexandria: A City and Myth* (2005), pp. 9–88, J-Y. Empereur, *Alexandria Rediscovered* (1998), F. Goddio, *L'Égypte Engloutie: Alexandrie* (2003), F. Goddio, com A. Bernard, E. Bernard, I. Darwish, Z. Kiss & J. Yoyotte, *Alexandria: The Submerged Royal Quarters* (1998), e Chauveau (2000), pp. 100–134.

12. Em geral, ver D. Thompson, *Memphis under the Ptolemies* (1988), esp. pp. 3–31, G. Hölbl, *A History of the Prolemaic Empire* (trad. T. Saavedra) (2001), pp. 271–293.

13. M. Grant, *Cleopatra* (1972), p. 20, citando *CIG* 4926, Hölbl (2001), pp. 222–223, Gree (1990), pp. 649–650.

14. César, *BC* 3. 108.

15. Hölbl (2001), p. 230, e Bingen (2007), p. 66; a expressão ocorre na inscrição *OGIS* 2. 741 datada de 31 de maio de 52 a.C.

16. Bingen (2007), pp. 67–68.

17. Bingen (2007), pp. 66–67.

18. Sobre sua aparência, ver Grant (1972), pp. 65–67, E. Rice, *Cleopatra* (1999), pp. 95–102, Walker & Higgs (2001), esp. S. Walker, "Cleopatra's Images: Reflections of Reality", pp. 142–147, e G. Goudchaux, "Was Cleopatra Beautiful? The Conflicting Answers of Numismatics", pp. 210–214, e também Walker & Ashton (2003), esp. S. Walker, "Cleopatra VII at the Louvre", pp. 71–74, e F. Johansen, "Portraits of Cleopatra — Do They Exist?", pp. 75–77.

19. Díon 42. 34. 3–5 (trad. Loeb, de E. Cary (1916), p. 169); Plutarco, *Antonius* 27 (trad. Oxford, de R. Waterfield).

20. Lucano, *Farsália* 10. 127–143; *Candida Sidonio perlucent pectora filo, quod Nilotis acus impressum pectine serum, solvit et extenso laxavit stamina velo*, 10. 140–142.

21. Trata-se de *Cleopatra: Portrait of a Killer* (Lion TV), apresentado na BBC TV no Reino Unido, e de um episódio sobre Cleópatra da série *Egypt Unwrapped* (Atlantic TV), apresentado no Channel 5, no Reino Unido.

546 ANTÔNIO E CLEÓPATRA

22. Ver J. Fletcher, *Cleopatra the Great: The Woman Behind the Legend* (2008), p. 87, e Walker & Higgs (2001), pp. 314-315, n. 325.

10. Tribuno

1. César, *BG* 8. 50.
2. Cícero, *De Devinatione* 1. 30-33, 2. 70-83.
3. E. Gruen, *The Last Generation of the Roman Republic* (1974), pp. 484-485 sobre esta eleição; em geral, ver A. Lintott, *The Constitution of the Roman Republic* (1999), pp. 182-190.
4. Ver Lintott (1999), pp. 121-128.
5. Broughton, *MRR* 2, pp. 258-259; César, *BG* 8. 50.
6. Sobre os temores envolvendo o retorno de Pompeu em 62 a.C., ver R. Seager, *Pompey the Great* (2002), pp. 74-79; sobre a história mais ampla dos anos conducentes à Guerra Civil em 49 a.C., ver M. Gelzer, *Caesar* (trad. P. Needham) (1968), pp. 169-194. C. Meier, *Caesar* (trad. D. McLintock) (1996), pp. 330-348, e A. Goldsworthy, *Caesar: The Life of a Colossus* (2006), pp. 358-379 para relatos mais completos com referências.
7. Sobre as virtudes de Cornélia, ver Plutarco, *Pompeu* 55.
8. Suetônio, *Caesar* 30. 3.
9. Sobre Crasso e a relutância de todos em levá-lo a julgamento, ver a discussão em A. Ward, *Marcus Crassus and the Late Roman Republic* (1977), p. 78, cf. Plutarco, *Crassus*, 7.
10. Nesta passagem, Célio cita Cícero, *ad Fam.* 8. 8. 9.
11. Suetônio, *Caesar* 29. 1, Plutarco, *Caesar* 29, *Pompeu* 58, Dio 40. 60. 2-3, Apiano *BC* 2. 26, Valério Máximo 9. 1. 6, Veleio Patérculo 2. 48. 4; sobre palcos giratórios, ver Plínio *NH* 36. 177; sobre a crença de Célio na oposição planejada de Cúrio a César, ver Cícero, *ad Fam.* 8. 8. 10, moderada em 8. 10. 4.
12. Citação de uma passagem de Cícero, *ad Fam.* 8. 11. 3; para o debate anterior, ver Veleio 2. 48. 2-3, Plutarco, *Pompeu* 57, *Caesar* 30, *Catão o Jovem* 51, e Díon 40. 62. 3; para a discussão, ver Seager (2000), p. 144, e Gelzer (1968), pp. 178-181.
13. Cícero, *ad Fam.* 8. 11. 1.

NOTAS

14. Apiano, *BC* 2. 28, com uma versão ligeiramente diferente em Plutarco, *Pompeu* 58, cf. Díon 60. 64. 1-4.
15. César, *BC*, 1. 1-4.
16. Cícero, *ad Fam.* 16. 11. 2, *ad Att.* 8. 11d.
17. Sobre a aparência e o estilo de oratória de Antônio, ver Plutarco, *Antonius* 2, 4; sobre os comentários de Pompeu e a reação de Cícero, ver Cícero, *ad Att.* 7. 8, em que ele se refere especificamente a Antônio como questor e não como tribuno, e também *ad Fam.* 16. 11. 3; sobre Antônio vomitando suas palavras, ver Cícero, *ad Fam.* 12. 2.
18. César, *BC* 1. 5, Dio 41. 1. 1-5, Apiano, *BC* 2. 32-33.
19. Para uma discussão mais detalhada sobre o Rubicão, ver Goldsworthy (2006), pp. 377-379, e, para as fontes antigas, ver César 31-32, Plutarco, *Caesar* 32, e Apiano, *BC* 2. 36; Suetônio, *Caesar* 30. 4 para a citação.
20. César, *BC* 1. 8, Apiano, *BC* 2. 33.
21. Cícero, *Filípicas* 2. 22, cf. Plutarco, *Antonius* 6, com C. Pelling (org.), *Plutarch: Life of Antony* (1988), pp. 130-131.
22. Para um relato mais detalhado da campanha italiana, ver Goldsworthy (2006), pp. 385-391.
23. Cícero, *ad Att.* 9. 7C.
24. César, *BC* 1. 8.
25. Citação de passagem de Cícero, *ad Att.* 9. 10. 2.
26. César, *BC* 1. 32-33, Díon 41. 15. 1-16. 4 para o encontro do Senado; César, *BC* 1. 32-33, Díon 41. 17. 1-3, Apiano, *BC* 2. 41, Plutarco, *Caesar* 35, Plínio, *NH* 33. 56 e Orósio 6. 15. 5 para o confronto com o tribuno; para um relato mais detalhado, ver Goldsworthy (2006), pp. 391-397.
27. Cícero, *ad Att.* 10. 4.
28. Cícero, *ad Att.* 10. 8A, *Filípicas* 2. 56-58, e Broughton *MRR* 2, p. 260 para referências completas.

11. Rainha

1. M. Grant, *Cleopatra* (1972), p. 54, e G. Hölbl, *A History of the Ptolemaic Empire* (trad. T. Saavedra) (2001), pp. 231-232.
2. J. Bingen, *Hellenistic Egypt: Monarchy, Society, Economy, Culture* (2007), pp. 66-68, e J. Tyldesley, *Cleopatra: First Queen of Egypt* (2009), pp. 39-46.

548 ANTÔNIO E CLEÓPATRA

3. Ver W. Tarn, "The Bucheum Stelae: A Note", *JRS* 26 (1936), pp. 187–189 para a citação e a crença de que Cleópatra estava presente; Tyldesley (2009), p. 41–42, expressa uma certa dúvida sobre a real participação de Cleópatra, ao passo que Grant (1972), pp. 46–47, e J. Fletcher, *Cleopatra the Great: The Woman Behind the Legend* (2008), pp. 88–91, aceitam o seu envolvimento efetivo nas cerimônias.

4. Ver G. Goudchaux, "Cleopatra's Subtle Religious Strategy," em S. Walker & P. Higgs *Cleopatra of Egypt: From History to Myth* (2001), pp. 132–133.

5. "Ela foi rainha de fato do Egito" é citação de D. Thompson em *CAH2* IX, p. 321, que também aceita a presença de Cleópatra na entronização do touro Buchis.

6. Cícero, *pro Rabirio Postumo* 8. 20.

7. Suetônio, *Julius Caesar* 20. 2; para uma discussão sobre isso, ver A. Goldsworthy, *Caesar: The Life of a Colossus* (2006), pp. 164–175.

8. Valério Máximo 4. 1. 15 (tradução Loeb, de D. Shackleton Bailey), e cf. César, *BC* 3. 110. O controle central do exército romano nesse período era amiúde frágil. Quando assumiu o controle da Cilícia, Cícero descobriu que três coortes de suas três legiões estavam ausentes, e demorou algum tempo antes de elas serem localizadas e trazidas de volta sob controle, ver Cícero, *ad Fam.* 3. 6. 5.

9. Tradução de *Select Papyri: Volume II Official documents* (trad. Loeb, de A. Hunt & C. Edgar, 1974), pp. 57–58.

10. Bingen (2007), pp. 69–70, Grant (1972), pp. 49–51, Hölbl (2001), p. 231, e D. Thompson, "Cleopatra VII: The Queen in Egypt", em S. Walker & S. Ashton (orgs.), *Cleopatra Reassessed* (2003), pp. 31–34, esp. 32.

11. César, *BC* 3.4–5; parece que os navios egípcios ficaram sob o comando de Cneu Pompeu, César, *BC* 3. 40.

12. Plutarco, *Antonius* 25, e Lucano, *Farsália* 5. 58–64, com Grant (1972), pp. 51–52, e Hölbl (2001), p. 232.

13. Malalas 9. 279, Estrabão, *Geog.* 17. 1. 11, Apiano, *BC* 2. 84.

14. Ver Walker & Higgs (2001), p. 234.

15. César, *BC* 3. 110.

16. César, *BC* 3. 103–104, Plutarco, *Pompeu* 77, Apiano, *BC* 84.

NOTAS 549

12. Guerra Civil

1. Plutarco, *Pompeu* 63-4.
2. Para a campanha na Sicília e na África, Plutarco, *Catão, o Jovem* 53. 1-3, César, *BC* 2. 23-44.
3. Para seguidores de César como "populaça", ver Cícero, *ad Att.* 9. 18; para a acusação de Cícero de que Antônio nada fez para ajudar Caio Antônio a retornar do exílio, ver Cícero, *Filípicas* 2. 56.
4. Sobre a lealdade de ex-cônsules, ver R. Syme, *The Roman Revolution* (1960), pp. 61-62; Suetônio, *Caesar* 72, sobre recompensar até mesmo bandidos se fossem fiéis a ele.
5. Cícero, *Filípicas* 2. 58.
6. Cícero, *ad Att.* 10. 10; ver também Plutarco, *Antonius* 6.
7. Plutarco, *Antonius* 6, 9.
8. Plutarco, *Antonius* 9; em geral, ver Cícero, *ad Fam.* 9. 26, *ad Att.* 10. 10, Serv. sobre E 10 *De vir. III.* 82. 2. A aversão de Cícero só tornou-se pública nas *Filípicas* 2. 58, 69, 77; em geral, ver P. Grimal, *Love in Ancient Rome* (1986), pp. 222-237.
9. Cícero, *ad Att.* 10. 13, Plutarco, *Antonius* 9, e Plínio, *NH* 8. 55.
10. Para a atitude de Cícero nesses meses, ver D. Stockton, *Cicero: A Political Biography* (1971), pp. 251-265, e T. Mitchell, *Cicero: The Senior Statesman* (1991), pp. 232-261.
11. Cícero, *ad Att.* 10. 10, sobre escrever frequentemente para Antônio; a citação é de *ad Att.* 10. 8a.
12. Cícero, *ad Att.* 10. 10.
13. Sobre o motim, ver Apiano, *BC* 2. 47, Díon 41. 26. 1-35. 5, e Suetônio, *Caesar* 69.
14. Ver Cícero, *ad Att.* 9. 9. 3; para Servílio, ver *CAH*² IX, p. 431, Díon 41. 36. 1-38. 3, César, *BC* 3. 1-2, Plutarco, *Caesar* 37, Apiano, *BC* 2. 48, com M. Gelzer, César (trad. P. Needham) (1968), pp. 220-223.
15. César, *BC* 3. 2-8, Dio 41. 39. 1-40. 2, 44. 1-4, Apiano, *BC* 2. 49-54, Plutarco, *Caesar* 37.
16. César, *BC* 3.8, 14-18.

550 ANTÔNIO E CLEÓPATRA

17. Apiano, *BC* 2. 50–59, Plutarco, *Caesar* 65, *Antonius* 7, Díon 41. 46. 1–4; César, *BC* 3. 25 admite uma convicção de que seus subordinados foram lentos e não tinham tirado partido de todas as oportunidades.

18. César, *BC* 3. 24.

19. César, *BC* 3. 39–44, Díon 41. 47. I-50. 4, Apiano, *BC* 2. 58–60; para "veteranos de excepcional coragem", ver César, *BG* 8. 8.

20. César, *BC* 3. 45–46.

21. César, *BC* 3. 45–53, Plutarco, *Caesar* 39, Apiano, *BC* 2. 60–61, Suetônio, *Caesar* 68. 3–4.

22. César, *BC* 3.61–70, Plutarco, *Caesar* 39, Apiano, *BC* 2. 62.

23. César, *BC* 3.71–75, Apiano, *BC* 2.63–64, Díon 41. 51. 1.

24. César *BC* 3.77–81, Plutarco, *Caesar* 41, Apiano, *BC* 2. 63, Díon 41. 51. 4–5.

25. César, *BC* 3. 72, 82–83, Cícero, *ad Fam.* 7. 3. 2; Plutarco, *Catão, o Jovem* 55, *Pompeu* 40–41, Apiano, *BC* 2. 65–67, Díon 41. 52. 1; em geral para a estratégia e a atitude de Pompeu, ver R. Seager, *Pompey the Great* (2002), pp. 157–163 e 166–167.

26. César, *BC* 3. 86–99, Apiano, *BC* 2. 78–82, Plutarco, *Caesar* 42–47, e também Díon 41. 58. 1–63. 6; sobre o papel de Antônio, ver Plutarco, *Antonius* 8, Cícero, *Filípicas* 2. 71.

27. César, *BC* 3. 94, 102–103, Plutarco, *Pompeu* 76.

13. César

1. César, *BC* 3. 103–104, Plutarco, *Pompeu* 77–80, Apiano, *BC* 2. 84–86, Díon 42. 3. 1–4. 5, e R. Seager, *Pompey the Great* (2002), p. 168.

2. Plutarco, *Pompeu* 80, *Caesar* 48, Díon 42. 8. 1–3; para uma visão muito mais cética, ver Lucano, *Farsália* 9. 1010–1108.

3. César, *BC* 3.106, *Guerra de Alexandria* 69, Díon 42. 7. 1–8. 3; cavalaria guarda costas de César, *BC* 1. 41.

4. César, *BC* 3. 110, com M. Grant, *Cleopatra* (1972), pp. 61–63, P. Green, *Alexander to Actium: The Historical Evolution of the Hellenistic Age* (1990), pp. 664–665, e G. Hölbl, *A History of the Ptolemaic Empire* (trad. T. Saavedra) (2001), p. 233.

5. Passagem citada de César, *BC* 3. 107; para o dinheiro, ver Plutarco, *Caesar* 48.

NOTAS 551

6. Plutarco, *Caesar* 48, Díon 42. 34. 1-2.

7. Plutarco, *Caesar* 48, Díon 42. 34. 3.

8. Plutarco, *Caesar* 49, Díon 42. 34. 4-35. 1, e sobre a afirmação de que Cleópatra subornou os guardas de Ptolomeu, ver Lucano, *Farsália* 10. 5-8; para algumas das discussões modernas, ver Grant (1972), pp. 63-64, J. Tyldesley, *Cleopatra: Last Queen of Egypt* (2009), pp. 53-58, E. Rice, *Cleopatra* (1999), pp. 33-35, J. Fletcher, *Cleopatra the Great: The Woman Behind the Legend* (2008), pp. 100-112, e E. Gruen, "Cleopatra in Rome: Facts and Fantasies", em D. Braund & C. Gill (orgs.), *Myths, History and Culture in Republican Rome: Studies in Honour of T. P. Wiseman* (2003), pp. 257-274, esp. 264-266.

9. Citações de passagens de Díon 52. 34. 3 & 5 (trad. Loeb, de E. Cary).

10. Sobre o César mulherengo e galanteador, ver A. Goldsworthy, *Caesar: The Life of a Colossus* (2006) pp. 84-89.

11. Para a rápida rarefação dos cabelos de César, ver Suetônio, *Caesar* 45. 2.

12. César, *BC* 3. 108, Plutarco, *Caesar* 49, Díon 42. 35. 1-6.

13. Para os abusos contra a cidade de Salamina, em Chipre, por negociantes romanos representantes de Bruto, ver T. Mitchell, *Cícero: The Senior Statesman* (1991), pp. 223-224, com referências às cartas relevantes de Cícero.

14. César, *BC* 3. 109, Díon 42. 37. 1-3.

15. César, *BC* 3.111-112, *Guerra de Alexandria* 1-3, Díon 42.12.1-4, 38.1-4.

16. Plutarco, *Caesar* 49, Díon 42. 39. 2, Apiano, *BC* 2. 90.

17. César, *Guerra de Alexandria* 4, Díon 42. 39. 1.

18. César, *Guerra de Alexandria* 13.

19. César, *Guerra de Alexandria* 5-22, Plutarco, *Caesar* 49, Díon 42. 40. 1-6, Suetônio, *Caesar* 64, Apiano, *BC* 2. 90.

20. César, *Guerra de Alexandria* 24.

21. César, *Guerra de Alexandria* 26-32, Díon 42. 41. 1-43. 4, Josefo, *AJ* 14. 8. 12, *BJ* 1. 187-192.

22. César, *Guerra de Alexandria* 33, Díon 42. 35. 4-6, 44. 1-45. 1, Suetônio, *Caesar* 52. 1, Apiano, *BC* 90; para a atitude confusa dos estudiosos em relação a esse cruzeiro fluvial, ver Grant (1972), pp. 79-82, Tyldesley (2009), pp. 98-100, Fletcher (2008), pp. 125-153, M. Gelzer, *Caesar* (trad. P. Needham) (1968), pp. 255-259, e também C. Meier, *Caesar* (1995), pp. 408-410 e 412.

552 ANTÔNIO E CLEÓPATRA

14. Mestre da cavalaria

1. Díon 42. 17. 1–20. 5.
2. Díon 42. 21. 1–2 com Broughton, *MRR* 2, p. 272; Cícero, *Filípicas* 2. 25 afirma que César não sabia da nomeação de Antônio, mas isso parece improvável.
3. Cícero, *Filípicas* 2. 61–63, Plutarco, *Antonius* 9; para *Sobre sua embriaguez*, ver Plínio, *NH* 14. 148.
4. Díon 42. 27. 3–28. 4.
5. Ver D. Stockton, *Cicero: A Political Biography* (1971), pp. 263–268, e T. Mitchell, *Cicero: The Senior Statesman* (1991), pp. 262–266 com referências.
6. Díon 42. 27. 3.
7. César, *BC* 3. 20–22, Díon 42. 22. 1–25. 3; a última carta de Célio para Cícero em Cícero, *ad Fam.* 8. 17.
8. Díon 42. 29. 1–4, Plutarco, *Antonius* 9, com C. Pelling (org.), *Plutarch: Life of Antony* (1988), pp. 136–140, Apiano, *BC* 2. 92.
9. Díon 42. 50. 1–55. 3, Apiano *BC* 2. 92–94, Plutarco, *Caesar* 51, Suetônio, *Caesar* 70, Frontino, *Strategemata* 1. 9. 4.
10. R. Weigel, *Lepidus: The Tarnished Triumvir* (1992), pp. 30–34.
11. Díon 48. 38. 2–3.
12. Cícero, *Filípicas* 2. 64–69, 72–74, 78, Plutarco, *Antonius* 10, Díon 45. 28. 1–4.
13. Suetônio, *Caesar* 50. 2.
14. Plutarco, *Antonius* 10, Cícero, *Filípicas* 2. 69, 99.
15. Plutarco, *Antonius* 10, afirma que havia uma ruptura entre César e Antônio. M. Gelzer, *Caesar* (trad. p. Needham) (1968), pp. 261–262, é propenso a vê-la como séria. R. Syme, *The Roman Revolution* (1960), p. 104, duvida que houvesse.
16. Plutarco, *Antonius* 10–11, Cícero, *Filípicas* 2. 75–78.

15. Não rei, mas César

1. Cícero, *ad Att.* 14. 20. 2.
2. Tácito, *Histories* 4. 55, Díon 66. 3. 1, 16. 1.
3. Suetônio, *Caesar* 52. 2, Plutarco, *Caesar* 49; não obstante, observe também Plutarco, *Antonius* 52, que sugere que o menino só havia nascido depois da morte de César; para discussões, ver M. Grant, *Cleopatra* (1972), pp. 83–85.

NOTAS 553

4. Suetônio, *Caesar* 52. I, e, para uma discussão, ver E. Gruen, "Cleopatra in Rome: Fact and Fantasies", em D. Braund & C. Gill (orgs.), *Myths, History and Culture in Republican Rome: Studies in Honour of T. P. Wiseman* (2003), pp. 257-274, esp. 258-260 and 267-270.

5. Díon 53. 19. 1-20. 4, Apiano, *BC* 2. 101, e Grant (1972), pp. 85-86, 260, n. 13, a fonte muito posterior informando, inclusive, que Ganimedes era um dos prisioneiros.

6. Suetônio, *Caesar* 52. 1.

7. Suetônio, *Caesar* 76. 3.

8. Suetônio, *Caesar* 52. 1.

9. Suetônio, *Caesar* 44. 1-2, Plínio, *NH* 18. 211, Plutarco, *Caesar* 59, Macróbio, *Saturnalia* 1. 14. 2-3, T. Rice Holmes, *The Roman Republic*, Vol. 3 (1923), pp. 285-287, M. Gelzer, *Caesar* (1968), p. 289, and Z. Yazetz, *Julius Caesar and his Public Image* (1983), pp. 111-114.

10. Díon 43. 42. 3, 44, 1-3.

11. Díon 43. 14. 7, 44. 1-46. 4, Cícero, *ad Att.* 12. 47. 3, 45. 3, *ad Fam.* 6. 8. 1, 6. 18. 1, Suetônio, *Caesar* 41. 2, 76. 1; ver também R. Carson, "César and the Monarchy", *Greece and Rome* 4 (1957), pp. 46-53, E. Rawson, "Caesar's Heritage: Hellenistic Kings and their Roman Equals", *JRS* 65 (1975), pp. 148-159, e S. Weinstock, *Divus Julius* (1971), esp. pp. 200-206.

12. Díon 43. 50. 3-4, Suetônio, *Caesar* 42. 1, 81, *Tiberius* 4. 1, Plutarco, *Caesar* 57-58, Estrabão, *Geog.* 8. 6. 23, 17. 3. 15, Apiano, *História púnica* 136, Cícero, *ad Fam.* 9. 17. 2, 13. 4, 13. 5, 13. 8; também Yazetz (1983), pp. 137-149, E. Rawson, *CAH2 IX*, pp. 445-480, e Rice Holmes (1923), pp. 320-324. Para Cícero recebendo agradecimentos injustificados de provinciais, ver Cícero, *ad Fam.* 9. 15. 4.

13. Suetônio, *Caesar* 77, 79. 2, Díon 44. 10. 1, Apiano, *BC* 2. 108.

14. Díon 44. 11. 1-3, Apiano, *BC* 2. 109, Plutarco, *Caesar* 61, *Antonius* 12, Cícero, *Filípicas* 2. 84-87, *De Divinatione* 1. 52, 119, Suetônio, *Caesar* 79. 2; ver também Weinstock (1971), pp. 318-341.

15. Díon 43. 51. 1-2, 44. 1. 1, Apiano, *BC* 2. 110, 3. 77, Plutarco, *Caesar* 58, Veleio Patérculo 2. 59. 4, Suetônio, *Caesar* 44. 3.

16. Cícero, *Filípicas* 2. 79-82, Plutarco, *Antonius* 11.

17. Cícero, *ad Att.* 13. 40. 1.

554 ANTÔNIO E CLEÓPATRA

18. Suetônio, *Caesar* 77.
19. Ver R. Syme, *The Roman Revolution* (1960), pp. 56–59; o comentário de César está em Cícero *ad Att.* 14. I. 2; para o episódio de Salamina, ver, por exemplo, *ad Att.* 6. 2.
20. Díon 43. 10. 1–13. 4, Apiano, *BC* 2. 98–99, Plutarco, *Catão, o Jovem* 56. 4, 59. 1–3. 1.
21. Cícero, *ad Att.* 12. 21. 1, 13. 40. 1, 46, 51. 1, *Orator* 10, 35, Plutarco, *Catão, o Jovem* 11. 1–4, 25. 1–5, 73. 4, *Cícero* 39. 2, *Caesar* 3. 2, Suetônio, *Caesar* 56. 5, com Gelzer (1968), pp. 301–304, Rice Holmes (1923), p. 311, e D. Stockton, *Cicero: A Political Biography* (1971), p. 138.
22. Syme (1960), p. 69 ; sobre Cássio, ver Cícero, *ad Att.* 5. 21.
23. Díon 44. 14. 3–4, Plutarco, *Brutus* 18; Apiano, *BC* 3. 98; sobre Trebônio e Antônio, ver Plutarco, *Antonius* 13.
24. Para uma discussão, ver A. Goldsworthy, *Caesar: The Life of a Colossus* (2006), pp. 500–510.
25. Suetônio, *Caesar* 52. 3, 83. 2.
26. Apiano, *BC* 2. 102, Dio 51. 22.3, com Gruen (2003), pp. 259 e 270–272.
27. Cícero, *ad Att.* 15. 15. 2.
28. Plutarco, *Caesar* 66, *Brutus* 17, *Antony* 13, Díon 44. 19. 1–5, Apiano, *BC* 2. 117, Suetônio, *Caesar* 82. 1–3.

16. Cônsul

1. Apiano, *BC* 2. 118, Plutarco, *Antonius* 14–15, Díon 44.20. 1–22. 3.
2. J. Osgood, *Caesar's Legacy: Civil War and the Emergence of the Roman Empire* (2006). p. 29.
3. Cícero, *Filípicas* 2. 28; R. Syme, The *Roman Revolution* (1960), pp. 97–103.
4. Apiano, *BC* 2. 120–123.
5. Apiano, *BC* 2. 123–136, Díon 44. 22. 3–34.7; Osgood (2006), pp. 12–14, Syme (1960), pp. 102–103 e 107, D. Stockton, *Cicero: A Political Biography* (1971), pp. 280–282, T. Mitchell, *Cicero: The Senior Statesman* (1991), pp. 289–291, e E. Rawson in *CAH2 IX*, pp. 468–470.
6. Para a legião de Lépido, ver Apiano, *BC* 2. 118, 126, com P. Brunt, *Italian Manpower 225 BC-AD 14* (1971), p. 477.

NOTAS

555

7. Cônsul e Antonius, ver Cícero, *Filípicas* 2. 70; sobre Antônio, ver Syme (1960), pp. 105–106.

8. Plutarco, *Antonius* 14, *Brutus* 20, Díon 44. 35. 1–52. 3, Apiano, *BC* 2. 137–148, Suetônio. *Caesar* 84. 2, com Osgood (2006), pp. 12–13, e Syme (1960), pp. 98–99.

9. Rawson em *CAH2* IX, p. 470, Osgood (2006), pp. 14–16 e 30.

10. Apiano, *BC* 3. 2–3, 36, Cícero, *ad Att.* 14. 15, Syme (1960), pp. 99.

11. Apiano, *BC* 3. 2–8, Díon 44.53. 1–7, 45, com Syme (1960), pp. 109–111 e 115–116, Rawson in *CAH2 IX*, pp. 470–471, e Osgood (2006), p. 30.

12. Cícero, *Filípicas* 2. 92–100, *ad Att.* 14. 12.

13. Cícero, *ad Att.* 14. 13, 13a and 13b.

14. Cícero, *Filípicas* 1. 20.

15. Díon 44. 53. 6–7, com Syme (1960), p.109, Mitchell (1991), pp. 292–293, e Osgood (2006), pp. 35 e 40.

16. Cícero, *ad Att.* 14. 8, 20, com M. Grant, *Cleopatra* (1972), pp. 95–96, J. Tyldesley, *Cleopatra: Last Queen of Egypt* (2009), p. 108, e J. Fletcher, *Cleopatra the Great: The Woman Behind the Legend* (2008), pp. 213–214.

17. Suetônio, *Caesar* 83. 1–2, *Augustus* 8. 1–2, Apiano, *BC* 2. 143, Plínio, *NH* 35. 21, Díon 45. 1. 1–6. 3, com Syme (1960), pp. 112–115.

18. Suetônio, *Caesar* 83, Cícero, *ad Att.* 14. 11 e 12, com Osgood (2006), pp. 31–32; para a citação, Cícero, *Filípicas* 13. 24.

19. Syme (1960), pp. 115–122.

20. Plutarco, *Brutus* 21, Suetônio, *Caesar* 88, e *Augustus* 10, Plínio, *NH* 2. 93–94, Díon 45. 6. 4–8, 4, com Osgood (2006), pp. 21–22 e 40–41.

21. Syme (1960), pp. 115–116, e Brunt (1971), pp. 477–483.

22. Stockton (1971), pp. 286–287 e 319–320, e Osgood (2006), pp. 32–33.

17. "Um entre três"

1. R. Syme, *The Roman Revolution* (1960), pp. 123–124, D. Stockton, *Cicero: A Political Biography* (1971), pp. 292–294, T. Mitchell, *Cicero: The Senior Statesman* (1991), pp. 295–306, e J. Osgood, *Caesar's Legacy: Civil War and the Emergence of the Roman Empire* (2006), pp. 41–42.

2. Cícero, *ad Fam.* 12. 3 (SB 345).

556 ANTÔNIO E CLEÓPATRA

3. Apiano, *BC* 3. 31, 40-45, Díon 45. 12. 1-13. 5, Cícero, *Filípicas* 3. 4, 6, 38-39, 4. 5-6, com Osgood (2006), pp. 47-50; para uma discussão sobre a *Legio Martia* e uma possível lápide de um dos seus centuriões, ver L. Keppie, "A Centurion of *Legio Martia* at Padova?", *Journal of Roman Military Equipment Studies* 2 (1991), pp. 115-121 = L. Keppie, *Legions and Veterans: Roman Army Papers 1971-2000* (2000), pp. 68-74.

4. Sobre o recrutamento de legiões, ver P. Brunt, *Italian Manpower 225 BC--AD 14* (1971), p. 481.

5. Apiano, *BC* 3. 46, Dio 45. 13. 5, com Syme (1960), pp. 126-127; sobre a popularidade de Antônio, ver Plutarco, *Antonius* 4.

6. Passagem citada de Cícero, *ad Fam.* 11. 4 (trad. Loeb, de Shackleton Bailey, SB 342); Salústio, *Bell. Cat.* 56. 1-3, descreve a estruturação de quadros de oficiais e de organização para duas legiões, as quais depois eram preenchidas com recrutas, segundo a disponibilidade de homens e equipamentos.

7. Osgood (2006), p. 50.

8. Syme (1960), pp. 127-150 e 162-171, Stockton (1971), pp. 295-316, Mitchell (1991), pp. 301-315.

9. Cícero, *Filípicas* 11. 5-10, Apiano, *BC* 3. 26, Díon 47. 29. 1-6.

10. Cícero, *Filípicas* 5. 3, 4, 25, 31, 8. 27, Apiano, *BC* 3. 63, com E. Rawson em *CAH2* IX, pp. 478-479.

11. Apiano, *BC* 3. 50-51, Cícero, *Filípicas* 8. 1, 25-28, 33, com Syme (1960), pp. 167-173, Stockton (1971), p. 308, e Mitchell (1961), pp. 312-316.

12. Cícero, *ad Fam.* 11. 21. 1; sobre as legiões, ver Brunt (1971), p. 481.

13. Díon 46. 36. 3-5, Plínio, *NH* 10. 110.

14. Para relatos sobre Fórum Gallorum, ver Cícero, *ad Fam.* 10. 30; para o relato de Sérvio Sulpício Galba, ver Apiano, *BC* 66-70, Díon 46. 37. 1-7, com Osgood (2006), pp. 51-55, e L. Keppie, *The Making of the Roman Army* (1984), pp. 115-118.

15. Apiano, *BC* 3. 71-76, Díon 46. 38. 1-41. 5, com Syme (1960), pp. 173-177, Stockton (1971), pp. 318-323, e Mitchell (1991), pp. 316-319; ver Suetônio, *Augustus* 10. 4 para uma heroica história de Otaviano carregando a águia da legião para reagrupar os homens na batalha na periferia de Mutina.

16. Plutarco, *Antonius* 18, Apiano, *BC* 3. 80-84, Díon 46. 38. 6-7, com Syme (1960). pp. 178-179, e Brunt (1971), pp. 48 1-484; para a recusa de César de barbear-se até ter vingado os seus homens, ver Suetônio, *Caesar* 67. 2.

NOTAS

17. Apiano, *BC* 3. 85–95, Díon 46. 39. 1–49. 5, com Syme (1960), pp. 181–188, Stockton (1971), pp. 329–331, e Mitchell (1991), pp. 319–322.

18. Plutarco, *Antonius* 19–21, Apiano, *BC* 3. 96–4. 46. 50. 1–56. 4, com Syme (1960), pp. 188–191, Osgood (2006), pp. 57–61, e Rawson in *CAH2* IX, pp. 485–486.

19. Plutarco, *Antonius* 19–20, Apiano, *BC* 4. 5–30, 37, Díon 57. a. 1–14. 5, com Syme (1960), pp. 190–196, e Osgood (2006), pp. 62–82; Plutarco, *Antonius* 20 (trad. Oxford, modificada) para a citação.

18. Deusa

1. Cícero, *ad Att.* 14.8, e citações de *ad Att.* 15. 15.

2. Por exemplo, M. Grant, *Cleopatra* (1972), pp. 95–97, sobre as relações difíceis de Cícero com as mulheres e a maioria dos gregos.

3. Josefo, *AJ* 15. 39, *Contra Apião* 2. 58, Porfírio, *Fragmenta* 260, e, para um papiro que menciona Ptolomeu XIV no final de julho, ver B. Grenfell, A. Hunt et al. (orgs.), *The Oxyrhynchus Papyri* (1898–), 14. 1629, com Grant (1972), pp. 97–98, J. Tyldesley, *Cleopatra: Last Queen of Egypt* (2009), pp. 109–110, e J. Fletcher, *Cleopatra the Great: The Woman Behind the Legend* (2008), pp. 214–215.

4. Estrabão, *Geog.* 14. 6. 6, com P. Green, *Alexander to Actium: The Historical Evolution of the Hellenistic Age* (1990), p. 669. Estrabão diz que Antônio deu o governo de Chipre a Cleópatra e Arsínoe, mas que esse arranjo foi abandonado quando ele perdeu o poder. Haja vista Arsínoe já estar morta muito antes de Antônio ter perdido a Guerra Civil contra Otaviano, a perda de poder em causa só pode referir-se ao período a partir de 44–43 a.C.

5. Apiano, *BC* 3. 78, 4. 59, 5. 8, Díon 47. 28. 3 com P. Brunt, *Italian Manpower 225 BC-AD 14* (1971), p. 480.

6. Apiano, *BC* 4. 60–62, Díon 47. 26. 3–30. 7.

7. Apiano, *BC* 4. 63.

8. Apiano, *BC* 4. 8–9, 61, 63, 74, 82, Díon 47. 31. 5, com Grant (1972), pp. 100–105, e Tyldesley (2009), pp. 143–144.

9. J. Bingen, *Hellenistic Egypt: Monarchy, Society, Economy, Culture* (2007), pp. 72–74.

558 ANTÔNIO E CLEÓPATRA

10. Apiano, *BC* 4. 61, Plínio, *NH* 5. 58, Sêneca, *Naturales Quaestiones* 4. 2, com D. Thompson, "Cleopatra VII: The Queen in Egypt", em S. Walker & S. Ashton (orgs.), *Cleopatra Reassessed* (2003), pp. 3 1–34, esp. 33; para os judeus de Alexandria, ver Josefo, *Contra Apião* 2. 60.

11. *CIL Suppl.* Nº. 6583 = *OGIS* 129, com Thompson (2003), p. 33.

12. P. van Minnen, "A Royal Ordinance of Cleopatra and Related Documents", em Walker & Ashton (2003), pp. 35–44, e Grant (1972), p. 100, citando *OGIS* 194, e Tyldesley (2009), p. 141 para Calímaco.

13. Ver J. Tait, "Cleopatra by Name", em Walker & Ashton (2003), pp. 3–7, esp. p. 4, e J. Ray, "Cleopatra in the Temples of Upper Egypt: The Evidence of Dendera and Armant", em Walker & Ashton (2003), pp. 9–11, G. Goudehaux, "Cleopatra's Subtle Religious Strategy", em S. Walker & P. Higgs (orgs.), *Cleopatra of Egypt: From History to Myth* (2001), pp. 128–141, G. Hölbl, *A History of the Ptolemaic Empire* (trad. T. Saavedra) (2001), pp. 271–285 e 289–293, Grant (1972), pp. 99–100, e Tyldesley (2009), pp. 121–122 e 125–126.

14. Plutarco, *Sobre Ísis e Osíris (De Iside et Osiride)*, com discussão em Tyldesley (2009), pp. 113–118, Grant (1972), pp. 117–120, Goudehaux (2001), pp. 130–131 e 133–137, e Hölbl (2001), pp. 289–293.

15. Grant (1972), pp. 103–105, e Tyldesley (2009), pp. 144–145; S. Burnstein, *The Reign of Cleopatra* (2004), p. 21, antes exagera a desconfiança de Otaviano em relação a Césario nesta etapa dos acontecimentos.

19. Vingança

1. Díon 47. 8. 3–4.

2. Cornélio Nepo, *Atticus* 9. 3–7.

3. Plutarco, *Cícero* 48–49, *Antonius* 20, Apiano, *BC* 4. 19.

4. Cornélio Nepo, *Atticus* 10. 4. 4 para a citação (trad. Loeb, de J. Rolfe).

5. Ver Apiano, *BC* 4. 40, Díon 47. 7. 4–5, 8. 5.

6. Para uma interessante discussão sobre o impacto das proscrições, sua apresentação e o papel de Otaviano, ver A. Powell, *Virgil the Partisan: A Study in the Re-integration of Classics* (2008), pp. 55–62, 68–69. Para uma versão extrema da isenção de culpa de Otaviano às expensas de Antônio

NOTAS 559

e Lépido, Veleio Patérculo 2. 66. 67. 4; sobre o resgate de refugiados por Sexto Pompeu, ver Apiano, *BC* 4. 36; sobre o grande número de livros dedicados ao tema das proscrições, ver Apiano, *BC* 4. 16.

7. Apiano, *BC* 4. 31, Díon 47.17. 2–4, com J. Osgood, *Caesar's Legacy: Civil War and the Emergence of the Roman Empire* (2006), pp. 82–83.

8. Apiano, *BC* 4. 31–34, com Osgood (2006), pp. 84–88.

9. Díon 47. 16. 1–5.

10. Apiano, *BC* 4. 63–82, Díon 47. 32. 1–35. 6, Josefo, *AJ* 14. 271–276, *BJ* 1. 218–222, com Osgood (2006), pp. 88–94.

11. Díon 47. 25. 3, e, para exemplos, M. Crawford, *Roman Republican Coinage* (1974), pp. 498–508.

12. R. Syme, *The Roman Revolution* (1960), pp. 149–161, Powell (2008), pp. 51–75; para a crítica à recusa de Otaviano de respeitar a *pietas* de outros, ver Suetônio, *Augustus* 13. 1–2.

13. Por exemplo; Apiano, *BC* 4. 100–101; *BC* 5. 17 provê uma discussão detalhada sobre a atitude dos soldados, cf. Cornélio Nepo, *Eumenes* 8. 2.

14. Apiano, *BC* 4. 88, 108; para uma discussão, mas geralmente aceitando estimativas altas, ver P. Brunt, *Italian Manpower 225 BC-AD 14* (1971), pp. 485–488.

15. Díon 47. 39. 1, contrastando com Apiano, *BC* 4. 137; para Tibério, ver Veleio Patérculo 2. 113.

16. Para esta graduação das recompensas, ver Apiano, BC 4. 100.

17. Apiano, *BC* 4. 3.

18. Apiano, *BC* 4. 82, 86–87.

19. Apiano, *BC* 4. 101–106, Plutarco, *Brutus* 37–38.

20. Apiano, *BC* 4. 107–108, Plutarco, *Brutus* 39–40.

21. Para um exemplo de desalento de legionários pela perda de sua bagagem, ver César, *BG* 5. 33, contrastado com melhor disciplina de outra legião em *BG* 5. 43.

22. Para as várias versões do comportamento de Otaviano, ver Plutarco, *Brutus* 41, *Antonius* 22, Díon 47. 41. 3–4,46.2, Veleio Patérculo 2. 70. 1, Suetônio, *Augustus* 13. 1, Plínio, *NH* 7. 147, com breve discussão em Syme (1960), pp. 204–205, Osgood (2006), pp. 95–96, e Powell (2008), p. 106.

560 ANTÔNIO E CLEÓPATRA

23. Para a primeira batalha, ver Apiano, *BC* 4. 109–114, Plutarco, *Brutus* 40–45, Díon 47. 42. 1–47. 1.

24. Apiano, *BC* 4. 115–124, Plutarco, *Brutus* 45–48, Díon 47. 47. 2–48. 3.

25. Apiano, *BC* 4. 125–131, Plutarco, *Brutus* 49–52, Díon 47. 48. 1–49. 4.

26. Sobre a cabeça de Bruto, ver Suetônio, *Augustus* 13. 1, Dio 47. 49. 2; em geral, Suetônio, *Augustus* 13. 1 Plutarco, *Antonius* 22, Apiano, *BC* 4. 135, Veleio Patérculo 2. 86. 2. Um proveitoso exame das diferentes versões sobre os comportamentos de Antônio e Otaviano pode ser encontrado em K. Scott, "The Political Propaganda of 44–30 BC", *Memoirs of the American Academy in Rome* II (1933), pp. 7–49, esp. 21–23.

27. Gélio, *NA* 3. 9. 1–6.

20. Dionísio e Afrodite

1. Plutarco, *Antonius* 23, Suetônio, *Augustus* 13. 3, Apiano, *BC* 5. 3, Díon 48. 3. 1.

2. Ver R. Syme, *The Roman Revolution* (1960), pp. 206–207.

3. Apiano, *BC* 5. 3, com P. Brunt, *Italian Manpower 225 BC-AD 14* (1971), pp. 488–495.

4. Plutarco, *Antonius* 23, *Brutus* 24.

5. Plutarco, *Antonius* 24, Apiano, *BC* 5. 4–9.

6. Plutarco, *Brutus* 30, *Antonius* 24.

7. Apiano, *BC* 5.7, Díon 49.32.3; para o verso de Otaviano, ver Marcial, *Epigramas* 11. 20.

8. Josefo, *AJ* 14. 314–316, e 14. 301–312 (citações da tradução Loeb); ver também J. Osgood, *Caesar's Legacy: Civil War and the Emergence of the Roman Empire* (2006), pp. 105–106.

9. E. Schürer, G. Vermes & F. Millar, *The History of the Jewish People in the Age of Jesus Christ*, vol. 1 (1973), pp. 277–279.

10. "Cidade insigne", de Atos 21. 39.

11. M. Grant, *Cleopatra* (1972), p. 111, fazendo referência a Estrabão, *Geog.* 14. 1. 23; confirmação dos direitos do templo em Éfeso, ver R. Sherk, *Roman Documents from the Greek East* (1969), Nº. 57.

NOTAS 561

12. Plutarco, *Antonius* 25; sobre Délio, ver Syme (1960), p. 214; p. 265 cita Estrabão, *Geog.* 11. 13. 3, onde observa-se que Délio escreveu um relato da expedição de Antônio à Média.

13. Plutarco, *Antonius* 26 (tradução Oxford, de R. Waterfield).

14. P. Green, *Alexander to Actium: The Historical Evolution of the Hellenistic Age* (1990), p. 663, para a citação.

15. Plutarco, *Antonius* 26-27, Apiano, *BC* 5. 1, 8-9, Díon 48. 24. 2, com Grant (1972), pp. 111-118, G. Hölbl, *A History of the Ptolemaic Empire* (trad. T. Saavedra) (2001), pp. 240-241, J. Tyldesley, *Cleopatra: Last Queen of Egypt* (2009), pp. 149-152, e J. Fletcher, *Cleopatra the Great: The Woman Behind the Legend* (2008), pp. 235-241.

16. Plutarco, *Antonius* 25.

17. Josefo, *AJ* 15. 89, Apiano, *BC* 5.9, Díon 48.24.2. Sou muito grato à dra. Dorothy King por me alertar sobre os problemas em associar o túmulo em Éfeso com Arsínoe, ou com efeito com os ptolomeus em geral, com base em uma suposta semelhança com os faraós, e também por ter me cedido uma cópia de sua tese não publicada de doutorado, D. King, "The Sculptural Decoration of the Doric Order, ca. 375-31 BC" (King's College London, 2000).

18. Plutarco, *Antonius* 28-29, Apiano, *BC* 5. 11; para Arsínoe III ajudando a liderar o exército ptolemaico em Ráfia, ver Políbio 5. 83. 3; a importância de cavalos e de caçadas para as aristocracias grega e romana é bem esclarecida em R. Lane Fox, *The Classical World: An Epic History from Homer to Hadrian* (2006), *passim*.

19. Plutarco, *Antonius* 29.

20. Para a importância de [jogos de] dados (*alea*) e suas associações com decadência e debilidade de caráter nesse período, ver N. Purcell, "Literate Games: Roman Urban Society and the Game of *Alea*", *Past & Present* 147 (1995), pp. 3-37; para o autodenominado "Parasita", ver *OCIS* 195, discutido em P. Fraser, "Mark Antony in Alexandria — A Note", *JRS* 47 (1957), pp. 71-74.

21. Plutarco, *Antonius* 28.

22 Ateneu, *Epitome* 4. 147 SS., citando Sócrates de Rodes para os banquetes em Tarso; sobre os penicos de ouro, ver Plínio, *NH* 33. 49.

23. Plutarco, *Antonius* 29.

562 ANTÔNIO E CLEÓPATRA

21. Crise

1. J. Osgood, *Caesar' Legacy: Civil War and the Emergence of the Roman Empire* (2006), pp. 108-151.

2. Sobre a Guerra de Perúsia, ver Apiano, *BC* 5. 12-51, Díon 48. 5. 1-14. 6, Plutarco, *Antonius* 30, Veleio Patérculo 2. 74-76, com discussões em E. Gabba, "The Perusine War and Triumviral Italy", *Harvard Studies in Classical Philology* 75 (1971), pp. 139-160, R. Syme, *The Roman Revolution* (1960), pp. 207-212, Osgood (2006), pp. 152-172, e C. Pelling em *CAH2* X, pp. 14-17.

3. Apiano, *BC* 5. 52-53, Díon 48. 5. 2-3, 16. 3.

4. Apiano, *BC* 5. 52.

5. Plutarco, *Antonius* 30, Apiano, *BC* 5. 51, 54-55, 59.

6. Apiano, *BC* 5. 55, Veleio Patérculo 2. 76.

7. Apiano, *BC* 5. 56-66, Díon 48. 28. 1-30. 2, com Syme (1960), pp. 129, 216-217, 242 e 253-255, e Pelling em *CAH2* X, pp. 17-20.

8. Ver Osgood (2006), pp. 188-201, Syme (1960), pp. 217-220; sobre o sentimento de culpa de Antônio em relação ao tratamento dispensado a Fúlvia, ver Apiano, *BC* 5. 59.

9. Apiano, *BC* 5. 67-68, Díon 48. 31. 1-6.

10. Apiano, *BC* 5. 69-74, Díon 48. 36. 1-38. 3, Veleio Patérculo 2. 77, Plutarco, *Antonius* 32, com Syme (1960), pp. 221-222, Osgood (2006), pp. 205-207, e A. Powell, *Virgil the Partisan: A Study in the Re-integration of Classics* (2008), pp. 190-191.

11. Plutarco, *Antonius* 33, Apiano, *BC* 5. 76, Díon 48. 39. 2, Sêneca, *Suasoriae* 1. 6, com M. Grant, *Cleopatra* (1972), pp. 129-130.

12. Osgood (2006), pp. 225-231, citação de p. 229, e F. Millar, "Triumvirate and Principate", *JRS* 63 (1973), pp. 50-67.

22. Invasão

1. Díon 49. 32. 4, Plutarco, *Antonius* 36.

2. Ver em geral E. Huzar, "Mark Antony: Marriages vs. Careers", *The Classical Journal* 81. 2 (1986), pp. 97-111, esp. p. 98 para Fádia e os filhos,

NOTAS 563

fazendo referência a Cícero, *ad Att.* 16. 11. 1 para a implicação de que esses últimos haviam morrido.

3. Sobre o pai de Labieno, ver R. Syme, "The Allegiance of Labienus", *JRS* 28 (1935 pp. 113–125, e W. Tyrell, "Labienus' Departure from César in January 49 BC", *Historia* 21 (1972), pp. 424–440; sobre o filho, ver Díon 48. 24. 4–25. 1.

4. Díon 48. 26. 5, com R. Syme, *The Roman Revolution* (1960), p. 223, e discussão da campanha e seu contexto em D. Kennedy, "Parthia and Rome: Eastern Perspectives" em D. Kennedy (org.), *The Roman Army in the East, JRA* Supplement 18 (1996), pp. 6790, esp. 77–81.

5. Para uma discussão dos exércitos romanos e partos, ver A. Goldsworthy, *The Roman Army at War 100 BC-AD 200* (1996), pp. 60–68, Kennedy (1996), pp. 83–84; sobre a execução do comandante vitorioso em Carras, ver Plutarco, *Crassus* 32.

6. Kennedy (1996), pp. 79–81, J. Osgood, *Caesar's Legacy: Civil War and the Emergence of the Roman Empire* (2006), pp. 185, 225–228; para Híbrida, ver Estrabão, *Geog.* 14. 2. 23–24.

7. Josefo, *AJ* 14. 330–369, *BJ* 1. 248–273, com Osgood (2006), pp. 185–186, E. Schürer. G. Vermes & E. Millar, *The History of the Jewish People in the Age of Jesus Christ,* vol. 1 (1973), pp. 278–286.

8. Josefo, *AJ* 14. 370–376, *BJ* 1. 274–279.

9. Apiano, *BC* 5. 92, Dio 48. 41. 7, 49. 2–3, com Syme (1960), pp. 222–223 e 230–231, e Osgood (2006), pp. 245 e 251.

10. Díon 48. 39. 2–41. 6, 49. 19. 1–20. 5, Plutarco, *Antonius* 34, Gélio, *NA* 15. 4, Frontino, *Estratagemas* 1. 1. 6, 2. 2. 5, 2. 5. 36–37, e sobre Crasso, Plutarco, *Crassus* 31–33, com Kennedy (1996), pp. 80–81, e Osgood (2006), pp. 255 e 280–281; sobre a carreira de Ventídio, ver J. Seaver, "Publius Ventidius: Neglected Roman Military Hero", *The Classical Journal* 47 (1952), pp. 275–280 e 300.

11. Sobre Otaviano ter deixado de encontrar-se com Antônio em Tarento, ver Apiano, *BC* 4. 78–80. Sobre Sexto Pompeu, ver Osgood (2006), pp. 202–205 e 242–243, C. Pelling em *CAH2* X, pp. 24–25, K. Welch & A. Powell (orgs.), *Sextus Pompeius* (2002), *passim,* e A. Powell, *Virgil the Partisan: A Study in the Re-integration of Classics* (2008), pp. 16–19, 97–100.

564 ANTÔNIO E CLEÓPATRA

12. Plutarco, *Antonius* 34.

13. Ver F. Millar, "Triumvirate and Principate", *JRS* 63 (1973), pp. 50-67, esp. 51 e 53, e Pelling em *CAH2* X, pp. 67-68.

14. Apiano, *BC* 5. 93-95, Plutarco, *Antonius* 35, com Pelling em *CAH2* X, pp. 24-27, e P. Brunt, *Italian Manpower 225 BC-AD 14* (1971), p. 502.

15. Syme (1960), pp. 129 e 231, Osgood (2006), pp. 298-300.

16. Josefo, *BJ* 1. 282-357, *AJ* 14. 377-491, Díon 49. 22. 6.

17. Díon 49. 23. 2-5, Plutarco, *Antonius* 37, com Kennedy (1996), p. 81.

18. Suetônio, *Augustus* 62. 2, Veleio Patérculo 2. 75, com Syme (1960), pp. 228-227 Osgood (2006), pp. 231-232, e, para mais detalhe sobre sua família e seu casamento, ver A. Barrett, *Livia: First Lady of Imperial Rome* (2002), pp. 3-27.

19. Suetônio, *Caius* 23.

20. Suetônio, *Augustus* 70, com comentários em K. Scott, "The Political Propaganda of 44-30 BC", *Memoirs of the American Academy in Rome* 11 (1933), pp. 7-49 , esp. 30-32, e Powell (2008), p.74.

23. "Amante de sua pátria"

1. Plutarco, *Antonius* 36.

2. Josefo, *AJ* 15. 23-31.

3. Díon 49. 3-5, com C. Pelling em *CAH2* X, pp. 28-30, e R. Syme, *The Roman Revolution* (1960), pp. 259-261.

4. Plutarco, *Antonius* 36, Dio 49. 32. 5, Estrabão, *Geog.* 14. 669, 671, com M. Grant, *Cleopatra* (1972), pp. 135-141, G. Hölbl, *A History of the Ptolemaic Empire* (trad. T. Saavedra) (2001), p. 242, e J. Tyldesley, *Cleopatra: Last Queen of Egypt* (2009), pp. 162-164.

5. Josefo, *AJ* 15. 88-, 91-96, com Hölbl (2001), p. 242 e p. 254, n. 103.

6. Sobre os títulos e suas implicações, ver J. Bingen, *Hellenistic Egypt: Monarchy, Society, Economy, Culture* (2007), pp. 57-62 e 74-79, comparando com D. Thompson em *CAH2* IX, p. 321, e "Cleopatra VII: The Queen in Egypt", em S. Walker & S. Ashton (orgs.), *Cleopatra Reassessed* (2003), pp. 3 1-34.

NOTAS   565

7. Thompson (2003), pp. 31–34, argumenta que a "pátria" era principalmente, mas não exclusivamente, o Egito, mas Bingen (2007), pp. 57–62 e 74–79, é mais convincente. Os exemplos de Thompson do interesse pessoal da rainha pelo bem-estar de uma gama de grupos no seio da sociedade egípcia não parecem representar mais do que medidas práticas de uma monarca que quer permanecer no poder.

8. G. Goudehaux, "Cleopatra the Seafarer Queen: Strabo and India", em Walker & Ashton (2003), pp. 109–111; sobre a introdução de um tipo de repolho de Rodes, Ateneu 9. 369; sobre o fracasso da tentativa de inovar, ver D. Rathbone, "Ptolemaic to Roman Egypt: The Death of the Dirigiste State?", em E. Lo Cascio & D. Rathbone (orgs.), *Production and Public Powers in Classical Antiquity* (2000), pp. 44–54, esp. 46–51.

9. S. Walker & P. Higgs (orgs.), *Cleopatra of Egypt: From History to Myth* (2001), p. 234, ns. 218–222.

10. Josefo, *AJ* 15. 31–67, com E. Schürer, G. Vermes & F. Millar, *The History of the Jewish People in the Age of Jesus Christ*, vol. 1 (1973), pp. 296–297.

11. Josefo, *AJ* 15. 96–103. Josefo data esse encontro de 34 a.C., mas ele também pode ter acontecido antes da primeira campanha parta de Antônio no começo de 36 a.C.

12. Josefo, *BJ* 1. 397.

13. Rathbone (2000), pp. 44–54.

24. "A Índia e a Ásia tremem": A grande expedição

1. Por exemplo, Plutarco, *Antonius* 34, Díon 49. 21. 2, e Tácito, *Germania* 38, com C. Pelling em *CAH2* X, nota de rodapé. 142.

2. J. Osgood, *Caesars Legacy: Civil War and the Emergence of the Roman Empire* (2006), pp. 303–305.

3. Para a planejada expedição de César, ver Díon 43. 51. 1–2, 44. 1. 1, Apiano, *BC* 2. 110, 3. 77, Plutarco *Caesar* 58, Veleio Patérculo 2. 59. 4, Suetônio, *Caesar* 44. 3, e T. Rice Holmes, *The Roman Republic*, vol. 3 (1923), pp. 326–327; sobre as operações contra os albanos e os iberos, ver A. Sherwin-White, *Roman Foreign Policy in the East 168 BC-AD 1* (1984), pp. 307–308. Públio Canídio Crasso não era parente de Marco Licínio Crasso, aliado de César.

566 ANTÔNIO E CLEÓPATRA

4. Plutarco, *Antonius* 37.

5. Apiano, *BC* 2. 110, Veleio Patérculo 2. 82. 1-2; para uma discussão, ver P. Brunt, *Italian Manpower 225 BC-AD 14* (1971), pp. 503-504, Sherwin--White (1984), p. 311, nota de rodapé. 37, e L. Keppie, "Mark Antony's Legions", em L. Keppie, *Legions and Veterans: Roman Army Papers 1971-2000* (2000), pp. 75-96.

6. Josefo, *AJ* 14. 449, *BJ* 1. 324 para legiões "recém-recrutadas na Síria".

7. Plutarco, *Antonius* 38; para suprimento em geral, ver J. Roth, *The Logistics of the Roman Army at War (264 BC-AD 235)* (1999), *passim*.

8. Para inteligência militar romana em geral, ver N. Austin & B. Rankov, *Exploratio: Military and Political Intelligence in the Roman World from the Second Punic War to the Battle of Adrianople* (1995), *passim*, mas esp. p. 73.

9. Plutarco, *Antonius* 37-38, Lívio, *Pers.* 130 para críticas a Antônio.

10. Para discussões sobre os exércitos partos, ver as fontes citadas no capítulo 22, n. 6.

11. Díon 49. 25. 1, Plutarco, *Antonius* 38, com Pelling em *CAH2* X, p. 32.

12. Plutarco, *Antonius* 38, Estrabão, *Geog.* 11. 13. 3-4, e Frontino, *Estratagemas* I. 1. 6 sobre a rota através de Zeugma, com Sherwin-White (1984), pp. 308-311.

13. Plutarco, *Antonius* 38, Díon 49. 25. 3.

14. Plutarco, *Antonius* 38, com Sherwin-White (1984), pp. 311-315, e, para a cadência dos animais de tração e carga, ver A. Goldsworthy, *The Roman Army at War 100 BC-AD 200* (1996), pp. 287-296.

15. Díon 49. 25. 2, Veleio Patérculo 2. 82. 2.

16. Plutarco, *Antonius* 38, Díon 49. 25. 3-26. 1.

17. Plutarco, *Antonius* 39. Este incidente é a base da suposição de que ele devia ter mais do que as treze legiões pretendidas por Veleio. A lógica é que, com duas legiões destruídas no comboio e dez tendo saído nessa operação, a legião única remanescente seria necessariamente inadequada para guardar as linhas de sítio em Fraata. Isso é conjectura e, qualquer que seja o caso, ignora a possibilidade de que elementos das dez legiões também pudessem ter ficado para trás. No fim das contas, nós simplesmente não sabemos.

18. Plutarco, *Antonius* 39, Díon 49. 26.1-27.1, com Sherwin-White (1984), p. 318.

NOTAS 567

19. Plutarco, *Antonius* 40, Díon 49. 27. 2–28. 1.
20. Plutarco, *Antonius* 41–42, *Crassus* 25.
21. Para uma discussão sobre armas lançadoras de projéteis e eficácia, ver Goldsworthy (1996), pp. 183–190, 228–229 e 232–235.
22. Plutarco, *Antonius* 42–43, Dio 49. 29. 1.
23. Plutarco, *Antonius* 44–45, Dio 49. 29. 2–4.
24. Plutarco, *Antonius* 45.
25. Veleio Patérculo 2. 82. 2.
26. Plutarco, *Antonius* 46–48.
27. Plutarco, *Antonius* 49–51, Veleio Patérculo 2. 82. 3. Díon 49. 31. 1–3, com Sherwin-White (1984), pp. 320–321. Lívio, *Pers.* 130, também afirma que 8 mil homens morreram "em tempestades" durante a marcha cruzando a Armênia, mas não dá um número total de baixas. Ele também acusa Antônio de ordenar a marcha para poder passar o inverno com Cleópatra.
28. Ver N. Dixon, *On the Psychology of Military Incompetence* (1994), para uma interessante discussão sobre Raglan e outros líderes malsucedidos.

25. Rainha de reis

1. Plutarco, *Antonius* 51, Díon 49.31. 4. M. Grant, *Cleopatra* (1972), p. 149, sugere que Leuce Come foi escolhida caso os partos houvessem invadido a Síria.
2. Apiano, BC 5. 96–122; para resumos e referências mais detalhadas, ver C. Pelling em *CAH2* X, pp. 34–35, J. Osgood, *Caesar's Legacy: Civil War and the Emergence of the Roman Empire* (2006), pp. 298–303, e R. Syme, *The Roman Revolution* (1960), pp. 230–231.
3. Apiano, BC 5. 122–126, 13 I, Díon 49. 11. 2–12. 5, 15. 3, Veleio Patérculo 2. 80. 14, com Syme (1960), pp. 232–233.
4. Apiano, BC 5.131; sobre o uso de escravos na frota de Otaviano, ver Suetônio, *Augustus* 16. 1, Dio 47. 17. 4, 48. 49. 1, 49. 1. 5, a última passagem implicando que eles foram libertados ao dar baixa.
5. Díon 49. 32. 1–2, Veleio Patérculo 2. 82. 3.
6. Plutarco, *Antonius* 53–54, Apiano, BC 5. 95, 138, Díon 49. 33. 3–4, com Grant (1972), pp. 150–153, Osgood (2006), p. 336, e Syme (1960), p. 265.

568 ANTÔNIO E CLEÓPATRA

7. Plutarco, *Antonius* 52, 54, Díon 49. 33. 1–2.

8. Díon 49. 17. 1–18. 7, 50. 1. 4, Apiano, *BC* 5. 127, 133–144, Veleio Patérculo 2. 79. 5.

9. Plutarco, *Antonius* 53. A passagem tende a ser sumariamente descartada por biógrafos modernos de Cleópatra; por exemplo, Grant (1972), p. 152, J. Tyldesley, *Cleopatra: Last Queen of Egypt* (2009), pp. 165–166, e J. Fletcher, *Cleopatra the Great: The Woman Behind the Legend* (2008), pp. 272–273. Contudo, o simples fato de haver razões políticas fortes para Antônio rejeitar Otávia não significa necessariamente que não houvesse emoções genuínas — talvez extremas — igualmente envolvidas.

10. Plutarco, *Antonius* 54.

11. Apiano, *Guerras Ilíricas* 16–28, Díon 49. 34. 1–38.4, e o proveitoso resumo de E. Gruen em *CAH2* X, pp. 171–174; para as punições, ver Díon 49. 38. 4, Suetônio, *Augustus* 24. 2.

12. Suetônio, *Augustus* 28. 3, Plínio, *NH* 36. 121, e, para uma discussão, ver N. Purcell em *CAH2* X, pp. 782–789.

13. Plutarco, *Antonius* 36, 52–53, Dio 49. 33. 1–3, 39. 1–40. 2, Syme (1960), p. 262, citando *PIR*[1], P 835.

14. Plutarco, *Antonius* 54, Dio 49. 40. 3–4, Veleio Patérculo 2. 82. 3–4, com comentários em Grant (1972), pp. 161–162, e Pelling e, *CAH2* X, p. 40.

15. Díon 49. 40. 4.

16. Plutarco, *Antonius* 54, Díon 49. 41. 1–6, com Pelling em *CAH2* X, pp. 40–41, Osgood (2006), pp. 338–339, Grant (1972), pp. 162–175, J. Bingen, *Hellenistic Egypt: Monarchy, Society, Economy, Culture* (2007), pp. 78–79, G. Hölbl, *A History of the Ptolemaic Empire* (trad. T. Saavedra) (2001), pp. 244–245, Tyldesley (2009), pp. 168–169, Fletcher (2008), pp. 274–276, e M. Chauveau, *Egypt in the Age of Cleopatra* (trad. D. Lorton) (2000), p. 27.

26. "É ela minha esposa?"

1. Díon 49. 39. I.

2. Díon 47. 15. 2–3, 48. 43. 2, 49. 43. 6–"7; escravos fugitivos como magistrados, 48. 34. 5.

NOTAS

3. Díon 50. 5. 1; sobre moedas de Antilo, ver M. Crawford, *Roman Republican Coinage* (1974), p. 543.

4. Plutarco, *Antonius* 28, e cf.; para a história contada sobre o pai de Antônio, Plutarco, *Antonius* 1.

5. Plutarco, *Antonius* 4.

6. Plínio, *NH* 9. 119–121; para outro suposto apostador, Plutarco, *Antonius* 58, apesar de em 59 ele ter se mostrado cético quanto à verdade de algumas das histórias que arrola, e ver também Plínio, *NH* 21. 122.

7. Horácio, *Sátiras* 2. 3. 239–42, Valério Máximo 9. 1. 2, Plínio, *NH* 9. 122; Suetônio, *Caligula* 37. 1, e cf. sua esposa, que portava esmeraldas e pérolas de 10 milhões de denários e levava os recibos de um lado para outro para prová-lo, Plínio, *NH* 9. 117; para Servília, ver Suetônio, *Caesar* 50. 2, e, para a Britânia, Suetônio, *Caesar* 47.

8. A discussão mais completa deve ser encontrada em B. Ullman, "Cleopatra's Pearls", *The Classical Journal* 52. 5 (fevereiro 1957), pp. 193–201.

9. Veleio Patérculo 2. 83. 1–2, com J. Osgood, *Caesar's Legacy: Civil War and the Emergence of the Roman Empire* (2006), pp. 276–280; sobre dançar, ver Cícero, *Pro Murena* 13.

10. Horácio, *Odes* 1. 37. 14, Propércio 3. 11, Plutarco, *Questões Romanas* 112, *Moralia (Obras morais)* 291 A, com M. Grant, *Cleopatra* (1972), pp. 178–179.

11. Sêneca, *Moralia* 87. 16, com Grant (1972), p.179; para o "Parasita", ver cap. 20, nota de rodapé 19.

12. P. van Minnen, "An Official Act of Cleopatra with a Subscription in her Own Hand", *Ancient Society* 30 (2000), pp. 29–34, com P. van Minnen, "A Royal Ordinance of Cleopatra and Related Documents", em S. Walker & S. Ashton (orgs.), *Cleopatra Reassessed* (2003), pp. 35–44, esp. 4–41.

13. Para uma discussão do estado de espírito do período, ver Osgood (2006), pp. 298–349.

14. Díon 49. 15. 5–6, 38. 1.

15. Para discussões sobre a propaganda de guerra, ver K. Scott, "The Political Propaganda of 44–30 DC", *Memoirs of the American Academy in Rome* 11 (1933), pp. 7–49, esp. 33–49, Osgood (2006), pp. 335–349, C. Pelling em *CAH2* X, pp. 40–48, e R. Syme, *The Roman Revolution* (1960), pp.

570 ANTÔNIO E CLEÓPATRA

276-278; Suetônio, *Caesar* 52. 2 sobre o panfleto escrito por Caio Ópio negando que Cesário fosse filho de César.

16. Plínio, *NH* 14. 148; César e o juramento público, Díon 43.20.4.

17. Suetônio, *Augustus* 69. 2; a exaltação da beleza de Otávia levou J. Fletcher, *Cleopatra the Great: The Woman Behind the Legend* (2008), p. 256, a sugerir que isso fazia contraste direto com a aparência e os penteados cuidadosamente apresentados de Cleópatra.

18. Suetônio, *Augustus* 69. 1.

19. Plutarco, *Comparação entre Demétrio e Antônio* 4, com Grant (1972), p. 188, e Pelling em *CAH2* X, p. 43; sobre Hércules e Ônfale, ver P. Zanker, *The Power of Images in the Age of Augustus* (trad. A. Shapiro) (1988), pp. 57-65, e esp. 58-60.

20. Plutarco, *Antonius* 55-56, Díon 49. 44. 3, 50. 1. 1-2. 2.

21. Díon 50. 2. 4, com Pelling em *CAH2* X, pp. 67-68.

22. Díon 49. 41. 4, 50. 2. 2-4.

23. Díon 50. 2. 5-7; sobre poções mágicas, ver Díon 49. 34. 1, e Josefo, *AJ* 15. 93.

24. Veleio Patérculo 2. 83. 3.

25. Plutarco, *Antonius* 58, Suetônio, *Augustus* 17. 1, Díon 50. 3. 1-4. 1, com J. Johnson, "The Authenticity and Validity of Antony's Will", *L'Antiquité Classique* 47 (1978), pp. 494-503. O último sugere que Antônio possa ter empregado um modelo de testamento militar que tinham passado, recentemente, a permitir que soldados nomeassem não cidadãos como herdeiros, mas seus detalhes são desconhecidos, fazendo disso não mais do que uma possibilidade.

26. Suetônio, *Caesar* 79. 3, Díon 50. 5. 4.

27. Plutarco, *Antonius* 58-59, Horácio, *Epodes* 9. 11-16, sobre a vergonha de romanos servindo a uma rainha estrangeira e seus eunucos, e Propércio 3. 11 sobre a ameaça que Cleópatra representava.

28. Veleio Patérculo 2. 86. 3 para Asínio Polião; sobre o juramento, ver *The Res Gestae of the Divine Augustus* 25. 2-3, Suetônio, *Augustus* 17. 2, com discussão em Osgood (2006), pp. 357-368; Syme (1960), p. 278, nota de rodapé 3, afirma que mais de trezentos senadores passaram para o lado de Antônio, e sua autoridade é uma das principais razões

NOTAS

571

para esse número ser tão frequentemente repetido como fato em vez de inferência.

29. Suetônio, *Augustus* 63. 2.

27. Guerra

1. Plutarco, *Antonius* 56–57, M. Grant, *Cleopatra* (1972), pp. 193–197.

2. Em geral, Plutarco, *Antonius* 56, com J. Osgood, *Caesar's Legacy: Civil War and the Emergence of the Roman Empire* (2006), pp. 370–371; Valério Máximo 1. 1. 19, Díon 51. 8. 3 para Turúlio.

3. Plutarco, *Caesar,* 48, *Antonius* 56, 61–62, com C. Pelling (org.), *Plutarch: Life of Antony* (1988), pp. 266–267 e 270–271.

4. Plutarco, *Antonius* 58, que diz que a maioria das histórias não tinha crédito.

5. Sêneca, *Suasoriae* 1. 6, cf. Plutarco, *Antonius* 57, com Pelling (1988), pp. 258–259.

6. Plutarco, *Comparação entre Demétrio e Antônio* 1 e 4 parece implicar um casamento, não sugerido em *Antonius* 31, 53; para uma discussão da questão, ver Pelling (1988), pp. 219–220, R. Syme, *The Roman Revolution* (1960), pp. 261, 274, 277 e 280, e G. Hölbl, *A History of the Ptolemaic Empire* (trad. T. Saavedra) (2001), p. 244. Lívio, *Pers.* 13 a afirma que, depois das Doações de Alexandria em 34 a.C., Antônio começou a tratar Cleópatra como esposa, mas realmente não diz que um casamento formal aconteceu. Entre as fontes posteriores que afirmam a ocorrência de um casamento, estão Eutrópio 7. 6. 2, Orósio 6. 19. 4 e Ateneu, *Deipnosophists* 4. 147; Virgílio, *Eneida* 8. 688 — *sequiturque nefas Aegyptia coniunx*; para uma gama de opiniões, ver J. Tyldesley, *Cleopatra: Last Queen of Egypt* (2009), pp. 169–170, J. Fletcher, *Cleopatra the Great: The Woman Behind the Legend* (2008), pp. 264–265, que argumenta a ocorrência de um casamento já em 37 a.C., e Grant (1972), p. 186.

7. Josefo, *AJ* 15. 108–120, Plutarco, *Antonius* 61, com Pelling (1988), pp. 267–268, e Grant (1972), pp. 196 e 272, n. 51.

8. Veleio Patérculo 2. 84. 2.

9. Plutarco, *Antonius* 56, 59, com Pelling (1988), p. 263.

572 ANTÔNIO E CLEÓPATRA

10. Plutarco, *Antonius* 56, com Pelling (1988), pp. 255-256, e *CAH2* X, pp. 50-51, Grant (1972), pp. 195-196, Tyldesley (2009), pp. 173-174, e, sobre o ressentimento contra Roma no Oriente, ver Osgood (2006), pp. 340-344.

11. Plutarco, *Antonius* 56-57, 59.

12. Díon 50. 4. 1-6. I, Lívio I. 32 para uma descrição detalhada da cerimônia, escrita depois que Otaviano a reviveu; ver também J. Rich, *Declaring War in the Roman Republic in the Period of Transmarine Expansion* (1976), pp. 56-58 e 104-107.

28. Ácio

1. Plutarco, *Antonius* 58, Díon 50. 9. 1-22 argumenta que Antônio planejou uma ofensiva rápida, mas perdeu confiança ao tomar alguns navios inimigos de patrulha por toda a frota; Lívio, *Pres* 132 afirma que Antônio planejou e preparou uma invasão da Itália, mas não diz por que ela não aconteceu, afirmando meramente que Otaviano cruzara para Épiro; sobre o impacto de impostos e taxações e o estado de ânimo da Itália, ver J. Osgood, *Caesar's Legacy: Civil War and the Emergence of the Roman Empire* (2006), pp. 368-370.

2. Sobre as forças, ver Plutarco, *Antonius* 61, com C. Pelling (org.), *Plutarco: Life of Antony* (1988), pp. 266-269, Díon 50. 6. 2-6 não dá números, para uma discussão, ver P. Brunt, *Italian Manpower 225 BC-AD 14* (1971), pp. 500-507, e J. Carter, *The Battle of Actium: The Rise and Triumph of Augustus Caesar* (1970), pp. 188-189 e 202-203.

3. Sobre a tripulação de um quinquerreme, ver Políbio 1. 26. 7, e ver também J. Morrison & Coates, *Greek and Roman Oared Warships* (1996), pp. 259-260, 270-272 e 312-317, com o levantamento de W. Murray, "The Development and Design of Greek and Roman Warships (399-30 BC)", *JRA* 12 (1999), pp. 520-525, esp. 523-524, em que se argumenta que o abalroamento era uma tática importante, talvez a principal, das galeras maiores; ver também M. Pitassi, *The Navies of Rome* (2009), esp. pp. 191-197.

4. Díon 50. 9. 3, Plutarco, *Antonius* 56.

NOTAS 573

5. Pelling (1988), pp. 259–260, e *CAH2* X, pp. 52 e 55, M. Grant, *Cleopatra* (1972), pp. 197–198, e R. Syme, *The Roman Revolution* (1960), pp. 294–295.

6. Díon 50. 9. 3 observou que tanto estratégia quanto suprimento encorajaram Antônio a dispersar suas forças; sobre as preparações para Ácio, ver Díon 50. 12. 7–8.

7. Díon 50. 9. 5–6; Plutarco, *Antonius* 62 tem uma variação dessa história, afirmando que Otaviano ofereceu retirar-se da costa italiana e permitir que Antônio desembarcasse sem ser molestado.

8. Díon 50. 10. 1.

9. Díon 50. 11. 3; para discernimento dos problemas de operações de longo alcance no período romano, ver B. Rankov, "The Second Punic War at Sea", em T. Cornell, B. Rankov & P. Sabin (orgs.), *The Second Punic War: A Reappraisal* (1996), pp. 49–56, esp. 49–52.

10. Plutarco, *Antonius* 62, com Pelling (1988), pp. 271–272, para o duplo significado de "concha"; Díon 50. 11. 4–12. 3, e 50. 17. 2 para a citação, tirada da tradução Loeb, de E. Cary.

11. Plutarco, *Antonius* 63, Díon 50. 12. 4–13. 4, com Pelling em *CAH2* X, pp. 55–56, Osgood (2006), pp. 372–373, e Carter (1970), pp. 203–213. Um relato bem ilustrado da campanha é apresentado em S. Sheppard, *Actium: Downfall of Antony and Cleopatra*, Osprey Campaign Series 211 (2009).

12. Díon 50. 13. 5, Veleio Patérculo 2. 84. 2, Plutarco, *Antonius* 68.

13. Plutarco, *Antonius* 63, Díon 50. 13. 5–14. 4.

14. Plutarco, *Antonius* 59, 63, Veleio Patérculo 2. 84. 2, Díon 50. 13.6, 14. 3, com Osgood (2006), pp. 372–373, e Syme (1960), p. 296, sobre as defecções; ver Osgood (2006), pp. 263–264 para a carreira de Sarmento, que também aparece em Horácio, *Sátiras* I.

15. Díon 50. 13. 7–8.

16. Sobre números, ver Pelling (1988), pp. 276–277, W. Murray & P. Petsas, *Octavian's Campsite Memorial for the Actian War*, Transactions of the American Philosophical Society 79. 4 (1989), pp. 34–57, 95–114 e 133–134.

17. Ver Carter (1970), pp. 213–227.

18. Plínio, *NH* 32. 2 conta uma história bizarra sobre a nau capitânia de Antônio sendo parada na água por um pequenino peixe agarrado ao seu casco.

574 ANTÔNIO E CLEÓPATRA

19. Para a batalha, ver Plutarco, *Antonius* 64–66, 68, Dio 50. 14. 4–35. 6, com Osgood (2006), pp. 374–375 e 380–382, Grant (1972), pp. 206–215, e Pelling (1988), pp. 278-289, e D. Harrington, "The Battle of Actium — a Study in Historiography", *Ancient World* 9. 1–2 (1984), pp. 59–64.

20. Plutarco, *Antonius* 68, Díon 51. 1. 4–3. 1, Veleio Patérculo 2. 85. 5–6, com L. Keppie, *The Making of the Roman Army* (1984), pp. 134–136.

21. Plutarco, *Antonius* 66; Josefo, *Contra Apião* 2. 59 é o primeiro autor a acusar Cleópatra de traição, sendo seguido por Díon 50. 33. 1–5.

29. "Um grande feito"

1. Díon 51. 1,5, e Plutarco, *Antonius* 67, 69 com C. Pelling (org.), *Plutarco: Life of Antony* (1988), pp. 285–287, 289, incluindo discussões sobre as semelhanças com seu relato da fuga de Pompeu de Farsália; sobre forças, ver P. Brunt, *Italian Manpower 225 BC-AD 14* (1971), pp. 500–507, em que argumenta-se que, mesmo na hipótese de Otaviano não ter muito mais legiões do que Antônio, as suas eram de tamanho significativamente maior; sobre Pinário, ver R. Syme, *The Roman Revolution* (1960), pp. 128 e 266.

2. Díon 51. 5. 2–5, Josefo, *Contra Apião* 2. 58; sobre a música e as guirlandas quando seus navios adentraram o porto, ver o comentário em Goudchaux, "Cleopatra's Subtle Religious Strategy", em S. Walker & P. Higgs (orgs.), *Cleopatra of Egypt: From History to Myth* (2001), pp. 128–141, esp. 140; J. Tyldesley, *Cleopatra: Last Queen of Egypt (2009)*, p. 181, duvida das execuções baseando-se na necessidade implausível de apoio dos alexandrinos da parte de Cleópatra; J. Fletcher, *Cleopatra the Great: The Woman Behind the Legend* (2008), p. 297, sugere que os templos deram voluntariamente os seus tesouros à rainha; M. Grant, *Cleopatra* (1972), pp. 217–218 e p. 275, n. 7, sobre os sacerdotes do Alto Egito. A fonte é o comentário de Pseudo-Acro sobre Horácio, *Odes* 1. 37, 23.

3. Estrabão, *Geog.* 17. 1. 9, Plutarco, *Antonius* 69–70, com Pelling (1988), pp. 291–293, e G. Grimm, "Alexandria in the Time of Cleopatra", em S. Walker & S. Ashton (orgs.), *Cleopatra Reassessed* (2003), pp. 45–49, esp. 49.

4. Plutarco, *Antonius* 68.

NOTAS

5. Plutarco, *Antonius* 71, Díon 51. 2. 1–6,4. I, 5. I, Josefo, *AJ* 15. 183–198; em geral ver J. Osgood, *Caesar' Legacy: Civil War and the Emergence os the Roman Empire* (2006), pp. 375–378 e 385–390.

6. Díon 51. 3. 1–4. 8.

7. Ver Pelling (1988), pp. 289–291, e Osgood (2006), pp. 387–388, citando *ILS* 2672 para as fortificações na costa espanhola.

8. Díon 51. 6. 3–7. 1, Plutarco, *Antonius* 69, que diz que Antônio tinha 53 anos e Cleópatra 39 quando morreram. Como os antigos não tinham o zero, isso implicaria que cada um fosse um ano mais jovem. Contudo, suas datas prováveis de nascimento tornam isso improvável. Plutarco, *Antonius* 71, com Pelling (1988), pp. 295–296.

9. Plutarco, *Antonius* 71.

10. Plutarco, *Antonius* 71, Díon 51. 6. 1–2.

11. Díon 51. 6. 4–8. 7, Plutarco, *Antonius* 72–73, com Pelling (1988), pp. 297–300.

12. Díon 51. 7. 2–7, Josefo, *AJ* 15. 195.

13. Plutarco, *Antonius* 74.

14. Para Galo, ver Syme (1960), pp. 75 e 252–253.

15. Díon 51. 9. 1–6, Plutarco, *Antonius* 74, com Pelling (1988), p. 300.

16. Díon 51. 10. 1–4, Plutarco, *Antonius* 74.

17. Plutarco, *Antonius* 75, com Pelling (1988), pp. 302–304.

18. Díon 51. 10. 4–5, Plutarco, *Antonius* 76; ver Grant (1972), pp. 222–223, que não acredita em traição e vê as defecções como produto da situação sem esperança.

19. Plutarco, *Antonius* 76, Díon 51. 10. 5–7, com Grimm (2003), pp. 48–49, sobre a localização e a arquitetura do mausoléu.

20. Díon 51. 10. 6–9, Plutarco, *Antonius* 76–77, com Pelling (1988), pp. 305–308; ver também Grant (1972), pp. 222–223, e Tyldesley (2009), p. 186; Fletcher (2008), pp. 309–310, sugere que, antes de ir para a tumba, Cleópatra acreditava que Antônio estivesse morto.

21. Plutarco, *Antonius* 80, Díon 51. 16. 4, com Suetônio, *Augustus* 89. 1, que menciona a associação de Otaviano com Areio e outros intelectuais, mas também a sua limitada fluência em grego.

22. Díon 51. 11. 1–4, e 14. 3 para o eunuco, Plutarco, *Antonius* 78–79.

576   ANTÔNIO E CLEÓPATRA

23. Sobre o funeral de Antônio, ver Tyldesley (2009), pp. 195-196, e Fletcher (2008), p. 312.

24. Díon 51. 11. 3, 5-13., Plutarco, *Antonius* 82-83, com Pelling (1988), pp. 3 13-3 16, Floro 2. 21. 9-10.

25. Plutarco, *Antonius* 84.

26. Grant (1972), pp. 225-226, argumenta que era melhor para Otaviano deixar a rainha morrer.

27. Estrabão, *Geog.* 17. 1. 10.

28. Díon 51. 13.4-14.6, Plutarco, *Antonius* 84-86, com Pelling (1988), pp. 316-322, Veleio Patérculo 2. 87. 1; ver também Grant (1972), pp. 224-228, Tyldesley (2009), pp. 189-195. Fletcher (2008), pp. 314-319, E. Rice, *Cleopatra* (1999), pp. 86-91, P. Green, *Alexander to Actium: The Historical Evolution of the Hellenistic Age* (1990), pp. 679-682, e G. Hölbl. *A History of the Ptolemaic Empire* (trad. T. Saavedra) (2001), pp. 248-249.

Conclusão: História e o grande romance

1. Díon 51. 14. 3-4, 15. I, 16. 3-5, Suetônio, *Augustus* 17. 3-5.

2. Díon 51. 16. 5-17. 1, 6-8, Plutarco, *Antonius* 86, com C. Pelling (org.), *Plutarch: Life of Antony* (1988), p. 323, e G. Goudchaux, "Cleopatra's Subtle Religious Strategy", em S. Walker & P. Higgs (orgs.), *Cleopatra of Egypt: From History to Myth* (2001), pp. 128-141. esp. p. 140; Plínio, *NH* 9. 121 sobre a pérola, com E. Gruen, "Cleopatra in Rome: Fact and Fantasies", em D. Braund & C. Gill (orgs.), *Myths, History and Culture in Republican Rome: Studies in Honour of T. P. Wiseman* (2003), pp. 257-274, esp. 259.

3. Veleio Patérculo 2. 86. 1-3, 87.2-3, R. Syme, *The Roman Revolution* (1960), pp. 296-297 e 299-300, e J. Osgood, *Caesar's Legacy: Civil War and the Emergence of the Roman Empire* (2006), pp. 276-280.

4. Díon 51. 15.5, Plutarco, *Antonius* 81.

5. Plutarco, *Antonius* 81, Díon 51. 15. 5-6; citação de Homero, *Ilíada* 2. 203-207 (tradução Latimore, Universidade de Chicago, 1951).

6. Díon 51. 21. 5-9, Horácio, *Odes* 1. 37, o célebre verso *nunc est bibendum*; ver também Osgood (2006), p. 385.

7. Díon 51. 15. 6-7, Plutarco, *Antonius* 87.

NOTAS

8. Por exemplo, Apiano, *BC* 4. 130, Plutarco, *Antonius* 22.

9. Para estudos sobre Cleópatra em culturas posteriores, ver L. Hughes--Hallett, *Cleopatra: Queen, Lover, Legend* (1990), reeditado com novo posfácio (2006), e M. Hamer, *Signs of Cleopatra, History, Politics, Representation* (1993). Para um estudo mais específico sobre Cleópatra na cultura romana, ver D. Kleiner, *Cleopatra and Rome* (2005).

Índice

A

Ácio, Batalha de, 452-9
Ácio, cabo de, 446-7
  bloqueio do, 449-53
Aenobarbo, Lúcio Domício, 164-5, 176-7, 207-8
Aenobarbo, Cneu Domício, 344-5, 346-8, 392-3, 428-30, 437-8, 438-9, 451-2
Agripa, Marco Vipsânio, 361-3, 401-2, 407-8, 448-51, 453-7, 489-90
Alésia, cerco de, 143-5
Alexandre (príncipe hasmoneano, filho de Aristóbulo), 127-8, 128-30
Alexandre Hélio, 353-4, 371-2, 409-10, 411-12, 483-4
Alexandre IV, 31-3
Alexandre, o Grande, 20-1, 29-30, 31-3, 51-2, 150-1, 160-1, 374-5, 475-6, 481-2
  sucessores, 31-3
  tumba, 31-3
Alexandra (sogra de Herodes), 367-8, 369-70, 375-7

Alexandreion, cerco à fortaleza de, 127-8, 128-30
Alexandria, 31-3, 374-6, 409-10, 462-3
  a chegada de César em, 210-14
  Biblioteca, 31-3, 350
  comunidade judaica, 130-2, 152-3, 298-300
  escavações recentes, 491-2
  falta de comida, 184-6, 298-300
  Farol, 31-3, 150-2, 221-4
  fundação, 150-1
  guerra em, 219-21
  incêndio da Biblioteca, 220-1
  Marco Antônio e Cleópatra em, 336-9
  Museu, 31-3, 152-3, 420-1
  o Cesareum, 303-4
  o retorno de Cleópatra a, 214-17
  os gabínios como guarnição, 148-9
  Otaviano entra em, 473-4
  população, 152-4
  portos, 151-2
  quarteirão real/palácio, 151-3
  riqueza, 152-3

580 ANTÔNIO E CLEÓPATRA

ruas, 152-3
status, 150-1
tamanho, 31-3
Alexandre, o Grande, império de, 21-33, 51-2
desmantelamento/dispersão, 21-33
Alieno, Aulo, 295-6
Alto Egito, 28-9
Amatius, 263-4
Amônio, 293-4
Ânio (oficial de Mário), 70-1
Antígono (príncipe hasmoneano), 262-3, 356-7
Antioquia, 135-6, 262-3, 368-9, 370-1
Antíoco III, 54-7
Antíoco IV, 54-7
Antônia, a Velha, 280, 353-4, 409-10
Antônia, a Jovem, 291, 484-5
Antônio, Caio, 84, 108, 110, 116-7, 119, 191-3, 246-7, 277-9, 312-15
Antônio, Iulo, 483-4
Antônio, Lúcio, 246-7, 277-9, 359-60, 463-8
Antonius, Marcus (Marco Antônio Crético, pai de Marco Antônio), 70-1, 80-5, 108-9
Antonius, Marcus (Marco Antônio Orador, avô de Marco Antônio), 108-9
carreira política 71-3
escândalo da Virgem Vestal, 71-3
morte de, 71-3
Antônio Híbrida, Caio, 486-8
Aníbal, 27, 28
Antônio, Marco,
a campanha de Otaviano contra, 448-53

abandona legiões, 448-59
acusado de começar a Guerra Civil, 175-6
amantes, 194-7, 236-7
ambições imperiais, 485-8
amizade com Cúrio, 108-9
antecedentes familiares, 70-1
apoio a, 425-432
apoio a Clódio, 121-2
atratividade, 22-5
Batalha de Ácio, 448-59
bloqueio em Ácio, 448-59
campanha da Gália Cisalpina, 276-7, 277-9
campanha da Média, 488-9
campanha de Filipos, 316-25, 488-9
carência de estratégia, 343-5
carreira, 484-5, 486-90
casamento com Cleópatra, 438-9
celebrações de aniversário, 464-5
cerco de Brundísio, 344-6
cerimônia para tornar-se homem adulto, 108-9
Cleópatra visita, 362-3
com Cleópatra em Leuce Come, 399-407
compra a casa de Pompeu, 235-6
conferência em Brundísio com Otaviano, 361-2
continua a usar o título de triúnviro, 448-9
convoca Cleópatra a Tarso, 331-2
declarado inimigo público, 284-5
defesa de César no Senado, 172-3
depressão, 461-3
derrota de Artavasdes da Armênia, 409-12

ÍNDICE

derrotado por Otaviano, 280-5

desafia Otaviano para um combate corpo a corpo, 443-7

descendência de Hércules, 111-14

desejo de ter uma morte heroica, 467-71

desempenho militar, 382-5, 486-9

deserções, 451-2, 462-4

disposição das forças navais, 443-7

dívidas, 230-1

dívidas familiares, 84-5

divorcia-se de Antônia 236-7

divorcia-se de Otávia, 437-8

dominância, 263-8

e a ascensão de Otaviano, 273-7

e a campanha macedônia, 194-5, 274-8

e a formação do triunvirato, 284-9

e a Guerra Civil, 175-6, 193-9, 199-200

e a Guerra de Perúsia, 343-5

e a restauração de Ptolomeu XII, 130-2

e as Doações de Alexandria, 411-15

e ataque de Otaviano contra o Egito, 467-71

e Cesário, 239-40, 424-6

e Cleópatra em Alexandria, 336-9

e Cleópatra se tornam amantes, 336-7

e Dolabela, 231-8

e Gemínio, 439

e funeral de César, 262-3

e o assassinato de César, 249-50, 251-6, 257-60

e o Tratado de Brundísio, 345-8

e Otávia, 349-51

educação, 108-9

efeito da campanha parta no prestígio de, 397-8

eleição para o questorado, 137-42

eleição para o tribunato, 163-6

em Dirráquio, 201-4

em Farsália, 204-8

em Samósata, 360-1

encontro com Cleópatra em Tarso, 330-4

envia Basso para a Síria, 357-9

estratégia para a guerra contra Otaviano, 443-7

exército privado, 270-1

expedição para Palmira, 355-6

experiência militar, 22-5

extravagância, 336-7

fama, 11-13

fascínio de, 490-3

filhas com Otávia, 346-9, 353-4

filhos, 336, 353-4

físico, 108-9

forças desertam para o inimigo, 467-71

forças militares, 443-7

forças navais, 369-70, 435-7, 444-6, 451-3

fracasso em Ácio, 448-59

fracassos, 424-5

fragilidade da posição, 399-407

fraqueza, 488-90

fuga de Ácio, 448-59

funeral, 474-5

gladiadores leais a, 467-71

grandes apostadores, 425-432

habilidades oratórias, 108-9

hábito de beber, 228-9, 420-3, 425-6
ignorado pelos acadêmicos, 11-13
inaptidão para suceder César, 259-2
infância, 108-9
início da carreira militar, 126-32
interrompe a eleição de Dolabela para o consulado, 247-8
irmãos, 70-1
juventude, 111-14
legiões macedônias, 274-7
mencionado pela primeira vez por César, 143-5
moedas, 11-13, 346-8
motivação, 490-3
motivações para a campanha parta, 379-80
na Capadócia, 330-1
nascimento, 49-50, 70-1
necessidades estratégicas, 367-71
negociações com Cômio, 144-5
negociações com Otaviano, 465-8
no cerco de Alésia, 143-5
nomeado mestre da cavalaria, 227-31
nomes, 70-1
ocupa Arretium, 175-6
oferece reinado a César, 246-7
ordena a execução de Arsínoe, 336-7
oscilações de ânimo, 464-5
Otaviano marginaliza, 425-432
outorga da Gália Cisalpina a, 269-70
padrasto, 84-5
poder, 290-1
prepara-se para a campanha parta, 362-3
preparativos para a campanha parta, 379-80

preparativos para a guerra contra Otaviano, 435-42
presentes de Otaviano, 399-407
preside o Senado, 229-30
primeiro casamento com Fádia, 121-2
qualidades de liderança, 132
quarto casamento com Otávia, 346-8
recebe a cabeça de Cícero, 307-9
recebe *imperium* propretoriano como tribuno, 177-8
relacionamento com Cleópatra, 326-7, 342-3, 367-71, 439-42, 485-6, 488-90
relacionamento com Júlio César, 111-14
relacionamento com Otávia, 425-432
reputação, 425-432
retirada da Pártia, 392-8
retorno a Alexandria depois de Ácio, 462-3
retorno à Itália, 344-6
retorno a Roma, 48 a.C., 227-8
retorno aos obséquios de César, 237-8
retratos/representações de, 11-13, 22-5
rivalidade com Otaviano, 424-33
romper o cerco em Ácio, 451-3
ruptura com César, 236-8
se torna chefe da família, 84-5, 108-9
segundo casamento com Antônia, 194-5
segundo consulado, 417-19
Senado negocia com, 277-80
serviço nas guerras gaulesas de César, 135-9, 141-5
suicídio, 471-4, 490-1

ÍNDICE

tentativas de reagrupar forças, 461-3

terceiro casamento com Fúlvia, 236-7

testamento, 425-432

transfere tropas para o oeste, 428-9

tribunato, 168-70, 171-2

vê Cleópatra pela primeira vez, 132

vestuário, 108-9

viagem pelas províncias orientais, 327-32

visita a Atenas, 349-52

visita à Grécia, 121-2

Antilo, Marco Antônio, 361-2, 465-7, 482-3

Afrodísias, 351-2

Afrodite, 332-5

Apolodoro de Sicília, 214-15

Apolônia, 317-18

Apiano, 250-1, 351-2, 361-2, 381-2

Áquila, 151, 212-13, 176, 221-3, 224-5

árabes nabateus, 132

Arado, 336-7

Arquelau (marido de Berenice IV), 99, 130-2, 147-8

arqueiros montados, 305, 316

Archibus, 481-2

Areio, 482-4

Ariminum, 139–40

Aristóbulo (príncipe hasmoneano), 127-8, 128-30, 356-7

Aristóbulo (cunhado de Herodes), 367-9, 376-7

Armênia, 409-11

Arretium, 175-6

Arrideu, 31-3

Arrúntio, Lúcio, 453-4

Arsínoe (irmã de Cleópatra), 219-25, 235–6, 237–8, 240-2, 332-4, 268–9, 384

Arsínoe II, 54-7

Arsínoe III, 54-7

Artavasdes da Armênia, 305, 388-91, 409-12, 462-3

Artavasdes da Média, 386-8, 409-10

Artaxes, rio 397-8

Ascalão, 187-8

Ásia, 368-9

Ásia Menor, 54-7, 329-30, 351-2

Assuã, barragem de, 28-9

Atenas, 269-70, 328-9, 344-5, 349-52, 465-7

Átia (mãe de Otaviano), 266-9

Ático, 307-9

Áugures, 163-5

B

Baias, 348-9

baixas,

Ácio, 456-7

as proscrições, 287-9

campanha de Filipos, 321-3

campanha parta, 397-8

Dirráquio, 203-4

Baixo Egito, 16

balsameiro, o, 266-8, 375-6

Berenice IV, 100-2, 124-7, 130-2

Berito, 399-400

Bíbulo, Marco Calpúrnio, 100-2, 183-4, 199-201

Bitínia, 368-9

Betume, 266-8

584 ANTÔNIO E CLEÓPATRA

Bógudc da Mauritânia, 241-2, 448-9
Bonônia, 286-7
Britânia, invasão de César da, 136-7
Brundísio, 200-1, 231-2, 274-7, 317-18, 344-6, 361-2, 358
Brundísio, Tratado de, 345-8
Bruto, Marco Júnio Cépio
 apoio militar a, 259-60, 314-16
 assassinato de César, 247-53, 256-7, 486-8
 assume comando de exército, 270-1
 campanha em Filipos, 315-16, 317-25
 deixa Roma, 263-4
 discurso após o assassinato, 257-8
 e Otaviano, 280-2
 em Atenas, 269-70
 faz campanha no Oriente, 311-15
 funeral de César, 262-3
 idade na ocasião do assassinato, 260-2
 inimigo do Estado, 289-90
 Marco Antônio recebe e entretém, 258-60
 rendição a César, 229-30
 subverte a Macedônia, 277-80
Bruto Albino, Décimo Júnio, 249-50, 251-3, 256-7, 258-60, 263-4, 269-70, 276-7, 277-80, 285-7

C

Campanha parta
 antecedentes, 380-1
 ataque, o, 380-93
 avaliação, 488-9
 baixas, 397-8
 efeito sobre o prestígio de Marco Antônio, 397-8
 forças, 380-1
 logística, 382-4, 386-90
 mobilidade parta, 394-6
 preparativos, 380-1
 retirada, 392-7
campanhas balcânicas, 406-8
campanha de Filipos, 315-25, 328-9, 444-5, 488-9
Célio Rufo, Marco, 168-1, 192-4, 197-8, 230-2
César, Júlio, 191-2
 ameaçado de processo judicial, 166-8
 aparência, 217-18
 apoio consular, 192-4
 assassinato, 249-53, 486-8
 assume a dívida de Ptolomeu XII, 149-50
 campanha africana, 235-7
 campanha macedônia, 198-9
 campanhas espanholas, 177-8, 191-2, 236-8
 carisma, 166-7
 casos amorosos, 166-7, 217-18, 241-3
 cerco de Alésia, 143-5
 chegada ao Egito, 210-14
 Cleópatra o seduz, 213-20
 como ditador, 198-200, 485-6
 cruza o Rubicão, 172-6
 dívidas, 121-2, 135-6
 divórcio 121-2
 e a Guerra de Alexandria, 219-25
 e a tentativa de Crasso de anexar o Egito, 97-9
 e Bruto, 248-50

ÍNDICE

e Cesário 239-41

e Clódio, 121-2

e Cúrio, 168-73

e eleição de Marco Antônio para o tribunato, 164-6

e Otaviano, 268-9

e Ptolomeu XIII, 213-15, 218-20

eleito para segundo consulado, 199-200

em Dirráquio, 201-4

em Farsália, 204-6

falta de um sucessor, 259-62

fama, 13-14

filhos, 239-41

forma o primeiro triunvirato, 97-9

funeral, 260-4

guerras gaulesas, 125-6, 133-4, 135-9, 141-5, 165-6, 388-90

impõe governo conjunto, 218-20

invasão de Britânia, 136-7

leilões de propriedades de pompeianos, 235-6

mãe, 105-6

motins no exército, 232-4

necessidade de fundos, 212-13

nomeado ditador, 283-4

oferece abrir mão do comando gaulês, 171-3

oferta de realeza, 244-8

planos de campanhas dácias e partas, 246-8

Pontifex Maximus, 130

possível identificação com Osíris no Egito, 302-3

presenteado com a cabeça de Pompeu, 210-11

primeira aparição de Cleópatra em presença de, 214-17

reações ao assassinato de, 255-60

recompensas e poder, 243-6

reforma do calendário, 242-4

reformas, 244-6

relacionamento com Cleópatra, 242-4

relacionamento com Marco Antônio, 486-8

ruptura com Pompeu, 165-70, 171-2

sucesso, 14-15

terceiro consulado, 235-6

término do comando gaulês, 165-76

testamento, 250-1, 262-3

triunfos, 240-1

viagem pelo Egito, 224-5

César, Lúcio Júlio, 81–2, 84, 135-6, 137-9, 143-4, 192-3, 231-2, 277-9, 279-80, 287-9

Cesário

assassinato, 482-4

Cleópatra leva para Roma, 240-1

e as Doações de Alexandria, 412-14

e Otaviano, 303-5

herança, 303-4

identificação com Hórus, 303-4

importância estratégica, 268

maioridade, 465-7

nascimento de, 239-40

nomeado cogovernante, 238–9

paternidade, 239-41

planos de fuga para, 465-7

posição vulnerável, 469-72

proclamado filho de César, 412-14

status, 371-2, 424-6

templo do nascimento, 240

títulos, 298

586 ANTÔNIO E CLEÓPATRA

Caleno, Quinto Fúfio, 327-8, 344-5

Calígula, o Imperador, 291, 420-1, 484-5

Calímaco, 298-300

Canídio Crasso, Públio, 305, 309, 339–40, 428-9, 439-40, 451-3, 367, 464-5, 482-3

Cabo de Náuloco, Batalha do, 401-2

Capadócia, 330-1, 368-9

Carras, Batalha de, 134-5, 355-6, 359-60

Cartago, 40-2

Cássio Díon, 171, 173, 241-2, 246, 315-16, 314, 394-6, 412-14, 448-50, 374, 376, 377, 475-8, 384

Cássio Longino, Caio
  apoio militar, 259-60, 314-16
  assassinato de César, 247-53, 256-7, 486-8
  assume o controle da Síria, 279-80
  campanha em Filipos, 315-16, 317-25
  declarado inimigo do Estado, 289-90
  deixa a Itália, 269-70
  deixa Roma, 263-4
  e Otaviano, 280-2
  esposa, 236-7
  experiência militar, 285-6
  faz campanha no Oriente, 295–8, 311-15
  funeral de César, 260-3
  idade na ocasião do assassinato, 260-2
  Marco Antônio recebe e entretém, 258-60
  rendição a César, 229-30
  toma o comando de um exército, 270-1

Cássio de Parma, 309-11, 482-3

caça, 336-7

Catilina, Lúcio Sérgio, 116-20

Catão, Marco Pórcio, 92, 96–7, 166-7, 204-5, 176, 200

Catulo, Caio Valério, o poeta, 47-8

Catulo, Quinto Lutácio, 81-4

Cetego, Públio Cornélio, 81-4

Charmiana, 461-2, 479

Cícero, Marco Túlio
  apoio a Otaviano, 280-2
  como áugure, 164-5
  consulado, 115-17
  crítica aos ex-cônsules, 101-3
  culpa Marco Antônio pela execução de Aenobarbo, 207-8
  defesa de Gabínio, 133-4
  defesa de Rabírio, 133-4
  desconfiança em relação a Otaviano, 274-5
  desesperança durante a ditadura de César, 247-8
  desprezo pelos partidários de César, 192-4
  e a execução de Lêntulo, 121-2
  e a Guerra Civil, 195-8
  e a ratificação dos decretos de César, 264-6
  e Cúrio, 170-2
  e o assassinato de César, 256-7, 258-9
  e o Oráculo Sibilino, 125-6
  encontra-se com César, 234-5
  execução, 287-9, 307-8
  exílio, 121-2
  falso rumor da morte de Cleópatra, 293-4

ÍNDICE

falta de confiança em Otaviano, 285-6

Filípicas, 18-19, 425-6

impopularidade, 204-5

negociações no Senado com Marco Antônio, 277-9

Segunda Filípica, 273-4

sobre Marco Antônio e Citéride, 228-9

sobre Marco Antônio, 194-5

sobre Marcus Antonius, 71-2

sobre o hábito de beber de Marco Antônio, 228-9

sobre os casos amorosos de Marco Antônio, 101-3

sobre os cônsules de César, 244-6

sobre Ptolomeu XII, 91-2

visita Cleópatra em Roma, 251-3

zomba das modas indumentárias entre os jovens, 101-3

Cilícia, 369-70

Cipião, Quintus Caecilius Metellus Pius Scipio Nasica, 140-1, 166-7

Cina, Caio Hélvio, 262-3

Cláudio, imperador, 484-5

Cláudio Nero, Tibério, 363-4

Cleômenes, 32-3

Cleópatra

acusada de usar magia para encantar Antônio, 429-31

agentes romanos deixados para proteger seus interesses em Roma, 293-4

ambições imperiais. 485-8

antecedentes misteriosos. 101-3

aparência. 157-62, 143–6

atitude de Roma em relação à ascensão ao trono, 182-6

atitudes em relação a, 483-4

atratividade, 21-33

caligrafia, 419-23

caráter, 156-8

caráter grego de, 20-23

carisma, 7, 267–8

casamento com Marco Antônio, 437-8

chamada a Tarso, 331-2

chegada a Tarso, 332-5

Cleópatra Berenice, 89-91

Cleópatra I, 59-60

Cleópatra II, 43, 46–7, 50, 68

Cleópatra III, 46, 47, 68–9

Cleópatra IV, 69–70

Cleópatra Selene (filha de Antônio e Cleópatra), 353-4, 411-12, 412-14, 483-4

Cleópatra Selene (irmã de Ptolomeu IX), 125-7

Cleópatra V Trifena, 78–9

Clódio Pulcro, Públio, 139-40, 219-23

com Marco Antônio em Leuce Come, 399-401

Comagene, 360-1

começa caso amoroso com César, 214-15

confirmada como rainha, 224-5

construção de templos, 240

cor dos cabelos, 159-61

cunhagens mostrando Antônio e Cleópatra, 300

dá à luz Cesário, 239-40

declínio do exército real, 377-8

defecção das forças navais, 470-1

descendência de Ptolomeu, 32-3

descrita como rameira impertinente da corte por Plínio, 419-23

e a Guerra de Alexandria, 220-4

e a morte de Marco Antônio, 469-72

e a morte de Ptolomeu XIV, 294-5

e as Doações de Alexandria, 411-15

e Cássio, 295-8

e celebrações do aniversário de Marco Antônio, 464-5

e Gemínio, 438-9

e Herodes, 356-9

e Judeia, 369-71

e Marco Antônio em Alexandria, 336-9

e Marco Antônio se tornam amantes, 336-7

e o assassinato de César, 250-3

e o ataque de Otaviano ao Egito, 470-1

e o avanço de Otaviano, 449-59

e os gabínios, 183-6

educação, 80, 154-6

em Ácio, 449-59

encerra-se no mausoléu, 470-1

encontro com Marco Antônio em Tarso, 334-7

encontro com Otaviano, 475-9

enterro, 481-2

erotismo, 16-19

exército romano apoia seu governo, 241-3

exílio, 187-8

extravagância, 336-7

fama, 11-13

fascínio de, 490-1

fontes literárias, 21-33

fragilidade de sua posição, 376-8

fuga de Ácio, 449-59

governo, 238-44, 298-303, 394

governo conjunto com Ptolomeu XIII, 184-6

grandes apostadores, 419-23

habilidade política, 489-91

Hórus mulher, a, 240-1

identificação com Ísis, 241-3, 267, 411-12

ignorada pelos acadêmicos, 12-15

incidente da pérola no vinagre, 419-23

infância, 101-3

influência, 376-7

insignificância de, 21-33

inteligência, 12-15

interesse por venenos, 465-7

invasão do Egito, 187-9

irmãos e irmãs, 88-9

leva Cesário para Roma, 240-1

mãe, 88-9

Marco Antônio a vê pela primeira vez, 132

mausoléu, 491-2

mística, 88-9

moedas, 126, 300

nascimento, 88-9, 101-3

nascimento de Ptolomeu Filadelfo, 399-401

nascimento dos gêmeos de Marco Antônio, 353-4

necessidade de apoio romano, 295-6, 266-74

negociações com Otaviano, 469-72

ÍNDICE

nomeia Cesário cogovernante, 238-9

os rumores de Otaviano a respeito de, 429-31

oscilações de ânimo, 464-7

Otaviano declara guerra contra, 449-59

pai, 88-9

participação na cerimônia do touro Buchis, 144-6

plano de fuga pelo mar Vermelho, 464-5

poder, 16-19

pragmatismo, 244

preocupações, 485-6

preparações para a guerra contra Otaviano, 435-42

primeira aparição em presença de César, 214-15

primeira gravidez, 225

propaganda augustana, 21-33

reabastece o tesouro de guerra, 462-3

realizações, 21-33

recebe Artavasdes da Armênia, 399-401

reino, 369-70

relacionamento com César, 242-4

relacionamento com Marco Antônio, 367-71, 439-42, 485-6, 488-90

renda, 374-6

retorna ao Egito, 266-8, 293-5

retorno a Alexandria, 214-15

retorno a Alexandria depois de Ácio, 461-3

retratos/representações de, 16-19

riqueza, 469-72

rivais em disputa do trono, 294-6

rumor de morte em 44 a.C., 293-4

Senado reconhece como cogovernante do Egito, 242-3

suicídio, 476-9

tem notícia da morte de César, 255-7

terceira gravidez, 364-5

títulos, 298-9

torna-se rainha, 154-62, 143-6

últimos dias, 474-8

viaja pelo Egito com César, 224-5

visita Marco Antônio, 364-5

Cômio, 144-5

Copônio, 246

Córcira, ilha, 448-9

Corfínio, 176-7

Corinto, 28

Cornélia (mãe dos Graco), 81

Cornélia (esposa de Pompeu), 166-7, 280

Córsega, 40-1

Cós, ilha de, 89-92, 435-6

cortesãos, 113-14

Crasso, Marco Licínio, 74

antecedentes militares, 133-4

campanha parta, 134-6, 283-4, 381-2

e o primeiro triunvirato, 76-7

reputação de avarento, 135-6

tentativas de anexar o Egito, 75-6

torna-se governador da Síria, 133-5

visita de Ptolomeu XII a Roma, 125-6

Crasso, Públio Licínio, 134-5

Creta, 369-70

Cúrio, Caio Escribônio, 168-73, 177-8, 191-2

Chipre, 176, 224-5, 242-3, 295-8, 331-2, 369-70

590 ANTÔNIO E CLEÓPATRA

Cirenaica, 51-2, 45, 369-70, 461-2
Cirene, 91-3
Citéride (Volúmnia), 194-7, 228-9, 236-7, 200, 367-8
Cízico, 375
cultura grega, 20-1, 150-1

D

dácios, 247-8
Dario, rei da Pérsia, 33-4
Deiotaro da Galácia, 264-5
Délio, Quinto, 332-4, 367-8, 318, 362-3
Demétrio, 22-4, 62-3
Demóstenes, 273-4
doenças, 350
Dolabela, Públio Cornélio, 197-8, 230-8, 247-8, 256-7, 258-9, 260-2, 263-4, 213-4, 279-80, 295-6, 312-14
Doações de Alexandria, as, 411-15, 343
Dirráquio, Batalha de, 201-5

E

Egito
ameaças enfrentadas pelo, 27-8
as duas terras, 27-8
burocracia, 36-8
campanha de Gabínio, 128-32
casamentos entre irmãos da realeza, 55-100
cerimônia do touro Buchis, 144–6
César viaja pelo, 225
chegada ao Egito e assassinato de Pompeu, 167–8
chegada de César ao, 210-14

códigos de leis, 36-8
comércio, 300
comunidade judaica, 130-2
corrupção, 92-8
cultos religiosos, 38, 153-4, 240–1
cultura, 29-30
declínio do reino ptolemaico, 54-66
domínio romano, 22-4
e Guerras Púnicas, 27–8
equilíbrio de poder, 29-30
escassez de alimento, 184-6, 298-300
excessos da realeza, 64-7
exército real, 377-8
faraós, 27-8
fascínio do, 15-18
gabínios, os, 147-51
governo de Cleópatra, 297-305, 298–303, 394
governo e sociedade ptolemaica, 51–67
guarnição romana, 295-6
invasão por Cleópatra, 187-9
invasão selêucida, 54-66
legado como herança a Roma, 92-8
médicos, 66
Novo Reino, o, 29-30
pirâmides, 27-8
Pompeu foge para o, 207-8
população, 27-8
população grega, 33-8, 52-3, 63-4
primeiro contato com Roma, 26
Ptolomeu assume o controle, 151-3
rebeliões, 54-66
relato de Heródoto, 27-8
religião, 37-8, 52-3
ressentimento contra o domínio grego, 54-66

ÍNDICE

riqueza, 64-7, 212-13

sacerdócio, 54-66

sistema de irrigação, 298-300

soldados de Ptolomeu se estabelecem no, 33-6

sucessão, 92-8

tentativas de Crasso de anexar o, 92-8

Éfeso, 329-30, 332-4, 435-6

Épiro, 199-200

Escribônio Libão, Lúcio, 417-18

Espanha, 27, 74, 142, 152, 190-1, 223, 229, 373

Esparta, 20-1

Espártaco, 133-5

Estrabão, 78-9, 121, 384

Eu, Cláudio (Graves), 363-4

exército romano

auxiliares, 276-7

cerimônia de lustração, 317-18

comando e controle, 315-16

descontentamento/inquietação, 232-6

forças, 316-17

lealdade, 314-16

logística, 382-4

obrigações do serviço, 46-7

propriedades para qualificação para o serviço no século II a.C., 46-7

recompensas, 274-7, 314-16

F

Fádia (primeira esposa de Antônio), 94, 353-4

Faium, o, 22

Fórum Gallorum, confronto em, 280-4

Fúlvia (terceira esposa de Antônio), 236-7, 237-8, 257-8, 264-5, 289-90, 307-8, 309-10, 342-5, 346-8, 280

farol de Faros, 150-2, 221-4

Farsália, Batalha de, 204-8, 220-1

Filipe II da Macedônia, 20-1, 30-1

Filipe V da Macedônia, 41-2

Filípicas (Cícero), 18-19

Filipo, Lúcio Márcio, 266-9, 277-9

Filotas, 418-19

forças navais

dependência de bases em terra, 199-200

Marco Antônio, 369-70, 435-7, 444-7, 451-2, 377-8

marinheiros e soldados, 444-5

navios de guerra, 444-5

navios de transporte, 444-6

Otaviano, 443-4, 446, 452-3

Fraata, cerco de, 386-92

Fraates IV, 290, 308, 309, 386-90, 391-2, 394-7

G

Gabínio, Aulo, 126-34, 135-6, 147 8, 192-3, 274-5, 327

gabínios, os, 147-8, 183-7, 224-5

Galba, Sérvio Sulpício, 165-6, 282-4

Gália Transalpina, 136-7, 143-4, 277-9, 284-5

Galo, Caio Cornélio, 376, 473-4

Galo, Flávio, 316

Ganimedes (tutor de Arsínoe), 221-4

gatos, sagrados para os egípcios, 99-100

Gaza, 20-1

592   ANTÔNIO E CLEÓPATRA

Gemínio, *provavelmente* Caio, 438-9

Glafira, 330-1, 342-3

Graco, Caio, 81

Graco, Tibério Semprônio, 32, 35, 81

Graves, Robert, 291

Grécia, clássica, 20-1

Guerra de Alexandria, 219-23, 436-7

Gália Cisalpina, 269-70, 276-7, 277-9, 285-6

Guerra Civil

    aristocracia e, 192-4

    campanha macedônia, 194-5, 198-208

    César atravessa o Rubicão, 172-6

    César toma Roma, 175-8

    chegada ao Egito e assassinato de Pompeu, 209-11

    Cícero permanece neutro inicialmente, 197-9

    curso para a, o, 165-70

    papel de Marco Antônio, 193-200

    primeiras campanhas, 191-3

guerras gaulesas, 125-6, 133-4, 135-9, 141-5, 165-6, 388-90

Guerras Púnicas, 46-7

Guerra Social, a, 73-7

H

Herculano, 160-1

Hércules, 87-8

Hermontis, 144-6

Herodes, 356-7, 290, 367-9, 369-70, 375-8, 437-9, 372, 374

Heródoto, 27-8

Híbreas, 329-30, 356-7

hicsos, os, 29-30

História Universal (Políbio), 42-3

Hiparco, 375

Hírcio, Aulo, 257-8, 279-85

história de pescarias de Plutarco, 336-7

Horácio (Quinto Horácio Flaco, o poeta), 463-4, 423-4, 483-4

Hórus, 240-1, 303-4

I

Ilíria, 27

Índia, 381-2, 464-7

mortalidade infantil no mundo antigo, 52

Inimitáveis Viventes, sociedade dos, 336-7, 464-5

Insteio, Marco, 364

invectiva política, 424-6

Iras, 461-2, 479

Ísis, 19-20, 41, 241-3, 267

J

Jerusalém, 127-8, 362-3

jogos funerais celebrados por Cúrio em homenagem a seu pai, 168-70

Josefo, 298-300, 376-7

Juba II da Mauritânia, 483-4

Juba da Numídia, 192-3

Judeia, 45, 127-8, 187-8, 330-2, 356-9, 362-3, 367-9, 369-71, 300-1

Júlia (irmã de César), 165-6

Júlia (esposa de Mário), 59-60

Júlia (mãe de Marco Antônio), 52, 62-3, 65, 81-6, 93, 287-90, 342-4

Júpiter Óptimo Máximo, 33-4

ÍNDICE

K

Khufu, faraó, 27-8

L

Labieno, Quinto, 353-7, 359-60
Laenas, Caio Popílio, 45
Lago Moeris, 22
Laodiceia, cerco de, 295-6
legiões
    Segunda, 275-7, 280-4
    Terceira, 381-2, 393-4
    Quarta, 275-6, 280-5, 311-12, 321-3
    V Alaudae, 276-7, 381-2
    Sexta, 211-12
    Sétima, 275-6, 283-4
    Oitava, 204-5, 275-6
    Nona, 198-9, 201-4, 204-8, 232-4
    Décima, 234-8, 274-5, 285-6
    Décima Segunda, 144-5
    Décima Terceira, 172-6
    Trigésima Quinta, 275-7, 280-4
    Vigésima Sétima, 211-12, 221-3
    Martia, 275-6, 280-5, 311-12, 259
Lêntulo Espinter, Públio, 125-6
Lêntulo Sura, Públio Cornélio, 65, 84, 86, 90, 91, 92-3
Leontópolis, 298-300
    Lépido, Marco Emílio, o Triúnviro, 62, 177-8, 198-200, 255-6, 257-60, 259-60, 213, 277-9, 285-9, 307-8, 327-8, 346-8, 361-2, 401-2, 375
Lépido Paulo, Lúcio Emílio, 168-70
Leucas, 362, 366
Leuce Come, 321-2

Vida de Marco Antônio (Plutarco), 10
Lisso, 274-5
lei grega no Egito, 23
língua grega, 20-1, 23, 24
Lívia Drusila, 291-2, 423-5
Longino, Quinto Cássio, 171-2, 193-4
Lucano, Marco Aneu, o poeta, 159-60
Lúculo, 64, 75, 76
Lícia, 330-1
Lisímaco, 54-7

M

Maat, 24-5
macabeus, os, 54-7
Macedônia, reino da, 9, 18-21, 28, 45, 93, 194-5, 198-208, 269-70, 277-9, 312-14
Macareus, cerco de, 128-30
Mar Vermelho, 464-5
Mecenas, Caio, 345-6, 372
Magnésia, Batalha de, 28
Malchus, 464-5
Mânio, 346-8
Marcelo, Caio Cláudio (cônsul 50 a.C.), 167-8
Marcelo, Caio Cláudio (cônsul 49 a.C.), 167-8
Marcelo, Marco Cláudio (cônsul 51 a.C.), 167-8
Mariana, 367-9
Mário, 56-60
Média, 386-8, 412-14, 488-9
Média Atropatene, 305
Mênfis, 22, 38, 153-4
Menches, 24

594 ANTÔNIO E CLEÓPATRA

Meroe, reino de, 42-3
Messala Corvino, Marco Valério, 448-9
Metone, 448-9
Milão, Tito Ânio, 139-41, 231-2
Miseno, Pacto de, 278-9
Mitrídates VI de Ponto, 56, 58, 63, 70, 75
Monaeses, 318
Munácio Planco, Lúcio, 342-3, 337, 420-1, 345-6, 482-3
Mutina, 277-85, 359-60

N

navios de guerra, 199-200, 444-5
Nero, imperador, 484-5
Nerva, Lúcio Coceio, 345-6
Nilo, enchentes, 28-30, 374-6

O

Otávia, 346-8, 349-50, 353-4, 361-2, 291, 367-8, 324-5, 326-7, 336, 423-8, 437-8
Otaviano/Augusto
  aceita o legado de César, 268-9
  adoção do nome Augusto, 401-2, 484-5
  antecedentes familiares, 266-9
  apoio para, 426-9
  ascensão de, 24-5, 268-70, 273-7, 290-1
  ataque contra o Egito, 465-7
  Batalha de Ácio, 449-53
  bloqueio de Ácio, 449-53
  campanha contra Marco Antônio, 448-53

campanha contra Sexto Pompeu, 360-3, 401-2
campanha de Filipos, 316-25
campanhas nos Bálcãs, 402-4
caráter, 18-20
casamento com Escribônia, 343-4, 363-4
casamento com Lívia, 363-5
chegada a Roma, 266-70
como imperador, 484-5
conferência com Marco Antônio em Brundísio, 361-2
consulados, 417-18
declara guerra contra Cleópatra, 441-2
derrota de Marco Antônio em 43 a.C., 280-5
desempenho militar, 489-90
distribuição de terras para soldados, 463-5
e a formação do triunvirato, 286-9
e a morte de Sexto Pompeu, 402-4
e as Doações de Alexandria, 414-15
e as proscrições, 308-10
e César, 268-9
e Cesário, 303-5, 424-6
e o Tratado de Brundísio, 345-8
eleito para o primeiro consulado, 286-7
encontro com Cleópatra, 475-9
entra em Alexandria, 473-4
espalha rumores sobre Cleópatra, 426-9
exército privado, 270-1, 275-6
forças militares, 461-4
forças navais, 441-2

ÍNDICE

garante o controle da Grécia, 463-4

habilidade política, 14-15

Herodes se apresenta a, 463-4

histórias de extravagância, 363-5

honrarias, 423-5

influência, 426-9

legiões, 311-12

manda Otávia levar presentes para Marco Antônio, 402-4

Marco Antônio desafia para combate homem a homem, 449-53

marginaliza Marco Antônio, 426-9

moedas de, 346-8

motivação, 314-15

negociações com, 465-7

ovação, 402-4

poder, 13-14

projetos de obras, 407-8

quarto consulado, 483-4

recebe a outorga de um *imperium* propretoriano, 279-80

retorno à Itália depois de Ácio, 463-4

rivalidade com Marco Antônio, 424-33

saúde, 327-8, 463-4, 424-5, 484-5

sucessos, 424-5

terceiro consulado, 448-9

triunfos, 483-4

troféus, 481-3

visita o túmulo de Alexandre, 481-2

visitas a Roma, 423-4

Otávio, Marco, 452-3

Olimpo (o médico), 474-5

oráculos, 125-6, 439-40

Orodes II, 353-7, 290

Osíris, 55-6, 301-2

P

Pácoro, 353-4, 355-9, 359-60

Palestina, 29-30, 51-2, 43, 187-8

Palmira, 355-6

Pansa, Caio Víbio, 279-85, 286-7

Paraetonium, 461-2

Pártia, 183-4, 247-8, 312-14, 328-9, 344-5, 412-15, 428-9

campanha de Crasso contra, 134-6, 354-6, 381-2

campanha de Ventídio contra, 359-62

campanhas de Orodes II, 353-7

invasão parta da Judeia 356-7

preparativos para a campanha de Marco Antônio, 362-4

Patérculo, Veleio, 381-2

Patras, 445-7

pérolas, dissolvidas em vinagre, 419-21

Pédio, Quinto, 286-7

Pedra de Roseta, 56-60

Período Helenístico, o, 20-1

Pelúsio, 130-2, 469-72

Pérdicas, 31-3

Pérgamo, Biblioteca de, 436-7

Perseu, 41-2

persas, o,s 29-30

Perúsia, Guerra de, 342-5, 359-60

Pinário Escarpo, Lúcio, 461-2

piratas e pirataria 81-5, 97-8

Pisão, Lúcio Calpúrnio, 257-8, 273-4, 277-9

Plínio, 419-21

Plutarco, 130-2, 157-8, 186-7, 194-5, 214-15, 229, 287-9, 241, 329-30, 267, 336-7, 361-3, 369-70, 305-6, 385-6, 394-8, 400-4, 336-7, 438-40, 350-7, 367, 377, 379, 380, 475-9

Polemo de Ponto, 388-90, 437-8

Polião, Caio Asínio, 277-9, 285-6, 342-3, 344-6, 357-9

Políbio, 42-3, 49-63, 66-7

Pompeu, o Grande (Cneu Pompeu Magno)
  apoio a Sula, 93-100
  assassinato, 210-11
  busca aliados, 186-7
  campanha espanhola, 191-2
  carreira política, 93-100
  casamento com a filha de César, 165-6
  casamento com a filha de Cipião, 140-1, 166-7
  chegada ao Egito, 167–8
  como áugure, 163-4
  e a campanha macedônia, 274-8
  e Crasso, 93-100
  e o primeiro triunvirato, 93-100
  e Ptolomeu XII, 93-100
  em Farsália, 204-8
  em Jerusalém, 127-8
  expedições orientais, 93-100
  foge para o Egito, 207-8
  início da carreira, 93-100
  popularidade, 93-100, 204-5
  processo judicial, 133-4
  propostas de colonização no oriente, 93-100
  reprime a violência eleitoral, 140-1

retirada de Roma, 176-7
ruptura com César, 165-70, 171-2
visita de Ptolomeu XII, 123-6

Pompeu, Cneu, 186-8, 236-7

Pompeu, Sexto, 270-1, 277-9, 285-9, 309-12, 314-15, 463-4, 274, 346-50, 360-3, 401-2, 325–6

Póstumo, Caio Rabírio, 268-9

Potino, 143, 151, 212-15, 220-1, 224-5

Principado, o, 19-20

prisioneiros de guerra, 259, 328-9

Proculeio, Caio, 473-4

Propércio, Sexto, o poeta, 463-4

proscrições, 287-90, 307-11, 283

Ptolemaieia, festival, 56-7

Ptolomeu Cerauno, 56-7

Ptolomeu I, 32-4, 54-7

Ptolomeu II, 39-40, 54-7

Ptolomeu III, 40-2, 54-7

Ptolomeu IV, 40-2, 54-7

Ptolomeu V, 56-7

Ptolomeu VI, 57-67

Ptolomeu VII, Neo Filopátor, 57-67

Ptolomeu VIII Evérgeta II Fiscon, 62-67, 89, 91-3, 105

Ptolomeu IX Sóter "Salvador" II, 88-9

Ptolomeu X Alexandre I, 88-9

Ptolomeu XI, 88-9

Ptolomeu XII, 88-9, 93-6
  casamento com Cleópatra V Trifena, 101-3
  como o Novo Dionísio, 153-4
  corte, 153-4
  dívidas, 148-50
  e os gabinianos, 147-8
  e Pompeu, 99-100

ÍNDICE

filhas, 101-3
impopularidade, 184-6
morte de, 129, 143
paga a Roma por reconhecimento
como rei, 99-100
patrocínio de cultos religiosos, 153-4
rendas, 148-50
restauração, 128-32
sucessão, 154-62, 143-4
testamento, 154-6
visita a Catão em Chipre, 123-5
visita a Roma, 123-5
Ptolomeu XIII, 154-6, 143-4, 184-6,
213-15, 218-21, 223-5
Ptolomeu XIV, 218-19, 224-5, 235
Ptolomeu Filadelfo, 322, 411-12, 412-14
primeiro triunvirato, o, 76-7
províncias orientais, 368-9
Publícola, Gélio, 364, 366
Pirro de Épiro, 40-1
Pitódoro de Trales, 409-10

Q

Queroneia, 450-1

R

Rabírio Póstumo, Caio, 148-50, 212-13
Ráfia, Batalha de, 56-7
Ravena, 172-5
Rodes, 311-14, 329-30, 330-1
Ródio (tutor de Cesário), 482-3
Roma
a Assembleia Popular, 165-6, 247-8
a atribuição de censor, 79-80

a Guerra Social, 79-80
a.C., 61-2
aristocracia e a Guerra Civil, 192-4
ascensão de, 40-1
atitude em relação à adoção, 303-4
atitude para com a ascensão de
Cleópatra, 182-4
bibliotecas, 243-4
bordéis, 113-16
calendário, 242-4
Campus Martius, o, 85, 140-1, 263-4
cerimônia de triunfo, 49-50
cidadãos, 44-7
comércio vinícola, 49-50
comunidade judaica, 263-4
cônsules, 42-50
corrupção, 139-40
disponibilidade de sexo, 113-16
ditadores, 79-80
ditadura de Sula, 79-80
dominância de Marco Antônio, 263-8
domínio das velhas famílias, 167-70
e Antíoco IV, 61-2
educação, 113-16
Egito legado a, 91-3
eleições, 137-42, 198-200, 228-9
envolvimento na sucessão ptolemaica, 91-3
escravos, 44-7
estabilidade, 44-7
expansão territorial, 42-3
expurgos de Sula, 79-80
fundação, 40-1
governadores provinciais, 49-50
governo, 44-7
guerra civil, 88 a.C., 49-50

Guerras Púnicas, 42-3
imperialismo, 439-40
impostos, 44-7, 309-11
instabilidade a partir de, 166-7
invasão da Macedônia, 42-3
Lúcio Antônio toma, 342-3
magistrados, 42-50
Mário ocupa, 79-80
nobres, 49-50
passa à responsabilidade de César, 175-8
patrícios, 70-2
poder militar, 44-7
políticos, 42-50
práticas de atribuição de nomes, 70-2
pretores, 417-19
primeiro contato com o Egito, 40-1
projetos de obras de Otaviano, 407-8
proprietários de terra, 49-50
Ptolomeu VI foge para, 61-2
rebelião das dívidas, de Dolabela, 231-4
recursos, 40-1
redistribuição de terras públicas de César, 98-100
reis, 42-3
reputação, 49-50
reverência pela maternidade, 113-16
riqueza, 49-50
sacerdócios, 163-5
Templo de Vênus Genetrix, 250-3
tribunato, o, 164-6
vida pública, 49-50
visita de Ptolomeu XII, 113-16
visitas de Otaviano, 423-4

Roxana (esposa de Alexandre, o Grande), 31-3
Rubicão, César cruza o, 172-6
Rúfio, 241-3, 255-6

S

Salústio, Caius Sallustius Crispus, o historiador, 81-3, 102-16, 234-5
Samos, 435-6
Samosata, cerco, 360-1
Sardenha, 41-2
Sarmento, 451-2
Scodra, 346-8
selêucida, império, 41-2, 79-80, 355-6
Semprônia (mãe de Décimo Bruto), 102-16
Senado, o
apoia Otaviano, 347
declara Marco Antônio inimigo público, 284-5
domínio de Marco Antônio, 263-8
e César ocupa Roma, 177-8
e os triúnviros, 351-2
envolvimento na sucessão ptolemaica, 91-3
expurgos de Sula, 79-80
extinção da liberdade política, 13-14
lei regulamentando a concessão de triunfos, 48-9
Marco Antônio defende César, 172-3
Marco Antônio preside o, 229-30
membros, 41-2
negociações com Marco Antônio, 277-80

ÍNDICE

pedarii, 79-80

poderes, 41-2

preparações para guerra, 279-80

reconhece Cleópatra como cogovernante do Egito, 242-3

resposta ao assassinato de César, 256-60

retifica os decretos de César, 263-6

vida dos senadores era vivida muito em público, 102-16

votações para chamar César da Gália, 171-2

Sétimo, Lúcio (tribuno dos gabinianos), 167-8

Serapião (governador de Cleópatra para Chipre), 237, 265, 295

Serápis, 242

Servília (mãe de Bruto), 89, 174, 184, 190, 232

Seth, 241

Sete Maravilhas do Mundo, 27-8, 64-6

Shakespeare, William, 11-12, 491-2

Sicília, 26, 27, 64, 142, 152–3, 189, 212, 272–3, 277, 323

Sídon, 399-400

Siwah, templo de Ámon, 33-4

sobriedade, 420-3

Sosígenes, 243-4

Sósio, Caio, 344–5, 351, 363, 387

Suetônio Tranquilo, Caio, o biógrafo, 179, 195

Sula, Lúcio Cornélio, 73-4, 74-7, 78-80, 91-2, 358–9

Sulpício Rufo, Sérvio, 277-80

Sibilino, Oráculo, 125-6

Siracusa, 39-40

sistema augustano, 19-20

Síria, 29-30, 51-2, 105–6, 150, 214, 224, 275, 282, 284, 284–5, 294, 376

T

Tácito, 105-7

Tarento, 39-40, 445-6

Tarso, 331-7

Taylor, Elizabeth, 490-1

Tapso, Batalha de, 236-7

Teódoto de Samos, 179-80, 188-9, 210-11, 214-15, 220-21, 224-5, 311-12

Thrystus, 467-8

Tirídates da Armênia, 97-8

Toryne (a "concha"), 449-50

Trebélio, Lúcio, 231-8

Trebônio, Caio, 144-5, 249-50, 251-3, 263-4, 279-80

Triunvirato, o

campanha de Filipos, 315-25, 328-9

distribuição de terras a soldados, 327-8, 341-3

expira, 428-9

forças militares, 310-12

formação do, 284-9

Lépido marginalizado, 327-8

mulheres se opõem, 310-11

perdões, 308-10

poder, 287-9, 351-2

proscrições, 287-90, 307-11, 354-5

rendas, 309-11, 328-9, 330-2

Turúlio, Décimo, 435-6, 467-8

Tiro, 33-4, 330-1, 355-7

600 ANTÔNIO E CLEÓPATRA

U

Uxeloduno, cerco de, 144-5

V

Vácia Isáurico, Públio Servílio 341-2
Veleio Patérculo, Caio, o historiador,
   396-8
Ventídio Basso, Públio, 284-5, 342-3,
   357-61, 362-3, 379-80, 384-5
Vercingetórix, 143-5, 240-2
Via Inácia, a, 317-18, 444-7
Virgens Vestais, 71-3, 430-1
Virgílio, 341-2, 423-4, 437-8

X

Xanto, 312, 331

Z

Zama, Batalha de, 40
Zeugma, 385

Este livro foi composto na tipografia Minion
Pro, em corpo 11/16, e impresso em
papel off-white no Sistema Cameron da
Divisão Gráfica da Distribuidora Record.